샤먼제국

헤르도토스, 사마천, 김부식이 숨긴 역사

박용숙 지음

소동

– 헤로도토스, 사마천, 김부식이 숨긴 역사

지은이 | 박용숙
초판 펴낸날 | 2010년 2월 14일
제6판 펴낸날 | 2021년 1월 12일

펴낸이 | 김남기
본문 디자인 | 소나무와민들레
표지 디자인 | 박대성

펴낸곳 | 소동
등록 | 2002년 1월 14일(제 19-0170)
주소 | 10883 경기도 파주시 돌곶이길 178-23
전화 | 031 955 6202, 070 7796 6202
팩스 | 031 955 6206
페이스북 | https://www.facebook.com/sodongook
전자우편 | sodongbook@naver.com

ISBN 978 89 952778 9 8 (03900)
값 28,000원

*잘못된 책은 바꾸어드립니다.

저자의 글

샤머니즘이라는 지도의 발견

상상력 Imagination이라는 이름의 배가 있다. 그 배의 속성은 그렇다. 이미 정해져 있는 물길을 따라 안전하게 다니는 배가 아닌 것이다. 방향타도 없지만 배는 무엇을 믿는지 험난한 파도가 넘실대는 망망대해를 헤집는다. 혹자는 말한다. 사학 史學은 실증학문인데 어떻게 역사를 상상력에만 의존하는가. 하지만 서양사학의 거목인 랑케 Leopold von Ranke(1795~1886)는 《세계사의 이념》에서 이렇게 말했다.

> 역사의 바람직한 목표는 이데아를 지키는 일이며 이는 사실(학문)과 추리(예술)를 올바르게 결합하는 일이다.

그럴 것이, 역사는 승자의 기록이고 승자가 패자의 주체를 지우는 음모의 산물이기 때문이다. 그러니까 랑케가 말하는 추리는 곧 상상력의 실천이라고 할 수 있을 것이다.

필자가 이 '상상력'이라는 이름의 배를 타고 고대사 항해에 나섰던 계기는 고분발굴에 발을 들여놓으면서였다. 1972년을 시작으로 몇 년 사이에 공주 무령왕릉, 경주의 98호 고분, 고령 高靈 가야 고분들이 연달아 발굴되었다. 고고학자가 아니라 풋내기 소설가에 불과했던 나를 발굴 현장에 끌고 다니신 분이 있었다. 이미 고인이 된 김원룡 金元龍 선생이다. 선생은 내게 지하세계의 안내자였던 셈이다.

어쨌든 이런 인연으로 나는 내 상상의 배에 몇 가지 그럴듯한 짐을 실을 수가 있었다. 무령왕릉은 양梁나라 시대의 황금 팔찌와 정체불명의 여자 어금니 한 개를, 98호 고분은 삼태극문양이 새겨진 검파劍把와 페르시아산 유리컵을, 고령가야 고분은 지중해 양식(로터스 lotus)의 금관과 인도인의 두개골을 내게 숙제처럼 안겨준 것이다. 이 짐들은 내 상상력이 감당하기에는 너무나 벅찬 것들이었다. 왜, 한반도라는 작은 땅덩어리에 중국(양梁), 페르시아, 지중해와 인도의 지문이 찍힌 물건들이 묻혀있는가. 그 상황이 그림이었다면, 한 점의 초현실주의 작품이라고 치부할 수도 있다. 하지만 그것들은 엄연하게도 학문적인 물음 안에 있었다. 랑케가 예술(추리)이라고 했던 상상력이라는 이름의 배가 항해할 임무가 정해진 것이다. 그것은 이 해괴한 물건들이 왜, 그리고 어떻게 한반도라는 작은 지도에 옮겨졌는지를 물으면서…….

상상력이라는 이름으로 항해를 계획한 배가 첫번째 지도를 발견한 것은 1970년대 초반이었다. 그것은 고분이 아니고 무형문화재로 등록된 강릉 단오제였다. 단오제는 강릉의 남대천가에서 열렸다. 나는 해마다 그 굿판에서 무당과 함께 살아야 했다. 그렇게 한 지 10년이 지나서야, 단오의 속살이 보이기 시작했다. 단오는 연중 태양광(양기 陽氣)의 밀도가 가장 높은 시간대이고, 이는 샤머니즘 시대 태양신의 날이다. 무당들은 올림포스(대관령)로 올라가 신수神樹를 잘라 지상(제장祭場)에 세우고 그곳에서 제석풀이 굿을 한다. 제석은 제우스zeus이고 '풀이'는 그리스 무녀巫女들이 제우스 축제에서 부르는 디티람보스 찬가이다. 여러 날의 축제가 끝나면 제터에 세워졌던 신수 神樹는 불길에 활활 타오르고 무당들은 슬픈 노래를 부르며 눈물을 흘린다. 이때 바빌로니아에서는 씨의 제공자를 대표하여 아도니스가 말뚝에 묶이어 불에 탄다. 이것이 프레이저가 《황금가지》에서 그토록 지루하게 기록해 놓은 태양신의 축제 maypole가 아니고 무엇일까. 개안 開眼이었다. 그러니까 오랜 세월 나를 괴롭혔던 수수께끼도 이 개안의 거울 속에 있었다. '임금님 귀는 당나귀 귀' 이야기가 고대 터키 땅에 있었던 미탄니 왕국의 이야기라고 처음 발설한 사람은 육당 六堂이다. 어떻게 그 이야기가 2,000년이나 지나 신라 48대 경문왕 기사에 옮겨졌는지도 그 거울은 말해 주었다. 한국 고대사가 중국이 아니라 이란이나 그리스와 가깝다고 말한 사람은 단재 丹齋이다. 어떻게 그럴 수가 있는가도 거울이 말해주었다. 한마디로 상상력이라는 이름의 배가 발견한 지도는 '샤머니즘'이었던 것이다.

1996년 《지중해 문명과 단군조선》이라는 책을 통해 나는 그 지도의 밑그림을 소박한 그림으로 그렸는데, 시간이 경과하면서 점차 구체화되었다. 막연하게 윤곽만 있었던 지도에 위도와 경도를 부여하고 강과 산과 도로와 성읍을 표기한 셈이다. 중요한 대목은 태양신을 신봉하던 시대의 세계, 그러니까 샤머니즘의 역사 이야기를 설정하는 일이었다. 5년의 시간을 보낸 어렵고 힘들고 고독한 작업이었다. 그래도 이 책으로 인해 좋은 말동무들이 생긴다면 얼마나 좋을까 기대해 본다. 끝으로 이 책이 출판되기까지 책에 대한 애정은 물론 온갖 정성을 다해 준 소동출판사에 고마움의 말을 남긴다.

저자의 글 샤머니즘이라는 지도의 발견   5
여는 글 헝클어진 고대사의 실마리   13

제1장   태양신과 샤머니즘   25
고대사는 천문학과 천문대의 역사   27 | 옥황과 상제가 있는 곳, 부도   30
구이라고 불리는 샤먼들과 신단수   32 | 신주단지와 비밀의례   35
샤먼들은 부도를 바다라고 했다   38

제2장   한국 고대사는 샤머니즘 문명의 역사다   41
샤먼들의 낙원이었던 한반도   43 | 경주의 본래 명칭은 해동이다   49
한반도의 첫번째 나라, 나을신궁   51 | 여섯 가야는 샤먼의 세력   53
가야 고분은 샤먼의 신전이다   57 | 경주의 고분에 묻힌 샤먼의 신상   61

제3장   태왕릉은 신라의 금성이다   67
고구려의 경당은 샤먼 수도승의 아카데미였다   76 | 세계를 지배하는 황금지팡이와 황금관   79
나라의 언덕에서 관을 쓴다   84 | 나라의 언덕에서 관을 쓴 광개토대왕   87

제4장   샤먼 제국의 심장부, 조선의 발상지로 가다   91
삼한과 조르주 뒤메질의 3기능 체계   96 | 고구려라는 말은 고리에서 나왔다   116
샤먼 제국은 어떻게 운영되었나   119

제5장   조선역사의 첫번째 연고지는 소아시아다   133
중국 최초의 지도에 중국 역사가 없다   135 | 황하 문명은 동이 샤먼 문명이다   137
졸본부여와 흉노   145 | 누란이 낙랑이고 조선이다   147
타클라마칸 사막에 있던 선선국과 신라   152 | 흉노의 오방제도   153
카스피 해 동쪽과 해모수의 나라   156 | 동옥저는 오늘의 이란 땅에 있다   158

제6장 북부여와 동부여의 위치   165

흑해, 코카서스와 북부여 167 ｜ 북옥저, 흑수말갈, 속말말갈 171
해모수는 메디아의 영웅 프라오르테스이다 174 ｜ 일본 고대사의 스사노오와 엘람의 기비 177
대월지국 박트리아 181 ｜ 주몽이 대천사로 임명되다 184
동부여의 해부루와 부여 제국의 관계 186
예맥에서 페르시아 제국이 일어나다 190 ｜ 신라 역사는 카파도키아에서 시작된다 191
서라벌과 계림국은 카파도키아에 있었다 194
부여제실의 파소와 소아시아의 데메테르 여신은 같은 모녀지간이다 196

제7장 지워진 고조선 역사   199

고조선의 요람, 터키의 차탈휘위크 201 ｜ 소호김천과 태호복희의 고향도 터키 땅이다 205
환인의 나라 고조선 207 ｜ 성서가 전하는 천사의 고향 아라라트 산은 화백회의의 장소이다 213
고조선 시대의 에덴의 동쪽과 다물 215 ｜ 우리가 평양이라고 말하는 신들의 도시 이브라 218

제8장 기원전 3000년대의 고조선 역사   225

환웅, 황제, 사르곤 227 ｜ 요임금과 왕검조선이 있는 곳, 이브라 232
배수가 그리지 못한 기주는 오늘날 이라크의 키시 239
단군왕검의 아사달은 이슈타르 신전이다 240 ｜ 단군은 다곤의 이두 표기이다 244
순임금과 요임금의 갈등 246 ｜ 우임금, 수메르의 대홍수를 다스리다 250

제9장 기원전 13세기 전후의 고조선   253

아사달조선은 이집트와 전쟁을 했다 255 ｜ 오나라는 엘람이다 262
제22세 단군 색불루라는 인물 264 ｜ 색불루가 주나라의 역사를 만들다 269
사마천이 전하는 주나라 271 ｜ 아시리아, 주나라는 고조선의 제2기능이다 275
베일에 가린 아시리아 제국 276

제10장 진陳, 진晉은 후기 고조선의 이름이다 281
초나라는 이집트이다 283 | 포스트 단군조선과 진 286
진陳이 제3기능이고 진晉은 제1기능의 이칭이다 288 | 고조선의 멸망이 주나라의 멸망이다 291
고조선의 최후 293 | 사제의 스캔들은 지진과 같았다 297

제11장 지중해에서 만나는 춘추전국시대의 일곱 나라 301
진晉과 페르가몬 303 | 조와 트로이 321 | 위와 리디아 323 | 한과 리키아 324
진과 마케도니아 325 | 노와 로도스 326 | 담국과 다마스쿠스 328 | 정과 크레타 329
제나라와 제라스 333

제12장 고조선의 마지막과 단군 고열가 335
사마천은 고열가를 문공이라고 적었다 338 | 쌈지를 잃은 고열가는 어디로 가야 하나 344
쌈지를 잃은 공자는 동이로 가지만 346

제13장 후기 쌈지조선의 역사와 고구려 355
부여의 대소가 주몽을 쫓는다 358 | 동명성제 주몽은 방상씨 가면을 썼다 361
후기 고조선과 동명성제의 다물흥방 363 | 사마천이 전하는 조나라와 고구려의 무휼 373
마케도니아의 알렉산드로스 대왕과 다물흥방의 좌절 375 | 수태고지와 구자의 수로왕 377
대무신왕과 마케도니아 진 378 | 온조가 힌두쿠시를 넘어 백제를 건국하다 381
석탈해의 다물흥방과 박트리아 진출 385

제14장 알렉산드로스 텍스트와 진시황 387
알렉산드로스와 진시황 389 | 사마천이 기록한 진시황 394
알렉산드로스와 진시황제는 둘이 아니다 395 |
과연 진시황제가 세계의 문자를 하나로 통일했을까? 397

진시황제의 불로초와 바다는 부도 이야기다 404 | 둔황은 샤먼 제국 시대의 샤먼 신전이다 407
진시황릉은 진대가 아니라 후한 때 만들어졌다 410 | 사마천의 함양은 바빌론이다 414
가락국은 펀자브, 인더스 강에서 일어났다 416

제15장 알렉산드로스 이후의 역사   421
대무신왕의 소아시아 진출 425 | 쌈지도와 헬레니즘 간의 전쟁 428
한의 유방과 시리아의 셀레우코스 431 | 유방의 세가와 시리아의 왕가 433
기원전 3세기 전후의 박트리아, 소그디아나, 졸본부여 437 | 중산국이라는 이름의 쌈지 441
흉노의 등장과 중산국 박트리아 443

제16장 온조계의 다물흥방과 파르티아   447
흉노의 모돈 칸과 졸본부여 449 | 모돈 칸이 대무신에 이어 다물흥방을 하다 451
한나라와 위만조선, 지중해에서 전쟁을 하다 455 | 한의 무제와 조선이라는 이름 459
장건은 정말 동쪽에서 서쪽으로 갔을까? 463 |
한 무제는 서역을 정벌한 것이 아니라 요동을 공략했다 466
사가들이 중국에 옮겨놓은 서아시아의 나라들 471 | 후한은 졸본부여 터에서 일어났다 475
중산국과 졸본부여의 밀월시대 476 | 후한이 멸망하자 왕망이 흉노가 되다 479

제17장 백제 제국의 종말   485
백제는 샤먼 대제국이었다 487 | 백제의 역사는 전쟁으로 시작하고 전쟁으로 끝난다 496
한나라가 시리아에서 중원으로 옮겨오다 498 | 고구려의 태조왕이 새 쌈지를 틀다 501
 알렉산드로스 이후의 금성 신라 507 | 벌휴 이사금은 타클라마칸 사막에 있었다 509
《삼국지연의》에서 고구려의 수난 511 | 촉의 어원은 고리이다 517
서진이라는 이름은 서쪽에 있는 쌈지, 서진을 가리킨다. 520 | 옛날의 구이가 오호십육국이다 528

제18장 쌈지의 역사가 동아시아로 가다 531

동진과 고구려는 하나의 쌈지다 533 ｜ 삼성퇴의 유물은 쌈지도의 것이다 537
김부식이 숨긴 고구려─동진 시대의 제2기능 539 ｜
파르티아가 무너진 뒤 백제계와 고구려계가 다시 맞서다 547
광고 시대의 쌈지와 고구려, 백제, 신라 558 ｜ 위가 동진의 자리를 빼앗다 561
고구려 장수왕이 쌈지의 황금유물과 함께 한반도로 오다 565
광개토대왕이 죽자 신라 금성이 흔들리다 568 ｜ 백제 무령왕은 양나라에 줄을 섰다 570
무령왕릉은 제천의식을 행하는 소도였다 572
소지 마립간이 추문을 일으키자 지증 마립간이 대륙에서 오다 576

제19장 샤머니즘의 몰락과 불교의 승리 579

법흥왕과 불교입국 582 ｜ 선덕여왕과 황룡사 구층탑 585 ｜ 고구려는 어떤 나라인가 591
장수왕 이후의 고구려 594 ｜ 고구려가 서안에 장안성을 쌓았다 601
평양, 중원의 장안, 대월지의 장안은 하나의 고리이다 606 ｜ 수양제와 요동정벌 613
서부대인 연개소문과 천리장성 616 ｜ 중국이라는 말은 중산국을 부르는 말이다 624
이세민의 고구려 정벌 627 ｜ 샤먼 제국 최후 629

닫는 글　고대사의 왜곡과 시간의 엇갈림 631
부록　샤먼 제국의 통치구조 634 ｜ 주석 636

여는 글

헝클어진 고대사의 실마리

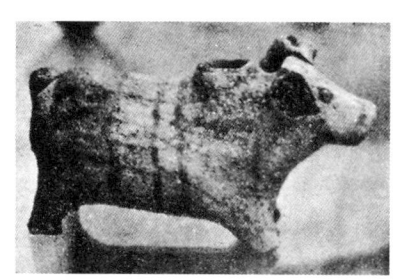

이집트, 크레타, 소아시아의 물건들이 우리 땅속에 묻혀있으니 이를 어떻게 생각해야 할까요? 그뿐 아닙니다. 인도, 중앙아시아의 물건도 있고 동남아시아나 중국의 남북조시대 물건도 있습니다. 발굴 상황을 보면 이 물건들은 대략 5세기경에 이 땅에 묻혔습니다. 5세기 즈음에 한반도에 무슨 일이 있었을까요? 한마디로 4, 5세기경에 어떤 종교 세력이 한반도로 밀려왔다고 말해야 이치에 맞습니다. 그 종교가 샤머니즘입니다.

한반도에는 적어도 4세기 이전에 국가가 존재했던 것을 보여주는 유적은 없습니다. 그렇지만 우리는 해마다 개천절이면 어김없이 반만년 역사를 기념하지요. 이는 정말 희극이라고 하지 않을 수 없습니다. 그래도 우리 가운데 누구도 여기에 이의를 제기하는 사람은 없습니다. 지금도 한반도 여기저기를 파면서 반만년 역사를 찾아다니는 사람들이 있지만, 어찌된 영문인지 찾는 물건들은 나타나지 않고 엉뚱한 물건만 쏟아져 나옵니다. 이집트, 크레타, 소아시아(켈트 양식)의 물건들이 우리 땅속에 묻혀있으니 이를 어떻게 생각해야 할까요? 그뿐 아닙니다. 인도, 중앙아시아의 물건도 있고 동남아시아나 중국의 남북조시대 물건도 있습니다. 이것들을 모아놓고 고대 문명의 박람회를 열어도 손색이 없을 것입니다. 발굴 상황을 보면 이 물건들은 대략 5세기경에 이 땅에 묻혔습니다.^{그림 1}

5세기 즈음에 한반도에 무슨 일이 있었을까요? 우리 조상이 이집트나 소아시아로 쳐들어가 약탈을 했다고 말해야 할까요, 아니면 이들 모두 다 무역으로 가져온 물건이라고 보아야 할까요? 그것도 아니라면 전설적인 도깨비들을 모두 동원하여 감쪽같이 그것들을 훔쳐다 한반도에 묻었다고 해야 할까요? 하지만 유물의 실체는 그런 가정을 우스꽝스럽게 만듭니다. 그것들은 거의 신성한 제기祭器나 의례기구들이기 때문입니다. 한마디로 4,

우리 나라에서 발견된 지중해권 양식의 유물 맨위는 로만 글래스로서, 로마권의 유리 공장에서 만들어진 이 유리잔이 어떤 경로를 거쳐 한반도에 이르렀는지는 아직까지 수수께끼이다. 경주 천마총 출토, 신라 5~6세기, 국립중앙박물관 소장. 가운데는 흙을 구워 만든 말 모양 제기이다. 받침대는 한반도에서 만들어졌다. 맨 아래는 크레타 섬에서 사용된 흙으로 만든 제기인데, 소의 몸통이 비어있고 등쪽에 구멍이 나있다. 이것이 어떻게 한반도에까지 왔을까. 도판 출처, 국립중앙박물관, 《미술자료집》제6호. 97쪽에 또 다른 로만 글래스 도판이 있다.

5세기경에 어떤 종교 세력이 한반도로 밀려왔다고 말해야 이치에 맞습니다.

그렇다면 그 종교의 실체는 무엇이라고 해야 할까요? 그 종교가 샤머니즘입니다. 19세기 초에 서구 학자들이 발견한 샤머니즘이 미개 종교가 아니라 깨달음(해탈)을 유도하는 방법의 종교였다는 사실은 이제 정설로 자리잡고 있습니다. 샤머니즘 시대는 태양을 신으로 숭배하고 천문학을 교리로 믿었던 제정일치의 사회였습니다. 태양신(우리 용어로는 옥황상제라고도 합니다)은 많은 천문박사와 음양(무 巫)박사를 거느리는데, 그 박사들이 바로 샤먼입니다. 샤먼은 태양신인 사제와 함께 세계를 지배합니다. 샤머니즘은 일종의 사원국가 寺院國家 형태로 구현되며, 인종을 초월하는 특수한 이념으로 세계를 지배했던 종교입니다. 그렇다면 이 종교는 어떻게 한반도로 왔던 것일까요? 필자는 이 해답을 얻기 위해 여러 기록과 유물을 찾아보면서, 그 종교가 실은 지중해라고 해야 할 쪽에서 동진하여 한반도에 이르렀다는 사실을 알게 되었습니다.

처음 가본 곳은 지중해입니다. 그곳은 미술사가들이 말하는 이른바 켈트 양식의 황금유물이 만들어진 본고장입니다. 토로스 Taurus 산맥은 오늘의 터키 땅 가운데에서 동서를 가로지르고 있습니다. 그곳 중부 지역에 7,000~8,000년 가량 되는 고대 유적 차탈휘위크 Çatal Hüyük 가 있습니다. 1958년에 영국의 제임스 멜라트 James Mellaart 경이 그곳을 발견하여 세상을 놀라게 했지요. 그런데 똑같은 이름이 우리의 《환단고기》에 적혀 있습니다. 《환단고기》는 거의 같은 소리인 '사타여아 斯它麗阿'라고 부른 곳에서 인류의 시조인 나반과 아만이 혼인을 했다고 적었습니다. 신전으로 보이는 유적 안에서는 천문을 상징하는 소머리(우두상 牛頭像)와 활활 타오르는 불이 그려진 벽화가 발견되었고, 그곳에 천문대와 연금술이 숙련된 승려 집단이 있었음이 학자들에 의해서도 확인되었습니다. 이 정황은 수메르, 바빌로니아, 이집트, 인도 모헨조다로의 유적에서도 똑같이 발견되며, 그들은 모두 태양신을 믿었습니다. 영국의 고고학자 앤드루 콜린스 Andrew Collins가 그곳에 살던 도시민들이 오늘의 동아시아인을 연상케 하는 인종이었다고 밝힌 점도 주의를 기울일 필요가 있습니다.

그렇다면 우리는 흑해와 코카서스 산맥으로 시선을 옮겨야 합니다. 《환단고기》에는 기원전 3400년경 환인 桓因이 차탈휘위크에서 구이 九夷를 대동하고 흑수 黑水와 백산 白山 사이의 땅으로 갔다고 써있습니다. 흑수는 흑해 黑海이고 백산은 백인종의 고향 코카서스 Caucasus 산맥을 가리킵니다. 여기서 '구이'는 무엇을 말할까요? 헤로도토스는 이집트의 아홉 신관 ennead이 전지전능한 존재였으며 우주에 관한 고도의 지식이 있었고 직접 천문을 관찰했다고 썼습니다. 아홉 신관이란, 사제단을 말하는 것입니다. 구이도 이와 다르지 않는 사제 계급을 의미합니다. 오늘의 용어로 말하면 샤먼들입니다. 우리가 알고 있듯이 환인은 백산을 가리키는 삼위태백 三危太白에 있었는데, 이곳은 천문대 기능을 했던 피라미드와 다르지 않습니다. 헤로도토스의 언급은 최초의 종교가 샤머니즘과 마찬가지로 천문신 天文神을 숭상하는 동이교임을 밝히고 있는 것입니다.

중국 고전 《서경 書經》은 고대 세계를 구주 九州로 나누고 그중 하나를 옹주 雍州라고 했습니다. 흥미롭게도 그 옹주의 지리에 대해서 "흑수를 따라 삼위 三危에 이르며 그 삼위에서 남해 南海로 들어간다"고 적었습니다. 흑수가 흑해이고 삼위 三危가 삼위태백임을 의미한다고 할 때, 여기서 말하는 남해는 어디일까요?

삼위태백이 있는 코카서스에서 남쪽이란 결국 자그로스 산맥이나 티그리스 강을 타고 들어가는 페르시아 만이 됩니다. 《서경》이 중국 땅에서 일어난 역사를 대변하는 것이 아니고 소아시아의 일을 기록하고 있다는 사실은 놀라운 일입니다. 오늘의 중국 땅에서 흑해를 찾는 일은 불가능합니다. 중국의 고문헌인 《이아 爾雅》는 《논어 論語》나 《서경 書經》 같은 책이 한자가 아니고 과두문자(올챙이문자)로 쓰여졌다고 했습니다. 중국의 고대 역사가 설형문자(쐐기문자)를 사용했던 서아시아 문명권에서 일어났음을 말합니다. 1897년, 러시아의 고고학자 베세로브스키 N. L. Vesselovsky가 흑수와 백산 사이에서 기원전 3천년대의 마이코프 유적을 발굴했습니다. 이곳은 오늘날 그루지아 공화국의 영토로, 마이코프 유적은 코카서스 산맥에서 발원한 쿠반 강이 서쪽 흑해로 들어가는 연안입니다. 그곳에 종교적으로 매우 중요한 인물들이 거주했다는 사실이 유물을 통해 밝혀졌으며, 그들이 이집트, 수메르는 물론 인도 모헨조다로 지역과도 무역을 했다는 사실도 입증되었습니다. 환인이 구이를 거느리고 그곳에서 세계를 통치했다는 《환단고기》의 기록과 일치하는 지점입니다.

이제 시선을 환인의 서자 환웅 桓雄이 천부인 天符印과 승려 3,000명을 이끌고 내려갔다는 신시 神市로 옮겨가봅시다. 그곳은 오늘날 시리아의 중심부 알레포에서 서남방으로 약 55킬로미터 지점에 있는 고대유적 '이브라 Ib-La'입니다. 거대한 접시를 엎어놓은 모양의 이 유적은 1964년, 이탈리아의 파올로 마티에 Paolo Matthiae가 발굴하였고 그곳이 기원전 3000년경의 고대도시 '델 마르두크' 신전 터였음이 확인되었습니다. 중심부에는 아크로 폴리스가 있고 그곳에 수많은 수도승이 거주했습니다. '신시'라는 기록이 우연히 나온 것이 아니지요. 게다가 '마르두크'의 뜻이 지팡이(낫)이므로 이것 역시 환웅의 천부인 天符印과 대응됩니다. 성서는 이 낫을 가리켜 만국을 지배하는 쇠 지팡이라고 했습니다. 유적에서 발굴된 점토판은 마르두크 신이 수메르 문명 시대의 영웅 사르곤 Sargon이라고 말합니다. 따라서 환웅이 곧 사르곤입니다. 그렇다면 환웅과 웅녀 사이에서 태어난 왕검 王儉의 역사도 그곳 어디에서 펼쳐졌을 것입니다.

왕검은 신시를 버리고 강화 江華의 마리산 摩璃山으로 갔습니다. 《환단고기》의 〈고조선기〉는 이곳을 아사달 阿斯達이라고 적어서 요긴한 정보를 남겨주었습니다. 마리산은 오늘날 시리아의 심장부에서 유프라테스 강변을 따라 남쪽으로 나있는 마리mari의 유적지와 대응됩니다. '강화'가 유프라테스 강이고, 마리 摩璃가 mari임은 단번에 알아차릴 수 있겠지요? 마리 유적지에는 이슈타르 Ishtar 여신전의 터가 남아있으며, 이 여신의 이름은 아스타르테라고 불렸습니다. 눈치 빠른 독자라면, 이슈타르가 '아사달'로 옮겨진 것을 알아차릴 수 있을 테지요. 결정적인 단서는 그곳에서 발견된 다곤 Dagon이라는 신의 이름입니다. 어원이 불분명했던 단군 檀君이라는 이름의 본래 소리를 짐작케 합니다. 성서학자들은 '다곤'이 블레셋 사람들의 주신 主神이며, 이 신은 처음 시리아 지역에서 숭배하기 시작해서 사방으로 펴져 나갔다고 합니다. 적어도 기원전 2000년경에 다곤(단군)이라는 이름의 신이 존재했음을 보여주는 것이지요. 그렇다면 블레셋 사람들은 누구일까요? 성서에는 이 사람들이 람세스 3세(기원전 1188년) 때 이집트를 침입했다고 써있습니다. 《환단고기》도 이와 같은 사실을 기록하고 있습니다. 《환단고기》는 이집트를 인종의 특징을 반영하여 남국 藍國이라고 쓰는데, 제21세 단군 소태 蘇台 때(기원전 14~13세기)에 이집트로 들어가 그곳에 후국(고리후 高離侯)을 세웠다고 했습니다. 나중에 이집트의 람세스 2세가 반격하자, 고조선은 마리의 아사달을 버리고 다시 환웅 시대의 이브라(신시 神市)로 돌아갔다고 썼습니다.

불행하게도 기원전 7세기경에 시리아 지역에 천재지변이 일어나 많은 신전과 왕궁이 무너졌습니다. 신시도 무너져 단군조선은 북쪽의 소아시아 반도로 천문대(부도, 샤머니즘 시대의 신전)를 옮겨갑니다. 단군 보을 普乙 때입니다. 옮긴 곳은 오늘의 터키 중서부에 있는 사르디스입니다. 《환단고기》는 사르디스를 진 晉이라고 쓰고 그곳에 천문대가 있다고 암시했는데, 사마천도 《환단고기》와 똑같이 진 晉을 언급합니다. 사르디스는 'Asia' 'Anatole'로 적으며 그 뜻은 '솟아오르는 태양'입니다. 이 개념이 그리스 신화에서는 올림푸스라고 표현됩니다. '진'도 천문대가 있는 곳, 해가 떠오르는 부도(진震)를 뜻합니다. 고조선은 이곳에서 기원전 6세기경에 막을 내리고, 그곳의 사제 계급(구이)이 새 부도를 세우기 위해 중앙아시아의 박트리아, 소그디아나 지역으로 옮겨갑니다. 진은 곧 조선朝鮮이고 조선은 오늘날 로마 교황청과 같은 기능을 하는 곳이었습니다. 지상에서 가장 위대한 두뇌집단인 샤먼(구이九夷)들이 만장일치의 의사결정을 통해 세계를 지배했던 것이지요. 이후 세계사는 열국들이 세계국가(교황청)의 지위를 얻기 위해 부도(조선)를 두고 치열한 각축을 하는 양상으로 전개됩니다.

새로운 곳에서 일어난 샤먼 사제단이 대월지大月氏이며, 그들이 포스트 고조선 세력입니다. 우리의 삼국사三國史는 이곳에서 시작했습니다. 독자들은 이 책에서 북부여의 해모수解慕漱가 메디아 제국의 영웅이며, 오늘의 카스피 해(가섭원迦葉原) 남쪽에 있는 고대도시 헝그마타나 hangmatana 성에 도읍했음을 확인할 수 있을 것입니다. 헝그마타나 성은 우리 쪽에서 흘승골 성이라고 기록되며, 주몽朱蒙은 이곳에서 부여의 태자 대소帶素에게 쫓기어 오늘의 중국 신강성新疆省 타클라마칸 사막으로 들어옵니다. 거기에서 졸본부여卒本夫餘의 공주와 혼인하며 고구려를 세우는 것이지요. 졸본부여의 중심지는 누란樓蘭이며, 중국은 이를 '소월지小月氏'라고 적습니다. 사마천의 기록에는 한의 무제가 기원전 2세기경에 그곳을 침략하여 한사군漢四郡을 두었다고 썼습니다. 조선이 기원전 2세기 이전에 중원에 있었음이 드러나지 않습니까? 고구려는 이곳을 기점으로 잃어버린 고조선을 되찾기 위해 소아시아의 사르디스로 진출하게 됩니다. 하지만 곧 알렉산드로스의 정벌로 그 뜻을 접어야 했습니다.

잘 알다시피 알렉산드로스의 헬레니즘 시대는 단명했는데, 304년에 부도(구이) 세력이 중앙아시아에서 다시 살아납니다. 중국은 이를 서진西晉이라고 기록합니다. 구이가 중국의 서쪽에서 일어났다는 뜻이지요. 고구려, 신라, 백제의 역사무대가 여기입니다. 그들이 바로 부도를 지키거나 운영하는 삼한 三韓입니다. 고구려는 태조대왕 太祖大王부터 15대 미천왕 때까지 오늘의 우즈베키스탄을 일컫는 소그디아나 지역(사마르칸트)에 있었습니다. 하지만 박트리아, 소그디아나의 구이 세력은 자중지란으로 불과 10여 년 만에 종지부를 찍고 샤먼 사제 계급(구이)들이 뿔뿔이 흩어져 오늘의 중국 땅으로 옮겨와 세력 다툼을 벌이게 됩니다. 이 시대를 중국은 오호십육국 五胡十六國 시대라고 부릅니다. 이 와중에 서진 西晉 시대의 종실인 宗室 人이 다시 부도를 세우게 되어 중국이 이를 동진 東晉이라고 기록한 것입니다. 서쪽의 부도 세력이 동쪽으로 옮겨왔다는 뜻이지요.

이 진 晉은 대개 남경 일대와 사천성 泗川省의 성도 成都와 섬서성의 장안 그리고 산둥의 광고 廣固로 옮겨 다녔던 것으로, 이 진이 다름 아닌 신라, 백제, 고구려의 삼한(3기능)을 대표하는 주체입니다. 처음 이 진의 세력은 감숙성, 섬서성의 동쪽에서 청해 靑海에 이르는 오아시스 일대에 근거를 두고 전개됩니다. 이렇게 말하면 누구나 당황하겠지요. 이곳이 중국의 고유 영토라는 고정관념 때문입니다. 하지만 중국이 중국사의 실체라고 말하는 한나라(후한 後漢)는 이미 기원후 3세기 중반에 지도상에서 사라져 버린 상황입니다. 그러니 그 빈터에서 우리의 고대사를 말하는 진 晉의 역사가 전개된다고 해서 하등 이상할 일이 아닙니다.

동진 東晉도 오래가지 못했습니다. 이미 사원국가 형태의 통치방식(샤머니즘)은 식상해졌고 바야흐로 불교라는 새로운 종교가 밀려들기 시작했습니다. 사제 계급의 대리자였던 고구려는 이때 장안 長安을 근거로 둔황에 군사기지를 두고 있었는데, 북위 北魏가 동진을 대신하여 세계국가(천하국)의 지위를 얻게 되자 고구려의 장수왕은 427년에 한반도(평양)로 근거지를 이동합니다. 그런가 하면 양자강 하류 지역의 남경 南京에서 양나라를 세웠던 백제 세력은 많은 유민들을 그곳에 남겨두고 468년경에 한반도의 중서부로 건너옵니다. 이 일은 《삼국사기》의 백제 개로왕豊鹵王 기사에서, 개로왕이 동극東極에다 나라를 세웠다고 씀으로써 사실상 말뚝을 박아놓은 상황입니다. 극極이라는 말은 지자기地磁氣의 개념으로 일반적으로 천축天竺이라고 씁니다. 중원에서 볼 때 동극은 한반도임이 분명합니다.

신라는 이보다 앞서는 350년경에 집안현集安縣에 나타나 그곳에 부도를 건설합니다. 우리가 알고 있는 집안현의 태왕릉太王陵과 그 일대의 고분군들이 신라의 부도인 것입니다. 중국인이 집안을 태양, 부도를 의미하는 Jin과 비슷한 소리로 '지안jian'이라고 발음한다는 사실도 이를 뒷받침합니다. 이 중국식 표기 Jian이 동이를 가리키는 진震이며, 뒤에 발해가 이를 국호로 삼았지요. 집안에 부도를 건설했던 인물은 신라 제17대 내물이사금奈勿尼師今으로, 당시 실세는 그의 부친 말구각간末九角干이라고 추정됩니다. 그는 서진西晉이 망하자 환웅이 그랬던 것처럼 중앙아시아에서 기술자 집단을 거느리고 이동하여 집안에 부도를 세웠던 것입니다. '각간角干'에서 '角'은 소뿔을, '干'은 흉노匈奴의 사제를 말하는 칸khan을 의미합니다.

신라가 샤머니즘 시대의 세계국가를 상징하는 부도를 세우자 고구려는 이를 그대로 방관하지 않았습니다. 469년에 장수왕은 1만 말갈병을 거느리고 신라의 실직주悉直州를 공격하여 점령합니다. 김부식은 그곳을 소머리주(우수주牛首州)라고 써야 함에도 조선의 역사를 숨기기 위해 이를 불교용어인 '실직悉直'이라고 쓰고 그 위치도 지금의 삼척三陟에다 옮겨놓았습니다. 신라가 한반도의 붙박이 나라임을 굳히기 위해서입니다. 실직은 산스크리트어로 'siddhi'를 옮긴 글자로 보통 실지悉地라고 번역됩니다. 브라만 승려들의 수도장을 일컫는 말입니다.

신라는 고구려에 밀려서 다시 제21대 소지마립간 때(488년)에 오늘의 경주 첨성대 앞쪽에 샤먼 부도(천문대)를 건설하고 그 이름을 나을신궁奈乙神宮이라고 부릅니다. '나을'은 날[日] 즉, 태양을 뜻합니다. 이 '신궁'이 태양신을 모시는 신전이었던 것이지요. 법흥왕, 진흥왕 이후 부도(샤먼) 세력은 불교세력에 져서 그 잔존세력이 바다를 건너 일본으로 가게 된다는 것은 더 말할 필요도 없습니다. 이 책에서는 논증의 실감을 더하기 위해 서술 순서를 거꾸로 해서 먼저 한반도에서 출발하여 지중해로 거슬러 올라가는 방법을 선택하였습니다. 이 점을 참고해 주시기 바랍니다. 그럼, 고대사 여행을 떠나봅시다.

제1장

태양신과 샤머니즘

고려 제17대 인종 때 묘청의 난이 일어났다. 이 사건을 단재 신채호는 '조선 역사 일천년래의 대사건'이라고 크게 주목했다. 하지만 《삼국사기》를 쓴 김부식에게는 묘청이 죽어 마땅한 대역적이었다. 어느 쪽의 의견이 옳을까. 역사는 승자의 기록이므로 김부식의 기록에서 묘청은 영원히 역적이자 혹세무민의 요망한 승려로 저승에 묻혔다. 이제 이 평가가 진정 옳은 것인지를 물을 차례이다.

고대사는 천문학과 천문대의 역사

고려 제17대 인종 仁宗 때 묘청 妙淸의 난(1135년)이 일어났다. 이 사건을 단재 신채호 申采浩는 '조선 역사 일천년래의 대사건'이라고 크게 주목했다. 하지만 《삼국사기》를 쓴 김부식 金富軾에게는 묘청이 죽어 마땅한 대역적이었다. 어느 쪽의 의견이 옳을까. 우리는 아직 이에 대한 분명한 확신에 다다르지 못하고 있다.

바야흐로 북방에서 금 金나라가 일어나 고려를 압박하자, 신라의 선파 仙派를 계승한 서경 승려 묘청은 당시 왕의 신임을 받고 있던 정지상 鄭知常을 통해 인종을 접견하고 왕에게 수습책을 내놓았다. 수습책은 고려의 왕호를 제왕으로 격상하는 것과 수도를 서경 西京으로 옮겨 그곳에 대화신궁 大花神宮을 짓는 것이었다. 그런 다음 그 신궁의 화혈 花穴에 백두선인 白頭仙人을 모시면 금나라는 저절로 고려에 머리 숙여 조공을 바치게 되며 고려는 천하를 다스리게 된다는 것이다.[1] 왕이 그 제안을 받아 그대로 실행하기로 하자 유학파 儒學派의 거두 김부식은 이에 반항하여 추종세력을 모아 내란을 일으켰다. 그는 손수 군사를 동원하여 서경을 공격했으나 실패했다. 이 소식을 전해 들은 송나라(남송 南宋)가 지원군 파견을 제안했으나 김부식은 무슨 이유인지 이를 사양하고 더 많은 군사를 동원하여 인종 14년에 드디어 서경을 함락하고 묘청과 그 일파를 모조리 처형했다. 이것이 '조선사 일천년 이래의 대사건'의 전말이다.

역사는 승자의 기록이므로 김부식의 기록에서 묘청은 영원히 역적이자 혹세무민의 요망한 승려로 저승에 묻혔다. 이제 이 평가가 진정 옳은 것인지를 물을 차례이다. 그러기 위해서는 먼저 난해한 말부터 해석해야 한다. 대화궁과 화혈, 백두선인과 같은 낯선 말이 우리의 앞길을 가로막고 있지 않은가. 조선조 숙종 때의 선비인 북애자北崖子는 '백두白頭'가 소머리를 뜻하는 천문대의 이름이라고 했다. 즉 백두는 해와 달과 별의 동태를 살피는 샤머니즘 시대의 천문대를 말한다. 아직도 학계의 냉대를 받고 있는《환단고기桓檀古記》(이하《고기》)는 이 '백두'를 구변진단九變震檀이라고 적었는데, 북애자는 구변진단을 고대에 북극성을 찾아 천하를 아홉 번씩 이동하는 부도를 말한다고 했고, 이때 '檀'은 동방(동이)어로 박달朴達, 배달倍達, 백달白達이라고 부른다고 했다.[2] 이 사실은 오랫동안 우리를 괴롭혔던 고대사 이해의 단초가 될 수 있다. 이를테면 박달, 배달, 백달의 소리말은 백두와 같고 모두 고대의 천문대를 가리킨다는 사실이다. 한자로 보면 각기 뉘앙스가 다른 이 말들은 기본음이 모두 p(b)와 t(d)음으로 나타나, 고대의 천문대를 가리키는 부도(浮屠, budo)의 기본음과도 같다.

'부도'라는 말은 만주 퉁구스족族부터 먼 서방의 이집트는 물론 동남아시아와 인도에 이르는 세계적인 영역에서 사용했던 말이다. 만주의 퉁구스족 샤먼은 부도를 파나프투panaptu라고 한다. 'pana'는 '영혼의 그림자'를, 'ptu'는 그 그림자를 담는 그릇을 의미하는데, 이는 등불과 거울의 관계와 같다. 영혼을 담는 파나프투가 천문대이고, 그곳은 샤먼들이 영혼을 수련하는 수도장이기도 하다. 영혼이란 샤머니즘에서는 '깨달은 자', 곧 '해탈한 자'를 의미한다. 샤머니즘의 세계적인 권위자인 엘리아데는 샤먼을 '영혼의 주술사 psychopomp' '깨달음으로 인도하는 위대한 성자'라고 정의함으로써 샤먼의 집이 수도장임을 암시한 바 있다. 그리고 천문대 속에는 거울이 있었는데, 거울은 천문을 헤아리는 도구이다. 이는 오늘날의 고고학이 비켜간 문제이다. 고대 이집트인은 피라미드가 있는 곳을 'ptar'라고 불렀는데 이 말의 뜻 역시 '영혼의 집'이다.³ 이런 사실들은 '깨닫다'라는 말의 본래 뜻이 천문학에서 왔음을 보여준다. 나아가 중앙아시아의 불교는 부도를 'but, bot'라고 부르고, 이것이 불타佛陀를 지칭하는 'buddha'와 다르지 않다고 믿는다.⁴

중국 문헌은 부도의 역사를 천지개벽 후 처음으로 세상에 나왔다는 전설상의 천자인 반고盤古의 역사라고 했다. 주목할 것은 '반고'라는 글자이다. '盤'은 접시나 사발의 모양을 뜻하며 '古'는 가장 오래된 중국 자서인 《설문해자說文解字》(이하《설문》)에 이르기를 옛날 소머리를 숭상하던 시대라고 했으니, 반고는 돔dome 같은 모양의 고대 천문대를 암시한다. 모든 돔 건축물이 그렇듯, 그곳은 종교의 심장부이고 아카데미이다. 돔을 뜻하는 반고의 역사가 샤머니즘의 역사인 것이다.

이렇게 보면, 묘청이 말한 '대화大花'도 이집트의 로터스(연꽃)가 태양신의 상징이듯이, 태양(천문)에 제사 올리는 사제라는 뜻이다. '화혈花穴'은 천문대에서 태양빛을 받아들이는 구멍을 가리키는 말로 사실상 부도를 의미한다. 묘청은 적절한 자리, 즉 대화세大花勢에 부도를 세우고 그곳에 세상에 널리 알려진 천문박사들인 백두선인을 모시려 한 것이다(백두선인이 힌두교의 브라만과 다르지 않다는 것은 우연이 아니다. 초기 힌두이즘이 남방 샤머니즘으로 분류되기 때문이다). 이 비밀의 열쇠는 우리말에서 '花'와 '해'(태양)가 같은 소리를 낸다는 것에 있다. 그렇게 보면 대화신궁은 곧 태양신궁太陽神宮 그림 2이 된다. 천문학, 지리, 풍수, 연금술의 샤먼들을 그 신궁에 모시면 금나라도 고려를 깔보지 못하게 된다는 것이 묘청의

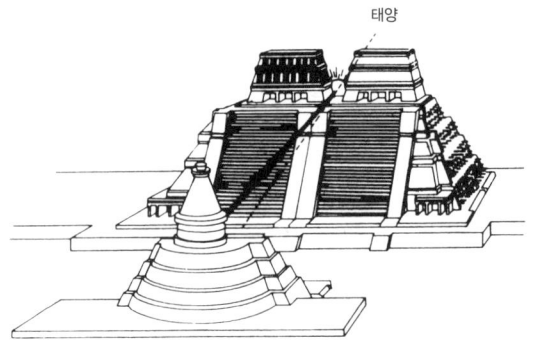

태양신전의 구조 멕시코의 태양신전 구조이다. 산이 많은 우리 나라에서는 해가 떠오르는 뒷신전 자리를 산으로 대체한다.

생각이었던 것이다.

곧 묘청은 글자의 학문(유학 儒學)이 아니라 유학에 밀려난 자연과학을 일으키고자 했다. 이때의 자연과학이란 '무 巫'를 말한다. 김부식의 유학파들은 이를 혹세무민이라고 몰아쳤던 것이다. 이렇듯 김부식과 묘청의 충돌은 유교와 샤머니즘, 곧 유학과 자연과학과의 충돌이었다. 이런 정황을 좀더 이해하기 위해서는 대화신궁 안에 무엇이 있었는지 헤아릴 필요가 있다.

옥황과 상제가 있는 곳, 부도

부도 안에는 무가 巫歌가 말하는 옥황상제 玉皇上帝가 있다. 여기서 '옥황'과 '상제'라는 말을 분리해야 말의 본뜻이 선명하게 드러난다. '옥황 玉皇'은 신상의 머리에 있는, 구슬로 장식된 화려한 금관을 가리킨다. 일연도《삼국유사》선도성모 仙桃聖母에 관한 기사에서 옥황은 금을 다루는 신선(금선 金仙)이 만든 것이라고 기록했다. 사마천은 이 신상을 흉노의 '휴도금인 休屠

金人'이라고 말하고 그것이, 흉노의 신전인 '휴도'에 있다고 했다. '휴도'는 부도를, '금인'은 황금으로 만든 신상을 뜻한다. 《고기》는 이 옥황을 '웅상雄常'이라고 쓰고 그 모습을 이렇게 묘사했다.

> 웅상雄常은 환웅의 조상彫像으로 태시전太始殿의 환화桓花 위에 앉아있다. 웅상의 머리는 빛을 받아 해처럼 거대한 원광圓光을 사방에 발광한다. 이것이 진신眞身이다. 웅상의 손에는 천부인天符印이 들려있다.[5]

이 문장을 실감하자면 석굴암을 떠올리는 것이 좋다. 연꽃 위에 앉은 불상이 웅상인 것이다. 석굴암의 화혈에서 들어오는 광선이 불상의 이마에 박힌 구슬을 비추면 강렬한 섬광이 일어나며 그 시점에서 우주의 사시四時를 측정하게 된다. 다만, 웅상은 석굴암의 불상처럼 이마에 구슬이 박힌 게 아니고 수십 수백 개의 구슬이 달린 금관을 쓰고 있다. 춘분, 추분, 동지, 하지가 되는 순간 그 구슬에서 황홀한 원광이 발산되어 암실을 일순에 대광명 세계로 바꾸어놓는다. 이 '옥황'을 지키는 샤먼을 무당은 상제上帝라고 불렀다. '상제'라는 말은 우두머리, 제왕이라는 뜻이므로 그곳에 샤먼 여러 명이 있음을 알 수 있다. 우두머리는 곧 소머리(우두 牛頭)이다.그림 3 산스크리트어에서는 황소를 'go'라고 말하고 그 의미가 일차적으로 별, 달, 태양 광선이라고 했다. 그 말이 변하여 다시 지구를 통치하는 왕(목자牧者)이나 사원寺院이라는 의미가 된다.[6] 인도인이 태양신을 '힘센 수소' '미트라 mithra'라고 불렀던 것도 그런 이유 때문이다.[7] 미트라는 옥황상제를 목숨 바쳐 지키는 비밀결사대로, 이들을 용화교도龍華教徒라고 부른다.

그러니까 묘청이 말한 백두선인은 옥황을 받드는 상제이고 그를 소머리 왕(우두왕牛頭王)이라 불렀던 것이다. 흉노는 이를 '도기屠耆'라고 부르는데, 현자賢者라는 뜻이다. 샤먼 시대에 소머리 왕은 부도를 지키며 제천

천문학을 상징하는 소머리왕 도상 왼쪽은 인더스 강 유역에서 발견된 도상이고, 오른쪽은 모헨조다로에서 발견된 인장이다. 기원전 2000년경. 도판 출처, Joseph Campbell, 《The Masks of God Oriental Mythology》.

의식을 행했다.[8] 암실 안에서 화혈을 바라보면 동지와 하지를 나타내는 두 기둥이 소의 양 뿔에 해당되며, 춘분과 추분이 그 중심에 있는데, 불교의 선종禪宗에서는 이를 '우지양각상牛之兩角上'이라고 한다. 불교가 이를 진여眞如라고 하는 것은, 불교가 부도의 어법을 이었음을 말해 준다.

구이라고 불리는 샤먼들과 신단수

샤먼들의 천국은 옥황상제가 있는 곳이고, 그곳을 신단수神檀樹라고 한다. 신단수 역시 '신단'과 '나무(樹)'를 나누어 읽어야 뜻이 분명해진다. 신단은 부도의 암실(단壇)을, 나무는 피라미드나 바티칸의 시스티나 성당 앞에 세워진 오벨리스크 같은 것을 뜻한다. 중국의 〈동이전〉에서는 천군天君이 하늘에 제사하는 곳을 '별읍別邑'이라고 적고 그곳에 나무가 서고 그 나무를 소도 蘇塗라고 했으므로, 신단수는 천문을 관측하는 신전이라고 할 수 있다. 〈동이전〉은 이 신단수를 서역의 스투파 stupa와 다르지 않다고 했고, 그곳에는 중죄인이 도망쳐 들어가도 왕권이 미치지 못한다고 했다. 시베리아 샤먼들은 이 나무를 '천국 天國(우주목 宇宙木)'이라고 부른다. 이는 나무가 머리 위에 북두칠성을 이고 있다는 뜻으로, 천문관측자에게는 북두칠성이 하늘의 등대와 다름없는 것이다.

해가 떠올라 부도의 화혈과 정확히 눈을 맞추자면 조준점이 있어야 하는데, 그것이 마당에 있는 솟대이고 이 모양을 새긴 글자가 '동 東'이다. '나무[木]'에 '해[日]'가 걸려 있는 상이다. 동이 東夷라는 말이 천문을 관측하는 고대의 천문가 집단의 표상임을 말해 주는 근거이다. 잘 알려져 있듯이 샤먼은 천문학에 대한 지식이 높았다. 그들은 항성 恒星이나 황도십이궁을 영성 靈星이라고 불렀으며, 지구의 배꼽(영대 靈臺)이 무엇을 뜻하는지를 알았다. 그 배꼽에 천국을 의미하는 옥황상제의 부도가 있다는 사실도 알았던 것이다. 이런 정황만으로도 우리는 그들이 다음과 같은 천문학적인 사실에 접근해 있었음을 알 수 있다.

즉 그들은 지구가 지축을 중심 삼아 자전하면서 동시에 해를 중심에 두고 공전한다는 사실, 하루(일일 一日)가 해돋이에서 다음 해돋이, 혹은 자정에서 다음 자정까지의 시간의 길이라는 사실, 그리고 지구가 태양 주위를 공전하고 있다는 사실을 알고 있었다. 그리고 지축을 중심으로 한 자전횟수 自轉回數가 해마다 한 번 더 있다는 것도 알았다고 봐야 한다. 24시간에 지구는 361도를 돌지만 항성의 위치는 지구와 해의 관계와는 무관하다. 이는 항성 시리우스(천랑성 天狼星)가 우리 머리 위에 오는 순간부터 다음에 다시 그 자리까지 오는 데 걸리는 시간이 지구의 24시간보다 3분 56.55초 짧다는 것을 의미한다. 따라서 춘분의 자정에 우리 머리 위에 있던 별들은 하지가 되면 90도를 진행한 뒤이므로, 자정이 될 때 그것들은 이미 서쪽으로 넘어가버린다. 이렇게 별들이 고정된 위치에 있고 해, 달, 혹성들이 그와는 상대적으로 움직인다는 사실을 샤먼들은 알고 있었던 것이다. 그들은 이 움직이는 별들이 따라가는 통로를 황도黃道, 혹은 황도대黃道帶라고 불렀고, 1년이라는 시간의 흐름에 따라 해가 이 궤도를 지나간다는 것도 알고 있었다. 그들은 춘분 때 관측할 수 있는 '세차歲差'에 대해서도 알고 있었다. 이는 이집트, 바빌로니아 천문학자들이 알고 있던 지식이다. 샤머니즘 시대에 천문학은 인간과 국가의 운명을 들여다보는 컴퓨터였으므로 왜 샤머니즘이 수천수만 년이나 세상을 지배했는지를 짐작케 한다.

시베리아 퉁구스 샤먼이 전하는 신화는 이런 지식을 바탕에 깔고 있다. 신화는 이렇게 말한다. 태초에 천상에 말뚝 하나가 우뚝 서있었다. 그런데 그 말뚝은 너무나 쓸쓸해 보였다. 그래서 신은 말뚝에 아홉 가지를 자라게 했다. 말뚝이 솟대이고 아홉 가지는 아홉 명의 샤먼신선이다. 이것이 중국 문헌이나 우리의 《고기》에 등장하는 구이九夷이며 이 숫자는 천문학이 발명한 간지干支의 수이다. 하나와 아홉, 여기서 하나에 해당하는 말뚝은 영零이고 그 영에서 숫자 아홉이 나타난다. 이것이 십진법이고 수의 사상數象이다. 《후한서》〈위지〉〈동이전〉은 이때의 아홉 가지(구이)의 성격을 다음과 같이 기록해 놓았다.[9]

견이畎夷 우이于夷 방이方夷 황이黃夷 백이白夷

적이赤夷 현이玄夷 풍이風夷 양이陽夷

샤먼신선 이름 아홉 가운데 황, 백, 적, 현(흑黑)은 인종 개념이고 나머지 다섯은 샤먼의 고유한 기능을 암시한다. 전지전능한 아홉 신선 혹은 아홉 샤먼은 온누리를 다스리는 제왕도帝王道의 실세이다. 《고기》는 이를 황부黃部, 백부白部, 적부赤部, 남부藍部라고 적어, 부도가 있는 곳이 우주의

중심인 오방五方임을 시사한다.[10]

주목할 점은 샤머니즘이 피부색을 초월하는 거대한 세계관을 보여준다는 사실이다. 헤로도토스의 《역사》에는 기원전 3000년경에 이미 현자들이 천문을 관찰하고 그 결과를 '피라미드 텍스트'에 기록했다고 썼다. 이집트인은 그 현자들을 '아홉의 전지전능한 샤먼ennead'이라고 부르고 이들을 숭배했다.[11] 이 부도에서는 비밀의식이 행해졌지만 헤로도토스는 그에 대해서는 전혀 언급하지 않았다. 하지만 이 샤먼의 비밀의례는 뒤에 소아시아와 그리스에 전해졌으며 인종을 초월해 있었다.

이제 묘청의 모반을 혹세무민의 도참설이라고 음해했던 배경이 되는 그 비밀의례의 실체가 무엇인지에 대해 더는 침묵해서는 안 된다. 《후한서》 〈동이전〉은 아무런 단서도 없이 동이가 조두俎豆를 사용한다고 썼다. 조두가 항아리임은 알 수 있지만, 그것이 무엇을 뜻하는지에 대해서는 침묵할 뿐이다. 그런 다음 느닷없이 고구려가 축제 때면 동쪽의 석굴에서 수신隧神을 모셔다 의례를 치르는데, 이 의례를 음사淫祀라고 폄훼했다. 항아리와 수신과 음사, 이것이 샤머니즘의 핵심 주제이다.

신주단지와 비밀의례

샤머니즘 제국의 중추였던 용화교도는 옥황상제의 명을 목숨 바쳐 집행하는 일당백의 전사戰士이다. 그들은 부도(동굴)를 신들의 정액을 넣어두는 자궁이라고 했는데, 이는 부도에 샤먼들의 정액을 넣어 두는 항아리가 있다는 의미이다. 〈동이전〉 서문이 언급한 조두는 이 항아리를 말한 것이다. 고고학에서는 이를 저패기貯貝器라고 부르며, 속에는 대개 골뱅이 같은 조개들이 들어있다. 조개는 고고학에서 보패寶貝, 혹은 자안패子安貝라고 불린다. 학술용어로는 'cowry'로, 어원은 힌디어의 kauri, 산스크리트어의 kaparda이다. 이 항아리의 정체는 고대 그리스의 항아리축제anthesteria에서 잘 드러난다. 일반적으로 엘레우시스 비밀의례라고 부르는 이 축제에 조두가 등장하기 때문이다.[12] 고고학자들이 이 신성한 항아리를 동굴이나 신전 석조건물의 아주 깊은 곳에서 찾아냈던 것은 지하신전이 비밀의례와 관련 있음을 말해 주는 것이다.

〈동이전〉은 고구려인들이 축제 때 동쪽 굴 속에 모신다는 수신이 바로 조두이며, 그들은 조두를 꺼내 의식을 행하는 축제의 장으로 운반했다고 기록했다. _{그림 4(97쪽)} '수신'은 수컷(웅雄)이라는 의미로, 샤먼神仙들의 종자를 말하며, 이를 보통사람의 종자와 구별하기 위해서 '정령精靈'이라고 쓴다. '정精'은 정충이고 '령靈'은 깨달은 자, 해탈한 자의 정신이다. 비밀의례는 훌륭한 선녀의 몸을 빌려 정령이 재생하는 성스런 의식을 말하는 것이다. 이를테면 인공수정 같은 방법이 비밀의례로 전해졌다고 할 수 있다. 비밀의례의 집행자는 태교 전문가인 산신産神인데, 우리는 이를 산신할멈이라고 불렀다. 삼신할미는 이 산신할멈에서 나온 것이다.

이 모든 자료는 샤머니즘 시대에 이미 DNA 유전자의 개념을 알았으며 천재적인 유전자를 재생산하여 인류를 구하려 했음을 말해 준다. 산스크리트어가 불타佛陀를 'buddha'라고 하고 이 말이 부도와 동일한 말이라고 한 것도 같은 맥락이다. 석가가 나무에 의지해서 태어나고 단군이 신단수 아래에서 태어났다는 것은 모두 부도에서 태어났다는 뜻이다. 이집트의 파피루스 텍스트에는 태양신이 그의 신전에서 수음을 하여 무수한 신들을 낳았다고 기록하고,[13] 그 신전에 있었던 말구유같이 생긴 돌 욕조를 가리켜 태양신의 정액이 화석으로 변한 것이라고 했다.[14] 이것은 신단수(부도)에서 행해지는 비밀의례를 가리키는데, 이렇게 태어나는 정령의 아이를 이집트 신화는 이렇게 썼다.

태양에서 먼저 연꽃이 솟아나고, 그 연꽃에서 태양신의 아이가 환생한다.

솔로몬 왕 시대에는 성전에서 놋쇠로 만든 세례반洗禮盤으로 비밀의식을 치렀는데, 이 그릇을 놋쇠바다 the bronze sea 라고 부른다.[15] 왜, 바다 sea 라는 말이 따라붙을까. 이 용어에 어떤 비밀스런 행위가 숨어있다. 세례반은 사제가 사용하는 대야로, 그는 이 대야에 손을 씻으며 허리에 두른 앞치마에 손을 닦는다. 바다는 밝은 물(정령)이라고 읽어야 옳다. 메소포타미아의 서사시가 고귀한 씨를 담수淡水에 비유하고 이 씨를 다시 '근원적인 물'이라고 했던 것은 이를 뒷받침한다.[16] 근원적인 물이 정령이고, 해탈자의 종자가 바다의 물인 것이다. 중앙아시아(박트리아나 히바)의 전설에서는 이를 숲(사원)에 있는 유해乳海라고 말하고 독수리(가루다)의 날개를 달고 온 자에게 사제(칸)가 색시를 준다고 했다. 바다의 젖(乳)이 정령임을 암시하고 있다.

초기 샤머니즘 연구에서 지대한 업적을 남긴 반자로프 Dordji Banzarov에 의하면 '샤먼'이라는 말은 만주어, 퉁구스어의 'saman', 몽골어의 밝 böge 이며 그 어근은 'sam'이다. 이 sam은 '액체를 휘젓는다'는 의미이다.[17] 이는 우리가 샘이라고 하는 것과 다르지 않다. 그리고 이 샘[泉]은 한자가 밝다[白]와 물[水]이 조합한 것으로 보통 물과는 격이 다르다. 수메르 말에서 그 예를 볼 수 있다. 수메르 신화는 바다를 'mul'이라고 하는데, 이는 위대한 왕을 가리키는 'mar' 'muru'와 같은 말이다. 바다라는 말과 물이 합쳐지면 정精과 령靈이 되어 '바단물'이 된다. 흥미로운 점은 러시아, 폴란드, 체코, 불가리아, 독일 말로 바다는 more, morze, meer인데, 이는 우리말의 물과 발음이 비슷하고, 또 이들 나라에서 물은 voda, wada, vodo, wasser인데, 이들은 우리말의 바다와 발음이 비슷하다는 사실이다. 이 뒤바뀜 현상은 샤머니즘 시대의 진여眞如를 말하는 '바단물'이 그 정체성을 상실하면서 생겨난 현상인데, '바다' '물'의 원형이 우리말 '바단물'인 것이다. 바다는 '부도'인 동시에 해탈을 의미하는 '밝다白, 밝은明'인데, 이것이 '바다(海)'라는 말로 전용되었던 것이다.

그러니까 진시황제가 불로초를 구하기 위해 동해東海로 방사方士들을 보냈다고 했을 때도 바다는 실제의 바다가 아니다. 조두(자안패)가 있는 부도를 가리키는 것이다. 사마천의 《사기》 주석에는 조선에 습수濕水, 열수洌水, 산수汕水가 있고, 이 세 물이 합쳐진 것을 다시 열수라고 하고 조선이라는 이름의 근원이 이 물이라고 했다.[18] 습수는 신전 지하에 저장된 물(정령)이고, 열수는 신선놀이에서 태어나는 영웅의 물이며, 산수는 샤먼들의 정령이라고 이해할 수 있다.[19] 세 가지 물을 합쳐서 다시 열수라고 한 것은 샤먼의 어원이 되는 '회오리물(샘泉)'을 가리키는 것이며, 조선이 지상에서 가장 우수한 유전자(천손天孫)를 보유했다는 뜻으로 해석된다. 《고기》〈신시본기神市本紀〉에 조선씨朝鮮氏를 으뜸(倧)으로 삼아 왕으로 삼는다고 한 것은 이를 말한다. 샤머니즘이 이미 DNA 유전자에 대한 지식을 갖고 있었다는 현대과학의 증언[20]은 우연이 아니며, 샤머니즘이 왜 그토록 오랜 세월 인류의 삶을 지배하는 종교가 되었는지를 알게 한다.

샤먼들은 부도를 바다라고 했다

부도에는 야수 얼굴 모양의 샤먼 가면들이 보관되어 있었다. 그것은 자신들이 인간과는 구별되는 천계天界의 신이라는 사실을 선전하는 수단의 하나라고 할 수 있다. 마야·잉카 문명이나 지중해의 미케네 문명 시대의 태양신전 유물 중에는 원숭이 가면이 있다. 그림 5(98쪽) 태양신의 가면이다. 왜 원숭이가 태양신의 마스크가 되었는지에 대해서는 여러 주장이 있다. 그

중에서도 원숭이의 얼굴이 빨개서 태양신의 마스크로 선택되었다는 주장이 그럴싸하다. 이 가면들은 모두 황금으로 만들어졌다. 마야 문명 시대의 한 가면은 불꽃처럼 보이는 광배를 달고 있으며 그 광배의 빛은 모두 뱀으로 표현되어 있다. 흥미로운 것은 그 원숭이가 남성 성기를 단 곰의 신체와 합성되어 있다는 사실이다. 곰은 천문학상으로 북두칠성(웅좌熊座)의 상징이고 성기는 제帝의 상징이다.

이것이 사제의 일과 관련이 있다는 것은 《서경書經》 같은 고대 중국의 기록이 말해 준다. 《서경》은 원숭이 신을 '기夔'라고 하고, 축제가 열리면 기가 원숭이의 탈을 쓰고 나타나 돌(여신전) 문을 짓궂게 두드리며 춤을 춘다고 했다.[21] 일본의 가이츠카 시게키貝塚茂樹는 이 원숭이가 신의 대리인이며, 은나라 때에는 이들 원숭이에게 제사를 지냈다고 했다.[22] 원숭이 가면이 부도에 사는 구이신의 대외용 얼굴이었던 것이다. 그리고 이들이 바다신인 샤먼신선들의 모습이었다. 바다라는 소리는 '부도'라는 소리와 다르지 않다.

이집트, 바빌로니아 개벽신화에서 "힘센 수소(牛)가 바다에서 나타났다"고 했을 때, 이는 샤먼들의 성지인 부도에서 사제(제우스Zeus)가 수소의 탈을 쓰고 나타났다는 것을 의미한다. 그리스 신화에서도 창세기에 바다 'Pontos'에서 포세이돈Poseidon이 소떼를 몰고 뭍으로 나왔다고 했다. 바다는 문명세계이고 그곳은 전능한 신들이 있는 부도이므로, 이 말은 옥황상제가 탈을 쓴 무리들을 이끌고 지상으로 내려왔다는 뜻이기도 하다. 칼데아인은 최초에 바다에서 나온 신이 연안의 야만인에게 독서와 토지 경작, 약초 재배나 별의 연구뿐 아니라 이성적인 통치 제도와 밀의密意를 가르쳤다고 했고,[23] 아메리카 인디언도 푸른 바다에서 태어난 샤먼이 새털과 조개껍질을 부착하고 지상으로 나와 인디언에게 학문과 기술을 가르쳤다고 했다. 그들에게 샤먼은 성인聖人이었던 것이다. 그래서 수메르 신화는 최초의 바다와 우주를 돔dome이라고 했다.[24] 돔은 천국(올림포스)이자 천문관측소이며, 바다는 모든 지식과 기술의 근원인 것이다. 샤머니즘 제국은 사제단을 의미하는 화백회의가 제정일치로 만국을 다스렸다. 민주주의 시대에 사는 우리로서는 공감하기 어렵지만, 이들 샤먼신선은 수만 년 동안이나 이 지구상에서 절대신권주의絕對神權主義를 지키며 인간세계를 통치했던 것이다. 샤먼들의 종교적 성지를 바다라고 비유했다는 사실을 잊지 말자.

제2장

한국 고대사는 샤머니즘 문명의 역사다

북반구의 위도 40도와 35도, 30도는 천문학자들이 말하는 황금대이다. 고대 문명은 모두 여기에서 흥하고 망했다. 중국의 경우 장강 주위가 30도, 서안이 35도, 북경이 40도이다. 이 세 개의 위도를 각각 남천축, 중천축, 북천축이라고 한다. 이 벨트에 있는 고대 문명의 위대한 유적들은 고대사가 샤머니즘 문명의 역사이며 그 본질이 천문학이었음을 말해준다. 한반도는 위도 40도와 35도 사이에 있다. 우리 고대사가 이 두 축을 중심으로 전개된 것도 그곳이 천문학의 부도역이기 때문이다.

샤먼들의 낙원이었던 한반도

북반구의 위도 40도와 35도, 30도는 천문학자들이 말하는 황금대 golden belt 이다. 고대 문명은 모두 여기에서 흥하고 망했다. 중국의 경우 장강 주위가 30도, 서안이 35도, 북경이 40도이다. 이 세 개의 위도를 각각 남천축南天竺, 중천축中天竺, 북천축北天竺라고 한다. 이 벨트에 있는 고대 문명의 위대한 유적들은 고대사가 샤머니즘 문명의 역사이며 그 본질이 천문학이었음을 말해 준다. 한반도는 위도 40도와 35도 사이에 있다. 우리 고대사가 이 두 축을 중심으로 전개된 것도 그곳이 천문학의 부도역浮屠域이기 때문이다. 북천축은 압록강의 상하류에 걸치는 지역이고 중천축은 금강과 경주 일대이다. 한반도는 샤머니즘 시대에 매우 중요한 지역이었다. 이는 모두 5만 5,000개나 되는 세계의 고인돌(입석立石) 가운데 4만 개가 한반도에 집중되어 있다는 사실이 말해 준다. 고인돌은 크고 작음을 떠나서 본질적으로는 천문관측 기능을 하는 부도라고 할 수 있다. 즉, 한반도 전체가 부도역이고 샤먼 수도자들의 고향이었던 것이다. 천문학자 박창범이 세계에서 가장 많은 천문관측 기록을 남긴 사람들이 한반도에 살았다고 밝힌 것은 이를 뒷받침한다.[1]

황금횡대 golden belt

《장자》에 따르면, 지구는 허공에서 날갯짓하듯 좌우로 기우뚱거리며 움직여가는 배(천주 天舟)이다. 한 번 날갯짓 하는 각도가 그림에서 보듯이 23.5도이며, 12개월에 걸친 이 날갯짓에서 상하의 한계 지점이 각각 하지와 동지이다. 하지에는 밤과 낮의 길이가 2 대 3의 신성비례(황금비례 golden proportion)가 되고 동지에는 밤과 낮의 길이가 3 대 2의 신성비례가 된다. 다시 하지와 동지의 2분의 1 지점에서 아래에다 축을 만들고 세 지점을 연결하면 하나의 이등변삼각형이 되어 신화가 말하는 황금 소머리가 되며, 그 저점이 춘분, 추분으로 정확히 낮과 밤 길이의 평분점 平分點인 것이다. 신화에서는 이 점을 배꼽이라고 한다. 이곳에서 지자기가 충돌하며 회오리 현상이 일어난다. 황금횡대 黃金橫帶는 네 계절이 정확히 구분되는 지역으로 적도의 남북으로 각기 위도 45도와 30도 사이에 해당된다.

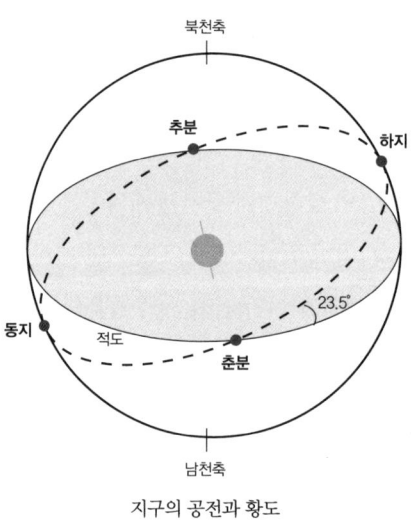

지구의 공전과 황도

황금횡대와 구변진단

한자 문화권에서는 황금대를 인방 人方이라고 하여, 이 황금대를 인체 비례의 개념으로 보았다. 황금 소머리는 천문학에서 말하는 세차 歲差 현상 때문에 끊임없이 옮겨다녀야 한다. 이것을 《고기》는 구변진단 九變震壇이라고 적었다. 구변은 끊임없이 변한다는 뜻이고 진단은 배꼽(부도)을 뜻한다. 《장자》의 〈천도 天道〉편에서는 이 이치를 고문명 시대의 대도 大道라고 하고, 《회남자》의 〈천문훈〉에서는 이 소머리를 '田'이라고 했다. 소(천우 天牛)가 하늘의 밭을 간다는 비유이며, 이는 장기판의 기본단위(田)를 가리키기도 한다. '田'에는 정지점이 모두 아홉 있으며, 그 안에서 졸 卒, 마 馬, 차 車, 포 包가 옮겨다닌다. 리그베다 경전에서는 태양마차가 남북의 천축으로 옮겨다니며 태양신은 이를 세 걸음으로 걷는다고 한다. 천문학의 기본단위가 십진법임을 감안하면 세 걸음은 열 발가락(두 발)이 세 번씩 움직인 수, 즉 한달의 일수인 30이 된다. 이 세 발자국의 좌표를 고고학에서 이미 발굴한 고대문명 유적지에 대응해보면, 북반구에서 대략 위도 35도를 중심으로 상하 30~40도 안팎의 범위에 있다.

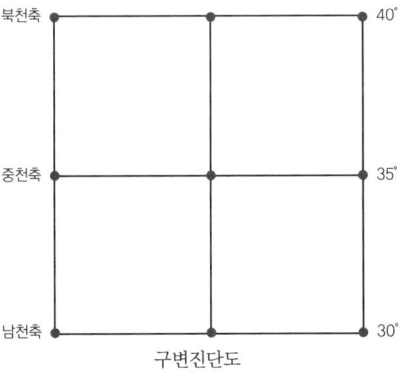

구변진단도

한반도에는 세 개의 고대 국가가 있었다. 김부식의 《삼국사기》에 의하면 신라, 고구려, 백제가 그것이다. 신라는 중천축인 경주 지역에, 고구려는 북천축에 해당하는 압록강과 그 상하류 일대에 자리잡았다. 실제로 그곳에는 많은 고대 유적이 있다. 백제의 강역은 한강과 금강 일대이다. 김부식은 이 세 국가를 서로 이웃해 있으면서도 각기 독립된 나라들인 것처럼 기록했다. 하지만 신라 말의 석학인 최치원은 이들 삼국이 본시 삼한三韓이라는 하나의 나라에서 갈라져 나왔다고 주장했다. 그 진상이 무엇인지 김부식은 외면하거나 숨겼던 것이다. 삼한이란 바로 묘청이 강조했던 부도의 나라를 말하기 때문이다.

박제상朴堤上은 신라 19대 눌지 마립간 때(418~458 재위)의 충신으로, 《부도지符都誌》라는 그의 저서에 신라 역사를 간단히 기록했다. 그에 의하면 신라는 이를테면, 샤머니즘 시대 제왕의 나라였으며 조선은 일역一域의 봉국封國이 아니고 사해四海의 공도公都였다.[2] 이를테면 신라(조선)는 기독교의 교황청(바티칸) 같은 것이었다는 의미이다. 이 점을 확인하려면 먼저 신라 왕들의 이상한 호칭부터 알아보아야 한다. 신라 왕들의 호칭은 크게 두 가지로 나뉜다. 마립간麻立干과 이사금尼師今이다. 이런 호칭은 고구려나 백제에는 존재하지 않는 신라만의 고유 명칭으로, 이는 신라가 삼한 중에서 특별한 기능을 하였음을 의미한다. 삼국은 각기 독립된 나라가 아니라, 제각기 고유한 기능을 가진 일종의 연방聯邦이었다고 할 수 있다.

신라 시조 박혁거세朴赫居世는 거서간居西干이라는 존칭이 뒤에 붙는다. '朴'은 이두로 '밝다'이고 뜻은 둥근 '알'이다. 이 말은 스키타이 흉노들의 지도자를 가리키는 'Baσix', 'Basich'와 다르지 않다.[3] '박혁朴赫'은 지도자의 호칭이고 '거세居世'는 페르시아인의 이름 뒤에 붙는 'koss' 'cuss'와 같은 관용어다. 기록은 신라 방언에서 '혁거세'를 '불구내弗矩內'라고 불렀다 했고, 이는 해가 돋는 동녘을 가리키며 '불구네' '발그레(광명

光明'라는 뜻이라고도 했다.[4] 그러니까 '박'은 태양을 가리키는 말이다.

어려운 말은 호칭 뒤에 붙는 마립간이다. '마립'은 우두머리(우두 牛頭)이고 '간'은 십간의 첫번째인 갑甲을 가리킨다. 왜냐하면 간干이 천간天干을 뜻하기 때문이다. 김부식도 마립간이 흉노의 '천자'를 가리키는 말이라고 했다. 그는 흉노의 천자를 '탱리고도撑犁孤塗'라고 했다.[5] '탱리撑犁'는 호미, 낫(칼), 보습, 도끼 같은 농기구를 잡는다는 뜻이고, '고도孤塗'는 위구르어의 'qut', 몽골어의 'kotu', 산스크리트어의 'go' 'gut', 라틴어의 신을 가리키는 'god'과 마찬가지로 천문을 헤아리는 사제(소머리)의 뜻이다. 그러니까 농기구를 잡는다는 의미는 천하를 지배하는 권위의 상징인 검파劍把그림 6(99쪽)를 잡는다는 뜻이다. 경주에서 발굴된 신라 시대의 검파(황금지팡이)는 비교적 단순한 형태지만 흉노(스키타이) 시대의 검파는 도끼, 낫, 망치, 칼의 형태가 뒤엉킨 매우 복합적인 모양이다. 하지만 김부식은 이런 사실을 주에 조그맣게 언급했을 뿐인데 이는 신라가 흉노였다는 사실을 숨기기 위해서이다.

또 '이사금尼師今'은 마립간보다는 낮은 호칭이다. 이 말은 한자말이 아니라 소리글자이다. '이사금'의 '師'를 이두로 읽으면 시옷(ㅅ)이 되므로 이사금이 '닛금' '능금'이라는 것을 알 수 있다. 이 능금이 왕을 뜻하는 '임금'으로 전용된 것이다. 조금 황당하게 들리지만 신화적인 근거가 있다. 우리의 고어에서도 사과沙果를 '임금林檎'이라고 썼다. 이 말의 연기설화가 전해지는데, 숲속에 사과나무가 있어 새들이 그 열매를 먹기 위해 사방에서 모여들기 때문에 사과를 왕의 호칭으로 썼다는 것이다.[6] 덕망 있는 왕이란 사과와 같이 달아서 사방에서 인재가 저절로 모여든다는 의미일 것이다. 그리스 신화의 황금사과와 큐피트의 비유도 이와 다르지 않다. 《단기고사》(이하 《고사》)는 이사금이 예와 악을 주관하는 직능의 명칭임을 암시한다.[7] 흥미로운 사실은 음악의 신 아폴론Apollon이라는 이름이 사과를 뜻하는 'apple'에서 나왔다는 점이다.[8] '아폴론'은 본래 그리스어가 아니고 스키타이 사람들의 말이다. 이사금은 아폴론과 마찬가지로 흉노 왕의 호칭이고, 이른바 신선놀이를 담당하는 기능자의 명칭인 것이다.

그렇다면 신선놀이란 무엇일까? 이것은 스키타이 흉노들이 부도(올림포스)에서 천하의 인재를 뽑는 일종의 올림피아드 행사인데 이는 결코 비약이 아니다. 사마천은 흉노들이 용성龍城에서 5월에 어른들을 모시고 제천의식을 연다고 했다. 샤먼들이 낙랑의 언덕에서 사냥과 축제를 벌이는 일을 말하는 것이다. 이사금이라는 호칭은 신라에 구이(아홉 샤먼)가 있었고 주기적으로 천하의 인재를 뽑는 신선놀이가 있었음을 암시한다. 일연은 신라에 만장일치로 의사를 결정하는 화백회의 和白會議가 있었다고 썼다. 화백회의를 칠정七政이라고 하는데, 이때 칠七 자는 북두칠성이란 뜻이므로 화백회의가 절대 불변의 척도임을 말해 준다.[9] 이는 고대의 신선도(샤머니즘)가 절대신권주의를 지향했다는 뜻이다. 김부식의 책에는 화백회의가 보이지 않지만, 이것이 샤먼들의 일이었음은 신라에만 있던 육부촌장六部村長 제도가 암시하고 있다.

일연은 신라 시조 박혁거세가 백마를 타고 나정에 내려왔을 때 육부촌장들이 그를 맞았다고 기록했다. 이 육부촌장 혹은 육부인六部人이 부도의 샤먼들이다. 김부식은 그 육부촌장들이 각기 독자적인 병력과 식읍食邑을 의미하는 노인촌奴人村을 소유했다고 언급함으로써, 그들이 군사적으로나 경제적으로 독립된 집단임을 암시한다. 이런 단편적인 기록으로도 사제가 화백회의 주재자로 그 결정 사항을 집행한다는 것을 알 수 있다. 그렇다면 이 여섯 샤먼이 있었던 부도는 신라의 어디에 있었을까. 그리고 이렇게 묻기에 앞서 신라는 어디에 있었을까?

일연은 백마가 내려온 곳을 토함산吐含山이라고 했다. '토함'의 뜻은 '토하여 움푹 들어간 곳'으로 화산지대를 가리킨다. 게다가 육부촌장들은 모두 깎아지른 돌산에 살았으며 신라인은 그곳을 '사탁沙涿' 혹은 탁수涿水라고 불렀다.[10] 이는 신라 방언으로, 산을 가리키는 터키어 'dag'과 같다. 신라 방언이 터키어와 관련이 있음을 말해 주는 대목이다.

경주의 본래 명칭은 해동이다

경주라는 이름은 고려시대에 붙은 것으로, 본래 동경東京, 혹은 동도東都라고 불렸다.[11] 이는 이곳이 해를 보는 부도 지역임을 암시한다. 《세종실록 지리지》에 나타나는 낙랑도 부도 지역이다. 중국도 신라를 '해동海東'(태양의 고향)이라고 표현하고, 고려 때의 오대산 영통사靈通寺 주지였던 각훈覺訓도 신라를 '해동'이라고 말하는데,[12] 이는 경주 일대가 웅장한 왕궁과 백성들이 흥성거리는 거창한 도읍지가 아닌 부도 지역이었음을 말해 준다. 하지만 김부식은 신라에 금성金城이 있었고 그곳에 신라 시조의 묘가 있었으며 왕이 그곳에서 국정을 의논했다고 썼다. 그러나 국정을 논의했다던 유적은 경주에 존재하지 않는다.

금성이라는 표현은 오늘의 북경에 있는 자금성을 살펴보면 좀더 쉽게 이해할 수 있을 것이다. 자금성은 청나라 시대에 지었지만 북방 흉노족의 전통양식을 계승한 것이어서 참고할 만하다. 자금성에는 조상을 모시는 태묘太廟가 있어 천자가 그곳에서 제사를 드리고 나라의 중요한 회의를 개최하기도 했다. 가장 중요한 건물은 성의 중심에 있는 천단天壇과 천단 앞에 별도로 지은 천주봉정天柱峯頂이다.[13] 천주봉정이란 해가 떠오르는 지점을 가리키는 가늠자로, 자금성이 부도임을 말해 준다. 중국은 '금성'을 '금성천리金城千里'라고 칭하며 제왕의 위업이 자손만대로 이어가게 하는 장소라고 한다.[14] 또 그곳은 금기 지역이며 천문도가 있는 곳(천부지국天符之國)

이라고 기록하였고[15], 《한서》에는 성인聖人이 있는 곳이며, 국가를 안전하고 견고하게 하는 곳으로 절대로 훼손하지 못하는 곳이라고 했다. 이는 모두 금성이 태양신궁임을 말해 준다. 김부식은 박혁거세의 부도를 금성이라고 적은 것이다.

김부식은 금성이 제1대 박혁거세 때부터 제21대 소지 마립간 때까지 신라에 있었다고 기록했다. 금성천리라는 표현에 어울리자면 거대한 성곽으로 둘러친 중심에 부도(탑)와 샤먼들이 있는 부대시설이 있어야 한다. 그 뿐이 아니다. 신라 전성기에는 20만 채에 가까운 집이 경주에 있었고, 읍리는 1,300여 방坊이며 그 너비는 55리나 되고, 장안의 큰 저택들은 금으로 장식(금립택金立宅)되었다고 했다. 사람들은 숯으로만 밥을 지어 먹었으므로 수도에서는 연기를 볼 수가 없었고, 비가 올 때면 연이어 늘어선 집들의 처마 밑을 통해 비 한 방울 맞지 않고 집으로 돌아갈 수 있었다고 했다. 상상만 해도 황홀한 광경이지만 그것이 오늘의 한반도 남단에 있는 경주에 대한 묘사가 아님은 오랫동안의 발굴 작업으로 확인되었다. 하지만 묘청이 제시했던 대화신궁과 비슷한 건물들이 경주에 있었다는 사실은 확인된다. 비록 5세기경의 유적이긴 하지만 일연은 경주 황룡사 터 일대에 불교 이전 시대의 일곱 가람이 있었다고 기록했다. 황룡사 일대이면 경주 남산의 서쪽에 해당하는 곳이다. 일연이 남긴 가람의 이름은 다음과 같다.

1. 천경림天鏡林—지금의 흥륜사興輪寺 자리
2. 삼천기三川岐—지금의 영흥사永興寺 자리
3. 용궁龍宮 남쪽—지금의 황룡사黃龍寺 자리
4. 용궁龍宮 북쪽—지금의 분황사芬皇寺 자리
5. 사천미沙川尾—지금의 영묘사靈妙寺 자리
6. 신유림神遊林—지금의 천왕사天王寺 자리

7. 서청전婿請田 — 지금의 담엄사曇嚴寺 자리

이것은 황룡사가 지어지기 전의 유적이므로 모두 5세기 이전으로 거슬러 올라간다. 이 일곱 가람이 육가야 시대와 관련이 있다는 사실은 우연이 아니다. 가람이라는 호칭도 이곳이 태양신을 제사하는 샤면들의 부도 지역임을 말해 준다. 이 호칭은 불교 이전에 사용하던 승원僧院, 사원寺院을 말하며, 이 가람은 통상 칠당가람七堂伽藍이라고 불렸다. '칠당七堂'은 불가의 칠불七佛이고 불교 전래 이전에는 일곱 샤면(칠선七仙)에 해당하며, 일곱은 북두칠성의 약자이다.[16] 즉, 부도가 북두칠성과 밀접하다는 것이다. 칠 가람의 위치는 경주 남산을 중심으로 동, 북, 서 삼면을 에워싸는 지역이다. 중심이 남산이며 이곳에 부도를 지키는 낭도들의 진지가 있었다. 이런 정황은 가람의 이름에서 드러난다. '천경림'과 '신유림'은 숲으로 둘러싸인 지형(부도)의 이미지에 걸맞다. 이곳은 지금도 비두比斗골로 불린다. '비두'는 '부도'라는 소리의 변형이다.[17] 천경림의 '천경天鏡'은 '거울이며 '신유림神遊林'은 샤면인 육부촌장들이 거처하는 신전이다. 또 '서청전婿請田'은 신선놀이에서 탄생한 영웅이 신모神母에게 봉토를 받으며 사위가 되는 의식을 치르는 곳이라고 볼 수 있다. 여기에 광대놀이(백희百戱)가 등장하는데, 이때 탈을 쓴 무리들이 그들을 따르는 젊은 낭도들과 함께 축제판을 벌인다. 중국이 흉노라고 기록한 동이 화백제도의 풍경이다.

한반도의 첫번째 나라, 나을신궁

김부식은 신라 제21대 소지 마립간炤知麻立干이 487년에 경주 남산의 북쪽 기슭에 있는 월성月城 옆에 나을신궁奈乙神宮을 세웠다고 기록했다. 묘청이 세우고자 했던 대화신궁과 명칭이 유사하다. 이 궁들은 부도를 말하는 것이다. '신궁'은 샤먼들의 궁전이고, 그곳에서 신선놀이로 영웅들을 뽑았으며, 이 샤먼들이 천하의 군국 郡國 혹은 봉국 封國을 지배했다. 김부식은 그 신궁에서 해마다 정초에 신라 왕들이 제사를 지냈다고만 간단히 언급했다.[18] 그는 신라에만 있는 월성 月城에 대해서도 침묵했다. 월성 月城의 '月'은 우리말 알〔卵〕이고 중국은 흉노들의 부도를 '알씨 閼氏'라고 적었다. 월성은 일명 옹성 甕城이며 축제 때 그곳에서 항아리를 실은 말(천마 天馬)이 나온다고 했다. 이는 동이가 조두를 사용한다고 한 《후한서》〈동이전〉의 기록을 상기시킨다. 진실은 월성이 바로 나을신궁이고 뒤에 신궁의 터를 반월성이라고 부르게 된 것이다.

김부식이 숨기고자 했던 진실은 신궁의 이름에서 드러난다. '나을'은 이두로 '날〔日〕'이므로 태양이며, 태양은 알이고 그 알이 한자 '월月'로 옮겨져 '월성 月城'이 되었다고 할 수 있다. 국사학자 이능화 李能和는 '나을'을 신라의 고유한 신선도(신교 神敎)와 불교가 혼합하며 생긴 말이라고 하여[19] 이 신궁이 샤머니즘의 신전임을 말해 준다. 건물을 볼 수 없어 유감이지만, 반월성 터를 보면, 신궁은 정확히 해가 뜨는 남산의 금오산 봉우리를 향하고 있다. 금오 金鰲라는 말은 해가 황금빛으로 지평선으로 올라올 때의 광경을 자라 등에 비유한 것이다.

나을신궁에도 화혈이 있었으며 그 햇빛을 반사하는 거울과 거대한 원광 圓光을 만드는 반사체가 있었다. 이 자리는 천문학적으로 특수한 의미가 있었으므로 진흥왕은 이차돈을 제물로 삼아 이곳에 불교 이념을 상징하는 흥륜사 興輪寺를 지었다. 이곳을 빼앗기 위한 투쟁이 얼마나 치열했는지는 흥륜사 일대에 팽개쳐져 있는 돌 욕조의 글귀가 말해 준다.[20] 욕조는 태양신전의 신성한 물건이었지만 오늘날 돌덩어리처럼 경주박물관 뜰에 버려져 있다. 나을신궁이 부도임을 말해 주는 결정적인 증거라는 사실이 외면

당하고 있는 것이다. 이에 대해서는 뒤에서 다시 설명하겠다(61쪽 참고).

나을신궁에서 남쪽으로 다섯 가야 혹은 여섯 가야가 있다. 보통은 가야국이라고 적지만 김부식은 가야를 그의 역사 기록에서 제외했다. 가야가 샤머니즘 시대의 화백회의를 주재하는 샤먼들의 나라였다는 사실이 드러나는 것을 용인할 수 없었기 때문이다. 그의 기록에서는 샤머니즘이 흔적도 없이 깡그리 사라져버렸다. 묘청을 죽였으니 누가 이를 문제 삼겠는가. 그렇다면 가야의 정체는 무엇일까?

여섯 가야는 샤먼의 세력

한반도 남단에 있던 여섯 가야는 아주 궁색한 땅을 차지한 모양새다. 위도 35도 지점으로 중천축에 해당하는 부도역이라는 조건을 제외하면 그렇다. 그들이 우리의 상식이 허용하는 당당한 왕국이 아니었다는 사실은 그 지역에서 발굴되는 고고학적 유물이 보여준다. 관개시설이라도 발굴되어야 왕국의 존재가 입증될 수 있다. 김부식은 침묵을 지켰지만 일연은 이들을 다섯 가야, 혹은 여섯 가야라고 언급했다. 이렇게 나라의 수가 왔다 갔다 하는 데는 그럴 만한 이유가 있다. 일연은 다섯 가야가 수로왕의 가락국과 관련이 있음을 암시하며 다섯 가야가 가락국과 별도로 존재했다고 말한다. 수로왕 탄생설화에는 모두 여섯 개의 알이 등장하여 이를 뒷받침한다. 일연이 기록한 다섯 가야의 이름을 보자.

1. **아라가야**阿羅伽倻
2. **고령가야**高靈伽倻
3. **대가야**大伽倻

4. 성산가야星山伽倻

5. 소가야小伽倻

그런데 일연은 고려 태조가 이들 다섯 가야의 이름을 바꾸었다고 쓰고 다시 그 이름을 이렇게 기록했다.[21]

1. **금관가야**金官伽倻
2. **고령가야**高靈伽倻
3. **비화가야**非火伽倻
4. **아라가야**阿羅伽倻
5. **성산가야**星山伽倻

이들이 당당한 나라였다면 아무리 고려의 임금이라고 할지라도 역사에 전해진 나라 이름을 마음대로 바꾸지 못했을 것이다. 하지만 그는 멋대로 이름을 바꾸었다. 보통 왕들이 통치했던 나라가 아니었다는 뜻이다. 양쪽에서 살아남은 이름은 아라가야, 고령가야, 성산가야이며, 고려 태조는 대가야, 소가야 대신 금관가야와 비화가야를 새로 집어넣었다. 문맥으로 볼 때 대가야와 금관가야가 서로 대응된다. 이로써 금관가야가 가장 중요하다는 것과 소가야의 뜻이 '비화'임을 알 수 있다. 일연은, 태조가 금관가야를 가락국으로 보아 다섯 가야에 포함시킨 일은 잘못이라고 지적한다. 일연은 다섯 가야에 관한 기사와는 별도로 수로의 가락국 역사를 기록해 놓았다. 하지만 그가 어떤 근거로 금관가야를 '가락국'이라 했는지는 이렇다 할 설명이 없어서, 가락국과 금관가야가 다르다는 주장이 나온다. 금관가야의 수도는 김해金海이고 그곳에는 수로왕릉이 있다. 일연의 말대로 그곳에 가락국이 있었다면, 적어도 김수로가 앞장서서 지었다는 십육나한의 불전과

임금의 궁궐은 물론이고 군사들이 기거하는 성터 등 유물이나 유적이 발견되어야 한다. 김해의 그 어디에도 그런 유적은 발견되지 않는다. 뒤에서 살펴보겠지만 가락국은 한반도에 있었던 나라가 아니다.

실제로 '가야'와 '가락'은 글자도 의미도 다르다. 이들 이름의 뜻은 글자에 있는 것이 아니고 소리에 있고, 그 본 소리는 산스크리트어에서 찾을 수 있다. 대야발大野勃은 《단기고사古檀奇史》(이하 《고사》)에서 산스크리트어는 온누리 시대의 지방어라고 했고, 이 언어로 단군의 역사를 기록했다고 썼다. 산스크리트어를 쓰던 곳과 우리 고대사의 무대가 하나의 문화권이었다는 얘기다. '가야'는 법신法身이라는 뜻인데, 산스크리트어로 법은 다르마dharma, 신身은 카야kaya이다. 이 두 말을 결합하면 인격신인 법신 다르마 카야dharma-kaya가 되며, 이는 위대한 샤먼을 가리키는 말이다. 또 '가야'는 조직체(결사結社)라는 의미이기도 하다.

한편, '가락'은 산스크리트어로 '카라kara'이며, '검은 용' '비슈누' '시바' 혹은 '선한 원숭이'를 의미한다.[22] 원숭이는 샤먼의 도상圖像을 뜻하고, 인도의 드라비다어에서는 kara가 물고기karai라는 뜻으로 태양신 제우스(帝)와 같은 의미이다. 가락은 인도의 브라만braman과 대응되는 것이다. 가락이 산스크리트어 문화와 관련이 있음은 김해의 수로왕릉에서도 드러난다. 왕릉 비문에 새겨진 문장紋章이 인도의 태양 문장과 같기 때문이다. 우선 태양신 수리아를 뜻하는 독수리의 디자인이 거의 같고 태양신의 아들을 뜻하는 쌍어문양도 같다.^{그림 7} 모양은 다르지만 활과 화살도 비슷한 위치에 배치되어 있다. 가락국이 인도의 힌두이즘과 같은 샤머니즘을 숭상했다는 증거이다.

가야가 샤먼임은 글자에도 반영되어 있다. 다섯 가야의 이름 중 '고령'은 알타이 신화가 전하는 아홉 가지의 나무에서 그 가지에 살고 있는 샤먼들의 정령이고, '아라'는 '알'의 이두식 표현이며, '성산'은 별을 보는 산

수로왕릉 비문의 문장(왼쪽)과 인도의 문장(오른쪽) 위는 태양문장이고 아래는 쌍어문이다. 오른쪽 하단 그림의 물고기는 태양신의 정령(정자)을 뜻한다. 도판 출처, 문정창 《가야사》.

이라는 의미이다. 또 '금관'은 문자 그대로 벼슬을 내린다는 뜻이며, '비화'는 '비'가 발음상 도깨비를 뜻하는 '舁'로 읽혀 문자 그대로 연금술을 뜻한다. 가야의 이름은 아홉 샤먼의 기능을 반영하고 있는 것이다. 고려 태조는 샤먼들의 이 기능을 제대로 밝힌 것이다. 기록에는 신라 진흥왕이 가야를 멸하면서 그 땅을 '대가야군 大伽倻郡'이라고 칭했다고 했고 그 뒤에 경덕왕 景德王이 이름을 다시 '고령 高靈'으로 바꾸었다고 했다. 이는 다섯 가야가 각기 독립된 도읍지를 가진 나라가 아님을 암시한다. 기록은 다시 고령가야가 본시 '고려가야'였다고 했는데, 이는 가야가 샤먼이었음을 말해 주는 대목이다.[23] 여기서 고려는 고구려와 같은 의미이기 때문이다. 또 고구려는 천사를 뜻하는 무두루 muduru와 관련이 있는 말이다. 기록을 종합해 보면 진흥왕 이후 신라가 불교를 국교로 삼으면서 앞 샤먼 시대의 제도가 없어지자 다섯 가야를 하나로 통합했던 것이다. 그런데 왜 샤먼은 모두 아홉이 아니라 다섯이나 여섯이었을까?

아홉 샤먼에서 아홉이라는 수는 고대 샤머니즘의 간지干支 이념을 상징하는 교리와 같다. 열 개의 수에서 열 번째 지위를 말하는 십은 영의 자리이다. 이는 보이지 않는 자리(영零)로 그 자리는 태양신을 나타내는 신상(웅상雄常)의 자리이다. 신상이 제로이므로, 나머지 아홉 수가 실수實數인 신단수를 지키는 샤먼들의 기호(구이九夷)가 되는 것이다. 이 아홉 수에서 세 자리가 삼신(삼한三韓)이고 나머지 여섯이 실질적으로 화백회의를 구성하는 기본 멤버가 된다. 이렇게 되면 다섯 가야는 원칙에서 벗어난다. 왜 하나가 빠져야 했을까? 그것은 한국과 일본 고대사의 신통神統 문제와 관련 있다.

가야 고분은 샤먼의 신전이다

가야 지역에서 발굴되는 고분의 유물은 그곳에 샤먼들이 살았음을 말해 준다. 고분은 인류 역사가 시작된 이래 가장 오래 지속된 종교적 시설물이며 이것이 미트라 신전^{그림 8}이라는 사실은 이미 여러 학자에 의해 밝혀진 바 있다. 산스크리트어 문헌은 미트라를 우주의 지배자, 강력한 수소라고 했고 고분이 그들이 믿는 신앙의 전당임을 암시했다. 모든 자료는 이들 미트라가 거대한 교단을 가지고 있으며 주로 수소의 공희供犧와 성찬식에 열광했음을 말해 준다. 수소는 페르시아 전설에 나오는 원우原牛로 우리의 무가巫歌에서는 제석신, 용왕신으로 숭배되었다. 앞에서도 언급했지만 원우는 천문원리라는 뜻이며 이는 우리쪽 문헌《천부경天符經》과도 상응하는 내용이다.[24]

미트라 지하 신전, 〈듀라 에우로포스〉 신전의 서쪽 중심벽에 미트라가 수소를 죽이는 신상이 새겨져 있다. 도판 출처, Fritz saxi 《Lectures》.

미트라 신전은 자연적이든 인공적이든 동굴 형식이 원칙이었으며, 이 전통은 계속 이어졌다. 신전에서는 맞춤아이를 낳는 대모신代母神에게 제사했고 그 비밀의례가 치러졌으며, 규모는 겨우 50명이 들어갈 수 있을 정도였다. 이 때문에 참가자는 통로 양측에 놓인 긴 의자에 앉고, 참배자는 천장이 낮은 탓에 무릎을 꿇고 앉아야 했다. 천장에는 황금 별과 칠흑성이 있는 천구天球가 그려져 있었다. 긴 의자가 놓이는 아치형 벽면에는 혹성과 황도십이궁이 그려져 있어서 고분이 천문관측을 행하는 신성한 부도임을 암시한다.[25] 이런 정황은 집안澲安의 무용총에서도 발견된다. 가야 지역의 고분 유적도 이와 같은 양식으로 되어있다.

고령의 벽화고분은 샤먼들과 그 도당이 거기에 있었음을 잘 보여준다. 그곳에 해부의 흔적을 보여주는 관이나 해골이 있기 때문이다. 고분 내부는 전형적인 미트라 신전과 다르지 않다. 동서 2.5미터, 남북 3.7미터, 높이 3.1미터로 열차의 천장처럼 타원을 이루며 길게 뻗어있다. 고분 남쪽에는 출입구가 있고 천장에 열한 개의 연꽃문양이, 사방 벽에는 사신도의 흔적이 남아있다. 이는 고구려의 사신도를 옮겨 그린 것으로, 천문학과 연금술의 경전인 천부天符를 의미한다. 사신도의 용은 연금술의 상징기호로, 샤먼들이 오늘의 수류탄을 방불케 하는 진천뢰震天雷를 만들어 사용했음을 의미한다. 가야에 철이 풍부하게 매장되어 있었다는 사실은 이런 정황을 뒷받침한다.

그곳에서 발굴되는 유물들도 샤먼과 그를 따르는 비밀결사와 관련되는 유물일 가능성이 높다. 비밀결사들은 여러 전문지식을 쌓은 샤먼들에게서 가르침을 받아 기량을 쌓기 위해 신라 화랑들처럼 금란산천金蘭山川을 두루 다녔다. 금란은 비밀결사라는 뜻이며 산천은 샤먼이 있는 곳이다.[26] 낭도들이 서로 '사徒'라고 부른다고 한 〈동이전〉의 기록은 이들이 끊임없이 이동했다는 사실을 말해 준다. 또 술을 마시는 것을 '상觴'이라고 하고 술잔에 서로 피를 떨어뜨려서 마셨다고 한 것으로 미루어 보면 그들은 결사조직이었을 것이다. 가야 지역의 유물이 전반적으로 토기, 신선로, 창, 투구, 금동으로 만든 말안장 등이라는 것이 이를 뒷받침한다. 주목을 끄는 것은 샤먼의 지팡이(환두대도環頭大刀)와 금관이다. 금관은 경주에서 발굴된 것과는 양식이 다르다. 출자出字 장식 대신 활짝 피어난 연꽃 모양이 주 장식이다.그림 9(99쪽) 나폴레옹 1세가 대관식에 썼던 왕관을 연상케 하는데, 이는 우연이 아니다. 이 금관이 바로 신선놀이에서 당상에 오른 영웅이 머리에 쓰는 대관식용 관이라고 할 수 있기 때문이다.

샤먼의 비밀결사대가 존재했다는 증거는 울주군 대곡댐 수몰지구에서 발굴된 고대 유적에서도 찾을 수 있다. 유적에서는 기병의 철갑과 금으로 만든 환두대도를 비롯하여 금귀고리와 오리 모양 토기, 말굽 등 모두 1,000점 넘는 유물이 나왔다. 모두 3~6세기 전후의 것이고, 가야 지구 유적과도 관련이 있음이 확인되었다. 이 유물들의 중심에는 금으로 장식한 보검이 있다. 보검은 손잡이 머리 부분이 화려한 금으로 장식되어 실제로 전투에서 사용한 검이 아님을 짐작할 수 있다. 이와 같은 종류의 보검은 공주 무령왕릉이나 경주 천마총 등지에서도 발굴되었다.그림 10(100쪽) 경주의 여러 고분에서도 비슷한 유물들이 발굴되었는데, 〈무신도巫神圖〉를 보면 이것이 샤먼의 지팡이(대기大器)라는 사실을 알 수 있다. 무가의 그림에 등장하는 샤먼(산신山神)은 일반적으로 칠성七星을 장식한 언월도偃月刀와 장검을 들고 있다.그림 11(101쪽) 무당들이 성황신城隍神이라고 부르는 그들은 사실 전쟁을 수행하는 장군이 아닌 것이다. 또 경주의 고분에서 발굴된 지팡이 가운데는 손잡이 머리가 둥근 모양, 혹은 세 잎 클로버 모양이거나, 그 속에 보석을 박은 것과 용 머리나 봉황 등의 동물 장식을 새긴 것이 있는데, 이것들은 모두 샤머니즘 도상으로 풀이되어야 한다.

경주의 고분에 묻힌 샤먼의 신상

여러 정황으로 볼 때, 경주 일대는 샤먼의 활동 지역이었고, 이들은 나을신궁奈乙神宮과 관련이 있다. 나을신궁이 언제 세워졌는지는 알지만 그 신궁이 언제 역사 무대에서 사라졌는지는 알 수 없다. 왜 김부식은 신궁이 있다는 사실은 기록하고 그것이 언제 무엇 때문에 사라졌는지에 대해서는 침묵했을까? 하지만 감춰진 진실은 언젠가 드러나게 마련이다. 김부식의 시대에만 하더라도 장차 고고학이라는 이상한 학문이 생겨나 옛날 무덤을 발굴하게 되는 일은 꿈에도 생각지 못했을 것이다.

침묵을 깨는 결정적인 유물이 흥륜사 유적에서 발견되었다. 그것은 자연석을 깎아 만든 욕조이다(52쪽 참고). 욕조에는 누가 언제 기록했는지는 알 수 없지만 서툰 솜씨로 다음과 같은 글이 새겨져 있다. 정통적인 한문 문법과는 다르게 쓰였지만 대강의 뜻은 다음과 같다.

> 신라 때 흥륜구물사興輪舊物寺를 허물었는데 그때 형틀에 묶이어 고통받는 자가 수천 명이 넘었다.[27]

이 글의 신라 때가 언제인지는 분명치 않다. 흥륜구물사는 반월성 터에 있었던 나을신궁을 말하는 것으로, 불교 이전의 건축물이다.[28] 샤머니즘 세력이 불교에 밀리면서 나을신궁이 허물어졌으며 이에 샤먼 세력이 저항하면서 수많은 사람이 형장의 이슬로 사라졌음을 말해 준다. 그 각문刻文에는 다음과 같은 글귀도 있다.

> 명나라 때(숭정崇禎) 무인년戊寅 겨울에 연꽃이나 매화와 흡사하게 생긴 상완지구賞玩之具가 여러 개 나타나 인부들이 그것을 광릉廣陵 뒤에 옮겨다

물었는데(식植) 뒤늦게 사람들은 이를 후회했다.²⁹

　욕조는 김부식이 무엇을 숨겼는지 폭로한다. '상완지구'는 옥황상제의 금관에 달린 노리개이다. 글귀로 보아서는 인부들이 무엇을 뒤늦게 후회했는지는 알 수 없으나, 글자가 새겨졌던 명나라 시대 이후에도 샤머니즘이 금기시되었음을 알 수 있다. 각문에서는 노리개가 연꽃이나 매화와 흡사하다고 했다. 이 노리개는 신선놀이에서 이른바 지화자持花者(우승자)가 잡는 여의주를 가리킨다. 지화자란, 신선놀이(올림피아드)에서 꽃이 새겨진 서품敍品을 받는 사람이다. 이 욕조의 각문은 불교가 나을신궁을 차지하게 되었을 때, 신궁의 많은 신상과 유물이 땅속에 묻히고 이에 저항하는 세력이 처형된 상황을 증언하는 것이다.

　경주의 황남대총, 천마총, 서봉총,그림 12 금관총 등에는 모두 일곱 가람에서 나온 유물과 고구려의 평양성이 함락되었을 때 그곳에서 옮겨온 유물들이 함께 묻혀있다. 발굴자들이 확인해 주듯이, 그리고 매장된 유물과 유골의 상태로 보아, 그 고분들은 왕을 장사 지내기 위한 무덤이 아니라 유물을 숨기려 했던 유물 무덤이었다. 미추왕릉에서 발굴된 황금지팡이, 금관, 성배, 신상용 장신구, 연금술에 쓰이는 토기와 마구馬具들이 모두 그렇다. 발견된 항아리 속에는 1,500년 전의 달걀이 남아있었고 그중 하나는 내용물이 거의 썩지 않은 상태였다. 길게 누운 모양으로 배치된 유골 자리에는 거무스레한 흙이 있고, 머리 쪽에는 옥황이 씌어졌던 정황이 그대로 연출되어 있으며, 몸을 치장하는 장식들 역시 그것이 있을 법한 자리에 배치되어 있다. 정상적인 장례법으로 묻힌 시신이 아니다. 앉아있거나 서있는 신상의 모습을 그대로 옮겨다 놓았다고 할 수 있다. 유골의 거무스레한 흙은 성인의 뼈를 신상에 넣었던 흉노 시대 신상 양식을 말해 준다. 이것이 진신眞身이다. 옥황의 몸체가 무너지면서 그 흙을 함께 옮겨온 것이다.

서봉총 유물 발굴 현장 1926년, 스웨덴 황태자 일행이 발굴 현장을 참관하고 있다. 도판 출처, 국립경주박물관, 《신라인의 무덤》.

유물들은 대부분 5~6세기경의 것이며, 가야 지역이나 발해의 유물과 마찬가지로 장식물의 양식은 지중해식(로마 켈트 양식)이다. 개중에는 페르시아의 유리잔이나 중국 육조 시대의 유물도 있다. 육조六朝는 주로 장강 유역에서 발흥한 왕조들로, 4~6세기에 중국 땅에 있던 흉노(오호 五胡)의 나라들이다. 이 시대의 공예문양은 알타이 이란 지방에서 왔으며, 그 유물들은 시베리아에서 동유럽까지 널리 퍼져있다. 그리고 여러 노리개가 달린 금관과 금귀고리는 중국에서는 전혀 볼 수 없는 것들이다.[30] 이것은 온누리를 지배하던 부도 문명 시대의 유물인 것이다.

그런데 경주에 나을신궁이 세워지기 이전에 신라의 금성은 어디에 있었을까? 그 위치가 확인되지 않으면 신라는 황룡사가 세워지기 이전에 한반도에 존재하지 않았다고 해야 한다. 김부식에 의하면 경주를 신라라고 부르게 된 것은 지증 마립간(437~514, 재위 500~514) 때이다. 지증 마립간 이전의 신라 금성이 한반도 경주에 있지 않았음을 암시해 주는 대목이다. 게다가 김부식은 다음과 같은 의미심장한 기록을 남겼다.

실성 이사금實聖尼師今이 413년에 평양주平壤州의 대교를 완성했다.[31]

이 기록은 신라가 고구려의 영역에 있었음을 뜻한다. 김부식은 이때 '平壤'에 주를 달아 '양주楊州'를 가리킨다고 했으나, 다른 곳에서는 양주가 북한산군北漢山郡에 있는 '平襄'이라고 글자를 바꾸어놓아 우리를 헷갈리게 만든다.[32] 일연은 이를 '남평양'이라고 쓰고 그곳이 한강 일대임을 암시해 놓았다. 그렇다고 해도 그곳이 고구려 지역이 아니고 신라 지역이라는 증거는 되지 못한다.

이 대목에서 우리를 놀라게 하는 문헌은 《만주원류고滿洲源流考》이다. 중국 청나라 때 편찬된 이 지리서는 신라가 고구려 영역에 있었음을 밝히고 있다. 이 책은 《신당서》를 인용하여 다음과 같이 썼다.

신라의 영역이 만주에 있는 세 개 성과 중원의 아홉 주州였다.[33]

이 시기가 정확히 언제인지는 분명치 않으나 그 정황은 만주 일대가 샤머니즘 문화의 중심지였다는 사실을 말해 준다. 러시아의 고고학자 알렉세이 오크라드니코프Okladnikov는 고대 한국의 문화는 중국 문화의 일부가 아니라 독자적인 문화이고, 그 무대가 샤머니즘의 중심지인 만주와 시베리아(아무르)라고 했다.[34] 만주족은 자신들의 땅을 'Manchu' 'Manchuria'라고 썼는데, 이는 문수보살文殊菩薩을 가리키는 산스크리트어의 'manjusri'에서 따온 말이다. 고려 고종 2년(1214년)에 쓴 각훈覺訓의《해동고승전海東高僧傳》에는 문수와 관련한 다음과 같은 문장이 있다.

文殊與目蓮. 爲化人示迹于震旦
문수가 목연과 더불어 인시를 찾아 진단으로 정하다.

이 문장에서 인시人示는 황금비례라는 뜻으로, 주자(주돈이周敦頤)의《태극도설》에는 인극人極이라고 하여 이는 성인聖人만이 정할 수 있는 것이라고 했다. '진단震旦'은 글자 그대로 읽으면 해가 뜨는 동쪽 끝을 말하는 것으로 우리가 말하는 부도 지역이다. 불교에서 卐으로 표기하는 이 기호는 보통 문수보살의 가슴에도 새겨지는데, 그 뜻은 보리수, 회오리, 태양, 아홉 숫자 등이다.[35] 또 같은 책에는《법화경法華經》을 인용하여 "동북방에 진단국震旦國이 있는데, 진단을 '지나支那'라고 말한다"고 했다.[36] '나那'가 'n'음이면 두 글자는 그대로 'Jin震', 혹은 중국인의 발음으로 'Jian集安'이 되는 셈이다. 그렇다면 만주에 부도를 가리키는 신라금성이 있었다고 해도 이상할 일은 전혀 아니다.

1447년, 조선왕조가 펴낸《용비어천가》제39장은 이곳에 대황제大皇帝의 성城이 있었다고 쓰고 그 위치를 구체적으로 기록해 놓았다. 기록은 이렇다.

평안도平安道, 강계부江界府 서쪽에서 강을 넘어 일백리 되는 곳에 큰 들판이 있다. 바로 그 들판 가운데 옛 성이 있으며 이를 항간에서는 '대황제성'이라고 부른다.

기록은 그 성의 북쪽 7리里되는 곳에 비석이 있고 다시 비석의 북쪽에 두 개의 돌로 지은 능陵이 있다고 썼다. 오늘의 우리가 알고 있는 태왕릉, 광개토대왕비, 그리고 장군총의 일을 말한다는 것은 자명하다.

제3장

태왕릉은 신라의 금성이다

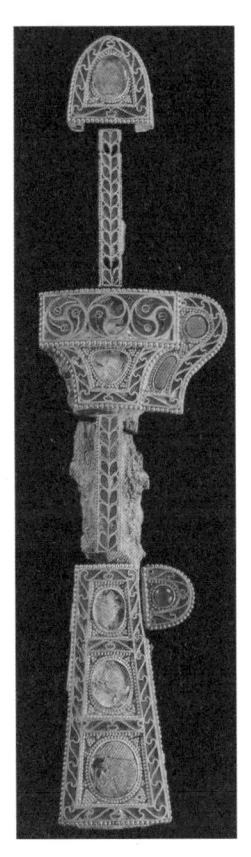

옥황을 지키는 상제가 있던 금성에는 황금지팡이와 천하의 보물인 온갖 구슬로 장식한 금관 그리고 아홉 샤먼신선들의 신상이 진열되어 있었다. 경주의 무덤에서 발굴된 이른바 금관도 바로 옥황의 금관이다. 주목할 것은 황금지팡이에 삼태극이 새겨져 있다는 사실이다. 이 태극이 새겨진 물건이 실은 지중해의 로마 켈트 양식의 공예기술과 결합되어 만들어졌다는 것도 놀라운 일이다. 이는 샤머니즘이 세계적인 제국의 문화였음을 말해 준다.

오늘의 중국 요령성 집안현에 태왕릉太王陵이라고 불리는 고구려 시대 유적이 있다. 우리는 아직도 이 유적의 정체를 정확히 알지 못한다. 다행히도 '집안'이라는 말에서 유적의 비밀을 엿볼 수 있다. 중국은 집안을 jian이라고 발음하여 그것이 발해국 최초의 국호였던 '진辰' '진震'이라는 것을 암시하고 있다. '진震'은 《설문》에 동방東方이라고 했고, 다른 문헌에서는 북극성을 나타내며 천자天子의 자리라고 했다.[1] 그런가 하면 《춘추》에는 동이의 묘廟를 가리킨다고 하여 그곳이 부도가 있는 곳임을 말해 주고 있다.[2] 김부식의 기록에는 환도丸都, 桓都, 환주桓州로 나타난다. '丸'은 둥근 해를 의미하며 '桓'은 '떠오르는 해가 나무에 걸린 모양'으로 모두 신단수를 가리킨다. 이것이 김부식이 기록한 신라의 금성이며, 《용비어천가》가 언급한 대황제성이다. 중국의 기록들에는 금성金城에 천문도가 있고 그곳은 금기 지역이라고 했다.[3]

불행하게도 이 부도는 몽땅 사라져 그 외관마저 알 수 없게 되었다. 고고학자 김원룡金元龍의 《한국미술사》에 따르면 이 유적의 중심부에 한 변이 6.3미터나 되는 거대한 계단형 피라미드식 석총石塚이 있었다. 석총 사면에는 호석이 부설되었고 석총 자체는 거대한 성벽으로 둘러싸여 있어서 그곳이 금기 지역이었음을 짐작케 한다. 또 석총 안에는 판석이 덮인 천창

태양신전(부도)이었던 장군총 집안현, 5세기. 도판 출처, 김원룡, 《한국미술사》.

天窓과 우물 모양의 암실(방호 方壺)이 있었다는 사실도 확인되었다. 암실은 동서가 3미터, 남북이 3.4미터인데다 천장 높이는 무려 18미터나 되었다. 이것이 천문관측과 관련 있다고 주장하는 까닭은 석총이 정확히 동남방으로 향해 있기 때문이다. 또 기단 基壇에는 앞뒤에 각 여섯 개, 좌우에 각 다섯 개의 큰 호석이 둘려있었는데 이는 정확히 천간(십간 十干)과 지지(십이지 十二支)와 일치한다.

김부식은 왜 이토록 귀중한 역사 유적에 대해 입을 다물었을까? 묘청이 주장하는 샤먼의 역사가 기록에 남아서는 안 되기 때문이었다. 하지만 자루 속의 송곳은 숨기지 못하듯이 진실은 드러나게 마련이다. 일연은 고구려 보장왕 寶藏王 2년(643년)에 고구려가 중국에서 도사들을 불러 만월성 滿月城을 쌓았다고 했다. 김부식은 이를 연개소문의 건의로 도교를 받아들인 것으로만 기록했으나, 일연은 분명히 천년보장도 千年寶藏堵라는 성 城을 쌓았다고 썼다.[4] 이것이 우리가 알고 있는 장군총 將軍塚 그림 13의 정체이다. 장군총 위치는 태왕릉에서 북동쪽으로 3킬로미터 정도 떨어진 곳으로, 일연의 기록을 참고하면 그것이 바로 새로 지어진 부도이다. 이 부도는 뒤에서 자세히 설명하겠지만(601쪽 참고), 태왕릉의 기능이 정지된 후 방치되다가 보장왕 때 고구려가 샤머니즘으로 다시 회귀하며 새롭게 축조한 것이다. 뒤에서 보겠지만, 태왕릉은 고구려의 백암성白岩城이다. 일연은 《삼국유사》 흥법편에서 태왕릉과 함께 새 부도가 축조되는 상황을 이렇게 썼다.

> 옛 평양성의 지세는 신월성新月城이라 할 만합니다. 거기에다 더 쌓아올려 만월성滿月城으로 만들면 가히 천년의 보물을 둘 만한 곳이 될 것입니다.

장군총 일대에 신선놀이를 개최했던 옛 평양성이 있었음을 알 수 있다. 당시 도교의 건축기술자(도사道士)들은 시리우스 사이클의 이동으로 화혈의 위치가 달라지자, 그곳에서 북동쪽으로 3킬로미터 정도 떨어진 곳에 부도를 세우되 지형상 본래 지면보다 더 올려 쌓아야 한다고 주장하였던 것이다. 또 도사들은 본래의 부도를 허물면서 그 지하 깊숙이 있었던, 지기地氣의 혼란을 고정시키는 자석(영석靈石)을 파내 깨뜨렸다고 했다. 그들은 부도가 지자기地磁氣의 정점인 회오리(중기沖氣) 지역에 있는 성스런 축조물이라고 믿으며 이를 인방人方, 귀방鬼方, 자방磁方이라고 불렀다. 인방은 회오리를 뜻하는 황금비례를, 귀방은 샤먼들의 가면을, 자방은 지자기가 회오리치는 곳을 말한다. 정황은 이때 새 부도와 함께 금성도 대대적으로 수리했음을 말해 준다. 따라서 장군총을 보면 본래의 금성이 어떻게 생겼는지를 알 수 있다. 금성은 장군총보다 규모가 크다.

장군총으로 미루어 보면 금성에도 화혈이 있었고, 암실 속에 화혈을 향해 옆으로 누운 두 개의 거대한 석관대石棺臺가 있었을 것이다. 장군총의 경우 석관은 레일처럼 나란히 문을 향해 놓여있는데, 화혈의 구조물인 붙박이 설치물이라는 사실에 주목하자. 햇빛의 각도와 밀접한 관련이 있기 때문이다. 길이 3.4미터, 폭 1.4미터로 마치 말구유처럼 가운데가 파여있

미트라 신전의 유적 인신공희의 장면(위)과 뼈마디가 모두 끈으로 연결된 전신 인골(아래). 수메르 시대. 기원전 2300년. 도판 출처, F. Cumont, 《The Mysteries of Mithra》.

다.[5] 구조로 보아 그것은 관을 놓는 받침대가 아니고 미트라 신전에서 보는 인신공희(해체의례)를 행하는 제단이다. 기록은 이를 시尸, 신주神主라고 했는데, 옆으로 누운 모양의 관棺이라고도 했다. 또 실신한 사람이 홀로 누워있는 모양이라고 적어서 거기에 인골이 있음을 암시하고 있다.[6] 산 인간을 제물로 바치는 의식은 비밀결사대원들이 최후에 통과하는 의례이기도 하다. 인간이 만물의 척도라고 믿은 그들은 통과의례를 치르면서 인체의 모든 유골에 새 이름을 붙이는 능력을 입증하고 이 능력을 해탈의 징표로 삼기도 했다.[7]

이런 구조는 흑해나 카스피 해 일대의 미트라 신전 유적그림 14에서도 발견되는데 거기에는 반드시 돌침대(석단石壇)가 있고 인신공희에 사용된 뼈가 고스란히 남아있다.[8] 어떤 경우에는 인골이 산산이 흩어지는 것을 막기 위해 뼈들을 인위적인 방법으로 연결해 놓기도 했다. 이런 정황은 장군총의 암실에서도 볼 수 있다. 장군총에 있는 두 개의 석단 가운데 하나는 남성의 유골이 담기는 그릇이고, 다른 하나는 여성의 유골이 놓이는 그릇이다. 태왕릉 유적에서 발굴한 유물 중에는 금으로 만든 노리개와 금동 허리띠, 그리고 명문銘文이 새겨진 기와조각 등이 있다. 금으로 만든 노리개(금척)는 그곳에서 신선놀이를 했음을 말해 주는데, 확실한 증거는 명문이 새겨진 기와조각이다. 그 명문은 다음과 같다.

願 太 王 陵 安 如 山 固 如 岳
1 2 3 4 5 6 7 8 9 0
태왕의 능이 산악처럼 견고히 보존되어라

중국 문헌에 나오는, "크고 견고하여 제왕의 위업을 자손만대로 이어지게 하라"고 했던 금성천리와 같은 뜻이다. 석총을 말뚝으로 비유하면 이 명문은 옥황상제와 그 샤먼들에 대한 찬가임을 알 수 있다. 이 문구에서 태왕은 구체적으로 누구를 가리키는 것일까? '태왕 太王'은 '대왕 大王'과 다른 말로 왕들의 왕, 즉 제왕을 가리키며,《자전 字典》에는 '太'는 '태사 太史'를 예로 들면서 천문을 관장하거나 제사를 받드는 일이라고 쓰여있다. 주목할 사실은 이들 글자가 모두 열 자리로 한정되어 있다는 것이다. 이는 글자 내용보다는 열 자리 수가 중요하다는 사실을 강조한다. 이는 퉁구스 신화에 나오는 간지의 나무와 그곳에 아홉 샤먼과 우두머리가 있다는 사실을 상기시킨다. 뒷날 불교에서 열 개의 수를 염불 형식으로 외우거나 무경 巫經이 천간지지를 염불처럼 외우게 했던 것, 일본 신토 神道에서 상제 嘗祭 때 열 개의 수를 주문으로 외웠던 것은 모두 흉노인 신라의 왕을 마립간 干이라고 했던 샤머니즘 풍습에서 비롯했음을 알 수 있다.

집안 일대의 수많은 무덤과 고분군은 태릉이 부도역 浮屠域이라는 사실을 말해 준다. 고분군은 단순히 죽은 자의 무덤이 아니고 위대한 샤먼 수도승들의 도장이다. 일연의 기록에 등장하는 이승 夷僧이나 해족 海族이라는 말은 고분과 관련이 있는 단어이다. 신라의 고승인 원광 圓光을 본래 진한인 辰韓人이라고 기록한 것도 그가 불문으로 귀의하기 이전에 샤먼 선파의 승려였기 때문이다. 김부식의 기록에 이런 말들이 보이지 않는 것은 당연하다. 그가 신선도를 말하는 샤머니즘을 숨기려고 했기 때문이다. 훨씬 뒤의 이야기지만 신라 경덕왕 때(747년) 고승인 진표 眞表가 하슬라주 何瑟羅州에 있는 해족 海族에게 계 戒를 주었다는 사실을 일연은 이렇게 적었다.

> 섬(島) 사이의 고기와 자라가 다리를 놓아 그들이 물속으로 맞아들였으므로 진표가 법을 강설했는데 이에 고기와 자라가 계 戒를 받았다.

여기서 '물속'은 이승(동이 東夷)들의 수도장이라고 읽어야 한다. 이렇게 하슬라주가 육지인데도 이 일이 바다 속의 일이 되어버린 것은 바다라는 말이 샤머니즘 시대의 천국을 가리키는 비유였기 때문이다(37쪽 참고). 그러니까 일연은 하슬라주가 불교 이전의 샤먼들이 있었던 곳임을 암시하고 있다. 이 글에서 '島'는 새가 있는 산이라는 뜻으로 고분을 가리키며, 고기와 자라는 그곳에서 수도하는 조의선인 皁衣仙人들과 선녀들이다. 이들을 해족 海族이라고 했다. 진표가 이미 세를 잃어버린 샤먼들의 성역으로 들어가 불법을 전했다는 사실을 기록한 것이다.

여기서 눈길을 끄는 것은 하슬라주라는 이름이다. 진표의 이야기로 보아 그곳이 집안 일대의 고분군인데도 김부식은 이 지역을 슬쩍 강릉 일대에다 옮겨놓았다. 오늘의 강릉 일대에 고분군은 존재하지 않는다. 이는 고구려 장수왕 때 고구려 변방을 지키던 한 장수(변장 邊將)가 신라의 실직원 悉直原에 들어가 아무런 허락 없이 사냥을 하자 신라의 하슬라 성주가 그를 죽였다는 기록에서 드러난다. 이는 고구려 장수가 강릉으로 갔다는 얘기가 아니라 진표가 해족의 영역으로 표현한 집안의 고분군에 들어와 사냥했다는 이야기다. 이는 말갈 땅이 하슬라주에 접해 있었다고 한 일연의 기록이 입증한다. 하슬라주가 정말 강릉 일대였다면 이 말은 오늘의 강원도 일대에 말갈이라는 나라가 있었다는 이야기가 된다. 《삼국사기》는 이곳을 구체적으로 실직원이라고 적었다. 이 말도 김부식이 신라의 부도를 숨기기 위해 위장한 이름이다. 김부식은 '하슬라'와 '실직'이라는 두 이름에 불교 이전의 신라 역사의 진실을 감추고 있다.

앞에서도 언급했듯이 실직 悉直'이라는 이름은 한자말이 아니고 산스크리트어의 'siddhi'를 적은 것이다(23쪽 참고). 보통 한자는 이를 '실지 悉地'라고 적는다. 이 말은 진언 眞言의 비법을 수련하여 자재신력 自在神力의 묘과 妙果를 얻는다는 의미로, 명백히 고분군(경당 扃堂)의 일을 불교식 용어로 바꾸어놓은 것이다. '하슬라'는 산스크리트어의 '아수라 asura, 阿修羅'로

이는 고분을 지키는 신장神將이라는 의미이며, 불교는 이를 팔부중八部衆의 하나이자 지옥의 신으로 여긴다. 김부식은 고조선 역사를 숨기기 위해 갑자기 이를 불교식으로 개명하고는, 하슬라주는 강릉에, 실직은 삼척三陟에 배치해 놓아 진실을 알 수 없게 만들었다. 김부식이 숨긴 집안의 부도 지역 이름은 신라 성덕왕聖德王조에 언급되는 '평양과 우두이주牛頭二州'가 정답이다. 김부식은 '소머리주'를 '하슬라주'와 '실직원'이라고 고쳐놓은 것이다.

고구려의 경당은 샤먼 수도승의 아카데미였다

수백수천에 이르는 해족들이 수도하던 이 고분군이 대략 350년에 축조되었으며 단순히 죽은 자의 무덤이 아님은 건축 양식으로 증명된다. 고분들은 모두 반지하 반지상의 엄폐 양식으로 외견이나 내부구조로 볼 때 어엿한 돔dome 양식이다. 돔의 어원은 톨로스tholos로 '수소'라는 말이며 이는 천국이란 의미이다.[10] 이것이 고대 미트라 교도들의 동굴신전 같은 건축물이라는 것은 이미 '가야'에서 언급했다. 고구려는 이를 경당扃堂이라고 불렀다.[11] '扃'은 집을 뜻하는 '호戶'와 부도의 화혈을 뜻하는 '경冏'자를 결합한 글자이다. 扃은 '안에서 문을 잠그다'라는 뜻으로, 아무나 그곳에 접근하지 못하는 금역禁域을 의미하며, 그곳으로 들어갈 수 있는 사람이라도 문 앞에서 가슴에 양손을 얹고 공부가 공염불이 되지 않도록 다짐한다고 했다.[12] 이들 고분의 내부에는 신위神位를 모시는 암실(현실玄室)이, 그 앞에 제사를 드리는 전실前室이 있었으며 좌우에 측실側室이나 벽감壁龕이 달려있기도 했다. 벽화로는 샤먼을 그린 인물화를 비롯한 종교적인 풍속화가 있는데, 미트라 신전 양식과 다르지 않다. 대표적인 고분 몇 기를 살펴보자.

무용총에는 수도사들이 사냥하는 모습이 그려져 있다.그림 15(102쪽) 사냥은 샤먼에게 매우 중요한 수도 과정이다. 중국 기록에 따르면 활쏘기 대회를 엽제獵祭, 혹은 가평嘉平이라 하고 이 대회에서 잡은 사냥감으로 의례를 치르며 이때 탄생하는 영웅을 '총아寵兒'라고 부른다. 총아는 올림피아드에서 당상에 올라 금관을 쓰고 상패를 받는 영웅을 뜻한다. 그가 장차 지상으로 내려가 왕국을 다스린다. 샤머니즘에서 사냥은 기초학문으로 천문관측과 떼어 생각할 수 없다. 천문 이치는 모든 학문의 근본이었다. 기록에 예濊족이 새벽에 별자리의 움직임을 관찰하여 그해 농사의 길흉을 점친다고 한 것[13]도 이를 뒷받침한다. 그들은 사냥하며 수도하는 동이들이다. 미트라교의 신전처럼 고분에 있는 황도십이궁 벽화그림 16 역시 천문관측이 샤머니즘의 중심 과제임을 보여준다. 유명한 사신총四神塚에는 괴이한 용들이 그려져 있다. 용은 천문학, 연금술의 도상적인 상징이다. 또 고분에는 미인대회가 그곳에서 벌어졌다는 사실과 여성결사(여무결사女巫結社)가 있었음을 말해 주는 벽화도 있다.

고분이 샤먼 수도승들의 혹독한 훈련장소라는 것은 〈동이전〉에서도 엿볼 수 있다. 말갈 사람들은 사람의 오줌으로 얼굴과 손을 씻고 머리에 표범 꼬리를 꽂으며 활 쏘고 사냥한다고 했으며,[14] 그들은 성질이 잔인하고 사나워서 슬퍼하는 일이 없고, 용맹한 자를 뽑아 등가죽에 노끈을 꼬아 큰 말뚝을 매달고 다니면서 소리를 질러댄다고도 했다. 소리를 질러서 고통을 이기는 극기훈련이다. 그들은 춤을 출 때도 서로 싸우는 듯해서 외국 사신들이 놀란다고 했다.[15] 이는 이 집단이 목숨 바쳐 옥황상제를 지키는 비밀결사임을 말해 준다. 이 모든 지옥훈련의 마지막에 그들은 5, 6미터의 높은 나무 위나 무덤 속에 격리되어 죽음의 상태를 체험하는 통과의례를 치른다. 죽음의 음료라고 부르는 환각제(마불산麻沸散)를 마시고 숨이 끊어지는 순간을 체험하는 것이다.[16] 이런 과정을 통과하면 비로소 옥황상제를 지키는

〈황도십이궁〉 돔(말각조정 抹角藻井) 양식의 구조물로 천정에 황도십이궁의 별자리가 그려져 있는 부도이다. 무용총 주실 천장 벽화.

조의선인 皂衣仙人으로 탄생하게 된다. 조의선인은 검은 옷을 입은 신병 神兵으로 퉁구스 샤먼은 그들을 가리켜 사카치, 혹은 아리안 ariyan이라고 불렀다. 고구려에서는 모두루 牟豆婁라고 하고 퉁구스에서는 무두루 mudurr라고 했는데, 모두 용(뱀)과 여신을 숭배하는 비밀결사를 말한다.[17] 이것이 중앙아시아나 소아시아의 고대종교인 미트라에 관한 이야기이다.

오늘날 평양 인근의 감신총 龕神塚 고분벽화그림 17(103쪽)에는 연꽃 대좌

위에 가부좌를 하고 앉은 인물이 있다. 지금까지는 단순히 무덤의 주인이라고 슬쩍 넘어갔으나 이 인물에 샤머니즘 시대의 중요한 정보가 담겨있다. 불행히도 가슴과 얼굴 부위가 훼손되어 얼굴을 제대로 알아볼 수 없지만 인물이 사제(상제 上帝) 같은 지체 높은 신분이라는 사실은 배경에서 드러난다. 그 인물 뒤에 있는 사람들은 불화의 시왕도(십왕도 十王圖)에서 보는 보살처럼 늘어서 있다. 하지만 이 인물들은 얼굴에 모두 눈, 코, 입 대신 '왕 王'자가 쓰여있어서 보살이 아니라 샤먼 제국에서 파견한 봉지 封地의 군 郡왕들임을 알게 한다. 이 점에 대해서는 북한 학자들도 '제후국의 왕들'이라고 주장하고 있다.[18] 유감스럽게도 벽화가 훼손되어 제왕이 손에 무엇을 들었는지 확인할 수 없다. 그가 옥황상제라면 틀림없이 천하를 지배하는 권위의 상징인 황금지팡이를 잡았을 것이다.

세계를 지배하는 황금지팡이와 황금관

중국의 고전인 《회남자 淮南子》에 의하면 지팡이는, 도의 중심에서 두 샤먼 신선이 서로 잡고 세계를 다스리는 물건이다. 성서에도 만국을 호령하는 쇠지팡이라는 말이 나온다. 경주에서 발굴된 황금지팡이^{그림 18(104쪽)}는 신라 금관(옥황)과 함께 샤머니즘 시대의 유물이다. 바로 옥황상제의 물건인 것이다. 지팡이는 겉보기에 단검처럼 보여서 보통 검파 劍把라고 부르지만, 실제로 사용하는 검이 아니며 앞에서 언급했듯이 낫이나 도끼로도 통한다. 《한서 漢書》의 저자인 반고 班固는 이를 경로신도 徑路神刀라고 적고 이를 흉노의 보도 宝刀라고 명기했다. 한나라가 흉노에 사신을 파견하여 화해의 맹약 盟約을 할 때 이 검파가 사용되었다고 한다.[19] 헤로도토스는 아키나케스 Akinakes 단검이라고 쓰고 흉노들이 이를 숭배했다고 말했는데, 이는 경주

《켈즈의 서》의 마태복음 첫 페이지의 삽화 삼태극 도상이 그려져 있다. 영국, 8세기 말. 도판 출처, Marcel Pacant, 《L'iconographie Chrétienne》

고분에서 발굴한 단검도 흉노 시대의 유물임을 말해 준다.

주목할 것은 황금지팡이에 삼태극이 새겨져 있다는 사실이다. 이 태극이 새겨진 물건이 실은 지중해의 로마 켈트 양식의 공예기술과 결합되어 만들어졌다는 것도 놀라운 일이다. 이는 샤머니즘이 세계적인 제국의 문화였음을 말해 준다. 우리를 더욱 당황케 하는 것은 태극문양이 세 개라는 사실이다. 삼태극문양은 천지인 天地人의 이념을 말하는 것이고 천문학적으로는 세 천축 天竺을 가리킨다. 더욱 주목할 일은 삼태극이 중국의 주자(주렴계 周廉溪)가 원시 형태의 태극문양을 그린 11세기보다 600년이나 빠른 시기에 나타났다는 것이다.

샤머니즘의 각종 도상이 장식된 옥황(금관) 소뿔, 꽃나무, 대추 모양, 밤(하트) 모양, 반달 모양 노리개들이 달렸다. 경주 금관총, 4세기 전후.

삼태극은 8세기 영국에서 발행된 《켈즈의 서》의 마태복음 첫 페이지 삽도그림 19에도 등장하는데, 여기서 삼태극이 샤먼들의 삼지창 三枝槍 도상과 마찬가지로 흉노의 것임을 알 수 있다. 이는 중국 최초의 태극문양이 원을 절반으로 쪼갠 모양이고 두 마리의 올챙이가 서로 껴안은 모양이라는 사실, 게다가 훨씬 나중 연대에 나타났다는 사실이 뒷받침해 준다. 하지만 신라의 황금지팡이에 새겨진 태극문양은 세 마리 올챙이가 서로 껴안는 모양으로, 중국의 태극과는 구별된다. 사마천도 태극의 이치가 본래 동이가 믿는 삼신교 三神敎에서 나왔다고 하고 그 삼신을 태황 太皇, 천황 天皇, 지황 地皇이라고 부른다고 썼다.[20] 이것이 신선도이고 19세기 초 서양학자들에 의

해 발견된 샤머니즘이라는 이름의 원리이다.

옥황玉皇을 지키는 상제가 있던 금성에는 황금지팡이와 천하의 보물인 온갖 구슬로 장식한 금관그림 20 그리고 아홉 샤먼신선들의 신상이 진열되어 있던 것이다.[21] 남방 샤머니즘으로 분류되는 힌두이즘에도 옥황이 있다. 남방 사람들은 옥황을 비취나 옥으로 천하를 지배하는 자Jade ruler라고 말하고 있다. 이것이 사마천의 기록에 나타나는 휴도금인이라는 사실은 뒤에서 다시 보겠지만, 여기서 말하는 금인金人이 바로 황금신상이고 비취나 옥은 금관을 의미한다. 경주의 무덤에서 발굴된 이른바 신라금관은 바로 옥황의 금관인 것이다.

신라금관에는, 천간지지를 의미하는 간지나무의 의미가 깃들어 있다. 관의 중심부에 있는 출자出字 장식은 나무인 동시에 샤먼의 상징이다. 소뿔과 날개 장식과 여러 가지 열매들이 모두 나무에 매달려 있다. 이것이 신단수의 상징임은 출자 도상에 아홉이나 일곱의 수가 나타난다는 사실이 말해 준다. 아홉은 간지이고 일곱은 북두칠성이다. 둘 다 절대불변의 우주상을 나타내는 수상數象이다.[22] 흥미로운 사실은 장천리 고분벽화에 퉁구스 신화가 전하는 간지나무가 그림으로 나타난다는 점이다.그림 21(105쪽) 나무는 신화 그대로 가지가 아홉이고, 말뚝으로 표현한 나무줄기를 뱀이 칭칭 감고 있다. 뱀은 지혜의 상징이다. 신라금관의 이미지와 다르지 않다. 그 간지의 나무 아래에서 여의주를 놓고 경기를 하는 신선놀이의 모습이 확인된다. 비눗방울처럼 둥둥 떠다니는 것들은 샤먼들과 영웅들의 영령으로 놀이에 참가한 젊은이를 유혹하고 있다. 이 벽화는 신단수 아래에서 신선놀이가 벌어진다는 것을 말해 준다. 놀이를 감시하는 감독자와 심사관의 모습도 보이며 이것이 서아시아 지역에서 성행했던 올림피아드 광경이다.

우리가 주목해야 할 점은 이 고분들의 축조연대가 신라 내물 이사금 (356~402) 시대와 일치한다는 사실이다. 김부식은 신라 왕조를 모두 열두 그룹으로 나누었다. 그중에서 집안의 금성 시대와 때를 같이하는 왕들을 제3그룹으로 묶었는데 그 임금들은 다음과 같다.

    내물 이사금奈勿尼師今 356~402

    실성 이사금實聖尼師今 402~417

    눌지 마립간訥祗麻立干 418~458

    자비 마립간慈悲麻立干 459~479

    소지 마립간炤知麻立干 479~500

집안의 부도가 내물 이사금부터 소지 마립간까지 약 150년간 운영되었으며 이 부도가 내물 이사금에서 시작되었음을 알 수 있다. 김부식은 내물 이사금을 기록하면서 새삼스럽게 신라가 근친상간을 한다고 쓰고, 그래도 그 정도는 계모를 첩으로 삼는 흉노보다 나은 편이라고 쓰면서 갑자기 흉노를 들먹인다. 내물 이사금이 갑자기 어딘가에서 나타나 신라 왕가를 이었다는 듯이. 이는 내물 이사금의 부친이 왕이 아니라 각간角干이었다는 사실이 말해 준다. '각간'은 소머리의 약칭으로 천문학자라는 뜻이다. 주나라 때에도 '각角'은 별의 명칭이었다.[23] 이는 내물 이사금이 이미 여기에 와서 부도를 건설했던 샤먼의 아들이라는 사실을 말해 준다. 그런데 김부식의 기록에서는 금성이 소지 마립간 때까지만 있었던 것으로 언급될 뿐, 왜 갑자기 그곳에서 사라지는지에 대해서는 입을 다문다. 그 기록에는 482년에 금성의 남쪽 문에 화재가 일어나 불에 탔다고 했고, 그런 뒤 500년에 금성에 용이 나타났는데 이때 서울에 누런 안개가 사방에 꽉 차는 이변이 일어났다고 했다. 금성에 중대한 일이 발생했던 것이다. 이는 신라 금성이 경주로 옮겨가 나을신궁에서 다시 부도를 운영하게 되는 정황이다. 왜 그렇게 되는지는 뒤에서 보기로 한다.

나라의 언덕에서 관을 쓴다

2003년, 국내의 한 학자가 태왕릉 유적에서 작은 청동제 종鍾을 하나 발견했다. 종에는 광개토대왕의 이름과 숫자 96九十六이 새겨져 있어서 고대사 연구에서는 실증뿐 아니라 추리가 중요하다는 사실을 일깨웠다. 고대사의 비밀이 종에 숨어있기 때문이다. 이 종에는 추가 없으므로, 실용적이기보다는 상징적인 물건임을 알 수 있다. 불교, 라마교, 도교, 유가는 물론 기독교에서도 종은 예배시간을 알리는 도구이다. 수수께끼는 96이라는 숫자에 숨어있다. 종은 광개토대왕이 신라의 금성에서 열린 올림피아드(신선놀이)에서 당상에 올라 제왕이 되었던 국강상國崗上의 일과 관련 있다. 일연은 제왕이 어떻게 탄생하는지를 다음과 같이 설명했다.

> 옛날 성인聖人이 예악으로 나라를 일으키고 인의仁義로 가르침을 베풂에 있어, 괴력난신怪力亂神을 말하지 아니하였다. 그러나 제왕帝王이 일어날 때는 부명符命과 도록圖籙을 받게 되므로 범인과 다름이 있었다. 그런 뒤에 능히 큰 변화를 타고 대기大器를 잡으며 대업을 이룰 수 있는 것이다. 그러

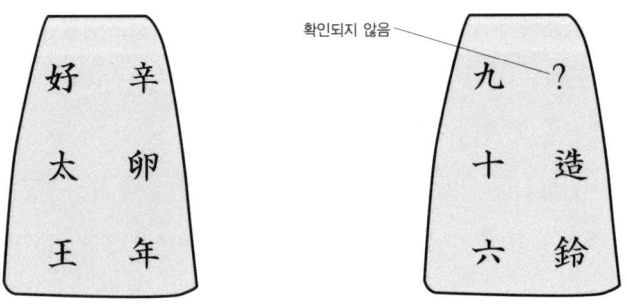

태왕릉에서 발견된 종의 표면에 새겨진 글자(추정)

므로 하수河水에서 그림이 나왔고 낙수洛水에서 글이 나왔기 때문에 성인이 일어났다.[24]

예악으로 나라를 일으킨다는 구절은 신선놀이를 말하는데, 이 놀이에서 범인凡人과는 다른 인물이 탄생하고 그를 성왕聖王이라고 칭한다. 즉, 앞에서 말한 당상에 오른 총아를 말한다. 이 성왕을 제帝라고 부르는 까닭은 '帝'가 갑골문자나《설문》에 발기된 남성의 성기를 가리키는 '사厶' '입立'자와 수건이나 앞치마를 가리키는 '건巾'자가 결합된 것이기 때문이다. 사마천은, 전한의 무제도 보정寶鼎을 구하여 이를 들고 감천궁으로 가서 그곳에서 봉선을 했다고 썼다. 이 성스러운 의식이 국강상國崗上을 통해 천하에 공포되는 것이다. 국강상은 고대의 올림피아드를 뜻하는 신선놀이에서 영웅이 단상에 올라 관을 쓰는 의례를 말한다. 하지만 김부식은 아무 말도 하지 않는다. 일연이 언급한 대로 국강상에 오른 영웅은 부명과 대기, 녹도를 잡는데, 이것들은 그가 옥황상제의 대리자라는 인증서와 증거물(금척金尺) 그리고 그가 통치할 지상의 군국郡國들을 표시한 지도이다. '국강國崗'의 '岡'은 조두가 있는 신단수이며, 아홉 샤먼(신선)들을 공식 알현할 수 있는 곳이기도 하다. 上은 당상堂上을 뜻한다.

태왕릉 북쪽에 있는 모두루牟頭婁 고분에서는 그 벽에 각기 열 자씩 끊어서 쓴 글(명문)이 발견되었다. 김부식은《삼국사기》〈잡지雜志〉편에서 '모두루'가 고구려의 대천사大天使를 가리키는 말이라고 했다. 이는 고구려가 미트라교를 믿었음과 태왕릉으로 알려진 신라 금성도 대천사와 관련이 있음을 보여준다. 모두루 벽에 쓰인 문장에 다음과 같은 문구가 있다.[25]

國 岡 上 大 聖 地 好 太 聖 王
1   2   3   4   5   6   7   8   9   0

한자를 일부러 열 자리 수와 맞추었다. 이 문구의 핵심은 국강상에 오른 사람을 성왕이라고 한다는 것이다. 이는 경주 호우총에서 발굴된 광개토대왕 청동그릇의 명문과도 연관되는 것이어서, 고구려 광개토대왕이 신라의 금성에서 국강상에 올랐음을 말해 주는 증거이다. 호우총의 청동그릇 밑에는 다음과 같은 글이 새겨져 있다.

乙卯年 國岡上 廣開土地 好太王 壺杅十
을묘년에 **나라의 언덕**에 오른,
광개토지호태왕을 위해서. **호우** 壺杅 , 十

광개토대왕의 본명은 담덕談德이다. 이 문장에서 '광개토왕'은 시호이고 그것에 다시 해(호好), 즉 신(태양)이라는 말을 덧붙였다. 그것은 '광개토'에 또 하나의 신위를 더하여 마치 아미타불(일광日光) 관세음보살(대지大地)의 의미를 더한 것과 같은 경우이다.

난해한 것은 '나라의 언덕'이라는 말과 맨 끝에 붙인 '十'이라는 기호이다. 나라의 언덕(국강상國岡上)은 옥황상제를 알현하는 신단수로, 일연은 이를 가리켜 '조천석'이라고 말했다. 《자전》은 '국강상國岡上'의 '岡'을 북두칠성이라고 읽었다. 북두칠성을 머리에 이고 있는 언덕이 다름 아닌 부도이다. 十은 부도가 설치되는 장소로, 卍자와 같은데 흉노는 이곳을 오방五方이라고 했다. 문장은 '광개토대왕이 을묘년에 개최된 신선놀이에서 당상에 올라 관을 쓰고 대기大器를 받았다'는 사실을 말해 준다. 문장 끝에 있는 壺杅十은 壺杅에 부도를 뜻하는 十(卍)이 붙은 것으로, 샤먼의 이름이다. 대기는 하늘이 내리는 보기寶器로 광개토대왕이 청동그릇(대기大器)을 금성의 사제로부터 받았음을 뜻하는 것이다. 호태왕의 종도 이때 샤먼에게 받은 대기라면 어떨까?

숫자 96이 서열을 뜻한다고 할 수 있을까? 김부식이 입다물었던 샤머니즘의 흔적이 지하에서 살아남은 것이다. 이는 광개토대왕이 국강상에 오른 96번째 성왕聖王임을 증명하는 지울 수 없는 유물이다. 《고기》에 적힌 역대 사제는 47대이고 《고사》에는 이와 별도로 42대나 되는 사제(기자조선箕子朝鮮의 왕)의 명단이 기록되어 있다. 모두 합치면 89대가 된다. 숫자 96을 채우려면 7대의 성왕이 더 있어야 한다. 여러 기록을 보면 해모수가 천제天帝이고 주몽도 성왕이며 후한의 왕망王莽과 고구려 고국원왕도 성왕이다. 또 박혁거세도 성자聖者이고 백제의 온조는 직접 성왕이라고는 쓰지는 않았으나 그 뜻은 성제와 같은 의미이다. 이 수가 광개토대왕 종탁鐘鐸에 새겨진 숫자 96을 채울 수 있을지 이야기를 좀더 진전시켜 보자.

나라의 언덕에서 관을 쓴 광개토대왕

광대토대왕의 이름은 담덕이라고 했다. 그는 태자가 되기 전인 열여덟 살 때 광명전光明殿에 올라 천악天樂의 예를 치렀다. 김부식은 이렇게 적고는 이 사실이 무엇을 의미하는지에 대해서는 입을 다문다. 천악이란 기실 신라 향가의 〈산화가散花歌〉이다. 이 노래의 주제는 '꽃을 뿌리다'로, 이때 꽃은 태양신의 상징이다. 그러므로 꽃잎이나 잎사귀를 뿌린다는 것은 샤먼이나 영웅의 정령을 지상에 널리 퍼뜨려 홍익인간세弘益人間世를 이룬다는 뜻이다. 그리스 신화나 불교 신화에도 천국의 여신이 꽃을 뿌리는 이야기가 전해지는데, 이는 천악을 올리는 제례를 말하는 것이다. 실제로 둔황 벽화에서도 〈산화가〉를 떠올리게 하는 장면이 있다. 〈산화가〉는 미륵좌주를 모시는 일이 천하를 구제하는 일이라고 말했으므로 이 노래가 바로 천악이다. 광명전이 신단수이며, 영웅이 금관을 쓸 때 울려퍼지는 음악이 곧 천악

천마를 탄 영웅 신선놀이에서 당상에 오른 영웅의 모습으로, 말의 목에 반달형 노리개가 걸려 있다. 남러시아 파지리크 분묘, 태피스트리. 도판 출처, 김병모, 《신라 금관》.

인 것이다. 사마천은 이를 간단히 선禪, 혹은 봉선封禪이라고 언급했다. 이 말은 영웅이 탄생할 때 여러 샤먼신선과 선문답을 나누어서 과연 해탈(신神)의 경지에 이르렀는지 검증받는다는 의미이다. 그 다음에야 비로소 그에게 대기와 부명符命이 수여된다. 김부식은 담덕의 성덕이 역대 어느 임금보다 탁월하여 천하에서 열제烈帝로 칭송받았다고 썼다.

신라 말에 신선도(삼한三韓)를 일으켰던 궁예에 관한 기록을 보면 천악을 울리는 의식이 어떤 것인지를 대략 짐작할 수가 있다. 궁예는 백마를 탔고 머리에 금관을 쓰고 방포方袍를 걸쳤다. 천악이 울리며 군여軍旅가 펼쳐지면 행렬 앞에서 동남동녀들이 1,000개의 깃발과 향, 꽃을 든다. 또 200여 명의 비구승들은 범패염불梵唄念佛을 외우며 그를 따랐다고 했다.[26] 중국은 이를 태일신太一神에게 제사하는 일이라고 했는데 태일신은 옥황상제이다.

이때 천마天馬를 얻는 일을 도를 얻는 일이라고 기록했다.[27] 《진서》〈사이전〉에도 성제가 일어날 때는 동이의 천자가 낙상雒常의 나무껍질로 옷을 해입는다고 하여,[28] 영웅이 관을 쓰고 말을 탔을 뿐 아니라 옥황상제가 내리는 관복을 받았음을 말하고 있다. '雒常'은 웅상雄常의 오기誤記이다. 다시 말해서 웅상의 나무껍질로 옷을 입는다는 표현은 사제에게서 조복朝服을 받는다는 뜻이다.

　천마를 탄 영웅이 천악을 듣는 장면은 남러시아의 파지리크Pazyryk 무덤에서 발굴된 태피스트리에서 볼 수 있다.그림 23 영웅이 탄 말의 목과 콧등에는 사제에게 받은 금척(곡옥曲玉)이 걸려 있다. 이는 천악이 울리는 가운데 천마를 탄 영웅이 사제와 마주하고 있는 장면이다. 주목할 것은 반달형 곡옥曲玉인데, 이것이 바로 옥황의 구슬이다. 그리스 신화는 반달형 곡옥을 얻는 일을 용의 이빨을 뽑는 것으로 비유했다. 이것도 올림피아드에서 말을 타는 의식을 말하는 것이며 이는 샤먼과의 문답을 통과했다는 뜻이다. 주목할 것은 말의 콧잔등과 목에 걸린 용의 이빨이 정확히 신라 금관에 달린 곡옥그림 24(105쪽)과 일치한다는 사실이다. 태피스트리의 사제 옆에는 옥황을 뜻하는 황금나무가 있는데 이것은 금관을 암시한다. 천악을 울린 영웅은 이날 미인대회에서 뽑힌 선녀와 혼례를 치른다. 신화에서는 이 혼례를 이중혼二重婚이라고 하는데, 이는 미인대회에서 꽃을 잡은 선녀(이것도 '지화자持花者'라고 부른다)가 영웅의 아내이자 사제의 아내가 되는 신들의 혼인 풍속이다. 영웅이 지상을 다스리고 사제가 천국을 다스리므로 이 결혼은 천과 지를 하나로 엮는 사다리를 만드는 의식이라고 할 수 있다.

　미인대회그림 25와 올림피아드의 광경그림 26(106쪽)은 쌍영총 벽화에서 볼 수 있다. 이 그림은 세 명의 미인 후보들이 옥황을 실은 수레를 기다리고 있는 모습으로 신선놀이의 핵심이 금척(여의주)에 있음을 알 수 있다. 벽화에는 씨름과 격투기, 활쏘기를 비롯하여 긴 창을 들고 돌진하여 상대를 떨

미인대회 여의주가 달려있는 옥황을 달구지에 싣고 지상으로 내려온다. 쌍영총 소도 동벽.

어뜨리는 마상경기 장면도 그려져 있어서, 신선놀이가 소아시아 문명 시대에 유행했던 올림피아드와 별로 다르지 않다는 사실이 확인된다. 샤머니즘 시대에 국강상은 천하의 관심사였다. 그것은 국강상에 오른 영웅이 천계(신단수)를 대신하여 삼한의 지상 봉국들의 군대를 통섭할 수 있는 권한을 얻고 천하의 질서를 유지했기 때문이다. 고구려는 그를 대천사 무두루라고 했다. 《후한서》〈동이전〉은 삼한의 봉국이 다 합해서 76개국이라고 했는데, 이 나라들은 한반도가 아니라 모두 오늘의 중원이나 중앙아시아에 있었다는 사실을 차츰 알게 될 것이다.

제4장

샤먼 제국의 심장부, 조선의 발상지로 가다

따라서 '조선'은 글자 자체에서 우주의 중심을 의미한다. 그곳에 옥황이 있었다. 이것이 기독교 성서에 나타나는 'cho'sun'이고 그 뜻은 선민이다. 선민은 샤먼신선들의 정령을 뜻하는 '바단물'을 가리킨다.

신라 19대 눌지 마립간 때(417~458) 내마 奈麻 벼슬을 했던 박제상은 《부도지》에서 조선이 한 지역의 봉국이 아니라 천하의 공도이자 부도였다고 썼다. 또 《고기》는 조선을 진단 震壇이라고 쓰고 그 뜻이 구변도 九變圖의 이치라고 했다. 구변은 부도가 천문이치에 따라 윷놀이판의 그림처럼 자리를 옮긴다는 뜻이다. 즉, 구변은 오늘의 천문학이 말하는 세차운동 때문에 천문관측 지점(천축)이 이동한다는 뜻이다. 세차운동으로 시리우스 항성은 72년마다 황도를 따라 1도씩 이동한다. 부도(천문대)의 암실 돔(천개 天蓋)은 항성인 북두칠성과 수직으로 일치하는 자리에 있어야 하는데, 세차운동으로 천축이 이동하면 그곳에서는 더이상 천문관측이 불가능해진다. 그렇게 되면 부도는 이동해야 하는 운명을 맞이하는 것이다(제2장 44~45쪽 참고). 어떤 천문학자들은 이 운동으로 지구의 양축이 뒤바뀌면서 파국이 일어난다고 말하기도 한다.

　　리그베다 경전에는 태양신 수리아가 황금마차를 타고 남북의 천축을 오간다고 했다. 구변 九變의 뜻을 문학적으로 표현한 것이다. 더불어 '朝鮮'이라는 글자에도 卍, 회오리, 十, 태극이라는 의미가 포함되어 있다는 사실은 주목할 일이다. 이 두 글자에는 해(日)와 달(月), 양(羊), 물고기(魚)의 도상이 모두 들어있기 때문이다. 이는 곧 천문도(하도 河圖)에서 오방을 가리키는 태양(건乾), 태음(곤坤), 소양(이離), 소음(감坎) 네 괘의 의미이다.

따라서 '조선'은 글자 자체에서 우주의 중심(오방五方)을 의미한다. 《산해경》의 〈해내경〉에는 조선은 천축국이며 그곳에 황금으로 만든 신상神像(휴도금인)이 감천궁甘泉宮에 모셔져 있다고 했다.[1] 그곳에 옥황(금인金人)이 있었다. 풀리지 않는 의문은 조선이라는 글자의 본 소리이다. 잘 알려진 대로 중국 문헌은 조선을 '식신息愼' '직신稷愼' '숙신肅愼' '주신珠申'과 같이 다양하게 표기했으나 그 기본 소리는 같다. 이것이 기독교 성서에 나타나는 'cho'sun'이고 그 뜻이 선민鮮民이라는 것은 이 책의 오호십육국 시대에서 실감할 수 있게 된다. 선민은 샤먼신선들의 정령(조선씨朝鮮氏)을 뜻하는 '바단물'을 가리킨다.

《고기》는 조선의 수도를 평양平壤이라 하고 그 '평양'이 세 조선〔三朝鮮〕을 대표한다고 했다. 즉, 평양이 그 세 조선 가운데 하나라고 한 것이다. 그런가 하면 일연은 '낙랑'이 옛 조선(고조선古朝鮮)이고 그 수도가 평양이라고 썼다. 조선, 평양, 낙랑이 모두 같은 말이고 이것들이 같은 곳에 있었음을 말해 주는 것이다. 세 도시가 한 장소에 있다는 것은 서로 다른 두 물체가 동시에 같은 공간을 점거한다는 말처럼 모순이다.

이것이 삼위일체의 비의秘意이다. 여기서 삼위일체의 개념은 옛 담배쌈지에 비유해 보면 이해가 쉽다. 쌈지에는 담배, 쑥 심지, 부싯돌을 넣는 세 개의 주머니가 있다. 담배를 피우자면 주머니에 든 쌈지를 열어 그것들로 담배에 불을 피우고 나서 다시 쌈지를 덮어서 주머니에 넣는다. 이는 하나와 셋 그리고 제로zero(주머니)의 논리인데 이를 조선이라는 통치제도에 대응해 보면, 조선이라는 이름의 큰 쌈지 속에 진한, 변한, 마한이라는 세 주머니가 있다고 비유할 수 있다. 삼태극의 도상icon에는 이런 의미가 내포되어 있는 것이다. 금성에서 신라-고구려-왜가 동시에 거론되는 것도 조선이 쌈지이기 때문이며, 신라-고구려-백제가 진한-마한-변한으로 불렸던 것도 같은 이유이다. 평양과 낙랑도 쌈지 안에서는 하나이고 쌈지를 열면 다른 얼굴로 나타나는 것도 그렇다. 평양은 조선의 수도이고 낙랑은 그 수도 안에서 신선놀이를 하는 신전 터인 것이다. 이 쌈지를 옛사람들은 소머리(우두 牛頭)에 비유했다. 흉노는 사제가 이 쌈지(삼기능)를 끌고 가는 것을 소의 귀를 잡는다(집우이 執牛耳)라고 했으며, 고대 그리스인은 이를 연방의 맹주盟主가 되는 일이라고 했다. 샤먼 제국의 핵심이 바로 이 쌈지체계이며, 이 책에서 쌈지 혹은 쌈지도라고 할 때에도 곧 샤머니즘의 정치체제를 의미한다.

신채호는 평양의 원음이 'piera'이고 이 소리가 '평나 平那' '백아 百牙' '변나 卞那'라는 문자로 나타나며, 경우에 따라 '평양'이나 '낙랑樂浪'으로 표기된다고 했다. 그리고 낙랑樂浪의 樂이 이두로 '풍류 악'의 첫 음인 'p'가 되고 여기에 浪의 첫소리인 'ra'를 결합하여 'piera'로 표기했다고 주장한다.[2] 그런데 이 기본음 piera는 산스크리트어에서 찾아야 한다. piera는 산스크리트어의 'para'이며 그 뜻은 제석천(범천 梵天)인 브라마brahma이다. para가 brahma의 어원이며 '열반涅槃(피안 彼岸)'의 원뜻이다. 이때 '열반'은 자석磁石도 먹히지 않으며 나침羅針도 제기능을 하지 못하는 회오리 지대이다.[3] 리그베다 경전은 이런 곳을 'pru' 'pra', 즉 큰 요새나 도시가 있는 곳이라고 하여[4] 열반에 태양신전이 있었음을 말해 준다. 역사적으로 인도어와 밀접한 관련이 있는 터키어의 para나 페르시아어의 pru는 모두 '금' '빛나다'라는 뜻으로, 고대 이집트의 태양신 파라오Pharaoh나 피라미드Pyramid의 어근과 같다. pharaoh는 페르시아어(아베스타어)에서 낙원을 뜻하는 'paradise'와 어원이 같으며 이때 paradise는 '담으로 둘러싸인' 혹은 '해 뜨는 동쪽'이라는 뜻이다. 평양이라는 말이 이런 말들과 그 기원이 같다는 사실은 뒤에서 확인하게 된다(216쪽 참고).

조선이 샤먼들의 낙원이라는 사실은 '낙랑樂浪'이라는 말에서도 드러난다. 樂浪은 글자 그대로 '풍류의 물결'이므로 신선놀이라는 뜻이며, 몽골어로는 'baxdal'이며 '즐거움'을 의미한다.[5] 중국 기록은 동이들이 밤낮없이 가무를 즐긴다고 했고, 심지어 한나라는 고구려의 '책구루'라는 곳에 그들이 쓰는 악기와 옷을 갖다놓으면 이것들을 가져갔다고 썼다. 이는 고구려가 낙랑의 언덕에서 신선놀이를 주관했다는 사실을 암시한다.

삼한과 조르주 뒤메질의 3기능 체계

사마천은 조선을 삼한이라고 했고 이를 각각 진한辰韓, 변한弁韓, 마한馬韓이라 했다. 이는 실제로 조선이라는 나라가 셋이나 된다는 뜻이 아니라 '한韓'이라는 하나의 쌈지 안에 제각기 기능이 다른 세 부서가 있다는 뜻이다. '韓'은 '漢'과 똑같이 나라 이름이며, 두 글자 모두 특수한 나라 이름을 지칭하는 고유명사이다. 이 글자들이 모두 태양을 가리키는 우리말 '해'와 같은 소리를 낸다는 사실에 주목하자. 그러니까 '韓'은 태양신전의 샤먼을 가리키는 글자이다. 자전이 유독 '韓'이라는 글자에 특별히 주를 달고 이 나라는 '만 개의 나라를 봉하는 곳(만소봉萬所封)'이라고 한 것은 이를 뒷받침한다. 이것이 마한 76개국이 만방에 있는 봉국의 수이고 동시에 한이라는 나라가 사해四海를 다스리는 온누리 시대의 천국임을 말해 준다. 중국 기록은 韓을 다음과 같이 해설하고 있다.

> 서쪽에 있는 마한은 쉰네 나라, 동쪽의 진한은 열두 나라, 진한의 남쪽에 있는 변한도 열두 나라이다. (……) 세 개의 한은 도합 일흔여덟 나라로 백제도 그중의 하나이다. 이중에 큰 나라는 만여 호나 되는데 …… 영토(방邦)의

로만 글래스 왼쪽은 경주 천마총 출토, 가운데는 황남대총 출토 유리잔이고 맨 오른쪽은 박트리아 아이하눔에서 출토된 것이다.

조두를 운반하는 모습 왼쪽에 조두를 머리에 이고 가는 여인이 그려져 있다. 무용총 주실 동벽.

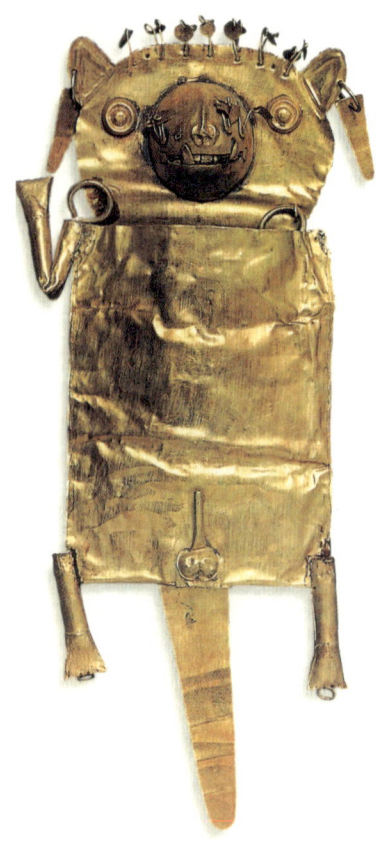

태양신의 상징인 원숭이 가면 왼쪽 위에서 시계방향으로 하인리히 슐리만이 미케네 분묘(펠로폰네소스 반도)에서 발굴한 원숭이 가면(기원전 7세기), 잉카 안데스에서 발굴된 머리털이 뱀으로 묘사된 원숭이 얼굴, 원숭이와 곰이 결합된 신상, 고구려의 원숭이 기와(평양 조선중앙역사박물관).

6
황금지팡이(검파)의 머리 부분   검, 도끼, 낫의 이미지가 결합되어 있다. 천하를 지배하는 샤먼 권위의 상징이다. 마이코프 유적 인근의 게레투메스 분묘. 기원전 6세기.

9
고령 출토 금관   올림피아드에서 당상에 오른 영웅이 대관식에 사용한 관으로, 관의 장식은 지중해의 로터스 문양이다. 경북 고령. 가야시대.

샤먼 제국   99

고리큰칼(환두대도 環頭大刀) 샤먼들의 권위를 나타내는 지팡이다. 지팡이의 환두에는 태양을 상징하는 주작이 있다. 왼쪽은 공주 무녕왕릉, 오른쪽은 경주 천마총 출토, 5세기경.

〈무신도〉 샤먼의 신분을 나타내는 장검, 언월도(달), 삼지창(태양)을 들고 있다. 1800년대.

〈**수렵도**〉 샤먼들의 수도 과정을 보여준다. 신선놀이터를 낙랑의 언덕(낙랑구 樂浪丘)이라고 하는데, 그 언덕에서 샤먼 수도승들이 학습을 하고 있다. 무용총 주실 서벽.

17

감신총 주실 천장벽화 가운데 인물이 샤머니즘 시대의 옥황
을 지키는 사제이다.

샤먼 제국 103

황금검파 옥황상제가 잡는 흉노의 경로신도이다. 경주 계림로 14호분, 5세기 전후.

퉁구스 신화의 간지나무를 나타내는 그림 간지나무는 금관(옥황)과 도상학적 의미가 같다. 따라서 이 그림은 신선놀이(대사습놀이)판에 옥황을 모셔놓은 것이라고 봐야 한다. 장천리 1호분.

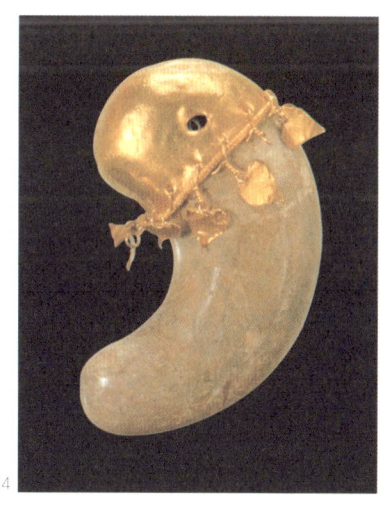 

반달형 곡옥(왼쪽)과 밤(복숭아) 모양 금척(오른쪽) 신라 금관의 장식으로 알려진 이들은 신선놀이에서 미녀와 영웅들이 손에 잡는 노리개(여의주)였다. 스키타이 신화에서는 용이나 양의 이빨로 나타난다. 경주 출토.

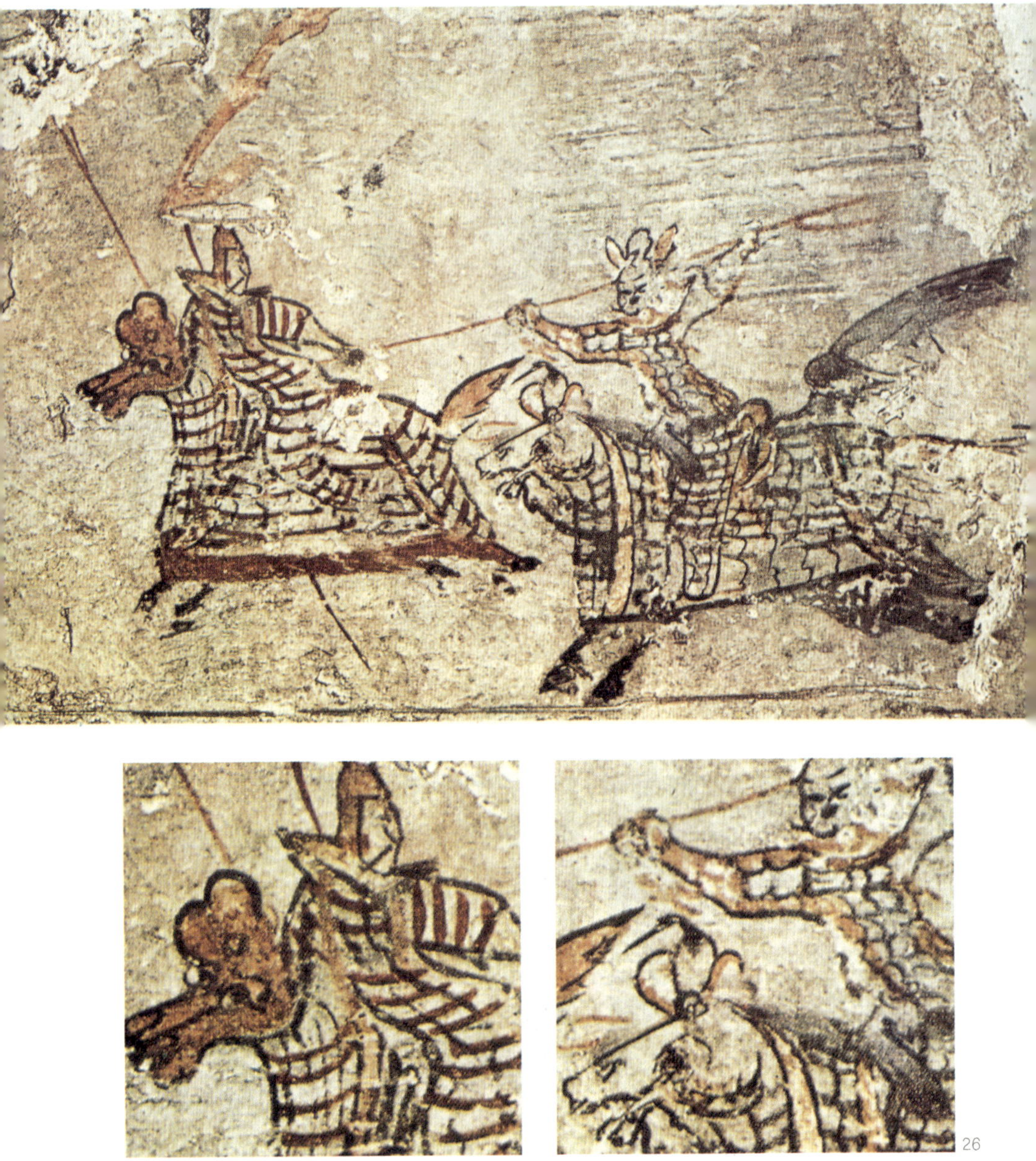

〈마상창기〉 올림피아드 광경이다. 말과 출전자들이 모두 안전 마스크(가면)를 쓰고 있다. 삼실총 제1실.

28 수태고지의 비유를 새겨놓은 청동기 오른쪽에는 사람농사를 비유한 밭갈이하는 농부의 모습이, 왼쪽에는 조두 항아리와 그것을 받는 인물이 새겨져 있다.

29 농경도로 해석되는 기원전 6세기 초의 그리스 집시 그림 농경의 이미지와는 어울리지 않는 하트 문양이 위에 주렁주렁 매달려있으며, 왼쪽에 보이는 여인은 조두를 들고가고 있다. 그림 28의 청동기에 새겨진 도상과 일치한다.

샤먼 제국 107

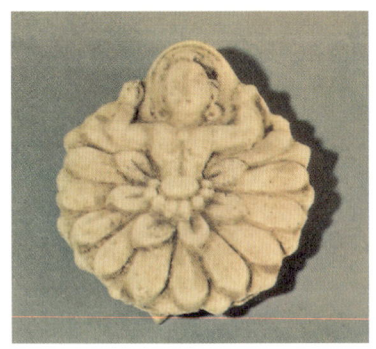

타림분지의 유물 왼쪽은 날개 달린 천사 그림. 'Tita'라는 로마 화가의 서명이 있다. 아래는 왼쪽부터 태양의 아들이 연꽃에서 탄생하는 모양(바람 피우기), 기마상(천마), 샤먼을 뜻하는 원숭이의 얼굴의 조각. 고단, 2~4세기.

48
미추왕릉 출토 금박 유리목걸이 올림피아드에서 영웅이 목에 거는 메달(곡옥)이다.

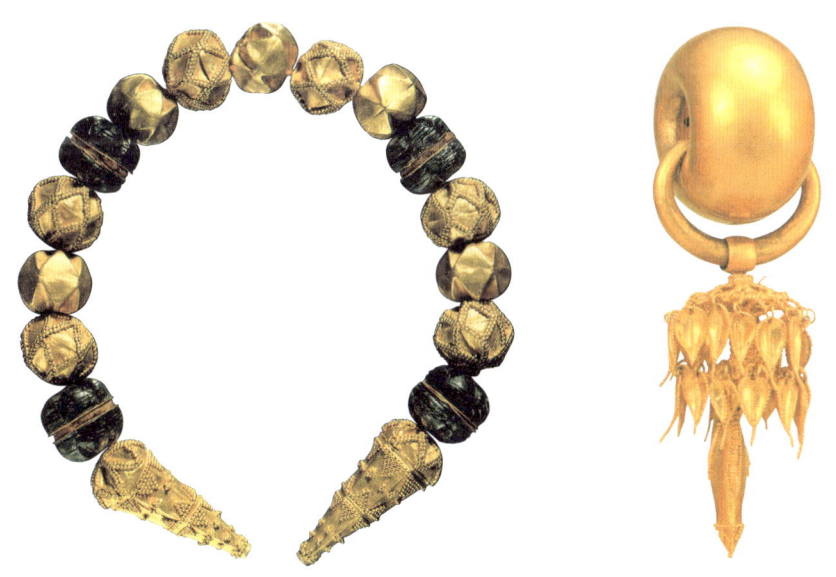

49
황금 장신구 왼쪽은 박트리아 실리아테페에서 출토된 고추 모양의 노리개이고, 오른쪽은 경주 노서리에서 출토된 대추와 고추 모양이 결합되어 있는 노리개이다. 모두 올림피아드 경기에서 영웅이 받는 장신구(금척)이다.

샤먼 제국 109

박트리아 아이하눔에서 발굴한 흉노의 황금유물

1. 인도풍의 아프로디테 여신. 그레코로만 양식이지만 여신의 이마에 인도식 곤지가 찍혀 있어서 인도 문화의 영향을 받았음을 말해준다.

2. 스키타이 샤먼 계급을 상징하는 양. 아이하눔 유물. 인용처, 《National Geographic》 1990년 March, vol. 177.

3. 스키타이 금관. 경주에서 발굴한 옥황(신라 금관)과 공예양식만이 아니라 기술도 서로 같다. 이 양식의 금관은 현재까지 경주와 박트리아에서만 발견되었다.

박트리아, 한나라, 부여가 동일한 문화권임을 보여주는 **청동거울** 낙랑 고분에서 출토된 청동거울(왼쪽, 평양 석암리, 1~2세기)과 똑같은 모양의 전한시대 청동거울이 박트리아 하이눔에서 발굴되었다.

동쪽과 서쪽은 바다에 가서 끝이 났다. 이 모두가 진국辰國이다.⁶

이 기록은 조선을 진국辰國이라고 쓰고, 이 진국이 세 기능을 뜻하는 부서(삼한)를 지녔다고 말한다. 기록 시점을 대체로 《후한서》가 쓰인 4세기 전후라고 보면, 길림성 집안에 금성이 들어섰다는 것도 그 이전 일의 기록임을 알 수 있다. 주목할 것은 진국 영토의 동쪽과 서쪽이 바다에서 끝났다고 한 것이다. 이를 오늘의 한반도에 대입하면 달걀에다 팔만대장경을 써넣는 일처럼 기적에 가까운 일이라고 해야 할 것이다. 그러니까 기록이 가리키는 장소는 한반도가 아니고 대륙이다. 중세의 바티칸이 지상을 하느님의 땅으로 간주했듯이, 진국인 조선의 역사도 이른바 교황청과 사제의 역사와 다르지 않다는 것이다.

진한의 '진辰'이 일월성신을 가리키는 소리글자임은 여러 기록에서 드러난다. 이 소리가 '晉' '陳' '秦' '辰' '眞' '振' '震' '新' '鎭'과 같은 글자로, 고대 기록에 등장할 때마다 굉장히 중요한 주제가 된다. 모두 'chin' 'zin' 'din'이라는 원 소리를 다르게 표기한 것이다. 이렇게 많은 '진'이 역사에 등장한 사실은 고대세계에서 이 소리의 비중이 얼마나 높았는지를 말해 준다. 《고기》는 진Jin이 '천황'이자 사제이며 그가 온누리의 조선(삼한三韓) 정치를 친히 총람하는 진국辰國의 대표자라고 했다. 이 나라는 하느님의 아들이 다스리는 곳이며, 이 나라의 사제는 5년에 한 번씩 지상을 순행한다고 했다.⁷ 기록에는 나라가 생긴 이래 진한의 왕은 언제나 마한에서 뽑고, 진한은 마한 사람을 시켜서 농사를 짓게 한다고 했다. 이 모든 것이 쌈지구조인 것이다.

변한의 변卞은 두 손으로 그릇을 떠받드는 글자이며 비밀의례를 의미한다. 《고기》는 이를 공양태모법供養胎母法이라고 하여 정령을 공동으로 양육하는 일임을 암시한다. 또 변한의 태자太子가 국경 안에 경당을 크게 일으키고 태산에서 삼신을 제사하며 치산치수를 독려한다고 썼는데[8], 경당을 크게 일으킨다는 말은 그들이 고분을 만드는 기술자라는 뜻이다.

　진한은 신전에서 제사(천문관측)를 지내거나 샤먼 수도승들을 수련시키는 오늘의 고등교육 같은 기능을 했으며, 변한은 그곳에서 생산되는 정령을 키워 천재를 길러내는 기능을 했다. 이 모든 비용을 충당하기 위해서 자원을 개방하고 무역으로 부를 축적하는 일을 하기도 했다. 기록에 따르면 변한에도 24개나 되는 봉국이 있었다. 《후한서》는 구체적으로 그 봉국들의 이름을 열거했다. 큰 나라는 호수가 4,000~5,000이며 작은 나라는 600~700이어서 가호 숫자가 모두 45만 호나 되었다고 했다. 호당 평균 가족을 5인으로 잡는다고 해도 진한과 변한에 속한 봉국의 인구가 200만이 넘는다. 이를 5세기경 한반도의 토착인구라고는 말할 수는 없다. 기록은 동이가 어디에선가 나타나 그곳 원주민과 사이좋게 지낸다고 했으며, 샤먼신선들이 태양마차를 몰고 이동해 온다는 것과 그들이 피가름 의식(혼인)을 통해 원주민과 동화한다는 사실을 암시한다. 기록에 의하면 변한은 기름진 토지에서 오곡과 벼를 가꾸었고 누에를 치고 비단을 짜 옷을 해입었으며, 그 나라에는 철광석이 나서 삼한은 물론 예濊와 왜倭가 모두 이를 가져간다고 했다. 이는 변한이 기술자 집단임을 확인시킨다.[9]

　마한의 마馬는 신단수와 아홉 샤먼들을 지키는 조의선인, 즉 결사대를 가리킨다. 조의선인의 자격은 신선놀이가 결정한다. 이들은 무술시험을 통과한 무사로 조직된 전문적인 전사戰士 집단이며, 그 우두머리가 천사 무두루이다. 그들은 비록 소수 정예부대이지만 사제의 부름을 받을 때는 그들 하나하나가 봉국에서 차출한 군사를 지휘하는 임무를 지닌다. 이 지휘권은 세습되었기 때문에, 고구려에서 그랬듯이 형이 죽으면 아우가 형수를 아내로 삼아 일사불란하게 직능을 이어갔다. 이들은 기마신상(고등신高登神)을 숭배하며 말을 조련하는 전문가로 알려져 있다. 조의선인이라는 말은 검은 옷이라는 뜻으로 조마사調馬士를 의미하기도 한다. 또 국경 주변의 농토를 받아 자급자족했는데 〈동이전〉에서 진한이 마한에서 농부를 데려다 농사를 짓게 했다고 한 것도 이를 가리킨다. 결사대가 화백회의의 결정사항을 집행하기 위해 출동할 때에 폭약을 의미하는 갈대 잎이나 대나무 잎을 머리에 꽂았다는 사실도 기록에 나타난다. 바로 일연의 기록에 보이는 죽엽군竹葉軍이다. 이는 그들의 중요 임무가 정령(바닷물)을 지상으로 운반하는 것이며 이때 사제는 무두루에게 황금지팡이를 내준다. 중국 기록에서는 황금지팡이를 경로신도라고 불렀는데, '경로'라는 말은 '곧은 길'이라는 뜻으로 황금지팡이를 잡은 사람이 곧 사제와 다름없다는 의미이다. 그러니까 황금지팡이는 암행어사의 마패 같은 기능을 한 것이다.

프랑스 구조주의 인류학자 조르주 뒤메질G. Dumézil은 고대사 연구에서 3기능설을 주창했다. 그에 의하면 스키타이의 '삼신'은 사제계급, 전사계급(왕), 생산자계급(신모)이다. 그는 사제계급을 제1기능, 전사계급을 제2기능, 생산자계급을 제3기능이라고 했다. 뒤메질에 따르면 켈트족의 경우 사제의 신은 오딘Odin이고 전쟁의 신은 마르스Mars이며 생산의 신은 반Van이다.[10] '(오)딘'과 '반'과 '마르스'는 각각 '진' '변' '마'와 소리나 의미에서 서로 대응되어 샤먼신선들의 역사무대가 지중해에 이르렀음을 짐작할 수 있다. 뒤메질의 3기능론에는 제2기능이 왕과 전사계급으로 되어있으나 그 기능의 본질이 무엇인지 알기 어렵다. 그는 조두를 통해 제1, 2, 3기능이 마치 가위바위보처럼 하나의 구조로 엮여있다는 사실을 미처 파악하지 못했다. 이 점을 보완하자면 제2기능자인 전사계급은 정령의 운반자라고 해야 한다. 정령은 항아리(물병)에, 그 항아리는 고리짝에 들어있다. 우리말의 고리짝이 그리스 신화에서는 판도라의 상자가 된다.

고구려라는 말은 고리 cowry에서 나왔다

제천의식과 함께 신선놀이가 끝나면 고구려(무두루)는 동쪽에 있는 굴(부도)에서 '수신燧神'을 모신다. 수신이 조두이며, 이 장면은 삼족오(일상日象)와 두꺼비(월상月像)를 머리에 이고 나르는 고분벽화의 선녀도그림 27에서 볼 수 있다. 《후한서》〈동이전〉은 이를 음사라고 했고, 이 음사가 기독교의 수태고지이며 《맹자》에 나타나는 이마지정爾馬之政이다. '이마'가 조두를 싣고 지상으로 내려가는 전사계급의 기능 중 하나인 것이다. 중국은 고구려를 '高句麗' '句高麗' '句麗' '九禮' '高禮' '高麗' '藁離國' '下句麗' '孤竹國' 등 다양하게 기록했지만,[11] 여기서 중요한 것은 글자의 뜻보다는 소리이다.

고구려라는 말의 비밀을 푸는 요령은 '高句麗'에도 숨어있다. 핵심은 '句'자이다. 이 글자를 포ㄅ와 구ㅁ로 나누어 보자. 'ㄅ'는 《설문》에 팔다리를 구부린 모양으로 하늘과 땅 사이에 가장 고귀한 자라고 했고 또 'ㅁ'는 상자 개념을 나타낸다. '句'가 고리짝(함函)을 안고 가는 꾸부정한 사람의 모습을 나타낸다. 실제로 고구려라는 이름은 고리짝을 뜻하는 '고리kory'에 근거한다고 주장하는 학설도 있다.[12] 句는 '보자기'라는 뜻으로도 읽는데 이 역시 사람이 가슴에 상자〔口〕하나를 안고 있는 꾸부정한 모습이다. 여기서 기독교 벽화에 나타나는 천사 가브리엘의 수태고지 장면이 연상되기도 한다. 문헌은 '句'를 '勾'라고 쓰기도 하여 상자 안에 들어있는 물건이 조두라는 사실을 암시하고 있다. 《후한서》는 '句麗'를 '句驪'라고 쓰고 이를 맥貊, 혹은 이耳라고 하여 진실에 좀더 다가가고 있다.[13]

무속에서는 신의 아이를 귀〔耳〕로 '낳는다'고 하고 그 어미를 '을녀乙女'라고 부른다. 그리스 신화나 중국의 고신씨高辛氏 신화에도 귀로 아이를 낳는 이야기가 나온다.[14] 이는 고구려가 흉노匈奴임을 말해 주는데, 고구려

조두(알)를 운반하는 선녀 통구사신총 현실 동쪽 천장고임의 벽화.

의 '句'자가 흉노 匈奴의 '匈'자와 뜻이 같기 때문이다. 흉노의 匈은 스키타이의 'Huns'를 옮긴 글자이며 匈자를 풀면 구부정한[曲] 사람이 조두를 '안거나(포 包)' 감싸고(구 拘) 있는 모습이다. 'ㅁ'는 상자이고, 'ㅿ'는 《설문》에 남성의 성기라고 했다. 그러니까 갑골문의 '차 且' '조 祖' '사 ㅿ' 모두 남성 성기를 가리키는 글자이다. 이는 '달리는 말'이 정액임을 암시하며,[15] 제2기능자가 말을 운반수단(족 足)으로 고리짝(조두)을 운반한다는 애기다.

중국인은 고구려를 '까구리' '카우리'라고 발음하는데, 이는 자안패 子安貝를 가리키는 'cowry'와 소리가 비슷하다(35~36쪽 참고). 게다가 기원전 8세기 주나라 시대에는 고구려를 '고죽국 孤竹國'이라고 불렀는데, 이 글자는 고구려가 무슨 뜻인지를 확실하게 말해 준다. '고죽 孤竹'의 '孤'는 아이[子]와 모과[瓜]를 합친 글자이고 거기에 대나무[竹]를 결합시켜 '子瓜

竹'이 되었다. 대나무로 만든 고리짝 안에 갓난아이를 싼 길쭉한 보자기가 있다는 뜻이다. 신라 김대문의 《화랑세기》는 이를 '편고지자偏孤之子'라고 표현하고 있다.[16] 바빌로니아 시대의 사르곤이나 유다 시대의 모세 그리고 신라의 석탈해와 수로왕도 모두 고리짝 이야기와 관련이 있다. 정령의 아이가 지상에서 태어나는 일을 성서는 수태고지그림 28, 29(107쪽)라고 기록하고 있는데 이는 물론 샤머니즘의 유산이다. 그러니까 고구려의 다른 이름인 '고려' 혹은 '고리'라고 할 때에도 소리는 cowry에서 온 것이다.

고구려가 수태고지의 기능자였다는 사실은 역대 왕들의 명칭에서 드러난다. 신라 백제 왕들이 '성聖'이나 '대大'를 붙인 반면 고구려 왕은 주로 냇물, 산, 들 같은 산천의 어떤 지역을 가리키는 낱말을 왕호로 삼고 있다. 미천왕美川王, 고국천왕故國川王, 산상왕山上王, 동천왕東川王, 중천왕中川王, 서천왕西川王, 고국원왕故國原王, 안원왕安原王, 평원왕平原王 등이 그렇다. 이는 고구려가 신라나 백제처럼 어느 지역에 붙박이로 고정되어 있는 나라가 아니라 미트라가 그랬듯이 옥황상제의 신탁을 집행하기 위해 끊임없이 유목민처럼 이동했음을 말해 준다.

대천사라는 말은 메디아 제국 시대의 날개 달린 천사를 가리키는 말이다. 이를 '카리부karibu, kuribu'라고 하는데 본래 뜻은 '중재자'이다. 이들은 지혜의 주主인 아후라마즈다의 뜻을 집행하는 존재이다.[17] 이 카리부가 성서에는 '가브리엘'이다.[18] 가브리엘은 히브리어로 Cabriel인데, 하느님을 대신하여 형벌을 내리거나 낙원과 뱀(천사)을 지키면서도 그들의 권세를 감독하는 임무를 맡고 있다. 고구려를 가리키는 '카우리'가 가브리엘 천사와 대응되는 것도 우연이 아니다. Cabriel에서 끝소리 el을 분리하면 몸체말은 Cabri인데, '엘'은 신을 나타내는 히브리어의 고유명사이다. Cabri는 '카우리' '카구리'와 소릿값이 거의 같다. Cabri의 b음이 부드럽게 발음되면 '카우리'로 들린다.

샤먼 제국은 어떻게 운영되었나

다행히 이 세 기능이 어떻게 샤머니즘 제국을 이끌어 가는지를 몇 장의 화상석畵像石 그림에서 확인할 수 있다. 문제의 그림은 오늘의 중국 산둥성 가상현嘉祥縣의 소운산素雲山에 있다. 애석하게도 이 그림은 제대로 해석되지 못해 세인의 관심에서 멀어진 지 오래다. 그곳에서 발굴된 명문에 의하면 화상석은 147년 후한시대에 조성되었다. 그리고 1786년 청나라 시대에 세상에 알려졌다. 도판 30에서 34까지를 보자.

제비가 이상한 씨(알)를 나르고   그림 30 중단부 왼쪽에 알타이 신화에서 본 천간목天干木이 있다. 신화는 이를 우주목이라고 한다. 하지만 이것은 태양신전(부도)이라고 해야 옳다. 한 인물이 나무에 앉아있는 새를 향해 활을 당기고 있다. 활은 신탁의 비유이다. 또 나무는 새의 둥지에 비유되며 한자는 이를 소巢라고 쓴다. '巢'라는 글자가 정령을 의미하는 물[水]과 열매[果]를 결합한 글자이므로, 《서경》에 나오는 옹雍의 비유이다. '雍'은 제비가 이상한 기氣를 물고 온다는 뜻이다. 나무 오른쪽 아래에 있는 말을 보자. 그것은 정령을 싣고 지상으로 내려가는 수태고지의 말(천마天馬)이다. 시선을 오른쪽으로 옮기면 땅바닥에 엎드려 절을 하는 두 인물과 그를 반기는 인물을 만나게 되며 그가 옥황을 지키는 사제이다. 그림 맨 아래에서는 부도를 향해 행차를 재촉하고 있는 귀빈들과 천하를 지키는 성주城主들의 행렬이 그려져 있다. 그림의 부도를 나을신궁으로 설정하면, 이 그림은 바야흐로 여섯 가야의 샤먼들이 화백회의와 신선놀이를 하기 위해 모여있는 장면에 비견된다. 건물의 누각 위에서는 샤먼들이 무엇인가를 열정적으로 논의하고 있다. 그림

샤먼들이 제천의식을 위해 모여드는 장면 무씨사당 화상석. 도판 출처, 김재원 《단군신화의 신연구》

간지나무 샤먼들의 정령을 의미하는 아홉 마리의 비둘기가 나뭇가지에 앉아있다. 무씨사당 화상석. 도판 출처, 김재원 《단군신화의 신연구》.

왼쪽 구석에서도 만남의 장면을 볼 수 있으며 이 장면은 맨 아래쪽 사건과 이어진다. 신선놀이, 즉 축제가 곧 벌어진다는 것은 지붕 위에 그려진 봉황이 말해 준다. 그림 주제는 활 쏘는 장면이다.

그림 31에서 거대한 신단수 줄기는 등나무처럼 꼬여있어서 간지나무에 나타나는 뱀 이야기를 연상케 한다. 샤먼을 가리키는 아홉 마리 새는 각기 아홉 가지에 앉아있다. 나무 밑에는 커다란 새 한 마리가 따로 그려져 있어서 그것이 샤먼신선 중에 갑甲을 뜻하는 사제임을 암시한다. 그렇다면 활을 쏘는 인물은 누구이며 무엇을 뜻하는 것일까. 화살은 특정한 새(샤먼)를 조준하고 있다. 이는 화백회의의 결정사항(신탁 神託)을 전하는 장면이 분명하며, 정령의 제공자가 정해지는 순간이라고 할 수 있다. 나무 왼쪽 아래에는 알(자안패)을 담는 바구니가 걸려 있고, 그 알을 가져가기 위해 서로 경쟁하는 상황이다. 나뭇가지 끝의 두레박은 여신전(신정 神井)의 상징이고 그것이 산신할멈이 있는 여신전으로 운반된다는 것을 암시한다. 그림 오른쪽에 보이는 천마가 혁거세의 탄생신화에 등장하는 백마이다. 천마는 사제(두루미)와 사이좋게 이야기를 주고받는다. 알의 운반자는 마한인데, 신화는 이를 천마라고 하고 맹자는 이마지정 爾馬之政이라고 했다. '爾'는 맞춤아이를 말에 싣고 지상으로 내려가 왕을 삼는 일을 말한다. 이爾가 신주단지 神主團地이고 그 속의 자안패로 아이를 생산하는 일을 귀(耳)로 아이를 낳는다고 하며 그렇게 태어난 아이가 왕(군주 君主)이 된다는 것도 이를 뒷받침한다.[19]

'지배한다'는 글자 '支配'의 원래 뜻은 이爾를 간지에 따라 배치하는 일로, 이마지정과 같은 말이며, 세상을 해탈자의 씨(조선씨 朝鮮氏)로 다스린다는 샤머니즘 식의 정치를 말한다.

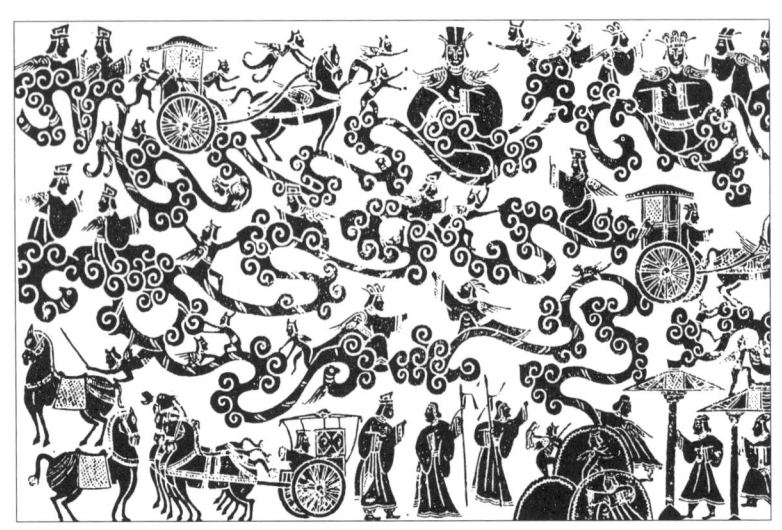

신선놀이 축제 무씨사당 화상석. 아래 두 그림은 부분도이다. 가운데 그림은 음양의 두 신상인 옥황, 맨 아래 그림은 지하세계를 묘사한 것이다. 그림들의 여기저기에 복숭아 모양의 반도가 보인다. 무씨사당 화상석. 도판 출처, 김재원, 《단군신화의 신연구》.

천하의 젊은이가 여의주를 다툰다 그림 32에서 부도의 상징인 천간의 나무는 뱀처럼 뒤엉켜서 마치 용을 보는 듯하다. 나뭇가지들에는 많은 이야기가 숨어있다. 이야기는 상하로 나뉘는데, 먼저 상단을 보자. 중앙과 그 오른쪽에 고무풍선처럼 그려진 두 인물은 음양의 두 신상을 가리키는 옥황이다. 그들의 머리 위에는 커다란 관이 있고 그 관에는 무엇인가 달려있다. 바로 천하의 젊은이들이 갈구하는 보물(노리개)이다. 신라의 이사금에 관한 이야기에서 언급했듯이 새들이 숲속의 사과 향기를 맡고 몰려드는 연기설화를 연상케 한다. 관 양쪽에서 아주 작은 사람들이 그 여의주를 얻기 위해 앞다투어 신상에 접근하고 있는 광경이 그렇다. 상단 왼쪽에는 금척을 얻기 위해 마차를 몰고 온 일행이 보이며, 오른쪽 중간에서는 벌써 금척을 얻은 마차가 유유히 놀이판을 빠져나가고 있다.

실타래처럼 꼬인 나뭇가지 여기저기에서는 샤먼들이 논쟁을 벌이고 있다. 천하의 영웅과 미인을 뽑는 놀이가 얼마나 중차대한 일인지 보여준다. 아유타국에서 온 허황옥의 반도蟠桃(그림에서 복숭아 모양의 하트)가 나뭇잎 여기저기에서 눈에 띄는데 이것은 비밀의례를 의미한다. 반도蟠桃의 '蟠'자의 옛 글자는 부수가 벌레 충虫이 아니라 피 혈血이다. 이 까닭은 무엇일까? 미인으로 지화자가 되기 위해서는 피를 보아야 할 만큼, 그 경쟁이 치열하다는 뜻이다. 중국학자들은 이 나무를 《산해경山海經》에 나오는 삼주수三珠樹라고 해석하기도 한다.[20] 삼주수는 세 가지 구슬이 매달린 나무로, 서왕모의 반도에 대한 전설이 얽힌 신비의 나무이다. 하지만 중국 기록에서 들을 수 있는 이야기는 그것이 전부다.

시선을 하단으로 옮기면 지하세계와 만나게 된다. 거대하게 솟은 천간의 나무는 그 뿌리가 셋으로, 진한, 마한, 변한을 가리키는 신전의 비유이다. 〈동이전〉은 동이를 뿌리(저柢)라고 쓰고 군자가 죽지 않는 나라라고 했

는데, 이는 뿌리가 지하세계(고분)임을 말하는 것이다. 지하 신전 안에는 날
개를 단 인물의 동정이 포착되며 신전 하나는 비어있다. 신전 속에 있던 한
인물이 밖으로 나와 언덕으로 기어오르고 있다. 바야흐로 사제가 샤먼들,
귀빈들과 작별하는 상황이다. 천간의 나무뿌리를 등지고 있는 인물이 사제
이고 하단 가운데에 손님(샤먼)들이 있다. 그 뒤에는 말과 마차가 작별을 마
냥 기다리고 있다. 화백회의의 모든 정황이 압축되어 있는 것이다. 하단 원
쪽에서 채찍을 들고 말이 떠나기를 독려하는 인물의 모습을 통해, 우리는
화가가 축제가 끝난 뒤의 정황을 얼마나 실감나게 그리려 했는지를 알 수
있다.

천하를 순례하는 천사(무두루)들의 군여도 무씨사당 화상석. 도판 출처, 김재원, 《단군신화의 신연구》.

농자가 천하지대본이다   그림 33은 상단에서는 가로쓰기하듯 왼쪽에서 오른쪽으로 흘러가고 하단에서는 반대로 오른쪽에서 왼쪽으로 흘러간다. 먼저 용마를 탄 천사(무두루)들의 무리가 어디론가 달려가고 있다. 천상에서 지상으로 내려가는 무두루의 행차라는 사실을 암시하기 위해 구름문양을 활용하고 있다. 상단 맨 오른쪽으로 시선을 옮기면 이 그림의 주제가 확연히 드러난다. 기치를 들고 천사를 마중 나온 지상 봉국의 왕이 그려져 있기 때문이다. 천상과 지상이 만나는 역사적인 장면이다. 하단 왼쪽에는 만남이 끝나고 되돌아가는 샤먼들이, 오른쪽에는 이들을 배웅하는 왕들이 그려져 있다. 돌아가는 천사는 소의 꼬리나 두 귀

를 잡고 날아간다. 그가 지상에 봉해진 수많은 동맹국의 맹주盟主임을 말해준다.

그림 34는 삼한의 쌈지 기능을 명료하게 보여주는 장면이다. 그림은 상하 두 구역으로 나뉘고 이야기는 여전히 왼쪽에서 오른쪽으로 전개된다. 상단에서는 용마를 탄 천사(무두루)가 지상으로 내려오고 있으며 용마는 거대한 용으로 묘사되었다. 주제는 상단 맨 오른쪽에서 볼 수 있다. 천사들의 행차 앞에 머리를 조아리고 엎드린 두 인물과 그들의 머리 앞에 놓인 두 개의 거대한 하트(복숭아)가 보인다. 하트는 알(고리짝)이고 그리스 신화에 나오는 판도라 상자이며 그 은유이다. 이것이 바로 스키타이 흉노 시대의 수태고지 장면인 것이다. 그림의 천사가 이렇게 말하는 장면을 상상해볼 수 있다.

알을 받겠느냐, 목을 바치겠느냐?

스키타이 흉노 시대에 태양신의 알은 곧 코란과 다름없다. 이것이 수태고지의 의미이고, 이때 천하는 무두루를 모시는 샤머니즘 시대의 제정일치 세계이다. 이 기능을 수행하는 천사가 마한(군신)이고 무두루이다.

천하를 지배하는 신성한 수태고지 의식이 얼마나 중차대한 일인지는 그림 하단에서 드러난다. 오른쪽에 용 한 마리가 몸을 구부려 마치 빈집처럼 만든 공간이 있고 그 속에 망치와 끌을 쥔 형리가 있는데, 그는 엎드린 죄인의 머리를 내리치려 한다. 망치와 끌은 벼락의 도상으로 단군신화의 뇌공雷公과 같다. 중세 기독교 시대의 순회재판을 연상케 하는 모습이다. 천사 일행은 의기양양하고 봉국의 왕들은 잔뜩 주눅이 든 모습이다. 형장의 지붕 위에서는 죄사함을 받으려고 교섭하는 장면이 그려져 있다. 문초가 엄숙하다는 것은 하단 맨 왼쪽에서 확인할 수 있다. 살생부를 들고 호명

수태고지(상단)와 순회재판(하단) 아래 두 그림은 맨위 그림을 확대한 부분도이다. 가운데 그림에서 복숭아 모양 반도를 확인할 수 있다. 무씨사당 화상석. 도판 출처, 김재원 《단군신화의 신연구》.

수류탄을 던지는 제우스   기원전 470년. 그리스, 아네테박물관.

하는 인물과 그 호명에 따라 형벌을 집행하도록 북을 치며 독려하는 인물이 그려져 있다.

하단 가운데에는 순회재판 현장에 긴 머리를 뒤로 휘날리며 서있는 여신이 보인다. 여신은 옆구리에 항아리를 차고 있으며 그 안에 무엇이 있는지는 보이지 않지만 분위기로 보아 죄인을 위협하는 무기로 추정된다. 중국의 마운붕은 《수신기搜神記》를 인용하여 이 그림에서 동녀들이 우뢰의 채찍(뇌책雷策)을 들었다고 말하고 동남들이 뇌차雷車를 끌고 있다고 해석했다.[21] 이 여신이 변한弁韓의 주이主耳이며 옆구리에 찬 항아리 속에 화약가루나 수류탄(진천뢰)이 들어있으리라 추정된다.

수류탄에 관한 이미지는 이미 그리스 신화에서 제우스가 뇌정으로 크로노스를 격퇴했던 이야기^{그림 35}에도 나온다. 그 시대에 폭약을 사용한 것은 고구려의 통구에 있는 사신총이나 진파리에 있는 고분 그림에서도 나타

폭약을 사용했던 샤먼 제국 시대 위 그림은 통구사신총의 〈신선도〉인데, 샤먼이 불새를 타고 공중을 날며 지상에 뇌정을 던지고 있다. 아래 그림은 진파리 1호분의 〈현무도〉이다. 이글거리는 불꽃은 폭약으로 불바다가 되는 상황을 그린 것이다.

난다.그림 36 기록은 진한 사람(샤먼)들은 키가 크고 몸이 장대하며 머리털이 아름답고 의복이 깨끗하며 형벌이나 법은 엄하고 까다롭다고 했다.[22] 그림 34의 분위기와 어울리는 문장이다. 그리스와 우리 쪽에서 비슷한 도상이 보이는 것은 샤먼신선을 숭배하던 시대가 인종을 초월한 문명이었음을 짐작케 한다.

무두루의 난장판 축제 그림 37의 상단 가운데에 커다란 파리채 같은 것을 든 인물이 둘이나 있다. 그들 사이에는 두 개의 뿔배가 땅바닥에 내동댕이쳐 있고 오른쪽에서는 탈을 쓴 괴이한 인물들이 반주에 맞추어 춤을 추고 있다. 이들이 쓴 가면을 치우가면이라고 주장하기도 한다. 비밀의례를 치를 때 가면을 쓰고 놀이하는 백희百戲의 현장이다. 한 인물은 머리에 활 모양의 장식을 달고 손에는 자〔尺〕를 쥐고 발에는

⟨백희도⟩ 샤먼 축제 때 가면을 쓴 신들이 능력을 과시하는 장면이다. 무씨사당 화상석. 도판 출처, 김재원 《단군신화의 신연구》.

흉노의 무두루 의식을 보여주는 뿔배 왼쪽은 스키타이 전사들이 피를 떨어뜨린 술이 들어있는 뿔잔을 같이 들고 마시며 혈맹을 맺는 장면이다. 도판 출처, 김영종 《반주류 실크로드사》. 오른쪽은 흙을 구워 만든 뿔배이다. 경주 인용사지, 국립경주박물관.

쇠뇌와 화살을 달고 있다. 전능의 힘을 과시하고 있다. 하단에는 초인적인 힘을 과시하는 비밀결사대원들이 맹수를 한 손으로 번쩍 들었다가 냅다 던지거나 생나무를 두 손으로 잡아 빼며 그 위엄을 과시하고 있다. 이들은 산스크리트어 경전이 말하는 '건달파'로, 불의 신과 율법의 신에 봉사하기 때문에 절반은 인간이고 절반은 신이라고 했다. 땅바닥에 던져진 뿔배는 이들이 불로장생의 약(soma)을 마시며 무아지경(비몽사몽)에 있다는 것을 보여준다. 경주 일대 고분에서 발견된 뿔배와, 뿔잔을 번갈아 마시는 스키타이 전사들의 조각^{그림 38} 등으로 미루어보아 한반도에 있었던 샤먼 세력도 이 그림의 일과 무관하지 않음을 알 수 있다.

그런데 도대체 이런 그림이 있는 사당을 만든 무씨武氏의 정체는 무엇일까. 유적에서 발굴된 명문은 이렇게 말하고 있다. "사당의 주인공은 선장宣長이라는 젊은이다. 후한시대에 무시공武始公이라는 사람에게 개명開明

이라는 아우가 있었는데, 개명의 아들이 바로 선장이다. 선장은 자라면서 효가 지극하고 겸양의 덕도 남달라서 제음濟陰이라는 사람을 섬기게 되었고, 나이 스물다섯에 '둔황장사敦煌長史'라는 벼슬을 받기에 이른다. 불행히도 젊은이는 벼슬을 얻자마자 병으로 죽었다. 이를 애석히 여긴 아버지와 형제들이 재물을 모아 조각가에 의뢰하여 그곳에 석실을 세우고 화상석을 만들어 그의 혼을 달랬다" 이 기록을 좀더 실감나게 이해하자면, 무시공이나 제음이라는 인물의 정체와 '둔황장사'라는 벼슬의 성격을 이해해야 한다. 모두 샤머니즘을 거론하지 않고서는 이해할 수 없는 이야기다. 《자전》에 의하면 무武는 산에 사는 이夷로 통하며, '무이武夷' '무향武鄕'과 같은 말은 모두 동이와 관련되는 명칭이다. 무武는 문文과 대응되는 말로 사실상 쌈지 기능에서 제2기능을 가리키는 말이다.

'무시공'은 샤먼이고 선장이 섬겼다는 '제음'도 그에게 무술을 가르친 샤먼임을 알 수 있다. 선장이 덕과 무공을 익혀 나이 스물다섯에 당시 둔황을 지키는 근위대의 수장이 된 것은 모두 샤먼들 덕이었던 것이다. '둔황장사'는 부도를 지키는 근위대장이어서, 이때 둔황이 부도였음을 말해 준다. 실제로 그곳에서는 '둔황장사무반비敦煌長史武班碑'가 발견되었다. 이 비에는 샤먼의 문하생으로 태양신전의 근위대장이 되었던 젊은이가 비록 짧은 삶을 살고 갔지만, 가문의 영광을 빛내어 이를 길이길이 기억하고자 사당을 지었다는 사연이 적혀 있다. 둔황장사에 오른 것이 대단한 출세였고, 젊은이를 발탁하여 그에게 영광을 안겨 준 '무시공' '제음'이 다름 아닌 샤먼 신선들이며, 그들의 고향(무향武鄕)이 바로 그곳이라는 사실이 드러난다. 그러니까 화상석은 흉노 제국이 어떻게 세계를 지배했는지를 보여주는 청사진이라고 할 수 있다. 이 역사가 오늘의 중국 땅(둔황)에서 실제로 전개되었다는 사실은 우리의 고대사 무대가 바로 그곳임을 말해 준다.

제5장

조선역사의 첫번째 연고지는 소아시아다

중국 집안에 있던 금성은 4세기 이후의 유물이다. 그렇다면 그 이전에 쌈지 조선은 어디에 있었을까. 신라의 영역이 만주의 세 개 성과 중원의 아홉 주였다는 《만주원류고》의 기록을 믿으면, 우리는 중국대륙으로 시선을 옮기게 된다. 그러자면 중국의 옛 지도 한 장쯤은 수중에 있어야 하는데, 유감스럽게도 중국에는 변변한 고대 역사지도가 없다. 5,000년 문명을 자랑하는 중국에 그런 지도가 없다는 것은 믿기 어렵다.

중국 최초의 지도에 중국 역사가 없다

중국 집안에 있던 금성은 4세기 이후의 유물이다. 그렇다면 그 이전에 쌈지 조선은 어디에 있었을까. 신라의 영역이 만주의 세 개 성과 중원의 아홉 주 州였다[1]는 《만주원류고》의 기록을 믿으면, 우리는 중국대륙으로 시선을 옮기게 된다. 그러자면 중국의 옛 지도 한 장쯤은 수중에 있어야 하는데, 유감스럽게도 중국에는 변변한 고대 역사지도가 없다. 5,000년 문명을 자랑하는 중국에 그런 지도가 없다는 것은 믿기 어렵다. 하지만 이는 사실이다. 일본 문헌에는 주나라, 진秦 그리고 양한兩漢 시대의 지도가 정부에 있었다고 기록되어 있다. 동진東晉 시대의 유명한 지도 제작자인 배수裵秀(3세기경)는 최초로 지도를 남긴 사람인데, 그는 한나라 시대에 세계지도(여지도 輿地圖)가 있었으나 무슨 까닭인지 전해지지 않는다고 증언했다.[2]

주목할 대목은 중국의 삼국 말에 이르러 진秦 이전에 존재했던 지도가 사라져 버리고 한나라의 세계지도와 고대지리서(괄지도 括地圖)만 존재했다는 것이다. 세계지도와 고대지도는 제도製圖상의 허술함 때문에 역사를 구체적으로 아는 데는 도움이 되지 못한다. 이에 배수는 처음으로 분율分率, 준망準望 등을 표시하여 좀더 사실적인 지도를 그렸다고 했다.[3] 3세기 말에 진나라 이전 지도는 중국에 남아있지 않았다.[4] 이 수수께끼를 푸는 여정이 사실상 이 책의 핵심 내용이다.

진수의 《삼국지三國志》에 의하면 배수는 4세기에 동진東晉에서 사공司空 벼슬을 했다. 지도와 관련이 있는 직책이다. 전해지는 지도가 없었으므로 그는 《서경書經》이나 《하서夏書》 같은 고서를 고증하여 이른바 '우공지역도십팔편禹貢地域圖十八篇'이라는 지도첩을 제작했다.[5] 실제 측량을 통해서가 아니고 서적을 참고하여 우공 지역을 그린 것이다. 실증적이지는 않지만 그래도 4세기 중국 역사의 지역적인 판도를 가늠해 볼 수 있는 지도이다. 이 지도에서는 중국이 세 구역으로 나뉘어 있다. 하나는 당시 동진의 서쪽 근거지를 가리키는 타림 분지 일대이고, 다른 하나는 서안西安의 동쪽에 크게 말발굽 모양으로 선을 그은 독립된 구역인데 그곳에 구주九州라고 써 넣었다. 그런 다음 마지막으로 서북쪽의 나머지 땅에 흉노라고 적었다. 흥미롭게도 타림 분지 일대에서는 나라 이름을 기록한 데 반해 구주 쪽에는 아무것도 표시하지 않았다. 최소한 기주, 장안, 낙양, 함양 같은 명성이 높은 고대 중국의 역사적인 도시 이름은 적어 놓아야 한다. 그런데 아무것도 기입하지 못하고 그 지역을 구주, 곧 구이九夷의 땅이라고만 표시했다. 왜 그랬을까(그림 43 참고).

어쨌건 중국 역사의 심장부라고 할 수 있는 기주冀州의 위치는 반드시 표시해 놓아야 옳다. 하지만 그 이름도 지도에는 없다. 무척 오래된 중국 문헌인 《이아爾雅》는 기주가 구주의 하나라고 기록하였다.[6] 제왕의 도시 기주에는 주周나라와 한나라 때까지도 제왕이 있었다. 《예기》에는 구주가 1,373개국이라고 하여, 사실상 구주가 온누리를 다스리는 샤먼들(구이九夷)의 나라였음을 말해 준다. 천황, 지황, 인황이라고 하고 이들 아홉 형제가 구주를 나누어 오래 천하를 다스렸다고 한 것이다. 그것이 조선임은 더 말할 나위가 없다.[7] 사마천도 요임금이 구족九族을 가까이했고 이 구족이 일월성신을 관측하며 농사짓는 법을 가르쳤다고 썼다.[8] 배수가 활 모양으로 표시한 지역이 바로 조선이다. 그가 동진 지역에서는 구체적으로 국명을 기록했으면서도 이 지역에는 아무것도 기입하지 않았던 것은 이런 까닭일 것이다.

사마천은 기주가 두 강 사이에 갇힌 도시(중토 中土)라고 했다. 그러니까 양자강과 황하 사이를 말한다. 하지만 기주라는 제왕의 도시를 이 두 강 사이에서 찾는 것은 사막에서 바늘 찾기와 같다. 이 때문에 중국학을 연구하는 학자들은 황하에서 이 지점을 찾으려고 애썼지만 언제나 헛수고로 끝났다. 중국의 역사지리는 청나라 때에 진晉나라의 곽박郭璞이 쓴 《산해경山海經》을 연구하면서 시작되었다. 학자들은 고서적에 등장하는 산과 강의 이름을 조금씩 찾는 듯했으나 그 태반이 역사적인 상황과 맞지 않음을 확인하고는 작업을 접었다. 당시 지식으로는 남계南界가 양자강과 서강西江 유역 분수령인 오령五嶺이고 영남의 동남 연안이 지금의 복건성이었음이 확인될 뿐이었다.[9] 황하 일대에 포진하고 있어야 할 춘추전국시대의 칠웅七雄이 확인되지 않는다는 것은 중국 역사 연구의 치명적인 맹점인 것이다.

황하 문명은 동이 샤먼 문명이다

1920년대 스웨덴의 고고학자 안데르손J. Gunnar Andersson은, 배수가 왜 구주를 그렇게도 막연히 표시해야 했는지를 밝혔다. 그가 각고의 노력 끝에 우리에게 준 선물은 유명한 얀소아(앙소仰韶) 문명이며, 채도彩陶와 자안패를 저장하는 저패기였다그림 39. 그것들이 원시인의 생활도구가 아니고 샤먼들의 도기道器임을 입증한 셈이다. 그가 얀소아에서 발굴한 채도는 지중해부터 오늘의 이란 남부 지역인 엘람과 투르크메니스탄의 아나우Anau, 우크라이나의 트리폴랴Tripolja까지 나오고 있다. 게다가 안데르손이 발굴한

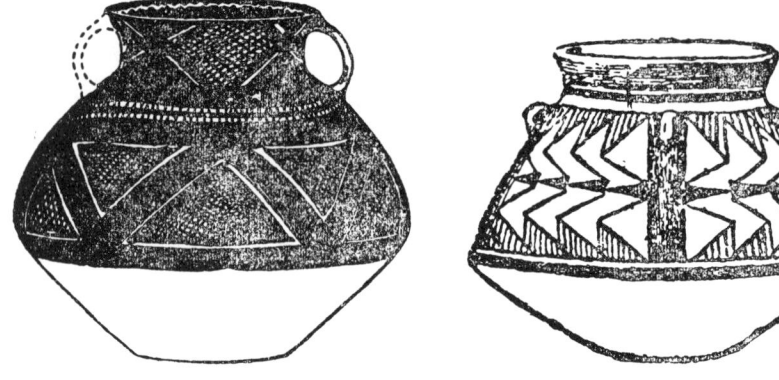

채문토기 안데르손이 앙소이에서 발굴한 채문토기(왼쪽)와 중앙아시아의 수사에서 출토된 채문토기(오른쪽). 양쪽의 도기 형태와 문양이 닮았다. 도판 출처, 진순신 陣舜臣 저, 이용찬 옮김, 《중국고적 발굴기》.

물고기가 새겨진 채도와 반파 토기에 그려진 여러 모양의 동물문양 신석기시대. 도판 출처, 진순신 陣舜臣 저, 이용찬 옮김, 《중국고적 발굴기》.

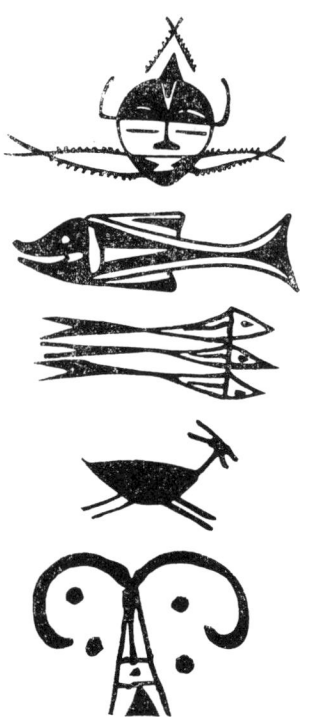

채도의 S자형 문양은 기원전 3000~2000년경의 크레타와 미노스 문명을 대표하는 토기의 문양과 다르지 않다. 굽이 높은 도자와 '田'자형 문양은 S자형 곡선과는 성격이 다르지만, 이것도 메소포타미아의 수사Susa에서 출토된 기원전 3000년경의 채도문양과 같은 것이다.[10] 이런 정황을 근거로 안데르손은 그곳(감숙성)에 그리스계와 메소포타미아계 문화인이 와서 향수를 달래기 위해 고향을 그리는 감정을 도자기에 불어넣었을 것이라고 추측했다.[11]

안데르손은 초기 인류학의 대세였던 기능주의 고고학자였으므로 채도 문양 도상에 대해서는 깊이 생각하지 못했다. 물고기 도상을 보자. 물고기는 머리에 뿔이 있고 사람의 얼굴 모양을 한 것도 있다.그림 40 뿔이 있는 물고기는 풍류도風流道의 '風'자를 의미하는 것으로 샤먼의 정령을 나타내는 도상이다. '風'자 속에 뿔이 달린 벌레는 옛글자에서는 '하늘의 물'이라고 한다. 그 벌레가 바로 샤먼의 정령을 의미하기 때문이다. 이를테면 징기스칸이 스스로 바람의 후예라고 말했던 것도 그가 샤먼의 핏줄임을 말해 주는 것이다. 기독교 성서가 하느님의 아들 예수를 물속에 사는 죄 없는 순진한 물고기에 비유하는 것도 같은 맥락이다. 예수라는 말은 물고기를 뜻하는 그리스어 익투스(ΙΧθΥC)에서 왔다. 이 다섯 글자는 '예수, 그리스도, 신의 아들, 구세주'라는 의미이다. 그렇게 보면 사찰에 있는 목어木魚도 같은 맥락이라고 해야 한다. 목어를 두드리는 어범魚凡의 예禮는 공덕을 쌓아 세상을 구하는 미륵(메시아)이 되기를 서원하는 의식이기 때문이다. 사찰 처마 끝에 매다는 풍경風磬이 수메르어로 '샤카'라고 하는 것도 같은 맥락이다. 이는 모두 물고기가 샤머니즘 시대의 도상언어임을 말해 주는 것이다. 수메르어가 카스피 해 지역에서 출발해 색塞, 스키타이를 거쳐 고리국에 이르게 되는 것은 우연이 아니다. 석가모니를 샤카라고 부르는 것이 유구한 쌈지의 역사와 무관하지 않은 것이다. 안데르손을 비롯한, 초기 기능주의

청동 저패기 저패기 안에 그림의 오른쪽에 보이는 자안패들이 보관되어 있었다. 저패기 덮개에 천문을 상징하는 소들이 조각되어 있다. 전한시대, 운남성 강천현.

흉노의 신주단지 조두와 그 속에 들어있는 알(정령) 종지이다. 경주, 신라시대, 국립중앙박물관.

인류학자들은 물고기 도상의 의미를 놓침으로써 쌈지의 역사를 보지 못하는 결정적인 실수를 저지른 것이다.

물고기문양의 채도와 청동 저패기^{그림 41}는 샤머니즘의 본질이 무엇인지를 말해 주는 결정적인 증거물이다. 저패기가 조두인 이유는 그 속에 자안패가 들어있기 때문이다. 청동 저패기 뚜껑에는 다섯 마리의 수소 장식이 부착되어 있다. 수소는 천문의 상징이므로 그 물건은 틀림없이 샤먼들의 것이다. 경주에서 발굴한 저패기^{그림 42}에는 알처럼 보이는 작은 그릇이 모두 여섯 개 들어있어서, 수로왕의 탄생설화에서처럼 여섯 개의 알이 샤먼의 숫자를 의미한다는 것을 알 수 있다.

유감스럽게도 안데르손은 중국의 서쪽 지역을 보지 못했다. 2002년, 타클라마칸 사막 지대(신강성)의 로프누르 소하_{小河}에서 중국학자들은 모래에 뒤덮여있던 고대 무덤을 발굴했다. 아주 작은 나무배가 뒤집힌 모양의 관 속에는 벽안의 여자 미라가 발견되었고, 그 미라는 가슴에 실제 소머리를 안고 있었다. 배와 소머리는 모두 부도를 의미하는 도상이고, 무덤의 주인들은 3,000년 전의 인물로 밝혀졌다. 그들은 코카서스 일대의 종족으로 그곳에 와서 살았던 것이다. 함께 발굴된 항아리 속에는 아나톨리아 지방에서 생산되는 밀알이 들어있어 이들이 소아시아에서 왔음이 분명해졌다. 주목할 일은 그곳이 다름 아닌 배수가 특별한 관심을 보인 지역이라는 사실이다.^{그림 43} 지도에 가로세로 일정한 줄이 그어졌는데, 세로줄에는 1만 리 단위로 거리가 표시되어 있지만 가로줄은 무엇인지 알 수 없다. 이것이 바로 분율이다. 그가 지도에 표기한 중요한 나라 이름들은 다음과 같다.

이오로伊吾盧(당반 當盤), 차사車師(투루판) 오손烏孫, 언기焉耆,

구자龜玆(쿠차) 선선鄯善, 소륵疏勒, 대완大宛, 사차莎車, 우전于闐

대월지大月氏, 안식安息, 신독身毒

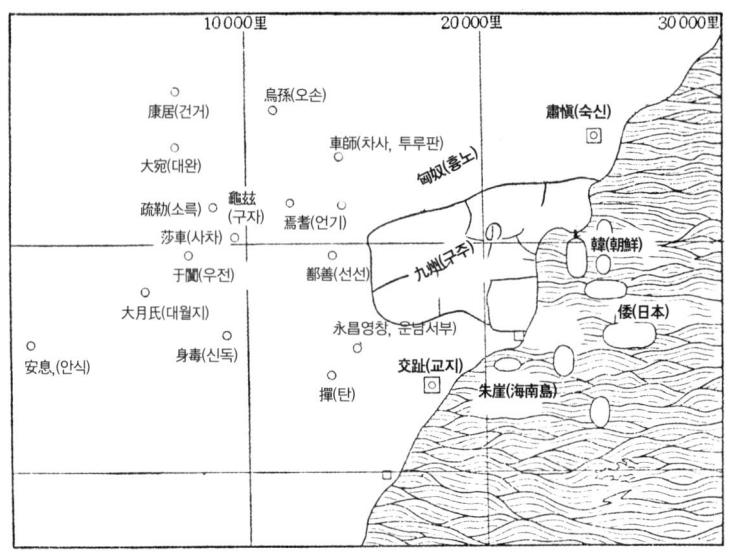

배수가 그린 지도 중국이 보유한 가장 오래된 지도이다. 267년 제작. 도판 출처, Albert Herrmann, 《Lou-Lan》 일본어판.

오늘의 중국 지도를 보면 이 나라들은 대부분 신강성新疆省과 청해성青海省, 티베트 일대에 있다. 그림 44 지도의 중심에 타클라마칸 사막이 펼쳐지는데 그곳이 위도 40도 지역이다. 거기에 선선鄯善이 있고 그 위아래에 실크로드의 북로와 남로가 있다.

이곳이 조선의 고지故地였다는 사실은 우선 일연의 기록에서 암시된다. 일연은 고구려의 성왕聖王이 어느 날 국경을 순찰하기 위해 요동성遼東城 일대로 나갔다가 성 인근에서 '육왕탑育王塔'을 발견했다고 썼다. 일연은 육왕탑이 있는 지역이 신기루가 일어나는 사막지대임을 암시하여 그곳이 인도의 불교가 전파되어 있었던 중앙아시아 지역임을 짐작케 한다. 성왕이 국경을 시찰하기 위해 오늘의 평양에서 그곳에 갔던 것이 아니라 투루판(졸본)에서 그곳으로 갔던 것이다. 《한서》는 한나라 무제 때 타클라마칸 사

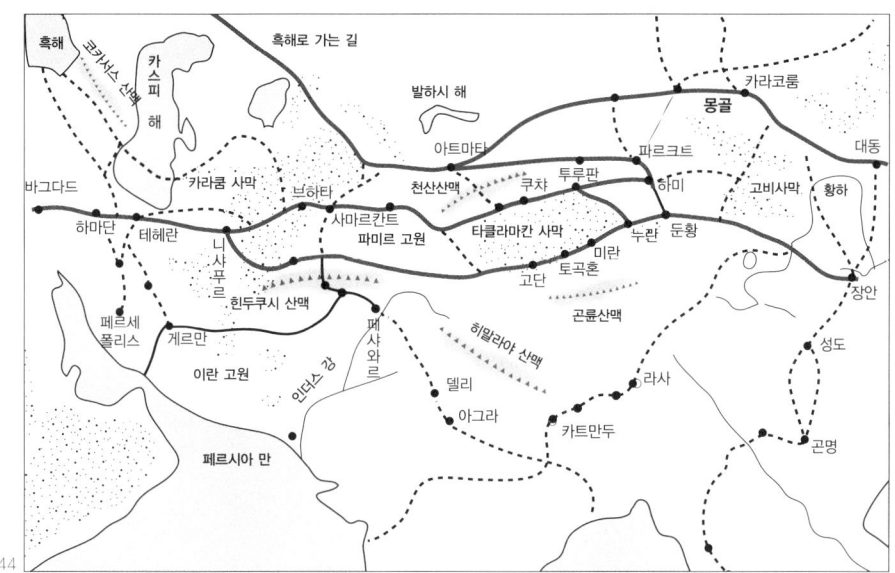

동서교역로(실크로드)

막지대에서 흉노와 전쟁을 하면서 휴도금인을 노획했다고 기록했다.[12] 《해동고승전海東高僧傳》에는 전한前漢 애제哀帝 때 곽거병이 사막 지역에서 휴도금인을 얻었다고 언급했다. 그리고 금인이 웅상이고 그 옆에 샤먼을 닮은 상(구이九夷)도 함께 있었다고 했다.[13] 그곳이 조선의 부도임을 말해 주는 것이다. 일연도 육왕탑이 발견된 곳이 신기루가 일어나는 사막지대임을 암시하여 《해동고승전》이 전하는 지리적 특성과 다르지 않음을 알 수 있다. 성왕은 그 육왕탑에서 지팡이와 신발, 산스크리트어 문자로 쓰인 패전貝錢을 보았다. 그것들은 서한西漢 때의 물건이므로 전한대에 패전이 사용되었음을 알 수 있다.[14] 이는 한나라 무제의 한사군 설치와 관련되는 대목이다. 제4장 초반부에 인용했던 《산해경》의 문장을 다시 떠올려 보자.

조선은 천축국이며 그곳에 황금으로 만든 신상(휴도금인)이 감천궁甘泉宮에 모셔져 있다.

사마천은 〈효무본기〉에서 전한의 무제武帝가 제나라에서 얻은 보정寶鼎을 감천궁에 모시고 봉선封禪을 했다고 썼다. 이 감천궁이 부도인데 사마천은 이것이 누란樓蘭에서 일어난 일이라고 했다. 고구려의 성왕이 시찰했던 곳이 토곡혼, 누란 일대임을 말해 주는 증거이다.

중국 고고학자들은 토곡혼 계곡에서 200여 개의 고분을 발굴한 적이 있다. 그 유물에는 금으로 만든 아테네, 헤라클레스, 큐피트상이 있어 경주의 유물과도 연결된다. 안타깝게도 고구려의 성왕이 누구인지 알 수 없다. 고구려가 오늘의 중국 땅에 있었다는 사실이 드러나서는 안 되는 상황인지라 이 왕의 이름을 지워야 했던 것이다. 고구려에서 '성왕聖王'이라는 명칭은 올림피아드에서 당상(국강상國崗上)에 올라 천악을 울린 왕에게만 붙는다. 그러니까 성왕의 호칭은 시조 동명성왕과 제16대 고국원왕故國原王 그리고 광개토대왕에만 붙었으며, 이들은 모두 국강상에 올라 천악을 울렸다. 이렇게 되면 문제의 이 성왕이 고국원왕임을 알 수 있다. 김부식은 고국원왕이 국강상에 올랐다는 사실을 감추기 위해 '일명 국강상왕'이라고 작은 글씨로 궁색하게 문장 사이에 끼워넣었다. 왜 그래야 했는지는 김부식만이 알 것이다. 성왕은 이때 타클라마칸 지역을 순찰했다. 《북사》에는 전한의 무제가 조선을 멸하고 그곳에 현토군을 두었으며 고구려를 현으로 삼았다고 기록되어 있다.[15] 이 기록은 한무제 때인 기원전 141년경에 이미 고구려가 그곳에 존재했다는 사실을 말해 준다. 또한 성왕이 고국원왕이고, 연대로 볼 때 그가 후한 이후에 졸본부여 지역을 순찰했음이 드러난다.

졸본부여와 흉노

광개토대왕 비문에는 영락 永樂 8년에 신라성 新羅城의 가태라곡 加太羅谷에서 남녀 300명이 스스로 고구려에 조공했다고 쓰여있다. 그런데 이 문장에는 신라의 '가태라곡'이 토곡인 土谷因 일대라고 되어있다. 이 '土谷因'을 이화여대 교수였던 송동건은 '吐谷渾'이라고 읽고 《구당서》를 인용하여 그곳이 선선 鄯善, 차말 且末 지역이라고 해석했다.[16] 선선은 배수의 지도에 나와있는데 그곳은 위도 40도상의 부도 지역에 해당한다. 그 뿐 아니라 송동건은 당나라 때의 학자 유지기 劉知機가 쓴 《단한 斷限》에서 '토곡혼의 자라 다리'라는 기사를 인용했는데 그 기사에는 '자라 다리'가 고주몽이 건넜던 전설의 다리라고 적혀 있다.[17] 이는 주몽이 부여의 대소 帶素에게 쫓겨 동남쪽으로 도주하다가 강물에 가로막히자 자신이 천제의 아들이고 하백의 외손이라고 외쳐 자라의 도움을 받았던 그 유명한 신화적 현장을 말한다.

   김부식도 주몽이 북부여에서 동남 방향으로 도주했다고 기록했으므로 지리적인 정황으로 볼 때 북부여가 카스피 해 쪽에 있었음을 알 수 있다. 《고기》에는 주몽이 어머니의 명을 따라 엄리수 淹利水를 건너 졸본천에 이르렀다고 썼다. 여기서 '엄리'가 아무다리야 강의 첫소리와 끝소리를 기록한 것으로 보면, 주몽은 카스피 해 남쪽에서 아무다리야 강을 건너서 타클라마칸 사막으로 들어와 실크로드 남로로 진입했고 졸본 卒本에서 나라를 일으켰다는 것을 알 수 있다. 김부식이 졸본이라고 한 곳이 배수가 표시한 차사 車師-(투루판)로 나타나고 있다. 오늘의 신강성 투루판Turfan이다. 중국은 투루판을 '토노번 吐魯番'이라고 적는다. 《고기》에는 주몽이 부여고도에 와서 세운 나라가 신라의 옛 땅이라고 했으므로, 이 일대에 부도가 있어 옥황상제가 온누리를 다스렸음을 짐작할 수 있다.[18]

   투루판은 옛부터 천산에서 녹아내린 물을 이용하여 관개수로를 만들어

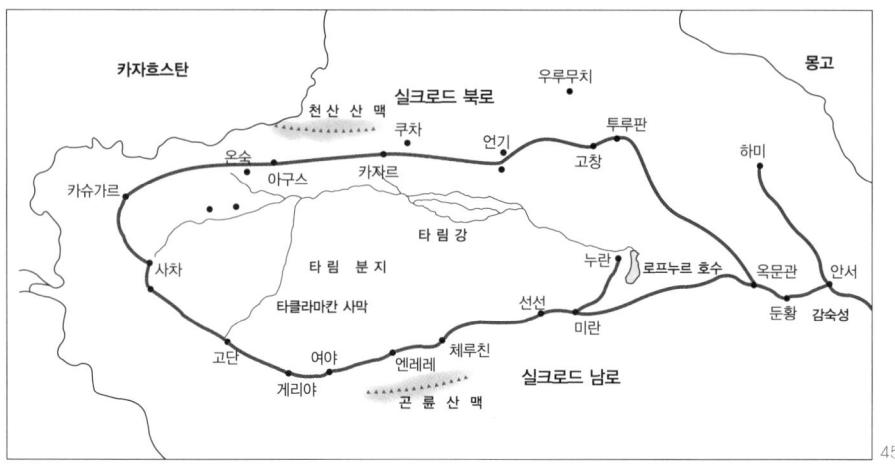

실크로드와 졸본부여(투루판)의 방역 오른쪽 옥문관에서 서북쪽 카슈가르에 가닿는 길이 실크로드 북로, 남쪽 길이 실크로드 남로이다.

농작물을 재배했던 풍요로운 곳으로, 동서 상업의 교차지이기도 했다. 대상隊商들은 지중해에서 카스피 해를 거쳐 동쪽으로 이동했고 동쪽에서 다시 지중해 쪽으로 이동했는데, 이때 천산天山 북로를 이용하여 투루판을 거치게 된다. 동서무역의 요충지였던 셈이다. 이런 조건 때문에 주변의 여러 민족 간에 자주 분쟁이 일어나기도 했다. 그 일대에는 셍김 아기스, 베제클리크, 체칸 구루 같은 굴 사원을 비롯하여 무루두크 천불동 유적이 남아 있어 그곳에도 샤먼들의 신선도 역사가 있었음을 알 수 있다. 일연이 언급한 졸본부여卒本夫餘가 다름 아닌 타클라마칸 사막지대인 것이다.그림 45 그러니까 졸본부여라는 말은 투루판에 있는 조선이라는 뜻으로 읽을 수 있으며, 그곳의 누란과 선선에 옥황을 모시는 부도(조선)가 있었던 것이다.

그 지역을 최초로 발굴한 영국의 탐험가 스타인은 누란 인근의 니야 유적에서 인도 문자의 하나인 프라크리트어의 카로슈티 문자로 쓰인 다수의 목간木簡과 한자, 그리고 후한시대의 동화銅貨를 발견하였다. 목관木棺을 덮는 봉니 封泥에는 선선군인 鄯善郡印이라는 글자가 쓰여있어서 그곳에 부도가 있었음을 말해 준다. 또한 봉니에서 그리스 신화에 등장하는 아테네, 제우스, 헤라클레스, 큐피트와 같은 신상들이 발견되어 지중해와의 관련성도 확인되었다. 게다가 높이 평가받는 스타인의 공적 중 하나는, 그가 카로슈티 문자로 적힌 '자토타'라는 말이 전한 시대에는 '정절국 精絕國'이라고 적혔다는 사실을 밝힌 것이다. 이는 기록자들이 소리말을 한자로 옮길 때 소리와 그 뜻을 동시에 옮기려 했던 일반적인 관례를 확인해 준다. 이 경우 '자토'가 '정절'이고 '타'가 나라가 된다. '精'은 샤먼들의 정을 말하는 것이고 '絕'은 '끊기다' '다하다'라는 뜻으로, 선선이 더는 부도 기능을 수행하지 못하게 되었음을 말해 준다.

《고기》에는 가섭원부여의 제5세 고두막 때에 '서안평 西安平'을 다스렸다고 했고 《상서 尙書》는 해동 海東에 아홉 샤먼이 있었고 그중 구례는 본시 고구려가 있기 이전의 명칭으로 흉노의 조상이었다고 쓰여있다. 그들은 처음 섬서성 서안 근교에 있었다.[19] 이는 서안이 고구려의 졸본부여 영역임을 말해 주는 기록이다. 다른 기록에 따르면 서안 북쪽에서 발원하여 남으로 흘러 바다로 들어가는 물이 있는데 구려별종들이 이 물을 소수맥 小水貊이라고 이름 지었다고 썼다.[20] 서안의 동쪽에서 남으로 흘러 장강 長江과 합류하는 오늘의 주강 舟江을 가리킴을 알 수 있다.

누란이 낙랑이고 조선이다

누란은 진 秦, 한 漢 시대에 로프누르 호수의 서북쪽 인근에 있는 오아시스 나라였다. 그림 46 이곳을 다스린 세력이 월지이며, 《후한서》는 이 월지가 삼한을 대표하는 진국 辰國이고 세계를 다스린 흉노라고 했다. 이곳 역시 올림포스(부도)이며, 'Olympos'의 첫소리가 '月'이고 끝소리가 '氏'로 옮겨진 것이다. 흉노가 부도를 알씨 閼氏라고 말하는 것도 참고할 만하다. 누란 왕국의 유역은 동서 900킬로미터에 달하니 당시로서는 엄청난 면적이다.

1906년, 누란의 서남쪽 유적에서 사원의 보랑 步廊에 해당하는 외벽에 날개 달린 어린 천사의 반신상과 석가상이 발견되었다. 이는 그곳에 그리스풍 사원이 있었고 뒷날 불교가 스며들었음을 말해 준다. 사마천이 휴도금인이라고 한 옥황도 이곳에 있었다. 그곳에서 발견된 황금장식들을 참고하면 이 옥황이 그리스인이 말하는 아폴로상과도 관련이 있어 보인다. 남방 샤머니즘으로 분류되는 힌두교에서는 이 옥황을 가리켜 구슬로 세상을 지배하는 제왕이라고 했고, 당나라 때의 안사고 顔師古는 황금으로 만든 이 신상(금인 金人)을 천인 天人이라고 칭하며, 이 신상이 뒷날 불상으로 이어졌다고 했다.[21] 최근 《유라시아 초원 제국의 샤머니즘》을 펴낸 박원길은 이를 무조신상 巫祖神像이라고 말하여, 조선의 역사가 샤먼을 숭상하는 샤머니즘이었음을 뒷받침한다. 지중해와 흑해의 영향은 그 일대에서 발견되는 많은 로마, 그리스 풍의 큐피트 상이 말해 준다. 340년에 동진의 고승 법현 法顯이 누란을 방문했을 때만 해도 그 오아시스에는 4,000명에 달하는 승려집단이 있었다고 하는데, 정확히 언제 그곳이 죽음의 땅으로 변했는지는 알 수 없다고 한 것도 그렇다.[22] 연대상으로는 한반도의 집안에 새로 금성이 생길 때여서 양자의 관계가 주목된다. 이곳이 신라 역사와 관련이 있다는 것은 그 이름이 암시한다.

'누란 樓蘭'을 뜻으로 읽으면 '누각과 난초'인데 나라 이름으로는 적절치 않아 이 글자 역시 소리를 적은 것임을 알 수 있다. 'Lou-lan'은 소리로 '낙랑'과 대응되는데, 이곳에서 발굴된 여러 유물이 이를 뒷받침한다. 낙랑은 부도의 신선놀이를 담당하는 제장을 의미하며 이곳을 '하늘의 바다'(간해 干海)라거나 '낙원'(이전악 伊甸樂)이라고 부르기도 했다.

46

누란 유적 타림 분지의 로프누르 호수 인근에 번성했던 사막 도시. 샤먼 사원의 폐허로 추정된다. 도판 출처, Albert Herrmann, 《Lou-Lan》 일본어판.

스타인에 이어 본격적으로 그곳을 발굴했던 독일인 헤르만A. Herrmann 은 세계에서 가장 오래된 종이 문서를 발견한 바 있다. 그 문서 가운데 《전국책戰國策》을 인용한 짧은 예서체隷書体 글이 발견되었다.[23] 《전국책》은 난세를 살아가는 임기응변의 처세술을 수집 편찬한 책으로 병서兵書와 함께 많이 읽혔다. 이 책이 언급된다는 것은 그곳에서 유교식 과거시험 제도가 실시되었음을 의미한다. 문서에 쓰인 글자가 3세기경의 글자체여서 후한 때에 그곳에서 본격적으로 과거가 실시되었음을 알 수 있다. 사사로운 편지로 보이는 문서들은 그들이 과거에 응시하기 위해 고향의 형제들과 떨어져 그곳에 와있었음을 짐작케 한다. 그 곳이 한사군漢四郡으로 바뀌면서 흉노식 신선놀이가 문학이나 윤리학이 가치의 척도가 되는 유교식 과거제도로 바뀐 것이다.

한사군 시대의 봉국은 36개국으로 대략 배수가 그린 지도 범위 안에 있다. 1907년, 스타인은 타림 분지 일대를 탐험하다가 그림 여러 점을 발견했다. 그림 47(108쪽) 날개 달린 천사와 부처, 승려들이 그려진 그림과 귀족의

금박 유리목걸이 노리개 올림피아드(신선놀이)에서 영웅이 목에 거는 메달(곡옥)이다. 왼쪽은 누란 출토(도판 출처, Albert Herrmann, 《Lou-Lan》 일본어판)이고, 오른쪽은 경주 미추왕릉에서 출토된 것이다. 5~6세기. 109쪽에 컬러 도판이 있다.

초상화 등이었는데, 날개 달린 천사를 그린 한 그림에는 놀랍게도 'Tita'라는 로마인 화가의 서명이 있었다. 적어도 3~4세기에 그 일대가 다국적 문화의 중심이었으며 그 중심에 누란이 있었던 것이다.[24] 한문 이외에도 인도의 카로슈티어로 쓰인 목간도 발견되었다. 카로슈티어는 페르시아의 엘람어에서 파생된 문자이다. 글자체가 기하학적인 꼴이어서 우리가 쓰고 있는 한글과도 인연이 있어 보인다. 이 문자는 기원전 3세기부터 기원후 4~5세기경까지 인도 서북부, 파키스탄, 아프가니스탄, 우즈베키스탄, 타지키스탄, 투르크메니스탄, 신강성의 호탄과 선선 등지에서 사용되었다.[25] 이렇게 복합적인 언어가 이곳에서 사용되었다는 것은 그곳이 부도가 있는 세계의 공도 公都여서 낭도로 출세하려는 젊은이들이 온누리에서 모여들었음을 말해 준다. 발굴 보고서는 여러 인종 중에서도 동아시아계가 우세했다고 하여 흉노 문화의 중심에 동아시아인이 있었음을 알려준다.[26]

누란이 낙랑이었다는 사실은 자안패와 그곳에서 발견된 다량의 노리개가 말해 준다. 노리개는 황금보다는 오팔이나 유리 덩어리 같은 재료로 만들어진 목걸이가 주류이며, 이것도 경주에서 출토된 유리 목걸이와 다르지 않다.그림 48 황금을 얇게 펴서 만든 구슬 목걸이는 시리아나 이집트인 기술자가 만든 것이라고 한다. 이것들은 당대 최고의 유리 생산지였던 로마에서 왔거나 최소한 원료가 그곳에서 수입되었던 것으로 추정된다. 여의주(금척 金尺)의 값어치를 따지면 세상에서 가장 희귀한 보물이어야 함은 물론이다. 그곳에서 발견된 공예품이 헬레니즘 시대의 로제타 문양부터 불교 장식, 페르시아풍의 사자머리 문양 등 세계의 모든 보물을 망라하는 까닭도 같은 맥락에서 이해할 수 있다.[27]

왜 누란의 유물이 시리아, 이집트, 로마, 페르시아는 물론 동쪽의 한반도(경주)와 몽골 지역에서도 발굴될까? 이는 부도가 온누리를 지배하는 세계국가의 중심이기 때문이다. 누란의 동쪽 지역에서 발굴되는 유물이 메소포타미아와 몽골 지역에도 나타나는 이유도 그렇게 설명해야 의문이 풀린다. 유물 중에는 중국풍 문양과 메소포타미아계의 날개 달린 짐승이 함께 나타난다. 이는 우랄 강 일대의 파지리크 Pazyryk 분묘에서 발굴되는 유물과도 관련이 있다.[28] 누란은 기원전 3세기 한무제 때에 '선선'으로 개명하고 누란에서 로프누르 남안의 우니 扜泥, 미란으로 천도한 뒤에 단순한 군사기지로 남았다.[29] 전한은 이곳에 둔전 屯田을 두었으며 이는 후한과 위, 동진 때에도 유지되었다. 이곳에 서역장사부 西域長史府가 설치되었던 것도 이때다. 배수가 그린 중국 지도는 바로 이 상황을 반영하고 있는 것이다.

타클라마칸 사막에 있던 선선국과 신라

중국 기록은 오늘의 신강 위구르 자치구의 태반을 차지하는 타클라마칸 사막(그림 45 참고)에 선선국이란 나라가 서니성抒泥城에 도읍했다고 했고 그곳이 옛 '누란'의 땅이었다고 증언한다.[30] 기록은 선선을 '시라叱羅' 혹은 '설라국薛羅國'이라고 기록하고 이들 나라가 모두 고구려, 백제와 나란히 있었다고 했다. 세 나라가 쌈지 안에 들어있던 것이다. 중국이 '시라'와 '설라'를 오환과 선비라고 썼던 것도 이들이 샤먼의 무리이기 때문이다.[31] '설라' '시라'는 모두 양치기를 뜻하는 엘람어 'Syilla'에서 온 소리이다. 양치기는 스키타이 풍속에서 별을 관측하는 샤먼이라는 뜻이다. '오환'이나 선비는 쌈지 기능에서 제2기능의 실천자이다.

선선국과 함께 주목할 나라들은 배수의 지도에 나오는 고대도시 우전于闐이다(그림 43 참고). 우전은 중국이 사용한 명칭이고 본 이름은 '고단'이다. 이 말은 산스크리트어의 '크스타나'로 그 뜻은 '땅의 우유'를 뜻하며 흰 구슬의 비유이기도 하다. 그 우유(구슬)로 신의 아이를 키운다는 전설이 있는데, 그러므로 그곳이 낙랑의 기능과 관련됨을 알 수 있다. 이 때문에, 스타인에 의하면, 고단이 선사시대 이래 세상에서 가장 아름다운 옥을 생산하는 나라였다. 실제로 당대에는 그곳에 세계에서 가장 유명한 구슬(경옥硬玉)을 생산하는 광산이 있었다. 그 일대에 있던 월지月氏라는 나라가 비단의 민족으로 서방에 널리 알려진 까닭도 그 구슬 때문이라고 했다. 월지는 부도이다.[32]

그런데 《고기》는 그곳이 본래 사마르칸트(강국康國)의 대수령(총독)이 거처하던 성이 있었던 곳이며, 동쪽나라 사람(동국인東國人)들이 그를 따라 그곳에 머물러 살면서 취락이 생겼다고 했다. 중국이 서역西域이라고 부른 곳이다. 지도상으로는 이곳이 타림 분지인데 간해干海로 기록한다. 학계는 간해의 干을 통상 '마르다'로 읽어 이곳이 본래 바다였다고 추정하면서, 샤먼들의 관행적인 비유를 묵살했다. 샤먼들은 통상 옥황상제가 있는 곳을 동해바다의 용궁이라고 비유한다. 실제로 이곳은 지리적으로 내륙에 있는 호수였다. 干의 참뜻은 '마르다'가 아니고 '방패'이므로 글자대로 해석하면 말이 안 된다. 干은 '천간天干'으로 읽어야 하며 그래야 이곳이 용궁과 자라가 있는 '태양의 바다'가 된다.

흉노의 오방제도

헤로도토스에 의하면 중화中華사상은 본디 페르시아 사람들의 것이다. 그들은 메디아의 방식을 따라 자신들이 세계의 중심이라 자부했으며, 세계의 통치도 그 중심에서 인접국을 통해 릴레이 방식으로 말단 봉국을 통치하는 식이었다. 이는 천하의 봉국을 다스리는 제도로 중국 기록에 보이는 흉노(조선)의 오방제도五方制度를 말한다.

　오방은 단순한 행정제도가 아니다. 학자들은 정복 왕국의 중앙지배층인 귀족의 조직체라고 본다.[33] 하지만 이는 흉노가 철저히 천문을 숭상했다는 사실을 외면한 단견이다. '오五'는 하도河圖의 중심이고 '방方'은 부도가 머무는 특별한 장소(만卍)를 말한다. 샤먼을 뜻하는 대부大夫를 방주方舟라고 하는 것도 이런 까닭이다.[34] 방주는 부도를 신화적으로 표현한 태양신의 마차이고 도가에서 말하는 인방, 귀방, 자방이다. 《역易》은 五와 十을 중수中數라고 하고 이를 천위天位, 제위帝位라고 했다. 네 방향이 동서남북이고 그 중심에 황금으로 만든 옥황이 있다. 이곳이 오방이다.

　몽골은 신단수를 한자로 악박鄂博이라고 쓰고 이를 '오보obo'라고 읽으며 그곳을 장생신長嘑神이 내리는 곳이라고 믿는다. 장생신은 열 명의 샤먼으로, 그들이 있는 곳에서 사방으로 오색 깃발이 뻗는다. 오색 깃발을 티베트에서는 타르초(경번經幡)라고 하며, 그 뜻은 경전이다. 심오한 경전이 간단히 다섯 가지 색이 되는 것이다. 오색은 우주를 나타내는 5원소로 이는 음양오행의 원리에 해당한다. 《후한서》〈동이전〉에는 샤먼이 다섯 인종이라고 했는데, 이는 부도의 이상이 인종주의를 초월한 홍익인간의 도임을 말하고 있다. 이런 사상들은 누란이 흉노의 심장부였음을 암시해 준다. 그렇다면 나머지 사방四方은 무엇인가. 이 해답은 사마천이나 김부식의 책에서 찾을 수는 없다. 다행히 메디아·페르시아 역사를 기록한 헤로도토스의 책에서 이 대목을 발견하게 된다. 그에 의하면 스키타이의 네 계급은 농민, 전사, 목인牧人, 직인職人이다.[35] 인도의 카스트 계급과 다르지 않다는 것에 주목할 만하다. 〈동이전〉이 기록한 고구려의 오방은 다음과 같다.

1. **절노부**絕奴部
2. **계루부**桂婁部
3. **순노부**順奴部
4. **관노부**灌奴部
5. **소노부**消奴部

신채호는 몽골어에서 연나, 준나, 우전나, 회차라는 말이 동서남북을 가리킨다는 사실을 근거로, 고구려의 오방의 하나인 순노를 동부, 소노부를 서부, 관노를 남부, 절노를 북부라고 했다.[36] 나머지 계루부가 중심부(황부黃部)가 되고 네 방향에 각기 농민계급, 상공인계급, 전사계급, 샤먼계급이 사는 성이 있다는 뜻이다. 오늘의 감숙성, 섬서성의 서쪽을 기리키는 하서회랑河西回廊 지역이다. 중국 문헌은 황부에서 왕이 배출된다고 하여 왕의 배출이 부도의 일임을 말하고 있다. 그리고 소노부가 본래 왕이었으나 뒤에 힘이 약해지면서 계루부가 대신 왕이 되었다고 했다.[37] 본래 연나부가 황부였지만 뒤에 그 기능이 동쪽으로 밀려나 계루부로 옮겼다는 뜻이다. 그러니까 소노부가 누란이고 하시회랑 일대가 절노부임을 알 수 있다.

헤로도토스는 'gerrhus'와 'gelonos'라는 이름을 거론하는데 이것이 흉노의 오방제를 가리킨다고 할 수 있다.[38] 지중해의 공예품이 졸본부여 지역으로 깊숙이 들어왔던 상황이므로 '계루桂婁'라는 글자가 소리글자이고 이 소리가 gerrhus에 대응된다고 해서 이상할 일이 아니다. 게다가 gerrhus의 뜻이 혈통을 가리키는 그리스 말 genos와 대응되므로 계루부의 '계루'가 샤먼들의 정령을 가리킨다는 것을 알 수 있다. 계루부가 《고기》가 말하는 서안평西安平이고 전한의 무제가 조선을 공격하여 직할령을 두었다고 한 하서회랑河西回廊의 오아시스 일대이다. 오방에서 계루부는 샤먼들이 있는 곳이며, 기록에 따르면 황부는 뒤에 북동쪽의 절노부로 옮겨갔고 그 다음에 다시 계루부로 옮겨온다. 뒤에 계루부는 하서회랑 일대에서 점차 서안으로 옮겨간 것 같다. 서안이 평야지대이기 때문에 후한의 왕망은 북안평北安平이라는 말을 썼다. 이곳이 사막지대를 벗어난 곳임을 짐작하게 한다. 이 지역이 감숙성, 섬서성의 서쪽으로, 사마천의 기록에는 옹주雍州라고 적는다. 옹雍은 두 ㅗ와 물[水]과 꽁지 짧은 새[隹]를 결합한 글자로, 뜻은 부도에서 이상한 기氣를 물고오는 제비(현조玄鳥)이다. ㅗ라는 글자는 의미불명의 한자로, 샤머니즘 시대의 해시계 기능을 하는 오벨리스크 탑(솟대)을 가리킨다. 《한서》〈양웅전揚雄傳〉상上에 '雍'이 신체神體라고 기록한 것은 이를 말한다. 옹주는 조선을 말하는 것이다.

김부식은 대무신왕의 기록에서 소노부가 압록의 동쪽이라고 했다. 정황상 압록은 한반도가 아니고 졸본부여의 서쪽 경계에서 찾아야 한다. 뒤에서 보겠지만 압록은 아무다리야 강의 이칭인 옥수스Oxus 강을 옮긴 글자이다. 기록은 부여가 망할 때 왕의 종제從弟인 갈사왕이 백성 만여 명을 데리고 압록의 동쪽 고구려에 항복해 왔으며, 대무신이 그에게 낙씨洛氏라는 성을 주고 소노부에 나라를 세우게 했다고 썼다. 이들은 다섯 종족 가운데 하나였다.[39] 이 기사는 또 고구려의 고추가왕이 혼인을 주관하던 곳이 절노부라고 했다. 고추가는 신라의 이사금이 사과를 가리키는 말이었듯이, 이것도 '고추'라는 말로 해석할 수 있다. 실제로 금관에는 고추처럼 생긴 금척이 매달려있기 때문이다.^{그림 49(109쪽)} 이는 절노부가 황부 안에 있으며 그곳에서 고대 서아시아 세계에서 유행했던 올림피아드, 즉 신선놀이가 행해졌다는 뜻이다.

기록은 또 북쪽을 절노부로 후부後部라고 했고 동쪽을 순노부로 좌부左部라고 했다. 남부는 관노부로 전부前部라고 했으며 서부는 소노부라고 했다. 〈동이전〉에는 마한이 농민을 차출하여 진한의 농사를 짓는다고 기록하여 흉노의 오방제도에 농사를 짓는 부가 포함되어 있음을 암시한다. 중국의 손진기孫進己는 계루부가 주몽이 건립했던 고구려이고 절노부는 그 이전부터 고구려가 있었던 곳이라고 했다.[40] 고구려 이전의 고구려(대천사)는 졸본(투루판)과 서안평 일대를 지배했던 해모수계의 나라이다. 헤로도토스에 의하면 이미 그리스인이 기원전 7세기경에 먼 동방의 이세트네의 땅까지 갔다고 했다. 그곳이 지금의 중국 신강성 아니면 감숙성 서쪽에 해당하는 옹주이다.[41]

카스피 해 동쪽과 해모수의 나라

졸본부여의 서쪽 그러니까 실크로드의 북로와 남로가 합쳐지는 곳에 카슈가르(소륵疎勒)가 있다. 그곳은 파미르 고원과 천산 자락이 만나는 곳으로 그 계곡을 넘으면 중국에서는 대완大宛이라고 적는 페르가나가 있다. 문자 그대로 커다란 사발처럼 생긴 분지 모양의 땅이다. 그곳을 벗어나는 곳에 힌두쿠시 산에서 발원한 두 강이 각기 흘러 북쪽에 있는 아랄 해로 흘러들어간다. 시르다리야 강과 아무다리야 강이다. 그 일대에 오늘날의 키르기스스탄, 우즈베키스탄, 투르크메니스탄이 있고 서남쪽으로 아프가니스탄이 있다. 우리와 마찬가지로 우랄알타이어를 사용하는 지역이다.

그곳에 해모수의 나라가 있었다. 《고기》는 그 나라를 북부여北夫餘라고 적었다. 김부식이 해모수가 고주몽의 부친이라고 암시하였으므로 이 지역이 졸본부여와 역사적으로 밀접한 관계에 있음을 알 수 있다. 해모수의 일은 기원전 7세기경의 일이므로 김부식의 해모수와 고주몽의 관계는 문제가 있다. 이 점은 뒤에서 다시 살펴보기로 하자. 《고기》는 해모수의 나라를 북부여北夫餘라고 기록하고 해부루의 나라를 '가섭원부여迦葉原夫餘'라고 암시하였으므로, 고주몽의 역사가 카스피 해 일대에서 출발했음이 드러난다. 카스피 해 동쪽은 자고로 '에덴의 동쪽'이라고 불렸다. 중국은 이 두 강을 막연히 '먼 강', 문자 그대로 요하遼河라고 기록하고 그 강이 오늘의 요녕성遼寧省에 있는 것처럼 만들어 동아시아 역사를 연구하는 학자들을 오랫동안 혼란에 빠뜨렸다. 이 점은 뒤에서 다시 언급하기로 한다.

앞서 아무다리야가 압록鴨綠이라고 말했는데, 그 근거를 차근차근 살펴볼 차례다. 압록은 아무다리야의 별칭인 옥수스를 이두로 옮긴 것이다. 이 지역은 비옥한 평야지대로 일찍부터 지중해 국가들의 곡창지대로 유명했다. 이곳에 《고기》에 여러 번 언급되는 고대도시 타슈켄트Tashkent가 있다. 오늘날 우즈베키스탄의 수도이다. 8세기에 고구려의 후예 고선지高仙芝가 당나라 장수가 되어 힌두쿠시 산맥을 넘어 점령했던 도시이고, 일연이 장당경藏唐京이라고 기록한 곳이며, 《고기》에 '구월산 당장경 九月山 唐藏京'이라고 적힌 곳이다. 타슈켄트를 이두로 옮기면서 앞의 두 글자가 서로 바뀌었다.[42] '구월산九月山'은 실제로 타슈켄트를 남쪽에서 북으로 감싸 안는

05 조선역사의 첫번째 연고지는 소아시아다   157

'Khodzent' 산의 이름을 옮긴 것이다. 'khod'가 '九月'이고 'zent'가 '山'이다. 또 '당장唐藏'을 'ta'와 'tsh'로 옮겼고 '京'은 도시를 의미하는 터키어의 'kent'에 해당된다. 그러므로 당장경은 타슈켄트가 된다. 타슈켄트는 투르크어로 '돌石'을 뜻하므로 중국은 이를 석국石國이라고 기록했다. 고대부터 알타이 산맥에서 생산한 금을 세공하여 엄청난 부를 축적했던 곳이다. 기원전 1세기경에는 불교사원이 들어섰는데 그 지역은 본래 샤카족(색塞)의 근거지였다. 졸본(부여) 시대에 그곳은 대상들이 흑해와 지중해로 갈 수 있는 거의 유일한 길이었기에 졸본부여 지역에서 발견되는 지중해 유물이 그곳을 통해 들어왔다는 것을 알 수 있다.

동옥저는 오늘의 이란 땅에 있다

타슈켄트에서 서쪽으로 시르다리야 강과 아무다리야 강을 건너 카스피 해에 이르면 그곳에 태양의 도시 '히바'가 있고 그 동쪽으로는 비옥한 초원지대가 펼쳐진다. 그곳에 약 2,500년의 역사를 자랑하는 '부하라'가 있다. 중국 문헌은 히바와 부하라를 안국安國이라고 부르는데, 그 일대에 샤먼들의 부도(태양신전)가 있었다. '히바'의 뜻은 '태양의 땅'이며 '부하라'는 산스크리트어로 '수도원'이라는 뜻이다. 유적 발굴을 통해 기원전 8세기에 태양신을 믿는 종교가 그곳에 있었음이 확인되었다. 이곳에도 옥황이 있었다고 해야 한다. 동이에 관한 중국의 기록들에서 동옥저東沃沮라고 적은 곳이 이곳이다. 그림 50

    신채호는 만주어를 인용해 '옥저'가 숲이라고 했다. 중국은 이를 우씨 愚氏라고 적었는데 이 말은 무릇 월지月支와 같다. 그러나 분명한 것은 엘람어가 숲을 이란ilan이라고 하므로 이곳이 오늘의 이란 지역과 관련이 있다

히바 유적 동옥저로 추정된다. 도판 출처, 정수일, 《씰크로드학》

는 것이다.[43] 《삼국지》〈동이전〉 동옥저조에는 옥저가 큰 바다를 끼고 있다고 했는데, 그 바다가 카스피 해임을 알 수 있다. 또 〈동이전〉은 기름진 토지와 아름다운 산을 등지고 있어서 오곡을 가꾸기에 알맞다고도 했다. 그곳 지형이 동쪽으로는 좁고 남북으로는 길어 천리나 된다고 한 것도 히바나 부하라 지역의 실제 지형과 일치한다. 이곳에는 동쪽으로 산맥이 뻗었고 그 동쪽으로 아랄 해가 있다. 동이에 대한 중국 문헌이 맥포, 어염魚鹽, 해산물을 조세로 바쳤다고 기록한 것으로 보아[44] 동옥저가 만주나 한반도 일대에 있던 나라가 아님이 분명해진다. 기록자는 카스피 해 일대의 지리적 특성을 정확히 알고 있었던 것이다. 《고기》에는 해모수의 둘째 아들 고진高辰이 옥저후沃沮侯였다가 뒤에 고리군왕으로 임명되어 동옥저 일대를 다스렸다고 쓰여있다. 이는 이곳이 한국 고대사 무대와 밀접한 관계가 있음을 의미한다.

부하라에서 동쪽으로 가면 소그디아나가 있다. 고대사의 중요한 무대

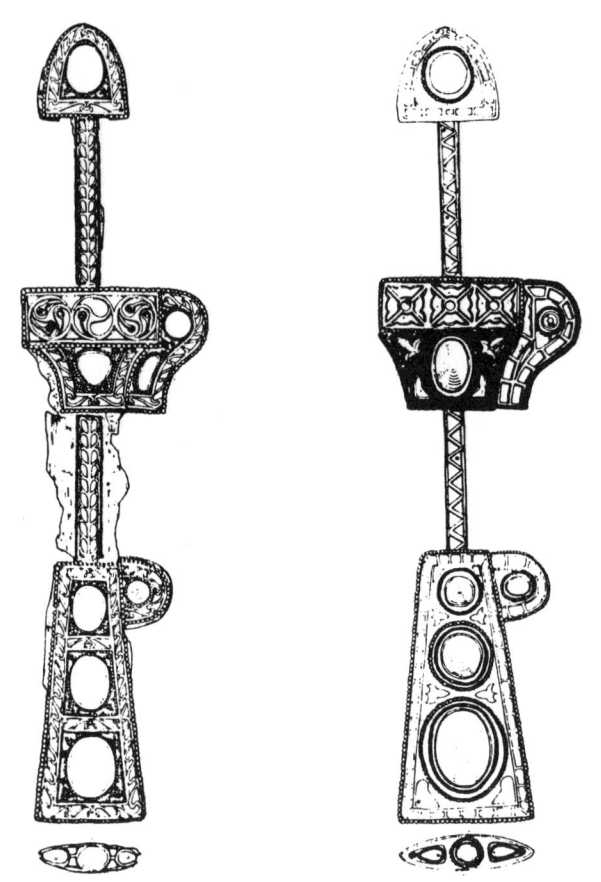

황금지팡이의 복원도 왼쪽은 경주 계림토에서 출토된 것이고 오른쪽은 보로 보예 유적의 벽화에서 아프라시압 왕이 차고 있던 것이다. 도판 출처, 정수일, 《씰크로드학》.

이다. 그 일대의 가장 큰 도시 사마르칸트는 당대에 동서교역의 중심시장이었다. 카스피 해를 사이에 두고 지중해, 흑해의 무역상들과 졸본부여 쪽 무역상들이 교역했던 세계 최대의 시장인 것이다. 당나라가 '강국康國'이라고 기록한 이곳은 비단길의 교차로이기도 하다. 성서는 그곳을 '만남의 장소'라고 했는데 이는 사마르칸트라는 의미이다. '사마르'가 '만남'이고

52

아프라시압 왕 무덤 벽화의 복원도 위 그림은 고구려 사절의 모습이고 아래 그림은 신라사절의 모습이다. 위쪽 그림의 하단 오른쪽에 있는 두 사람이 고구려 사절이다. 도판 출처, 정수일, 《씰크로드학》.

칸트는 터키어로 도시, '켄트'이다. 유물에 의하면 이곳은 수메르 지역과도 밀접한 관계가 있다. 그곳에 부도가 있었다는 사실은 '울루그벡'이라고 부르는 천문대 유적이 증명한다. 기원전 7세기경에 축조된 '아나우 쿠르간' 고분도 그곳에 있다. 그곳에서 발굴된 채도彩陶가 황하의 앙소에까지 이르렀다고 했으므로 기원전 7세기에 수메르, 엘람 문명이 이곳을 중계지로 하여 동아시아로 퍼져나갔음을 말해 준다. 주목할 것은 이곳에 투르크의 '아프라시압Afrasiab 왕의 유적'이 있다는 사실이다. 아프라시압은 페르시아 제국에 대항했던 투르크의 영웅으로 우리 고대사와 무관하지 않다. 이런 사실이 그 유물에서 드러난다.

아프라시압 묘는 1965년에 발굴되었다. 이 유적은 7세기 전후에 조성된 묘로, 내부 벽화에 고구려인의 모습이 나타나는데 이것은 터키와 고구려가 같은 쌈지 세력임을 말해 주는 증거이다. 벽화의 중심에 황금지팡이를 허리에 차고 있는 아프라시압 왕이 여러 나라의 사신을 접견하고 있다. 놀랍게도 그 황금지팡이는 경주에서 발굴된 것(104쪽 그림 18 참고)과 같은 모양이다. 다른 점이라면 세 개의 태극문양이 네모꼴문양으로 변형된 것뿐이다.그림 51 이것은 이곳의 부도 세력과 한반도의 부도 세력이 밀접한 관계를 맺었다는 증거이다. 사신들 중에는 비단옷을 입은 중국인과 함께 고구려인이 있다.그림 52 고구려인은 머리를 땋았고 새 깃털을 꽂아 오우관鳥羽冠을 썼으므로 김부식이 적은 고구려 풍속과 일치한다. 발굴 보고서에는 당대에 사마르칸트에 여러 인종이 살았으며 인종 비율은 몽골계가 60퍼센트이고 나머지는 투르크, 키르기스, 우즈베크, 그리고 아리안 족이라고 밝히고 있다. 거의 수메르, 엘람어 계통의 말을 사용했던 지역이다. 이것이 《고기》가 전하는 해모수의 나라 북부여 제국의 실체이다.

《고기》는 북부여 제국의 제왕세기를 다음과 같이 기록했다.

시조 단군 해모수解慕漱 재위 45년

2세 단군 모수리慕漱離 재위 25년

3세 단군 고해사高奚斯 재위 49년

4세 단군 고우루高于婁 일명 해우루解于婁 재위 34년(이상 상)

5세 단군 고두막高豆莫 일명 두막루豆莫婁 재위 22년, 재 재위 27년

이 제왕세기에서 제5세 단군 고두막 때에 북부여는 동부여의 해부루에게 쫓기어 소그디아나와 졸본부여로 들어와 지금의 서안 일대에 이르렀음을 추단할 수 있다. 《고기》는 이곳을 서안평이라고 기록했다. '서안西安'이라는 말은 만주어로 태양을 가리키는 'sun'과 다르지 않다. 부도 지역을 말하는 것이다. 중국은 서안평을 고구려의 백작성泊汋城이라고 말하고 이것이 만주 요녕성에 있다고 했지만 이 위치를 뒷받침할 근거가 전혀 없다(제19장 참고). 배수의 지도에 나타나는 구주는 사실상 동이의 지역이다. 어쨌든 부여 제국의 대소에게 쫓긴 주몽은 이곳 졸본부여로 들어와 제6세 단군 고무서의 사위가 되면서 해모수의 제국을 잇는 고구려의 시조가 된다.

제6장 북부여와 동부여의 위치

알타이 산맥 서쪽에 박트리아가 있다. 기원전 6세기경에 그곳은 메디아, 페르시아 제국 시대의 문화 중심지였다. 고조선이 소아시아에서 무너지자 그곳의 샤먼들이 동쪽으로 이동하여 박트리아는 제2의 소아시아가 되었다. 당대에 이곳은 세계 정치의 중심지였다. 그곳을 '지상낙원'이라고 부른 이유는 올림피아드가 그곳에서 열렸기 때문이다. 이런 정황은 박트리아 일대의 유물이 말해 준다. 쿠샨 왕조의 무덤으로 보이는 박트리아 하이눔 유적에서 발굴한 황금 유물들의 공예양식은 대부분 경주에서 출토된 유물의 양식과 유사하며, 금을 두드려서 얇게 펴는 기술은 아예 동일하다.

흑해, 코카서스(아라라트)와 북부여

해모수解慕漱는 오룡거五龍車를 타고 흘승골성訖升骨城에 내려와 도읍을 정하고 국호를 북부여라고 했다. 오룡거를 탄다는 말은 국강상에 올랐다는 뜻이므로, 그가 흘승골성에서 천마를 타고 천악을 울리며 '해모수'라는 제왕의 호를 받았다는 말이다. 이 장면을 《고기》는 해모수가 까마귀 깃털의 왕관을 쓰고 용광龍光의 검을 허리에 찼으며, 다섯 마리 용이 이끄는 수레를 탔고, 무리 500명을 거느리고 아침에는 정사를 살폈으며, 저물어서는 하늘에 오르곤 했다고 묘사했다. 해解는 우리말로 태양이고 '모수'는 메디아 제국 시대에 예언자를 뜻하는 'metheus' 'moses'에서 나온 'moss'이다. 북부여가 부도 지역이고 카스피 해 지역임을 알 수 있다. 일연이 해모수가 동부여의 해부루解夫婁에게 쫓기어 가섭원迦葉原으로 나라를 옮겼다고 썼기 때문이다. 가섭원은 카스피 해이다. 기원전 450년에 만들어진 헤로도토스의 지도에는 'Mare Caspium'으로 적혀 있다.그림 53 이는 기원전 5세기 이전부터 카스피 해가 고대세계에 널리 알려져 있었음을 말해 주는데, 그곳에는 샤카Sakas족과 스키타이Scythie족이 있었다.

이런 정황이므로 일연의 기록에 나오는 흘승골성은 카스피 해 남쪽에

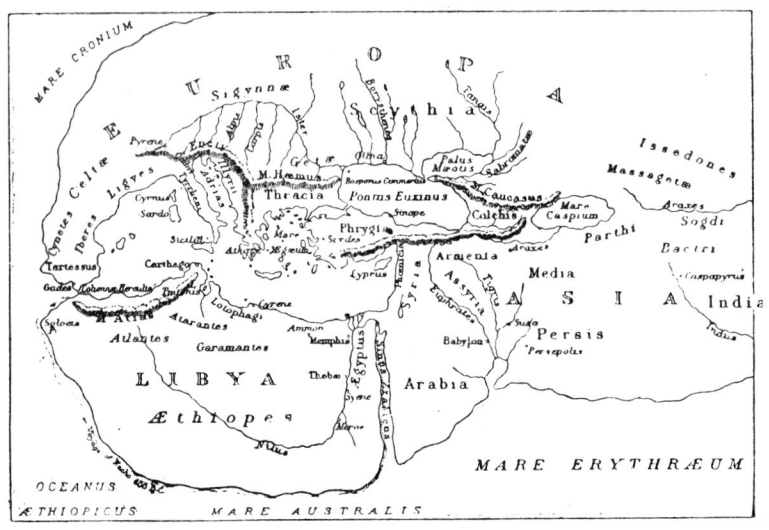

헤로도토스의 세계지도 기원전 450년. 도판 출처, 石川三四郞, 《東洋古代文化史談》.

있는 유서 깊은 메디아 제국의 수도 'ecbatana'를 일컫는다. 오늘의 이란 수도 '테헤란'이다.[1] 이병도는 흘승골을 '승흘골'이 뒤바뀐 글자라고 보고 이를 국읍國邑을 뜻하는 구루골(구루골)로 해석했으나 설득력이 없다.[2] 흘승골성은 뜻 글자가 아니므로 그 본소리가 이란의 수도 테헤란의 옛 이름인 '헝그마타나hangmatana'에서 왔다고 할 수 있다. hangmatana는 'hang'과 'matana'로 나뉜다. hang의 어원은 알 수 없지만 이 말이 뒤에 'hu' 'ha'로 바뀌었음을 감안해 보면 이집트어나 그리스어에서 태양을 뜻하는 'he' 'hie'와 관련이 있다고 볼 수 있다. 환도桓都의 '환'도 같은 맥락이다. '흘승골성訖升骨城'을 이두로 바꾸면 '訖升骨'에서 각기 'ㅎ' 'ㅇ' 'ㄱ'의 음가를 얻어 'hung'이라는 소리가 만들어진다. '升'자에서 끝소리 받침을 따 쓰는 경우는 신라 향가에서 그 용례를 찾아볼 수 있다.[3] 'matana'는 성서에 '마대' '메데'라고 적혀 있지만 그 뜻은 알 수 없다. 하지만 샤머니즘 시대

168

의 정황으로 보아 이 말이 태양신 '미트라'와 관련이 있음을 알 수 있다. 메디아는 미트라교의 발생지이고 카스피 해 일대에서는 미트라를 '미흐르' '미시' '미리'라고 발음하였다. 이는 고구려의 대천사 '무두루'도 역사적으로 메디아 제국과 관련이 있음을 말해 주는 대목이다.

헤로도토스에 의하면 헝그마타나 성은 건축적으로도 특기할 만한 곳이다. 성은 모두 일곱 겹의 성벽을 동심원 모양으로 쌓아올린 것으로, 각 성벽은 흉벽胸壁의 높이만큼 점층적으로 높아졌다. 마치 망원경을 길게 빼서 세워놓은 모양이라고 할 수 있다. 성벽 안에는 왕궁과 보물창고가 있고 성벽의 외곽은 아테네 신전의 원주圓周와 비견될 만큼 웅장했다. 또 성에는 채색을 했는데 첫째 성벽은 흰색, 둘째는 검은색, 셋째는 짙은 붉은색, 넷째는 감청색, 다섯째는 적황색으로 칠하여 오방을 나타냈고, 맨 안쪽의 두 성은 은과 금으로 판벽을 만들었다. 백성들은 궁전 주변인 성 밖에서 살았다. 금성(태양신전)이라는 말에 걸맞은 이 성을 쌓은 인물은 메디아 제국의 초대 왕인 데이오세스Deioces(기원전 700~647)이다. 그는 스키타이의 현자(샤먼)였다. 데이오세스는 이 위대한 헝그마타나 성을 프라오르테스Phraortes(기원전 675~653)라는 인물에게 넘겨주었다. 이는 물론 메디아 제국의 역사를 말하는 것이다.

헤로도토스에 의하면 프라오르테스는 본래 카르카시Karkashi의 추장이다. '카르카시'는 '코카서스'를 가리키는 말이다. 헤로도토스는 프라오르테스가 돌연 헝그마타나 성으로 내려와 데이오세스에게 성을 넘겨받았다고 했지만, 왜 그래야 했는지에 대해서는 아무런 설명이 없다. 그 해답은 《고기》에 있다. 고조선의 22세 단군 보을普乙이 역모로 시해되자 종실宗室 사람 해모수가 고도부여古都夫餘에서 일어났는데 그 해모수가 다름 아닌 프라오르테스였다. 해모수가 일어났다는 웅심산熊心山의 웅심은 코카서스 산맥을 말한다. 이 두 인물이 동일인이면 해모수도 코카서스 지역의 어떤

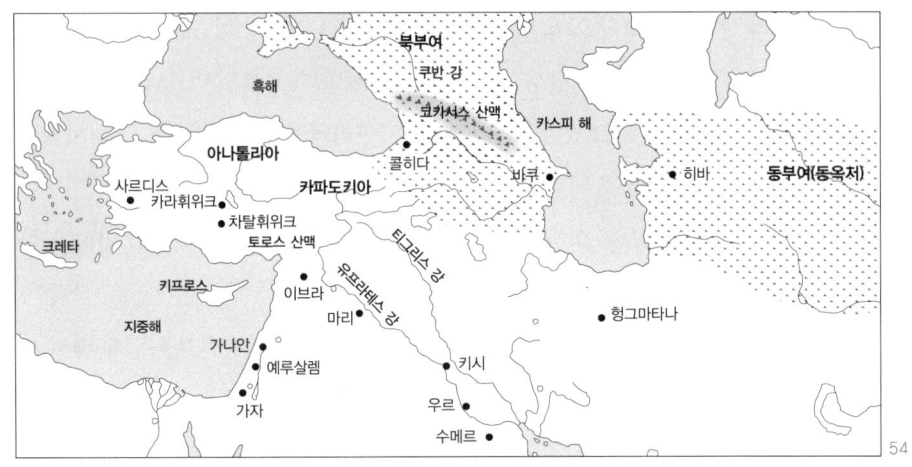

고조선의 발상지(북부여) 흑해와 카스피 해 사이, 오늘의 그루지아공화국과 우즈베키스탄을 남북으로 흐르는 두 강 일대이다.

나라의 추장이었을 것이다. 《고기》는 그곳을 고도부여라고 했다. 부여라는 말은 뒤에서 보지만 '불'을 뜻하므로 이는 태양 혹은 부도라고 고칠 수 있다. 실제로 코카서스 산맥의 북서쪽에서 흑해로 흘러들어가는 쿠반Kuban 강 일대에는 기원전 3000년경에 만들어진 고대의 부도 유적이 있다.그림 54 그 유적지가 있는 곳에서 흑해의 동쪽을 따라 아나톨리아로 들어가는 길목에 기원전 9세기에 존재했던 고대도시 콜히다Kolkhida가 있다는 사실도 주목할 일이다. 유방의 한나라와 흉노 간의 전쟁에서 중요한 전략 요충지가 되기 때문이다. '고도'라는 말은 옛 도시라는 의미라기보다 이두글자로 볼 수 있다. 고도는 '콜히다'의 앞과 끝소리를 옮긴 글자로 볼 수 있다. 이렇게 되면 해모수, 즉 프라오르테스는 콜히다의 추장으로 스키타이(샤먼족)이었음을 알 수 있다. 종실宗室의 의회란 사제단을 말하는 것이다. 해모수가 출현하기 이전에 흘승골성이 이미 서있었고, 그곳에서 해모수는 제위에 올랐다고 할 수 있다.

북옥저, 흑수말갈, 속말말갈

헤로도토스는 코카서스 일대를 북극hyperboreans이라 하고 그곳에서 페라스키인들이 세계를 지배했다고 말했다. 북극은 천문학상의 개념이며 페라스키perasky는 산스크리트어의 낙원을 뜻하는 pera에 사제(목자牧者)의 낫(지팡이)을 뜻하는 scythe의 그리스어 skutes를 합성어한 말로 볼 수 있다.[4] 말 그대로 샤먼 계급이라는 뜻이다. 프랑스 학자 길랑F. Guilland은 이들이 그리스 이전에 그곳에 거주했던 민족이라고 했다. 게다가 헤로도토스는 그 북극에서 갈대상자가 출발하여 흑해 지역에 이르며, 그곳에서 상자는 다시 바통을 이어받듯이 이웃나라에 인계되어 마침내 남쪽 땅끝에 이른다고 했다. 바빌로니아 시대의 우르남무Ur-Nammu 비문에는 메소포타미아 문명 시대에 천사들이 천상에서 생명의 원천인 물 항아리를 들고 내려와 지구라트에 이른다고 했는데 이런 정황이 단순한 신화가 아님을 말해 준다.[5] 이것이 고리국 이야기이다. 갈대상자는 두 여자와 이들을 호위하는 다섯 남자에 의해 운반되며, 이들은 이 일을 수행한 공으로 평생 영예로운 지위를 누리며 산다고 했다.[6] 그리스 신화에서 하데스는 석류를 매개로 결혼을 한다. 이때 석류를 그리스어로 'cocos'라고 불렀는데 이는 남성의 고환을 의미한다. 공교롭게도 cocos는 코카서스Caucasus와도 발음이 같다. 고리짝이란 말도 코카서스와 무관하지 않음을 알 수 있다.

《후한서》는 이곳을 북옥저北沃沮라고 기록했는데, 이는 그 동쪽에 동옥저가 있다는 사실을 암시한다. 기록에는 그 땅의 바다 속에 여자들의 나라가 있으며, 그곳에는 신의 우물(신정神井)이 있어 들여다보기만 해도 곧 아들이 나온다고 한다.[7] 앞에서 설명했듯이 바다는 곧 부도이므로, 북옥저는 북천축을, 신의 우물은 산원産院임을 가리킨다고 할 수 있다. 또《당서》는 숙신 땅에 흑수말갈이 있고 이를 읍루라고 했다.[8] '읍루'의 '읍'을 'ㅇ'로 읽고 '루'를 'ㄹ'로 읽으면 읍루가 '알'이 된다. 이 또한 북천축의 기능을 암시한다. 기록은 동쪽으로 큰 바다에 닿았으며 북쪽으로는 약수가 있다고 했다. 동쪽 바다가 카스피 해이고 북쪽의 약수는 흑해로 흘러들어오는 여러 강의 지류를 가리킨다.[9] 이런 조건을 충족하는 지리적인 여건을 동아시아나 한반도에서는 찾을 수 없다. 《고기》는 이렇게 썼다.

북극北極의 수정자水精子는 고리국에 있다.[10]

중국의 기록에서도 주몽은 고리국의 왕자이고 그가 졸본에 들어와 고구려를 세워 동명성제가 되었다고 했다.[11] 고리국은 고리짝이라는 의미이고, 주몽의 탄생설화도 수태고지임을 말해 준다. 이 모든 정황으로 보아 고대 조선의 무대는 흑해와 카스피 해 일대임에 틀림없다. 코카서스 산맥 서쪽은 흑해이고 그 흑해의 동북과 서쪽을 둘러싼 초원지대는 예로부터 유목을 하는 스키타이족의 터전이다. 헤로도토스에 의하면 스키타이족의 영토는 동쪽으로 메디아와 사스페레스(졸본부여), 남쪽으로는 인도와 홍해, 북쪽으로는 카스피 해에 이르지만 그 내용을 자세히 언급할 수 있는 사람은 당대에는 아무도 없었다고 했다.

한편, 동이에 관한 여러 문헌에 기록된 흑수말갈黑水靺鞨이나 속말말갈粟末靺鞨의 영역도 이 지역을 가리킨다. 흑수는 흑해를 뜻하고 '말갈'은 뜻글자가 아니다. 《수서》〈동이전〉은 말갈을 '물길勿吉'이라고 적었다. 이 표기들은 모두 'mal-gi' 소리를 옮긴 것이다. 《수서》가 말갈의 추장을 '대막불만돌大莫弗瞞咄이라고 한 것은 이를 뒷받침한다.[12] 이 말이 셈어로 '타, 파크후르, 만트르'이며, 그 뜻은 '부족연합의 사령관'이라는 사실을 셈어 전문가가 이미 밝힌 바 있다.[13] 셈어를 썼던 바빌로니아의 함무라비 법전에는 여신전을 'mal-gi-a'라고 했는데, 그 뜻은 '여신을 받들다'이다.[14] 이 말은 흑해의 북동 연안에 있었던 마케도니아Macedonia의 'mace'와 연결된다. 스키타이 전사는 모두 자신의 아버지가 누구인지 알지 못한다. 이 말은 말갈이 조두로 태어난 자들로 구성된 비밀결사로 태양신을 지키는 미트라이고, 그들이 여신숭배 집단임을 가리킨다.

또 《북사》〈동이전〉의 물길勿吉에 관한 기사는 속말말갈이 낙양洛陽에서 막연히 5,000리 떨어진 곳에 있다고 썼다. 요긴한 정보는 그곳에 속말수粟末水라는 큰 강물이 있으며 그 강의 넓이가 3리 里가 된다고 한 것이다. 강의 폭이 무려 1킬로미터가 넘는다. 낙양에서 동쪽으로 5,000리 밖으로 그런 강은 존재하지 않는다. 《북사》가 방향을 기록하지 않은 것은 그 강의 실체가 오늘의 중앙아시아에 있는 암다리아 강과 시르다리야 강이라는 사실을 언급할 수 있는 상황이 아니었기 때문이다. 폭이 3리가 된다고 한 그 강을 '속말수'라고 했다는 사실에 주목해 보자. '속말'은 앞에서 언급했듯이 'Sumer'라는 말의 음기이다. 이는 수메르 문명 시대의 어머니와 아버지의 강이었던 유프라테스(아무르) 강과 티그리스 강의 역사가 고스란히 중앙아시아로 옮겨와 암다리아 강과 시르다리야 강으로 거듭났던 상황을 말해 준다. 암다리아가 암(음陰)이고 시르다리야가 수(양陽)가 된다. 실제로 오늘날 투르크메니스탄의 아나우 고분에서 발굴된 채문토기(채도)는 모두 수메르 문명 시대의 채도양식과 다르지 않으며 그 보다는 동쪽이지만 파지리크 분묘에서 발견된 샤먼들의 북(태고太鼓)은 아시리아 시대의 호르사바드Khorsabad 궁전벽화에 그려진 것과 똑같은 모습이다.[15] 이런 정황은 서아시아 시대의 서인庶人 집단을 말하는 제3기능자들이 일단 중앙아시아를 중개지로 점차 동아시아로 이동했다는 것을 말해 준다.

속말말갈이 오늘의 우즈베키스탄 지역을 가리킨다는 결정적인 증거는 《당서》의 〈흑수말갈〉에 관한 기록에서 발견된다. 이 기록은 속말말갈이 서울의 동북쪽 6,000리에 있다고 쓰고 동쪽이 바다이고 서쪽이 돌궐, 남쪽이

고려, 그리고 북쪽이 실위室韋에 속한다고 썼다. 기성학계는 이곳을 만주의 흑룡강黑龍江 일대에다 놓는다. 하지만 기록은 속말말갈이 속말수粟末水에 의지하며 그 물은 산 서쪽에서 시작하여 타루하它漏河로 흐른다고 하고, 속말수의 북쪽을 '실위', 그 하류를 '타루'라고 썼다. 실위와 타루라는 말을 하나로 엮으면 '실위타루'가 되어 우즈베키스탄의 '시르다리야'와 같은 소리가 된다는 사실은 무엇을 의미하는가.《당서》의 저자가 중앙아시아에 있었던 역사를 억지로 동북아시아에 옮겨놓았음을 말해 주는 것이다.

 2세기의 역사가 타키투스가 쓴 《게르마니아》에는 'Caspi'가 '스에피아'로 나오고 이 말이 여신을 제사하는 '스에-피제(제사祭祀)에서 기원했다고 쓰여있다. 또 그곳이 '태양을 숭배하는 곳'이라고도 했다. 지구의 동쪽 끝 절벽 아래에서 떠오르는 태양을 신으로 숭상했던 사람들이 이곳에 있었다는 뜻이다. 켈트 신화는 떠오르는 태양의 모습을 머리카락이 흩날리는 말머리에 비유하기도 한다. 눈길을 끄는 것은 이 지역의 흉노족들이 사르마티아족이나 게르마니아족과 통혼했다는 사실이다. 투키디데스는 이 때문에 외모가 다같이 추해졌다고 썼다. 이는 당시 유라시아 대륙에 흩어져 있던 야쿠트, 퉁구스, 몽골, 스칸디나비아, 게피드, 헝가리족 들의 혼인풍습을 지적한 것이다. 그들이 대체로 몽골어나 터키어, 불가리아어를 사용했다는 점은 그들의 뿌리가 수메르와 연결되었음을 알게 한다.[16] 이곳이 고구려의 역사무대이다.

해모수는 메디아의 영웅 프라오르테스이다

헤로도토스의 기록에 의하면 현자였던 데이오세스의 조상들은 기원전 1,400~1,000년에 오늘의 이란 서북부에 있는 자그로스 산맥의 고원지대에서 내려왔다. 그들은 주로 인도유럽어를 사용했으나 많은 백성은 미지의 언어를 사용했으며 그들이 누구인지는 알지 못한다고 했다. 그들이 《삼국유사》〈고조선기〉에 나오는 호족虎族으로 코카서스 인종이다.

페르시아 제국의 다리우스 1세의 비시툰 비문에 따르면, 그들의 백성들은 대부분 혼혈인종이고 백성들도 이란 서북부의 고원지대와 티그리스, 유프라테스 강 그리고 인더스 강에 이르는 광범위한 지역에 흩어져 살았다. 오늘의 동아시아인의 역사무대가 아나톨리아, 서아시아와 관련있는 것이다. 비문에는 또 메디아 제국의 백성이 세 종류 언어를 사용했으며 그중 페르시아어가 공용어이고 그 다음 지위에 있는 언어가 접착어라고 했다. 이것은 아직도 서구 학자들에게는 미지의 언어로 남아있다. 흥미로운 사실은 미지의 언어가 고대 바빌론 사람들보다 더 오랜 역사를 가졌다는 사실이다. 학문적으로는 이 언어를 사용했던 사람들을 투라니안Turanian이라고 하고,[17] 그 말을 엘람어로 분류하기도 한다.[18] 북부여(부도)의 현자 데이오세스는 기원전 8세기가 끝날 무렵에 아시리아와의 전쟁에서 동포를 해방시키고 메디아 제국을 세우면서 영웅으로 추대되었다. 《고기》에 의하면 이 상황은 고조선의 마지막 단군이 신하에게 시해를 당하는 상황과 대응하므로, 우리는 당연히 고조선의 마지막 금성이 어디에 있었는지 찾아내야 한다.

그곳은 소아시아 땅에 있었다. 오늘날 터키 땅 서쪽에 있었던 고대도시 리디아의 수도 사르디스가 고조선의 마지막 금성이다. 성서는 그곳을 '사데'라고 했고 그 사데를 '세파라드Sepharad'라고도 불렀다고 했다.[19] 그런데 페르시아 다리우스 대왕의 비문에는 세파라드가 'Sparda'로 적혀 있으며, 이 말은 바빌로니아어로 'sa-par-du'이고 리디아 땅을 가리킨다고 했다. sa-par-du의 'sa'는 수메르어, 바빌로니아어, 엘람어의 해를 가리키는 sar(년 年)이고, 'par'는 고대 서아시아에서 두루 섬겨진 신 바알Baal, du는 땅을 가리키는 ta, te이다. 바알 신은 뒤에 달을 뜻하는 엘El로 명칭이 바뀐다. 즉 '사파르두'는 해, 달, 땅, 천문을 관측하는 부도를 의미한다. 성서가 그곳을 '아시아asia' '아나톨리아anatole'라고 기록하고 그리스 사람들이 이를 '솟아오르는 태양'이라고 했던 것도 이를 뒷받침한다. 결국 이는 조선朝鮮을 말하는 것으로 '아시아'가 고조선의 본방本邦임을 암시한다.

중국 기록에는 조선의 이 본방이 진晉이나 조선현朝鮮縣이라고 적혀 있다. 해모수(프라오르테스)가 일어났던 시점은 단군 보을의 시해 사건이 일어난 즈음이다. 그가 고조선의 마지막 금성인 리디아와 전쟁을 한 이유는 옥황상제의 황금지팡이를 차지하기 위해서다. 전쟁을 수행하기 위해서 해모수는 남부여로 기록되는 엘람으로 가서 그곳 수사Susa의 왕 기비箕丕를 만난다. 《고기》에는 수사를 수유須臾라고 적었으나 이는 '叟'와 '臾'를 혼동하여 생긴 오류로 보아야 옳다. 叟는 수라고 읽는다. 수사는 엘람의 수도이고 그들의 나라는 장인匠人들의 집단(도시)으로 유구한 역사를 자랑할 뿐 아니라 당대에는 매우 부유한 나라였다. 그곳이 뒤에 페르시아 제국의 수도가 되었던 것도 이 때문이다. 이 나라가 우리 기록에 나오는 예맥이다. 헤로도토스의 기록에는 기비가 캄비세스 1세로 기록된다. 이 인물이 일본 역사의 첫 페이지를 장식하는 스사노오라는 사실은 뒤에서 확인할 것이다.

해모수는 기비에게 번조선番朝鮮의 황제 자리를 약속하고 그를 리디아와의 전쟁으로 끌어들였다. 번조선은 변한이고, 사마천의 기록에서는 지황地皇이다. 전쟁은 오랫동안 지속되었다. 아무도 전쟁의 끝을 예측할 수 없었다고 했다. 그러나 당대에 이름있는 점성술사들은 그 전쟁이 해가 하늘에서 사라질 때 멈춘다고 예언했는데 과연 그대로 전쟁은 끝이 났다. 기원전 585년(이설도 있음) 5월, 양쪽 군사가 터키 땅 중부에 있는 말발굽처럼 생긴 할리스 강을 사이에 두고 혈전을 벌이고 있었는데 갑자기 해가 하늘에서 사라졌다. 한낮이 밤으로 변하자 병사들은 공포에 떨며 일제히 무기를 버렸는데 실상은 일식이 일어났던 것이다. 전쟁은 자연스럽게 강화 체결로

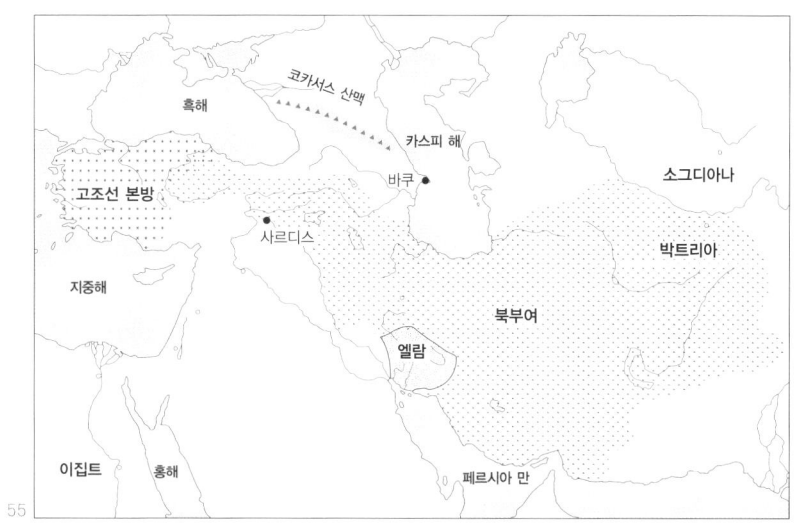

기원전 6세기의 메디아 제국(북부여)   사르디스는 오늘의 보즈다그Bozdag 강의 남쪽 기슭에서 만나는 게디즈 강 부근에 있다.

이어졌다. 할리스 강은 양쪽의 국경선이 되었고 메디아는 그 강 동쪽 카스피 해 일대와 남쪽 끝 동페르시아 만에 이르는 광역을 아우르는 대제국이 되었다.^{그림 55} 이것이 일연이 간단히 언급한 북부여 제국이다.

일본 고대사의 스사노오와 엘람의 기비

해모수와 함께 사르디스를 공격하는 전쟁에 참여한 기비가 헤로도토스의 《역사》에는 캄비세스 1세로 나타난다. 기비는 'Cambi'를 옮긴 것이다. 《일본서기》에는 이 인물이 스사노오 미코토素盞嗚尊로 나오는데 이는 사람 이름이 아니라 엘람의 수도였던 수사Susa를 사람 이름인 것처럼 옮긴 것이다. 일본어로는 왕을 '오王'라고 하고 미코토(존尊)를 '님'이라고 하므로 문자

06 북부여와 동부여의 위치   177

그대로 '수사의 왕님'인 것이다. 아폴로도로스의 《신통기》에는 스사노오가 크로노스의 아들 제우스라고 되어있다. 이는 스사노오가 해모수에게 번조선의 황제자리를 약속받았으므로 당연히 그 이름에 제우스의 호칭이 붙는다는 것을 말해 준다. 제우스라는 말은 페르시아어로 천신(천공신天空神)인 '제帝'라는 뜻이다.[20] 《일본서기》에서 스사노오가 천공, 혹은 소머리신으로 불리는 것도 같은 맥락이다. 《일본서기》의 신대기神代記에는 기비가 해모수와 함께 카파도키아에서 전공을 세웠던 상황을 이렇게 묘사했다.

> 스사노오가 출운국出雲國으로 들어갔을 때 어디선가 슬피 우는 곡성이 들려오자 그곳으로 갔다. 늙은 부부가 한 소녀를 가운데 앉혀 놓고 통곡하고 있었던 것이다. 사연을 물어보자 노인은 자신이 이 나라의 국신國神이라고 하고 슬하에 여덟 딸을 두었다고 했다. 그런데 머리가 여덟이고 꽁지가 여덟인 괴물 팔기대사八岐大蛇가 해마다 자신의 딸을 하나씩 삼키고 이제 마지막 딸까지 삼킬 차례가 되었으니 어찌 울지 않겠느냐고 했다.

기비유법으로 기록한 것임을 알 수 있다. 출운국은 '구름이 나오는 나라'라는 뜻이다. 이 말은 '천사의 나라'를 뜻하는데, 바로 메디아 제국을 가리킨다. 메디아 시대의 조로아스터교 사제들은 흰 두루마기에 흰 고깔을 썼으므로 그들이 나타나는 모양을 구름에 비유한 것이다. 또 '팔기八岐'의 '八'은 수가 아니고 팔방의 경우처럼 '사방에 깔리다', 즉 '많다'는 뜻이다. '岐'는 '높은 산줄기'로 그곳이 계곡이 많은 고산지대임을 암시한다. 지형으로 볼 때 이곳이 오늘날 터키 중부에 있는 카파도키아이다.

해모수와 기비는 카파도키아에서 리디아의 크로노스 군대와 접전했으며 전쟁이 끝난 다음에도 메디아는 그 지역을 영토로 삼았다. 《고기》는 크로노스를 한개韓介라고 적었는데, '韓'은 리디아 아래에 인접해 있던 카리아이며 '介'는 크로노스의 첫소리를 적은 글자이다. 또 메디아는 천사天使를 뱀(용龍)이라고 불렀다. 히브리 전설에서는 메디아의 관례를 답습하여 천사 중 하나를 '사나운 뱀seraphim'이라고 부르고 그를 하느님 대신 형벌을 내리는 메신저라고 여겼다.[21] 이 메신저가 천사 무두루이고 샤먼신선의 하나이다. '팔기대사'는 카파도키아에 있었던 샤먼들(천사)이다. 《고사기古事記》가 팔기대사를 다시 팔보원려지八保遠呂智라고 적으면서 이를 사람의 이름이라고 했던 데서 정황을 읽을 수 있다. 암호와 같은 글이다. 모두 다섯 글자로 카파도키아란 낱말과 글자 수가 같으며, 이름을 앞에서 석 자를 떼어 이두로 읽으면 '카파도'가 되고 뒤에서 석 자를 읽으면 '알치'가 된다. '八'은 일본어 hachi로 Capadokia의 머리소리인 'kha'에 대응되고 '保'는 ba, '遠'은 to와 en으로 읽을 수 있다. en을 a로, '呂'를 r로, 그리고 '智'를 chi로 읽으면 '알치'가 된다. arch는 페르시아어에서 대(首) 천사를 가리킨다.

스사노오는 해모수와 함께 카파도키아에서 크로노스 치세의 샤먼들을 쳐부수었던 것이다. 카파도키아는 화산의 침식작용에 의해 돌산들이 마치 닭벼슬처럼 솟은 험준한 산악지대이다. 에르지예스 닥(산)이라고 부르는 일대는 지금도 지구상 어디에서도 볼 수 없는 기묘하게 생긴 바위탑으로 장관을 이루고 있다. 《일본서기》의 저자는 이 모습을 한마디로 괴물 팔기대사라고 적었던 것이다. 이 지역은 고대부터 금속산업의 중심지였다. 아제르바이잔에서는 그곳에서 금은과 같은 광물자원을 캐내 이라크로 수출하고 그 대신 주석 같은 천연자원을 수입했다.[22] 생산과 무역, 토지 등의 재물을 관장하는 변한의 기능을 담당한 스사노오가 그곳을 장악하기 위해서 팔기대사와 싸워야 했던 것이다. 그는 그 괴물을 퇴치하기 위해서 먼저 술로 상대를 취하게 만든 후 여덟 개의 머리(산)와 여덟 개의 계곡에서 나오는 뱀들을 칼로 베었다. 그리고 여덟 번째 꽁지를 자르면서 그곳에서 초치검草薙劍

이라고 부르는 천하의 보검을 얻는다.

　기록은 그 검을 '가라사비노츠루기 韓鋤之劍'라고 했는데, 매우 중요한 정보이다. 이 말의 첫 글자가 신화의 크로노스와 중복되는 한개 韓介의 나라 '한韓'을 가리키기 때문이다. 이 글자를 《일본서기》가 '가라'라고 기록한 것은 바로 그 나라의 실제 이름이 '카리아 Caria'이기 때문이다. '카리아'를 '가라'라고 적은 것이다. 가라사비노츠루기는 낫과 검이 결합된 물건으로 흉노 사제의 지팡이를 가리킨다. 크로노스가 낫으로 우라노스의 성기를 잘라 지중해에 던졌다는 신화와 대응되는 대목이다. 《일본서기》는 '가라사비노츠루기'가 크로노스의 황금지팡이라는 사실을 말해 주고 있다. 스사노오는 이 전투에서 적으로부터 크로노스(한개)의 지팡이를 빼앗아 이를 해모수에게 바쳤다. 스사노오는 초치검을 찾자 그것이 자신의 몫이 아님을 알고 이를 상제에게 바쳤다고 했는데 이는 초치검이 휴도왕의 것임을 말해 준다. 이 사건이 카파도키아에서 일어났다는 사실은, 《일본서기》가 스사노오가 팔기대사를 처치한 곳을 시라기(신라 新羅)라고 적고 헤로도토스가 카파도키아를 'Syllia'라고 적은 데서 뒷받침된다. 일본 고대사의 출발이 메디아, 페르시아 역사와 함께한다는 것을 말해 주는 것이다. 실제로 삼국의 하나인 신라 역사도 그곳에서 시작되어, 한일 고대사가 하나의 쌈지 개념에 묶여있음을 깨닫게 된다.

　《고기》에 따르면 변한은 기비의 나라이다. 그 나라의 왕은 북천축의 샤먼(수정 水精)의 아들로 왕토 王土가 지은 전문 篆文과 천부인을 지녔다고 했다.[23] 북천축은 고리국이며, '왕토'는 봉국의 왕을 가리키지만 부연이 필요하다. 왕이라는 호칭이 뒤가 아니라 앞에 붙기 때문이다. 이는 'King XX'라고 부르는 고대 지중해 문명 시대의 관례를 보여주는 것이다. 그러니까 여기에서는 '土'가 왕의 이름이나 나라 이름이다. 이 대목은 뒤에서 다시 만나게 된다. 그리고 전문은 그림문자이고, 천부인은 황제가 될 수 있는 임명장이다. 이를 내황문內皇文이라고 했다. 일본의 신토神道 자료에는 일본이 제석환인帝釋桓因의 후손이며 그들에게는 신침神針과 종보倧寶가 있었다고 했다.[24] 고리국의 혈통인 것이다. 《일본서기》는 이곳을 '가라구니韓鄕之嶋'라고 써 그곳이 카리아Caria임을 밝히는데, 중국은 이곳을 '갈려葛盧'라고 하여 같은 곳을 소리로 기록했음을 보여준다.[25] '갈려'가 중국 기록이나 우리 기록에 나타나는 한韓이고 한개(크로노스)와 그의 아들 기비의 고향임을 말해 주는 것이다.[26] 그러니까 일본 고대사가 그곳을 뿌리의 나라(근국根國)라고 기록한 것은 우연이 아니다. 이는 일본 고대사가 기원전 7세기경에 시작되었다는 그들의 주장과 맞아떨어지기 때문이다.

대월지국 박트리아

알타이 산맥 서쪽에 박트리아가 있다. 오늘의 아프가니스탄 북부에 해당되는 곳이다. 기원전 6세기경에 그곳은 메디아, 페르시아 제국 시대의 문화 중심지였으며, 오늘날 아프가니스탄 발흐Balkh에 해당된다. 엘리아데Mircea Eliade의 용어를 빌자면, 이곳이 우주산, 우주목, 우주축이고 흉노의 오방五方螭이다. 해모수 이야기가 말해 주듯이 고조선이 소아시아에서 무너지자 그곳의 샤먼들이 동쪽으로 이동하여 박트리아는 제2의 소아시아가 되었다. 중국 기록에는 대월지大月氏라고 적혀 있는데, 이곳이 이른바 대올림포스(부도)이다. 당대에 이곳은 세계 정치의 중심지였다. 그곳을 '지상낙원'이라고 부른 이유는 신선놀이(올림피아드)가 그곳에서 열렸기 때문이다. 이런 정황은 박트리아 일대의 유물이 말해 준다. 박트리아 지역의 '아이하눔'이라는 도시 유적에서 거대한 요새와 시가지, 신전, 분묘 등이 발견되었는데, 유물들은 그곳 문화가 얼마나 화려했는지를 보여준다. 토착 여신 아나이티스를 숭배하는 화려한 신전과 사원들도 있었다.

전설은 이곳을 천 개의 도시가 있는 땅이라고 했다. 유럽 학자들은 온누리의 부도 역사를 알지 못하였으므로 이 말의 진의를 정확히 설명하지 못한다. 천 개의 도시가 있다는 말은 한 지역에 천 개의 도시가 있다는 뜻이 아니라, 태양신의 봉국이 하늘의 별처럼 지상에 깔려있다는 뜻이다. 중국 문헌이 요임금 시대에 구이가 다스리는 나라가 1,373개국이라고 한 것도 이러한 비유로 해석된다. 서아시아 역사의 개척자인 영국의 보츠퍼드 R. Botsford는 이런 정황을 '자율적인 공동체와 비슷한' 것이라고 정의하면서 이곳이 그 조직의 센터가 되는 곳이라고 썼다.[27] 그곳이 온누리를 지배하는 천사의 고향 바티칸이었던 것이다.

중국은 박트리아를 '대하 大夏' 혹은 '박도 樸桃'라고 기록하여 그곳에 대월지가 있었다고 썼다.[28] '박도'가 백두 白頭이고 그 뜻은 '옥황이 있는 부도'이다. 이 기록은 소아시아 땅에 있었던 고조선의 마지막 금성이 무너지자 박트리아가 그 지위를 넘겨받아 대금성이 되었음을 말하는 것이다. 이는 6세기경에 박트리아가 큰 금성이 되고 이어 일어났던 졸본부여가 작은 금성(소월지 小月氏)이 되었음을 의미한다. 중국 문헌에서 'Bactria'가 '大夏'로 기록되는 것은 설명이 필요한 부분이다. 뒤에서 보지만 신라의 탈해왕 脫解王이 이곳을 점령했던 사건과 연계되기 때문이다. '탈해'를 이두로 읽으면 '태해'가 되는데, 김부식이 탈해를 '吐解'라고 적었듯이 그 이름은 소리에 근거한 것이다. 헤로도토스는 올림포스라는 말이 그리스어가 아니고 페라스키 말이라고 하여 이런 해석이 비약이 아님을 뒷받침한다. 중국은 '월지'를 '우씨의 구슬(우씨지옥 禹氏之玉)'이라고 칭하는데,[29] 이는 올림포스의 구슬(금척 金尺)을 의미한다. 박트리아가 대올림포스였음을 입증하는 증거물들은 고고학자들에 의해 세상에 나왔다.

1978년, 러시아의 고고학 팀이 박트리아 서쪽 '아이하늄' 일대의 한 언덕에서 고대사원 유적지를 발굴했다. 그 유적은 인공으로 조성된 언덕으로 '틸리야tillya'라고 불렀다. 이 말의 의미는 정확히 알려지지 않았지만, 이곳이 페르시아 제국 시대에 조로아스터교의 중심지였으며 쿠샨 왕조의 유물이 발견된 곳이라는 점을 감안하면, 'tillya'는 'silla'와 마찬가지로 엘람어의 양치기, 이른바 별을 보고 점을 치는 샤먼들을 의미한다고 말할 수 있다. 이는 뒤에서 다시 살펴보자. 아무튼, 그곳이 태양마차가 놓이는 자리(만 卍)이며 조선이었다. 샤먼 사제단을 목숨 바쳐 지키는 무두루(미트라)와 그의 일당백의 결사대가 있으며 또한 그들이 숭배하는 신들의 어머니(신모 神母)와 태교의 전문 집단이 있었다. 아울러 기술자 집단과 대상隊商은 물론 천하의 관심사인 신선놀이(올림피아드)가 행해지고 수태고지 기능자가 있어서 쌈지의 모든 기능을 뒷받침했다. 유적의 정황을 보면 이것을 실감할 수 있다. 발굴 보고서에 따르면, 기원전 2000년경에 이미 이곳에 불(火)을 숭상하던 종교집단이 거주했으며 그 신전은 무슨 이유인지는 모르지만 여러 차례 보수되었다. 보고서는 기원전 4세기경 알렉산드로스 대왕이 그곳에 들어오기 전까지는 거의 황무지나 다름없었다는 사실도 확인해 주었다. 그곳이 본격적으로 역사의 무대로 부상하게 된 시기는 기원전 4세기경이다. 고구려, 백제, 신라가 이곳 박트리아에 역사의 발자국을 남기는 것도 이 시점이다.

 쿠샨 왕조의 무덤으로 보이는 박트리아 하이눔 유적에서 발굴한 황금유물그림 56(110쪽)들의 공예양식은 대부분 경주에서 출토된 유물의 양식과 유사하며, 금을 두드려서 얇게 펴는 기술은 아예 동일하다. 금관의 경우 출자出字 장식은 없지만 몸체와 그 수식은 공예 양식으로 다르지 않다. 노리개로는 붉은색 돌반지와 헤르메스를 새긴 서양 보석과 터키옥색(벽색 碧色) 유리공예, 순금으로 만든 스키타이 동물(양 羊) 장식품 과 황금팔찌와 장신구들이 있다. 주목할 것은 아프로디테 여신상과 천사 큐피트 상이다. 아프로디테는 이마에 인도여신의 붉은 반점이 찍혀있어서 불교가 이곳에서 그리스 로마 공예 양식과 결합되었음을 말해 준다. 또 이런 공예품들은 이미 졸본부여의 누란이나 토곡혼 유적에서 출토된 것이어서 양자 사이에 긴밀한 유대가 있었음을 보여준다.

이 지역은 위도상으로 35도(중천中天)이다. 부도 지역인 것이다. 발굴자들을 놀라게 한 유물은 단연 황금으로 지은 금의金衣와 금관이다. 이는 《후한서》〈동이전〉 부여조에 한나라가 부여왕이 죽는 것을 예비하여 금의옥갑金衣玉匣을 만들어두었다는 기록을 상기시킨다. 시기적으로 이때의 부여는 페르시아 제국에 이어 일어난 파르티아 제국과 겹친다. 금의와 옥갑(금관)은 이 문헌에 기록된 부여의 유물이며, 동시에 파르티아 제왕들의 물건인 것이다. 박트리아가 부여나 한나라 역사와도 무관하지 않음을 보여주는 대목이다. 실제로 이곳에서 전한 시대의 청동거울이 출토되어 많은 학자를 당혹스럽게 만들었다.^{그림 57(112쪽)} 더욱 놀라운 것은 그와 똑같은 청동거울이 평양에서도 출토되었다는 사실이다. 거울에는 엘람 문자로 보이는 기호가 새겨져 있다. 이 혼란스러움을 해소하려면 부도의 문화가 세계 문화였다는 사실을 받아들여야 한다.

주몽이 대천사로 임명되다

박트리아는 고구려의 주몽이 국강상에 올라 성왕聖王이 되었던 무대이기도 하다. 김부식은 이곳을 송양국松讓國이라고 기록했다. 송양도 뜻으로 읽는 글자가 아니다. 우리말의 고어는 송松을 '♀, 스'라고 읽는데 그 뜻이 새벽(금성)이므로[30] 천문용어임을 알 수 있다. '松'을 이두로 읽으면 'sol'이 되는데 몽골어에서 무지개나 태양이 뜨는 곳을 가리키는 '솔롱고스'의

'솔'과, 소리와 뜻이 모두 같다. 이는 유물이 발굴된 '하눔' 일대의 언덕을 'tillya'라고 불렀던 상황과 대응된다. 송양松讓의 '讓'은 이두로 '야'가 되어 송양이란 말은 '솔야' 'tillya'와 엘람어의 'silla'와 소리가 다르지 않다. 엘람어의 'silla'는 양치기라는 뜻이고, 이는 천문을 뜻하는 소[牛]와 같다. 우리도 소를 '솔'이라고 하므로 리그베다 경전이 전하는 태양신의 마차 '수리야'와 같은 맥락임을 알 수 있다.

김부식은 송양을 일명 비류국沸流國이라고 했다. '비류'는 중국이 '대완大宛'이라고 적은 페르가나의 첫소리 '페르'를 적은 것이다. 이는 페르가나가 박트리아의 영토였음을 의미한다. 《고기》는 번한의 왕이 기원전 2000년경에 송양에 왔다가 병을 얻어 죽었다고 기록하여, 이곳이 고조선 시대부터 이미 부도 지역이었음을 말해 준다.[31] 김부식은 주몽이 송양에서 국강상에 올랐던 사실을 '송양국을 정복했다'고 적은 후 흉노의 풍속인 국강상(올림피아드)의 실상을 피해가기 위해 이를 우화적으로 표현했다.

> 왕은 비류수에서 채소 잎(채엽采葉)이 떠내려 오는 것을 보고 그 상류에 이를 흘러 내려보내는 사람이 있음을 알고 이에 사냥(엽獵)에 대해 물었다.

비류수는 페르가나의 서쪽에 있는 아무다리야, 시르다리야 강의 상류에서 만나는 지천支川이다. 김부식은 '채엽采葉'을 채소 잎이라고 간단히 언급하여 신선놀이의 비유를 묵살했다. '菜(采)'는 《예기》에 '가죽 고깔의 제사'라고 하여[32] 고대에 있었던 축제를 가리킨다. 그것이 신선놀이임은 '葉'자의 신화적인 비유가 말해 준다. 인도 신화에서는 여신 비슈누가 잎사귀와 동일시되며, 불화에는 관음보살이 버드나무 잎사귀나 대나무 잎에서 나타나기도 한다. 선어禪語에서 빈번히 쓰이는 엽락화개葉落花開라는 말은 낙엽이 지면 꽃이 핀다는 뜻으로 수태고지의 뜻으로 통한다. 태양신의 아이가 태어난다는 은유인 것이다. 주몽이 채소 잎이 떠내려 오는 것을 알고 사냥에 대해 물었다고 한 것은 신선놀이에 대해 물었다는 뜻이다. 이런 정황은 그가 박트리아의 샤먼 사제와 이른바 선문답禪問答을 했다는 기록이 말해 준다. 선문답 시험에서 사제는 주몽에게 승복하고 천악을 울렸고 그를 대천사로 임명했던 것이다. 이는 알렉산드로스가 소아시아를 정복할 때 고르디움의 언덕(신전)에서 사제가 매듭을 풀라고 제안하자, 왕이 이를 푸는 대신 단칼에 베고 세계정복의 길에 올랐다는 이야기에도 비견된다. 이때 사제는 주몽에게 이렇게 말했다.

> 과인은 바다 모퉁이에 치우쳐 사는 까닭으로 아직 군자를 만나 보지 못하였는데, 오늘 우연히 만나게 되니 이 얼마나 다행한 일인가.

사제를 굴복시킨 자가 사제를 계승하는 의례를 중국은 간단히 선禪을 통한다고 말한다. 해모수가 흘승골성에서 그랬듯이, 주몽도 박트리아에서 국강상에 오름으로써, 해모수의 봉국들을 물려받고 쌈지도의 제2기능자(마한)가 되었던 것이다.

동부여의 해부루와 부여(페르시아) 제국의 관계

해부루와 해모수는 여러 면에서 운명적인 관계이다. 메디아 제국의 아스티아게스 왕(기원전 585~522)은 《고기》의 〈북부여기〉에 나오는 해모수 제국의 제3대 고해사高奚斯에 해당한다. 운명적인 사건은 아스티아게스 왕의 딸 만다네로 인해 일어난다. 왕이 어느 날 꿈을 꾸었다. 꿈에 자신의 딸이 오줌을 누었는데 그 오줌이 전 아시아를 뒤덮는 것이다. 왕은 꿈이 자신의 왕위를 위협하는 징조라고 생각하고, 자신의 딸을 그들이 인종적으로 깔보았던 엘람의 캄비세스 1세에게 주었다. 헤로도토스는 메디아가 이들을 노새(웅족熊族)라고 부른다고 썼다. 이 인물이 《고기》에 적힌 수사의 기비이고 《일본서기》에 기록된 스사노오이다. 그는 변한 황제(쌈지의 제3기능)의 지위에 있었다.

두 번째 꿈에서는 딸의 음부에서 포도나무 한 그루가 자랐고 그 가지가 전 아시아를 뒤덮었다. 포도나무가 간지의 나무이므로 그 꿈은 심상치 않았다. 딸은 곧 아들을 낳았다. 질겁한 왕은 신하를 시켜 그 아이를 비밀리에 죽이라고 했으나 운명의 여신이 아이를 지키고 있던 모양이다. 아이는 숱한 우여곡절 끝에 한 시골 농부의 아들로 자랐고 후에 엘람의 왕이 되었다. 이 아이가 일연이 기록한 동부여의 왕 해부루解夫婁이고 헤로도토스의 기록에는 키루스 2세이다. 해부루는 자신의 과거를 모두 알게 되었다. 그가 바빌로니아와 내통하여 반란을 꾀한 것은 북부여 제국 메디아에 복수하기 위해서다. 기원전 552년에 그는 메디아 제국의 수도 헝그마타나 성을 정복하고 자신의 외조부이기도 한 아스티아게스 왕을 카스피 해의 동쪽으로 쫓아낸다. 일연의 기록은 이렇다.

> 북부여의 왕 해부루의 꿈에 아란불阿蘭弗이 내려와 이르기를, 장차 내 자손으로 이곳에 나라를 세우려 하니 너는 딴 데로 피하라. 동해 근처에 가섭원이란 곳이 있는데 땅이 기름지니 왕도를 세울 만하다.

이 기록은 해부루가 헝그마타나를 점령하자 박트리아에서 천사 아란불이 내려왔음을 말해 준다. 아란불의 신탁은 화백회의의 결정사항이라고 봐도 무방한 것이다. 일연은 이때 거론된 '내 자손'이 다름 아닌 주몽이라고 했다. 하지만 이 신탁은 지켜지지 않았고, 급기야 그곳에서 태어난 주몽은

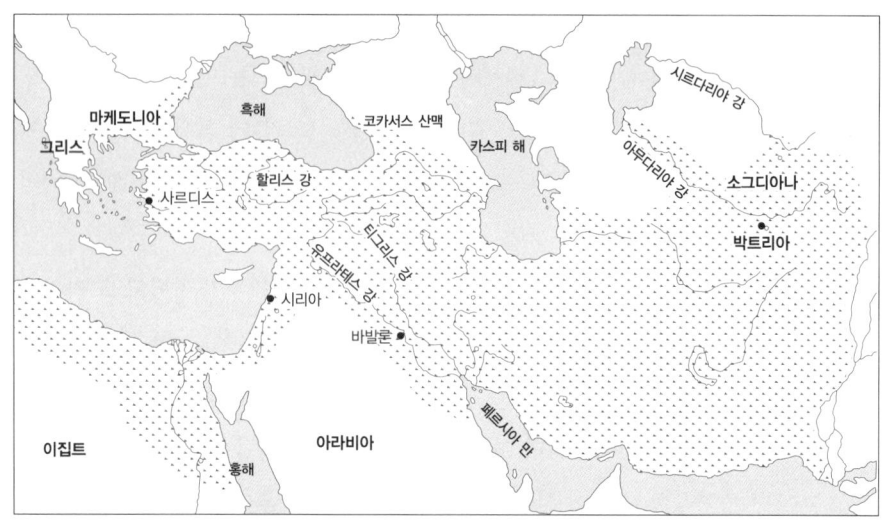

기원전 500년경 페르시아(부여) 제국 위 지도는 페르시아 제국이 얼마나 번성했는지를 보여준다. 동쪽으로 중앙아시아 박트리아에서 서쪽으로는 지중해와 이집트에 이르고 있다. 아래는 키루스 2세의 무덤이다. 이란, 페르세폴리스.

대소에게 쫓기어 졸본부여로 도주하게 되고, 이로 인해 졸본부여와 해부루의 부여 제국(페르시아)은 오랫동안 서로 등지게 된다. 해부루(키루스 2세)는 메디아 제국(해모수)의 영토(봉국)를 인수하고 불과 5년 사이(545~540)에 북쪽으로는 러시아의 코카서스 지방과 동쪽으로는 소그디아나, 타슈켄트, 박트리아, 투르크메니스탄, 그리고 남쪽으로는 인도와 이집트, 에티오피아, 서쪽으로는 동유럽에 이르는 땅을 차지했다.^{그림 58} 이것이 《후한서》〈동이전〉부여조에 기록된 "세계에서 아무도 대적하지 못"했던 강국 부여(페르시아) 제국의 실체이고, 그 제국의 공주가 진한으로 들어와 신라 박혁거세를 낳았다고 한 것이다.

흥미로운 사실은 《춘추》에서 "이때 한 바위에서 백적白狄의 아들을 얻었다"고 한 대목이다.[33] 이는 해부루가 늦도록 아들이 없어서 산천에 기도하고 돌아오다가 바위(석실石室)에서 개구리같이 생긴 아이를 얻었다는 기사와 대응되기 때문이다. 부여 제국의 운명과 엉킨 사건으로 이는 금와왕金蛙王의 비극을 암시한다. 금와왕은 헤로도토스 기록에 캄비세스 2세로 나온다. 캄비세스의 첫소리를 따서 '금와'라고 적은 것이다. 이렇게 되면 우리 고대사는 사실상 엘람에서 시작한다고 말할 수 있다. 엘람은 고조선의 한 갈래로, 소아시아의 카파도키아 지역에서 기원전 2000년경에 자그로스 산맥을 타고 내려와 수메르로 들어가 그들의 샤먼들을 포로로 잡으며 우르를 점령했던 강력한 민족이었다. 그런 후 기원전 1200년경에는 바빌론을 점령하여 키시의 지배권을 무너뜨린 후 그 일대를 위성도시로 만들어 소두(신전)를 세웠다.[34] 소두는 〈동이전〉에 보이는 소도蘇塗를 말한다. 이것이 대야발의 《고사》가 전하는 후단군조선의 일이고 사마천이 기록한 오태백세가吳太伯世家이다.

예맥에서 페르시아 제국이 일어나다

부여와 예맥이 곧 페르시아이다. 중국 문헌은 이를 동이 東夷라고 규정하고, 사마천은 밑도 끝도 없이 부여는 진번조선 眞番朝鮮의 이로움을 지닌다고 썼다.[35] 이는 페르시아가 엘람에서 일어났다는 사실을 암시한다. 엘람의 수도 수사는 구약성서에는 '수산', 《고기》에는 '수수 須叟'라고 적혀 있다. 수수가 수사인 까닭은 수수가 엘람 원주민의 발음이기 때문이다.[36] 수사는 말[馬]을 뜻한다. 그리스인은 자신들의 언어 습관으로 이를 'Pars' 'Parsa' 'Persis' 'Persia'라고 불러 이 말이 널리 퍼져 '페르시아'가 되었다.[37] 이는 엘람인들이 자신들을 'pir' 'per'라고 불렀던 데에 근거한 것이다. 그리스어의 'pyr'는 불[火]이다. 중국에서는 이를 '발 發'이라고 그대로 적고, 그 뜻을 전하기 위해 다시 '적 狄'이라 쓰고는 '동이'라고 했다.[38] 쌈지 기능의 잔해이다. 'pir, per'은 부도이고, 낙원의 의미라고 할 수 있다. 이는 짐승 가죽을 쓰고 사냥만 했다는 엘람인의 특수한 풍속을 반영한 것으로, 이 기록은 '적 狄'이 불을 숭상하는 조로아스터교도들임을 암시한다. '적'은 조로아스터의 첫소리를 음사한 것이다. 조로아스터는 샤머니즘의 분파이다. 중국이 서역의 말을 통역하는 사람을 '적제 狄鞮'라고 한 것도[39] 이런 정황을 뒷받침한다. 북한의 리지린은 '피르, 퍼르'가 고대 조선어로는 '부여'로 고대 중국이 이를 부여 夫餘라고 썼다고 주장한다. 또 부여 영역의 선주민이 예인 穢人이므로 중국은 이를 '불여지국 不與之國'이나 '호 胡'라고 불렀다고도 했다.[40] 중국이 변한을 '부여'라고 말하고 그 통치자를 북쪽의 이(북이인 北夷人)나 예인 穢人, 맥 貊이라고 한 것과 같은 맥락이다.[41] 《자전》이 예 穢를 '물로 만국을 다스린다'라고 하여, 이 복잡해 보이는 말들이 모두 쌈지(부도)의 일을 말한다는 것을 알 수 있다.

동이에 관한 기록에는 부여인들이 흰옷을 숭상하며, 흰 포목으로 소매가 넓은 도포와 흰 바지를 지어 입으며, 왕은 옥으로 만든 관을 사용했는데 한나라가 이를 미리 만들어 바쳤다고 했다. 또한 그들의 창고에는 대대로 쓸 옥벽玉璧과 규찬圭瓚 등의 보물이 쌓여있다고도 했고, 인장에는 그 나라 말로 '예왕'이라고 쓰여있었다고 했다.[42] 이 말은 엘람인들의 언어로 나라 이름을 옛 조선(부도)이라고 썼다는 뜻이다. 나라 안에 옛 성(예성穢城)이 있고 그 성이 본래 옛날 맥의 성이라고 한 것은 수사를 가리킨다. 《진서》에는 한나라 무제 때에 그곳에 자주 조공을 바쳤다고 했는데 이는 중국사에서 볼 때 놀랄 만한 일이다.[43] 이것이 남부여의 일로 북옥저와 대칭을 이루는 명칭임을 알 수 있다. 우리는 여기에서 부여제실의 공주가 동해 깊은 곳에 와서 신라의 시조를 낳았다고 한 그 역사의 현장을 만난다. 신라도 여기에서 멀지 않은 곳에 있었다는 사실이 드러나기 때문이다.

신라 역사는 카파도키아에서 시작된다

박제상의 《부도지》는 신라가 부도라고 했고 그곳에 천문을 관찰하는 마고麻姑가 있다고 했다.[44] '마고'는 메디아 제국 시대의 신관神官인 'magi' 'magus'이며, 뒤에 조로아스터교로 옮겨가 비밀의식을 주관하는 마법사의 이름이 된다. 이런 정황은 신라 최초의 금성이 메디아, 페르시아의 역사 무대와 깊은 연관이 있음을 말해 준다.[45] 이에 대한 움직일 수 없는 증거는 그 부도가 천하의 네 강물이 시작되는 발원지에 있다고 한 사실이다. 이 곳이 유프라테스와 티그리스 강의 네 발원지에 해당되는 카파도키아, 아르메니아 지방이다. 유프라테스와 티그리스 강의 발원지는 반Van 호수 일대이고, 자그로스 산맥의 동쪽으로 키루스 강(오늘날의 쿠라 강)과 아락세스 강(오늘날의 아라스 강)이 카스피 해로 흘러들어간다(제7장 그림 60 참고). 이

카파도키아의 닭벼슬 모양 석굴 사원   오늘의 터키 땅에 있다.

곳이 엘람족(부여)이 흩어져 살았던 곳이다. 박제상은 신라의 발상지를 이렇게 기록하고 있다.

> 마고들은 여러 종족의 힘을 얻어 방장산方丈山의 방호굴(방호지굴方壺之堀)에서 칠보의 옥을 채굴하였다. 그 칠보의 옥으로 천부天符를 새겼는데 이를 방장해인方丈海印이라고 했다. 그곳에서 10년마다 신시神市를 열어 세상의 글과 말이 달라지는 것을 막아 대화합을 이루었다. 이때부터 천하의 도처에 성황당이 생겨났으며 신선을 믿는 종교가 널리 퍼져나갔다고 했다.[46]

문장에는 카파도키아의 지리적 특성이 잘 나타나 있다. 방장산과 방호굴이라는 표현은 괴상하게 생긴 카파도키아의 자연 풍광을 지칭함을 알 수 있다. 방장方丈은 높고 각이 선 험준한 바위산을 가리키며 방호굴은 속이 텅 빈 항아리와 같은 굴이라는 뜻이다. 그 굴에서 칠보를 채취했다고 한 것은 그곳이 광산지대라는 뜻이다. 공동이라는 말도 속이 비었다는 뜻이고 뒤에서 보지만 계림이라는 말도 산의 외관이 닭벼슬처럼 생겼다는 뜻이다. 카파도키아는 먼 옛날에 화산과 침식작용에 의해 생겨난 돌산들이 모여있는 곳으로, 말 그대로 닭벼슬처럼 험준하게 생겼다. 지금도 에르지에스 닥 dag(산이라는 뜻이다)이라고 부르는 일대는 지구상 어디에서도 볼 수 없는 기묘하게 생긴 바위탑으로 장관을 이루고 있다.^{그림 59}

중요한 것은 그 바위 속에 굴들이 있다는 사실이다. 굴은 둔황 막고굴처럼 승려들이 머무를 수 있다. '항아리 속 같은 굴'이라고 한 것은 이를 의미한다. 굴에는 자연스럽게 형성된 굴뚝이 있어서 그 지하세계에 사람이 주거했음을 말해 준다. 이로써 지하 석굴인 '데린쿠유Derinkuyu'가 연금술 공방이었다는 사실도 알 수 있다. 터키 사람들은 이 굴뚝을 '요정 굴뚝'이라고 불렀고 그 속에서 타락천사라고 불렀던 요정들과 납치된 죄수들이 살았

다고 믿고 있다.[47]

'신라'라는 이름이 그곳과 밀접한 관계가 있음은 헤로도토스가 그곳을 'Syllia'라고 적었다는 사실이 뒷받침한다. Syllia는 앞에서 보았듯이 엘람어로 '양치기牧者'라는 뜻이고 리그베다 경전에는 태양신의 황금마차 '수리아'라고 적혀 있다. 그러니까 부도를 말하는 것이다. 기원전 5세기경부터 3세기까지 카파도키아는 메디아, 페르시아 제국이 지배했으며 그곳에는 메디아의 '마기'를 포함한 다수의 페르시아인이 거주했다. 바로 그곳에 박혁거세의 내림을 환영했던 신라의 육부촌장들이 있었다. 이 사실을 뒷받침하는 여러 정황을 살펴보자.

서라벌과 계림국은 카파도키아에 있었다

일연의 기록에 따르면 신라 시조가 백마와 함께 내려온 곳이 토함산이다. 토함吐含은 화산활동으로 분화구처럼 함몰된 지형을 말한다. 신라가 경주에서 시작했다면 어떻게 이런 표현이 가능하겠는가. 결정적인 단서는 육부촌장이 모두 험준한 산에서 내려왔다고 한 기록이다. 그들은 표암봉瓢嵒峰, 돌산突山, 자산觜山, 금산金山, 금강산金剛山, 궐곡闕谷 같은 험준한 산이나 계곡에서 내려왔다. 표암은 바위 모습이 바가지 같고, 돌산은 뾰족한 형상이며, 자산은 꼭대기에 가시가 돋은 모양의 산이다. 모두 카파도키아에서만 볼 수 있는 것들이다. 일연은 육부촌장들이 있는 곳을 '사탁沙涿' 혹은 '탁수涿水'라고 하고, 신라 방언으로 '涿'을 '道'라고 발음한다고 했다.[48] '탁'이나 '도'는 모두 터키어의 산을 가리키는 'dag'의 소리글자다. 이는 신라인들이 터키어를 사용하는 사람들과 함께 살았음을 말해 준다. 기록은 다시 나라 이름을 계림국이라고 했다. 이 역시 카파도키아의 지형적인 특징을 나타낸 말이다. 일연은 계림국이 '계룡의 상서로움'을 의미한다고 했는데, 이는 터키인들이 그곳을 '친절하고 사랑스러운 땅'이라고 말하는 것과 다르지 않다. 이 점을 일연은 이렇게 적었다.

> 인도인(천축인天竺人)이 해동, 즉 신라(계림국鷄林國)를 가리켜 '구구타예설라矩矩吒䃜說羅'라고 말했는데 '구구타'는 닭(계鷄)을 가리키고 '예설라'는 귀함貴을 뜻한다.[49]

이는 인도인이 얻어들은 해동이 오늘날의 한반도가 아니라 카파도키아임을 말해 준다. 카파도키아에는 이미 샤카족이 살았으며 그들은 뒤에 카스피 해 동쪽 지역을 거쳐 인도로 내려갔다. 박제상의 기록에는 '서라벌'이 '사례벌斯禮筏'이고 그 뜻은 노예들의 사연과 관련이 있다고 나온다. 이는 전쟁포로와 노예들이 그곳 광산에서 노동하는 상황을 암시한다. 사례벌은 노동자들의 동태를 감시하기 위해 꽂아놓는 깃발의 이름인 것이다. 지하(굴)의 노예들은 자신들이 도망하지 않고 그곳에 있다는 사실을 알리기 위해 아침저녁으로 깃발을 내걸었던 것이다. 서라벌이 국명이 아니라 지역의 특수 상황을 나타내는 이름임을 알 수 있다.

신라 역사가 카파도키아에서 시작되었다는 정황은 탈해의 등장에서도 찾아볼 수 있다. 《고기》에는 탈해가 동보東堡 유백인의 후예이며 옛날부터 해빈海濱에서 살아온 사람이라고 적혀 있다. 해빈이 흑해의 동쪽이고 유백인은 알렉산드로스와 마찬가지로 호족(백적白狄)이다. 기록은 그가 태어난 곳이 용성국龍城國이며 그 나라에는 스물여덟 마리의 용이 있었다고 했다. 용성국은 샤먼들의 나라이고 오늘날의 그루지야Georgia 공화국의 수도 트빌리시를 가리킨다. 'Georgia'라는 말은 '용을 죽이다' 혹은 '깨닫다'라는 뜻으로 선민이라는 말이기도 하다. 흥미로운 기록은 용성국에는 아이가 태

胎에서 직접 나오고 5~6세가 되면 왕위를 잇는다고 한 것이다. 아이가 태에서 직접 나온다는 말은 제왕절개를 가리키며 이 수술법은 페르시아 시대의 그루지야에서 시작되었던 것으로 알려져 있다.[50] 이런 정황은 탈해가 해모수의 고향 코카서스(그루지야)에서 카파도키아로 내려왔음을 시사한다. 태의 이야기는 북옥저에 있었다는 신의 우물(산원 産院) 기사와 관련되기도 한다. 이것은 신라의 출발점이 페르시아 제국이었고, 진한으로 들어와 박혁거세 성인聖人을 낳았다는 부여제실의 파소 婆蘇가 페르시아 제국의 공주임을 암시한다. 박트리아에서 발굴된 황금옥갑과 엘람 문자가 새겨진 청동거울은 한漢나라가 부여에 바친 물건들이라고 할 수 있는데, 이는 한나라가 부여왕이 죽으면 미리 옥갑을 만들어놓는다고 한 기록으로도 알 수 있다. 신라의 출발점은 카파도키아인 것이다.

부여제실의 파소와 소아시아의 데메테르 여신은 모녀지간이다

여러 정황은 혁거세를 낳은 신라의 국모인 파소가 그리스 신화의 여신 데메테르의 딸 페르세포네Persephone임을 말해 준다. 'perse'를 '파소'로 옮긴 것이다. 데메테르는 아폴로도로스의 《신통기》에 따르면 크로노스의 딸로, 그녀는 오빠인 제우스(캄비세스 1세)와 통정하여 딸 페르세포네를 두었다. 파소의 부친이 캄비세스 1세이고 모친이 데메테르인 것이다. 뒤메질의 3기능 연구로 주목을 받고 있는 일본의 요시다 吉田敦彦는 아마테라스(천조대신天照大神)와 데메테르 여신 이야기가 동일한 텍스트에 근거한다고 말하고 일본 고대사가 그리스와 관련이 있다고 주장한다. 일본의 개국신인 아마테라스와 스사노오 신화가 제우스(캄비세스 1세)와 데메테르의 이야기라는 것이다.[51] 이 대목을 설명하는 일은 번거롭기 때문에 여기에서는 생략한다. 주목할 것은 양쪽 여신의 이름도 소리가 같다는 사실이다. '데메테르'의 어원은 그리스 말의 emeder인데, 그 뜻은 '어머니의 대지'이다.[52] 여기서 'eme'가 '아마'로 'der'이 '테라'로 옮겨진 것이다. 끝에 붙는 '스'는 페르시아 이름의 끝에 붙이는 관용음이다. 삼단논법으로 말하면 파소의 부친이 스사노오이고 어머니가 아마테라스인 것이다. 우리는 이미 캄비세스 1세가 수사의 왕, 기비이고 번조선의 황제라고 했다. 그리스 《신통기》가 캄비세스 1세를 제우스라고 쓴 것은 그가 실제로 황제의 칭호를 가진 인물이기 때문이다. 이로써 파소와 페르시아 제국의 해부루(키루스 1세)의 부친이 기비이며 따라서 파소가 부여-페르시아 제국의 공주임이 드러난다.

《일본서기》에 따르면 아마테라스가 있는 곳이 고천원高天原이다. '高天'은 문자 그대로 올림포스이고 '原'은 일본어로 'hara'라고 발음한다. 페르시아 시대의 조로아스터 경전에는 그들 신의 나라를 'Peak Hara'라고 하는데 이곳이[53] 바로 고천원이다. 동시에 일본어 hara가 조로아스터교의 성지인 박트리아와 관련이 있음이 드러난다. 박트리아의 아이하눔 유적에서는 거대한 요새와 시가지, 신전, 분묘 등이 발견되었고, 그곳에 토착 여신 아나이티스(아나히타)를 숭배했던 화려한 신전과 사원들이 있었다고 했다. 그곳이 아마테라스(데메테르) 여신의 제3기능이 있었던 근거지(변한)로 추정할 수 있다.

《신통기》의 저자인 아폴로도로스에 의하면 캄비세스 1세, 즉 제우스는 자신의 형제이기도 한 지하세계(명부冥府)의 신 하데스에게 자신의 딸이 납치되는 것을 정략적으로 묵인한다. 이를 뒤늦게 안 데메테르는 분노한 나머지 제3기능을 폐기한 채 방황하며 급기야 깊은 동굴(신전) 속에 숨어버린다. 제3기능이 마비되자 세상은 암흑이 되고 가뭄과 기아로 사람들이 죽어갔다. 이에 신들은 석류로 이 문제를 해결한다. 이 대목이 부여제실의 공주

파소가 동해바다 가장 깊은 곳인 진한에 들어와 아비 없이 성자를 낳았다고 한 이상한 기록에 대응되는 상황이다. 석류는 히브리어로 'lah' 'allah' 'allon'으로, 신의 정령이며 그 어원은 신 'El'이다.[54] 이것은 아비 없이 성자를 낳는 방법이 무엇인지를 암시한다.

《고기》에는 파소가 남편이 없이 잉태하였으므로 사람들의 눈을 피하기 위해 동옥저로 가서 그곳에서 배를 타고 남쪽 진한의 나을촌奈乙村으로 갔다고 기록되어 있다.[55] 동옥저는 카스피 해의 '히바'이므로 파소가 카파도키아에서 동옥저를 거쳐 박트리아로 들어왔음을 알 수 있다. 배를 탄다는 말은 배를 타고 아무다리야 강을 거슬러 올라갔다는 뜻이다. 《고기》는 북옥저에 고대의 산원産院을 의미하는 신정神井이 있다고 했다. 이는 그곳에서 제왕절개가 실시된다는 것을 암시한다. 동옥저와 북옥저는 카스피 해를 사이에 두고 있는 처지여서 동옥저에도 산원이 있었음을 알 수 있다. 이런 정황은 혁거세가 동옥저의 산원에서 태어나 조로아스터 승려들이 있는 박트리아에서 자랐음을 말해 준다. 박혁거세는 박트리아에서 도를 닦은 후, 화백회의의 결정(신탁)에 따라 백마를 타고 카파도키아에 가 부도의 왕(거서간)이 되었던 것이다.

제7장 지워진 고조선 역사

차탈휘위크 유적의 신전으로 판명된 건물에는 벽화와 함께 소머리상들이 장식되어 있었다. 소머리는 천문학의 상징이고 이곳은 샤먼들이 있었던 부도의 중심이었다. 흥미롭게도 성전 벽면에서는 곰과 호랑이 신상도 있었다. 단군신화의 웅녀와 호녀 이야기를 연상시키는 유물이다. 웅녀나 호녀가 실상은 인종의 명칭이라는 점은 그곳에서 발굴된 여신상이 말해 준다.

고조선의 요람, 터키의 차탈휘위크

카파도키아 남쪽에 토로스Taurus 산맥이 용마루처럼 동서로 길게 누워있다. 그곳에 코니아Conya 시가 있고 그 도시 남동쪽으로 50킬로미터 떨어진 곳에 동아시아 고대사의 요람인 차탈휘위크Çatal Hüyük 유적이 있다(위치는 208쪽 그림 62 참고). 지금으로부터 8200~7300년 전부터 유구한 역사를 비밀스레 간직해 온 고대도시이다. 1951~65년, 영국의 고고학자 제임스 멜라트가 그곳을 발굴했다. 유적에 나타난 도시의 성곽들은 모두 이중의 흙벽돌로 쌓았으며 마치 그물처럼 서로 얼기설기 엮이어있었다. 유적 여기저기에서 건축에 쓰였던 장식품과 보석류, 생활도구, 도끼와 무기 들이 발굴되었으며, 특히 신전으로 판명된 건물에는 벽화와 함께 소머리상(우두상 牛頭像)들이 장식되어 있었다.그림 60

소머리는 천문학의 상징이고 이곳은 샤먼들이 있었던 부도의 중심이었다. 소머리는 이미 수메르, 바빌로니아, 이집트와 졸본부여의 타클라마칸 사막에서도 발견된 바 있다. 흥미롭게도 성전 벽면에서는 곰과 호랑이 신상도 있었다. 단군신화의 웅녀熊女와 호녀虎女 이야기를 연상시키는 유물이다. 웅녀나 호녀가 실상은 인종의 명칭이라는 점은 그곳에서 발굴된 여

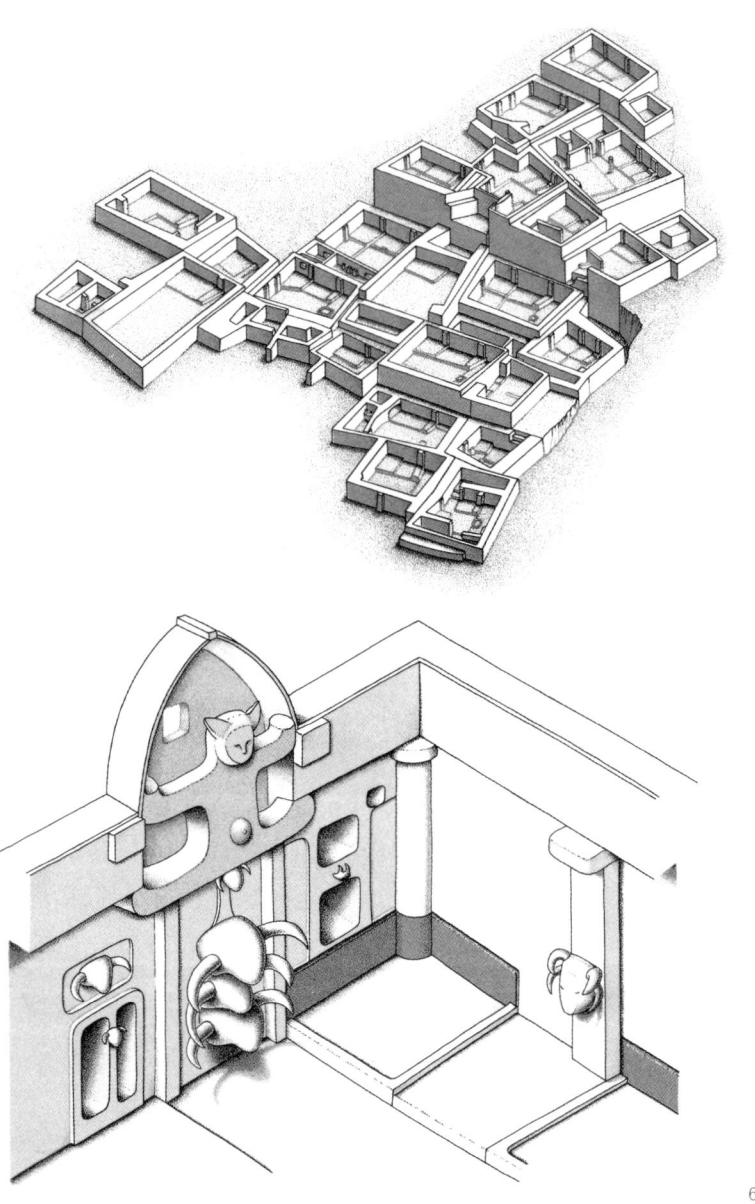

60-1

차탈휘위크 유적 신전 벽에 소머리와 웅상이 장식되어 있다. 위 그림은 유적도이다. 기원전 6200~5300년. 도판 출처, Mary Settegast, 《Plato Prehistorian》.

신상그림 61 (305쪽)이 말해 준다. 유물들은 터키의 앙카라 박물관에 소장되어 있는데, 그 일대에서 발굴된 여신상 중에는 동아시아계 여신의 얼굴도 보인다. 우연이 아닐 것이다. 실제로 영국의 고고학자 콜린스는 이곳 차탈휘위크에 동아시아인을 연상케 하는 인종들이 살았다고 증언하고 있다.[1]

차탈휘위크가 화산 지대였다는 사실은 기원전 2200년경에 지어진 한 신전의 벽화가 증언한다. 벽화에는 화산이 폭발하는 장면이 그려져 있다. 주목할 것은 신전의 모든 장식물이 군인들이 정렬하듯이 일정한 방향으로 향해 있다는 사실이다. 이는 기하학의 각도를 말하는 것으로 천문관측과 관련이 있다. 북쪽 벽의 거대한 황소머리들은 정확히 남쪽 토로스 산맥을 마주보도록 설치되었고, 동쪽과 북쪽 벽 장식은 서쪽으로 지는 해와 북극성을 바라볼 수 있도록 고안되었다. 모두 이곳이 부도였다는 증거이다. 구리와 납을 제련했던 유적도 발견되어 그곳에 번한 기능이 있었음을 말해 준다. 발굴자는 이를 불의 정령이라고 했고, 이들 대장장이가 실제로는 승려 계급으로 당대에 대단한 존경을 받았음을 알아냈다.[2] 당시 기술자 집단은

60-2

차탈휘위크 유적 당대 신시에 살던 사람들의 동정이 그려진 벽화, 기원전 6200~5300년. 도판 출처, James Mellaart, 《Earliest Civilizations of the Near East》.

노예가 아니라 종교적인 신분을 가진 특별한 조직체였다. 《고기》는 바로 이 곳에서 인류 최초의 신 나반과 아만이 혼인했다고 기록했다. 고대의 태양 신전 터에서 발견되었던 거대한 욕조가 이곳에도 발견된다. 《고기》는 이런 정황을 다음과 같이 기록해 놓았다.

> 인류의 시조를 나반那般이라고 하며 처음 아만阿曼과 만난 곳은 아이사타阿耳斯它이다. 아이사타는 또 사타여아斯它麗阿라고도 한다.

사타여아라는 지명이 다름 아닌 차탈휘위크Çatal Hüyük이다. 사타斯它는 터키어의 Çatal을 이두로 옮겨 쓴 글자이고 여아麗阿는 Hüyük을 옮긴 글자이다. 터키인은 Hüyük을 휘파람 소리처럼 묘하게 발음한다. 이를 한자로 정확히 옮기기란 거의 불가능하다. 아이阿耳나 여아麗阿는 그 '휘파람' 소리를 옮긴 글자로 볼 수 있다. 'Çatal'은 터키어로 성城이나 언덕이며, 일연이 신라 방언이라고 언급한 '사투' '사탁'과 소리와 의미가 모두 같다. 'Hüyük'은 그곳 지명을 옮긴 소리이다. '사타'는 소도, 수두와 같은 말로 오늘날 레바논 일대에 있었던 고대 아모리족이 숭상하던 신의 이름과 관련이 있다. 이를테면 '엘 샤타이El Scuaday'는 '신들이 집회하는 산'이란 뜻이다. 엘은 바알과 같은 신이고, 샤타의 의미가 집회하는 산, 즉 소도이다. 같은 맥락에서 아시리아, 바빌로니아 시대에도 '사타' '샤투'는 '주인〔主〕'이나 '명령자'라는 뜻이었다.[3] 《고기》가 사타여아를 다시 '아이사타'라고 어순을 바꾸어 적은 것은 실제로 터키인들의 관례를 따랐기 때문이다.

아만의 존재는 그곳에 여신숭배가 성행했음을 말해 준다. 카파도키아 일대는 고대에 ma, mo, maya라 칭하던 신모 신앙의 온상지였다. 아만이라는 명칭도 'ma'라는 소리와 관련이 있는데, 카파도키아에 '고마나Gomana'라 부르던 신들의 도시가 있었던 사실과 관련이 있다. 그곳에서 신모를 숭배했다는 사실은 발굴로 확인되었다.[4] 바로 기원전 2000년경에 있었던 도시 쿠마니 Kumanni로, 오늘날 터키 중남부의 아다나 Adana 주에 속한다.[5] 고조선 기록에 곰(熊)이라고 기록된 역사적인 근거지이며 그곳에서 태교 전문가인 여신(여무 女巫)들이 생산되어 세계 여러 곳에 파견되었던 것으로 보인다. 《고기》는 곰은 머리와 눈동자가 검은 아시아 인종을 가리킨다고 적었다. 프랑스의 고고학자 세이스 Sayce는 이곳의 여신이 유럽인보다 몽골 미인에 가깝다고 하여 이를 뒷받침해 주고 있다.[6]

중국 기록은 차탈휘위크 Çatal Hüyük를 소호김천 少昊金天이라고 표기했다. 중국 역사의 출발점인 소호김천이나 태호복희 太皞伏羲의 근거지도 바로 이곳이다. '少昊'는 뜻의 글자가 아니라 소리 글자로, '少'는 'Çatal'의 첫소리를, '昊'는 'Hüyük'의 첫소리를 옮긴 글자이다. '金天'은 뜻글자로 읽은 것이며 금성 金城을 옮긴 것이다. 태호복희는 차탈휘위크에서 자동차로 북동쪽으로 1시간이면 닿을 수 있는 고대유적 '카라휘위크 Kala Hoyuk'이다. 그 유적도 기원전 4500~4000년으로 거슬러 올라간다. 앙카라 박물관에 있는 그곳 유물들은 대체로 차탈휘위크에서 발굴된 것들과 다르지 않다. Kala Hoyuk은 터키어로 '거칠다' '무섭다' '검다'라는 뜻으로, 이는 '북쪽에 있는 높은 산' '감히 접근해서는 안 되는 신들의 도시'라는 뜻이다. 카라의 첫소리는 '크다'는 뜻으로 읽어 이를 이두로 태 太라고 적을 수 있다. '太'의 뜻은 부도(천문 天文)이다. 수메르어 '크다'는 gal이라고 하는데, 이를 터키어로는 Kala라고 한다는 사실도 참고할 만하다.[7]

소호김천과 태호복희의 고향도 터키 땅이다

신라 김유신 金庾信의 비석에는 유신이 황제헌원 黃帝軒轅의 후예이자 소호

小昊의 영윤 슈胤이라고 적혀 있다. 가락국 수로왕도 스스로 소호김천씨의 후예라고 새겨놓았다.[8] 이들이 모두 고조선의 신통을 이었다는 뜻이다. 중국은 소호가 태호복희씨의 법을 배웠기 때문에 '少'자를 쓴다고 하여 '太'를 더 높인다. 이는 이 두 곳이 서로 가까운 곳에 있음을 말해 준다.[9] 이라크의 니네베에서 발굴된 한 점토문서에는 이런 말이 적혀 있다.

> 니네베와 아슈르Ashur, 칼라Calah, 그리고 그 밖의 여러 성곽도시들은 아시리아 왕들이 1300년 동안이나 통치했던 곳이다.

지역의 범위로 볼 때 이 기록에서 '칼라'는 차탈휘위크를 가리키는 것이 분명하다.[10] 《고기》는 태호太昊의 유적에 부인(여신)을 숭상하며 제사 지내는 곳이 있으며, 그곳에서 무당이 귀신을 숭상한다고 적고 있다. 이 기록은 앞에서 언급한 ma, mo, maya의 일과 중복된다.[11] 그렇다면 정황상 소호少昊에 관한 중국 전설과 관련이 있음을 알게 된다. 《산해경》이 소개한 전설을 보자.

> 소호의 어머니 황아는 궁상窮桑이라는 나무 아래에서 백제白帝를 만나 아들을 낳았다. 그 아들이 자라서 서방의 천제가 되어 새[鳥]의 왕국인 소호국을 다스렸다. 그런데 이 소호국은 고관대작을 위시하여 하급 졸개들까지 모두 새의 이름에서 관명을 따왔다. 봉황새는 총리이고 제비나 메추리나 금계錦鷄는 계절의 변동을 주관하는 관직의 이름이었다.[12]

전설의 황아와 백제는 아만과 나반의 이야기에 대응되는 것이다. 주목되는 것은 소호국에 신들의 산이 다섯 개나 되며 그 산의 모양을 귀허歸墟라 했다는 것이다. 차탈휘위크의 동북쪽 인근인 카파도키아의 지형을 가리키는 것이다. 앞에서 언급했듯이 이 산은 오랜 침식작용으로 바위 속이 비어있으며 저절로 생겨난 대규모 지하동굴도 있다. 이런 정황은 중국이 성산聖山으로 여기는 태산도 기실 토로스 산맥임을 말해 준다. 토로스의 첫소리를 '泰'라고 적은 것이다. 《산해경》을 한번 더 인용해 보자.

소호국에는 '부상扶桑'이라는 나무가 있다. 그 나무에는 열 개의 태양이 있어 매일 태양이 하나씩 떠올라 세상을 밝힌다고 한다.

이것이 부도이고 간지의 나무이다.

어느 날 열 개의 태양이 저마다 차례를 지키지 않고 한꺼번에 하늘로 떠올라 반란을 일으키자 대지가 타서 백성들이 굶어 죽게 되었다고 한다. 이를 걱정한 하늘이 명궁인 예羿를 파견하여 이들을 모조리 쏘아 떨어뜨리게 했다. 하지만 명궁이 그만 실수로 마지막 하나를 놓치는 바람에 하늘에는 단 하나의 해만 뜨게 되었다 한다.

이 전설의 무대가 차탈휘위크이다.

환인의 나라 고조선

고조선의 기원인 환인桓因의 나라는 차탈휘위크 동북쪽에 있었다. 그곳이 헤로도토스가 북극이라고 말했던 코카서스이고 갈대상자의 고향인 고리국이다. 동이에 관한 문헌에 북부여, 혹은 북옥저라고 기록된 곳이기도 하다. 그곳에 기원전 3000년에서 2000년대의 고대 유적지인 마이코프가 있

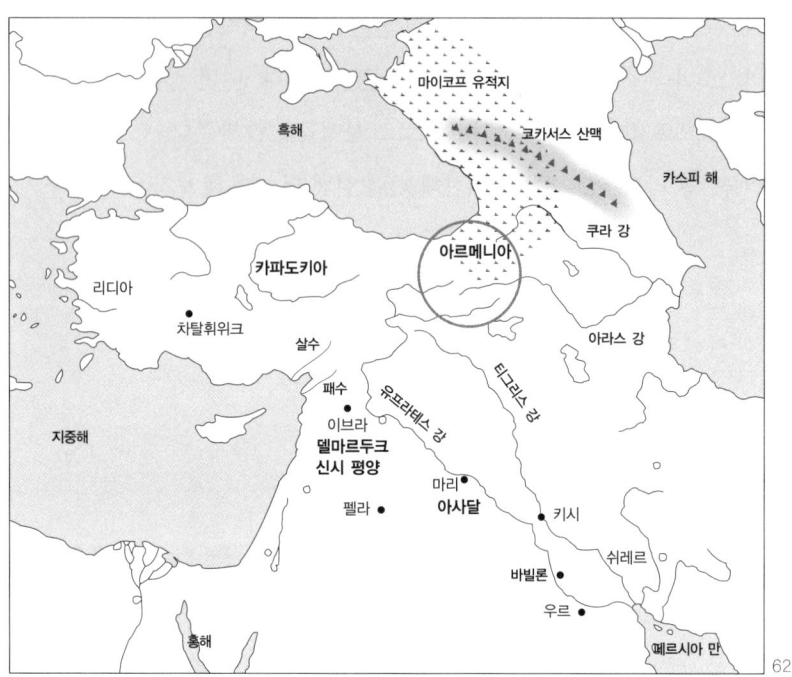

고조선(환인) 시대의 본방인 소아시아 차탈휘위크와 마이코프 유적지의 위치를 확인할 수 있다. 박제상의 《부도지》에는 네 강의 발원지가 고조선이라고 했다. 그림에서 원으로 표시한 부분.

다.^{그림 62} 놀랍게도 일연은 이곳을 언급했다. 그는 북천축을 월지국(올림포스)이라고 하고 그곳에 옛날의 선인(고선인 古仙人)인 용龍이 거처하던 석실들^{그림 63}이 있었다고 했다.[13] 게다가 일연은 그곳을 물고기의 산(어산魚山)이라고 했고 그 물고기가 부처의 그림자(불영佛影)라고 했다. 이는 조두의 일을 가리키며 그곳이 마이코프 유적임을 말해 준다. 《고기》에는 이 지역이 이렇게 묘사되어 있다.

> 태백산은 북쪽으로 달리면서 높게 솟아 비서갑斐西岬의 지경에 우뚝 솟아있다. 물을 업고 산을 안고 감싸며 둥그렇게 둘러싸인 곳이다. 이곳이 대일왕

63

마이코프 유적지의 화혈이 있는 지석묘(부도) 도판 출처, Roget Joussaume, 《Dolmens for the Dead》.

大日王이 한얼님께 제사 지내던 곳이다. (······) 환웅천왕께서 이곳에 머무시며 사냥도 하시고 제사도 지냈다. (······) 이 산의 이름을 불함不咸이라 한다.[14]

이 글은 정확히 코카서스 산 일대의 지리를 설명하고 있다. 지도가 보급되지 않던 시대라는 사실을 감안하면 기록자는 이 기사를 쓰기 위해 이 지역을 답사했거나 아니면 손수 상당한 정보를 수집했을 것이다. 인용문에서 태백산이 북쪽으로 달린다고 한 대목은 자그로스 산맥을 가리키며, 비서갑 지경에 우뚝 선다는 표현은 자그로스 산맥과 코카서스 산맥이 만나는 지점을 말하는 것으로, 그곳이 오늘날 그루지야 공화국 수도 트빌리시가 있는 지역이다. 주목할 표현은 물을 '업다'인데 이는 카스피 해를 등에 진다는 뜻이고, 다시 '산을 안고 감싸면서 둥그렇게 둘러싸다'라는 표현은 흑해의 동쪽 연안을 안고 새우등처럼 구부정하게 자리잡은 코카서스 산 모양을 표현한 것이다.

07 지워진 고조선 역사 209

이 대목은 중국 문헌이 간단명료하게 기록하고 있다. 《서경書經》은 천하가 구주九州로 나뉘었다고 쓰고 그 중 하나가 옹주雍州라고 했다. 그리고 그 옹주는 흑수黑水와 서하西河라고 썼다. 여기서 흑수가 흑해이고 서하가 코카서스에서 물줄기가 형성되어 서쪽의 흑해로 흘러내리는 마이코프 지역의 쿠반 강이다. 헤로도토스는 그곳에서 갈대상자가 지상으로 내려간다고 했다. 《서경》은 다시 옹주의 일을 이렇게 서술한다.

흑수를 따라 삼위三危에 도달하며 그곳에서 다시 남쪽 바다에까지 들어간다.

삼위라는 말은 우리 쪽 기록의 삼위태백三危太白으로, 삼위는 피라미드 형의 고분이고 태백은 금성金星이다. 여기서 주목되는 대목은 남해南海로 들어간다는 말로 이는 코카서스에서 남쪽으로 자그로스 산맥이나 티그리스 강을 타고 페르시아 만으로 들어간다는 뜻이다. 이것이 중국에서 일어난 일이 아니라는 것은 너무나 자명하다. 중국대륙에는 남해로 흘러드는 강이 없기 때문이다.[15] 넓게 보면 오늘의 그루지야, 아제르바이잔, 아르메니아 일대의 지리를 말하고 있는 것이다. 《고기》에는 그곳이 '불함'이고, 태양신(대일왕大日王)이 있는 곳이며, 그곳에서 환웅이 제사를 받들었다고 쓰여있다. 제사를 받든다는 말은 천문관측과 사람농사를 의미하는 쌈지기능이 있었다는 뜻이다.

1897년, 러시아의 고고학자 베세로프스키N. I. Vesselovsky가 마이코프 유적을 발굴했다(그림 62 참고). 그는 그 일대가 기원전 3000년에 세계적인 광물자원 매장지였음을 확인하고 그곳이 기술자 집단의 활동무대였다는 사실을 《Dolmens》에서 밝혔다. 독일 고고학자들이 제공한 자료에 의하면, 오늘의 터키 영토에 동서로 뻗어있는 토로스 산맥과 그 동쪽에서 만나는 자그로스 산맥 지대는 광석이 풍부한 지역이며, 기원전 8000년에는 이미 쿠

마이코프 유적지에서 발굴된 여러 형태의 부도와 부도의 구조 도판 출처, Roget Joussaume, 《Dolmens for the Dead》.

르드 고원에 부족공동체가 있었다. 그들이 교역에 사용되던 세계 최초의 '토큰'도 그곳에서 발견되었다. 그들은 원시 엘람어를 사용했으며 공유하는 문자도 있었다.

마이코프 유적에서는 무려 1,139개의 고인돌과 200~500의 고분이 발견되었는데, 고분들은 모두 바위를 잘라 만든 석판으로 덮은 움집 모양이다. 전면에 뚫린 둥근 구멍이 태양빛을 받아들이는 화혈花穴이다. 화혈은 절대로 북을 향하지 않으며 대체로 동향이고 더러는 동남이나 남쪽을 향하

07 지워진 고조선 역사 211

고 있다. ^{그림} 64 이곳을 파다Pchada 계곡이라고 부르는 것으로 볼 때, '파다'는 부도나 바다를 뜻한다고 보인다. 암실에서 발견된 많은 유골은 그곳이 사냥을 수도 修道의 수단으로 삼았던 미트라 신전이었음을 말해 준다. 유적에 살던 사람들은 통나무 기둥을 총총히 배열하여 만든 고분에서 오랫동안 거주했다. 그곳에서 호박색 금과 은, 합금으로 만든 항아리들이 발굴되었고, 심지어 금과 홍옥(광물 鑛物)으로 만든 침상, 금귀고리를 비롯하여 테라코타 종류의 항아리들도 발굴되었다. 그곳에 지체 높은 사람이 거주했다는 증거이다.

그것들은 모두 신선놀이와 관련이 있는 성스러운 물건이다. 반지에 사자와 수소를 새긴 것도 있는데, 이것은 스키타이 양식에서 보듯이 샤먼들이 사용하는 물건임을 의미한다. 어떤 접시에는 코카서스 풍경이, 다른 접시에는 걸어다니는 동물의 문양이 새겨지기도 했다. 이는 수메르의 영향이므로 당시 남천축이었던 수메르, 엘람과 교류했다는 얘기다. 엘람인이 이곳에서 남쪽으로 이동하여 자그로스 산맥에 남천축을 세웠으며 후대에 이 나라를 옛 조선(예맥)이라고 불렀던 것이다. 근동의 항아리와 도자기로 만든 주전자는 기원전 4000년 중반의 시리아산 產이며 이란이나 아나톨리아에서 수입한 구리와 니켈로 만든 가위, 단검도 발견되었다. 이 지역 사람들이 박트리아나 소그디아나(졸본부여) 지역과도 교통했던 것이다.

그곳이 고조선의 발생지였다는 정황은 천장이 돔형인 고분에 있는 네 개의 수소 조각상이 말해 준다. 발굴자는 네 수소 조각상을 근거로 마이코프 문화가 기원전 3000년에 이미 아나톨리아, 시리아, 이란, 인더스(모헨조다로), 메소포타미아와 교류했다고 결론지었다. 헤로도토스가 언급했던, 이 세상에서 아무도 자세히 알지 못한다는 페라스키 문명의 근거지였음을 말하는 것이다.[16]

놀라운 유물은 갈대상자가 이곳에서 내려갔음을 입증하는 증거물이다.

청동기시대 말에서 철기시대(기원전 1700~1300)에 속하는 이 유물은 '키프레아 모네다'라고 부르는 자안패인데, 이것이 고분 속에서 발견된 것이다. 이는 바로 마이코프가 고리국이라는 증기물로서 정말 놀라운 일이다. 같은 종류의 자안패가 이집트 전 왕조의 분묘와 크레타, 키프로스 섬을 비롯하여 유럽, 아프리카, 인도 등지의 선사시대 여러 유적에서 발굴된다. 심지어 남러시아의 키예프, 투르크메니스탄의 아나우, 우랄 산맥의 아나니노 유적, 동아시아 지역에서도 발굴되어 자안패가 고대 샤머니즘을 상징하는 대표적인 코드임을 말해 준다.

성서가 전하는 천사의 고향 아라라트 산은 화백회의의 장소이다

성서가 말하는 천사의 고향은 아라라트 산이다. 아라라트 산은 코카서스 산맥 남쪽에 솟아있으며 사철 눈을 덮어쓰고 있다. 코카서스 산맥 일대를 전부 아라라트라고 말하는 학자도 있어서 천사가 정확히 어디에서 내려오는지를 언급하는 것은 불가능한 일이다.[17]

영국의 고고학자 앤드루 콜린스A. Collins는 성서의 외경 外經인 《에녹서》를 근거로 그곳에 천사 에녹이 있었으며 천사들이 거기에서 하늘의 별을 관찰했다고 했다. 그런 다음 그곳이 성서에 나오는 '파르완' 혹은 '파르와인 산'이라고 했으며 그 뜻은 '흰 산'과 관련이 있다고 썼다. 오늘의 그루지야, 아르메니아, 아제르바이잔 공화국이 자리 잡은 지역이자 옛 메디아 제국의 험악한 국경지대인 것이다. 흰 산은 아라라트 산을 가리키는 말이고, 에덴동산과 보물을 두는 노아의 방주(동굴)가 있으며, 위대한 족장들이 모여서 지상의 일을 의논하는 만남의 장소가 있다고 전한다.[18] 그러니까 그곳에서 구이들의 화백회의가 있었다. 곧 환인 시대의 구이가 그곳에 있었던 것이다. 성서가 천문을 관측하는 천사를 '주시자watcher'라고 한 것, 그들 천사들이 모두 다른 인종이었다고 한 것 등은 사실상 《사기》〈동이전〉 서문의 내용과 일치한다. 실제로 콜린스는 발굴을 통해 성서에 등장하는 천사가 유럽 인종과 아시아(몽골 인종) 인종의 혼혈이었다는 사실을 확인했다. 또 오랫동안 아라라트 산의 북쪽과 남쪽에 각각 부도(천국)가 있었다고 말하기도 했다. 북쪽 부도가 마이코프이고, 아라라트 산 어디엔가 다른 부도가 있었다는 뜻이다. 또 아라라트가 북두칠성과 맞닿아있는 세계산(우주산宇宙山)이고, 그곳에 북과 남을 연결하는 반구형(돔) 지붕이 있었다는 전설이 전해졌다고 한다. 태양은 그 부도(돔)의 동쪽 구멍에 나타나 황도십이궁(성수도)을 건너 저녁 무렵에 서방의 구멍으로 들어간다고 했다.[19] 천문관측을 신비하게 묘사하고 있는 것이다.

아라라트 산은 기원전 1275년, 문헌에 처음으로 나타난다. 이 산은 이란에서는 '성스런 산'이고 그 반대쪽인 러시아에서도 영봉靈峰으로 숭상한다. 이 산의 중턱에는 오늘날의 아르메니아 공화국(수도 예레반)이 있으며 그들에게도 이 산은 성산이다. 그들은 아라라트 산을 '내림의 장소'로 믿고 있다. 천사가 갈대상자를 들고 지상으로 내려가는 출발점인 것이다. 콜린스의 연구를 통해 수태고지 신앙이 시리아, 코프트, 아르메니아를 시작으로 동방 여러 교회에서 이어져 왔고 이 상자의 출발점이 아라라트였던 것이 명확해진다.[20] 아라라트 산에 있는 노아의 방주方舟가 이런 정황을 뒷받침해 준다. 방주는 실제 배가 아니라 부도 시설이다. 성서에도 방주는 단지 떠다니는 집이지 항해나 여행을 위한 배가 아니며, 그 방주에는 오직 하나의 문과 창만 있을 뿐이라고 했다(창세기 8장 6절). 하나의 창문은 묘청이 말했던 부도의 화혈인 것이다.

고조선 시대의 에덴의 동쪽과 다물

《고기》는 고조선의 지리에 대해서 다음과 같이 적었다.

> 파나유 산波奈留山 아래 환인씨桓因氏의 나라가 있었다. 천해天海의 동쪽 땅을 또한 파나유국波奈留國이라고 한다. 그 고장의 땅은 남북이 5만 리요 동서가 2만 리이니 이를 통틀어 환국桓國이라고 한다. 모두 12개국이다.[21]

'삼위태백三危太白'이 '파나유 산'이고 '고조선'이 '환국'이라는 말이다. '三危'는 세 뿔三角을 가리켜 소머리이며, '太白'은 '밝다'로 부도를 가리키는 말이다. 그렇다면 '파나유'와 '환인桓因'은 어떻게 이해되는가. 이것들은 모두 소리를 적은 말이고 그 뜻은 바다(천해天海)이다. '桓'은《설문》에서 "네 개의 돌을 세우고 그 위에 하나의 자연석을 덮어놓았다" 혹은 "두 개의 돌을 세우고 하나의 자연석을 덮어 놓은 지표地標"[22]라고 했다. 이 글자가 돌멘(고인돌)을 가리킨다는 것을 알 수 있다. 그러나《서경》〈우공禹貢〉에는 '桓'은 사발을 엎어놓은 모양이고 천장이 굽어있다〔曲〕고 하여 桓이 부도(dome)임을 암시하고 있다. 이 점은 이집트의 태양신을 가리키는 'pharaoh'와 대응된다.[23] '파나유'와 파라오는 소리가 서로 닮았는데, 이는 이곳과 이집트가 역사적으로 얽혀있던 상황과 무관하지 않다. '파나유波奈留'의 '奈'를 'la'로 읽으면 'Palayu'가 되어 이집트의 'pharaoh'와 소리가 유사하다. 이렇게 되면《에녹서》에 기록한 천사들의 나라 'parwa' 'parwain'과도 같다고 할 수 있다.《에녹서》가 전한 '파나유'가 엘람어의 'parwa'에서 기원했으며 그 뜻이 '천국'이라는 사실은 훌륭한 방증자료이다. '환인'이 천사를 뜻하는 'parwain'의 'wain'인 것이다. 한자의 '인囚'은 소도(솟대)가 울타리 안에 서있는 오벨리스크 탑임을 보여준다. 이런 모습은 오늘의 티베트 판첸 사원에서 볼 수 있어서 소도의 역사가 이집트에서 바티칸 시티에 이르기까지, 유구한 세월 동안 지속되어 왔음을 말해 준다. 또다른 기록에서는 '파르와인'을 '불함不咸'이라고 썼다.[24] '불함'은 길게 읽으면 'purhaam'이 되며 '파르와인'과 다르지 않다. 파르와인은 이란어의 '파라다이스'이고 그 본래 말은 엘람어이며 《고기》에는 파나유波奈留로 기록되어 있다. 초기의 국내 사학자들이 평양, 낙랑을 'pera'라고 기록한 것도 그 소리의 근원이 엘람어에 있음을 말해 준다.

즉 엘람어로 고조선이 '파나유'이다. 기록은 파나유국의 방역邦域이 남북이 5만 리이고 동서가 2만 리라고 했다. 이는 헤로도토스가 페라스키의 영토가 동쪽으로 메디아와 사스페레스(누란), 남쪽으로는 인도와 홍해, 북쪽으로는 카스피 해에 이른다고 한 것과 다르지 않다. 하지만 헤로도토스는 그것을 구체적으로 말할 수 있는 사람은 당대에는 아무도 없다고 했다. 남북 5만 리는 코카서스에서 남쪽으로 페르시아 만을 지나 아라비아 반도까지를, 동서 2만 리는 지중해부터 졸본부여 지역까지를 가리킨다. 《고기》는 헤로도토스가 자세히 알지 못한다고 한 페라스키의 방역이 모두 열두 개 나라임을 밝히고 그 나라의 이름까지 구체적으로 기록했다.

> 비리국, 양운국, 구막한국, 구다천국, 일군국, 우루국(혹은 필라국, 객현한국), 구모액국, 매구여국(직구다국), 사납아국, 선비국, 통고사국, 수밀이국

'비리'는 소아시아 트로이 지역에 있었던 프리지아이며, '구다천' 역시 소아시아의 구다라라는 이름과 대응된다. '우루' '수밀이' '필라'는 모두 유프라테스 강과 티그리스 강이 만나는 지역에서 발견되며, 구다는 그보다 훨씬 위에 있다. 특히 필라는 펠라Pella를 적은 것으로, 이곳은 기원전 1850년경에 유프라테스 강 서쪽 평야지대에 있었다는 사실이 발굴로 확인되었

다. 선비와 퉁고사(퉁구스)는 흑해 동북쪽 우랄알타이 산 일대에 있었다고 할 수 있다. 중국 문헌 중 가장 오래된 기록의 하나인 《이아爾雅》에는 구주 九州의 아홉 이름이 모두 기록돼 있으며, 그 구주는 모두 1,373개국이라고 했다.[25] 이 문헌 기록이 구이가 다스렸던 세계가 파나유국이고 파나유 제국이 온누리를 다스렸다는 사실을 뒷받침해 준다. 《부도지》를 남긴 신라의 박제상도 "옛날의 조선이 천하(사해四海)의 공도公都였다"고 했고, 신라의 역사가 부도(교황)의 역사로 그 발생지가 '네 강의 발원지(약수弱水)'라고 기록했던 것이다. 그곳이 아라라트 산 일대이다. 중국의 기록에는 이렇게 언급되어 있다.

> 먼 곳에 산이 있으니 그 이름을 불함不咸이라고 하며 조선은 숙신씨국肅慎氏國에 있다. 하지만 지금 숙신국은 동으로 삼천 리나 떨어져 있다.[26]

'불함'이 엘람어로 천국을 뜻하는 'parwain'인데도 그곳을 단지 '먼 곳에 있는 산'이라 하고 남 이야기하듯 세상 사람들이 이를 '불함이라 한다'고 기록했다. 글자의 뜻으로 보면 불不은 불[火], 함咸은 태양이 머무는 곳을 가리키므로 바로 이곳이 부도임을 알 수 있다. 정황으로 보아 불함이 '파나유 산'이다. 또 중국 문헌에는 조선이 숙신국에 있지만 그 숙신이 그곳에서 동으로 3,000리나 옮겨갔다고 써서 부도가 동쪽으로 다물多勿을 했던 정황을 반영한다. '다물'은 고구려말로 '되물린다'는 뜻이다. 말을 뒤집으면 '되찾는다'로 부도가 옮겨다니는 일을 뜻한다. 이 부분을 《산해경》은 이렇게 부연한다.

> 동해 속에 있는 북해北海 구석에 조선이란 나라가 있으며 그것을 지금 낙랑이라고 한다.[27]

여기서 동해는 카스피 해이다. 수메르 시대에 카스피 해는 '해가 뜨는 바다'로 불렸다.[28] 따라서 북해의 구석은 흑해의 동쪽 구석으로 '파나유국'을 가리키며, 이때 북은 오행사상에서 검은색을 의미하므로 북해는 곧 흑해인 것이다. 이 문장에서도 고조선의 위치가 정확히 오늘의 그루지야공화국과 아제르바이잔이 있는 코카서스 산맥 일대임을 알 수 있다. 그곳에 낙랑이 있다고 한 말은 샤먼들의 놀이터인 올림피아드 경기장이 거기에 있었다는 뜻이다. 중국 문헌이 조선을 '발해渤海'라고 언급하면서 그 지리적인 상황에 대해서 친절하지 않는 이유가 있을 것이다. 발해 속에 삼신산三神山이 있고 그 삼신산이 발해 동쪽 어느 곳에 있는지는 알 수 없다고 한 것은[29] 그런 예이다. 흥미롭게도 '발해'라는 이름이 그로부터 3000년이나 지나 오늘의 한반도 동북쪽에 다시 나타났는데, 그 나라 백성들은 고구려와 역사를 함께했던 말갈이다. 이는 고조선의 역사가 끊임없이 동쪽으로 다물했음을 말해 준다.

우리가 평양이라고 말하는 신들의 도시 이브라

《고기》는 기원전 2500년경, 환인이 파나유국에 나타나기 전에 먼저 나반과 아만의 나라가 있었으며, 이미 그곳에서는 7대나 되는 천황들이 홍익인간의 도(샤머니즘)로 세상을 다스렸다고 했다. 문헌은 이를 태시기太始記라 하여 실제로 그 황제들의 이름까지 기록해 놓았다.[30] 그 나라는 사제를 가리켜 '안파견安巴堅', 혹은 '거발환巨發桓'이라고 불렀으며, 이는 삼한의 세 기능을 한 손에 쥐는 삼위일체의 권능을 가졌다는 뜻이다.[31] 거발환은 '소의 귀를 잡는다'는 쌈지의 기능을 말한다. '거발환'은 소리 글자여서 이를 이두로 읽으면 '큰 밝은' 혹은 '큰 해(태양太陽)'가 되어 고대 이란인들이 태양신을 '아후라마즈다'라고 한 것과 다르지 않다. 또 이 시대가 유인씨 有因氏 시대였으며 이후 천년이 지나 아들 '환인씨'가 '천부 天符'를 물려받았다고 했다.[32] 이 기록은 고조선 시대에 이미 이집트나 인도(모헨조다로)와도 교류가 있었음을 말해 준다.

《고사》에서 복희가 환인의 나라에서 천문이치를 배운 뒤 자신의 나라로 가서 작대기 기호로 하도 河圖를 만들었으며, 그 이치로 수인씨 燧人氏를 대신하여 중토 中土의 임금이 되었다고 한 것은 그들이 고대의 천문학자들이었음을 말해 준다. 하도는 천문도를 말한다. 이런 상황에서 환인은 선천 先天인 차탈휘위크에서 동남동녀 800명과 구이 九夷를 대동하고 흑수 黑水와 백산 白山 사이의 땅으로 갔다.[33] 그곳이 마이코프 유적이다. 그 일대에 웅촌 熊村과 호촌 虎村이 이웃하고 있었고 환인은 그들을 상대로 《천부경》을 설교하여 고조선의 역사를 열어나갔다. 종교가 지배하던 시대였으므로 사방에서 환인의 설교를 듣기 위해 사람들이 구름처럼 모여들었다고 한 것이 단순한 수사가 아님을 알 수 있다.

앞에서 이미 단군역사가 산스크리트어 문자로 번역되었다고 말했다. 단군 제3세 가륵 嘉勒 때로 기원전 2100여 년 전의 일이다. 이는 남방 샤머니즘의 모체가 천문을 숭상하는 동이종교임을 말한다. 따라서 전지전능을 말하는 힌두교 브라만 계급의 원형도 구이임을 알 수 있다. 바로 그들이 '동방 부여족 엘람'이다. 이때 동방이란 지중해나 이집트 쪽에서 터키 땅을 가리키는 말이다. 그러므로 환인이 일어나기 이전에 이집트 문명과 차탈휘위크 간의 문화적인 교류가 있었음을 알 수 있다. 호족은 코카서스 인종이고, 웅족은 카파도키아 일대와 그 동쪽에 있는 반 Van 호수에 이르는 티그리스, 유프라테스 강 상류 지역에 살았던 고아시아인들이다. 환인은 이 두 인종을 새끼줄처럼 꼬아서 온누리의 역사를 열었던 것이다. 일연은 《삼국유사》의 첫줄에서 최초에 제왕이 일어나는 일을 제왕도 帝王道라고 했으며 그

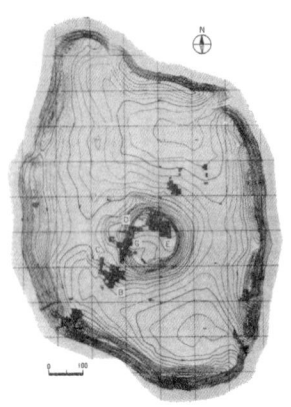

델 마르두크(이브라)의 터 지형도(위 왼쪽)에서 검은 부분이 1976년까지 발굴된 곳으로, 먼 곳에서 보면 접시를 엎어놓은 모양(위 오른쪽)인데, 사진은 헤롯 궁전 유적이다. 아래는 서쪽에서 본 신전의 접견장소인 뜰의 동쪽 벽 상상도이다. 도판 출처, 屋形禎亮 편, 《古代オリエント》.

본질은 선택받은 인간을 만들어내는 일이라고 했다.

《고사》에 의하면 그때 고조선에 자부紫府라는 사람이 있었다. 그는 천문지리에 해박했으며 제7회 신선놀이(칠회제신七回祭神)에서 환인에게 역易을 지어 바쳐 궁전을 하사받았다고 했다. 그 궁전의 이름이 삼청궁三淸宮이다.[34] 그는 올림피아드에서 천문에 관한 저서로 샤먼의 자리에 올랐던 것이다. 이 기록은 천재적인 인물이 어떻게 샤먼신선으로 추대되는지를 보여주는 중요한 자료이다. '자부'라는 이름은 카스피 해 서남쪽 자그로스 산맥에 'Zahe'라는 이름으로 남아있다. 이곳에 자부의 삼청궁이 있었다고 추정한다. 'Zahe'가 '자부'로 기록되었다고 볼 수 있기 때문이며, 실제로 고고학자들은 그곳에서 고대의 연금술 터를 발견하기도 했다.[35] 그 일대가 메디아 페르시아인의 고향이었다는 사실도 이런 정황을 뒷받침해 준다.

환인에게 환웅이라는 서자가 있었는데 그는 세상을 탐냈다. 그래서 환인은 삼위태백을 내려다보며 인간을 널리 이롭게 할 만한 곳을 헤아리고 아들에게 천부인 세 개를 주어 무리 3,000명과 함께 태백산 꼭대기 신단수 밑으로 내려보냈다. 이는 광개토대왕 관련 기록에서 보았듯이 환웅이 국강상에 올라 천악을 울리며 백마를 탔다는 이야기이다. 기원전 2000년경의 수메르 점토판 문서에는 '왕권이 하늘에서 내려왔을 때'라는 문구가 있다.[36] 수메르 시대에 이미 신선놀이를 통해 영웅이 탄생했다는 사실을 말해 주는 것이다. 환웅의 이 이야기도 예외가 아니다. 그렇다면 그가 내려왔다는 새로운 부도는 어디인가. 그곳은 오늘날 시리아의 심장부에서 발견된다.

시리아의 알레포에서 서남방으로 약 55킬로미터 지점에 '이브라'라 부르는 고대 유적지가 있다. 기원전 3000년경 세워진 고대도시로 점토판에는 '델 마르두크'로 기록되어 있다.^{그림 65} 위도 40도 지역에 해당되어 황금횡대 黃金橫帶를 그어 나가면 한반도의 압록강 일대와 만난다. 1964년, 이탈리아 고고학자 파울로 마티에가 그곳에서 점토문서를 무려 1만 5천~2만 개나 발굴했다. 그 유적지가 집안의 태왕릉 터처럼 접시(대형 臺形)를 엎어놓은 모양이라는 사실에 주목해야 한다. 유적지 중심부에는 아크로폴리스가 있다. 신전을 이렇게 구차스럽게 평지에서 쌓아올려야 했던 이유는 그 자리가 천문관측상 중요한 위치였기 때문이다. 바빌로니아 사람들이 위대한 신 마르두크가 반구형 우주산(간지의 나무)이라고 했을 때, 이 말은 반구형 천문대를 가리키는 말이었다.[37] 마르두크는 부도를 다스리는 사제의 지팡이를 가리킨다.

이브라의 중심부에는 아크로폴리스가 있고 주거구역이 그것을 둘러싸고 있었다. 유적의 외곽인 남서부, 남동부, 북서부 그리고 북동부에는 네 개의 문이 있었고 그중 세 개의 문에는 신들의 이름을 따 '다곤의 문' '라사프의 문' '시피슈의 문'이라고 새겼고, 나머지 한 문에만 '시민의 문'이라고 새겨놓았다. 이런 정황만으로도 우리는 이곳이 하도로 표현되는 오방五方임을 알 수 있다. 중심부에 태양신을 상징하는 옥황(금인金人)을 모시는 감천궁과 신선놀이를 행하는 중정中庭이 있으며, 그 사방에 3기능을 수행하는 부서(삼한三韓)가 있었다고 보기 때문이다. 제1기능, 제2기능, 제3기능을 수행하는 쌈지의 부서가 배치되었던 것이다.

발굴을 통해 그곳에서 주기적으로 다물이 있었다는 사실도 확인되었다. 기원전 3500~3000년에 사람이 살다가 갑자기 600년간이나 계속된 공백기가 그 근거다.[38] 기원전 2400~2250년에 이르러서야 사람들이 어디에선가 나타나서 그곳에서 살았음이 확인되기 때문이다. 발굴 보고서에는 일정한 시간이 흐르면서 아크로폴리스의 범위가 동심원을 그리며 넓어졌다고 기록되어 여러 차례 그곳에 다물이 있었음을 알 수 있다. 그 마지막 시기가 아카드 시대였으며 이는 중국 고대사가 시작되는 하夏를 가리키는 도당陶唐 시대와 대응된다.

도당陶唐의 '陶'는 도자기라는 뜻으로, 이 글자의 이차적인 의미는 태양신전의 돔dome이다. 《설문》에서 이 글자를 '언덕 위에 다시 쌓은 언덕'이라고 했으므로 정확히 이브라의 건축적 상황과 일치한다. 이 도陶 자가 '온누리의 나라'를 뜻한다고 한 《맹자》는[39] 이런 사실을 뒷받침한다. 온누리를 지배하는 제국이라는 의미인 것이다. 이는 '唐'이라는 글자의 뜻을 통해 더욱 보완된다. '唐'은 《설문》에 '큰 대大'라고 했고 그림문자로는 항아

델 마르두크에서 발굴된, 현무암으로 만든 욕조   사자와 전사가 새겨져 있다. 도판 출처, 屋形禎亮 편, 《古代オリエント》.

리를 받드는 모양이다. 그래서 《시경》에는 샤먼들이 있는 소굴이나 동굴로 나타나며, 《자전》에는 "그곳에 항아리가 있으며 이를 공空, 허虛, 절絶, 도道라고 한다"고 쓰여있다.⁴⁰ 즉, 사마천의 기록에 보이는 감천궁 甘泉宮으로, 그곳이 보정을 두는 곳이다. 보정은 흉노가 말하는 조두를 가리키는 것으로 그것이 있는 곳이 조선이고 도당이다.

'델 마르두크'의 'tell'은 일본어의 절(寺)에 해당하는 'tela'와도 다르지 않다. 이는 우리말에서도 '절'이 고어로 tell인 것과 같다. 'tell'은 아랍어에서는 인공 언덕이며 터키어에서는 절(寺)이 'Tepe'이다. 또 '마르두크'의 본래 소리가 '마루루'였고 이 마루루의 뜻이 '낫'이라고 했다.⁴¹ 낫, 도끼, 칼은 모두 사제의 물건으로 권위의 상징이라고 했다. 우리도 지팡이를 '말뚝'이나 '막대기'라고 하므로 이것이 솟대와 관련이 있음을 알 수 있다. 그러니까 아크로폴리스 중심에 서있는 오벨리스크를 가리키는 마르두크는 사제의 지팡이와 솟대가 있는 태양신전이라는 의미인 것이다.

그곳에서 발굴된 점토문서에는 이 신전의 이름이 'Ib-lo, Ib-la'라고 쓰여있다. 이 때문에 발굴자들은 이곳을 '이브라'라고 불렀다. '이브라'는 '평양'이나 낙랑의 본 소리인 'pera'와 대응된다. 일연의 기록에는 고조선의 첫번째 국도가 평양, 즉 페라(pera)이다. 점토문서에 '이브라'가 천하무적의 제국이라고 했고, 실제로 바빌로니아 시대의 영웅이었던 아카드의 사르곤의 비문도 이곳에서 발견되었다. 비문에는 또 주신主神 'Dagan'이라는 이름과 이브라 왕의 장수를 기원하기 위해 만들었다는 토르소가 발견되었으며 그 토르소에는 이슈타르 여신을 위해 욕조그림 66를 장만했다는 사실도 기록되어 있다. 이로써 이브라 왕의 신상이 웅상임을 알 수 있고, 욕조에서 웅녀가 환웅과 신혼神婚을 치렀다고 추정할 수 있다. 단군檀君은 수메르어의 태양신 '딩기르' '다곤'을 이두로 옮긴 글자로서, 환웅의 이야기가 사르곤(기원전 2371~2316)의 이야기와 대응됨을 보여준다.

제8장

기원전 3000년대의 고조선

고대 메소포타미아의 역사를 말하자면 당연히 전설적인 인물인 사르곤을 이야기해야 한다. 흥미로운 것은 사르곤이 우리쪽 기록의 환웅이고 중국이 말하는 황제라는 사실이다. 세 인물은 하나의 실체로 이야기되어야 하며 고대사의 뿌리도 하나의 텍스트가 되어야 한다.

환웅, 황제, 사르곤

고대 메소포타미아의 역사를 말하자면 당연히 전설적인 인물인 사르곤을 이야기해야 한다. 흥미로운 것은 사르곤이 우리쪽 기록의 환웅이고 중국이 말하는 황제黃帝라는 사실이다. 세 인물은 하나의 실체로 이야기되어야 하며 고대사의 뿌리도 하나의 텍스트가 되어야 한다. 이 점을 효과적으로 설명하기 위해 세 사람의 기록을 합성하여 하나의 텍스트를 구성해 보기로 한다. 편의상 세 사람의 이름을 각기 한 자씩 추출하여 사웅제司雄帝라는 이름을 만들어 이야기 해보자. 사웅제는 바빌로니아의 서사시에서 태양신의 송아지(아들)나 황소의 상징인데 사르곤이라고 불렸던 사람이다.[1] 점토문서에 따르면 그는 델 마르두크이고 바빌로니아의 신 벨Bel이다. 마르두크는 사람의 이름이 아니라 지팡이(낫, 호미)를 뜻한다고 했으므로 옥황상제라는 말과 다르지 않다. 세계의 지배자였던 이 사제는 동아시아의 기록에서 환웅이나 황제로 나타나는 것은 흥미로운 일이다.

이들이 하나의 인물이라는 사실을 설명하자면, 우선 이들이 모두 서자庶子라는 점에 주목해야 한다. 수메르어 학자 조철수에 의하면 고대 메소포타미아 문화에서 서자는 성스런 결혼에서 태어난 인물이며 그 대표적인 인

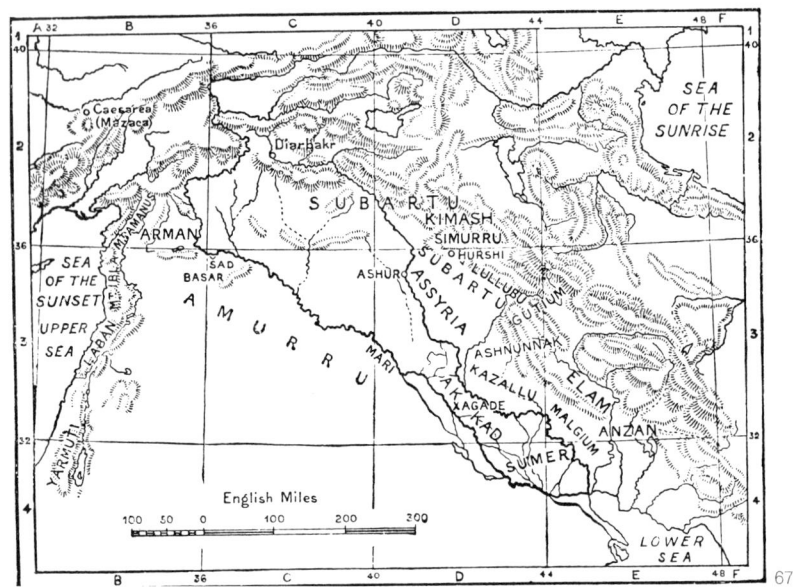

수메르 시대의 서아시아 도판 출처, C. Leonard Woolley, 《The Sumerians》.

물이 길가메시이다. 이는 사웅제가 차탈휘위크나 카라휘위크에서 샤먼들의 맞춤아이로 태어났음을 암시한다. 이 맞춤아이는 갈대상자(고리짝) 속에 들어가 유프라테스 강을 따라 수메르 지역으로 흘러갔다. 이 강을 《규원사화》는 엄여홀奄慮忽이라고 기록했다.[2] 유프라테스 강과 그 강 유역은 수메르 초기에 '아무르'라고 불렸다.그림 67 이 아무르가 우리쪽 기록에는 '엄여흘'로 옮겨진 것이다.

수메르학의 권위자인 크레이머에 의하면 사르곤은 기원전 2350년경 셈족의 아들로 태어났다는 것 말고는 출생에 대해 알려진 것이 없다. 이는 사웅제가 서자였다는 뜻이다. 그는 셈어를 사용하는 호족(백민白民)이었고 그의 어머니는 아이를 당당하게 낳을 수 없던 여승(이승尼僧)이었다. 중국 기록은 이 여승의 이름을 부보附寶라고 적었다. 부보는 임신한 지 20개월 만에 사웅제를 낳았으며 이때 아이의 아버지와 그 형제들은 산속에 있었다. 그 산속이 차탈휘위크나 카라휘위크임은 중국 기록에 암시되어 있는데, 그 부친의 이름을 '소전少典'이라고 했기 때문이다. 하지만 우리쪽 《고기》에는 이것이 사람의 이름이 아니라 웅씨熊氏가 사는 땅이라고 적혀 있다. 웅씨가 사는 곳이 바로 산속을 가리키는 카파도키아 지역이며, 그들은 인종적으로 엘람계의 투라니안(동아시안)이다.

갈대상자는 드디어 유프라테스 강으로 내려가 '아주피라누Azupiranu' 하반河畔에 당도했다. 다행히도 아이는 그곳에서 관개시설을 돌보던 한 남자에게 발견되어 그의 집에서 자라났다. 아이는 산책을 나온 여신 이슈타르의 눈에 들어 키시Kish 제4왕조의 울자바바Urzababa 왕 밑에서 술을 빚는 일의 감독관으로 일하게 된다. 그러던 그가 갑자기 반란을 일으켜 왕이 되었다. 이 대목에 대해서는 크레이머조차 불가사의라고 했다. 사웅제가 겨우 열두 살 나이에 반란을 일으켰다는 사실을 믿을 수 없기 때문이다. 그런데 중국 기록에도 황제가 열두 살에 기주冀州의 왕이 되었다고 나온다. 기주는 사르곤의 키시로, 이는 중국 고대사의 무대가 수메르, 바빌로니아라는 움직일 수 없는 증거이기도 하다. 키시는 수메르 문명 시대에 세계의 지배권을 확립했던 최초의 도시로 현재 이라크의 수도 바그다드 남쪽 약 90킬로미터 지점에 그 유적이 남아있다. 신비에 싸인 이 영웅의 초기 경력은 전혀 알려지지 않았다. 크레이머가 문제 삼았듯이 어떻게 버려진 아이가 갑자기 세계를 정복한 영웅으로 나타날 수 있을까.

이 공백을 채워주는 기록이 우리에게 있다. 《고기》에 의하면 사웅제는 열두 살 때에 성서에 천사의 길이라고 기록된 자그로스 산맥으로 올라가 아라라트 산에 이른다. 그곳에 샤먼인 자부Zabe의 도장이 있었다. 그는 자부 선생의 문하에 들어가 수학했던 것이다. 그런 후 신선놀이에서 당상에 올라 천악을 울리고 백마를 타게 되었다. 사마천은 이 대목을 '황제가 소를 굴복시키고 말을 탔다'고 했다.[3] 소를 '굴복시키다'는 말은 천문이치를 깨친다는 뜻으로, 이는 미트라 동굴벽화에 단검을 쥔 젊은이가 소의 목을 찌르는 모습으로 표현된다. 사웅제가 당상에 올라 환인에게서 내황문 內皇文 과 봉토 封土를 받았다는 사실이 이를 뒷받침한다.[4] 이는 사마천이, 황제가 우주의 신비를 적은 문서를 천 天에서 받아 천문성도 天文星圖를 발견했다고 적은 대목과 같다. 하지만 그는 천이 어디를 말하는지에 대해서는 침묵했는데, 천은 환인의 부도이다. 천문성도는 천부인 天符印이고 내황문은 책봉문이다.[5]

기원전 1세기 때의 한 漢의 유향 劉向이 펴낸 《열선전 列仙傳》에는 황제가 수산 首山에서 구리를 캐 형산 荊山에서 솥(鼎)을 주조하자 용이 그에게 수염을 주어 승천했다고 썼다. 《고금주 古今注》〈문답석의 問答釋義〉에는 용의 수염을 얻어 황제가 용상 龍上에 올랐다고 썼다. 용의 수염이란 구슬을 엮어 고드름처럼 길게 늘어뜨린 면류관의 장식을 의미하고, 용상에 올랐다는 말은 광개토대왕처럼 국강상 國崗上에 올랐다는 뜻이다. 실제로 발굴된 사르곤의 비문에는 이렇게 적혀 있다.

> 왕, 사르곤은 두두르에서 신 다곤에게 무릎을 꿇고 기원했다. 신 다곤은 위쪽의 땅인 엘람과 마리 Mari, 야르무치 Jarmuti, 이브라 Ib-la와 삼나무 숲 杉森과 은 銀의 산을 그에게 주었다.

비문에는 환인이 있는 곳을 '두두르'라고 하고, 환인의 이름을 셈족의 주신인 다곤(단군 檀君)이라고 했다. '다곤'은 기원전 25세기경에 유프라테스, 티그리스 강 일대에서 숭배했던 신으로 히브리어의 '물고기 dag'라는 뜻이다. 곡물의 신, 천둥번개의 신, 비를 내리는 풍요의 신으로도 통했다. 유명한 함무라비 법전에는 창조자 dagan이라는 이름이 나오며 바빌론이나

아시리아의 자료에서는 이 신이 물고기 형상으로 나타난다.[6]

이런 자료들은 부도를 지키는 단군이 전능한 자의 인자因子를 제공하는 상징적인 신임을 말해 준다.

사웅제는 환인에게 봉역을 받았다. 엘람, 마리, 아루무치, 이브라, 삼나무 숲, 그리고 은의 산이다. 이 지역은 오늘의 터키 땅에서 남쪽으로 페르시아 만에 이르는 서아시아 지역에 해당된다. 이때의 엘람은 카파도키아 지역을 말한다. 이브라는 유프라테스 강과 티그리스 강 상류에 있는 델 마르두크 신전이며[7] 삼나무 숲은 오늘의 레바논, 시리아 지역이다. 사웅제는 길가메시가 그랬듯이 신농神農에게 조공을 바치지 않은 나라들을 차례차례 토벌해 나갔다. 그 과정에서 몸 전체를 청동으로 무장한 괴물 루갈자게시를 만났으나 결국 이 괴물을 패퇴시키고 아카드Agade라는 도시를 건설하여 56년간 제국을 통치한다. 이 아카드가 중국 기록의 도당陶唐이고 루갈자게시가 치우蚩尤이다. 치우는 자부 선생의 문하에서 사웅제와 동문수학했던 사람이다. 사웅제와 루갈자게시의 전쟁은 중국과 우리 기록에 황제와 치우의 전쟁으로 기록되며, 그 내용도 점토문서가 전하는 사르곤과 루갈자게시의 이야기와 다르지 않다. 루갈자게시의 끝소리에 '치우'라는 소리가 숨어 있으며 황제의 황黃도 사르곤의 끝소리에서 왔다고 할 수 있다.

성서에 '아가데'라고 기록된 아카드는 현재 위치를 정확히 알 수 없지만, 제국의 모든 지역에서 거두어들인 금은보화로 인해 당대 세계에서 가장 화려한 도시였다고 한다.[8] 이 장엄한 궁전은 곤륜산崑崙山에 있었으며 황제는 하늘에서 내려와 곤륜산에서 놀기를 즐겼다고 한다.[9] 그가 천이라고 일컫는 이브라에서 바빌론의 지구라트로 내려와 정사를 돌보았음을 알 수 있다.

요임금과 왕검조선이 있는 곳, 이브라

사웅제(기원전 2371~2316)는 아카드 제국의 창설자로, 중국 기록은 아카드를 도당陶唐이라고 했다. 양쪽 이름의 공통점은 각기 'ta'라는 소리가 있다는 사실이다. 도당은 천자의 도읍지이다.[10] 사웅제가 죽고 웅녀의 아들 왕검이 역사무대에 등장했을 때 샤먼들의 도시 평양(이브라)에는 사웅제에 이어 고양高陽씨, 고신高辛씨, 그리고 요堯가 제위에 올랐다. 사마천이 평양平陽이라고 적었으므로 이곳이 평양이자 이브라임을 알 수 있다. '당唐'이라는 글자는 인공 언덕 위에 또 언덕을 만든 곳, 이른바 접시를 뒤엎어놓은 지형을 가리키는 글자이다. 이 자리가 부도이다. 사마천은 요가 처음으로 도陶에 봉해졌기 때문에 '도당씨陶唐氏'라고 한다고 썼다. 또 순舜임금을 우제순虞帝舜이라고 썼는데 그 뜻도 분명해진다. '虞'라는 말은 도度, 즉 자〔尺〕라는 뜻으로 이는 천문관측이나 풍수지리, 혹은 관혼상제 같은 기능을 총칭하는 글자이다.[11] 중국이 진陳을 진晉의 동쪽에 두는 관례를 참고하면, 이브라 서쪽이 사제가 있는 곳이고, 동쪽이 부도가 있는 곳임을 알 수 있다. 뒤메질의 기능 개념을 빌리자면 당이 제1기능이고 우가 제3기능이다. 뒤메질은 인도-아리안의 고대사 연구에서 그 권력구조를 세 기능으로 나누었는데 제1기능은 사제, 제2기능은 전사, 제3기능은 생산자였다.

불행한 일은 요임금 때에 일어났다. 당시에 천하의 질서를 위협하던 세력은 네 그룹(사가계四家系)이었다. 이들은 모두 사웅제의 직계 자손이었다. 《고기》에는 요堯가 천산天山의 남쪽에서 일어나 일차로 출성出城했던 사람들의 후예라고 기록하여 그가 신선놀이에서 당상에 올랐음을 말해 준다. 간단히 황제의 혈통이라고만 쓴 중국의 기록보다는 구체적이다. '일어나다'는 당상에 오른다는 뜻이다. 그랬기에 요堯는 아홉 샤먼신선의 후광을 등에 업고 관직을 적절히 나누며 만국을 통치했던 것이다. 그런데 어느 시대에나 있는 일로 사웅제의 혈통임을 코에 걸고 다녔던 망나니 패거리들이 판을 흔들자 요임금은 곤경에 처하게 된다. 사마천은 이들을 '혼돈混沌'이라고 불렀다. 혼돈은 천도天道가 무너진다는 뜻으로 쌈지 기능이 무너진다는 의미이기도 하다. 망나니들은 제3기능인 우虞의 무리를 노예처럼 취급하였다. 그런 판이어서 요임금은 사웅제의 직계 중에서도 팔개八愷나 팔원八元이라고 불렸던 사람들이 재능이나 덕망을 갖추었어도 이들을 등용할 수 없었다. 이에 제국은 반목과 대립으로 혼란에 빠졌다. 이것이 사웅제의 서자인 왕검王儉이 이브라, 정확히 우虞 지역을 버리고 떠나야 했던 이유이다. 제3기능이 이브라에서 빠져나간다는 뜻이다.

하지만 사마천의 기록에는 요임금이 구족九族을 가까이했고 이들이 천문을 관측하며 농사짓는 법을 가르쳤다고 쓰여있다.[12] 아마도 초기에는 그랬을 것이다. 《고기》에는 구족이 구환九桓, 구역九域, 구이九夷라고 기록되어 있다. 즉, 구족을 가까이했다는 표현은 샤먼들의 지지를 받았다는 뜻이다. 주목할 대목은 《고기》에서 요임금이 수數에 재능이 없었다고 언급한 점이다. 수란 수상數象으로, 천문학과 풍수지리를 총칭하는 말이다. 이 말은 요가 천문의 중요성을 충분히 이해하지 못했다는 뜻으로 이해된다. 요가 근본을 무시하고 제 나름대로 오행五行의 법을 만들었다고 한 것은 그 수를 몰랐다는 의미이다. 이브라에서 제3기능이 사라지면 당연히 샤먼들의 화백회의 기능도 마비된다. 요가 샤먼들의 땅인 9주를 잘라서 작은 나라로 만들었다고 한 것도 그가 쌈지의 정치를 포기했다는 뜻이다. 당연히 샤먼들이 반발했을 것이다. 사마천은 이때 현자 소부巢夫와 허유許由가 이 처사를 꾸짖었고, 요가 이를 무마하려고 허유에게 제위를 권하자 허유가 냇가에 가서 귀를 씻으며 기산箕山에 숨었다고 했다. 기산은 카파도키아이다. 허유는 오늘의 터키 땅 카파도키아에 은둔한 것이다. 이렇게 되자 요는 자신의 도당을 모아 반항하는 샤먼들과 그를 따르는 묘예苗裔들을 모조리 신전에서 내쫓았다.[13] 이에 진한과 변한의 샤먼 세력이 동, 서, 북의 세 방향으로 흩어졌다. 이에 왕검은 요임금을 포기하고 아사달로 갔다. 고조선 기사에는 이를 단군왕검이 당요唐堯와 동시에 출발했다고 쓴 것이다.

요임금은 쌈지기능의 파괴자이다. 그는 천문관측(달력)이 없이도 제왕의 기능을 수행할 수 있다고 믿었다. 이때 기적 같은 일이 일어났다. 기록에서는 자라가 부명負命을 지고 나왔다고 했는데, 이는 달력을 대신하는 이상한 풀이 신전 계단 옆에서 돋아났던 일을 가리킨다. 명협蓂莢이라고 기록된 풀은 월초月初가 되면 잎이 하나씩 돋아나 반달〔半月〕이 되면 정확히 열다섯 개가 되었다. 달이 지기 시작하면 잎이 하나씩 떨어져 월말이면 모두 사라졌다. 신통하게도 달의 주기가 29일이 되는 때에는 떨어져야 할 잎사귀 하나가 말라버렸다.[14] 간지의 나무가 아니라 간지의 풀(간지초干支草)이 나타난 것이다. 요임금은 이를 하늘이 자신에게 내린 선물이라고 믿고 이 달력을 기준 삼아 샤먼들의 간섭 없이 제국을 다스렸다. 《고기》에서는 이것을 유사 이래 두 번째 큰 이변이라고 썼다.[15]

중국 문헌에는 이 풀이 주초朱草라고 기록된다.[16] 하지만 명협을 달력으로 삼는다는 것은 정도가 아니다. 인재(인사人事)를 얻는 일이며 백성을 먹여 살리는 농사가 천기天氣에 달려있는데도 하늘을 척도로 삼지 않고 땅에 있는 것에 의지하다니, 이를 두고 마차가 말을 끌고 가는 격이라고 할 수 있을 것이다. 요의 이런 우행을 뻔히 알면서도 아무도 간하지 못했다.[17] 하지만 시간이 흐르면서 요임금은 비웃음을 샀고 망나니 황손들은 이를 빌미로 요임금을 우습게 여기며 정치를 어지럽혔다. 요는, 만시지탄이지만, 뒤늦게 제1기능, 제3기능의 필요성을 절실히 깨닫고 부도를 세우게 된다. 사마천은 이 대목을 이렇게 썼다.

요임금은 희씨羲氏 화씨和氏에게 명하여 일월성신을 관측시켰고 사시四時

의 운행에 따라 파종과 수확의 시기를 백성에게 알렸다. 이를 위해 요는 희중羲仲과 희숙羲叔 형제를 해가 뜨는 동東에 살게 했고 그곳을 양곡暘谷이라고 불렀다. 그 양곡에서 해가 뜨는 시각을 재서 봄 밭갈이를 준비시켰으며 저녁의 남쪽 하늘에 주작(주조朱鳥)과 칠수(칠성七星)가 똑바로 보이는 날을 밤과 낮의 길이가 같은 춘분으로 정했다.[18]

요임금이 아사달조선과는 별개의 부도를 설치했다는 내용이다. 뒤에서 보겠지만 이는 거꾸로 왕검조선이 독자적인 부도를 운영하고 있었음을 말해 주는 것이다. 하지만 희씨와 화씨를 보냈다는 그 양곡이 어디인지는 분명치 않다. 단서는 희와 화라는 이름에 있다. 이 이름들은 엘람어의 '해〔日〕'를 뜻하는 소리로, 요의 부도(양곡暘谷)가 남천축(위도 30도 일대)에 있었음을 암시한다. 이것이 성서에 나오는 동국東國이며, 아라비아 반도의 북서 지역에 해당한다(〈창세기〉 25장 6절). 오늘날 팔레스타인의 가자 지역으로 예루살렘이 그곳에 있다. 텔 마르두크의 점토문서에 가나안 지역이 이브라와 긴밀한 관계에 있었다고 기록되어 있는데, 이것이 구약성서에서 말하는 가나안으로 오늘날의 요르단과 레바논이다. 〈창세기〉에는 기원전 2000년경 선지자 아브라함이 거인들과 함께 그곳에서 활동했다고 되어있다. 거인은 샤먼들을 말한다. 실제로 '가나안'은 '자줏빛〔紫〕 나라'라는 뜻으로 그곳에서는 조개나 곤충에서 자주색 염료를 얻어 세계에 수출했다.[19] 북극성이나 별의 위치를 계산하는 침로針路를 이용하여 아라비아, 인도, 지중해 서쪽 지브롤터 해협을 넘어 영국, 아프리카에 상품을 팔고 다녔던 사람들이 바로 그곳을 터전으로 삼았던 페니키아인이었다.[20] 요임금은 희씨와 화씨의 무리를 그곳에 파견했던 것이다.

19세기 중엽, 고고학자들이 가나안의 게제르Gezer 유적을 발굴하면서 동굴이 있는 언덕 위에 한 줄로 늘어선 입석立石을 발견했다. 그림 68 높이는

게제르 언덕 위에 세워진 거석 춘분, 추분, 하지, 동지 때 해가 떠오르는 지점을 가리키는 석탑이다. 기원전 925년경. 도판 출처, 《성서백과대사전》.

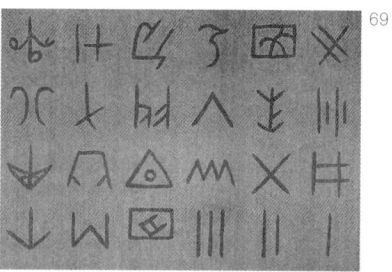

게제르 유적지와 하남성 유적지에서 발견된 고대문자 왼쪽은 게제르의 농사력(월력 月曆)에 새겨진 점토판이고, 오른쪽은 하남성 옌스 얼리터우 유적지에서 발굴된 토기에 새겨진 문자이다. 양쪽 모두에서 간간이 한자의 원형인 갑골문자가 보인다. 도판 출처, 《성서백과대사전》.

236

10척이며 모두 열 개로, 북에서 남으로 활 모양으로 늘어서있다. 중심에는 네모난 구멍이 뚫린 초석이 있다. 이것은 고대의 해시계로, 가나안 사람들은 이를 '높은 곳'이라고 불렀다.[21] '높은 곳'은 '차탈휘위크' 설명에서 언급했듯이 그곳에 태양을 관측하는 화혈이 있다는 뜻이다. 동굴유적에서는 수메르어, 히브리어, 설형문자로 된 달력그림 69이 발굴되었다. 학자들은 달력에 쓰인 문자가 은殷나라 무정왕武丁王의 〈훈공기勳功記〉에 쓰인 갑골문자와 유사하고 이 문자가 후대 알파벳 문자의 요소가 되었다고 주장한다.[22] 이 역시 요임금이 남천축에 부도를 건설했다는 증거의 일부이다.

하비루Habiru 혹은 하피루Hapiru라는 민족은 뒤에 히브리 백성이라고 불렸다. 이 민족의 이름이 희씨와 화씨와 대응되는 것은 우연이 아니다. 서부 셈어 계통의 언어를 사용했던 하비루는 우르의 제3왕조(기원전 2,050년경) 때의 기록에 나타난다. 성서학자들에 의하면 하비루는 어떤 왕의 시종이거나 군인이었던 특수집단이었으며, 이들은 하부르Habur에서 발리Balih와 유프라테스 강에 이르는 지역에서 반유목민처럼 무리를 지어 살았다고 한다.[23] 가나안, 아모리 일대가 엘람과 관련이 있는 이유는 이들 'ha, hae, hi, he, ho'라는 이름이 수메르 엘람어에 근거한다고 보기 때문이다. 이 말의 뜻은 모두 낙원의 본 말인 산스크리트의 'pera'이다. 이 지역에서 발굴된 가나안, 아모리인의 신상 중에 동아시아인을 닮은 것이 있는데 이 역시 그곳에 동아시아인의 조상이 살았다는 증거이다.그림 70

《고기》는 여러 곳에서 '회대淮垈'를 언급하고 있다.[24] 이 말은 '유대'라는 소리를 적은 것이다. 성서는 유대를 야다yada라고 적었는데, 그 어원은 엘람어의 저지대를 말하는 'yhd'이다.[25] 그러니까 유대는 인종 개념이 아니라 지역 이름인 것이다. 황제의 자손이 모두 티그리스, 유프라테스 강 하류의 비옥한 땅을 차지했던 상황을 말한다. 예루살렘은 북위 31도 선상에 자리잡았던 남천축의 부도 지역이다. 해발 약 760미터의 고원 지대로, 그

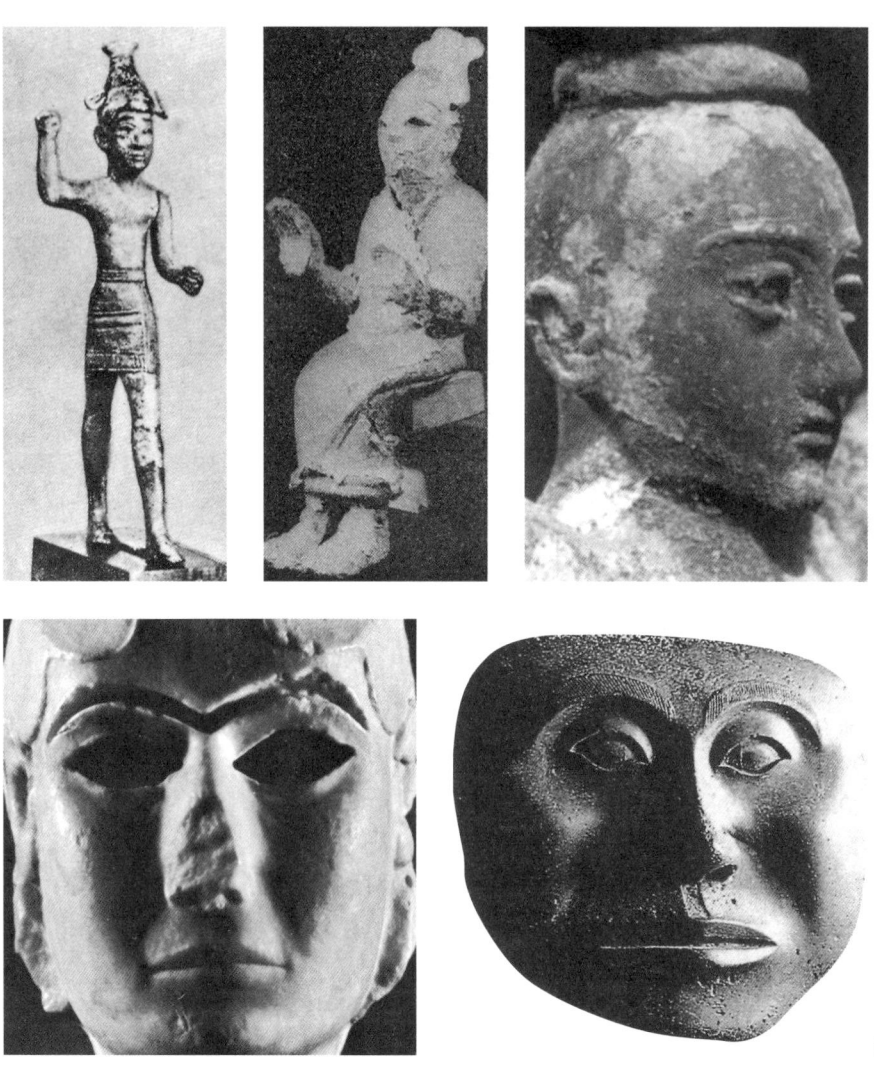

조각에 나타난 수메르, 바빌로니아 시대의 동아시아계 인물들 위 맨 왼쪽부터 시계방향으로 첫번째가 가나안의 바알 신상(우가리트 출토), 두 번째가 동아시아인의 모습을 한 엘 신상(엘은 바알 신이기도 하다), 세 번째가 동아시아인의 모습인 우르남무 족의 두상 조각(이난나Inanna 신전 출토), 그 아래가 중국 은나라식 청동그릇 겉면에 새겨진 인면상(하남성박물관 소장), 마지막이 대리석으로 만든 수메르인이다(바빌로니아 시대).

중심부에는 기원전 3000~1700년에 이미 사람이 살았던 흔적이 있다.[26] 그곳에 부도가 있었다는 사실은 '예루살렘'이란 말에서 드러난다. 'Jerusalem'의 어근 'jeru(yrh)'는 '돌을 놓다'로 부도의 비유이다. 신약성서에서는 '히에루살렘 Hierousalem' '히에로솔뤼마'로 음역되며 이 말들은 모두 엘람어에 뿌리를 두었다. 첫 글자인 'hie'가 우리말 '해〔日〕'와 소리가 같은 점도 주목할 일이다.[27] 이곳은 요임금의 부도 지역이고 중국 고대사를 일관하는 역사무대이기도 하다. 기록에 전한 前漢 때까지도 제왕의 도시였다고 한 기주가 바로 키시임을 다시 확인할 수 있다.

배수가 그리지 못한 기주는 오늘날 이라크의 키시

키시는 오늘날의 바그다드 남쪽 약 90킬로미터 지점에서 그 유적이 확인된다. 사마천은 '기주'를 두 강 사이에 갇혀있는 도시로 이를 중토 中土라고 했다. 하지만 그런 지리적인 조건을 갖춘 도시를 지금의 중국에서는 찾을 수 없다. 사마천은 기주를 다음과 같이 언급하고 있다.

> 기주의 땅은 흰색으로 덩어리가 없는 옥토여서 조세 租稅는 최상급이고 밭은 중중급이다. 거기에 강물 상 常과 위 衛가 유로 流路와 합류하며 대륙택 大陸澤(운하)도 물을 끌어들여 찼다. 이 때문에 홍수의 걱정도 없어졌으므로 조이 鳥夷(동북방의 만족 蠻族)도 피복 被服을 공물로 가져오게 되었다. 그들이 입공 入貢할 때는 갈석산 碣石山을 오른쪽으로 보면서 바다로 나와 거기에서 황하를 거슬러 올라갔던 것이다.[28]

기주 땅이 흰색으로 덩어리가 없는 옥토이며 최고의 조세 대상이었다

08 기원전 3000년대의 고조선 역사 239

는 대목에서 황토지대 黃土地帶로 표현되는 황하 일대와는 전혀 다른 토양임을 알 수 있다. 덩어리가 없는 흰색 옥토는 키시, 우루크, 바빌론 일대 땅의 특징이다. 이 지대는 흰 석회암이 풍부하여 그 석재로 지구라트를 만들었으며 신전 벽돌에는 백색 도료를 발랐다. 이 때문에 고고학자들은 신전을 '흰 신전'이라고 불렀다.[29] 흰색 옥토가 조세 대상이 된 것은 당연한 일이다. 주목할 대목은 상과 위라는 두 강이 유로流路와 합류하며 그곳에서 끌어들인 물이 큰 저수지를 이룬다는 표현이다. 유로는 물을 운하로 끌어들이는 물꼬라고 할 수 있다. 상과 위라는 두 강이 운하가 되면 홍수에도 물을 조절할 수 있다는 뜻이다. 황하에서는 이런 운하를 가진 강을 찾을 길이 없다.

분명한 것은 상常과 위衛라는 강이다. 이 강의 이름을 한자의 뜻으로 읽으면 '常'은 '항상 있다'이고 '衛'는 '모시다' '지키다'라는 의미이다. 음양 개념으로 보면 강은 음과 양, 즉 아내와 남편을 가리킨다고 할 수 있어서 어머니 강과 아버지 강이 되는 것이다. 유프라테스(모母), 티그리스(부父)와 대응되는 것이다. 게다가 이 글에서 홍수를 언급하고 있는데, 이는 두 강의 범람의 역사를 증언한다. 그리고 갈석산도 지금의 시리아에 있는 갈라수스 산으로, 이 산은 성서에서 언급할 정도로 유명하다. 이 명칭이 오늘의 중국 산둥에 와서는 갈석산이 되었다. 양쪽은 소리가 같다. 정황으로 보아 사마천이 말한 땅은 중국이 아니라 서아시아이다.

단군왕검의 아사달은 이슈타르 신전이다

단군왕검은 사웅제와 오늘의 동아시아인인 여신 웅녀와의 사이에서 우주적 시간에 의한 맞춤아기로 태어났다. 이것이 바빌로니아 문명이 말하는 서자의 의미이다. 기록에 따르면 왕검은 나면서부터 총명했는데 나이 열네 살에 웅씨의 임금이 그를 발탁하여 비왕裨王으로 삼았다. 비왕은 문자 그대로 제3기능으로 기술자 집단(변한)의 우두머리이다. 일연은 왕검이 요임금 때에 신시(평양)를 떠나 아사달阿斯達로 옮겼다고 썼고, 《고기》에는 이때 아사달 백성들과 아홉 샤먼들이 왕검을 추대하여 한울님의 아들로 모셨다고 적혀 있다. 요가 즉위한 지 50년 되던 해였다.

　왕검은 이브라의 동쪽 무리(우虞)를 이끌고 유프라테스 강을 따라 남쪽으로 내려갔다. 그곳에 사웅제가 건설했다고 알려진 고대도시 마리Mari가 있다. 시리아 심장부에서 남쪽으로 내려가는 지역 일대에 있는 고대유적이다. 이곳 역시 이브라와 마찬가지로 접시를 엎어놓은 모양이다. 그 언덕 위에 이슈타르 여신전이 있었음이 확인되었다. 이 여신이 신화에 등장하는 금성金星의 여신이다. 이슈타르의 첫소리 '이슈'는 그리스어로 새벽이라는 뜻으로, 이슈타르는 금성의 상징이다. '아시아'라는 말도 새벽을 뜻하는 아시Acu에서 나왔으며 우리말로는 새벽이다. '아사달'은 이슈타르를 옮긴 소리이다. 1929년에 고고학자들이 페니키아의 고대도시 우가리트에서 상당한 양의 점토문서를 발견했고 그로부터 얼마 후에 마리의 유적이 세상에 알려졌다.

　1933년, 프랑스의 앙드레 파로A. Parrot는 마리의 유적지^{그림 71}에서 이슈타르 여신전을 비롯하여 거대한 왕궁과 지구라트 탑, 그리고 여러 토지신土地神^{그림 72(306쪽)}을 위한 성소聖所를 발굴하는 데 성공했다. 무려 300개나 되는 방이 딸린 왕궁은 그 규모가 엄청났다. 그곳에 옥황(금인金人)이 있었음을 추단할 수 있다. 신전 벽에는 마리의 왕이 이슈타르 여신에게 지팡이와 팔찌를 받는 장면^{그림 73(306쪽)}이 그려져 있어 우리의 관심을 끄는데 이는 제3기능 집단을 이끌고 이브라에서 그곳으로 왔던 왕검의 일과 대응되기 때문이다.[30] 지층 아래에서는 사르곤 왕조 시대의 건물이 발견되었

마리 유적지 도판 출처, 《성서백과대사전》.

고, 그들이 주신을 다곤dagon이라고 불렀다는 사실과 그곳 여신이 유프라테스 강을 통과하는 배에서 세금을 거두었다는 사실도 확인되었다. 여기서 발견된 여신의 소상塑像은 여신의 권위가 얼마나 대단했는지를 보여준다. 또 그곳에는 서기書記를 양성하는 학교가 있어서 중세의 교황청처럼 그곳이 온누리 시대의 종교 중심지였음을 말해 준다. 실제로 사제가 지방 신전(소신전小神殿)을 방문했다는 기록도 있다. 이는 사제가 5년에 한 번씩 천하를 순수巡狩한다는 《고기》의 기록을 뒷받침하며, 이 모습은 무씨사당 화상석에서 보았다. 당시의 구주九州가 모두 1,373개국이나 된다고 했으므로 사제가 천하를 순수하는 일은 예삿일이 아니었을 것이다.

상황이 이렇다면 당연히 모든 종류의 언어를 기록할 수 있는 기표문자가 있어야 한다. 이것이 《고기》에 적혀 있는 세계 최초의 표음문자, 가림토加臨土 문자로, 단군 제3세 가륵嘉勒 때 만든 것이다. 사제가 수행하거나 조공으로 내조하는 사람들의 말을 신지神誌가 이 문자로 기록했던 것이다. 이 문자는 뒤에 페니키아어, 히브리어, 산스크리트어, 엘람 문자로 옮겨지면서 음가나 형태가 변형되었으나, 글자 근본은 유지되었다. 아사달 신전에는 가수, 점쟁이, 예언자, 무당, 신전 관리들이 있었다고 했으니 그곳이 기원전 3000년경 메소포타미아 세계에서 가장 화려한 도시였을 것이다.[31]

우리 기록에는 이 마리가 강화江華의 마리산摩璃山으로 기록되어 있다. 왕검이 최초로 천단天壇을 쌓았던 곳으로, 기록은 이를 천문관측(동방제천東方祭天)을 하는 풍속의 시작이라고 했다. 또 아사달 중심에 부도를 만들었는데, 이때 돌 두 개를 세우고 돌 하나를 얹었다고 썼다. 이것이 팔괘사상八卦四象으로 양의兩儀와 일태극一太極이라고 기록했다. 이는 오방을 의미하며 그곳이 간지의 나무(만卍)가 있는 곳임을 암시한다. 또 기록은 아사달을 일명 '잎사귀 없는 산(무엽산無葉山)' '백악白岳' 혹은 '백주白州'라고 했는데 이것들은 고스란히 마리 유적에서 확인된다. 이슈타르 신전은 지구라트 모양으로 잎사귀가 없는 산에 비유되며 신전은 흰색(석회)을 바르거나 석회석으로 만들었기 때문에 '백악白岳'이라는 표현에 걸맞다. 바빌론 일대의 지질이 흰 석회암이었음은 이미 앞에서 언급했다. 따라서 '白州'라는 표현은 그 일대가 페니키아인의 활동무대임을 말해 준다. '백'이 페니키아의 첫소리를 옮긴 글자이고, 궁홀산弓忽山과 방홀산方忽山은 한자의 뜻을 풀면 이슈타르 신전의 외관을 나타낸 것이기 때문이다. 일연도 아사달을 백주白州라고 기록했는데, '백'은 페니키아의 첫소리에 해당된다.

고고학자들에 의해 복원된 신전도를 보면 지구라트는 바깥에 설치된 층계를 빙빙 돌아서 올라가게 되어있으며 옥상에는 넓은 정원이 있다. 그 정원 중심에 원추형 탑(원추탑圓錐塔)이 있고 다시 그 위에 피라미드형 탑(방첨탑方尖塔)이 솟아있다. 궁홀산弓忽山, 방홀산方忽山이라는 말은 그 건축물의 형태를 정확히 전하는데, 신전은 L자형으로 되어있어 동쪽 문과 서쪽 문이 정확히 해가 뜨고 지는 각도와 일치하도록 설계되어 있다. 그곳을 금여달金磠達이라고 한 것은 '금여달'의 '금여'가 곰, 즉 금성을 의미하기 때문이다.

단군은 다곤의 이두 표기이다

다곤dagon은 단군을 가리킨다. 고고학의 업적(점토문서)을 토대로 성서학자들이 연구한 바에 의하면 다곤은 성서에 등장하는 블레셋 사람들의 주신主神으로, 블레셋은 오늘의 팔레스타인을 가리키는 말이다. 정확히는 가자Gaza에서 약 10킬로미터 떨어진 와디 가제Wadi Gazzeh와 요파Joppa 사이에 있는 팔레스타인 해안의 평야 지대를 말한다. 성서에 나오는 블레셋은 람세스Ramses 3세(기원전 1188년) 때 이집트를 침입한 '해양 민족Sea Peoples'의 하나였다. 바다는 부도를 가리키므로 이집트를 침입한 자들은 고조선 세력이었다. 이 기록은 당대에 고조선이 이집트의 적대 세력이었음을 말해준다. 다곤 신은 주로 페니키아인이 섬겼으며 라스샤므라Ras Shamra에서 종교행사를 열었다고 한다. 단군 신전그림 74이 적어도 기원전 2000년경부터 서아시아 지역에 존재했던 것이다. 다곤 신전의 소재지는 마리 북쪽 약 96킬로미터 지점에 있는 티르카Tirqa에 있었다. 이곳이 오늘날 우리가 말하는 샤머니즘의 공식적인 발상지가 되는 셈이다. 발굴된 점토문서에는 다곤dagon(단군)과 마리Mari 왕 지므릴림Zimrilim이 기원전 1730년경에 주고받은 편지가 있는데, 여기에는 다곤이 바빌론의 폭풍우의 신(풍신風神)인 엔릴과 동등하다는 사실이 드러나 있다. 폭풍우는 바람이 비를 몰고오므로 도상학적으로 신의 정령인 물고기와 같다. 편지에는 또 다곤이 유프라테스 강 상류 일대를 다스리는 날씨의 신으로도 나타나 다곤이 천문관측의 기능자였

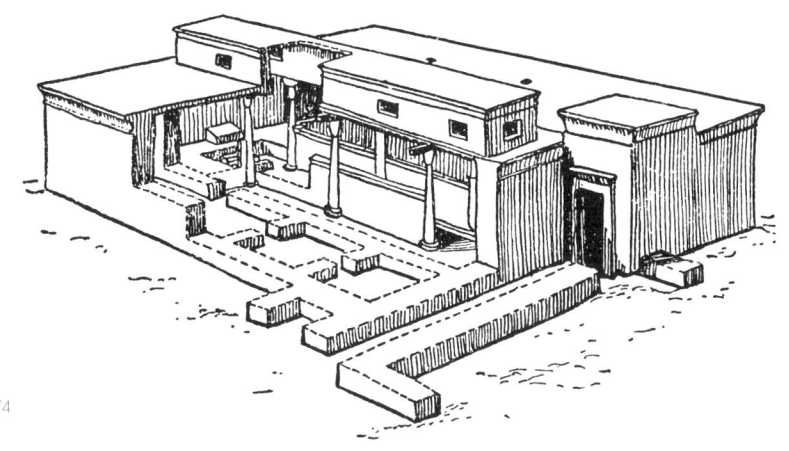

단군(다곤) 신전의 복원도   다윗 왕 당시에 복원된 단군 신전이다. 도판 출처, 《대한성서백과사전》.

다는 것도 드러났다. 또 점토문서의 상거래에 관한 기록에서는 그들이 페니키아인이며 그 가족들이 우가리트에서 시리아 지역으로 이동해 왔다고 썼다. 이는 천문과 신탁을 담당하는 제1기능과, 태교전문가와 기술자들, 무역과 상업의 전문가 집단을 일컫는 제3기능이 함께 있었음을 말해 준다.

블레셋 사람들의 언어는 아직도 미지의 언어로 남아있다. 하지만 여러 히브리어 낱말이 이 언어에서 비롯되었다는 설은 주목할 만하다. 특히 그들이 사용했던 말 중에 '스라님s'ranim'은 방백方伯이라는 뜻으로 블레셋 사람들에게 매우 중요한 말이었다고 한다. 동맹체의 지도자들을 가리키는 맹주, 즉 소의 귀를 끌고 가는 노인의 비유가 되기 때문이다. 스라님의 단수형인 '세렌seren'은 헬라 이전의 아시아어語에서 비롯된 투란노스turannos와 같은 말로 알려져 있다. 스라님이 공동 이익을 위해 회의를 주재하고 방백의 개인적인 결정도 뒤엎을 수 있는 권리를 가졌다고 한 것에서 이 낱말이 화백회의를 가리킴을 알 수 있다. 다곤 세력이 패망한 뒤 이 명칭이 단순히 '왕'으로 불리게 되었다는 것도 이를 뒷받해 준다. 이는 다곤이 화백제도를

08 기원전 3000년대의 고조선 역사   245

운영했다는 것을 암시한다.

　전성기의 샤먼들은 잘 무장된 보병, 궁노수, 전차병 등 많은 군대를 소집할 수 있었다. 이집트를 침공했던 세력도 무두루 결사대이다. 이집트의 메디넷 하부Medinet Habu에 그려진 그림에서는 침공세력의 독특한 선박기술이 확인되는데, 이는 제4세 단군 때 살수薩水 상류에 조선공장造船工場을 설치했다는 《고사》의 기록과 대응되는 대목이다. 살수는 시리아의 안티오키아, 터키의 타르수스와 접경 지역에 있는 타르수스tarsus 강이다. 그것은 블레셋 사람들의 조선공장이 타르수스에 있었음을 시사한다. 정황으로 보아 '조선'이라는 말의 원 소리는 이스라엘인이 스스로를 일컫는 선민選民 'chousen'과 같다. 구약성서에는 선민이 'cho'sen'이라고 쓰여있어서 이 말이 cho와 sen이 결합된 것임을 알 수 있다. 각각 정확히 '朝'와 '鮮'에 해당된다.[32]

순임금과 요임금의 갈등

중국사에는 요와 순舜이 성군으로 기록되어 있다. 요임금에 이어 제위에 오른 순임금은 사웅제(황제黃帝) 이후 네 번째 제왕이다. 이브라에서 발굴된 점토문에는 이 네 번째 순임금에 대응하는 제왕이 '나람신Naram-sin'이다. 양쪽 모두 네 번째 왕이고 명칭에서 같은 소리가 발견되는 점에 주목해 보자. '순'은 '나람신'과 끝소리가 같다. 그러니까 '舜'은 'sin'을 옮겨 적은 것이라고 볼 수 있는데, 점토문을 보면 이것이 단순한 추측이 아님을 알 수 있다. 점토문에는 사르곤 이후 세 번째 임금 때(기원전 2250~2000)에 갑자기 이브라가 버려졌다고 기록되어 있다. 순임금이 요임금과 교체되는 정황과 비슷한데, 지금까지의 발굴 결과는 이 시기(기원전 2250년경)에 이브라가 화재로 파괴되었고 이 사건이 아카드 제국의 '나람신 왕'대에 일어났음을 암시한다. '나람신'의 비문을 보자.

> 인간 창조의 옛날로부터 아루마눔과 이브라를 타도한 왕은 한 명도 없었다—신 네르가루가 강력한 신 나람신에게 길을 열어 주었으며 아루마눔과 이브라를 그에게 주어 아마누스와 삼나무(삼杉) 산과 위의 바다(지중해)를 그에게 주었다. 강력한 신 나람신은 그의 왕국을 위대하게 만든 신 다곤의 무기를 가지고 아루마눔과 이브라를 타도했다.[33]

순임금 때의 일을 적은 것이다. 나람신(이하 순)에게 길을 열어 주고 삼나무 산과 위쪽 바다를 준 네르가루가 누구인지는 알 수 없지만, 순이 다곤(단군)이 내린 무기로 아루마눔과 이브라를 타도했다고 한다. 《고기》를 원용하면 순이 아사달의 힘을 빌려 요임금의 이브라를 제압한 것이다. 아루마눔이 바로 요임금이다. 요와 아루마눔의 첫소리가 대응된다.

이 자료는 요임금이 순에게 선양했다고 한 사마천의 기록과는 배치된다. 순이 다스린 대제국은 새로운 제국이며 그 영토는 페르시아에서 지중해, 북동아라비아에서 토로스 산맥에 이르는 지역이다. 그렇다면 이렇게 물을 수 있다. 순은 다곤(단군)이 내린 무기로 왜 요임금의 이브라를 타도해야 했을까. 사마천은 요임금이 순에게 선양했다고 기록했지만 왜 현자 허유와 소부가 귀를 씻고 도망해야 했는지에 의구심을 품었다. 그래서 그들이 숨었다는 곳(기국箕國)으로 직접 찾아나섰다고 했다. 요임금에게 문제가 있음을 발견했다는 뜻이다.

《고기》는 전혀 다르게 기록하고 있다. 단군은 순에게 명하여 나라를 분리해 다스리도록 하고 이를 돕기 위해 군사를 파견했다. 이에 요가 굴복했다는 것이다. 이 대목은 이브라에서 왕검이 떠난 뒤에도 순이 우虞에 남아

있었음을 말해 준다. 아사달조선이 군대까지 동원하자 요임금이 결국 순에게 나라를 내주고 만 상황이다.[34] 나람신의 비문 내용과 대응된다. 순임금이 천하의 대홍수를 다스렸다는 기록도 그가 바빌로니아 문명 시대의 인물이라는 사실에 한 발짝 더 다가서게 한다. 대홍수는 바빌로니아 문명 시대에 일어났던 전설적인 대사건이지 않는가.

사마천은 순의 이름을 '중화重華'라고 쓰고 기주 사람이라고 했다. 앞에서 보았듯이 기주는 이라크의 키시이다. 부친은 이름이 '고수瞽瞍'로 서민 출신이며 맹인이었다. 순은 일찍이 모친을 잃은 후 계모 밑에서 자랐으며 상象이라는 이복동생이 있었다. 부친은 순이 오만하다는 이유로 그를 미워하고 이복동생만 사랑했다고 한다. 이 이야기가 요를 변호하기 위해 꾸민 이야기임은 기록에서 드러난다. 요임금은 순이 제위를 선양받을 만한 재목인지 검증하기 위해 자신의 두 딸을 순에게 보내 일거수일투족을 정탐했다. 요는 그렇게 하고도 부족하여 아홉이나 되는 자신의 아들들을 순과 사귀게 하여 그 덕행을 검증하기도 했다. 하지만 순의 덕행과 인품은 나무랄 데가 없었으며, 순이 옮겨가 사는 곳이면 저절로 마을이 도회지로 바뀔 정도로 그의 덕은 많은 사람을 감동시켰다. 그런 정황을 확인한 뒤에야 요가 순에게 정사를 맡겼다는 것이다. 순의 나이 서른이었다.

이것이 요임금이 스스로 순에게 제위를 넘겼다는 이야기이고 이를 선양이라고 미화했던 대목이다. 《고기》의 쿠데타설과는 정반대이다. 물론 이 기사가 사마천이 쓴 것이 아니라는 사실은 사마천이 허유가 묻힌 곳을 직접 찾아갔다는 기록이 말해 주고 있다. 《사기》의 삼황오제에 관한 기록은 당나라 시대에 사마정司馬貞이라는 사람이 덧붙인 기록이어서[35] 왜곡의 여지가 있다.

제위에 오른 순임금은 우虞의 기능을 요의 당唐과 합침으로써 잃어버린 제3기능을 회복하여 하나의 쌈지를 구축하려고 한다. 그러자 기득권 세력이 이 처사를 못마땅히 여겨 저항에 나섰다. 저항은 이브라에서뿐 아니라 전 세계 봉국에서 일어나 순임금은 엄청난 난관에 봉착하게 된다. 급기야 순임금은 남쪽으로 순행하던 중에 창오야 蒼悟野라는 곳에서 저항 세력의 기습을 받고 죽는다. '창오야'는 이란의 고원 지대인 자그로스 산맥에서 티그리스 강으로 흘러내리는 '테이야 강' 물줄기가 키시로 흘러들어가는 곳이다. 창오야는 '테이야'의 이두 표현이라고 볼 수 있다.

《고기》에 의하면 순은 왕검조선 출신으로 이브라의 우에 있었다. 부친의 이름은 고수 高䰠로, 사마천의 기록과 소리는 같지만 글자가 다르다. 아홉 샤먼신선 가운데 하나였던 고시 高矢라는 사람의 형이며 천민 출신도 아니고 맹인도 아니다. 당나라 시대의 사마정이 요를 성군으로 만들기 위해 샤먼의 핏줄인 순을 서민이자 맹인의 아들이라고 꾸몄던 것이다. 이는 제3기능을 폄하한 말이다. 맹자도 순을 동이 사람이라고 했는데[36] 《고기》는 맹자의 글을 인용하여, 순이 동이 사람이고 저풍 楮豊에서 나서 창오야에서 죽었다고 썼다.[37] 하지만 사마천은 조선이라는 말 대신 순이 숙신에서 나왔다고 하여 애써 조선이라는 말을 피해갔다.[38] 《고기》는 또 순이 조선에서 벼슬을 하지 않고 요에게 가자 그 아버지가 못마땅히 여겨 아들을 죽이려 했다고 썼다. 왕검이 기술자 집단을 이끌고 이브라로 떠날 때 순이 아버지를 따르지 않고 이브라에 그냥 남아있던 상황이다.

어쨌든 순임금이 요임금을 대신하여 사농공상 士農工商을 우대하는 과감한 정책을 베풀자 하우씨 夏禹氏의 부친이 이에 반기를 들었다. 순은 우산 羽山에서 그의 목을 베었고 그에 동조하는 악덕배들을 모조리 축출해버렸다. 그러자 순의 덕망이 일시에 천하에 알려지고 이를 시기하는 무리들(세칭 八愷)이 창오야에서 순임금을 죽였는데, 재위 50년 만이었다. 대야발의 《고사》에는 중국 기록이 전하지 않는 요임금의 두 딸의 이름을 정확히 아황 娥皇과 여영 女英이라고 적혀 《고기》가 《사기》와는 별개의 자료임을 알 수 있다. 이 부인들도 순임금을 따라 소상강瀟湘江에 투신했고 아들 상균商均은 고국인 부여(아사달)에 들어가 사도司徒 벼슬을 했다고 썼다. 하지만 중국 기록에는 이런 대목이 없다.

우임금, 수메르의 대홍수를 다스리다

수메르 문명 시대의 대홍수도 단군조선과 중국 고대사의 무대가 서아시아라는 것을 뒷받침한다. 대홍수의 흔적은 우르, 우루크, 키시, 슈루파크 일대의 발굴로 확인되었고, 층위학層位學을 통해서 홍수의 흔적을 확인하는 데 성공한 경우는 메소포타미아가 유일하다. 따라서 순임금의 9년 홍수 이야기의 무대가 이곳임을 부인할 수 없다.

  홍수는 요임금 때 시작되었다. 요는 우禹의 부친인 치수 전문가 곤鯀을 등용하여 홍수에 대처했지만 9년이 지나도 곤이 별 성과를 내지 못하자 요임금의 섭정이었던 순임금은 책임을 물어 곤을 우산에서 베었다. 그랬음에도 이 처사를 탓하는 사람이 아무도 없었다고 한다. 《고기》는 우의 모친이 수기修己이며 그는 본디 아사달조선 사람이라고 썼으나, 중국은 그냥 수기修紀라고만 적어서 조선이라는 말을 피해 갔다.[39] 요가 죽자 순은 사악四嶽의 의사를 따라 곤의 아들 우를 발탁하여 이에 대처했다. 수메르 왕명표king list에 우는 Zi-U-Sudra로, 이름의 가운데 U를 禹로 기록했음을 알 수 있다. 사악은 아홉 샤먼이 있는 곳을 가리키는 말이다. 순은 우의 치수를 독려하기 위해 기주에서 순시에 나섰고, 산과 소택지와 늪과 저지대 등 모든 지형을 샅샅이 조사하여 새로 물길을 내고 도로를 만들었으며, 제방을 쌓아 산천의 교통을 편리하게 만들었다. 이 일을 위해 그는 천하만국을 헤매고 다녔으며 항상 수평을 재는 준準, 직선을 재는 승繩을 왼손에 들고 오른손에는 원을 재는 규規, 각도를 재는 구矩를 들어 사시四時에 대응했다고 한다. 《고사》는 이 대목을 이렇게 썼다.

> 제2세 단군 부루는 태자 시절에 하우씨夏禹氏와 친했는데 천하에 9년 홍수가 범람하자 팽오彭吳를 시켜 오늘날 시리아의 중심부에 해당하는 아사달 지역의 치수를 완료했다. 우禹는 도산塗山에서 회의를 열어 각국에 도움을 청했고 이때 단군은 '특명'이라는 인물을 보내 치수법을 가르쳤다.

도산이 어딘지는 분명치 않다. 우임금이 있는 곳이 키시(기주冀州)이므로 그곳이 사웅제가 아홉 샤먼을 불러 모아 부계符契를 맹세했던 '탁록'이다. 탁록은 양 강의 물줄기가 안으로 조여드는 곳으로 크게 범람할 경우 최대의 위험 지역이다. 치수에 성공한 우는 순에 이어 천자로 즉위하였다. 국호를 하후夏后라고 했으며 천하의 남쪽을 마주하게 되었다. 남쪽을 향한다는 말은 천하를 다스리는 제왕이라는 의미이다. 도읍지는 양성陽城 혹은 평양平陽, 안읍安邑이라고 전한다. 사마천의 기록으로는 진양晉陽이다.[40] 진양이 정확히 어디인지는 알 수 없다. 하지만 이 시대를 '하夏'라고 했고, '하'는 이집트, 가나안, 엘람어의 태양을 의미하는 '해'에 해당하므로 이 나라가 부도의 제국이었음을 알 수 있다. 《설문》에는 '禹'를 '구厹'라고 썼다. '厹'는 아홉 구九자에 정령을 뜻하는 'ㄥ'를 결합시킨 글자로, 아홉의 샤먼신선(구이)를 뜻한다. 이는 부도의 사제가 화백회의를 운영했다는 사실을 암시한다. 대만의 서량지徐亮之에 따르면 '夏'라는 소리는 이異, 爾와 같은 말로 음사라고 했다.[41] 이는 《시경》에서 나오는 '아雅'와 같은 소리로, 샤머니즘의 성기숭배와 가나안 일대의 종교풍속을 의미한다. 곧 샤머니즘 시대의 맞춤아이(인공수태)의 일을 가리킨다. 또 '하'는 Cannan의 첫소리와 대응되며, 도읍지 안읍安邑의 첫 글자 '안' 역시 'Cannan'의 끝 소리와 대응된다. 정황은 그가 부도를 기반으로 나라를 일으켰음을 알 수 있다.

우임금 치세에 이어 은殷나라(상商)가 일어났다. 은의 시조는 검은 새(현조 玄鳥)가 떨어뜨린 알을 삼킨 여자의 몸에서 태어났는데, 이는 은나라도 고리국과 연관이 있음을 시사한다. 그렇게 태어난 아이가 성장하여 우임금의 치수를 도와 상商이라는 나라를 이어받은 것이다. 중국 기록에는 이 나라가 은이라고 되어있는데, 바로 이곳이 바빌론Babylon이다. 바빌론이라는 말은 제1왕조의 창시자 아모리(아무르)인 '스므 아브'가 키시의 서쪽 9리쯤 되는 곳에 세운 '바브 이루'에서 왔는데, '은'은 바빌론의 끝소리와 대응된다.

'바빌론'이라는 말은 아카드어로 '신들의 문'이라는 뜻인데, 이 역시 부도에 해당하므로 그곳에 샤먼신선들이 있었음을 말해 준다. 그러니까 우임금이 양성, 평양, 안읍이라고 한 곳이 바빌론이다. 기록에 따르면 이 은나라에서 문제가 발생했다. 제왕은 제정일체祭政一體의 도를 지키기 위해서는 마땅히 제사를 받들고 신탁을 내리는 일(천문)을 소중히 해야 한다. 그런데 은은 주왕紂王대에 이르러 이 일을 폐기하게 된다. 이 주가 바빌론 왕조의 마지막 왕 '리므 신'에 대응되는 인물이다. 주왕의 악덕은 당대의 국제정세와 맞물려 있다. 이때 은(바빌로니아)은 이집트의 침략으로 식민통치를 받고 있었기 때문이다. 주왕이 선왕의 사당과 제사 받드는 일을 폐기하고 읍민(백관중서百官衆庶)을 천시하며 허구헌날 음탕한 짓으로 세월을 보낸 까닭도 이런 정황과 연관이 있기 때문이다. 갑골문자는 초楚나라를 은의 전엽지田獵地이거나 비를 구걸雨乞하는 땅이라고 하여 이 정황을 뒷받침한다.⁴² 전엽이라는 말은 샤머니즘 시대의 사냥터로, 수도修道하는 곳을 뜻한다. 뒤에서 보겠지만, 중국 기록에는 이집트가 초나라라고 적혀 있다. 당시 은은 이집트의 식민지였던 상황이므로 주왕이 왜 폭군으로 묘사되었는지를 이해할 수 있다.

제9장 기원전 3세기 전후의 고조선

몇몇 자료에서 취한 수메르어, 엘람어를 결합하면 다음과 같은 문장을 만들 수 있는데, 실로 흥미로운 일이다.

단군(din-gir) 님(nim)은 신단수(Nammu)를 모신 가람(Kalam)의 석굴(gur)에서 천문(년, sar)을 헤아리며 불(pir, bil, bal)로 칼(kar)을 만들거나 달걀(dar-lugal)로 연금술(도, gir)을 행하며 이때 무당(mu)은 굿판(gud)에서 북(boku)을 치면서 칼(kar)춤을 춘다.

괄호 속 영문이 수메르어와 엘람어이다. 양쪽 말이 거의 완벽하게 샤머니즘 풍속을 설명하고 있다.

일연이 《삼국지》〈위서〉에서 인용한 고조선에 관한 기사는 단군이 아사달에서 통치한 지 1,500년 되는 해가 주나라 무왕武王이 즉위한 해(기묘년)라고 했다. 이때 은나라의 기자箕子가 조선에 봉해지자, 단군은 당장경으로 옮겨갔으며 그후에 다시 아사달로 되돌아가 샤먼(산신山神)이 되었다고 한다. 당장경은 앞에서 언급했듯이 오늘날 우즈베키스탄의 수도 타슈켄트이다(157쪽 참고). 그때 단군조선의 역년은 1907년이다. 이 연대기에 대해서는 다시 논의해야 하지만, 중요한 점은 주나라의 등장과 함께 은나라의 기자가 고조선 역사에 중대한 전환점을 가져온다는 사실이다. 이때가 기원전 12~13세기경이며 《고기》에 적힌 제21세 단군 소태蘇台 때에 해당된다. 이 기사는 단군 소태가 당장경으로 피신했다가 다시 아사달로 돌아가 샤먼이 되었다는 상황을 전하는데, 이때 아사달조선은 이집트와 전쟁을 하고 있었다.

아사달조선은 이집트와 전쟁을 했다

마리Mari의 아사달조선은 남쪽으로 은나라와 접해있다. 은나라는 기원전

16세기경 자그로스 산맥 일대에 있었던 엘람Elam에게 침략을 받아 그 수중으로 들어갔다. 본시 이집트의 영향 아래에 있던 은이 자그로스의 쌈지 통치를 받게 된 것이다. 케임브리지 자료에 따르면 엘람의 본거지는 수사Susa이며, 우리 기록으로 예맥이고, 기원전 7세기 메디아 제국이 일어난 근거지이기도 하다. 위치는 오늘의 이란, 이라크 남쪽 페르시아 만 근처이다. 'elam'이라는 말은 '높은 땅' 또는 '동굴'을 뜻하는 헬라어이다. 엘람인은 천문과 연금술로 남천축의 부도를 운영하던 쌈지 백성으로, 이미 기원전 2000년경에 코카서스 일대에서 천사의 길 자그로스 산맥을 타고 남하하여 산중에 부도를 설치했다. 서구학자들은 마리가 중천中天이고 천하의 중심지이며 엘람과는 쌈지구조로 묶여있다는 사실을 알지 못하여 이를 별개로 취급하고 있다.

제21세 단군 소태 때에 조선은 쌈지의 지배권을 두고 이집트와 전쟁을 벌인다. 《고기》는 이집트를 귀방鬼方과 남국藍國이라는 말로 대신했는데 이는 그 시대에 이집트라는 말이 사용되지 않았기 때문이다. 귀방은 제3장에서 말했듯이 샤먼들이 있는 부도로서 이집트의 옛 명칭인 멤피스Memphis를 가리킨다. 멤피스의 뜻은 '프타Ptah 신의 영혼의 집'이며 이 말은 '히쿠-프타Hiku-Ptah'라는 말에서 유래되었다고 했다.[1] 프타Ptah가 부도이고 피라미드인 것이다. '남국'은 청색을 띠는 이집트인의 피부색을 반영하는 말로, 여기에서는 람세스 왕의 이름을 옮긴 글자로 볼 수 있다.

《고기》와 이집트의 기록을 참고하면 단군 제16세 위나尉那(기원전 1,600년경)를 전후해서 조선이 이집트에다 제15, 16왕조를 세웠던 것으로 추정된다. 《고기》에서는 이때 구이九夷와 제왕[간干]들이 영고탑에 모여 옥황의 신전에 환인, 환웅, 치우, 왕검의 상像을 배配하고 하늘에 제사하고서, 닷새간 천하의 인재를 뽑는 올림피아드(축제)를 개최했다고 썼다. 피네간J. Finegan에 의하면 이집트 제13왕조의 왕으로 추정되는 왕이 남긴 글에 이런 정황이 실감 나게 기록되어 있다.

> 무슨 이유인지 알 수 없지만 일진一陣의 신풍神風이 쳐들어왔다. 동쪽에서 온 인종 불명의 이 침략자들은 필승의 신념으로 진격해 왔다. 그 위세에 우리는 일전도 치르지 못하고 고스란히 나라를 내주었다. 이들의 난폭함으로 마을은 무참히 타버렸고 신전과 궁전은 뿌리마저 흔들렸으며, 이들은 전 주민에게 잔인무도하였다. (……) 그들은 사리디스라는 이름을 가진 사람을 왕에 임명하였다.[2]

이는 힉소스의 이집트 침공 역사이다. 힉소스란, '목인왕牧人王' '모든 외국의 지배자' 혹은 '바다의 백성'이라는 뜻이다. 영국 케임브리지 대학이 펴낸 자료에 의하면 힉소스는 카시테Kassite라는 이름으로 알려졌으나 실제로는 엘람이다. 그들은 반달 모양의 청동제 언월도偃月刀를 휘두르며 침공했다. 언월도는 샤먼신선들의 위엄을 나타내는 칼(신도神刀)로, 우리 경우 북두칠성이 새겨져 있는 것이 보통이다. 즉, 이 전쟁은 샤먼신선들 간의 전쟁이었던 것이다. 바빌로니아 시대의 카시트(엘람)는 자그로스 산맥의 서쪽에서 발원한 티그리스 강 중류와 그 동쪽에서 내려온 디얄라Diyala 강이 만나는 그 일대를 근거지로 일어난 세력이다. 그곳은 환웅이 부여족을 상대로 천부경을 강설하던 무대이며 대략 반Van호를 중심으로 서쪽으로 티그리스 강 상류에, 남으로 디얄라 강에, 북으로 아락세스 강, 그리고 동으로 우르미아 호수에 이르는 지역이다.그림 75 카시테와 엘람을 혼동하는 이유는 쌈지 기능을 무시했기 때문이다.

엘람이 주로 제3기능으로 알려졌다면 카시테는 제2기능자로 이 시기에 전사 계급이었다. 그들은 말을 신상으로 만들어 숭상했는데 이를 'Kudurru'라고 불렀다. 귀족은 모두 마차를 소유하지만 그들 자신이 바로

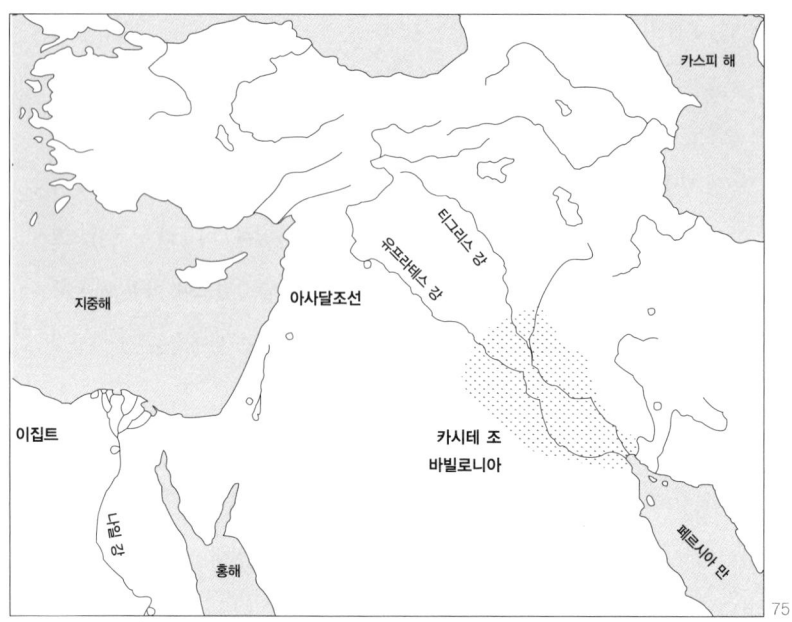

기원전 15세기경의 엘람(카시테 조 바빌로니아) 티그리스, 유프라테스 강 일대를 차지하고 있다.

말을 조련하는 조마사調馬士이기도 했다. 이른바 지휘권이 세습되는 전쟁 기술자 집단이었던 것이다. 《한서》〈서역전〉은 주나라 때 서방에서 동쪽의 박트리아(복달濮達)로 이동한 집단이 있었으며, 그들을 맥貊, 貘이라고 적었다. 그들이 말에 관한 전문가여서 중국은 맥의 이름을 따서 말의 신[馬神]을 '백伯'이라 했고, 말을 연구하는 학자를 '백악伯樂'이라고 했다. 백악은 몽골어의 박사를 의미하는 '밝'과 다르지 않다. 주목할 점은 서방에서 박트리아로 오는 도중에 수사가 있다는 사실인데 공교롭게도 수사의 뜻 역시 '말[馬]'이다. 이는 쌈지의 제2기능이 언젠가 서아시아에서 동쪽으로 이동해 왔던 상황을 말해 준다. 서구학계는 카시테가 혼합 인종이었으나 셈계 인종이 다수였다고 말한다.그림 76 하지만 셈이라는 말은 인종을 말하는 개념이 아니며 이들은 대부분 아시아 언어의 특징인 교착어를 사용했던 것

엘람의 여러 인종 중 하나 왼쪽은 아시리아 시대의 신상으로 주나라 시대의 대표적 인종을 가늠할 수 있다. 오른쪽은 구리로 만든 엘람 왕의 두상이다. 기원전 2,000년.

으로 알려져 있다. 이는 셈어의 뿌리가 수메르어나 엘람어에 있음을 의미한다. 몇몇 자료에서[3] 취한 수메르어, 엘람어를 결합하면 다음과 같은 문장을 만들 수 있는데, 실로 흥미로운 일이다.

단군(din-gir) 님(nim)은 신단수(Nammu)를 모신 가람(Kalam)의 석굴(gur)에서 천문(년年, sar)을 헤아리며 불(pir, bil, bal)로 칼(kar)을 만들거나 달걀(dar-lugal)로 연금술(도道, gir)을 행하며 이때 무당(mu)은 굿판

(gud)에서 북(boku)을 치면서 칼(kar)춤을 춘다.

괄호 속 영문이 수메르어와 엘람어이다. 양쪽 말이 거의 완벽하게 샤머니즘(신선도) 풍속을 설명하고 있다. 이들이 자신들의 나라를 '바다 sealand'라고 부르고 왕을 '온누리의 왕King of the whole world'이라고 부른다는 사실도 주목할 대목이다. 케임브리지 자료는 '마르두크의 사람'과 '아홉 카시테 왕'이라는 이름도 사용하고 있다. 유럽 학자들은 이들을 아리안이라고 했지만 아리안(Aliyan, Alein)은 '승리를 얻은 자' '전쟁에서 만나는 강자를 이긴다'는 말을 줄인 말이다. 이는 인종 개념이 아니고 혼합인종의 선민집단을 가리키는 것이다.[5] 고구려에 기마신상(고등신 高登神)과 조의선인이 있었다고 한 김부식의 기록이나, 주몽이 말 조련사였던 사실과도 무관하지 않다. 김부식이 언급한 고구려의 고등신 高登神에서 '高登'이 Kudurru의 이두 표기일 가능성도 있다. 이때의 쌈지도 전통이 후대 동아시아 시대의 고구려에까지 이어졌음을 헤아리게 된다.

이집트 왕이 남긴 글에서는 점령국의 왕 이름을 '사리디스'라고 했다. 이들 침략자는 제2기능을 담당한 무두루이다. 사리디스는 소아시아의 사르디스와 같은 소리이다. 다리우스 왕의 비문에는 이것이 '스파르타'라고 적혀 있으며 제2기능자를 말한다. 하지만 카시테의 이집트 정복은 오래가지 않았다. 이집트 역사에서 가장 위대한 왕으로 추앙받는 람세스Ramses 2세(기원전 1301~1234)가 등장한 것이다. 그는 바다의 백성(조선)에 대항하기 위해 대군을 거느리고 시나이 반도에서 출발하여 팔레스타인을 지나 시리아 북방까지 침공하면서 약탈과 파괴는 물론 9만 명에 달하는 아시아인들을 포로로 잡아갔다. 이 전쟁에서 바다 백성(힉소스)은 그에게 굴복하여 팔레스타인 전역을 내주고 북시리아(이브라)로 밀려나야 했다.

단군 제21세 소태 蘇台는 불행한 시대의 사제이다. 그는 이렇게 끔찍한 재앙이 자신의 치세에 닥치리라고는 꿈에도 모르고 있었다. 《사화》는 소태가 그 원년에 서방 여러 지역을 순회하여 남후藍侯의 정사를 보았다고 하여, 이집트의 식민지를 시찰했음을 말해 준다. 《고기》는 은나라 무정왕武丁王이 단군조선에 예속된 이집트(귀방)의 색도索度와 영지令支를 침공하다가 크게 패하여 공물을 바치고 화해했다고 기록했다. 《후한서》에서는 이것을 은의 중정왕仲丁王이 남후 정벌에서 패했다고 언급한다.[6] 색도는 바빌로니아어의 샤타이Scuaday를 옮긴 글자로, 신들이 있는 산(소도)이라는 뜻인데 이집트의 피라미드를 가리킨다. 영지에 대해서는 알 수가 없다. 그런 다음 《고기》는 개사원蓋斯原의 욕살褥薩인 고등高登이 은밀하게 군병을 일으켜 귀방(이집트)을 쳐서 점령했다고 썼다. 예맥, 즉 엘람 세력이 전면에 나서는 것이다. 개사원은 카시테의 카시를 옮긴 말이고 이때 '原'이 이두로 '드(들)'가 되었음을 알 수 있다. 케임브리지 자료에도 아홉 카시테 왕nine Kassite King이라는 이름이 나온다. 욕살은 성서에 언급되는 '여호수아'를 옮긴 글자로, 실제 이름은 'Jeho-Shua'이다. '하나님이 구원하다'라는 뜻이며, 특정인을 지칭하는 명칭이라기보다는 조의선인과 같은 제2기능자의 명칭이다. 이 이름은 《고기》의 여러 군데서 발견된다.

고등은 이때 중병重兵을 틀어쥐고 그 여세로 서북쪽 땅을 공략하며 위세를 크게 떨쳤다. 그렇게 되자 고등은 아사달조선에 정식으로 우현왕右賢王 지위를 요구한다. 아사달조선의 쌈지구조에 중대한 변화가 발생한 것이다. 우현왕은 제2기능이고 쌈지의 물리적인 공권력을 상징한다. 단군은 그 요구를 허락하고 그에게 두막루豆莫婁라는 이름을 하사했다. 《고기》〈번한세가番韓世家〉에는 고등이 슬기롭고 꾀가 많았으며 무리를 잘 다스렸기 때문에 그를 번한에 보냈다고 나온다. 그런가 하면 케임브리지 자료는 고등이 카시테의 카다시만 카르베Kadashman-Kharbe와 대응되는 인물임을 암시하고 있다. Kadashman의 첫 머리를 이두로 '高登'이라고 옮길 수 있다.

자료는 그가 수두 Sutu monad에 대항하기 위해 시리아 서쪽 사막으로 원정하여 많은 인명을 살육하고 요새를 만든 후 수비대를 남겼다고 했다. 수두 Sutu는 앞에서 본 색도 索度로 우리 기록에 보이는 수두, 소도와 다르지 않다. 여기에서는 지방 신전(수두)으로 읽을 수 있다. 성서에는 카시테족이 요단 강 동쪽에 왕국을 세웠다고 했으며 지파동맹 支派同盟을 통해 한때는 동쪽의 마리(아사달조선)를 위협할 만큼 강성한 군사활동을 했다고 기록돼 있다. 지파동맹은 샤먼들이 거느린 조의선인들의 연합군을 말한다.

오나라는 엘람이다

사마천은 〈오태백세가 吳太伯世家〉편을 만들어 엘람의 역사를 간단히 기록했다. 엘람의 첫 글자가 '吳'로 표기된 것이다. 사마천에 의하면 오나라의 시조는 태백 太伯이다. 그에게는 중옹 仲雍이라는 아우가 있으며 이들은 주 周 태왕 太王의 아들이다. 주나라와 오나라가 하나의 텍스트로 엮여 있었던 것이다. 태백은 당연히 가독 家督을 이어야 했음에도 가출하여 형만 荊蠻(지하세계에서 수도하는 사람들, 샤먼 수도승)의 나라, 이집트로 갔다. 그는 그곳에서 몸에 문신을 하고 단발을 하는 등 혹독한 수도생활을 했다. 이집트는 태백을 인의사 仁義士로 대우하여 그에게 천여 가구의 사람들을 따르게 하여 나라를 세우게 했다. 이 이야기가 성서에 나타나는 열두 지파 가운데 갓 Gat, Gadite의 이야기와 대응되는 대목이다. 갓은 야곱의 일곱째 아들의 이름이기도 하고 지명이기도 하다. 성서에 의하면 이때 태백은 족속을 거느리고 요르단 강 서쪽에서 강을 건넜다. 이집트는 그를 오태백 吳太伯이라고 불렀다. 국강상에 올랐으므로 그는 전사계급으로 유대 땅에 배치되어 아사달조선과 적대관계를 형성하게 되었다. 이것이 사마천의 기록에 오나라라는 이름으로 등장하는 사연이다. 이렇게 되자 주나라 태왕은 그를 버린 자식으로 치부하고 손자 문창文昌에게 가독을 잇게 하여 이집트 세력에 대항한다. 문창이 죽자 그 아들 무왕武王은 은을 정복하여 바빌론에서 이집트 세력을 쫓아낸다.

주나라와 오나라가 다른 나라가 아님을 알 수 있다. 두 이야기가 같은 공간에서 동시에 일어난 일을 전하고 있는 것이다. 하지만 오나라와 주나라가 오늘날의 중국 땅에서 하나가 된다는 것은 상상조차 할 수 없는 일이다. 분명히 사마천은 주나라와 오나라가 서로 다른 나라가 아니라고 말하고 있다. 주목할 대목은 태왕의 주나라가 엘람의 카시테이고 엘람이 아사달조선이라는 사실이다. 쌈지구조로 하나인 것이다. 《시경》은 이 상황을 이렇게 읊었다. "주나라는 조부인 고공古公과 아버지 왕수王秀(계력季歷 이라고도 한다) 때에 기산산岐山山 기슭(녹麓)인 주원周原에 근거를 두고 은나라 왕녀를 취하여 국교를 맺었노라."²⁷

이 문장에서 주목을 끄는 것은 '岐山山'이라는 명칭이다. '山'자가 두 번 겹쳐져 있어서 이것이 정상적인 한자가 아님을 눈치 챌 수 있다. 분명 중국이 아닌 다른 지역의 산 이름을 옮긴 것이다. 그곳이 어디일까? 정황을 살피면 '기산'은 티그리스 강의 동쪽으로 뻗은 자그로스Zagros 산맥을 가리킨다. 'Zagros'의 첫소리와 끝소리를 옮겨서 '岐山'이라고 적고, '山'자를 다시 한번 쓴 까닭은 이 명칭이 산임을 분명히 하기 위해서이다. 중국은 '岐'자를 'chi'라고 읽는다. 이는 《시경》이 말하는 주원周原이 바로 개사원蓋斯原이고 주나라가 자그로스 산맥에서 일어났다는 것을 뒷받침해 준다. 엘람 연구의 권위자인 모건Morgan이 이 엘람의 문화가 동방의 박트리아를 넘어 중국 황하 유역에까지 영향을 미쳤다고 했다. 아사달조선의 쌈지 역사는 황하에 이르렀던 것이다.⁸ 이는 타림분지에서 기원전 2,000년, 900년 전의 코카서스 인종의 유골이 발굴되는 사정과 무관하지 않을 것이다. 《고기))는 단군 소태에 앞서 제17세 단군 여을余乙이 오가五加와 함께 나라 안을 두루 순시하다가 카시테 성(개사원蓋斯原)의 경계에 이르러 그곳에서 청색 도포를 걸친 늙은이의 영접을 받았다고 전한다.

오랫동안 선인仙人의 나라에서 즐겁게 사는 백성이 되었습니다. 임금님의 어진 덕은 변함이 없고 왕도가 조금도 기우는 일이 없습니다. 백성들도 걱정에 싸인 이웃이나 고통과 형벌을 받는 것을 보지 못합니다. 책임을 따질 때에도 신의로 대하였으며 극경을 관리하는 일에도 은혜로 대하여 주었습니다. 그리하여 성이나 나라 안에서도 치고 싸우는 것을 볼 수 없었습니다.

이에 여을이 대답했다.

옳도다. 옳도다. 짐은 덕을 쌓은 지 얼마 되지 않는다. 그런 고로 백성들의 여망에 보답하지 못하였음을 두려워할 따름이다.

청색 도포를 입은 노인이 샤먼임을 알 수 있다. 이 샤먼의 나라가 남천축을 지키는 엘람(주周)이고 조선의 쌈지 세력인 것이다.

제22세 단군 색불루라는 인물

고등이 죽자 손자 색불루索弗婁가 아사달조선의 제2기능인 우현왕 지위를 계승했다. 그렇게 되자 단군 소태는 뒷전으로 밀려나 영향력이 줄고 말았다. 천하의 봉국은 새로이 실세가 된 색불루 쪽으로 기울었다. 소태는 상황을 바로잡기 위해 소아시아의 해성海城으로 가서 샤먼(부로父老)들을 모시고 올림피아드를 개최했는데, 이 대회에서 서우여 徐于餘라는 인물이 국강상에 오른다. 《고사》는 그의 이름을 서여 西余로 기록했고 그가 19세 단군 종년 縱年의 아우 종선 縱鮮의 증손자라고 했다. 그런가 하면 《고기》〈번한세가〉에는 서우여는 서여 西余이며 번한 소속의 상장 上將으로 고등과 함께 은나라를 쳤다고 기록되어 있다. 약간의 차이는 있으나 큰 줄거리는 같다. 소태는 곧 오가 五加와 의논하여 당상에 오른 서우여를 살수 薩水 100리 땅의 섭주 攝主로 삼고 그에게 제위를 물려준 다음 기수 奇首라는 이름을 하사했다. 이 사람이 《고사》가 기자 奇子라 적은 이름의 당사자이고 바로 기자조선 奇子朝鮮의 시조인 제1세 환서여 桓西餘이다. 여기서 살수는 사르수스 강으로, 오늘날 소아시아 서남부에 있다. 《고기》는 이곳의 지리 여건에 대해 다음과 같이 기록했다.

> 동남에 있는 후단군조선 後檀君朝鮮의 북에 접해있었으며 그 서쪽 대해 大海에 연해 있다.[9]

이 기록은 당시 소아시아 일대를 그린 지도가 있었음을 말해 준다. 《고사》가 20세 단군 고홀 固忽 때에 공을홀 工乙忽이 천하지도를 제작했다고 기록했기 때문이다. 후단군조선의 동남은 이브라이고 서우여의 조선(기자조선 奇子朝鮮)은 이브라의 북쪽인 소아시아 서쪽임이 드러난다. 인접해 있다는 큰 바다는 지중해를 말하는 것이다. 사르수스 강 서북쪽에 토로스 Taurus가 있고 그 지역에 킬리키아, 리키아가 있다. 그림 77

사정이 이렇게 되자 우현왕 색불루는 그를 따르는 수천 명의 군대를 인솔하여 부여 夫餘의 신궁 新宮으로 들어갔다. 그곳에서 즉위식을 올리고 천하의 소유권을 틀어쥐었던 것이다. 여기서 부여는 오늘날 아제르바이잔의 수도 바쿠를 말하는데, 《고기》에는 백악 白岳이라고 기록되어 있으며 환웅

09 기원전 13세기 전후의 고조선　265

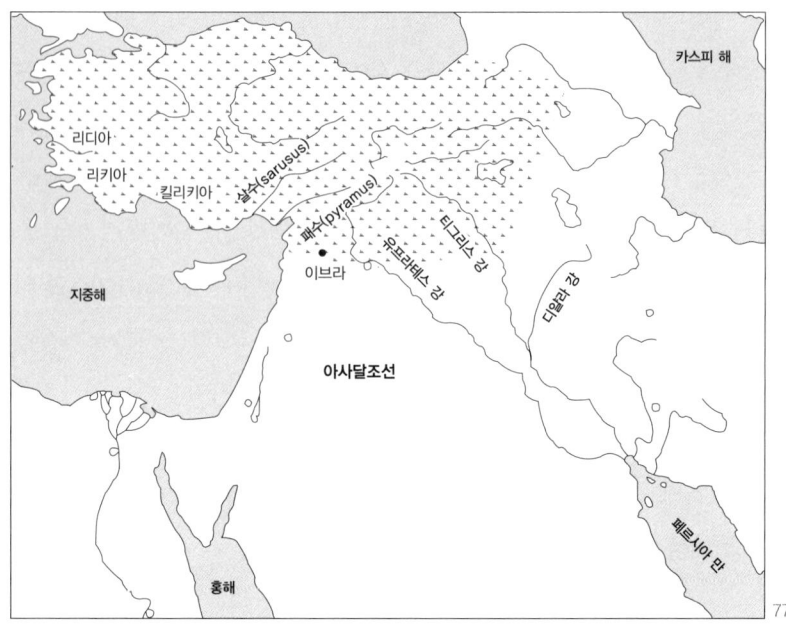

기원전 18세기경의 소아시아 지역

시대에 샤먼 자부가 있던 곳이다. 색불루가 그곳을 백악산 아사달이라고 불렀던 것은 이런 까닭이다. 이는 마리의 아사달이 이집트의 영향 아래 들어갔던 상황을 반영한다. 이에 단군 소태는 어쩔 수 없이 서우여를 서인庶人으로 강등하고 우현왕 색불루에게 옥책국보 玉冊國寶를 전했다. 그리고 자신은 당장경(타슈켄트)으로 피했다가 뒤에 아사달로 돌아와 샤먼이 되었다. 고조선이 세계를 지배한 지 1,500년이 지난 때이다. 당장경은 오늘의 우즈베키스탄으로 소그디아나가 샤머니즘 전성시대에 역사적으로 중요한 지역이었음을 말해 주며, 이 지역에서 발굴되는 유물이 수메르 지역과 엮여있는 것은 우연한 일이 아니다. 수메르, 바빌로니아에서 소그디아나 지역으로 가는 교통로는 주로 지중해, 흑해, 카스피 해를 연결하는 해로海路라고 보는 것이 합리적이다.

《고기》〈번한세가〉는 이 상황을 이렇게 기록했다. 서우여는 사제 지위에 올랐다가 졸지에 미꾸라지로 전락하고 만다. 하지만 서우여는 거기에서 물러설 수 없었다. 은밀히 좌원坐原으로 돌아가 사냥꾼 수천 명과 음모를 꾸며 군사를 일으켰다. 색불루가 이를 알고 그를 달래기 위해 그에게 번한(제3기능)을 다스리는 제3기능을 주었다. 이는 기자조선이 제3기능에서 출발했음을 말해 준다.

《고기》〈단군세기〉에는 색불루가 카시테의 고등의 손자이지만[10] 〈마한세가〉에는 21대 소태의 아들로 나와 혼란스럽다. 앞뒤 정황을 살펴보면 〈단군세기〉의 기록이 옳다. 색불루는 처음 아버지의 공, 즉 업적을 이어 제2기능을 수행하는 우현왕이 되었다가 황금지팡이에 도전하여 단군신통에 등재되기에 이른다. 기록은 이때 이미 진한과 변한의 두 기능이 힘을 잃었다고 했다. 낡은 쌈지가 무너지고 새 쌈지가 일어나는 정황이며 아사달조선이 이집트의 공격에 밀려 북쪽으로 패주했던 상황이기도 하다. 이런 정황은 마리 유적의 발굴 보고서에도 나타난다. 왕궁 유적은 이 시기에 적어도 두 차례나 파괴되었다. 이런 상황에서 단군 소태에게 제위를 넘겨받은 색불루가 왜 당장경으로 달려가 할아버지 고등왕高登王의 묘사廟祀를 세웠는지를 이해할 수 있게 된다. 새로운 쌈지를 만들려고 했던 것이다.

그렇게 기반을 다진 색불루는 이집트에 보복하기 위해 구이의 군사를 이끌고 은나라 서울(바빌론)을 치고 화친을 맺는다. 이집트와의 대결이므로 일단 기선을 잡았다고 해도 틀린 말이 아니다. 하지만 화친은 오래가지 않았다. 색불루는 이집트와 싸우기 위해 그곳 변弁의 백성을 회대淮岱 땅에 옮겨 목축과 농사를 하도록 조처한다. 회대는 유대를 말하므로 이것은 사해死海 서쪽 지역에서 일어난 사건이다. 그곳 지형은 남북으로 긴 골짜기로, 한쪽이 막혀있어서 요새로도 적합한 곳이었다. 실제로 유대인은 그곳에서 목축을 하고 들과 구릉에 다락밭을 일구어 농사를 짓고 살았다. 색불루가 이집트 치하에 있던 변의 백성을 그곳으로 옮겨 목축과 농사를 시켰다는 기록과 부합되는 상황이다.

색불루는 고죽국 孤竹國[11]의 임금과 더불어 숱한 침략자들을 소탕하고 남쪽으로 옮겨 엄독홀(아므르)에 이르렀고 자신은 그곳에서 살았다. 이 시기에 유프라테스 강은 수메르어로 어머니라는 뜻의 '아무르'였다. 색불루가 아시리아 텍스트에 나오는 인물임을 말해 준다. 아슈르는 마리의 동쪽 유프라테스 강을 건너 티그리스 강에 근접하는 곳에 있다. 이곳이 사마천이 오태백의 부친인 태왕이 세운 나라를 주周라고 지칭하게 된 근거지이다. 거기에서 색불루는 여파달 黎巴達로 하여금 군병을 나누어 빈邠, 기岐[12]로 진격하도록 했고, 그 유민과 서로 동맹을 맺어 나라를 세워 여黎라고 했다. 또 서융西戎과 더불어 은가殷家의 제후들과 더불어 살았다고 했다.

기록은 이때 이집트를 남국藍國이라고 쓰고 이들의 위세가 매우 사나워서 황화皇化가 항산恒山 남쪽 땅까지 미쳤다고 했다. '황화'는 이집트 황제의 위세를 말하는 것으로 이집트의 봉토가 남쪽 끝까지 불어났다는 뜻이다. 이에 색불루는 여러 신하의 건의를 받아 백악산 아사달에서 영고탑寧古塔으로 천도할 계획을 세웠고 사람을 시켜 미리 그곳을 보수하도록 했다. 영고탑은 어디를 말하는 것일까. 그 이름을 보면 많은 정보가 숨어있음을 알 수 있다. 청나라 시대의 기록에는 영고寧古가 육六이고 탑塔이 '특特'으로 터〔坐〕를 가리킨다. 그 자리(터)에 청나라의 시조가 앉았기 때문에 이를 '영고탑'이라 했다고 썼다.[13] 여섯은 화백회의를 상징하는 수이다. 문자풀이로 보자면 영寧은 그릇〔皿〕이고 그 뜻은 만방萬邦을 뜻하는 영대寧臺다.[14] 그릇은 접시를 엎어놓은 모양의 언덕으로 부도를 말한다. 이는 반고 盤古라는 뜻과 같아 문장은 이브라를 다시 수리한다는 뜻으로 읽을 수 있다. 고조선이 영고탑(이브라)으로 환도한 것은 제23세 단군 아홀阿忽과 제24세 연나延那를 지나 제25세 단군 솔나率那 때이다. 이는 고조선 역사의 서막을 열었던 사웅제(사르곤, 환웅, 황제)의 신시 평양으로 1,500년 만에 다시 돌아간다는 뜻이다.

색불루가 주나라의 역사를 만들다

사마천의 기록에는 주나라 시조가 고공단부古公亶父로 되어 있다.[15] 고공은 엘람의 제2기능인 카시테의 창시자로, 〈오태백세가〉에서는 태왕太王이다. 앞에서 보았듯 중국의 오랜 문헌인 《시경》은 그가 자그로스 산맥(기산산岐山山) 기슭에서 일어난 인물이라고 했다. 따라서 '古'는 'Kassite'의 첫소리를 옮긴 글자이다. 《고기》가 말한 푸른색 도포를 입은 개사원의 노인과 대응된다. 단부亶父의 '亶'은 신단神壇을 가리키는 것으로 《시경》은 '고공단부'를 도복도혈陶復陶穴이라 하여 그가 사제임을 암시한다.[16] 다른 문헌은 '단부'를 빈척邠翟이라고 했는데[17] 이는 황후가 있는 지역을 가리킨다. 쌈지조선의 제3기능인 변한이다. 이런 자료들은 색불루가 사제의 지위를 굳히기 위해 제일 먼저 타슈켄트(당장경)로 가서 그곳에 할아버지 고등왕의 묘사廟祀를 세웠음을 말해 준다. '亶'이 '묘사'를 가리키는 것이다. 색불루는 자신의 신통을 공고히 할 셈으로 먼저 할아버지의 신단을 그곳에 세웠던 것이다.

케임브리지 자료에 의하면 고공단부가 카시테의 아슈르 우발리트 Ashur-Uballit 1세이고 그 손자는 Kadashman이다. 《고기》에 고등이라고 적힌 이름이 이 인물의 머리글자와 대응되는데[18] Kadashman의 머리글자인 'kad'가 이두로 '高登'이다. 또 'Uballit'에서 단부亶父의 '부'에 해당하는 소리를 얻을 수 있으며 할아버지를 강조하기 위해 아비 부父를 선택했다고 할 수 있다. 단부를 이은 문왕文王 창昌의 다른 이름은 서백西伯이다. 이것

《사기》	《고기》
고공단부古公亶父	현왕右賢王 고등高登
문왕 창文王 昌, 서백西伯	22세 단군 색불루索弗婁
무왕武王 발發	23세 단군 아홀阿忽
성왕成王 송誦	24세 단군 연나延那
당숙우唐叔虞	후단조 1세 단군 솔나率那

표. 《사기》와 《고기》에 바탕한 주나라 무왕과 단군조선 23세 아홀 가계 비교.

도 단군 22세 색불루의 이름과 대응된다. '西伯'과 '索弗'은 이두로 같은 소리가 되기 때문이다.

기록은 문왕 창의 아들이 무왕武王이고 그의 이름은 발發이라고 했다. '발'은 가나안 신들 중에서 상위에 속하는 계약의 신 바알Baal을 말한다. 기원전 1400년경의 라스샤므라 문서에 바알 신에 대한 기록이 있어서 이 상황이 아시리아의 일임을 암시해 준다. 《설문》에 따르면 '발發'이 궁시(사射, 시矢)를 가리키고 그 뜻은 처음[初]과 정벌[伐]이다. 《논어》에는 '發'을 어린 사슴처럼 신속히 달리는 모양이며 이들이 동이東夷라고 했다.[19] 발이 쌈지구조에서 다리[足]이자 제2의 기능(마정馬政)을 가리킨다는 것을 말해 준다. 《고기》가 색불루의 아들이 제23세 단군 아홀阿忽이라고 한 것도 우연이 아닌 것이다. '阿'는 해가 뜨는 언덕을 가리키는 말로 '불[日]'이라는 의미와도 통하는데, 이것이 무왕의 이름과 대응되는 것은 흥미로운 일이다. 바알 신은 불의 신이기도 하기 때문이다.

무왕에게는 두 아들이 있었다. 장남이 성왕成王이고 차남이 당숙우唐叔虞이다. 성왕의 이름은 송誦이고 그와 대응되는 아홀의 태자는 연나延那로, '송'과 '연'도 끝소리가 서로 대응된다. 무왕의 둘째 아들 당숙우唐叔虞의 이름은 '숙叔'이고 아홀의 둘째 아들이 솔나奉邢이며 '숙'과 '솔'도 대응되는 소리이다. 이 점을 확인하기 위해 사마천의 기록과 《고기》를 비교해 보자.표 한눈에 양쪽의 소리가 대응된다는 것을 알 수 있다. 주나라 문왕이 색불루이고 무왕이 아홀이며 성왕이 연나이고 당숙우가 솔나이다. 색불루는 즉위하자마자 황급히 당장경에 가서 할아버지의 묘사를 지었다. 그곳은 제21세 단군 소태가 피신했던 곳이므로 역사적인 장소이다. 할아버지의 사당을 그곳에 세운 이유는 자신이 새로운 쌈지의 종주임을 선언하고 그 지위를 굳건히 하기 위해서이다. 신라의 탈해가 호공瓠公의 땅을 자신의 것으로 만들기 위해 숫돌과 숯을 미리 파묻어놓은 이야기와도 같은 맥락이다.

사마천이 전하는 주나라

사마천의 〈주본기周本紀〉에는 주의 시조가 기棄인데 그의 모친(강원姜源)이 거인의 발자취를 밟고 그를 잉태했다고 쓰여있다. 이는 조두俎豆의 일을 가리키므로 주의 혈통도 고리국에서 시작되었음을 의미한다. 주나라 성씨는 희姬 씨이다. 희姬라는 성씨는 해모수와 마찬가지로 해(日)의 씨인 정령을 의미한다. 기가 고공단부이고 〈오태백세가〉의 태왕이다. 주의 무왕은 문왕文王의 창업을 이어받아 즉위 9년에 동쪽으로 무위를 떨쳤다고 했다. 창업을 이어받았다는 것은 아사달조선에서 우현왕(제2기능)의 지위를 세습했다는 뜻이며, 이는 《고기》가 23세 단군 아홀이 22세 단군 색불루에게 제위를 이어받았다 전한 상황이다.

주의 무왕은 천하의 병마권을 위임받아 구이의 결사대는 물론이고 온 누리(봉국)의 군사를 차출할 수 있는 제2기능자가 되었던 것이다. 그는 은나라(바빌론)의 주왕紂王이 세계 질서와 내정을 문란(무도無道)하게 하자 제후(샤먼)를 설득하여 문왕(색불루)의 목주木主를 받들고 병차 300승, 용사 3,000인, 무장병 4만 5,000명을 이끌고 은나라로 쳐들어갔다. 목주는 나무로 깎아 만든 군신의 우상이다. 전장에서 목주를 앞세우는 것은 수메르와 바빌로니아 시대의 풍습이다. 이는 주나라 역사가 아시리아 역사임을 다시 확인해 준다. 은의 주왕은 70만 병력으로 대항해 싸웠으나 사기가 떨어진 병사들은 힘을 못 쓰고 패하였다.

이 전쟁은, 은나라가 이집트의 지배하에 있었던 상황이므로, 사실상 무왕이 바빌론에서 이집트 세력을 몰아냈음을 의미한다. 사마천도 은의 주왕이 선친의 사당과 제사를 폐기했고 제를 받드는 집단(백관중서百官衆庶)을 내쫓고는 날마다 음탕한 짓으로 세월을 보냈다고 했다. 바빌론이 이집트에게 점령되어 있었으므로 그런 상황에서 선조의 제를 받들기란 불가능하다고 해야 옳을 것이다. 주왕은 신하(비간比干)가 이를 간하자 성인의 내장에는 일곱 개의 구멍이 있다고 소리치면서 신하의 배를 갈라 내장을 들어냈다고 했다. 이것을 지켜본 은나라 대사大師와 소사少師는 재빨리 사직의 제기와 보물들을 가지고 주나라로 도망쳤고, 은나라의 현자(샤먼)였던 기자는 자신을 따르는 사람들과 함께 조선으로 도주했다고 썼다. 주 무왕은 도망가는 은의 주왕을 추포하여 목을 쳤다. 사마천은 여기에서 처음으로 조선이라는 말을 썼다. 주목할 만한 일이다.

은의 주왕이 신하의 배를 째고 간을 들여다보았다는 대목은 당시 메소포타미아에서 성행했던 점성술 풍습과 일치한다. 마리에서 발굴된 기록문서에 점성술에 대한 기록이 있는데, 특히 내장점술內臟占術은 역사적인 사건이 발생했을 때 무당(샤먼)이 간장이 어떻게 보이는지를 세심하게 관찰하여 길흉을 헤아리는 점술이다. 보통은 번제 양을 이용한다. 이 기록에서 사마천이 말한 주나라가 낙읍洛邑(낙양洛陽)이자 니네베이며 조선이 아사달조선이다. 또 이 대목은 제23세 단군 아홀이 은나라의 여러 성책을 부수고 깊숙이 쳐들어가 유대(회대) 땅을 평정했다고 한 《고기》의 기록과도 겹친다. 두 인물이 같은 장소를 동시에 쳐서 점령했다는 것은 확률상 어렵기 때문에 이 두 사람은 하나가 되어야 옳다. 즉 주나라와 아사달조선이 같은 장소(바빌론)를 동시에 쳤다는 사실은, 하나의 역사적인 사건을 각기 따로 기록했음을 말해 주는 것이다.

사마천에 의하면 은나라의 제기祭器는 아홉 개이고 저마다 세 개의 발이 달려있다. 아홉은 아홉 제국(구이)이고 세 다리는 세 가지 덕을 상징한다고 했으니 한마디로 쌈지원리(삼신)를 나타내는 것이다. 천하의 그릇을 구정九鼎이라고 한 것 역시 마찬가지이다. 성왕成王은 주나라로 들어온 이 제기들을 낙읍에 옮겨놓고 샤먼을 받들면서 나라의 기초를 든든히 했지만[20] 이 제기들은 주나라 말기에 이르자 어디론자 사라져 버렸다.

주나라와 고조선이 망하면서 제기가 또 어디론가 이동해 갔음을 말해 주는 상황이다. 그렇다면 아시리아 문명이 박트리아를 넘어 중국의 황하 유역으로 옮겨졌다고 한 엘람 전문가 모건의 주장에 다시 한번 귀를 기울일 필요가 있다. 실제로 《후한서》〈동이전〉 서문에는 주나라 말기에 월越이 낭야琅琊로 옮기자 동이들이 함께 가서 그곳을 정벌했다고 쓰여있다. 이것이 오늘날의 중국 땅에서 일어났다면 월남의 북부 지역에 있던 동이가 타클라마칸 사막으로 옮겨왔다는 이야기가 된다. 터무니없는 일이다.[21]

실제로 1935년 봄, 중국 하남성 안양현安陽縣에서 주대의 청동그릇들이 발견되었다.그림 78 학술적으로 유卣, 존尊, 이彛, 뿔잔, 호壺, 가斝, 각角, 작爵, 고觚라고 부르는 이 그릇들은 자안패字安貝와 점술용 짐승의 뼈들과 함께 나왔고 유물 중에는 '인방백人方伯'이라고 새겨진 두개골도 있었다.[22] 이것은 샤먼의 두개골이며 인방은 부도라는 뜻이다. 인방은 샤먼들의 정령을 담아두는 조두로, 이집트 신화에서는 신들이 바람을 피우는 천하의 요술단지인 것이다.

청동기에 새겨진 샤머니즘 안양현 출토 청동기(위)에 새겨진 기호는 샤먼의 이름을 새(鳥)로 나타내고 있음을 보여준다. 도판 출처, 《書道全集》 1. 아래는 금문 金文에 나타난 조두 기호이다. 조두를 받드는 두 인물이 그려져 있고, 오른쪽 그림에는 조상(부 父)을 나타내는 1자 부호와 도끼가 함께 그려졌다. 도끼는 사제의 상징이다. 도판 출처, 伏見沖敬, 《書藝の歷史》.

아시리아, 주나라는 고조선의 제2기능이다

이라크 북부 누즈 유적에서 발굴된 점토문서에 의하면 아시리아인의 고향은 코카서스와 아라라트 산 일대의 쿠르디스탄이다. 엘람인의 고향이고 메디아(북부여) 제국의 창시자 해모수의 고향이다. 주나라의 고향도 신화적으로 표현되었으나 현조玄鳥의 알과 희姬씨 성이 말해 주듯이 코카서스의 고리국임을 알 수 있다.

아시리아는 나라 이름을 아시리아로, 수도를 '아슈르Ashur, Assur'라고 정했다. 아시리아 텍스트에 따르면 이때가 티글라트 필레세르 1세(기원전 1114년경~1076 재위) 때라고 했고, 이들은 북부 이라크 티그리스 강 기슭에 자리잡았으며, 주요 도시는 아슈르, 칼라Calar, 니네베Nineveh, 두르샤루킨Dur-Sharrukin이라고 했다. 옛 엘람(부여) 지역이다. 연대는 약간 다르지만 카시테 주周가 등장하는 시기와 대략 같다. 고대 그리스인은 아시아인을 가리키는 말인 '아시리아'를 '아수리오이' 혹은 줄여서 '수리오이' '쑤로이' '쑤시아'라고 발음했다.[23] 주라는 명칭이 이 소리와 일치한다. 즉, 아시아인을 뜻하는 Assyria의 첫소리 'ssy'를 '周'라고 옮긴 것이다. 대만의 서량지徐亮之도 중국 고대사 만기晩期 때의 기주문화가 아시리아(아지이안阿志里安) 문화라고 언급한 바 있다.[24] '아시아'는 태양이 떠오른다는 뜻이고 아카드어 아슈르Assur는 '생명을 부여하다'[25]라는 뜻이다. 이는 아시리아인의 주신主神의 의미가 조선의 의미와 다르지 않음을 말해 준다. 온누리(제국)를 의미하는 '周'라는 글자의 뜻도 이를 뒷받침하고 있다. 기록은 주를 당唐이라고도 했는데[26] 이는 쌈지의 기능 개념이다. 단군은 엘람어로 물고기라는 뜻이고 함무라비 법전에는 창조자 dagan으로 나온다. 바빌론이나 아시리아의 자료에서는 이 신이 물고기 형상인데[27] 이것이 '생명을 부여하다'라는 뜻인 Assur에 해당한다.

우르에서 발굴된 점토문서(우르남무 비문)에는 천국에서 온 생명수 항아리가 천사들에 의해 지구라트로 운반되었다고 기록되어 있다.[28] 이는 홍익인간의 도를 구현하는 전능한 자의 인자因子가 당대 종교의 핵심 주제라는 것과, 사실상 환웅, 황제, 사르곤이 하나의 텍스트임을 다시 확인해 준다. 주 왕조의 도읍은 제1, 3기능을 수행하는 곳으로, 기록은 여기를 종주宗周라고 썼다. 주가 쌈지와 부도(금성金城)를 나타낸 말인 것이다. 뒷날 쌈지 기능이 폐기되자 종주는 종묘宗廟로 격하된다. 《주서周書》는 종주를 이서방爾庶邦, 이서총爾庶冢으로 기록하고 그곳을 지키는 사람을 황천皇天, 상제上帝, 방군邦君, 총군冢君이라고 썼다. '이서爾庶'는 조두와 서자, 이른바 샤먼과 영웅의 아이를 낳아 기르는 기능을 말하는 것이고, '방군' '총군'은 단군과 같은 말이므로, 종주는 단군조선을 가리킨다고 할 수 있다. 주나라의 종주宗周가 구슬(여의주)을 발행한다는 것, 그리고 주왕이 그 구슬을 가진 영웅(총아寵兒)이 오면 그에게 책명策命과 함께 활(궁시弓矢), 전차, 예복을 하사한다는 기록은 이를 뒷받침해 주는 것이다. 이때 책명을 받은 영웅은 왕에게 자신의 구슬을 맡기며 왕실에 충성을 맹세한다.[29] 샤머니즘 시대의 쌈지도를 말하고 있음이 분명하다.

한편, 주나라 시대의 종주가 독립된 종교도시였다는 사실은 주목할 만하다.[30] 이는 서양 중세의 바티칸의 기능과 다르지 않다. Vatican의 vati는 '점을 치다' '예언하다'는 뜻이고 can은 흉노의 khan과 같은 뜻이다.

베일에 가린 아시리아 제국

아시리아 왕들은 1,300년 동안 니네베에서 아슈르와 칼라, 그밖에 언덕 위에 있던 여러 성곽도시를 통치했다. 칼라가 카파도키아의 태호복희이고 니네베가 사마천의 기록에 낙양洛陽으로 적혀 있다. '낙'이 니네베의 ni에 해당하고 '양'은 니네베의 화려한 금빛 성곽을 의미하는 태양을 반영했다. 또 점토문서는 아시리아인의 고향이 코카서스와 아라라트 산 일대라고 적어 이것이 《고기》의 백악白岳(바쿠)와 무관하지 않음을 말해 준다. 기자가 사제가 되자 색불루가 이에 반발하여 군대를 거느리고 달려와 제위를 선포한 곳이다. 누즈의 기록은 아슈르 우발리트 Ashur-uballit 1세(기원전 1362~1274년경)가 갑자기 이집트의 파라오와 대등한 강력한 군주로 역사 무대에 나타났다고 했다. 학자들은 이를 수수께끼로 여기지만, 《고기》는 그가 구이의 군대를 통솔하는 카시테의 조의선인 고등이고, 사마천의 고공단부와 대응되는 인물이라고 말한다. 아시리아는 아슈르 단Assur-Dan 1세(기원전 1189~1154)에 이르러 비로소 엘람과 협력하여 바빌론의 여러 도시를 차지하게 된다.

이 대목에서 무왕과 단군 아홀이 같은 인물임이 드러난다. 바빌론이 은나라인데, 세 문헌에서 언급한 세 사람이 동시에 한 국가를 멸망시킬 수는 없는 일이다. 그들이 나라 이름을 아시리아라고 한 것도 이때부터이고, 이것이 주와 마찬가지로 온누리를 의미한다는 사실도 우연이 아니다. 영토는 서쪽으로 지중해, 북으로는 터키의 반 호수 일대에까지 이르렀다. 주목할 점은 이때 처음으로 상세한 아시리아 연대기가 만들어졌다는 사실이다. 사마천이 진陳이나 진晉, 혹은 은나라는 허술하게 기록했지만 주나라에 대해서는 소상히 기록하게 된 배경이다.

특히 티글라트 필레세르 1세가 세계를 제패하며 치룬 수많은 전투 기록은 주 무왕의 기록에 그대로 옮겨졌다고 할 수 있다. 이는 티글라트 필레세르 1세가 주나라 무왕武王이라는 증거이기도 하다. 무왕의 이름은 발發이라고 했는데, 티그라트 필레세르의 이름에서 '필레'와 대응된다. 실제로 아시리아 학자들은 티글라트 필레세르의 이름을 '도구르티 아파르, 에샤라'

라고 읽으며, 그 이름에서 '아파르'라는 소리가 독립되고 '아파르'와 '發'이 대응됨을 알 수 있다. 앞서 살펴보았듯이 이것은 바알Baal 신의 이름과 유관하다. 티글라트 필레세르 1세는 자신의 업적을 이렇게 기록했다.

> 내가 왕국을 위대하게 만들도록 힘과 권력을 내린 아슈르와 위대한 신들, 그들이 나라의 경계를 넓히라고 내게 강대한 무기인 전람戰嵐을 주었도다. 이로써 나는 산과 마을(채읍)을 아슈르의 적인 제후로부터 우리의 지배로 돌려 영토와 백성을 늘려 나갔다.[31]

북부 티그리스 강 기슭에 자리 잡은 니네베는 지상에서 가장 위대한 도시로 알려졌다. 웅장한 궁전과 사원, 그리고 운하와 정원들이 펼쳐졌고, 도시를 둘러싼 성벽은 서아시아 초원 위에 60여 미터 높이로 우뚝 서있었다. 1,500개의 망루가 설치된 요새화된 성벽은 그 위

79

붓으로 쓴 고대 이집트인의 편지 붓에다 먹을 묻혀 쓰는 필법이라는 점에서 한문의 필법과 다르지 않다. 도판 출처, 《성서백과대사전》.

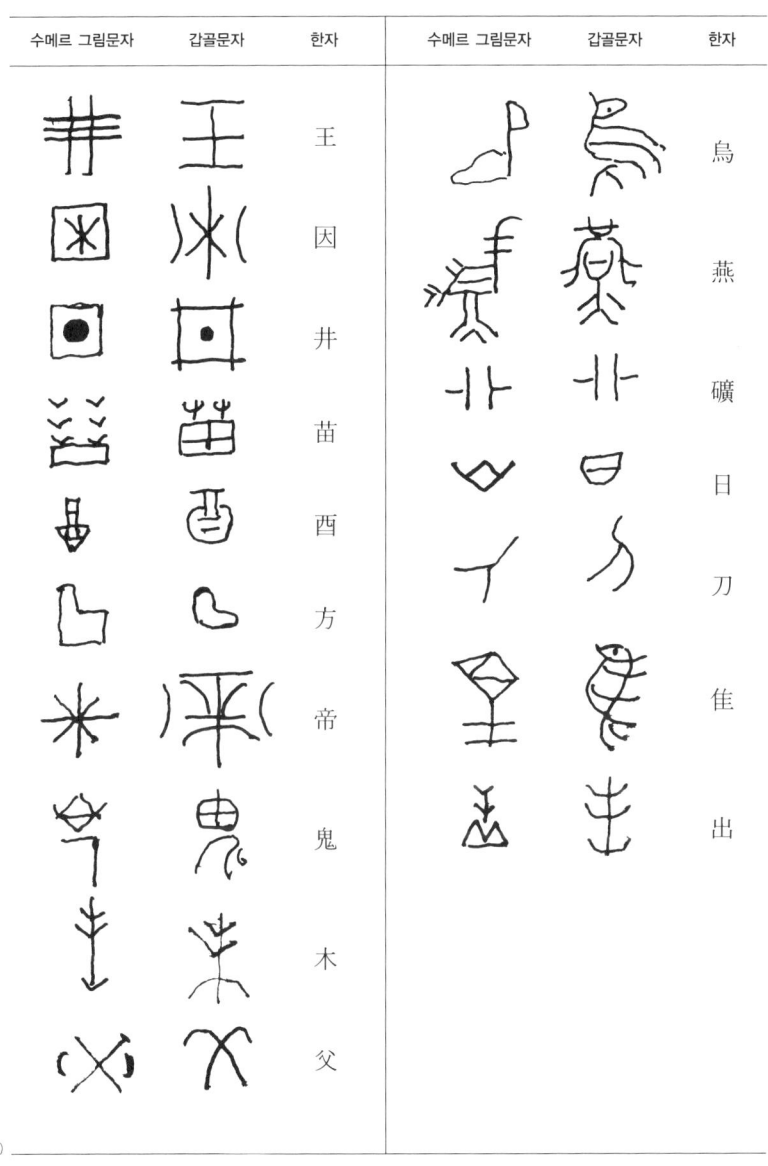

80

수메르 그림문자와 갑골문자 비교도   C. J. Ball의 《Chinese and Sumerian》에서 발췌.

로 수레 세 대가 나란히 다닐 수 있을 만큼 거대했다. 궁전과 사원 들은 모두 금과 은으로 치장되었고 도시 전체가 태양처럼 찬란히 빛났다. 이것이 아시리아 제국의 도읍이고 사마천의 기록에 보이는 낙양이다. 하지만 이런 흔적을 남긴 유적지를 오늘의 중국 땅에서는 찾을 수 없다.

주목할 사실은 《고사》에 제30대 단군 나휴柰休 때에 주나라 태보太甫가 《신주역서新周易書》 열여덟 권을 헌상했다고 기록한 것이다. 이는 은허殷墟에서 발굴한 갑골문에서 확인한 은나라 시대의 역법이 바빌론의 역법과 같은 이유를 해명하는 단서이다. 또 아시리아 왕 아슈르 바니팔Ashurbanipal(기원전 669~633)의 비문에는 왕 스스로 현명한 아타파의 계시로 서도書道의 비전秘傳을 전수받았고 갑골甲骨의 아카드 문자를 읽었다고 했다.[32] 이는 그 시대에 아시리아 지식인들이 한자의 원시 형태인 그림문자 전篆을 사용했고 뼈에 새긴 점성술사의 글을 읽었음을 말해 준다. 실제로 아카드 시대 서기관들은 이집트에 파견되어 그곳에서 글자쓰기 훈련을 받았으므로 이것이 한자와 관련되는 기록임을 헤아릴 수 있다.^{그림 79} 한마디로 한자문화의 묵필墨筆 사용법과 무관하지 않은 것이다.

갑골은 오늘날 중국 땅 은허지에서 발굴되었으며 그 문자에는 페니키아의 그림문자도 포함되어 있어 아시리아와 주나라가 동서 양쪽에 별도로 존재했던 두 나라가 아님을 말해 준다. 오랫동안 중국어와 수메르어를 비교 연구한 볼C. J. Ball은 중국어 어휘 3,000개가 수메르어와 대응된다는 보고서를 낸 바 있다.[33] 그가 제시한 문자는 우리가 보기에도 확연히 한자와 같음을 알 수 있다.^{그림 80}

제10장

진陳, 진晉, 은 후기 고조선의 이름이다

이집트는 초나라이다. 이집트라는 명칭이 사용된 것은 그보다 훨씬 뒤의 일로 원래 그 이름은 멤피스란 말에서 기원했다. 멤피스는 '프타 신(영혼)의 집'으로 본시 히쿠프타에서 유래된 말이다. 사마천도 초나라 장군 항우를 말하면서 그가 항자국 사람이라고 쓴 바 있다. '항자'의 '項'을 'ph'로 '子'를 'ch'나 'thu'로 읽으면 부도가 된다.

초나라는 이집트이다

후단군조선 역사는 아시리아를 가리키는 주나라의 역사와 함께 엮여 하나의 쌈지 역사를 이루었다. 이 사실을 밝히기 위해서는 이집트가 중국 기록에서 어떻게 나타나는지를 보아야 한다. 사마천은 이집트를 초楚, 서초西楚, 형초荊楚, 형만荊蠻, 엄奄 등으로 다양하게 기록했다. 그는 초나라가 만이蠻夷이며 황제黃帝의 증손이고 그 시조는 웅熊씨라고 했다. '만이'라는 말은 부도(석실)를 가리킨다.[1] '웅씨'의 웅熊에 대해서는 《고기》가 남藍이라고 했던 것과 마찬가지로 이집트인의 인종적 특징을 표현한 말로 볼 수 있고, 엄奄은 이집트의 식민지가 되었던 아무르(아모리) 일대를 가리킨다. 이는 중국의 《시경詩經》, 《서경書經》, 《좌씨전左氏傳》과 같은 초기 기록에서 '엄'이 천하의 대국이며 남쪽 바다의 회이淮夷라고 쓰고 있다는 사실이 말해 준다.

초라는 말은, 서주西周의 성왕成王이 웅역熊繹이라는 사람을 초만楚蠻 땅에 봉했으며 초나라가 은나라와 동맹을 맺는 등, 천하의 강국이라고 언급되면서 역사무대에 등장한다.[2] 《상서尙書》는 같은 내용을 말하면서, 성왕成王이 엄을 밟았다고 써서 간접적으로 엄이 초임을 말해 준다. 여기서 '만이蠻夷'를 동이의 부도라고 해석하지 않으면, 왜 그런 야만의 나라가 천하의 강국인지를 알 수 없게 된다. 그 나라의 서쪽에 검중무군黔中巫郡이 있고 동쪽에 하주해양夏州海陽이 있다고 하여 지리적인 여건도 이를 뒷받침하고 있다.[3] '검중무군'에서 '검黔'은 검다는 뜻이므로 이 말이 이집트 서쪽에 있는 아프리카를 가리킴을 알 수 있다. '하주해양'에서는 하주夏州가 하우夏禹, 해양海陽은 바다의 태양, 부도라는 뜻이다. 요임금이 희씨, 화씨를 보내 건설했던 가자 지구의 부도를 가리킨다. 《설문》에서는 초楚를 숲이며 일명 '형荊'이라고 부언하고 있다. 숲은 옥저의 경우처럼 부도 지역을 의미하며 '荊'은 그곳에서 젊은이들이 혹독한 수도생활을 하는 정황을 암시하는 글자이다. 초나라 사람들이 경당에서 탈출하는 일이 많았다는 《좌전左傳》의 기록은 이를 뒷받침한다.

이집트라는 명칭이 사용된 것은 그보다 훨씬 뒤의 일로 원래 그 이름은 멤피스란 말에서 기원했다. 멤피스는 '프타Ptah 신(영혼)의 집'으로 본시 히쿠프타Hiku-Ptah에서 유래된 말이다.[4] '프타'가 퉁구스어에서 무덤의 거울을 가리키는 'Pana-ptu'이고, 드라비다어에서 무덤을 가리키는 puttu와 다르지 않음은 부도의 역사가 샤머니즘 시대의 역사임을 말해 준다. 성서가 이집트에 대해 포괄적으로 사용하는 명칭은 미츠라임Mizraim과 파트로스pathros 이다. 이 경우 미츠라임의 첫소리 'miz'는 '초'라는 소리와 대응되고 pathros는 '부도'라는 소리와 대응된다. 사마천도 초나라 장군 항우項羽를 말하면서 그가 항자국項子國 사람이라고 쓴 바 있다.[5] '항자'의 '項'을 'ph'로 '子'를 'ch'나 'thu'로 읽으면 부도가 된다. 제8장에서 언급했듯이, 갑골문자는 초가 은殷의 전엽지田獵地나 비를 구걸하는 땅임을 암시했다.[6] 전엽은 신선놀이터이고 비를 구걸한다는 것은 조두와 수태고지의 일이다.

당혹스럽게도 중국의 기록에서 초라는 국명은 광범위하게 적용된다. 고대 이집트가 서쪽으로 나일 강 일대부터 동쪽으로는 인더스 강, 동북으로는 티그리스, 유프라테스 강 일대에 이르는 광범위한 지역을 차지했던 역사와 무관하지 않음을 말해 준다. 기록으로는 초가 아라비아 반도를 가리킬 때도 있으며, 인도의 모헨조다로나 아라비아 반도의 서북쪽 혹은 소아시아 지역을 가리키기도 한다. 이렇게 넓은 지역을 가리키자면 당연히 서초, 형초, 연燕 같은 여러 이름이 만들어질 수밖에 없다. 이렇게 보면 초가 memphis라는 글자와 관련된다. 이 이름의 첫머리에서 '형(em)'이라는 소리를 얻을 수 있고 또 인더스 강 상류를 가리키는 'Punjab'의 끝소리 jab에서 '초'라는 소리를 얻을 수 있다. 이렇게 되면 인도와 이집트 사이에 초, 서초, 형초라는 이름이 적용될 수 있게 된다.

초나라가 가자 지구를 가리키는 것은 가자에 있는 고대도시 제라스의 서쪽 바다 속에 있는 티레(섬)가 이집트의 군항軍港이었던 역사와 무관치 않다. 티레가 히브리어로 '초르', 아카드어로 '추루'인 것도 이를 뒷받침한다. 사마천은 기원전 606년 초나라 장왕莊王이 주변의 소국을 하나씩 합병하면서 주나라 수도 낙양까지 쳐들어와서 삼정三鼎의 경중을 따졌다고 했고, 오吳와 월越을 점령하여 남방의 대국이 되었다고도 했다.[7] 이 기록은 앞에서 언급했듯이 이집트가 아시리아의 수도 니네베를 침공했던 일로 주나라를 침공한 사실을 가리킨다. 오월은 엘람과 예루살렘이다. 엘람을 '吳'라고 적었고 예루살렘의 첫 자를 '越'로 적은 것이다. 《전국책》에는 서주와 동주가 싸울 때 초나라가 도道를 청하자 제齊와 진秦이 초나라가 두려워 구정九鼎을 취했으며, 한韓과 위魏가 초나라를 공격하자 초나라는 성밖을 지키지 못했다고 했다.[8] 또 《사기》에는 그보다 뒤인 진晉의 문공文公 때 초나라가 진을 공격했으나 패했다고 썼다.

초나라를 오늘의 중국 땅인 장강 일대의 내륙에 설정하면 동주라고 했던 이적夷狄이나 백적白狄은 태평양으로 들어가 건져내야 한다. 그렇다고 초나라 유적이 중국 땅에서 발견되는 것도 아니다. 1970년대에 기남성紀南

城이라는 곳에서 초나라 관련 유적이 발굴된 바 있지만 왕국이 있었음을 보여주는 고고학적 증거물인 관개시설은 발견되지 않았다. 단지 대형 묘에서 초나라 시대의 구천검 勾踐劍과 죽간의 잔결 殘缺이 발굴되었을 뿐이다. 하지만 그 물건들에 적힌 글은 국가나 정치에 관한 내용이 아니고 엉뚱하게도 기도문이었다.[9] 강대한 제국의 유물이 아니라 단순한 종교 유적이었던 것이다. 그렇다면 사마천은 주나라 역사를 기록하면서 하나의 쌈지구조 속에 있었던 후단군조선에 대해서는 어떻게 기록했던 것일까.

포스트 단군조선과 진

이 절에서 언급되는 주제를 요령있게 이해하기 위해서는 우리가 갖고 있는 두 편의 단군 조선사 텍스트를 읽어야 한다. 그 하나는 발해국의 대야발 大野勃이 지은 《단기고사》이고 다른 하나는 여러 사람에 의해 기록되어 한 책이 된 《환단고기》이다.

　대야발의 《고사》에서는 단군조선의 역사가 기원전 13세기경 전과 후로 나뉘어서, 단군 21세 소태와 22세 색불루 사이에 어떤 갈등이 있었음을 명확히 하려는 의도를 보여준다. 하지만 《고기》에서는 이런 구분이 존재하지 않는데, 이는 고조선 역사의 신통기보다는 고조선의 지배 원리(체제)가 쌈지구조임을 강조하려는 것이다. 일연의 《삼국유사》가 기록의 첫머리에 삼한을 소개했듯이 《고기》도 〈삼한관경본기 三韓管境本紀〉를 별도로 두고 고조선이 쌈지임을 강조하려는 것이다.

　어쨌든 《고기》의 기록은 단군 소태와 그 뒤를 계승한 고등의 손자 색불루의 문제에서 사제의 승계가 제2기능처럼 세습제가 아니라는 사실을 보여준다. 기록을 보면 이때 제2기능이 제1기능을 아우르는 정변이 있었다. 여

《사기》	《고사》
A. 무왕武王 발發 (아버지)	가. 23세 단군 아홀阿忽 (아버지)
B. 성왕成王 송誦 (장남)	나. 24세 단군 연나延那 (장남)
C. 당숙우唐叔虞 (아우)	다. 후 단조 1세 솔나率那 (아우)

표. 《사기》와 《고사》에 바탕한 주나라 무왕과 단군 아홀의 비교.

기서 사마천의 기록(〈주본기周本紀〉)과 《고사》를 비교해 보면 이 사건이 쌈지구조 안에서 일어난 변혁임이 드러난다. 다음 별항의 왼쪽이 사마천의 기록이고 오른쪽은 《고사》의 기록이다. 양쪽을 비교해 보면 진실을 들여다볼 수 있다.표

'A'는 두 아들 'B'와 'C'를 두었고 '가' 역시 두 아들 '나'와 '다'를 두었다. 《고사》에서는 나와 다가 나뉘어 장남이 전단군조선의 마지막 사제이고 다가 후단군조선의 첫번째 사제이다. 상황이 같아지려면 B와 C의 경우도 그렇게 되어야 옳다. 하지만 사마천의 기록에서는 신통이 갈라지지 않고 기능만이 갈라진다. 예컨대 B가 제2기능자이고 C가 제1기능자가 되는 것이다. 성왕이 무왕의 기능을 잇고 당숙우가 갑자기 제1기능자로 당唐에 봉해지는 상황이다. 당은 요임금 때의 이브라(평양)를 가리키는 말로, 사웅제가 제1기능을 수행했던 곳이다. 이는 C와 다가 사실상 새로운 사제로 등극했음을 의미한다. 대야발이 솔나를 후단군조선(이하 후단조)의 제1세 단군으로 적은 상황이다.

이에 대해 사마천은 무제武帝가 문왕에게 제위를 물려받은 후, 이브라(영고탑寧古塔)로 천도하기 위해 적임자(제3기능자)를 급히 수소문했다고 썼다. 무왕은 먼저 순임금의 후손을 찾았으나 실패했고 이에 샤먼(호공胡公)이었던 만滿이라는 인물을 제후(구이九夷)로 추대한다. 그 나라가 진陳

으로, 기원전 1027년부터 기원전 478년까지 존재했다. '진'은 나라 이름이 아니라, 《주서周書》에 이서방爾庶邦으로 기록된 제3기능을 일컫는 명칭이다. 무제가 순의 후손을 찾았던 것은 쌈지를 만들기 위해서다. 해모수가 엘람의 기비를 찾아가 변황제의 자리를 맡겼던 역사와 다르지 않다.

《고기》는 이렇게 썼다. "복희가 신시에서 나와 우사雨師의 직업을 세습하다가 청구青邱와 낙랑樂浪을 거쳐 드디어 그곳에 이르러 이름을 '진陳'이라고 지었다."[10] 진이 부도의 명칭인 것이다. 《설문》은 '진'이 접시를 엎어놓은 모양(완구宛丘)이라고 하여 이곳이 이브라임을 암시하고 있다. 《예기》도 진陳이 신주神主를 모시거나 시尸를 두는 관柩이라고 하여 그곳이 부도임을 말하고 있다. 그랬기 때문에 진에는 배우나 가수, 혹은 제사를 받드는 사람들이 있으며 수백 명의 첩이 있다고 했고, 그곳에다 천하의 보물을 둔다고 한 것이다. 천하의 보물은 황금신상과 그 장식품을 말한다. 쌈지로 보면 '진'이 요임금 때의 이브라의 동쪽인 우虞가 된다.[11] 사마천은 이례적으로 이 나라를 백세百世의 가업을 이어왔던 유구한 나라라고 했다. 이는 그곳이 고조선임을 말해 준다.[12] 백세를 이었다는 말은 왕통이 수천 년이나 끊이지 않고 계속되었다는 뜻이기 때문이다. 하지만 사마천은 그 역대 왕가에 대해서는 잘 모른다고 얼버무렸다. 그리스 도시공화주의 시대에 살았던 헤로도토스가 페라스키(샤먼)의 역사를 얼버무렸던 것과 비슷하다.

진陳이 제3기능이고 진晉은 제1기능의 이칭이다

무왕이 은나라로 쳐들어가 주왕의 목을 쳤다. 그러자 대사와 소사가 제기와 보물을 가지고 주나라로 도주했으며 그때 기자는 조선으로 피신했다. 사마천이 처음 조선을 언급한 대목이다. 이때 은의 제3기능 집단이 니네베와 백악산 아사달로 이동하게 된다. 《고사》는 이때 기자가 서화西華로 들어왔다고 했는데, 그곳이 오늘의 터키 땅 중부 할리스 강 일대이다. 무왕이 은의 기자를 단군조선의 새 사제로 추대한 것이다. 하지만 동이를 가리키는 샤먼들이 이를 반대하여 그는 기수(기자箕子)의 조선으로 들어가 신선이 되었다. 쌈지를 확보하려 했던 주나라의 시도는 무왕이 죽은 뒤에야 이루어진다. 이를 이해하기 위해서는 다음 에피소드에 주목해야 한다.

무왕이 제나라 여자를 왕비로 얻었다. 그런데 꿈에 천제가 내려와 무왕에게 아들을 낳으면 이름을 우虞라고 지어라, 그러면 그 아이에게 당唐의 땅을 주겠다고 약속한다. 정작 아이가 태어나 자라면서 아이의 손에 우라는 글자가 나타났다. 이름을 우虞라고 지은 이유이다. 이 이야기는 무왕의 장남인 성왕成王에게 제2기능을, 차남 우에게 제3기능을 맡긴다는 신탁이 내려졌던 상황을 말해 준다. '虞'는 변한이라는 뜻이다. 무왕武王이 죽고 성왕이 제위에 올랐다. 성왕은 나라를 이브라로 옮기고자 하여 그곳을 보수했는데 이때 무왕의 형제 사이에 황금지팡이를 놓고 다툼이 벌어졌다. 이 사실을 사마천은 우회적으로 적은 것이다. 쌈지의 일은 한나라의 국시와 어긋나는 일이므로 그 이름을 피해가야 했기 때문이다.

성왕成王이 이브라 당唐에서 일어난 반란을 제압한 후 어느 날, 아우와 오동나무 잎을 베어 규珪를 만들고 그것을 머리에 씌워주는 유희를 했다. 이 일로 태사太史가 성왕의 아우를 정식으로 사제로 추대하려고 예식을 준비하게 되자 성왕이 놀라 이를 저지하며 '나는 단지 유희를 했을 뿐'인데 이럴 수가 있는가라며 정색했다. 하지만 태사는 유희는 곧 법이라고 엄숙하게 말한 후 왕의 반대에도 불구하고 아우를 당에 봉하였다고 썼다.[13]

《주서周書》는 이 대목을 문왕이 감히 신선놀이(유전遊田)에 도전하지 못하였다고 했고 오직 성왕이 그를 보필하여 50년간 제국을 다스리게 했다고 적었다. 유희가 조선에서 열리는 신선놀이임을 말하고 있다. 이렇게 해서 아우는 당당히 샤먼들의 결정으로 조선의 사제가 되었던 것이다. 이것이 후단군조선의 제1세 솔나奉那 이야기이며, 사마천은 이를 당숙우唐叔虞라고 기록했다. 당은 제1기능을 말하고, '숙우'에서 '우虞'는 무왕의 유언으로 이미 정해진 이름이며, 공식 명칭은 숙叔인 셈이다. '숙'과 '솔'은 이두로 같다.

또 사마천은 숙우叔虞가 요임금의 옛터(고허故墟)에 나라를 세우고 그의 아들 섭燮 때에 이르러 나라 이름을 진晉이라 했다고 썼다. 이 대목에 유의해야 한다. 조선을 가리키는 진陣이 다시 진晉으로 바뀐다는 사실을 놓쳐서는 안 되기 때문이다. 이 대목은 요임금 때에 이브라(신시)에다 당숙우를 사제로 추대했음을 말해 준다. 이브라의 동쪽 마을(읍邑)에는 이미 복희의 후손인 만滿이 제3기능(변한)을 운영하고 있었다. 이는 제1기능과 제3기능이 완비되어 하나의 쌈지구조를 이루었다는 뜻이며, 당우唐虞와 진진晉陣이 제1기능과 제3기능을 가리키는 특수용어임을 말해 준다. 그러니까 진辰과 변弁을 가리키는 것이다. 《설문》에 '晉'은 '해가 떠오르는 모습〔象〕'이고 뜻은 '아시아'와 같다고 했다. 글자를 그림으로 보면 남성 성기(할ㅿ)를 의미하는 글자가 두 개나 들어있는데, 이는 진이라는 명칭에 두 개의 부도가 겹쳐있음을 암시한다. 후단조와 기자 조선을 가리키는 것이다. 진晉나라가 천문을 관측하는 부도(금성)임을 말해 주는 대목이다.[14]

《고기》와 《사기》가 같은 사건을 기록하고 있다는 또하나의 증거는 왕들의 이름이다. 앞의 표(제9장 270쪽)에서 보았듯이, 무왕의 이름은 발發이고 그의 첫째 아들 문왕은 송誦이며 둘째 아들은 숙叔이다. 이 세 명이 아홀阿忽과 연나延那, 솔나奉那로 기록되었음을 알 수 있다. 무왕이 죽은 후, 뒤를 이은 무왕의 둘째 아들의 이름은 '숙'이다. '叔'은 중국에서 '쑤'라고 읽으므로 이 소리가 후단조의 첫 사제인 솔나의 '奉'에 대응되어 후단군조선과 주나라가 하나의 쌈지임을 말해 준다. '延那'와 '誦'의 이름도 그렇다.

'延'은 '넓히다' '멀리 펼치다'이고 '誦'은 '여론을 수렴하다'는 뜻으로, 양쪽 모두 단군 소태에서 끊긴 조선의 신통이 이어지는 새로운 창업이 시작되었음을 나타내고 있다. 그리스 신화에서 제우스의 기능이 널리 여론을 수집하는 일이었듯이 사제의 기능은 여론수렴이었다.

고조선의 멸망이 주나라의 멸망이다

사마천은 주나라 제10대 여왕厲王이 무도無道했다고 썼다. 무도라는 말은 부도의 샤먼 정치를 폐기한다는 뜻이며, 이를 중국은 삼정三鼎을 버린다고 비유한다. 여왕 때 나라가 망하여 왕이 도주하자 두 신하(상相)가 협의하여 정치를 하게 되었다. 기록은 이를 공화정共和政이라고 썼다.[15] 바로 지중해 연안의 도시국가 사이에 유행했던 공화정demos이다. 같은 내용을 《죽서기년》에는 여왕이 도망하자 나라 백성들이 왕궁을 포위하면서 섭정이 시작되었다고 했다. 이 상황은 북부여(메디아)의 해모수가 공화정을 반대하면서 샤먼들을 설득하여 아시리아 공격에 나선 상황과 겹치는 대목이다.

사마천의 기록에서는 해모수의 일을 이적夷狄, 백적白狄, 북적北狄이라고 쓰고 이들을 모두 동주東周의 범주에 포괄시켰다. 그들의 선조가 모두 고리국에서 왔기 때문이다. 《당서》는 북적을 흑수말갈이라고 함으로써 주나라 역사가 동이의 역사와 구별되지 않음을 말해 준다.[16] 바빌로니아 연대기에는 사르곤 2세(기원전 722~705) 때에 시리아, 바빌로니아 지역에서 반란이 일어나 제국이 위기를 맞았고, 제14대 왕 나보폴라사르Nabopolassar(기원전 612년) 때에 니네베가 함락되었다고 했다. 반란세력은 바빌로니아 호족과 동쪽의 메디아, 그리고 샤먼신선들을 뜻하는 스키타이이다. 수도 니네베를 함락하면서 아시리아(서주西周) 역사가 종말을 고했음을 말한다.[17]

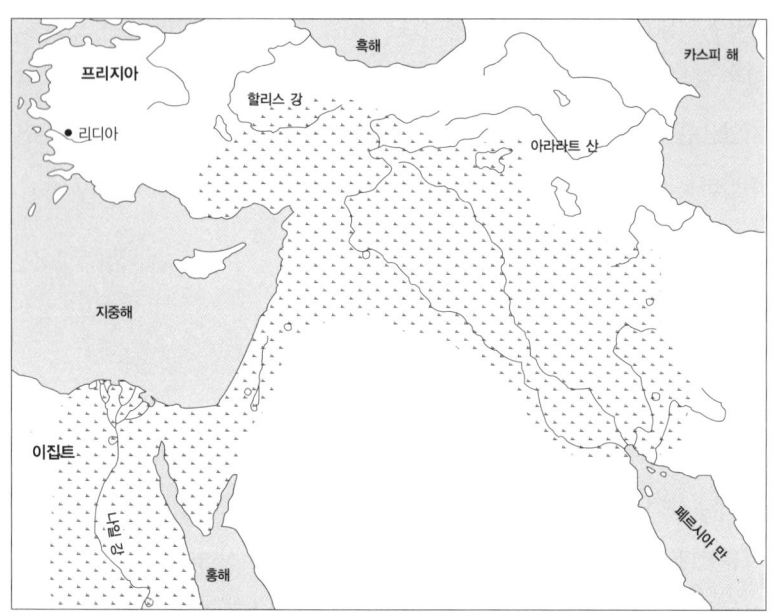

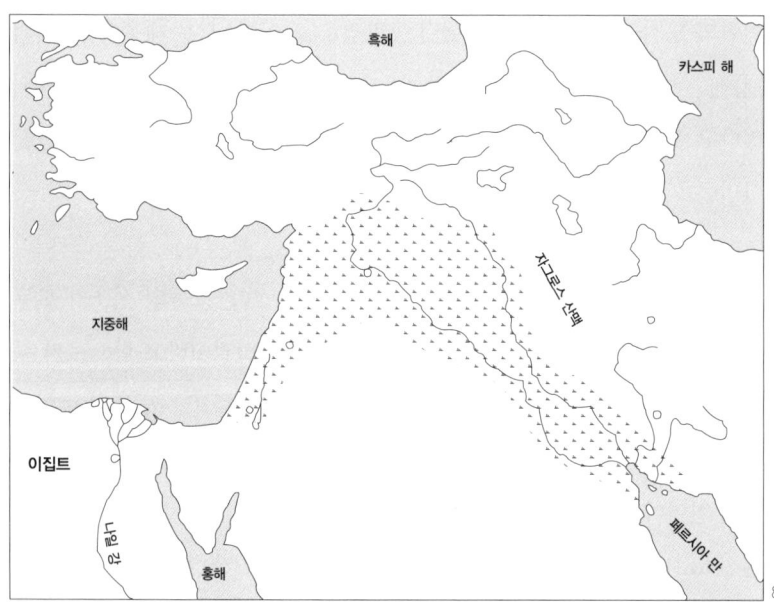

아시리아 제국(주나라)의 형세 변화 위는 전성기(기원전 7세기), 아래는 쇠퇴기(기원전 6세기)의 판도를 보여준다.

서주가 망하는 일은 조선이 망하는 일이기도 하다.^{그림 81} 제9장에 나왔듯이 주나라는 조선의 제2기능인 전사(말馬)를 의미하기 때문이다. 말을 잃으면 제1, 3기능도 버틸 수 없다. 니네베에서 출토된 한 비문에는 기원전 640년경에 리디아 왕 키루스가 아시리아의 아슈르바니팔 왕에게 사자를 보냈다고 적혀 있다. 이는 후단군조선(진晉)이 주나라에 구원을 청했던 상황이다. 리디아의 키루스는 헤로도토스의 기록에서는 키루스 1세이며, 보을의 태자였던 고열가에 해당한다. 사마천은 고열가를 진晉의 문공 文公이라고 적었던 것이다.

고조선의 최후

소가 제1기능(제우스)의 상징이라면 말은 제2기능(전사계급)의 상징이다. 유명한 트로이 전쟁 이야기에서 아테네 연합군측이 목마 木馬를 트로이성에 바쳤던 것은 제2기능을 사제(부도)에게 반납(포기)한다는 의미이다. 따라서 쌈지가 무너지지 않으려면 새 말로 바꾸어 타야 옳은 것이다. 하지만 후단조(진晉)의 경우 사제는 그런 기민함을 보이지 못했다. 그는 무능했고 샤먼들과의 갈등 속에 사면초가였다. 게다가 기원전 7세기 말에는 엎친 데 덮친 격으로 오늘의 시리아 지역에서 엄청난 천재지변이 발생했다. 기록은 이때 하늘에서 붉은 흙(적토 赤土) 비가 쏟아져 내려 궁전이 무너졌고 큰불로 도성이 모조리 탔다고 했다. 이에 단군은 사르디스, 곧 해성 海城의 이궁 離宮으로 도읍을 옮겨야 했다. 기원전 700년경에 시리아 중심부에 천재지변이 일어났던 것이다. 천문학 보고서에 의하면 기원전 8~7세기에 서아시아에 파국 catastrophe이 있었다. 지구의 축이 움직였던 그 재난은 엄청난 것이었다. 이때 바빌론이 오늘날 위치보다 북으로 250킬로미터나 옮겨갔다고 했으므로 형편이 어떠했는지는 불문가지이다. 하지만 고고학자들은 이 때에 광범위하게 진행된 그 파괴의 흔적은 찾지 못하였다.[18]

이 무렵이 제46세 단군 보을普乙의 치세이다. 상황이 이렇게 되자 단군 보을은 이브라(당우唐虞)를 버리고 소아시아의 사르디스 궁으로 옮겨갔다. 사르디스는 제21세 소태가 후임 사제를 선출하기 위해 신선놀이를 열었던 해성이다. 《고기》는 이곳을 해성평양海城平壤, 혹은 이궁離宮이라고 적었으며 제44세 구물丘勿 때에 그곳에 이궁을 짓고 평양이라고 불렀다 했다. 이궁離宮은 신선놀이를 하는 올림피아드이며[19] 해성은 부도라는 뜻이다. 사르디스가 '솟아오르는 태양'을 의미하는 'asia' 'anatole'의 의미이므로, 이를 바다라고 기록한 것이다. 이는 곧, 옥황(휴도금인)을 옮겼다는 뜻이다. 그리스 신화에서는 이 옥황을 아폴론 상이라고 불렀으며, 중국은 이곳을 진晉의 안읍安邑이라고 적었다. 고조선의 권위는 이미 땅에 떨어졌다. 제2기능인 주나라가 흔들렸으므로 천하의 봉국들이 명호개혁의 추이를 살피며 우왕좌왕했던 것이다. 도처에서 반란이 일어났다. 《고기》는 당시 상황을 다음과 같이 서술했다.

난신들이 사방에서 흉계를 꾸미며 반란을 도모했다. (……) 북쪽(북막北漠) 이 무희舞姬를 바쳤고 장노술張老述은 보석과 미인을 바쳐 정사政事를 아예 넘겨받았다. (……) 이런 가운데 북의 견융北畎戎이 쳐들어왔으며 한韓의 개介가 수유須臾의 군사를 이끌고 궁궐로 들어와 임금을 시해하고 스스로 사제가 되었다.

당시의 쌈지구조가 어떤 지경에 이르렀는지 암시한다. 이 상황의 배경에는 아테네에서 시작된 자본주의와 공화제가 있다. 아테네의 도시국가에서는 제3기능이 제1기능보다 우위에 있었다. 헤로도토스에 의하면 이때 소아시아의 프리지아와 샤카족Cimmerians이 흑해와 아르메니아 고지에서 사르디스를 침공했다. 사마천의 기록에서는 북적北狄이라고 기록한 동주가 서주를 압박하던 상황이다.

왜 혼란이 일어났는지에 대해서는 인도의 영웅담인 인드라 신화가 말해 준다. 기원전 7세기경에 성립된 이 신화는 고조선을 천상(천국 天國)이라고 말했다. 신화에 따르면 조선은 세 개의 머리가 달린 용이다. 즉, 쌈지를 말하는 것이다. 그런데 이 무렵 용들이 물을 가지고 농간을 부리면서 세계 질서를 흔들었기 때문에 인드라 신은 바지라(금강저 金剛杵)를 휘두르며 천상의 요기들을 무찔렀다고 했다.[20] 물을 가지고 농간을 부렸다는 말은 이마지정爾馬之政(수태고지)이 타락했음을 가리킨다.

이 사건이 《고기》에서는 부도를 지켰던 근위대장 한韓의 개介가 사제를 시해하고 황금지팡이를 빼앗은 사건이며, 그리스 신화에서는 크로노스가 우라노스를 죽인 사건이다. 사마천의 《사기》에서는 '한韓' 대신 동이국 東夷國이라고 쓰고 '개'에 대해서는 갈려 葛盧의 임금을 가리키는 이름이라고 했다. '갈려'를 '개'라고 썼음을 말한다. 또 개가 진 晉의 희공 僖公 때 여러 차례 입국한 바 있다고 기록함으로써 사마천이 보을의 시해사건에 대해 알고 있었던 정황을 보여준다.[21] 갈려 葛盧는 카리아Caria이다. 카리아는 당시 리디아의 군사기지(둔전 屯田)였다가 뒤에 리키아에 의해 도시연맹으로 흡수되었다. 먼저, 아폴로도로스의 《그리스 신통기》를 보자.

> 먼저 '혼돈'이 있었다. 그런 다음 올림포스에서 천공신 우라노스와 대지의 신 가이아가 세계를 다스렸다. 하지만 우라노스의 성정이 난폭해져서 가이아가 계속 악신惡神을 낳게 되었다. 이에 우라노스는 그 아이들을 낳는 족족 지옥에 던진다. 이를 참지 못한 가이아는 시간의 신 크로노스를 부추겨 낫으로 우라노스의 성기를 잘라 지중해에 던져버린다.

이 신화에서 우라노스는 제1기능(진한)을, 가이아는 제3기능(변한)을 의미한다. 그리스 신화에서는 낫과 도끼가 같은 뜻이고 흉노에게는 낫이 황금지팡이(경로신도 徑路神刀)다. 낫으로 '성기를 잘랐다'는 비유는 사제의 예비자인 태자를 없앤다는 뜻이다. 크로노스는 사제의 지팡이를 뺏는 데 성공하자 다음과 같은 신탁을 받게 된다. 신탁은 자신이 한 일을 훗날 자식이 똑같이 되갚는다는 것이다. 신탁에 놀란 크로노스는 아이가 태어나는 족족 먹어치운다. '먹는다'고 한 것은 비유이다. 인간이 만물의 척도라고 믿었던 샤머니즘 시대에 제국은 하나의 인체로 비유되었다. 먹는다는 비유는, 그러니까 제국의 위장에 해당하는 기관(나라)으로 자식을 유배시킨다는 뜻이다. 크로노스의 자식들이 모두 유프라테스 강 하류 지역인 엘람으로 보내졌던 사정은, 그 곳 엘람의 왕 기비(캄비세스 1세)가 해모수와 함께 크로노스(한개)에 복수하는 상황에서 그 정황이 드러난다.

한편, 《후한서》는 이렇게 썼다.

북쪽에 사는 오랑캐(북이 北夷)가 고리국왕 高離國王을 자루에 넣어 국외로 추방했다.[22]

북쪽 오랑캐가 고조선의 구이 九夷를 말하는 샤먼들이고 고리국은 북천축이다. 여기서 고리국왕은 고조선의 단군 보을이다. 또 자루에 넣어 국외로 추방했다는 표현은 '낫으로 성기를 잘라 지중해에 던졌다'는 표현과 같은 비유이다. 자루는 고환의 비유이며, '고리'가 고리짝이고 갈대상자이다. 그리스 신화에서는 고환이 지중해에 버려졌다고 했지만 여기서는 막연히 추방이라고 언급했다.

이 이야기들이 하나의 사건(텍스트)에서 파생되었다는 사실은 인물들의 이름에서 드러난다. 우라노스 Ouranos의 첫소리 'Our'을 '보을 Bour'로 옮겼고 한나라의 '개介'는 크로노스Kronos의 첫소리이다. 또 태자 고열가는 그리스 신화의 '고이오스Goios'로 이를 '고열'로 옮겨 헤로도토스 기록에서 보이는 키루스 1세에 대응된다. 사마천은 이 인물을 문공文公이라고 적고 그 별칭으로 중이重耳 혹은 호언狐偃이라고 썼다. 중이重耳의 '耳'는 조두의 상징이고 '호언狐偃'은 고열가와 《그리스 신통기》에 보이는 고이오스Goios를 이두로 적었음을 암시한다. 다른 기록에서는 고이高夷로 나타나기도 한다.[23] 우라노스, 가이아 신화가 페라스키(고조선)의 실제 역사라는 사실은 헤로도토스가 잘 보여준다. 헤로도토스가 언급한 헤라클레스 가문 출신의 리디아(사르디스)의 왕 칸다울레스가 곧 사제 보을이기 때문이다. 보을은 칸다울레스의 가운데 소리 '울'에 대응된다. 헤로도토스가 전하는 고조선(페라스키)의 파국 이야기를 들어보자.

사제의 스캔들은 지진과 같았다

칸다울레스(보을)에게는 아름다운 여자가 있었다. 그는 여자의 아름다운 알몸을 자랑하고 싶어서 안달이 나있었는데, 궁리 끝에 자신의 충복인 시위侍衛 기게스에게 아내의 알몸을 보여주기로 했다. '기게스'의 이름이 한나라의 개(한개韓介)의 '개'와 대응된다. 처음에 기게스는 왕의 제안을 단호히 거절했지만 협박에 못 이겨 어쩔 수 없이 시키는 대로 해야 했다. 어느 날 밤, 그는 침실 문 뒤에 숨어서 왕이 시키는 대로 왕비가 옷을 벗고 침상에 드는 모습을 엿보았다. 불행히도 왕비는 이 모든 것을 눈치 채고 있었다. 이번에는 기게스가 왕비에게 똑같은 협박을 받게 된다.

네게는 이제 두 가지 선택만 남아있다. 어느 쪽을 택할지는 그대의 몫이다.

칸다울레스를 죽이고 나와 함께 리디아 왕국을 차지하든지, 그렇게 하는 것이 싫으면 이 자리에서 당장 죽어 주어야겠다.

이렇게 되어 기게스는 왕비의 알몸을 본 죄로 명을 따라야 했다. 그는 침실 문 뒤에 숨어 왕비가 시키는 대로 침대로 올라가는 왕을 비수로 찔러 죽였다. 일개 시위였던 기게스는 리디아의 왕위를 찬탈하고 왕비와 결혼하게 된다. 헤로도토스는 크로노스가 가이아의 사주에 놀아나 우라노스를 죽이고 그의 황금지팡이를 빼앗은 사건을 이렇게 옮겨놓은 것이다. 《고기》에서는 장노술이 보을에게 미인을 바치면서 정치가 부패하자 마침내 한개가 사제를 시해한 사건에 대응된다. 《고기》의 기사는 거기에서 끝나지만 헤로도토스는 왕이 된 기게스가 신탁을 받는 이야기를 덧붙이고 있다. 신탁은 이들의 죄악이 5대손에 이르러 그 결과가 나타난다고 하여, 실제로 그리스 신화가 전하는 크로노스의 일은 기게스 왕의 손자뻘 때 이야기가 된다. 세계를 떠들썩하게 만든 이 사건의 역년은 정확하지 않다.

사마천의 기록에서도 조선(진晉)의 파국은 왕의 성추문에서 비롯된다. 이 기록에서는 진의 공영孔寧과 하희夏姬의 간통사건이 문제가 된다. 공영은 진 영공靈公의 대부大夫인 의행부儀行父였다. 영공의 후后인 하희와 간통한 것이 발각될까 봐 공영은 하희의 아들 징서徵舒를 시켜 영공을 죽인다(기원전 599년). 이에 이대부二大夫가 초나라로 도망가고 그 다음해에 초나라 장왕莊王이 진을 벌하여 징서를 죽이고 영공의 아들을 다시 세운다. 이 대목이 《고기》의 보을과 한개, 태자 고열가의 이야기와 대응되는 것이다.

영공이 보을이자 그리스 신화의 우라노스이며, 하희가 가이아이다. 《고기》는 우라노스의 첫소리 'our'을 'bour 普乙'로 적었다. 중국은 '乙'을 '알'로 풀이하여 이를 '孔'으로 적었으며 또 가이아의 첫소리 'ga'를 '夏', 끝소리를 '姬'로 적어 '하희'로 만들었다. 고조선의 파국이 동시에 아시리아(주周)의 파국임을 알 수 있다. 《고기》에서는 보을이 한개에게 시해되자 종실인인 북부여의 해모수가 일어났다고 했는데, 이는 그가 주나라와 그 사제의 나라인 조선을 친다는 뜻이다.

《후한서》〈동이전〉 부여조에서 고리국에서 일어났던 자루 사건을 언급하고 사마천이 영공 이야기를 기록했던 것은, 왜 주나라 말기를 춘추전국시대라고 하는지를 설명하기 위해서이다. 그러니까 전국칠웅은 화백회의를 주도하던 베일 속의 샤먼신선(구이)들이 고조선이 와해되면서 그 실체를 드러낸 상황임을 말해 준다.

《사기》〈진세가晉世家〉에는 이들 샤먼신선들이 오현자五賢者이고 이들을 뱀(오사五蛇)이라고 적었다. 또 이들을 거느린 문공(중이重耳)을 하늘의 용(상천용上天龍)이라고 기록했는데, 이미 앞에서 언급했듯이 문공은 그리스 신화의 고이오스Goios이고 우리 쪽 기록의 단군 고열가古列加이다. 사마천은 다섯 뱀의 이름을 호언狐偃, 조쇠趙衰, 위무자魏武子, 사공계자司空季子, 개자추介子推 라고 쓰고 본래는 선진先軫, 전힐顚頡을 더하여 모두 일곱이라고 했다.

이 기록은 성서의 〈요한계시록〉에 등장하는 천상에서 분쟁하는 용들과 대응되는 것으로 천사 네피림을 말한다. 이는 진나라의 역사가 그리스 문명이 일어날 때의 소아시아 역사임을 보여준다.

제1장

지중해에서 만나는 춘추전국시대의 일곱 나라

주나라 역사가 아시리아 제국의 역사이면, 주나라가 망하면서 생긴 전국칠웅도 당연히 서아시아에 있는 나라들이 된다. 중국 역사를 화려하게 장식한 이 나라들은 어디에 있었을까. 고조선 최후의 무대였던 오늘의 터키 땅으로 눈을 돌려보자. 소아시아의 사르디스가 진이라고 했으므로, 그곳이 바로 고조선 쌈지의 무덤이 된다.

진晉과 페르가몬

주나라 역사가 아시리아 제국의 역사이면, 주나라가 망하면서 생긴 전국칠웅도 당연히 서아시아에 있는 나라들이 된다. 중국 역사를 화려하게 장식한 이 나라들은 어디에 있었을까. 고조선 최후의 무대였던 오늘의 터키 땅으로 눈을 돌려보자. 소아시아의 사르디스가 진晉이라고 했으므로, 그곳이 바로 고조선 쌈지의 무덤이 된다.

사르디스는 에게 해로 흘러가는 게디스Gediz 강과 멘데레스Menderes 강 사이의 비옥한 들판에 있다. 본래 이름은 아르켄트Arkent로, '붉은 알의 도시'를 뜻한다. 고구려의 환도丸都라는 말과 다르지 않으며 실제로 고구려 역사가 그곳에서 펼쳐졌다. 이곳이 《고기》에 기록된 해성평양海城平壤이고 부도이다. 세계에서 최초로 금화를 만들어 사용했던 곳으로, 금을 비롯한 광물자원이 풍부하게 매장되어 있는 당대 지중해 문화의 중심지이기도 했다. 고조선이 무너진 뒤 칠현자七賢者라고 일컫는 철학자들, 이를테면 탈레스나 피타고라스, 비아스, 솔론, 여류시인 사포 등이 신권주의(쌈지도)를 밀어내고 데모스를 쟁취한 크로노스(한개韓介)를 자문하던 곳이다. 신권과 민주주의 사이의 이념분쟁의 중심지인 것이다. 유적의 대부분은 헬레니즘

페르가몬 언덕 꼭대기가 페르가몬의 아크로폴리스이다. 진입로가 보인다. 307쪽에 원추형 대극장 도판이 있다.

시대의 것이지만, 아크로폴리스 광장과 성벽을 갖춘 왕궁 등은 앞 시대의 유적들이다. 사르디스가 얼마나 부유했는지는 그 유적(공동묘지)에서 발굴된 페르시아 시대의 금 목걸이, 금 장식품, 금 팔찌 등 온갖 금 유물이 말해준다.[1] 놀랍게도 이 유물들은 경주에서 발굴되는 유물과 같은 것이다.

해성평양은 사르디스 북서쪽에서 발견되는 도시 '페르가몬 Pergamon'이다.그림 82 이곳의 신전들은 표고 약 350미터나 되는 바위산 위에 서있다. 흥미롭게도 '페르가몬'의 뜻은 천국의 결혼풍속을 말하는 '이중결혼'이다. 바로 이곳에서 화려한 욕조와 성배로 상징되는 신들의 혼인이 거행되었던 것이다. 이곳 유적도 대부분 헬레니즘 시대의 것이지만, 언덕 위에는 신전 도서관, 노천극장, 체육관, 무기저장고 등의 유적이 있다. 샤먼신선놀이는 노천극장에서 열렸다. 고고학자들은 적어도 기원전 8세기 이전에 이곳에

차탈휘위크에서 발굴된 유물 왼쪽 조각에는 의자의 양쪽 손잡이에 곰으로 추정되는 동물의 머리가 새겨져 있어서 조각의 주인공은 신화에 등장하는 웅녀로 추정된다. 아래는 목에 거는 각종 여의주(금척)로, 이곳에서 신선놀이가 있었음을 말해준다. 도판 출처, James Mellaart, 《Earliest Civilizations of the Near East》.

샤먼 제국 305

물병을 들고 있는 이슈타르 여신 물병은 정령을 뜻하며 여신은 다산과 풍요를 상징한다.

마리의 왕궁 벽화 소를 이끌고 온 사람들이 거대한 신상 앞에 모여있다. 이슈타르 여신의 팔에 팔찌가 보인다.

페르가몬 아래는 신선놀이가 열린 아크로폴리스의 원추형 대극장이다

트로이 성의 동탑 유적

가면을 쓴 신상 샤머니즘에서 불교로 넘어가는 전환기 시대의 신상들이다. 위는 시비왕의 본생도로 북량 시대의 것이다. 제275 막고굴 벽화. 아래 그림은 서위 시대의 아수라 신상으로, 눈이 네 개인 것은 방상씨 가면임을 뜻한다. 들고 있는 것은 진천뢰(폭탄)이다. 제249 막고굴 천장 서면 벽화.

93

고리짝 사리함으로 알려졌으나 복숭아형 뚜껑은 이 그릇이 샤머니즘 시대의 수태고지에 쓰이는 고리짝임을 말해준다. 뚜껑에 날개 달린 천사가 있고 고리짝 둘레에 춤을 추는 귀인들의 모습이 보인다. 아래는 고리짝 뚜껑에 그려진 날개 달린 천사. 6세기, 쿠차.

107
히바 지역의 이찬칼라 성
사진 제공, 장준희.

108
사제의 황금지팡이 박트리아 하이눔의 실리아 언덕에서 발굴되었다.

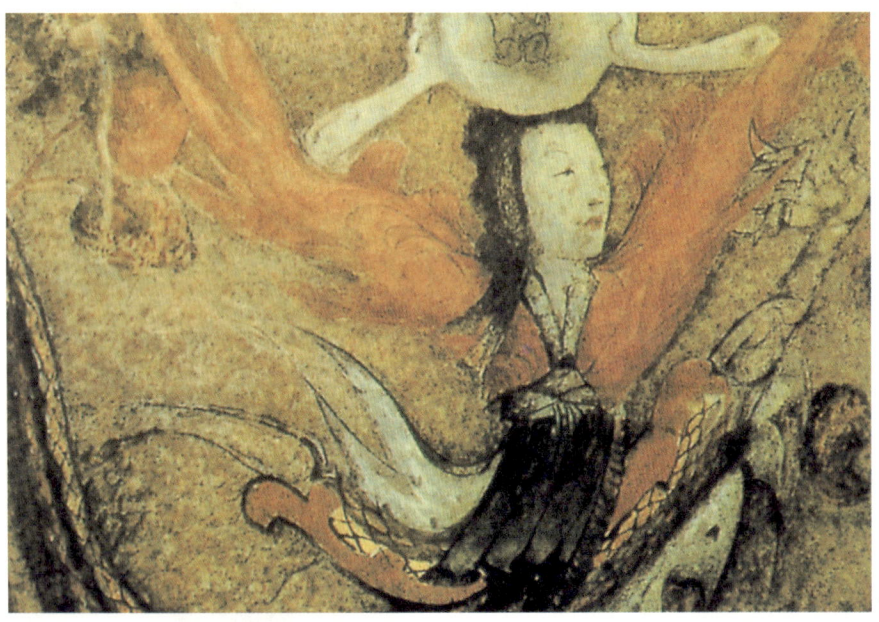

삼성퇴 유물과 고구려 벽화 위 왼쪽은 삼성퇴 출토 청동 조두이고 오른쪽은 조두를 머리에 이고 구름 산 위에 앉아있는 선녀의 모습이다. 삼성퇴 유물로, 중국은 고촉 시대 유물로 간주한다. 도판 출처, 황젠화, 《삼성퇴의 황금가면》. 아래는 집안 5고분군 4호분 천장부의 〈월상도〉이다. 삼족오 항아리를 머리에 이고 나르는 이 고구려 벽화의 여인상과 삼성퇴 유물의 여인상은 다르지 않다.

125

삼성퇴 출토 황금가면을 쓴 인물 오늘날 중국인의 대표적인 얼굴 모습과는 거리가 멀다. 도판 출처, 황젠화, 《삼성퇴의 황금가면》.

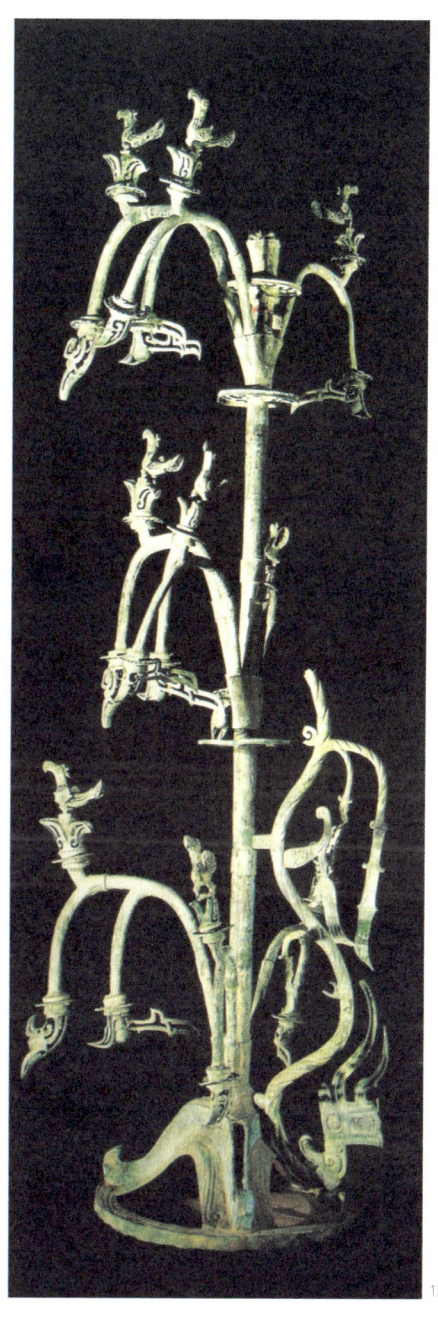

126

샤먼의 우주목을 뜻하는 간지목 아홉 가지의 나무에 정령의 상징인 천조 天鳥가 앉아있다. 도판 출처, 황젠화, 《삼성퇴의 황금가면》.

샤먼 제국   313

고리짝과 고리짝 뚜껑

공주 무령왕릉 내부　전돌로 만들어진 이 고분은 양자강 하류를 거점으로 삼았던 양나라 시대의 고분양식과 같다. 1972년 발굴.

130

금으로 만든 화려한 버클 용이 꿈틀거리는 문양은 샤머니즘의 도상이다. 이집트 양식으로 추정된다. 1~2세기, 평양 석암리 9호분 출토.

133

무령왕릉 출토 은팔찌 안쪽에 '多利'라는 양나라 시대 공장의 이름이 새겨져 있다.

134

무령왕릉 출토 청동거울 거울은 부도에서 천문을 관측하는 기구이다..

135

무두루 결사대(천사) 사산왕조의 기마병들이 갑옷으로 무장한 말을 타고 그 위용을 과시하고 있다. 둔황 제258굴 남벽 부분. 도판 출처, 《敦煌の美術》

소그디아나(우즈베키스탄)의 히바와 이찬칼라 성 사진 제공, 장준희.

137

샤먼 제국

태양신상 태양신이 태양마차를 상징하는 두 개의 바퀴를 깔고 앉아있다. 둔황석굴 벽화.

사람들이 거주했음을 알아냈으며, 주민이 비非그리스계임을 확인했다.

그곳이 미트라 신앙의 중심지였다는 사실은 불(태양)에 예배하는 배화단拜火壇이 있다는 사실이 말해 준다. 이목을 끄는 것은 페르가몬이 데메테르와 디오니소스 밀의密儀의 발원지이며, 미트라 제사에 사용되었던 용어도 엘람어였다는 사실이다.² 대야발의《고사》를 참고하면 진晉이 이브라에서 페르가몬으로 옮겨오기 전에 이미 기자조선이 여기에 있었다. 기원전 5세기경에 진의 공실公室을 보좌하던 육경六卿이 세력을 얻어 서로 싸우면서 조趙, 위魏, 한韓이 탄생하게 된다.³ 공실이라는 말은 그러니까 신라의 육부촌장과 같은 것이다. 고조선의 절대신권주의가 붕괴되는 상황을 말한다. 세 나라는 각기 독립국이 되면서 왕 대신 상相이라는 칭호를 사용하게 된다. 사마천은 이 세 나라를 삼진三晉이라고 불렀다.⁴ 그렇다면 이 세 나라는 어디에 있는가.

조와 트로이

조趙나라의 역사는 곧 트로이Troy의 역사다. 조는 오늘의 소아시아 서북단에 있었던 미시아Mysia이다. 수도는 옛 히타이트의 도읍지 하투스Hattusha이고 영토는 그리스와 마케도니아에 이르렀다. 나라의 남쪽은 리디아에 인접해 있으나 국경은 명확하지 않다.⁵ 사마천은 조趙라는 나라 이름이 그곳에 있는 성城의 이름에서 따온 것이라고 했다. 그것이 '트로이Troy'성이며, 트로이의 첫 자를 조라고 옮긴 것이다. 그림 83(307쪽)

호메로스의 유명한 서사시《일리아드》의 무대이기도 하고, 트로이 목마와 파리스의 심판 이야기로 널리 알려진 곳이다. 많은 유물이 발굴되었는데 그중에서 백경옥白硬玉으로 만든 도끼가 있다. 졸본부여 지역의 '고단

(우전)'에서 캐낸 구슬로 만든 것으로 알려져 있어 이곳이 아미 타클라마칸 사막과 무역을 했다는 사실이 드러난다. 고단은 당시 세계 최대의 옥 산지였다. 쌈지의 비밀의례에 쓰이는 이런 도끼는 지중해의 크레타 섬이나 소아시아의 트로이에서도 발굴되어 지중해의 미케네 문명이 샤머니즘 문화권이었음을 말해 준다. 트로이에 살았던 사람들은 크레타와 마찬가지로 정체를 알 수 없으며 그들이 사용했던 언어는 후루리어, 엘람어였다.[6] 그들이 고조선 사람들(예맥계)이라는 것을 추정할 수 있다.

사마천은 조나라의 시조가 비렴蜚廉이며 그 손자(조부造父)가 주나라의 선왕宣王(기원전 821년) 때 조성趙城에 봉함을 받았다고 했다. 이에 그는 성의 이름을 따서 나라 이름을 조趙라고 한 것이다. 여기서 말하는 비렴이 메디아 제국의 영웅 프라오르테스(해모수)를 말한다는 것은 뒤에서 다시 언급한다. 조나라 수도가 한단邯鄲이라고 한 것은 오늘날 터키 수도 앙카라 일대에 있었던 히타이트의 수도 '하투스'와 대응되기 때문이다. '한단'은 이두로는 'ha+ta'여서 '하투스'의 음기임을 알 수 있다. 결정적인 단서는 조나라 무령왕武靈王조에 기록된 '화씨의 구슬(화씨벽 和氏璧)'이라는 에피소드이다. '화씨'라는 초나라 사람이 천하의 보물인 보배구슬을 산중에서 얻었는데 이것을 조나라 혜문왕惠文王이 손에 넣었다. 이를 안 진秦나라가 15개 성城과 그 구슬을 교환하자고 제안했지만 조나라가 이에 응하지 않았고, 그러자 전쟁이 일어났다는 것이다.

이는 그리스 신화에 등장하는 '파리스의 심판' 이야기와 대응된다. 최고의 미인에게 황금사과를 주는 의식으로 인해 트로이와 그리스 연합군 간에 비극적인 전쟁이 일어났던 사건이다. 천하의 구슬은 황금사과(금척 金尺)를 말하는 것으로, 이는 신선놀이의 여의주如意珠를 말한다. 중국 문헌은 '화씨'가 초나라 사람이고 구슬은 산중에서 얻은 것이라고 했다.[7] 산중에서 구슬을 얻는다는 말은 신선놀이에서 당상에 오른다는 뜻이다. 중국도 구슬을 과거에 급제한 군자君子가 얻는 보물로 여긴다. 앞에서 언급했듯이 《서경》은 주나라가 이 구슬을 발행했다고 기록했다. 화씨는 그리스 신화의 '파리스'로 '화씨'가 '파리스'의 첫 글자와 끝소리를 옮긴 글자임이 드러난다. 또 구슬(벽璧)은 트로이의 왕자 파리스가 '판결'에 사용했던 황금사과에 대응된다. 또 화씨가 초나라 젊은이라고 기록되어 있는데, 실제로 호메로스의 서사시에서 파리스가 최후에 이집트로 도주했음을 상기할 때 초가 이집트라고 한 주장이 다시 설득을 얻는다.

위와 리디아

지중해 문명의 중심지이며, 오늘날의 터키 지도에는 남과 북이 되는 두 강 사이에 제2의 수도인 해안도시 이즈미르Izmir가 있다. 이 지역이 바로 리디아이다.

리디아Lydia의 첫소리 'ly'가 위魏로 옮겨졌다. 트로이 남쪽에 있던 리디아는 수도가 고조선의 마지막 금성이었던 사르디스(진晉)이다. 일연이 인용한 〈고조선기〉 기사의 출처가 바로 이 나라의 역사서인 《삼국지》〈위서魏書〉를 말하는 것이다. 위는 처음에는 필씨畢氏였다가 춘추 시대에 진공晉公에게서 위국魏國으로 봉함을 받으면서 이름을 위로 고쳤다. 기록은 춘추전국시대로 들어설 무렵 위의 문후文侯가 현군賢君이어서 그가 공자의 제자인 자하子夏를 스승으로 삼았다고 했다. 이 상황은 그리스의 7현자七賢者들이 리디아에 드나들던 정황과 대응된다. 이미 언급했듯이 리디아는 금과 은의 나라이며 세계 최초로 금화를 사용했던 나라이기도 하다. 사마천도 위나라가 혜왕 시대에 열국 가운데서 경제적으로 가장 발전한 나라이며 사방에서 인물들이 모여들었다고 기록했다. 그렇지만 그 기록을 뒷받침할 만한 지정학적인 근거를 오늘의 중원 땅에서는 발견할 수 없다.

한과 리키아

한韓은 기원전 7세기의 일본 건국신화에 등장하는 나라이다. 일본어로 그곳을 '가라(韓)'라고 써서 한이 '카리아Caria'임이 확인된다. 카리아는 뒤에 도시연합으로, 리키아Lykia에 흡수되었으므로 리키아라고 해도 무방하다. 오늘날의 터키 땅 서남쪽 토로스(웅우좌雄牛座) 산맥 일대이며, 토로스 산에 한개(크로노스)를 제사하는 사당이 있었다. 발굴 보고서에 의하면 적어도 기원전 1900년경에 '루비'라는 민족이 그곳에 살았으며, 기원전 550~500년에는 '이두라라' 혹은 '키두라라'라는 도시가 있었다. 그들은 '키벨레'라는 여신을 숭배했다고 한다.

 1973년에 발견된 한 비문은 리키아어, 그리스어, 엘람어의 세 가지 문자로 새겨졌는데, 그 내용은 제단의 유지와 그 운영에 관한 것이었다.[8] 이런 자료는 인종을 초월하는 교리를 가진 종교가 그곳에 있었음을 말해 준다.[9] 주목할 것은 이두로 사용되는 미노아 문자의 흔적이다. 미노아 문자는 다섯 개 단모음(a, e, i, o, u)을 포함해서 모두 열두 개의 자음이 있다. 이것들은 예컨대 ka, ki, ku, ke, ko/ ta, ti, tu, te, to와 같이 결합하여 오늘의 일본어 구조와 같음을 보여준다.

 사마천은 이곳을 한韓이라고 적었다. 그에 의하면 한의 조상은 주나라와 같은 희姬씨이고 그 후예가 진晉에 발탁되어 한원韓原에 봉함을 받았다. 그 뒤 한궐韓厥이라는 자가 있어 봉지封地의 이름을 따라 한씨韓氏라고 불렸으며, 진晉의 경공景公 3년에 사구司寇의 도안가屠岸賈라는 자가 반란을 일으켜 영공靈公에 적대했던 조순趙盾을 주살하려 했다. 이는 크로노스의 반란과 대응된다.[10] 리키아는 세계적인 철 생산지이며 세계의 상권을 잡고 있었던 페니키아 상단의 기항지이기도 했다.

진과 마케도니아

오늘날 우리가 접하는 중국 지도에는 진秦 나라가 황하 서쪽, 전국칠웅 가운데 맨 서쪽에 배치되어 있다. 이는 진나라가 조나라의 서북쪽에 있음을 암시한다. 사마천이 조나라와 진나라는 조상이 같다고 한 것도 이를 뒷받침한다.

진이 곧 트로이 북서쪽에 있던 마케도니아이다. 마케도니아가 역사무대에 등장한 것은 기원전 7세기 초이다. 페르디카스 Perdikkas 1세[1]가 그 일대 대부분을 통치하고 있었다. 마케도니아 백성은 해안지대에 살았고 산지에는 군대를 제공하는 의무만을 가진 독립적인 주권 세력이 있었다. 이들은 전투와 사냥에 뛰어났고 문자를 쓰지 않았던 스키타이족이다. 그리스인은 그들을 바르바로이(야만인)라고 불렀다. 그들에게는 사냥이 최고의 학문이었으므로 이들의 귀족들은 여러 종류의 동물을 갖춘 개인 사냥터를 가지고 있어서, 전성기의 페르시아 왕실에서는 그곳에 자제들을 보내 유학을 시키기도 했다. 기원전 4세기경에 이르면 마케도니아 왕실은 귀족만 800명이 넘고 그들이 소유한 영토는 그리스인 1만 명이 벌어들이는 수확에 맞먹었다. 이것이 알렉산드로스 1세가 등장하던 시대의 마케도니아이고 사마천의 기록이 말하는 진시황의 나라이다.

사마천은 진의 선조를 백익伯益이라고 기록함으로써 진이 백인임을 암시한다.[11] 마케도니아 서쪽이 로마이므로, 중국이 로마를 대진大秦이라고 하면 마케도니아는 작은 진이라고 보는 것이 합리적이다. 대진의 주민들이 키가 크고 그 풍습이 중국 서북부의 진秦 지역과 닮았기 때문에 그들을 대진이라고 불렀다고 한 기록은 이를 뒷받침 한다.[12] 중국의 서북부라고 한 것은 기록의 기점이 서아시아임을 말한다. 이 기록이 오늘의 중국이면 어떻게 섬서성의 서북이 로마가 되겠는가. 대진과 진이 같은 이름인데 이 상황에 대해 중국은 납득할 만한 설명을 하지 못한다. 헤로도토스에 의하면 마케도니아와 로마인은 트로이전쟁에서 그 뿌리가 같다. 트로이 왕족이었던 로마인들은 아테나 여신이 보낸 목마로 성이 불타자 서쪽 이탈리아로 도주했기 때문이다. 로마가 마케도니아보다 먼저 그 지역에 자리잡았던 터였으므로 로마에 '大'라는 수식어가 붙는 것은 당연하다. 사마천은 이를 알고 있었을 것이다. 진시황의 용모가 코가 높고 눈이 크다고 한 것도 진이 마케도니아인을 가리킨다는 사실과 부합된다.

노와 로도스

노나라는 리키아(한韓)의 남쪽 바다에 있는 로도스 Rhodes 섬이다. 'Rhodes'의 첫소리를 노魯라고 옮긴 것이다. 수도는 '로도Rodo'이다. 사마천의 기록에서는 노나라 수도가 곡부曲阜이다. 로도는 섬의 동북쪽에 자리잡아 그곳에서 바다 건너 토로스 산맥을 바라볼 수 있으며 도읍은 성벽을 둘러서 독립된 구역으로 되어있다. 성벽이 구불구불한 모양이어서 사마천이 이곳을 '곡부'라 표현했음을 짐작할 수 있다. 곡부曲阜의 '阜'자는 우뚝 솟은 곳을 가리키지만 기록은 그것이 산도 아니고 능陵도 아니라고 했다.[13] 그렇다면 해답은 섬일 수밖에 없다. 곡부는 섬나라인 것이다.

중국 땅에 있다는 노나라 시대의 궁전 터는 오늘의 곡부에서 동북쪽으로 0.4킬로미터 지점에 있다. 사방 450미터 정도의 땅이지만 그곳을 기록에 보이는 곡부와 견주는 것은 어불성설이다. 곡부가 바다 안에 있다는 사실은 《논어》가 암시한다. 노나라의 공자는 올바른 도가 행해지지 않으면 배를 타고 바다를 건너 구이九夷에 가 살겠다고 말했다.[14] 배를 타다라는 표현에서 분명 뗏목을 언급한다.[15] 노나라의 곡부曲阜가 동이 지역과 매우 가까이 있음을 말하는 대목이다. 로도스 섬의 북동쪽에 공자가 구이라고 불렀던 조선이 있음을 암시하는 것이다. 리키아는 말 그대로 엎어지면 코가 닿을 곳이어서 뗏목이라는 표현이 자연스럽다. 하지만 오늘의 산둥에 있는 곡부에서 이런 표현을 사용하는 것은 적절치 않다. 게다가 공자가 살던 시대에 한반도에 동이(조선)가 존재하지 않았다는 사실은 노나라의 무대가 오늘의 중국 땅이 아님을 말해 주는 결정적인 단서다. 이런 사정 때문에 중국은 '공자가 구이에 거주하고자 했다'는 말을 신빙성이 없거나 과찬이라고 폄하한다.[16]

  로도스의 역사를 쓴 사람은 그리스의 철학자 제논이다. 그는 《로도스사》에서 로도에 천문 지식이 탁월한 '헤리아데'라는 인물이 살았다고 기록했다. 제논은 헤리아데가 혼자서 이집트까지 배로 여행하고 그곳에 헬리오폴리스라는 거리(학당學堂)를 만들었다고 썼다. '헤리아데'의 뜻은 '태양의 아들'이다.[17] 공자孔子의 '孔'을 구멍(원圓)으로 읽으면 이 역시 태양이 되어 '孔子'와 '헤리아데'가 그 뜻에서 다르지 않다는 것과 헤리아데가 만든 거리 또한 공자학당(공문孔門)과 대응된다. 실제로 공자도 초대를 받아 초나라에 간 일이 있다.[18] 공자도 천문에 지대한 관심을 지닌 인물로 알려져 있다. 이 점은 노나라에 토신土神을 제사하는 사직이 있었고, 그 신사의 중심에 신목神木이 있었다는 사실이 말해 준다.[19] 신목은 솟대(오벨리스크)이다. 공자의 무대가 지중해 일대라는 사실은 담국郯國이라는 나라를 둘러싼 에피소드에서 드러난다.

담국과 다마스쿠스

담郯이라는 나라는 노나라 동남쪽에 있다고 했다.[20] 이 나라의 위치에 대해서는 알려진 바가 없다. 노나라의 동남쪽이라면 오늘의 산둥반도 어느 지점이다. 하지만 그만한 거리에 도달하면 곧 동쪽 바다에 이르게 된다. 담국은 오늘날 시리아의 수도 '다마스쿠스Damascus'이다. 구약성서는 이 나라를 '다메섹'이라고 적었다. 다마스쿠스의 첫소리가 '담dam'이 되었음을 알 수 있다. 이곳은 예로부터 군사용·상업용 도로가 교차하던 곳이며, 상업적으로나 종교적으로 중요한 지역이다. 한때는 엘람 제국이 수도로 삼기도 했다. 중국 기록은 담이 춘추시대의 나라라고 했고, 소호의 후예가 봉한 나라로 뒤에 월越에 망했다고 했다. 단서는 이 나라의 군주인 담자郯子가 기원전 525년에 노나라에 들렀던 사건에서 찾을 수 있다. 노나라는 이때 그에게 성대한 연회를 베풀었는데 그 연회석상에서 노나라의 재상 숙손소자叔孫昭子가 담자에게 이런 질문을 던진다.

> 옛날 소호씨少昊氏라는 제왕 시대에 모든 관직을 새(鳥)의 이름으로 불렀다고 들었는데 왜 그렇게 불렀을까요?

담자가 대답했다.

> 성제聖帝는 구름의 이름을 관직에 붙였고, 염제는 불을, 공공共工은 물을, 그리고 태호는 용을 이름으로 썼지요. 소호는 내 나라의 선조로서 영조靈鳥로 불리는 봉황이 하늘에서 그때 내려왔기 때문에 새를 관명으로 쓴 것입니다.

담자는 백관들의 이름을 줄줄 암송했던 것이다. 그러자 노나라 만조백

관들이 입을 다물지 못했다. 공자가 이 소식을 전해 듣고 담자가 머무는 숙소로 찾아갔다가 소호씨의 옛일에 대해 물었다. 담자에게 모든 사정을 듣고 난 공자는 예가 '중국에서 사라져도 만이蠻夷의 나라에는 남는다'는 속담을 뇌까리며 탄식하여 말했다. "내가 동이로 가고자 했던 것이 바로 이 때문이오."

담자가 공자가 모르는 일을 소상히 알고 있었던 것은 우연이 아니다. 담국이 바로 소호김천의 유적인 차탈휘위크 남쪽에 있었기 때문이다. 사마천은 담국의 지리에 대해 이렇게 기록했다. 소호김천씨가 제위에 올랐던 궁상이 노나라 북쪽에 있었으며, 뒤에 김천씨가 곡부로 이사를 갔다. 이는 로도스와 차탈휘위크, 다마스쿠스가 하나의 삼각형 안에 있음을 말해 주는 것으로, 노나라가 로도스임을 뒷받침해 준다.[21]

정과 크레타

정鄭나라는 지중해 가운데 있는 크레타 섬이다. 그곳에 태양신의 제단이 있고 거대한 소뿔이 버티고 서있다. 춘제春祭 때가 되면 사람들은 수소를 쫓는 놀이를 하는데 축제가 끝나면 소를 잡아 제단에 바친다. 이런 춘제 풍습은 정나라 기록에도 똑같이 나타난다. 춘제 때에 소의 꼬리를 보고 그 해 운세를 점쳤고 죄수를 말뚝에다 묶는 인신공희人身供犧도 이 나라에서 행해졌다.[22] 기록은 이를 만형추적蠻荊戎狄의 일이라고 했다.[23] '鄭'이라는 글자는 술잔(전奠)을 올리며 소머리를 숭상하는 마을(정읍鄭邑)이라는 뜻이다. 소머리 제사는 북두칠성의 위치를 감시하는 일과 관련이 있으며, 이때 반석에서 희생물을 구워 속죄하고 잔을 올린다. 크노소스 신전의 일과 다르지 않다. 또, 기록은 정나라는 뽕나무 숲이 많은 곳으로, 그 나라 사람들

크레타 신전 서쪽 지하에 깊이 숨겨놓은 조두 오른쪽 항아리에는 금기를 뜻하는 X자와 신(영혼)을 뜻하는 동심원이 보인다. 도판 출처, H. G. Wunderlich의 《The Secret of Crete》.

은 뽕나무 숲을 신역神域으로 여기며 무당이 그곳에서 무축巫祝행사를 벌인다고 했다. 뽕나무 숲은 크레타 섬의 올리브나무와 대응되며 정나라 무당들이 춤을 추며 부르는 노래를 《시경詩經》은 정풍鄭風이라고 했는데, 이는 그곳에서 비밀의례그림 84가 성행했음을 말해 준다.[24]

정풍은 남녀가 뒤엉켜 춤 추고 노래하는 것으로, 이를 망국의 소리와 이국夷國의 음악이라고 한 것이다.[25] 또 정나라에는 여관이나 술집이 많은 저잣거리(비읍鄙邑)가 있어 풍속을 망친다고 했다. 이는 크레타 서남쪽 파에토스Phaetos와 대응되는 곳으로 거기에는 언제나 페니키아 상인들의 출입

양손에 뱀을 쥐고 있는 크레타의 무당(여신) 《산해경》에는 두 뱀이 각기 청색과 적색이라고 한다. 도판 출처, H. G. Wunderlich의 《The Secret of Crete》

11 지중해에서 만나는 춘추전국시대의 일곱 나라 331

이 빈번하여 여관이나 술집이 많았다. 사마천이 그 나라에 특별히 대우받는 상인 계층이 있었다고 썼는데, 이는 페니키아 상인을 말하는 것이다. 이곳 파에토스는 뒤에 크레타 북동쪽 밀레토스Miletos로 옮겨갔다. 사마천은 이 대목을 유왕幽王 때 그 무리(사도司徒)들이 난을 일으켜 왕이 죽자 정나라 서쪽 도시(서도西都)인 기내畿內의 함림咸林을 동도東都로 옮겨 새로 도읍을 만들었다고 하고 이를 신정新鄭이라고 불렀다고 했다. 이것도 파에토스와 밀레토스의 고사와 대응되는 대목이다.

주목할 것은 《시경詩經》에 있는 다음과 같은 문구이다. "고분古墳 문간에 형날의 도끼가 있다."[26] 이 대목은 크레타에서 영국 고고학자가 지하 신전에서 쌍날 도끼를 발굴했던 상황과 일치한다. 도끼의 의미를 오직 중국이나 인도의 문헌에서만 찾을 수 있다는 사실도 정나라가 크레타가 되는 단서다. 크레타의 본명은 이다이아Idaia이고 뒤에 그곳 여신의 이름을 따서 크레타Crete가 되었다.

정나라가 지중해에 있었다는 사실은 《산해경山海經》이 증언하고 있다. 이 책 〈해외서경海外西經〉에는 무당의 기원이 무함국巫咸國에 있으며, 그곳 무당이 오른손에 파란 뱀을, 왼손에 붉은 뱀을 들었다고 했다. 여기서 '무함국'은 그리스 서쪽 반도에 있었던 미케네Mycenae를 지칭하며, '해외서경'이라는 표현이 이 사실을 뒷받침해 준다. 오늘의 중국 땅에는 서쪽에 해외라고 할 수 있는 바다가 존재하지 않기 때문이다. 실제로 중국은 '무함'을 mukan으로 발음하여, 소리에서도 미케네와 가깝게 들린다.

미케네 문명은 미노아 섬, 크레타 섬과 함께 일반적으로 지중해 문명으로 부른다. 《산해경》이 언급한, 뱀 두 마리를 손에 든 여신상이 크레타 섬의 크노소스 신전에서 발견되었다.그림 85 어찌 이를 우연한 일이라고 할 수 있을까. 게다가 크레타 일대에서 발굴된 점토판 문자는 한자의 전 단계라고 할 수 있는 전篆과 다르지 않은 그림문자이다. 이 섬의 유적에서 발굴된 유골에는 아시아인의 두개골이라고 판단되는 중두형 中頭型 두개골이 발굴된 방 있다. 일찍이 황하 일대를 발굴했던 안데르손이 고대에 중국인이 지중해에 살았다고 주장했던 것도 이런 증거물들과 무관하지 않을 것이다.

제나라와 제라스

제 齊나라는 백가쟁명이라는 고사가 말해 주듯 중국 역사상 가장 이름난 학문의 도시이다. 인구는 성인 남자만 21만 명이 넘어 당대 중국 제일의 도시였다. 수도 임치성 臨淄城의 직문 稷門 부근에 문화구역이 있었다고 하여 그곳이 고대 동아시아의 문화적 허브였음을 짐작케 한다. 고문대옥 高門大屋의 웅장한 저택이 즐비하게 늘어서 있어서 천하에서 모여든 학자, 사상가들이 언제나 묵을 수 있었다고 한 것은 이를 뒷받침한다. 그곳에 머문 저명한 학자만도 76인을 필두로 수백 수천에 달했다.

하지만 이러한 정황을 증명해 주는 고대도시의 유적은 중국 땅에 없다. 제나라가 소금을 만드는 산업으로 경제를 크게 일으켰다는 기록으로 보면 이 나라는 소금호수나 바다를 끼고 있는 것이다. 여러 가지 지리 조건을 살펴보면, 이 나라는 오늘의 요르단 수도 암만에서 북쪽으로 40킬로미터쯤 떨어진 고대도시 테로스 Theros임이 분명하다. 소금으로 유명한 사해와 가까운 지역이다. 그곳은 페니키아 시대의 중요한 상업도시로 일명 제라스 Gerash이다. 수도는 홈스 Homs로 사마천은 이를 임치 臨淄로 적었다. 테로스의 유적에서 발견되는 유피테르와 아르테미스 신상은 물론이고 야외극장, 목욕탕, 시장 터, 타원형 광장 등은 대부분 로마 시대에 만들어진 것이지만, 페니키아 시대의 도시 기반은 그대로 남아있어서 고대에 번창했던 도시였음을 알 수 있다. 백가쟁명이란 기원전 5세기 전후에 지중해의 자유주의 지식인들이 그곳에 모여들어 논쟁을 벌였던 심포지엄의 일을 가리킨다.

제12장
고조선의 마지막과 단군 고열가

고조선의 마지막 단군은 고열가이다. 헤로도토스의 《역사》에서는 키루스 1세이고 아폴로도로스의 《그리스 신통기》에서는 고이오다. 세 사람 이름의 첫소리가 같다는 것은 우연이 아니다. 이쯤에서 천하에 도가 끊기면 뗏목을 타고서라도 동이에 가겠다고 한 공자가 당대에 어떻게 처신했는지를 살펴보기로 하자. 이 대목이 중국과 우리 고대사의 분기점이기 때문이다. 공자는 그의 책들을 페르시아 문자로 기록했다.

고조선의 마지막 단군은 고열가古列加이다. 헤로도토스의 《역사》에서는 키루스 1세이고 아폴로도로스의 《그리스 신통기》에서는 고이오스Goios다. 세 사람 이름의 첫소리가 같다는 것은 우연이 아니다. 대야발의 《고사》에는 고열가가 단 몇 줄로 기록되지만 《고기》는 정식으로 항을 달리하여 이 인물을 기록하고 있다. 이 인물이 사마천의 기록에서는 진晉의 문공文公이다. 이 인물이 그리스 신화에서 크로노스가 낫으로 잘라 지중해에 버린 우라노스의 성기이고, 《후한서》〈동이전〉 부여조에 기록된, 자루에 담아 외국으로 반출했다는 고리국의 왕자이다.

《고기》는, 한개가 보을을 시해할 때 고열가가 의병을 일으켜 스스로 상장上將이 되어 다시 한개를 격퇴했다고 썼다. 불행했던 역사적 사건을 단축하여 한 문장으로 정리한 것이다. 하지만 사마천은 이 인물이 나라를 잃은 뒤 바다에 떠서 정처 없이 방황했다고 언급하고 그의 동정을 자세히 기록해놓았다. 자신의 주인이었던 한무제와 함께 그리스의 데모스(공화정)주의를 지지하는 입장에 섰던 사마천은 옛 정치세력을 상징하는 이 인물에 관심이 컸던 것이다. 우리쪽 기록에는 고열가가 의병을 일으켜 곧 복권했다고 쓰여있지만 사마천은 고열가를 구걸하며 방랑하는 가련한 인물로 부각시켰다. 이념분쟁 때문에 인물의 평가가 반전된 것이라고 할 수 있다.

사마천은 고열가를 문공이라고 적었다

사마천의 기록에서 문공은 주나라 무공武公의 손자이다. 그는 열일곱 살에 5인의 현자를 사사한 후, 신선놀이에서 제나라 환공桓公에 이어 두 번째로 당상에 오른 후 진晉에 진출했다고 한다. 사제 보을의 후보자가 되어 태자가 된 것이다. 그의 이름은 중이重耳였다.[1] 아버지인 진晉의 헌공獻公이 여희麗姬의 계략으로 태자 신생申生을 죽이고 여희가 다시 중이를 위협하자 문공은 다섯 마리의 뱀(천사)을 데리고 적狄으로 도주했다. 적은 고리국이며 어머니의 나라이다. 중이는 그곳에 5년간 피신해 있었으나 자기를 제거하려는 음모의 손길이 그곳까지 뻗어오자 제 힘으로 사직을 지키는 일이 역부족임을 깨닫고 방황의 길을 나선다.

《고기》의 시각으로 보면 이는 방황이 아니라 의병義兵을 동원하려는 의미심장한 여행이다. 이 무대가 중국대륙이라면 그의 여행은 발로 수만 리를 헤매는 고달픈 여행이다. 하지만 소아시아에서는 전국칠웅이 지중해를 끼고 있으므로 배를 이용하는 여정이 된다. 이제 사마천의 기록을 지중해에 옮겨 문공의 방황이 어떻게 진행되는지 살펴보자.

문공은 망명 12년째에 먼저 제齊로 갔다. 이때 제나라 환공桓公의 충신인 관중管仲이 죽었기 때문에 문상이라는 구실이 생겼던 것이다. 《고기》의 시각으로 보면 군대를 요청하기 위해 그곳으로 간 것이지만, 사마천은 그 사실을 묵살하고 문상으로 바꾸어놓았다. 제나라는 페니키아 시대의 중요 상업도시였던 제라스이고 오늘의 요르단 수도 암만이다. 문공 일행은 제나라로 가면서 위衛나라에 들렀다. 위는 키프로스 섬이다. 키프로스의 첫소리 'ky'가 '위'로 옮겼다고 본다. 위는 주나라가 가문 중 강숙康叔을 왕에 봉하여 보기寶器와 제기를 받들게 한 나라이다. 이 나라는 주나라 평왕平王이 동쪽의 낙읍(니네베)으로 도읍을 옮기면서 동주 시대를 여는 데 기여한 바 있다.

이렇게 되면서 위는 진晉의 세력하에 있던 제와 진陳 사이에 끼여 눈치를 보다가 문공 사건이 터지자 이웃 송宋나라에 영토를 양도하게 되었다. 그래서 문공이 그곳에 들렀을 때는 나라꼴이 말이 아니었다.[2] 본래 키프로스는 소아시아와 이집트의 중간에 자리잡았고 지중해에서 크레타, 사르데냐, 시칠리아 다음으로 큰 섬으로 전략 요충지였다. 당연히 이집트의 영향력이 크게 미쳤다. 금이나 구리 같은 천연자원이 풍부하고 산림이 우거져 선박용 목재를 채취하거나 배를 건조했던 곳이기 때문이다. 문공이 그곳에 상륙했지만 위나라 군주와 백성들은 그를 바보로 취급하며 푸대접했다. 조선의 심장부를 반역 세력에게 내준 채 도주한 무능한 태자로 취급했던 것이다. 문공은 그 나라를 떠나면서 허기를 채우기 위해 민가에 들러 음식을 청하였다. 하지만 그 백성들마저 그를 거지 취급하여 흙으로 빚은 떡을 내밀기에 이른다. 참혹한 정황이다. 문공이 치를 떨며 분개하자 그를 수행한 종자가 달래며 이렇게 말했다.

이는 길조입니다. 노여워 마소서. 전하께서 반드시 잃은 땅을 되돌려받는다는 뜻입니다. 어찌 교훈이 아니겠습니까? 어서 받으소서.

여기서 흙떡은 다름 아닌 문공의 잃어버린 땅(본방)을 비유하고 있다. 문공은 위를 떠나 드디어 목적지 제나라에 도착했다. 환공에게 후대를 받았으나 불행히도 환공이 죽고 제는 곧 내란을 맞게 되었다. 그런 상황에 군대를 요청한다는 것은 엄두도 못 낼 일이었을 것이다. 사마천의 기록에서는 병사를 청한다는 이야기는 없지만 행간에서 그 대목을 읽을 수 있다. 문공은 하는 수 없이 조曹나라로 갔다. 사마천은 조는 춘추 시대에 위衛나라의 땅이었으나 위가 메디아(적狄)에 망하자 그 나라 사람들이 대공戴公을 옹립하여 새로 조曹를 세웠다고 했다. 성은 희씨姬氏로 주周(아시리아)의 혈통이다.

　이곳은 테로스 앞바다에 있는 섬 티레Tyre이다. 히브리어로는 '초르', 아카드어로는 '추루'이다. 페니키아 남단에 있는 중요 도시로 모든 항해자와 상인에게 유명한 곳이었다. 알렉산드로스 대왕의 침공 때에 이곳에 육지와 연결되는 다리가 놓였다. 방파제는 길이 약 738미터에 두께는 약 8미터이고, 북쪽과 남쪽에 훌륭한 항구가 있다. 남쪽 항만은 이집트 영역이고 북쪽은 페르시아 제국 시대에 세계 최대의 군항이었다. 헤로도토스가《역사》를 쓸 때에는 시리아와 이집트가 그곳에 국경을 접하였고 실제로 시돈항을 만든 페니키아인들이 시리아 쪽에 살고 있었다. 조나라 사람들은 이곳에서 이집트, 키프로스, 로도스, 시칠리아, 북아프리카의 식민지로 자주색 물감과 옷감, 재목, 밀, 기름, 포도주 등을 수출하며 큰 부를 축적했다.

　문공은 이 나라에서도 냉대와 수모를 당하고는 송宋나라로 향한다. 송나라는 공작公爵의 나라이다. 주의 무왕이 은의 주왕을 멸하고 거기에 그의 서형庶兄을 봉하여 은(상商)의 제사를 받들게 했던 곳이다. 사마천은 그곳을 상구商丘라 하여 아주 작은 나라임을 암시한다. 송은 현재 레바논의 시돈Sidon이며 본시 사이다Saida로 불리던 고대 성읍의 옛터를 가리킨다. 베이루트 남쪽 약 48킬로미터 지점에 있으며, 성읍 북쪽에 산기슭과 내륙으로 이어지는 낮은 암석지대가 있다. 그곳에 훌륭한 항구와 항만이 있었으며 페니키아의 4대 항구 중 하나였다. 히브리어로는 '치돈', 헬라어로는 '시돈'이고 구약성서에는 보통 티레와 함께 거론되며 단족의 지배를 받은 것으로 기록되어 있다. 중국 기록이 Sidon(Saida)의 첫소리와 끝소리를 '宋'으로 옮겼다. 문공이 송에 도착했을 때, 그 나라는 패전한 처지여서 오래 머물러 있을 수 없었다. 문공은 다시 일행을 이끌고 정나라鄭(크레타 섬)로 옮겨갔는데, 불행히 정나라에서도 군주와 신하들에게 문전박대를 당하였다. 군대의 지원을 요청했다가 보기 좋게 거절당한 것이다. 이때 정나라도 주周나라의 침공을 받았던 전력이 있어서 나라 형편이 좋지 않았다. 정나라 신하는 군주에게 이렇게 간하였다.

> 문공은 대인大人입니다. 장차 진晉으로 돌아가 반드시 패자가 될 텐데 후하게 대접하기는커녕 무례한 짓을 했으니 빨리 죽여버려야 합니다. 그렇지 않으면 뒤에 큰 재앙이 닥치게 될 것입니다.

살벌한 정황이다. 문공은 서둘러 초楚나라로 향했다. 바로 이집트이다. 사마천의 기록을 종합해 보면 문공은 이때 이집트의 나일 강으로 상륙했음을 알 수 있다. 나일 강은 '안니르'로 보통 'an'이라는 소리가 강조된다. 초나라의 도읍을 가리키는 영郢이 '안니르'의 'an' 소리와 대응되는데 이는 문공이 나일 강 일대에 있는 이집트의 수도로 갔음을 의미한다. 초나라 성왕成王은 문공을 정중히 맞이하고 환대했다. 당시 이집트는 소아시아를 침략할 기회만을 노리고 있었다. 그러던 어느 날 성왕이 문공에게 이렇게 말했다.

> 이거 부질없는 말이지만 장차 귀하가 당신의 나라로 돌아가게 된다면 귀하에게 내가 기대할 수 있는 것이 어떤 것이 있겠습니까.

이 물음도 군대 요청에 대한 반응이라고 해야 말이 된다. 문공이 이렇게 대답했다.

> 귀국(초楚)은 산수가 풍요로워 모든 걸 갖추고 있습니다. 하지만 빈약한 진국晉國에는 무엇 하나 쓸 만한 것이 없습니다. 그렇지만 그대가 무엇인가를

간곡히 바란다면 약속 못할 것도 없지요. 만일 귀국과 전쟁을 하게 되어 자웅을 겨룰 때가 온다면 처음 3일간은 퇴각하면서 계속 꽃을 가져다 바칠 것입니다.

군대를 파견해 주는 대가에 관한 대화이다. 하지만 사마천은 대화의 주제를 언급하지 않음으로써 이들의 대화가 선문답이 되게 했다. 어쩌면 후세 사가들이 이런 대목을 제거했을지도 모른다. 초나라 장군이 이 말에 노하여 왕에게 말했다.

이렇게 불손한 말을 하는 자가 장차 무슨 일을 저지를지 알 수 없습니다. 그러니 빨리 죽여 버리십시오.

성왕은 선견지명이 있어 장군의 건의를 묵살했다. 때마침 진晉에 내란이 일어났다. 이때 북쪽 진秦나라가 진晉을 자기편으로 끌어들이려는 흑심을 품고 그 내란에 개입했다. 진秦은 마케도니아라고 했다. 상황이 이렇게 되자 마케도니아는 문공을 이집트에서 불러내 대군을 주어 진晉으로 들여보냈다. 태자 고열가가 상장이 되어 의병을 끌고 와서 반란을 진압했다고 한 《고기》의 기록과 대응되는 대목이다. 이로써 문공의 방황은 끝났지만 여전히 그는 자유롭지는 않았다. 문공이 사제 자리를 되찾은 지 5년 뒤였다. 자신을 환대해 주었던 초나라 성왕이 군대를 끌고 북상하여 조曹, 위衛, 송의 땅을 차례차례 정복했다. 조, 위, 송나라는 모두 조선(진晉)의 소방小邦이었으므로 초나라가 문공(고열가)의 황금지팡이를 빼앗으려 했던 것이다.

문공은 초나라 왕과의 약속을 지키기 위해 초나라 군대가 쳐들어오자 정면으로 맞서 싸우지 않았다. 문공은 송만 제외하고 조와 위를 초에 넘겨 주려 했지만 초는 문공을 깔보고 대군으로 몰아붙였다. 문공은 초나라와 전쟁을 하게 되면 처음 3일간은 퇴각하면서 계속 꽃을 가져다 바친다고 했다. 이 때문에 3일간 초나라 군대와 대치하면서 퇴각하기만 했는데 초나라는 이를 문공의 무능으로 보고 계속 돌진하여 성에 이르렀다. 비로소 문공은 계책을 세운 대로 송나라, 제나라, 진秦나라 원군을 불러들여 일제히 초나라 후방을 공격하여 무찔렀다. 문공은 비로소 위衛나라 백성이 자신에게 주었던 흙떡의 교훈을 뼈저리게 깨달았다. 이 전쟁이 오늘의 중국 내륙에서 남북을 왕래하며 벌어졌다면 그것은 지리 여건으로 볼 때 상상조차 할 수 없는 일이다. 이집트가 군함을 이끌고 북쪽 소아시아(진晉)를 정벌했던 상황인 것이다.

초의 성왕과 진晉의 문공이 조선의 본방에서 전쟁을 치를 때 양자강 하류에서도 전쟁이 벌어졌다. 사마천의 기록에는 회계산會稽山에서 오나라와 월나라가 맞붙었다고 했다. 이때《손자병법》으로 유명한 손무孫武가 등장한다. 뛰어난 전략가였던 그는 본래 제나라 사람이었지만 오나라에 등용되어 춘추전국시대 말기에 서방 대국인 서초西楚와 싸워 다섯 차례나 승리를 거둔다.[3] 이 전쟁에서 처음에는 오나라가 월나라에 치욕스러운 패배를 당했으나, 오나라는 병법가 손무孫武를 내세워 대국인 초나라와 싸우면서 초의 식민지였던 월나라를 제압할 수 있었다. 사마천은 월나라가 서쪽 대국인 초의 원조를 받고 있었고 오나라가 북쪽 진晉의 지원을 받았다고 했다. 초와 진의 대리전이기도 했던 오월 간의 전쟁은 월의 승리로 끝났다. 이것이 바로 21세 단군 소태 때에 있었던 이집트와의 전쟁 이후, 다시 이집트와 사르디스(진晉)가 대결했던 상황이다. 사마천은 예루살렘을 월越이라고 적었다. 요임금이 설치한 부도가 있었던 곳이다.

예루살렘은 학자들이 '저주문서 Texts execretion'라고 말하는 문서에 나타나는 'Urshalim'이다. 아시리아 문서에서는 '우르시림무 Urusilimmu'가 되어 둘 다 첫소리 uru로 '越'이라는 글자와 대응된다. '아마르나' 문서에서는 성읍 전체가 Beth-shalem으로 기록되어 이 'Beth'도 '越'이라는 중국 음과 대응된다. 두 나라의 갈등은 주周나라가 일어나던 시기에도 이미 있었다. 카시테족이 이집트 세력인 은殷과 대립했던 상황이다. 오吳나라는 엘람의 첫소리를 옮긴 국명으로, 후대에는 예맥으로 기록되기도 한다. 옛날의 부도라는 뜻이다. 기원전 6세기에 페르시아 제국이 일어나는 기반이 되었던 곳이기도 하다.

사마천의 기록에 오나라와 월나라는 기원전 334년 초에 망했다고 되어 있다.[4] 역사적으로 보면 오와 월은 환인 시대의 동방 부여족으로, 최초의 신시에 살았던 변한족이라고 할 수 있다. 요임금 때 갈리어 한패는 아사달(마리)로, 다른 한패가 요임금의 부도를 건설하기 위해 가나안 땅으로 갔다. 오랜 세월 이들은 유프라테스와 티그리스 두 강을 사이에 두고 상업적으로 치열한 경쟁관계에 있었지만 일단 서쪽 이집트에게 침략당하면 살아남기 위해 서로 협력했던 것이다. 손자는 이를 '오월동주吳越同舟'라고 말했다. 이 사자성어를 오늘의 양자강 일대에 놓으면 전혀 아귀가 맞지 않는다.

쌈지를 잃은 고열가는 어디로 가야 하나

사마천은 문공 사후에도 진晉이 여전히 대국이었다고 했고, 남쪽 초나라가 날로 강대해졌음에도 중원의 제후는 늘 진晉(조선)을 뒷배로 삼아 초에 대처했다고 기록했다.[5] 이는 페르시아 제국(적狄)이 등장하면서 이집트를 압박했던 상황이다. 하지만 이미 지중해 문화는 그리스의 데모스주의로 기울었고 그들이 사원국가寺院國家라고 말했던 조선은 시대에 뒤떨어진 낡은 체제가 되어 밀려나기 시작했다.

《고기》에는 고열가(재위 14년)가 왕검의 사당을 백악산白岳山에 세웠으며 계절마다 제사를 받들기 위해 그곳에 친히 행차했다고 쓰여있다.⁶ 조선이 소아시아에서 퇴각하는 징후를 엿볼 수 있다. 백악은 카스피 해 서쪽에 있는 오늘의 아제르바이잔 수도 바쿠이며, 그곳에는 지금도 고대도시의 유적이 있다. 단군 제22세 색불루가 변칙적으로 제위에 올랐던 곳이다.

주목할 것은 바쿠가 널리 알려져 있는 이란의 성자 차라투스트라의 고향이라는 주장이다. 메디아 제국이 일어나자 차라투스트라의 추종 세력이 그곳에서 박트리아로 옮겨가 조로아스터 교단을 만들었다. 조로아스터는 주로 약초(환각제)를 사용하여 정신적인 해탈trans을 시도했다. 이것은 《고기》에 기록된 환골이신換骨移神을 말하는 것으로, 밀폐된 공간에서 쑥과 마늘로 죽음의 의례를 치르는 방법이다. 이른바 외공법外工法이다. 차라투스트라는 일흔일곱의 나이로 바쿠에서 죽었다. 기원전 583년의 일로, 이때는 고열가가 살아있을 때이므로 고열가와 차라투스트라가 바쿠에서 상종했거나 이단으로 갈등관계에 있었음을 알 수 있다. 조로아스터교는 단군조선의 분파라고 해야 하기 때문이다.

뒤메질Georges Dumézil에 의하면 조로아스터에도 여섯 명의 신(배신陪神)이 있었다고 하여 화백회의와 같은 사제단이 그곳에 있었음을 말해 준다. 하지만 이들 샤먼은 각기 소(牛), 불, 금속, 흙, 물, 식물이라는 이름으로 불리었으므로 조두의 방법은 폐기되었던 것으로 생각된다. 이런 변화는 불교와 마찬가지로 제정일치에서 제정분리 시대로 넘어갔음을 의미한다. 《고기》에는 고열가가 후사가 없어서 퇴진했다고 되어있으나 실은 개종파인 조로아스터에 밀려났던 것은 아닐까? 이런 정황은 적어도 기원전 6세기 전후에 고조선인 진晉이 중앙아시아 동쪽으로 밀려나는 상황을 말해 준다. 이쯤에서 천하에 도가 끊기면 뗏목을 타고서라도 동이에 가겠다고 한 공자가 당대에 어떻게 처신했는지를 살펴보기로 하자. 이 대목이 중국과 우리 고대사의 분기점이기 때문이다.

쌈지를 잃은 공자는 동이로 가지만

주나라가 아시리아라면 공자는 조로아스터교가 세력을 떨치던 메디아 페르시아 시대에 산 사람이다. 중국에서는 이 시대를 동주東周, 혹은 춘추전국시대라고 한다.

이 이야기가 평생 노자에 심취했던 갈홍葛洪(4세기 초)의 《신선전》에 나온다. 갈홍은 노자老子 항목에서 공자가 처음 노자를 찾아간 이야기를 소개하고 나서 서갑徐甲이라는 사람의 이야기를 곁들인다. 서갑은 가난한 노자를 오랫동안 섬긴 하인으로 어느날 노자가 먼 길을 떠나려 하자 밀린 급료(급금給金)를 청산하라고 노자에게 다그친다. 노자는 이렇게 말한다. "내가 그랬지. 안식국安息國에 도착하면 황금으로 급료를 계산해 준다고. 그런데 넌 그걸 기다리지 못하는구나." 이 문장에서 언급되는 안식국을 중국에서는 페르시아(파르티아)라고 말한다. 중국이 처음으로 서역을 알게 되는 것은 전한의 무제(기원전 2세기) 때이다. 그보다 300년이나 앞서서 노자가 페르시아로 가서 금화를 급료로 준다는 이야기이다. 갈홍이 꾸며낸 허구라면 이는 성현을 모독하는 행위이고 실제 있었던 일을 기록했다면 그는 사마천의 《사기》를 우습게 만드는 죄를 범하는 것이다.

공자의 조상 주공周公은 주나라 무왕이 죽고 나서 일어난 은나라의 반란을 진압한 공신으로, 은나라에서 육씨족六氏族을 거느리고 곡부에 와서 왕이 되었다. 이 사람을 노공魯公이라고 한다. 곡부에는 엄국奄國 백성이 있었다. 엄은 오늘날의 가자지구에 있었던 아모리이고 크게는 이집트인이라는 사실을 중국은 설명하지 못한다. 노공은 원주민을 포함하는 제사공동체를 만들었다고 했는데, 이는 작은 쌈지를 구성했다는 뜻이다.

세월이 흘러 제2기능을 담당한 군사조직이 전횡을 일삼는 이른바 삼환三桓 시대가 되면서 노나라의 쌈지도는 무너진다. 공자는 이런 시대에 태어났던 것이다. 그의 가슴에는 언제나 쌈지도가 자리잡고 있었으며 그가 말하는 예의 실체가 다름 아닌 쌈지도였다. 공자를 연구하는 일반적인 학자들의 주장과는 달리 공자의 천하주유는 자신을 써줄 곳을 찾는 구걸 행각이 아니었다. 문공이 의병을 구하기 위해 구걸 행각에 나섰듯이 그는 예가 없는 무도한 세상(데모스)에 쌈지의 도를 재생하려고 나섰던 것이다. 하지만 문공처럼 그도 가는 곳마다 박해와 푸대접을 받았다. 공자는 이렇게 말했다.

> 천하에 도가 사라진 지 오래여서 장차 하늘이 나에게 메시야(목탁木鐸)의 임무를 줄 것이다.[7]

이 말은 공자의 천하주유 목적이 진리가 하늘(동이)에서처럼 땅(도시)에서도 이루어지도록 실천하는 것임을 암시한다. 공자와 조선과의 관계는 《고사》에 그 기록이 보인다. 기록은 기자조선 제31세 노물老勿 때에 주나라의 노진선魯進善이라는 사람이 《춘추春秋》와 《예기禮記》를 바쳤다고 하고, 제나라 사람인 공안명孔安明이 공자교를 전했다고 했는데 이 인용문에 '하늘이 나에게'라고 한 말이 있다. 이 말이 조선을 가리킨다는 것은 비약이 아니다. 이를 뒷받침하는 자료는 공자의 탄생 기록에 있다. 공자는 조두가 무엇인지 알고 있었다. 자신이 우주적 시간(간지)에 의한 맞춤아이로 태어났기 때문이다.

기록은 무당과의 야합野合으로 태어났다고 했는데 이 대목은 조두라는 말이 소아시아에서 쓰였음을 의미한다. 조두는 그리스어로 'chytroi'이다. 헤로도토스의 시각으로 보면 이것도 본래 동이(페라스키)의 말이다. 'chytroi'의 'chy'가 '俎'에 대응되며 이는 금기禁忌를 나타내는 X자가 항아리를 칭칭 감고 있음을 뜻한다. 또 'chytroi'의 'troi'는 두豆로, 자안패를

물을 담는 항아리(암포라) 표면을 장식한 그림에도 항아리가 여러 개 보이는데, 항아리 속에서 신들이 태어난다는 사실을 암시하고 있다. 아테네, 기원전 6세기 후반.

콩으로 비유했음을 말해 준다. 실제로 그리스 비밀의례에서 항아리^{그림 86}에는 콩이 들어있다고 전하지만 이는 자안패를 지칭하는 말이다.[8] 《설문》에는 조俎를 예조禮俎라고 했고 주나라 때는 방조房俎라고 불렀다. 사마천은 조두는 봉선封禪의 예를 치를 때 천자가 쓰는 그릇이라고 했다.[9] 이것이 예이고, 맹자가 언급한 예도 이 조두의 일을 말하는 것이다. 그는 하늘이 내린 아이(이爾)는 특별한 재능이 있다고 했다.[10] 그러니까 사마천이 공자가 '야합野合'에서 태어났다고 한 것은 비밀의례를 말하려 한 것이다. 공자가 스스로 '동해東海 사람'이라고 한 것은 이를 말한다. 맹물이 아니고 '바닷물'로 태어났다는 뜻이다. 공자는 쌈지주의자이지만 그가 후세에 단순한 맹물주의(합리주의)자가 되어 버린 것은 그와는 무관한 일이다. 후세 사가들의 첨삭에다 제자들의 왜곡이 덧붙여진 것이다. 일본의 가이츠카 시게키貝塚茂樹는 첨삭 흔적이 《논어》의 상편과 하편에서 선명하게 드러난다고 주장한다.[11] 우리가 너무 잘 알고 있는 《논어》의 첫 화두는 이렇게 시작된다.

學而時習之不亦說乎?
有朋自遠方來不樂乎?
人不知而不慍不亦君子乎?

제때에 공부를 하니 어찌 기쁘지 아니한가?
친구가 있어 스스로 멀리서 찾아오니 어찌 즐겁지 아니한가?
사람이 알지 못하여 화내는 것을 모르면 그 또한 군자가 아니다.

이런 해석이 통설로 정착되었던 것은 모두 중국 학자들의 공로이다. 하지만 이렇게 풀면 《논어》는 삼류철학서가 되고 만다. 해석이 잘못되었거나 문장 자체가 왜곡되었음이 드러나기 때문이다. 우선 배우는 것에 때가 있다는 말부터 어불성설이다. 공자는 아침에 깨닫고 저녁에 죽어도 여한이 없다고 했기 때문이다. 잘못은 '시습時習'이라는 말에 있다. 時習은 '천시(천문天文)를 공부(습習)한다는 뜻으로 읽어 '천문을 공부하는 일을 어찌 말로 설명할 수 있는 일이겠는가?'라고 읽어야 옳다. 석가가 깨닫는 일을 불립문자不立文字라고 한 것과 다르지 않다. 두 번째 문장은 '有朋自遠'에서 끊고, '方來'를 앞 문장의 목적어로 읽어야 전체 문맥이 통한다. '도를 연마하는 붕당朋黨이 스스로 먼 곳에서 '方'으로 오니 어찌 즐겁지 아니한가'이다. '方'은 오방이고 부도라고 했다. 《예기禮記》에는 방方을 예악이 일어나는 곳이라고 하고, 이것을 도道라고 했다.[12] 맹자는 '方'은 '舫'이고 그 뜻이 '船'이라고 했다. 그러니까 부도를 가리키는 것으로 오방五方의 의미이다. 이렇게 읽으면 이어지는 문장의 '人'자가 사람이라는 의미가 아니고 '人方'임을 알게 된다. 공자는 다른 문장에서 '궁행躬行'이라는 말을 대신하면서 '人'이 보통사람을 가리키는 말이 아님을 암시했다.[13] 《고기》에 '人'을 도道라고 말한 것도 이와 같은 맥락이다.[14] 따라서 '人不知'라는 말은 '사람이 알지 못한다'가 아니라 '부도(인방 人方)를 모른다'라고 해석해야 옳다.

공자가 제시한 예禮의 화두는 신선놀이와 화백회의에 관한 일이며 무씨사당의 화상석은 이 화두를 우리에게 그림으로 잘 보여주었다. 따라서 세 번째 문장은 "人의 의미를 모르는 걸 두고 분개하지 않으면 그 역시 군자가 아니다"라고 읽어야 문맥이 통한다. 공자는 학문(예)의 근거가 천문이치(천天)에 있고 그것이 동이의 예임을 화두로 밝힌 것이다. 이것이 바로 공자가 중국에 예가 다하면 뗏목을 타고 바다 건너 동이에 가겠다던 말의 의미이고 실제로 공자는 이를 실행했다. 공자가 조선(진陳, 晉)으로 갔다는 뜻이다. 그가 간 길을 추적해 보자.

공자는 먼저 접시를 엎어놓은 모양의 이브라 동쪽 진陳나라로 갔다. 조선의 제3기능을 담당했던 진이다. 하지만 공자가 그곳에 갔을 때는 이미 황폐해 있었다. 이미 한 차례 진晉의 공격을 받은 후였다. 공자는 제자들을 향해 이렇게 탄식했다.

내가 이곳에 왔는데도 진陳나라 채蔡나라 세력이 다 오지도 않다니.[15]

이 말은 진나라와 채나라가 그때까지도 쌈지의 도를 옹호하는 보수세력이라는 뜻이다. 공자는 최소한 진陳나라에 조공을 바치는 사람들이나 채나라 사람들만은 오리라고 예상했던 것이다. 채나라는 리디아 서쪽 바다에 있는 키오스 섬을 말한다. 공자는 진에 3년간 체류하였으나, 이미 진나라는 봉국(상하上下)과의 교류(문통文通)가 끊겼기 때문에 제자들은 굶주림에 허덕였다.

공자가 무엇 때문에 진나라에 갔는지는 그가 돌아가던 길에 위나라에 들렀을 때 비로소 드러난다. 위나라 영공靈公이 진陣의 일을 물었다. 그때 공자는 먼저 조두에 관한 일(조두지사俎豆之事)을 이야기했지만 영공은 마이동풍이다. 말을 마치기도 전에 다시 진나라의 군여지사軍旅之事에 대해 물었다. 군여는 무두루의 군사 퍼레이드를 말한다. 중국 기록은 이를 여섯 개의 관부官府가 연합하여 방(천하天下)을 다스리는 일이라고 썼다.[16] 조두와 무두루의 퍼레이드는 쌈지 개념이므로 조두와 군여지사는 둘로 분리해서 설명할 수 없다. 공자가 보기에 영공은 말(馬)에 관한 일만 알고 항아리에 대해서는 모르고 있었다. 쌈지 논리를 모르면 예를 모르는 것이다. 공자는 이에 실망하여 그 길로 채나라로 갔다.

직접 진晉으로 가지 않고 채나라를 거쳐 가려 한 까닭은 그만한 이유가 있다. 진, 이른바 사르디스는 죽림칠현으로 알려진 그리스의 데모스주의 철학자들의 안방이었기 때문이다. 그 안방을 차지한 탈레스는 이렇게 데모스의 나팔을 불었다.

만물을 구성하는 근원은 물이다.[17]

'세계의 중심은 보통사람(민초民草)이다'라고 풀이되는 비유이다. 이는 예禮를 신봉하는 공자의 가슴에 화살을 꽂는 것과 같다. 공자의 예는 맹물이 아니라 포도주이기 때문이다. 예수는 깨달은 자를, 맹물로 포도주를 만드는 일에 비유한 바 있다. 공자는 그 예의 씨가 남아있다고 믿었던 채나라로 갔다.

채는 키오스 섬이라고 했다. 고문서에는 Chios이고 현재는 Scios이지만 터키어로 'Sakiz'라고 적는다. 이 소리가 채蔡라고 옮겨진 것이다. 수도는 카스트로Castro이며, 토지는 메마르지만 온화한 기후와 아름다운 해변으로 이름이 나있다. 고대부터 이곳에는 흰 줄무늬가 나타나는 아름다운 청색 대리석과 우수한 도토陶土가 생산되어 많은 사람이 살았다. 기원전 546년 페르시아의 키루스 2세(해부루)가 이 섬을 정복한 바 있다.

중국 문헌에서 채는 주나라 때의 후국侯國으로 왕의 성씨는 희姬였다. 사마천은 채나라의 국토는 200리이며 그곳에서 거북이가 나와 나라 이름을 채라고 불렀다고 했다.[18] 채나라가 작은 섬나라임을 암시하는 대목이다. 채나라가 내륙이면 거북이의 이야기는 동화가 된다. 《논어》에는 진채간陳蔡間이라는 말이 있다. 이 말의 의미를 오늘의 중국 땅에 적용하면 무슨 말인지 알 수 없다. 이 말의 뜻은 채나라와 진나라 사이에 사원국가(화백제도)를 반대하는 세력들, 이를테면 킬리키아, 리키아, 팜필리아 같은 나라들이 있다는 뜻이다. 공자의 문장에서도 암시되듯이 채나라는 동이를 반대하는 세력에 포위된 상황이었다. 하지만 중국이 설정한 진陳과 채는 바로 이웃하고 있어서 '진채간'이라는 말은 수수께끼처럼 들릴 뿐이다. 나이 예순둘에 공자는 마지막 희망을 걸고 채나라로 갔던 것이다. 하지만 채의 군주도 이미 예를 버린 것을 알고 크게 실망한다. 공자는 진晉으로 들어가는 데 실패했다. 그래도 진의 문공은 최후에 진秦에서 의병을 구하였으나 공자는 아무것도 얻지 못하고 세상을 떠났다.

이 이야기의 무대를 중국 땅으로 가져가는 일은 불가능하다. 공자가 살았던 춘추전국시대(동주 시대)는 메디아, 페르시아 제국 시대라고 했기 때문이다. 이 시대에 페르시아 제국은 공용 문자로 쐐기문자(설형문자楔形文字)를 사용했다. 따라서 공자 역시 이 문자로 책을 썼다고 해야 옳다. 이런 사실이 중국 고서에서도 가장 오래된 문헌인 《이아》에 언급되는 것은 우연이 아니다. 이 문헌에서는 전한前漢 경제景帝 때에 노나라 공왕恭王이 공자의 옛 집을 헐었다고 하고 이때 벽에서 《춘추》, 《논어》, 《효경》이 나왔으며, 그 책들이 모두 과두문자蝌蚪文字로 쓰였다고 했다. 과두문자는 머리가 굵

그림문자의 원형	위치가 바뀐 그림문자	초기 바빌로니아	아시리아	뜻
				새
				물고기
				당나귀
				수소
				해 날
				낟알
				과수원
				쟁기질 경작
				날아가다 떨어지다
				서다 가다

87

쐐기(소리)문자와 그림문자 위는 페르시아 제국의 공용문자인데, 글자를 구성하는 기호의 기본 모양이 머리가 크고 밑으로 가면서 점점 작아진다. 《이아》가 말하는 올챙이문자로, 쐐기문자라고 한다. 아래는 동시대에 이집트와 바빌로니아 문명에서 사용했던 그림문자로 시간이 지나면서 글자의 기본 단위가 쐐기꼴로 바뀌었다. 도판 출처, Edward Chiera, 《They Wrote on Clay》.

고 몸체가 가늘어서 마치 올챙이와 같은 모양이라고 했다.^{그림 87} 춘추전국시대에 이 문자가 사용되어 이를 고문상서古文尙書라고 부른다고도 했다. 《춘추》는 춘추전국시대(기원전 770~403)의 역사를 기록한 중요한 책이다.[19] 그렇다면 올챙이문자는 어떤 것일까. 오늘의 중국에는 한자 이외에 어떤 문자도 존재하지 않으므로 이 과두문자는 페르시아에서 사용했던 쐐기문자라고 당당하게 말할 수 있다. 공자는 그의 책들을 페르시아 문자로 기록했던 것이다.

제13장 후기 쌈지조선의 역사와 고구려

박트리아 일대는 탈의 중심지이다. 탈춤도 이곳에서 박트리아의 북쪽 소그디아나와 몽골로, 그리고 동북쪽 구자와 누란으로, 남쪽 티베트와 중국의 성도로, 다시 한반도와 일본으로 이동했다. 탈춤의 이동경로가 고스란히 태양마차의 이동로인 것이다. 탈의 원형은 샤먼들이 속세와 접촉하는 의례용 도구이다. 고대의 태양신전이나 이른바 무속에서 신을 모시는 성황당에 탈이 보관되어 있던 것도 그런 이유 때문이다. 천사가 지상으로 내려갈 때 그곳 신전벽에 걸린 탈을 썼던 것이다.

일본 역사는 서아시아의 카리아, 리키아에서 시작되었다. 《일본서기》는 이 지명을 가라구니(한향지도 韓鄕之嶋)라고 기록했다. '가라'는 'Caria'를 옮긴 '한韓'을 일본어식으로 발음한 것이다. 사마천의 기록을 다시 상기시키면 한나라의 조상은 주나라와 같은 희姬씨이고 그 후예가 진晉에 발탁되어 한원韓原에 봉함을 받았다. 한이 춘추전국시대에 일어난 나라이므로 일본 역사는 적어도 춘추전국시대에 시작되었음을 말해 준다. 중국 기록에서는 한나라가 진시황제 때인 기원전 230년에 역사무대에서 사라진다.

　　따라서 우리 고대사도 이 무렵 시작된다. 김부식은 혁거세가 호공瓠公을 마한에 파견했다는 기록을 남겼는데, 여기서 마한의 왕을 '한왕韓王'이라고 지칭했기 때문이다.[1] 신라가 진시황제 이전에 건국되었음을 말해 주는 결정적인 단서이다. 김부식은 고구려 유리왕 조에서도 한韓을 언급했다. 신하 협보가 왕에게 꾸지람을 듣고 이에 반발하여 남쪽에 있는 한나라로 달아났다고 쓴 것이다. 이 일도 진시황 이전의 일이다. 이 사건들이 동아시아에서 일어났다면 신라의 호공이나 고구려의 협보가 모두 황하 상류에 있는 한나라로 갔다고 해야 한다. 기원전 1세기, 진시황 이후에 신라와 고구려가 건국되었다는 현행 학설은 맞지 않다.

부여의 대소가 주몽을 쫓는다

"고구려와 백제는 부여 별종이다." 이 표현은 왕족이 메디아, 페르시아 혈통임을 의미한다. 이들은 모두 엘람의 기술과 재력을 기반으로 제국을 일으켰다. 엘람 출신의 해부루(키루스 2세)는 일연의 기록에 후사가 없어 산천에 두루 제사한 끝에 돌 속에서 개구리같이 생긴 아들을 얻어 후계자로 삼았던 인물로 나타난다. 돌은 여신전이므로 이는 연목구어 緣木求魚의 비유이다. 아이가 개구리(금와 金蛙)처럼 눈이 툭 튀어나와 있어서 이름을 그렇게 지었다.

헤로도토스의 기록에는 캄비세스 2세로 나타나며 《고기》에서는 기비(캄비세스 1세)의 혈통이다. 금와왕은 대소 帶素라는 아들을 두었는데 그가 헤로도토스가 언급하는 페르시아 제국의 다리우스 1세이다. 다리우스의 첫소리와 끝소리를 옮겨 대소라고 기록한 것이다.

흥미롭게도 페르시아 제국의 승계를 놓고 주몽과 다리우스가 숙명적인 대결을 벌였다는 사실이 우리 기록에도 반영된다. 주몽은 금와왕의 궁전(헝그마타나 성)에서 태어났고, 나면서부터 사물을 알아보았다고 한다. 이는 샤먼의 혈통임을 암시한다. 《고기》에는 유화가 주몽을 데리고 웅심산(아라라트 산)으로 들어가 신선도를 닦은 후 가섭원 부여에 머물렀으며, 주몽은 관가 官街에 뽑혀 목마 牧馬가 되었다고 했다. 주몽이 신선놀이에 참가했다는 뜻이다. 목마는 말을 조련하는 조마사 調馬士이다. 이 때문에 대소는 주몽을 경계했다.

같은 시기에 박혁거세가 카파도키아에서 육부촌장(화백회의)의 만장일치로 부도(진한)의 사제가 된다. 헤로도토스는 페르시아인이 천문을 관장하는 사제를 숭상했으며 그 사제가 두의 頭衣에 금색 복숭아 모양을 장식했다고 썼으므로, 여기에서 혁거세의 모습과 지위를 짐작할 수도 있다. 하지만 무슨 영문인지 혁거세 이후 사제라는 호칭은 이사금으로 강등되고 만다. 이는 박트리아에서 위세를 떨치던 조로아스터 세력이 부여(페르시아)에 침투했던 상황과 연관이 있다. 이런 상황은 금와왕(캄비세스 2세)의 비극적인 죽음이 암시해 준다. 해부루에 이어 제위에 오른 금와왕은 해부루 직계혈통이 아니었다. 부여 제국은 금와왕 때 그 영토가 이집트에 이르렀는데, 왕이 수도를 비우고 바빌론에 체류하는 틈을 타 조로아스터 세력이 반란을 일으켰고 승려 마고스는 자신이 페르시아의 제왕임을 선포하기에 이른다.

반란의 빌미가 된 것은 캄비세스 2세의 혈통 문제였다. 헤로도토스는 여러 소문을 참고하여 캄비세스 2세가 키루스 2세의 후사라고 거들었는데, 일연의 기록에는 분명 연목구어로 돌에서 태어난 아이로 되어있다. 어쨌건 금와왕은 이 반란 때문에 제위에 오른 지 8년 만에 바빌론에서 정신착란으로 죽게 된다. 페르시아(부여)는 대혼란에 빠진다. 제위를 노리는 파벌 간의 대결이 치열하게 전개되었기 때문이며, 정황을 참고하면 후보 가운데하나가 주몽이었다고 볼 수 있다. 처음 후보들은 힘을 모아 조로아스터 세력을 물리치기 위해 페르시아 샤먼들(7인)과 함께 헝그마타나 성으로 쳐들어가 마고스 일당을 무찔렀다. 혁거세의 샤먼들이 조로아스터와의 대결에서 승리했음을 말한다. 이 사건으로 혁거세와 주몽이 헝그마타나에서 만났다고 추정할 수 있다. 진한의 기능을 보유한 카파도키아의 혁거세가 헝그마타나에 입성했다고 보기 때문이다. 김부식이 기록한 신라 최초의 금성金城이 헝그마타나 성이 되는 셈이다.

헤로도토스도 헝그마타나 성에서 제위를 다투는 싸움이 벌어졌다고 썼다. 이때 가장 유력한 후보가 다리우스 1세(대소)와 오타네스였다. 오타네스를 주몽이라고 추정할 수 있다. 샤먼들은 먼저 후보자의 정견을 듣고나서 그 적임자를 선출하기로 의견을 모았다. 헤로도토스는 두 사람이 발표

한 정견을 자세히 기록해 놓았다. 대체로 지중해에서 유행했던 데모스와 공화정, 그리고 현자를 들러리로 삼는 참주(천재) 제도와 절대 신권의 화백 제도가 그들이 제시한 비전의 범위였다. 토론으로 우열을 가리지는 못했고 결국 경마로 승패를 가르기로 했다. 경마의 규칙은 이런 것이다. 새벽에 성문이 열리면 두 경쟁자는 말을 타고 지평선으로 달려야 한다. 이때 두 말 가운데 떠오르는 해를 먼저 보고 우는 말의 임자가 승자가 되는 것이다. 승부는 말의 능력에 달려있다. 이 게임에서 대소가 승리했는데 승부를 조작했기 때문이다. 조마사와 짜고 자신의 말을 이미 전날 밤에 암말과 교미시켜 놓았다. 그런 다음 그 암말을 성문 밖에다 몰래 매어놓았던 것이다. 다음날 새벽 성문이 열리고 두 사람이 말을 타고 달리자 예상대로 대소의 말이 암말의 냄새를 맡으면서 앞다리를 높이 치켜들며 먼저 울어댔던 것이다.

헤로도토스는 여기까지만 적었다. 하지만 김부식의 기록에는 갑자기 대소가 주몽을 죽이기 위해 군대를 끌고 그를 추격했다고 썼다. 이는 대소의 부정행위가 탄로났음을 말해 준다. 뛰어난 조마사였던 주몽이 상대의 조작행위를 모르고 있었을 리 없었을 것이다. 이때 페르시아의 샤먼들이 어떤 판단을 내렸는지를 상상해 보는 것은 흥미로운 일이다. 다리우스 대왕의 비시툰 비문에는 다리우스 자신이 제왕의 자리에 오르게 된 것을 전적으로 '아후라마즈다의 은총'이라고 썼다. 아후라마즈다는 이란어로 '밝은 해'라는 뜻으로 수소인 태양신이다. 이 비문이 혁거세가 대소 편이었음을 말해 주는 것이라고 하면 지나친 비약일까. 일연의 기록에는 주몽이 북부여의 흘승골성에서 동남쪽으로 도주했다고 하므로, 그 방향을 추정하면 아무다리야 강과 시르다리야 강을 건너 졸본부여로 들어왔음을 확인할 수 있다. 이것이 고구려와 백제가 부여의 별종이 되는 사연이다.

동명성제 주몽은 방상씨 가면을 썼다

박트리아 일대는 탈의 중심지이다. 탈춤도 이곳에서 박트리아의 북쪽 소그디아나와 몽골로, 그리고 동북쪽 구자龜玆(쿠차)와 누란으로, 남쪽 티베트와 중국의 성도로, 다시 한반도와 일본으로 이동했음을 알 수 있다. 탈춤의 이동경로가 고스란히 태양마차의 이동로인 것이다. 탈은 역귀를 쫓아내는 주술 도구이다. 하지만 탈의 원형은 샤먼들이 속세와 접촉하는 의례용 도구이다. 고대의 태양신전(부도)이나 이른바 무속에서 신을 모시는 성황당에 탈이 보관되어 있던 것도 그런 이유 때문이다. 천사가 지상으로 내려갈 때 그곳 신전벽에 걸린 탈을 썼던 것이다. 《서경》에는 '기夔'라는 신이 축제 때가 되면 원숭이 탈을 쓰고 지상에 내려가 여신전(석石)의 문을 두드리며 짓궂게 춤을 춘다고 기록했다.[2] 일연도 처용랑處容郎에 대한 기사에서 남산신南山神이 탈을 쓰고 임금을 훈계한다고 썼다. 이 의식이 어무산신御舞山神이다. 무씨사당의 화상석에 이들 천신이 살생부를 꺼내들고 그 죄상을 낱낱이 고하며 죄인을 고문하는 장면도 같은 맥락으로 볼 수 있다(127쪽 그림 34 참고).

중국은 이 탈을 방상씨方相氏라 기록했는데 방상方相은 흉노의 사제를, 가면은 천사의 마스크를 뜻한다.그림 88 둔황 막고굴에의 벽화에는 실제로 마스크를 쓴 불상들이 있다.그림 89(308쪽) 이 가운데서도 서위西魏 시대의 아수라阿修羅는 하회탈과 마찬가지로 눈이 네 개다(249굴). 아수라가 불교 시대에 제2기능의 신상이 되었음을 말해 준다. 실제로 방상씨 가면은 황금 눈이 네 개고 이를 호공胡公의 머리魃頭라고 했다.[3] 네 개의 눈은 사해四海, 사방이라는 의미이다. 방상씨가 역귀를 쫓는 구나의례驅儺儀禮용 가면이라고 말하는 것은 하늘의 천사들이 지상으로 내려가 순회재판으로 정의를 구현한다는 의미이다.

방상씨 가면 '方'은 오방(부도)이라는 뜻으로 사제의 의미이다. 이 가면을 쓰면 사제의 대리자(꼭두각시)가 된다. 주요민속자료 제16호, 국립중앙박물관, 조선 시대.

　　주몽이 다리우스에게 쫓기며 졸본부여로 들어오던 시기에 탈은 박트리아에서 지상으로 내려가는 상황이었다. 주몽이 박트리아(송양松讓)에서 선禪으로 대천사 동명성제東明聖帝가 되면서 그 역시 탈을 받았다고 해야 맞다. 북애가 쓴 《사화》는 동명성제가 국강상(조천석朝天石)에 올랐다고 썼고[4] 중국 기록은 주몽을 동명성왕東明聖王 혹은 신神이라고 썼으며,[5] 《고기》는 하늘의 아들(천자天子)이라고 했다.[6] 또 일연은 단군의 아들(단군지자檀君之子)이라고 썼다.[7] 주몽이 샤먼들의 화백회의에서 천사로 선택되었음을 말한다. 《고기》에 주몽이 다물흥방多勿興邦의 임무를 맡았다고 기록한 것도 이 정황을 단적으로 표현한 것이다.[8] 다물흥방은 지중해 연안의 민주주의와 조로아스터교의 등장으로 궁지에 몰린 쌈지가 새롭게 일어나기 위해 취한 고토 회복 정책이다. 그러기 위해서는 쌈지의 도를 배반한 반역자(국왕)들을 심판하고 응징해야 한다. 동명성제가 신선들에게서 방상씨 가면을 받게 되는 이유이다.

    동명이 다물흥방의 대역사를 일으키기 위해서는 해모수나 해부루가 엘람의 후원을 얻어야 했듯이 재물이 있어야 했다. 당시 투루판(졸본 卒本)에는 부호 연타발 延佗勃이 있었다. 〈동이전〉에는 그가 흑수말갈(흑해)과 속말말갈(소그디아나)을 왕래하며 상업으로 큰 재물을 모은 부자라고 기록하고 있다. 이는 그가 졸본부여의 실크로드 북로를 이용하여 갈사 曷思(그리스)를 왕래했던 상인임을 말해 준다. 로마인은 그리스를 'Garci'라고 불렀기 때문에 갈시가 '갈사'가 된 것이다. 아테네는 여신의 기능을 최상위에 두면서 자본주의 정책으로 번영을 누린 도시였다. 지중해의 온갖 물품이 졸본부여로 옮겨지고, 반대로 농산물은 졸본부여의 서안에서 지중해 쪽으로 수출되었다. 아테네가 흑해를 통해 졸본으로 가는 길을 양식의 길(양도 糧道)라고 불렀던 것은 이런 상황을 반영하며 뒤에 이 길이 실크로드로 부각되었던 것이다.[9]

후기 고조선과 동명성제의 다물흥방

동명성제는 연타발의 헌신적인 도움으로 6년간의 준비를 마치고 다물흥방에 나섰다. 동명은 화백회의의 결정을 실행하는 사제의 대리자이다. 그는 일당백의 조의선인으로 구성된 천군 天軍을 거느렸을 것이다. 이것이 중앙아시아와 소아시아, 인도에 이르는 광대한 지역에서 언급되는 태양신의 전사인 미트라 mithra이다. 이란은 'midora, mithra'로, 소그디아나는 mysyy로,[10] 일연은 《삼국유사》에서 이를 '미시 未尸'라고 적었다. 뜻은 '중매쟁이' '중계자'이며 장차 지상으로 내려가 세상을 구하는 미륵선화 彌勒仙花이다. 미트라의 발상지가 소그디아나 일대라는 사실은 우리의 고대사의 주

무대가 이렇게 먼 서쪽에서 시작되었음을 말해 준다.

대천사 동명성제는 오이와 부분노에게 명령을 내려 먼저 태백산 동남에 있는 행인국荇人國을 공격하여 이를 취했다. 행인국은 카스피 해 서쪽 아라라트 산에 있는 바쿠이다. 단군 색불루나 고열가와 인연이 있었던 곳으로 차라투스트라의 고향이라고 주장되는 곳이기도 하다. 《고기》에는 백악으로 기록돼 있다. '행인荇人'이라는 글자의 '荇'은 약초 이름이므로, 이곳이 바쿠임을 알려준다. 바쿠는 예부터 마麻의 야생지로 마기교Magus, Magi가 흥성하던 곳이다. 그리스나 소아시아에서 성행했던 비밀의례에 마취제가 쓰였는데, 이를 메디카고medicago라고 한 것도 이곳이 메디아 영토였던 까닭이다. 행인국에서 야생하는 이 약초는 소아시아나 서아시아 지역으로 수출되었다.[11]

또 '행'을 이두로 읽으면 '해'가 되어 백악(밝)이라는 의미가 되기도 한다. '人'은 부도를 가리키는 말(인방人方)이다. 행인국이 히바나 부하라와 마찬가지로 부도(위도 40도)라는 사실은 이를 말해 준다. 동명이 먼저 그곳을 친 까닭은 단군의 사당이 있는 곳이며 고조선의 본방인 소아시아로 들어가는 관문이기 때문이다. 이들 무두루의 천군은 다물흥방의 노래를 부르며 진군하고 또 진군했다고 한다. 그런 다음 4년이 지나서 동명은 부위염扶尉猒을 시켜 북옥저를 멸하고 그 땅을 성읍으로 삼는다. 북옥저는 북부여로 흑수말갈 지역이다. 흑해의 동북지대를 말하는 것이다. 이는 동명이 메디아의 서쪽 국경이었던 할리스 강 동쪽 카파도키아와 아르메니아 지역을 수복했음을 뜻한다.그림 90 하지만 동명의 진군은 거기에서 멈추었다.

동명이 죽자 유리가 뒤를 이었다. 《북사》〈고구려전〉에는 유리의 이름이 여해閭諧, 여달閭達로 나온다.[12] 《고기》에서 유리를 유리명제琉璃明帝라고 적었듯이 유리는 아명이 아니고 신의 이름이었다. 유리琉璃는 구슬을 가리키며 실제로 옥(금척金尺)을 발행하는 신라의 이사금과 같은 직능이라고

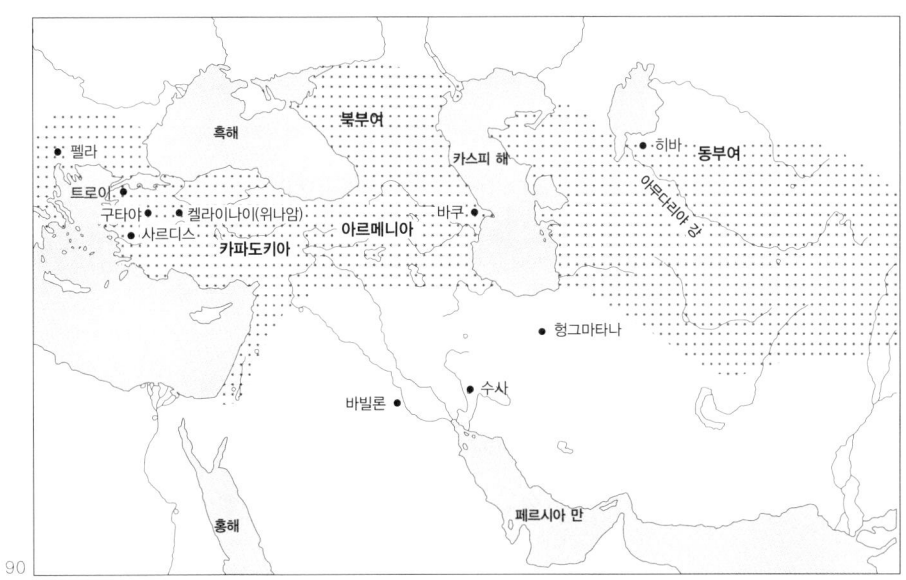

고구려의 다물흥방 지역도 기원전 5세기경.

할 수 있다. 김부식은 유리왕이 즉위 11년에 북쪽의 선비족을 복속시켰다고 했다. 대개 선비는 천산 북쪽에 있던 나라로 추정되고 있으나, 이들 역시 샤먼의 나라이므로 상황에 따라 이동한다는 것을 참고해야 한다.

상황이 이렇게 전개되자 유리왕 14년에 페르시아(부여)의 다리우스(대소)가 고구려와의 수교를 구실로 인질을 교환하자고 제안해 온다. 유리왕은 태자 도절 都切을 볼모로 보내려고 했으나 도절이 대소를 두려워하여 이에 응하지 않자 이 협상은 무산되었다. 이에 대소는 5만 군사로 고구려를 침입해 왔다. 큰 눈이 내리는 악조건에 많은 군사가 얼어 죽자 대소는 하는 수 없이 회군해야 했다. 오늘의 이란 쪽에서 대소의 군사가 요동으로 진격해 왔던 상황이라고 해야 한다.

그로부터 8년 후에 고구려는 제관 祭官의 권유로 국내 國內로 천도하게 된다. 김부식은 이때 국내에 위나암 성 尉那巖城을 축조했다고만 기록하여 우리를 어리둥절하게 만든다. 부왕이 추진했던 다물흥방의 사명을 계승하는 상황이므로, 국내로 천도하고 그곳에 또 성을 쌓는다는 이야기는 황당무계한 소리가 되기 때문이다. 기록대로 믿는다면 국내인 졸본부여에서 다시 같은 장소로 왔다는 이야기가 되는 것이다. 여기서 국내라는 말은 동명성제가 회복한 소아시아를 가리킨다고 해야 문맥이 통한다. 《고기》는 고구려의 천도를 유리왕 19년으로 기록하고 국내라는 표현 대신 국내성國內城이라고 하여 이를 황성皇城이라고 썼다. 황성 안에 환도산丸都山이 있고 그 위에 성을 쌓았다고 했으며 나라에 변란이 발생할 때 그곳에서 산다고 했다. 이 기록은 환도산이 부도가 있는 금성임이라고 알린다. 정황상 접시를 엎어놓은 언덕에 성이 있다는 것을 암시하므로 위나암 성이 그 일대에 있다는 것이다.

위나암 성은 소아시아 서북쪽에서 사르디스에 이르는 옛 프리지아Phrygia의 '켈라이나이Celaenae' 성이다. 위나암 성을 일명 불이성不而城이라고 적은 것은 소리를 적었기 때문이다.[13] '불이'는 '프리지아'의 첫소리와 대응되고 'Celaenae'의 'aenae'를 '위나'로 옮긴 것이다. 이 점은 유리왕이 그리스 쪽 문헌에 나오는 스파르타의 에우리폰티드스Eurypontids와 대비되기 때문이다. '유리'가 에우리폰티드스의 'Eury'인 것이다.[14] 김부식은 그곳에서 사슴과 물고기와 자라가 난다고 기록하여 그 일대가 바다와 가까운 지역임을 암시한다. 켈라이나이 성 서쪽에는 조趙나라, 즉 트로이가 있다. 소아시아 서북쪽 미시아Mysia의 해안도시를 말하는 것이다. 화씨의 구슬 이야기로 유명한 곳으로, 이 상황으로 조나라가 유리명제의 지배하에 있었음을 알 수 있다.

조나라 기록에는 이런 대목이 있다. 어느 날 산양후山陽侯의 천사가 조성趙城에 내려와서 대나무 통에 든 주서朱書를 꺼내 읽었다. 주서에는 조나라를 징벌하겠다는 신탁이 담겨있었다. 이때 주서를 읽은 사람은 당연히 가면을 쓴 천사다. 기록은 이 천사를 '산양후'라고 했는데 '산양'이 송양松讓이라고 할 수 있으므로, 이는 천사가 박트리아에서 내려온 상황이다. 고구려의 신이 다물흥방을 위해 조나라에 내려온 것이다. 천사가 읽은 주서에는 조趙, 위魏, 한韓이 진晉의 땅을 나누어 가졌다는 사실을 언급하고 있어서, 이런 상황이 터무니없는 주장이 아님을 알 수 있다.[15] 하늘(부도)이 조나라, 위나라, 한나라가 쌈지의 도를 배신하고 공화정을 따른 죄를 묻고 있는 것이다. 유리명제는 송양의 사위이고 동명성왕을 이어 대천사로 조나라(트로이)로 내려갔던 상황이다. 방상씨 가면을 쓴 유리명제 앞에 꿇어앉은 조나라 왕의 모습을 연상할 수 있다. 가면을 꼭두각시라고 하는 이유는 대천사가 화백회의 결정을 집행하는 대리자이기 때문이다.

다리우스의 비문에 있는 리디아의 사르디스는 스파르타이다. 스파르타가 바로 고구려이며, 유리명제는 제2기능의 제왕으로 고조선의 본방인 프리지아와 트로이 일대를 장악했던 것이다. 그리스의 자료에는 켈라이나이에 스파르타 장군 아기아드스Agiads와 에우리폰티드스가 있었는데, 그들은 왕족 출신으로 공히 두 아들이 있었다고 했다. 김부식의 기록에는 해명解明, 무휼, 여진如津이 유리왕의 아들로 되어있으나 《북사》〈고구려전〉에는 무휼이 유리왕의 손자로 되어있다. 그러니까 유리왕의 왕자도 둘인 셈이다. 그때 장남 해명이 졸본부여에 남아있었다. 부왕이 없는 그곳에서 해명은 쓸데없이 이웃나라(페르시아)와 마찰을 일으켜 왕이 수습에 나섰고, 결국 왕은 해명에게 자결을 명하여 죽게 만든다. 그랬음에도 페르시아의 다리우스 3세는 유리왕을 위협하였다. 유리왕은 급히 대신들에게 말하였다.

> 과인이 바다 모퉁이의 한 구석에 살게 되어 아직 예의를 차리지 못하였는데 지금 대왕의 교지를 받았으니 어찌 감히 명령을 좇지 아니 하리까.

이 글은 페르시아 제국의 위세가 어떠했는지를 말해 준다. 대소를 대왕이라 칭하고 있으며 위나암 성 위치를 암시하고 있다. 우선 '바다 모퉁이의 한 구석'이라는 표현에 주목하자. 유리명제가 있는 지역이 지리적인 형세로 볼 때 트로이 지역을 감싸고 있는 소아시아 서북쪽을 가리킨다는 것을 알 수 있다. 만일 고구려가 만주 지역이나 오늘의 평양 일대에 있었다면 이런 표현은 성립될 수 없다. 세계 지도로 볼 때 이는 에게 해와 흑해로 둘러싸인 소아시아 서북쪽에만 해당하는 지세이다. 그곳에서 페르가몬, 미시아, 트로이, 프리지아 등의 이름을 발견할 수 있다. 왕의 말을 듣고 나자 태자 무휼은 나이가 어렸음에도 부여(페르시아)의 사자에게 이렇게 항변한다.

> 우리의 선조는 신령神靈의 자손으로 현명하고 재주가 많음으로 대왕이 질투하고 부왕(금와왕)에게 참소하여 말 기르는 일로써 욕보인 까닭으로 불안하여 나온 것인데, 지금 대왕은 전자의 허물을 생각지 아니하고 다만 군사가 많은 것만 믿고 우리나라를 경멸하니 ……후과가 있을 것이다.

고구려가 소아시아로 진출하자 페르시아의 다리우스 1세가 이에 대응했던 상황이다. 그로부터 5년 뒤 다리우스는 다시 대군을 거느리고 쳐들어왔다. 태자 무휼은 적은 군사로 게릴라전(기계奇計)을 펼쳐 부여(페르시아) 군대를 섬멸했다. 다시 5년이 지나서 유리왕은 오이와 마리에게 2만의 병력을 주어 서쪽 양맥梁貊을 쳤다. 이미 프리지아의 위나암 성으로 진출한 터이므로 그 다음이 리디아(위), 진晉이 되는 것은 당연하다. 양맥은 양梁과 맥貊을 합쳐놓은 글자로 '양'이 진의 수도 양梁이고 이것이 성서의 사르디스를 가리키는 'on'이다. 맥은 제3기능(변한)으로 사르디스의 남쪽인 리키아로 크로노스(한개)의 무대인 것이다. 여기에서도 맥은 엘람이다. 이는 일차적으로 동명성제에서 시작된 다물도가 성공했음을 의미한다. 이 증거

91

진이 제1기능이고 고구려가 제2기능임을 말해 주는 인장 '晉率善濊佰長'이라고 새겨져 있다. 도판 출처 미상, 김동현 소장.

로는 무용총 고분 벽에 쓰여있는 다음과 같은 글귀가 있다.

진晉나라의 고구려가 선백장을 거느렸다晉高句麗率善佰長

이 글은 진晉이 사르디스이고 고구려가 사제를 통해 '선백장'이라는 특수 임무를 맡았다는 뜻이다. 선善은 동이東夷의 풍도風道를 말하며[16] '백장佰長'은 최고 우두머리로 권선증오(정법正法)를 관장하는 대천사라는 뜻이다. 《맹자》에도 선귀신善鬼神이라고 하여 사람에게 복을 주는 신으로 여행하면서 천하를 살피는 존재를 언급했다.[17] 천사를 말하는 것으로 쌈지 제2기능의 성격이 무엇인지를 암시하고 있다. 백장도 천사를 가리키며 인도 이란 신화가 말하는 미트라이다. 미트라는 '우호적인' '교환' '평화의 질서' '계약'의 뜻으로 천사장의 역할이 무엇인지를 말해 준다. 벽화에서 보는 글과 같은 내용을 보여주는 유물(인장印章)그림 91에는 '진솔선예백장晉率善濊佰長'이라고 기록되어 있는데 이는 진나라가 옛날의 무두루를 거느린다는 뜻으로 고구려가 페르시아(부여) 시대의 대천사였음이 확인된다. 예맥이 엘람이고 엘람에서 북부여(메디아)와 동부여(페르시아)가 일어났기 때문이다. 이 인장에 새겨진 글은 동명성제나 유리명제 때의 일을 말한다. 이와 관련하여 광개토대왕의 비문에는 이렇게 쓰여있다.

고구려는 대륙의 서역 숙신과 북방의 동부여를 정벌하여 16년 만에 큰 나라 58개국과 작은 나라 700여 개국을 다스리는 대제국을 건설했다.

숙신은 북옥저이고 동부여는 소그디아나, 박트리아이다. 큰 나라 58개국, 작은 나라 700개라는 숫자는 능히 로마나 칭기즈칸이 정복했던 세계제국의 판도에 비견될 만한 것이다. 바로 백제와 고구려 시대가 온누리 시대임을 말하는 것이다. 이 시대가 김부식이 엮어 놓은 역사 연대에 포함되어 있지 않으므로 그의 역사 기년은 오류임을 알 수 있다. 그가 고대사의 기년을 진시황 이후로 끌어내렸음은 백제에 관한 《남사》〈위서魏書〉의 기록이 말해 준다. 이 기록에는 고구려, 백제가 이미 진晉나라 때 있었다고 쓰여있기 때문이다.

그 나라(백제)는 본래 고구려와 함께 요동 천리 밖에 있었다. 진晉나라 때에 고구려는 이미 요동遼東을 침략해 차지했고 백제 역시 요서遼西를 점령해 차지했다. 이렇게 되어 진나라는 두 군의 땅을 평정하고 스스로 그곳에 백제군百濟郡을 둘 수 있게 되었다.[18]

이 문장에서 보는 진晉은 기원전 3세기에 진시황에게 망한 나라이고, 요동은 시르다리야, 아무다리야 강의 동쪽으로 오늘의 우즈베키스탄이다. 중국은 '요동遼東'을 요하遼河의 옛 이름인 대요수大遼水, 혹은 구려하句驪

고대사의 쟁점인 요하 지도의 상단에 보이는 아랄 해로 아무다리야 강과 시르다리야 강이 흘러들어간다.

河에서 파생한 말이라고 했다. 이 요동과 요하가 오랫동안 한국 고대사를 혼란에 빠뜨린 쟁점이었으므로 이 대목을 분명하게 할 필요가 있다. 중국은 요하를 동서에 두 개의 원류源流가 있고 그 두 줄기가 하나로 합쳐지는 강이라고 했다. 이미 이것이 중앙아시아에 있는 아무다리야 강과 시르다리야 강이라고 말했다. 아무다리야 강은 우즈베키스탄의 남쪽 국경 지역의 알타이 산맥에서 발원하며, 시르다리야 강은 페르가나 계곡에서 시작되어 북쪽으로 흘러 아랄 해에서 합류한다.그림 92

이 강을 흉노들이 '구례하'라고 불렀다는 사실은 고구려가 그곳과 관련이 있음을 말해 주며, 동시에 이 강의 동쪽이 요동이라는 사실을 확인할 수 있게 된다. 오늘날의 지도에서 보면 우즈베키스탄, 키르기스스탄, 타지키스탄의 영토와 그 동쪽이다. 이렇게 되면 고구려가 이미 진나라 시대晉世에 졸본부여에서 일어난 나라이고, 그곳에서 온조가 반란을 일으켜 시르다리야 서쪽인 메르브(위례성)에서 나라를 세워 요서를 차지했음이 분명해진다. 하지만 기성 학설에서는 이 진을 근거도 없이 서진西晉이나 동진東晉과 혼동하여 우리 고대사를 기원전 1세기의 한반도에 구겨넣었다. 중국 기록은 이러하다.

조선의 북쪽 경계에서 고구려가 새로 일어난 것은 서한西漢 말이 아니다.[19]

이 기록은 고구려가 기원전 37년이 아니고 그 이전에 이미 있었음을 암시한다. 전한 시대 말기가 아니라면, 그것은 대천사 해모수나 동명성제의 고구려(구례)를 가리킨다. 고구려가 대천사국이라고 해석해야만 제대로 이해되는 문장이다. 그렇게 되면 해모수도 고구려와 연관지을 수 있고 동명성제의 고구려가 새 쌈지조선의 기능을 뜻하는 고구려가 된다. 이런 시각으로 보면 동명성제와 유리왕은 사실상 해모수가 이루고자 했던 다물도를 계승했던 것이다.

김부식은 다물흥방에 나선 유리왕이 사냥에만 정신을 팔고 정사를 돌보지 않았다고 했다. '신선놀이에 도끼자루 썩는 줄 모른다'는 속담 그대로이다. 사냥은 신선놀이를 말한다. 협보가 정사를 돌보지 않는다고 유리왕에게 간하자 왕은 이를 괘씸하게 여겨 그의 직책을 박탈했고, 이에 협보는 남쪽에 있는 한나라(한국韓國)로 달아나버렸다. 한나라가 곧 '카리야'이다. 《일본서기》에 기록된 가라(한韓)이고 신라 혁거세 왕조에도 언급되는 한韓이다. 신라, 고구려, 왜가 모두 한韓나라와 동시대에 존재했던 것이다. 주목해야 할 점은 이 나라가 진시황제의 천하통일 때 망한 나라이므로 고구려, 백제, 신라가 모두 진시황제 이전에 존재했다는 사실이 명명백백해진다. 이점은 사마천의 〈조세가趙世家〉에 언급된 고구려 무휼에 관한 기록이 말해 준다.

사마천이 전하는 조나라와 고구려의 무휼

사마천이 고구려의 무휼無恤을 언급했던 곳은 《사기》〈조세가趙世家〉이다. 이미 제11장에서 살펴보았듯이 조趙나라는 트로이 성城의 이름을 따서 '조'를 나라 이름으로 삼았다. 소아시아 서북에 있는 트로이를 말한다. 사마천은 그 나라의 시조가 비렴蜚廉이고 진秦과 같은 성씨로 흉노(이적夷狄)라고 했다. 샤먼이라는 뜻이다. '비렴'은 흉노 이름으로 메디아 제국의 영웅이었던 프라오르테스Phraortes를 말한다. 프라오르테스는 기원전 7세기의 인물이다. 사마천의 기록에는 이 사람들을 동주東周라는 이름으로 뭉뚱그려놓음으로써 조나라가 동주의 영향하에 있었던 나라임을 알 수 있다. 앞에서 메디아가 북부여라고 했고 프라오르테스가 해모수라고 했다. 《고기》는 북부여가 카스피 해라고 적었고 해모수 시대에 가섭원부여가 낙랑(페르가몬)에 총독을 파견해 지배했다고 썼다. 그렇다면 비렴이 Phraortes의 두음인 'phra'를 이두식으로 옮겨 적은 것임을 알 수 있다. 이런 주장이 타당하다면 이는 비렴이 고주몽이나 유리왕은 물론 무휼의 조상이 되는 것이다.

유리명제가 박트리아(부도)의 대천사로 조나라에 내려가 죽통에서 신탁을 꺼내 읽었다는 기록에는 이런 배경이 깔려있었다. 사마천의 〈조세가〉에 고구려의 무휼이 등재되는 이유를 이해할 수 있다. 또 무휼이 조나라 간자앙簡子鞅의 둘째 아들이므로 우리 쪽 기록에 대비하면 간자앙이 고구려의 유리명제에 해당된다는 점도 알 수 있다. 하지만 《북사》에는 무휼이 유리왕의 셋째 아들 여진如津의 아들 막래莫來라고 했고 막래가 부여(페르시아)의 대소(다리우스)를 죽이고 부여를 통합한 인물로 되어있다. 간자 앙은 유리왕 아들 여율如栗이고 무휼은 그의 둘째 아들인 셈이다. 이 대목이 애매한데, 사마천 역시 무휼과 후계자인 양자襄子를 혼동하고 있다. 〈조세가〉

에서 무휼이 한 일이 〈흉노열전〉에서는 양자가 한 일로 기록되기 때문이다.

〈흉노열전〉에는 조나라와 이웃하고 있던 진秦의 지백知伯이라는 자가 무도하게 한韓과 위魏를 협박하며 영토를 떼어 달라고 요구했다고 기록되어 있다. 진나라의 경卿이던 지백은 막강한 힘을 행사하고 있었다. 한과 위는 어쩔 도리 없이 진에 영토를 떼어주었다. 경이라고 한 지백이 실은 알렉산드로스 대왕의 부친 필리포스 II세(기원전 382~336)라고 해야 이 사건의 성격이 분명해진다. 필리포스 II세의 그리스 이름을 영문으로 그대로 옮기면 'Philip II of Macedon'이다. 지백知伯의 '伯'이 Philip의 첫소리에, '知'가 II를 가리키는 그리스어에 대응되어 지백이라는 이름은 한자 문화의 어법으로 '2세 필립'에 해당한다. 사마천이 진시황제 부친의 이름을 여불위呂不韋라고 적은 것도 마찬가지다. '呂'는 중국에서 '어'라고 발음하므로 이를 묵음으로 처리하면 '不韋'가 그대로 '필립'에 대응되는 것이다.

어쨌든 지백은 한과 위에서 영토를 뺏은 후 조나라의 무휼에게도 똑같이 요구했다. 그랬지만 고조선의 부도(진양晉陽)를 지키는 스파르타의 기능을 맡은 무휼은 이를 단호히 거절했다. 이에 지백은 한, 위와 동맹을 맺고 진양晉陽을 공격해 왔다. 무휼은 그 기세에 일단 몸을 피했는데 지백은 무휼을 잡기 위해 포위한 성을 물로 공격했다. 성내의 모든 집 아궁이에 개구리가 들끓는 상황이 되었으나 백성들은 무휼에게 충성을 다하며 끝까지 성을 지켜 냈다. 그러는 사이에 무휼은 한, 위 두 나라와 내통하여 지백을 잡아 목을 베고 그 해골에 물을 담아 마셨다. 이 기록은 필리포스 II세가 페르시아 공격을 준비했던 상황임을 말해 주며 그리스 쪽은 필리포스 II세가 암살당했다고 말한다.

여기서 영토를 떼어준다는 말은 조, 위, 한이 쌈지(조선)라는 사실을 말해 주며, 따라서 영토라는 말은 곧 봉지封地이다. 진나라가 봉지를 요구하고 나섰던 것이다. 사마천은 〈흉노열전〉에서 지백智伯을 죽인 인물이 무휼의 후계자인 양자 襄子이며, 양자가 구주산 句注山을 넘어 대代를 정복하고 북방의 이적과 경계했다고 기록했다. 《사기》가 첨삭되었다는 증거로 볼 수 있다. 〈흉노열전〉에서 이적은 진 秦(마케도니아)을 가리키며 대는 흑해의 동쪽 구석에 있는 콜히다를 가리키기 때문이다(170쪽 그림 54 참고).

주목할 것은 대의 지리적인 특징을 '구주산 句注山'이라고 표기했다는 사실이다. 이 글자에는 '고리짝이 내려오는 산'이라는 의미가 있다. 우리는 앞에서 《서경》을 인용하여 이를 옹雍이라고 했다. 사마천이 이 산을 안문산 雁門山이라고 한 것도 이 점을 뒷받침한다. '안문'은 기러기 떼가 나는 모양의 문을 말한다. 코카서스 산맥이 서쪽의 흑해를 껴안고 있는 모양인데 그것이 기러기 떼처럼 V자형으로 보이는 것이다. 콜히다는 코카서스 산맥이 흑해 쪽에서 만드는 V자의 꼭지 부분에 있다. 유리명제와 무휼이 다물흥방을 위해 소아시아로 들어왔던 바로 그 코스를 말한다. 그러니까 이 기록은 마케도니아가 세계 정벌을 준비하고 있었을 때 무휼이 어디에서 무엇을 했는지를 말해 주는 중요한 정보다.

마케도니아의 알렉산드로스 대왕과 다물흥방의 좌절

유리명제의 다물흥방 계획은 그 지점에서 막을 내려야 했다. 마케도니아의 알렉산드로스의 세계(페르시아)정복이 시작되었기 때문이다. 김부식은 이 마케도니아(진秦)를 숨기기 위해 다음과 같은 수사학을 동원하여 이 대목을 어물쩍 넘어간다.

> 유리왕 29년 6월에 모천 矛川 위에 검은 개구리가 살고 있었는데 붉은 개구리들과 무리를 지어 나타나 싸움을 벌였다. 이때 검은 개구리가 이기지 못

하고 죽었다. 이에 논자가 말하기를 흑黑색은 북방의 빛이니 이는 북의 부여가 파멸할 징조다.

이렇게 기록한 다음 유리왕은 이궁을 두곡豆谷으로 옮겨 지었다고 했다. 두곡의 위치도 분명치 않다. 이렇게 갑자기 점술풀이 같은 문장이 객관적인 사실을 기록하는 문체에 끼어든 까닭은 진秦나라(마케도니아)를 정식으로 거론할 수가 없었기 때문이다. 고구려가 진나라와 동시대가 되면 중국에 결례를 범하는 일이 되기 때문이다.

이때 유리왕은 북옥저로 피신해야 했다. 전후 상황을 보면 검은 개구리가 마케도니아이고 붉은 개구리가 남쪽의 페르시아임을 알 수 있다. 김부식의 이 기록은 유리왕 치세에 알렉산드로스의 페르시아 정벌이 시작되어 고구려의 다물흥방이 좌절되었음을 말해 준다. 유리명제의 파국이 시작되었던 것이다. 유리왕 37년 4월에 왕자 여진如津이 물에 빠져 죽으면서 종말은 시작되었다. 사건이 우연이 아니었기 때문에 기록자는 그냥 죽었다고 하지 않고 '물에 빠졌다'고 강조한 것이다. 《북사北史》에는 왕자 이름이 여율如栗이라 기록되어 있고 왕이 그 시체를 찾기 위해 헤맸다고 한다. 그러던 중 비류 사람 제수祭須가 왕자의 시신이 있는 곳을 제보했다고 썼다. 기록으로 보아 이는 정치적으로 중요한 사건이었음을 알 수 있다. 비류는 페르가나이다. 《북사》는 여율이 물에 빠졌을 때가 태자 시절이 아니고 왕이었을 때라고 했고, 여율이 죽자 여율의 아들 막래莫來가 일어나 부여까지 통합했다고 기록함으로써, 이것이 혈통 간의 갈등이 빚어낸 사건이었음을 암시한다. 여기서 부여는 페르시아이다. 기록에는 그 다음에 한나라 무제가 조선을 멸하여 현도군을 두고 고구려를 현으로 삼았다고 적혀 있다.[20]

김부식의 기록과 대조하면 무휼이 막래이고, 무두루 천사이며, 유리왕의 손자임을 알 수 있다. 주목할 대목은 막래(무휼)가 부여(페르시아)를 통합했다는 사실과 한나라 무제가 조선을 멸했다는 사실이 동시에 언급되어 있다는 점이다. 이는 유리왕과 무휼의 사건이 페르시아의 멸망을 의미하므로, 이 역시 고구려의 건국이 한무제 이전의 일임을 확인해 준다. 《고기》는 대무신왕까지의 일을 기록하고 붓을 놓았다. 이것은 알렉산드로스 왕의 천하통일로 고구려 역사가 막을 내렸음을 의미한다.

수태고지와 구자의 수로왕

투루판의 서쪽에 구자龜玆(쿠차)가 있었다. 이곳이 가야국 시조설화의 무대이다. 수로가 내려온 구지봉龜旨峰은 구자를 옮긴 것이다. 중국 기록은 구자국龜玆國이 춘추 시대에 있었고, 나중에 지금의 섬서성 유림현榆林縣이 구자가 되었다고 썼다.[21] 당나라 때의 안사고顔師古는 구자국인이 내항하여 그곳에 살았기 때문에 그곳을 '구자'라고 했으며, '구자국'은 본래 불국佛國이라고 했다.[22] 이 말은 기원전 7세기경에 흑해와 카스피 해 동쪽 소그디아나 지방에 샤카(색塞)이라는 샤먼족이 박트리아와 카불 일대에 있었음을 의미한다. '구지龜旨'는 한자로 거북이 점을 가리키며 '봉峰'은 '부도'의 비유이다. 수로의 탄강설화에는 아홉 샤먼신선(구간九干)이 수로를 맞이하기 위해 춤을 추며 노래했다고 했다. 이때 하늘에서 자색紫色 줄이 내려와 땅에 닿았고 그 줄 끝에 붉은 보자기에 싼 금합金合이 나타난다. 금합에는 둥근 알 여섯 개가 들어있었다. 이 여섯이라는 수가 여섯 가야의 수와 일치한다는 것은 우연이 아니다. 수태고지에 쓰이는 금합과 고리짝을 말하기 때문이다.

실제로 1900년대 초에 프랑스의 탐험대가 쿠차의 북쪽 스파시 사원 유적에서 발견한 고리짝에는 수로의 탄강설화와 같은 내용을 전해 주는 그림이 새겨져 있다. 그림 93(309쪽) 고리짝 뚜껑이 복숭아 모양처럼 꼭지가 볼록 솟아있는데, 이 역시 무씨사당의 화상석 그림과 다르지 않다. 흥미로운 사실은 뚜껑에 날개를 단 천사 큐피트가 그려져 있어 고리짝이 수태고지의 상자임을 말해 준다. 고리짝 바깥 둘레에는 수로의 탄강 기록처럼 악기를 연주하고 춤을 추는 인물들이 그려져 있다. 쿠차는 인더스 강 상류의 펀자브 지역과 통하는 곳으로, 소호김천씨의 자손인 수로가 인도로 들어가 마우리아 왕조를 세웠던 근거가 되는 곳이다. 당나라 시대의 현장법사가 남긴 《대당서역기》에는 구자국(굴지국 屈支國)에서는 매년 추분 때, 수십일간 수도승들이 가람에 있는 불상과 진귀한 보물을 싣고 나라 안에서 행상 行像 축제를 벌인다고 했다. 행상은 신상을 운반한다는 뜻으로 본래 신선놀이의 풍속이다. 〈동이전〉에 고구려가 축제 때 동쪽 굴에서 옥황 隧神을 꺼내 이를 운반하여 제터로 갔다고 한 그 풍속을 말한다. 불교가 그 제도를 답습한 것이다. 현장법사는 이때 쿠차에 가람만 해도 100여 곳이라고 했고 승도가 5,000명이나 된다고 했다. 불교 이전에 그곳 상황이 어떠했는지를 충분히 가늠해 볼 수 있다.

대무신왕과 마케도니아 진

고구려가 알렉산드로스 대왕의 페르시아(부여) 원정 때 어떤 처지였는지는 김부식의 기록에 그 단면이 나타난다. 불행하게 죽은 유리왕의 손자인 무휼이 왕위를 계승했다. 대무신은 시호이고 무휼은 무두루(미트라)의 이두 표현으로 천사를 뜻한다. 그가 왕위에 오르자 백제 사람 1,000여 호가 항복해 왔다. 이는 여진이 왜 물에 빠져 죽었는지를 말해 준다. 동명성제에서 갈라진 유리와 온조의 권력 다툼이 있었기 때문이다. 무휼이 즉위한 지 3년이 되자 페르시아(부여) 다리우스 3세(대소, 다리우스 1세와 다른 인물이다)가 고구려에 사자를 파견했는데, 그 사자는 머리 하나에 몸이 둘인 까마귀를 들고 왔다. 이는 고구려를 합방하겠다는 뜻이다. 무휼은 다리우스 3세를 무찌르기 위해 군사를 일으켰다. 이 대목이 《북사》에 나오는, 유리왕의 손자 막래가 부여를 통합했다는 기록이다. 김부식은 이 대목을 비교적 소상하게 기록했다.

> 대무신의 군대가 대소를 잡기 위해 비류수沸流水에 이르렀을 때였다. 불을 때지 않고도 저절로 밥이 되는 솥을 가진 한 여인이 냇가에 있어 그 솥을 얻게 되었다. 또 얼마 후, 키가 9척이나 되는 괴유怪由라는 이름의 남자가 나타나 대왕에게 말하기를 나는 북명北溟에서 왔는데 부여 왕의 머리를 베겠습니다. 그는 백인이었다. 왕이 이를 수락하였다. 얼마 후, 적곡赤谷에 산다는 마려麻廬라는 사람이 나타나 긴 창을 들고 길을 인도하겠다고 자청했다. (……) 대무신왕의 군대는 페르시아군의 남측에서 대쇠(다리우스 3세)를 공격했으나 땅이 온통 진흙탕이어서 양쪽 군사들이 제대로 싸울 수 없었다. 그럴 때 괴유가 칼을 빼어 크게 외치며 돌격해 들어가 대소의 목을 베었다.²³

비류수의 '비류'는 페르가나Ferghana에 있는 작은 강을 가리킨다. 또 자동밥솥 이야기는 메디아와 페르시아 역사를 기록한 헤로도토스의 《역사》에도 소개되어 있다. 키가 9척이나 되는 백인 괴유가 북명 사람으로 기록되었으며, 이것이 사마천의 기록에 보이는 백적이다. 이는 알렉산드로스 왕이 페르시아의 다리우스 3세를 쫓는 상황이다. 다리우스 3세가 소그디아나로 도주하자 페르시아 제국의 귀족들은 손수 자신들의 왕을 붙잡아 제왕의 칭호를 빼앗고는 왕족인 박트리아의 총독 베수스Bessos에게 제위를 넘기려고 했다. 이에 알렉산드로스가 베수스를 추적하자 비겁하게도 베수스는 자신의 부하에게 다리우스 시해를 명하고 자신은 박트리아로 돌아가 아르타크세르크세스 4세라는 이름으로 페르시아의 제왕이 된다. 김부식은 이 상황을 적은 것이다. 다리우스 3세가 죽자 페르시아 제국의 군대는 대부분 알렉산드로스 왕 휘하로 들어갔고, 귀족이나 충직한 백성은 그리스의 지배를 받거나 요동으로 도주해 버렸다. 김부식은 이 상황의 중심에 무휼이 있었다는 사실을 거두절미하고 다음과 같이 기록해 놓은 것이다.[24]

> 부여의 신마 거루神馬駏驤는 부여가 망하자 부여의 말 100필을 가지고 학반령鶴盤嶺 밑의 차회곡車廻谷으로 들어왔고 대쇼(다리우스 3세)의 아우 갈사曷思는 종자從者 100여 명과 더불어 압록곡鴨淥谷에 이르러 나라를 세우고 왕이라 칭하였다. 이렇게 되자 부여 왕의 종제從弟는 갈사왕이 아무다리야의 동쪽에 와서 나라를 세우는 것을 보고, 그 또한 만여 명을 끌고 고구려에 항복해 왔다. 대무신은 그를 봉하여 왕으로 삼고 연나부椽那部에 살게 했으며, 그의 등에 낙문絡文이 있었음으로 낙씨洛氏라는 성을 주었다.

대소의 아우 갈사가 그리스 왕이며 그들이 나라를 세운 압록곡은 한반도의 압록강이 아니고 요하(아무다리야, 시르다리야)이다. 페르시아라는 거대한 제국이 시르다리야 강 동쪽에서 소국이 되었으며 후한 말에 공손도公孫度가 바다(카스피 해) 동쪽에 세력을 얻었을 무렵에는, 부여왕 위구태尉仇台는 요동으로 옮겨갔다. 오늘의 키르기스스탄과 타지키스탄의 동쪽인 타클라마칸 사막에 발을 들여놓았다는 이야기다.[25] 뒤에 이 나라는 동아시아 역사무대에 다시 부여라는 이름으로 언급된다.[26] 즉, 마케도니아의 알렉산드로스가 소아시아를 치자 유리명제가 북옥저(도곡)로 도주하고, 무휼이 그 왕위를 계승하여 페르시아를 무너뜨리기 위해 알렉산드로스와 협력했다는 이야기가 된다.

온조가 힌두쿠시를 넘어 백제를 건국하다

여기에서 온조溫祖 이야기를 하는 것은 늦은 감이 있다. 온조가 백제(파르티아Parthia) 건국을 선포한 것은 유리명제 때이다. 〈동이전〉에는 백제의 서울은 각각 방위가 있어 5부로 나뉘었다고 하여 백제 역시 흉노의 오방제도를 답습했음을 알 수 있다. 그 나라에는 신라, 고려(고구려), 왜국 사람들이 섞여 살았으며 중국 사람도 살았다고 했다. 뒤에서 보지만 중국 사람이라는 말은 중산국中山國을 가리킨다. 이들은 신전에서 사제에 예(조배朝拜)를 드리거나 제사 올릴 때는 관 양쪽에 모두 새 깃(羽)을 꽂았다고 했다. 고구려의 풍속과 겹치는 대목이다.[27] 《남사南史》는 진晉나라(고조선) 때 고구려는 요동(페르가나) 동쪽 1,000여 리를 점령하였고 백제도 요서遼西를 점령했다고 기록했다. 한반도의 지리 여건에서는 이런 기술이 불가능하다. 온조가 흑해로 가는 무역의 중심지hub인 투르크메니스탄 지역을 점령했음을 말한다. 진나라는 두 군의 땅을 평정했는데, 이 지역을 백제군이라고 쓴 것이다.[28] 진나라가 쌈지의 제1기능이고 백제와 고구려가 제2기능을 두고 서로 다투는 상황이다. .

백제는 고구려에서 갈라져 나왔다. 갈등은 주몽이 온조溫祖와 비류沸流 두 형제를 내치고 전처 소생인 유리類利를 후계자로 삼는 데서 비롯되었다. 배경이 쌈지도(샤머니즘)이므로 이것은 어느 한 사람의 선택이 아니고 화백회의의 결정사항이다. 온조와 비류는 이 결정에 반발하여 그를 따르는 조의선인들을 이끌고 한산漢山으로 도주했다. '한산'은 힌두쿠시 산이며 온조가 점령한 부아악負兒岳이라는 곳도 박트리아이다. 부아악은 우리말의 '밝' '박달'이며 이를 중국에서는 대하大夏, 혹은 박도樸桃라고 기록하고 있다.[29] 발흐Balkh의 '박도'는 바로 박트리아의 이두 표기인 것이다.

기록에는 언급되지 않지만 쌈지제도로 볼 때 온조는 송양후侯를 굴복시켜 백제 건국을 승인받았다고 할 수 있다. "온조가 그곳에 올라가 백성이 살 만한 땅을 살폈다"고 한 김부식의 기록은 사제에게 녹도와 부명을 받았다는 의미인 것이다. 그러니까 땅을 '살피다'는 말은 봉지에 대해 상의했다는 뜻으로 읽을 수 있다. 온조가 쉽게 하남河南 위례성에 도읍할 수 있게 된 것도 쌈지체계 안에서만 이해할 수 있다. 온조는 나라 이름을 '십제十齊'라고 지었다. 십은 백제 말로 온on이며 그 뜻은 태양(제로, 0)이다. 백제가 고구려를 의식하지 않고 제2기능자를 자처하면서 유리명제와 온조의 혈통 사이에 피를 보는 일이 벌어지게 되는 이유이다. 온조가 일으킨 다물흥방이 파르티아 제국이 되는 것은 따라서 우연이 아님을 말해 준다.

중국은 '파르티아'를 안식安息, 온숙溫宿이라고 하거나 대하大夏라고도 기록했다. 파르티아에 관한 자료에도 Dae로 기록되고 있다. '안식安息'이 건국 영웅인 '아르삭Arsak'이고 이것이 이두로 '온조'가 되었다. '대하'는 뒤에서 언급하겠지만 박트리아를 점령했던 신라 탈해의 이름이다. 온숙국은 파르티아가 사산조 제국에 망한 뒤에 중국 섬서성과 양자강 일대에서 양梁, 북위北魏와 같은 이름으로 재생된다. 《해동고승전海東高僧傳》은 백제라는 나라 이름에 대해 이렇게 썼다.

> 온조가 일어나자 백 가지 기술을 지닌 사람들이 서쪽 강을 건너왔다. 이에 나라 이름을 '백제百濟'라고 한다.[30]

백 가지 기술(백기百技)을 가진 사람들이 예맥이고 엘람이다. 이는 《한서》〈서역전〉에 주나라 때 서방에서 말의 기술자(예맥)들이 박트리아로 왔다고 한 기록을 연상케 한다.

김부식은 위례성의 지리 여건을 이렇게 기록했다. 하남의 땅은 북으로 한수漢水를 끼고 동으로 고악高嶽에 의거하고 남으로 옥택을 바라보며 서쪽은 큰 바다로 가로막혔다. 하남은 아무다리야 강이 시작되는 지역의 남쪽이다. 북쪽의 한수는 힌두쿠시 산에서 발원하는 아무다리야(옥수스) 강이고 동쪽의 높은 산은 파미르 고원, 그리고 서쪽의 큰 바다는 카스피 해이다. 온조의 위례성은 아무다리야 강 서쪽에 있는 고대도시 '메르브'로 추정된다. 그 지역은 강이 흐르는 비옥한 토지로 풍요로운 수확이 가능하다. 한편 형인 비류는 그곳에서 더 서쪽으로 가서 소금 땅인 미추홀에 정착했다. 비류가 카스피 해의 남쪽 자그로스 산맥에 이르는 상대商隊의 길로 들어갔다는 것은 소금에 대한 정보가 말해 준다. 그가 갔던 곳은 이란의 호라산 사막 북쪽의 소금사막 지대였던 것이다. 이렇게 보면 온조와 비류 형제의 이야기가 페르시아에 이어 일어난 파르티아 제국의 시조 아르삭Arsak(기원전 248년에 사망)과 티르타데스Tyrtadeus 이야기와 겹침을 알 수 있다. 양쪽 다 형제이고 이름도 대응되며 출발점 역시 중앙아시아 고지대이기 때문이다.

아르삭과 티르타데스는 중앙아시아 유목민이며 흉노족이다. Arsak의 'ar'이 온조의 온(알)이고 'sak'이 sa, so(조祖)로 옮겨졌으며 Tyrtadeus의 'tyr'가 '비류'에 대응된다. 롤린슨G. Rawlinson에 의하면 아르삭은 반란 세력을 이끌고 중앙아시아에서 페르시아 땅으로 들어가 발흐Balkh를 점령하는 한편, 이란 땅인 호라산 사막 북쪽에 있는 소금사막 남쪽으로 들어가 메디아와 박트리아의 속국 땅 지방장관들을 살해하고 파르티아를 세웠다. 파르티아는 기원전 3세기부터 기원후 3세기에 이르는 500여 년 동안 페르시아 제국 대부분을 통치한 대제국이다. 아르삭은 유목민으로, 현자Sophi, 마기magi(승려)라고 불렸던 장로단의 의결로 군주를 움직이는 체제를 갖추고 있었다.[31] 쌈지의 화백제도를 말하는 것이다. 유리왕이 동명성제의 후계자가 되자 반란을 일으켰던 온조가 힌두쿠시 산으로 도망하여, 그곳에서 박트리아를 점령하고 위례성에서 백제를 일으켰다고 말하는 것은 비약이 아니니다. 크게 보면 온조와 비류의 서아시아 진출도 고구려의 다물흥방과 맥을 같이 한다.

온조와 비류가 거느린 조의선인의 정체는 아르삭의 자료를 통해 가늠해 볼 수 있다. 그들은 북아시아와 중앙아시아의 샤먼족인 타타르와 몽골족으로 알려져 있다. 이들은 식사하고 잠자는 일을 모두 달리는 말 위에서 해결했던 사람들로 사실상 사람과 말이 한 덩어리였던 기마집단의 전사계급이었다. 그들은 멈춰서 활을 쏘는 법이 없이 언제나 달리면서 활을 쏘아 명중시켰다. 무장은 활과 화살이 기본이고 긴 창, 칼, 도끼 정도가 고작이었으나 그 무서운 기개는 단연 사람들을 공포에 떨게 만들었다. 언어는 알려져 있지 않으며 외모는 기원전 6세기에 아르메니아 일대에서 발견되었던 자료에 의해 혼혈족의 특징을 지녔음을 알 수 있다. 4세기경에는 아리안과 동아시아인과의 혼혈로 알려지기도 했다.[32]

헤로도토스에 의하면 이들은 도시나 성채를 짓지 않고 수레 안에 거주했으며, 전투할 때에도 자유로이 이동하는 수레를 이용하여 게릴라식 전투를 했기 때문에 아무도 그들을 잡을 수 없었다고 했다. 이들이 바로 역사가들이 말하는 흉노이자 훈Hun족이다. 키는 땅딸막하며 밤낮으로 말을 타고 다녔기 때문에 안짱다리가 특징이었으며, 정수리와 턱에만 머리 뭉치를 남기고 나머지 머리는 빡빡 밀어버린 모양이었다. 길게 찢어진 두 눈에 모피로 만든 짧은 망토와 챙 없는 모자를 걸쳤고, 작은 말을 타면서도 지칠 줄 모르고 달리는 용맹한 사람들이었다. 그들은 혈맹을 맺을 때에는 잔에 서로의 피를 내어 번갈아 마셨다.[33] 이는 《후한서》〈동이전〉한韓조에도 기록되어 있다. 기록은 피를 마시는 의식을 상觴이라고 했고 사徙라고 불렀다고 했다. '사徙'는 한 곳에 정착하지 않고 끊임없이 이동한다는 뜻이다. 특수 임무를 수행하는 군사집단을 말하는 것이다.

시간이 흐르면서 백적白狄의 혈통인 옛 아르삭(온조) 인종은 점차 사라지고 혼혈종이 파르티아(백제)의 주축이 되었다.[34] 이 말은 백인의 모습을 한 샤먼족이 점차 감소했다는 뜻이다. 동명성제나 유리명제가 고조선의 본방으로 진출했을 때와 마찬가지로 온조의 다물흥방도 결국 알렉산드로스의 페르시아 원정으로 그 발걸음을 멈춰야 했다.

석탈해의 다물흥방과 박트리아 진출

유리명제가 고조선의 본방으로 진출하고 온조가 박트리아를 거쳐 자그로스 산맥 일대를 점령하자 금성(헝그마타나)의 신라와 페르시아 제국은 위기를 맞게 된다. 이서국伊西國 사람들이 신라 이사금 때에 금성을 쳐들어왔다고 한 기사(삼국유사)도 이 시기 사건이라고 볼 수 있다. 이서국이 정확히 어디를 가리키는지는 알 수 없다. 박제상은 이때가 혁거세가 죽은 지 100년(삼세三世)이 되는 때라고 했고, 이 무렵 세상은 부도를 저버리고 오직 군사력을 앞세우는 패도에 눈이 어두웠던 시대였다고 했다. 지중해의 데모스와 물질만능주의가 신라를 위협하는 상황인 것이다. 박제상은 이런 시류에 반대하는 세력을 수구파라고 했다. 이때 탈해가 난국을 타개하기 위해 등장했다. 이 역시 쌈지의 화백회의가 결정한 일이라고 해야 옳다. 탈해는 신라에 입성하자 부도의 전역全域을 개척한다고 선언하고 방패와 창을 사용하여 경내境內를 평정해 나갔다. 경내라는 말은 페르시아 제국의 봉토를 가리킨다고 할 수 있다. 탈해는 먼저 새로 일어난 수로의 가락국으로 쳐들어갔다.[35] 가락국은 북서 인도의 펀자브 지역이고 그곳은 남천축이다. 수로는 쿠차에서 펀자브로 진출하여 왕이 되었다. 탈해는 이때 수로와의 싸움에서 패하여 어쩔 수 없이 북으로 도주하여 박트리아의 실리아(송양국)로 들어갔다. 일연의 기록에는 탈해가 그곳에 숫돌과 숯을 몰래 파묻어놓고 호공瓠公에게서 그 땅을 빼앗았다고 했다. 숫돌과 숯은 연금술의 상징이므로 이는 탈해가 조로아스터와 대결했다는 뜻이다. 중국의 기록에 박트리아가 '대하大夏'로 나타나는 이유다. 탈해脫解는 '토해吐解'로도 적는데, 이는 이 이름이 소리를 베꼈기 때문이다. 전후좌우의 정황을 보면 탈해가 고구려의 다물흥방에 맞서기 위해 무력으로 대처했으나 큰 소득이 없었고, 그렇게 되자 신라에서는 그를 퇴위시키고 종주권을 박씨의 보수계로 되돌렸음을 말해 준다.[36] 박씨계의 파사婆娑가 뒤를 이었다.

제14장 알렉산드로스 텍스트와 진시황

진시황은 '시황제'라고 기록된다. 문자 그대로라면 황제가 처음 탄생했다는 뜻이다. 사마천에 따르면 시황제는 코가 높고 눈이 길며 어깨가 딱 벌어졌다고 하니, 중국인의 외모와는 달랐다. 시황제는 알렉산드로스의 경우와 똑같이 한나라, 조나라, 위나라를 먼저 쳤다. 중국어는 '황'을 '쾅'이라고 발음하므로 사실상 '시쾅데'는 '시칸더'와 맞바꿀 수 있다.

알렉산드로스와 진시황

환웅과 황제가 한 사람이듯이 알렉산드로스와 진시황도 한 사람이다. 마케도니아의 알렉산드로스 1세는 페르시아 제국의 방어망을 넘어서 세계의 주권을 좌우하는 부도(샤머니즘)를 정복해야 했다. 당연히 진격 목표는 부도가 있는 소아시아, 이집트, 바빌론, 박트리아, 소그디아나(동옥저), 펀자브, 졸본부여었다. 부도를 점령하면 천하의 왕국이 손아귀에 들어오게 되어 있다.

기원전 333년 봄에 알렉산드로스는 마케도니아의 수도 펠라Pella를 출발하여 군대를 두 갈래로 나누었다. 1진은 트로이(조趙)로 진격하고 2진은 에게 해 동쪽 연안국들과 리키아(한韓)로 들어갔다. 그런 다음 1진과 합류하여 리디아(위魏)의 사르디스와 앙카라를 점령했다. 먼저 고조선의 본방을 유린한 것이다.

페르시아의 다리우스 3세와 알렉산드로스 군대가 처음 충돌했던 곳은 오늘날 시리아의 카라수Karasu 산 서쪽 들판이다. 다리우스는 이미 배치한 방어진 전방에 다시 5만의 보병과 기병을 파견하여 방어진을 쳤고, 최전선에는 3만의 그리스 용병과 아시아인으로 편성된 중갑병重甲兵 부대를 포진

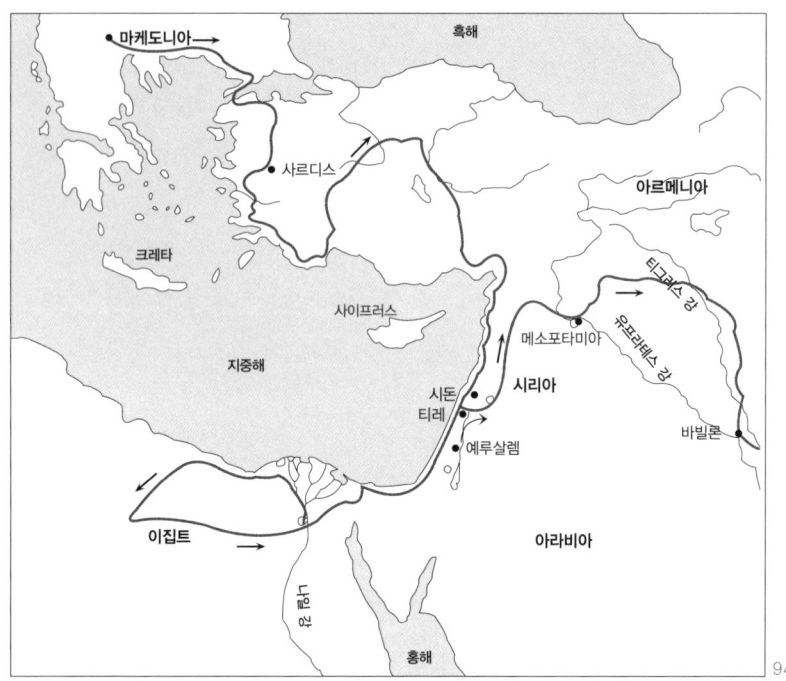

알렉산드로스 대원정도 굵은 선이 원정 경로이다. 마케도니아에서 남쪽으로 출발한 원정은 이집트를 돌아 다시 티레와 예루살렘을 거쳐 유프라테스 강, 티스리스 강을 건너 중앙아시아로 향하고 있다. 기원전 336~322년. 도판 출처, Robin Lane Fox, 《The Search for Alexander》.

시켰다. 이 부대에 아시아인이 편성되었다면 그들이 오늘의 동아시아인이라고 추정할 수 있다. 하지만 무시무시한 충돌은 일어나지 않았다. 알렉산드로스 군대가 모습을 드러내자 페르시아군은 얼마 가지 않아 모래성처럼 와르르 무너졌기 때문이다. 다리우스 3세는 도주했다. 이 전투가 유명한 이수스Issus 전투이다.^{그림 94} 이렇게 되어 알렉산드로스는 지중해의 섬 로도스(노魯)와 키프로스(위衛), 테로스(제齊)를 거쳐 이집트를 점령하고 이어서 수사(엘람), 박트리아, 소그디아나, 펀자브를 정복했다. 알렉산드로스 전기에는 분명히 드러나지 않지만 그의 발자취는 졸본부여에까지 미친다. 그는 도주한 샤먼의 세력을 추적하여 그곳으로 들어갔다. 우리가 신선도라고 말하는 샤머니즘을 쓸어버려야만 자신이 유일한 태양일 수 있기 때문이었다.

알렉산드로스가 가장 고전했던 곳이 세계 최대 군항軍港인 페르시아의 테로스(제齊)와 티레(조曹)이다. 그곳에서 페르시아 해군을 격파하는 데만 7개월이나 걸렸다. 이 군항은 뒤에 위만조선과 한나라의 전쟁에서 다시 부각된다. 이 고비를 넘은 왕은 이집트(서초西楚)의 멤피스로 들어가 나일 강 하구에 자신의 이름을 딴 첫번째 알렉산드리아를 건설하고 그곳에서 파라오의 신격을 인정받는다. 다시 서아시아로 진군하여 시리아의 델 마르두크 Marduk로 갔다. 엎어놓은 접시 모양의 도시 이브라(평양)이다. 알렉산드로스는 그곳에서 바빌로니아 시대에 함무라비가 그랬던 것처럼 제왕의식을 치렀다. 이런 일들은 그의 그리스 참모들이 실천하려 했던 데모스와는 배치되는 일이다. 하지만 그렇게 해야만 알렉산드로스는 합법적으로 페르시아 제국의 모든 봉국, 봉지들을 차지할 수 있게 된다.[1] 그런 다음 알렉산드로스는 박트리아를 점령하고 그곳 귀족의 딸 록사네Roxane와 혼인한다.

여기에 신라 탈해 왕조가 있었다. 알렉산드로스가 사제와 그 집단을 무자비하게 죽이는 상황이므로 탈해는 사직을 끌고 소그디아나로 도주했다.[2] 알렉산드로스는 이어서 소그디아나로 진격했으며 다리우스 3세의 최후를 확인하고서 아무다리야 강을 건너 오늘의 타지키스탄의 레니나바트 Leninabad에 이르렀고 그곳에 알렉산드리아를 건설한다. 질풍노도 같은 그의 군대는 다시 남쪽 박트리아를 거쳐 인도의 펀자브로 들어가 인더스 강으로 들어갔지만 그곳 전투를 끝으로 회군했고, 알렉산드로스는 바빌론으로 돌아가 세계를 지배하는 제왕의 도시를 재건하는 일에 몰두하다가 3년 만에 죽는다.

알렉산드로스가 밟은 전국 시대의 나라를 보면 트로이(조), 리키아(한), 리디아(위), 로도스(노), 테로스(제), 이집트(초), 수사(오), 박트리아, 소그디

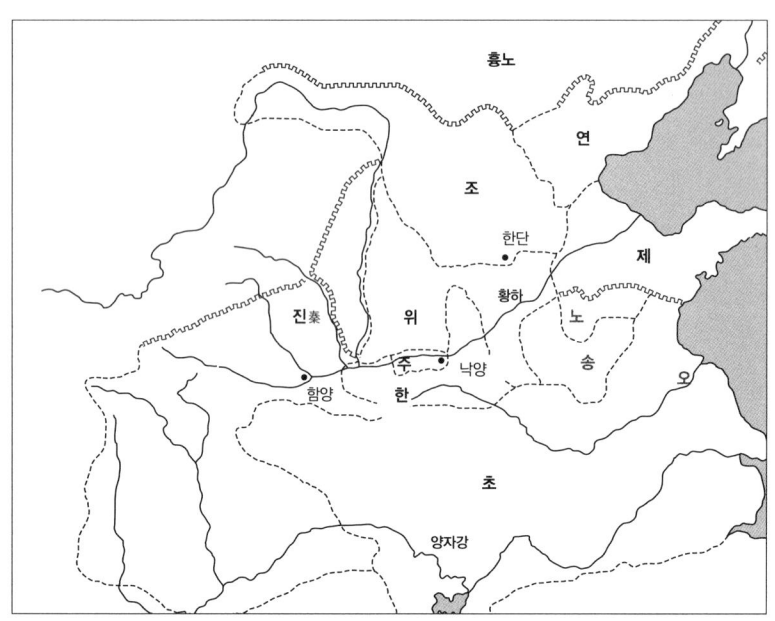

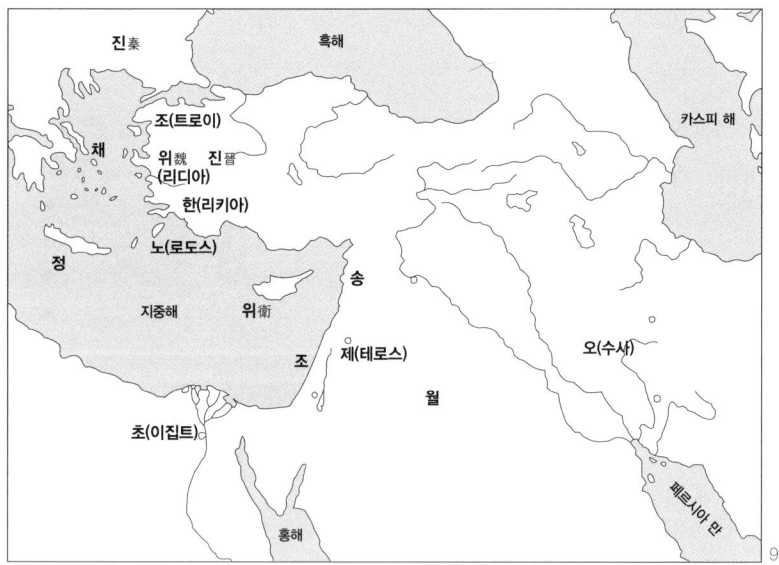

춘추전국시대의 일곱 나라 위 그림은 중국이 주장하는 지형도이고, 아래는 그 원형으로, 지중해를 끼고 있는 소아시아와 서아시아, 이집트 지역에 춘추전국시대의 일곱 나라가 있다. 지중해를 육지라고 보면 양쪽의 대응관계를 실감있게 파악할 수 있다.

아나 등이다. 중국 사가들이 이 상황을 자신들의 땅과 어떻게 대응시켰는지 보는 것은 흥미롭다. 전국칠웅이라 말하는 이들 나라는 중국 문헌에 모두 황하 중하류에 분포되고 가장 먼 나라가 양자강과 그 이남에 배치된다.[3] 눈에 띄는 것은 양자강 일대의 오나라, 월나라, 그보다 더 서쪽에 자리잡은 초나라이다. 이 나라들은 엘람(수사)과 예루살렘 그리고 이집트가 있는 지리적인 조건을 그대로 따랐다. 진秦, 조趙, 위魏, 그리고 한나라도 마케도니아, 트로이, 리디아, 리키아의 위치를 그대로 옮겨 서로 이웃하고 있는 형국이다. 하지만 노魯나라, 제齊나라가 조, 위, 한 남쪽에 놓여야 하는데 이를 무시하고 동쪽에 배열했다.그림 95 이는 육지와 바다가 서로 뒤바뀐 상황을 고려한 것으로 보인다. 제나라와 노나라가 바다 쪽에 있어야 알렉산드로스 왕의 이야기를 그런 대로 오늘의 중원에 옮겨놓을 수 있기 때문이다.

사마천은 진시황이 정복한 땅이 동쪽으로 조선에 이르렀고 서쪽은 임치臨淄, 남은 북호北戶, 북은 황하를 요새로 삼아 음산陰山에 닿았으며 요동에 이르렀다고 했다.[4] 그러면 황하가 북쪽 요새가 되고, 동쪽이 한반도, 서쪽은 서안 일대, 남은 북호에 이른다. 아무리 고대의 일이라도 이 정도의 영역을 통일한 것을 두고 해내海內를 통일하고 제후의 땅을 병합하였으며 남쪽을 향해 황제라고 칭했다고 말하는 것은 지나친 허풍이라는 비판을 면하기 어렵다. 사해라는 말은 로마가 지중해를 가리켜 쓴 예에서 보듯이 사방에 바다가 있는 지중해의 지리 상황에 어울리는 말이다. 이 천하통일 전쟁은 주周나라와 진晉(조선)이 무너져 천하의 봉국들이 명호 바꾸기로 이합집산하며 세계질서를 어지럽히자 이를 수습했던 전쟁이다. 사마천이 시황제가 정벌한 땅이 조선(한반도)에 이르렀다고 하면서, 당대에 한반도에 존재하지 않던 조선을 굳이 언급한 것은 이를 말하려 했던 것이다.

사마천이 기록한 진시황

진시황은 '시황제始皇帝'라고 기록된다. 문자 그대로라면 황제가 처음 탄생했다는 뜻이다. 사마천에 따르면 시황제는 코가 높고 눈이 길며 어깨가 딱 벌어졌다고 하니, 중국인의 외모와는 달랐다. 시황제는 알렉산드로스의 경우와 똑같이 한나라, 조趙나라, 위魏나라를 먼저 쳤다(그림 94 참고). 사마천은 그 이유가 제후의 합종合縱을 막기 위해서라고 함으로써 이 세 나라가 세계를 지배하는 쌈지의 머리임을 암시했다. 기록은 시황제의 군대가 조를 포위하자 굶주린 사람들이 아이를 서로 바꾸어 먹었다고 했고 유명한 장평長平 전투에서는 조나라 군사 40만 명이 투항하여 생매장되었다고 했다. 이때 흉노의 두만頭曼이 진의 공격을 이기지 못하고 북으로 피했다고 기록했는데, 앞뒤 정황을 헤아려 보면 이것이 고구려 유리명제의 이야기임을 알 수 있다. 두만頭曼의 '曼'은 卍으로 읽을 수 있어, 태양신전이라는 의미이며 '頭'는 흉노의 칸이다. 사마천은 이때부터 고구려를 흉노라고 기록하고 유리왕을 두만이라고 표기한다. 유리명제는 이때 두곡으로 옮겼다. 그곳이 북옥저이다.

    기록은 또 진시황이 기원전 215년에 갈석산에 와서 갈석의 바윗돌에 명문을 새겼다고 했다. 문제의 명문은 존재하지 않으므로 그 내용이 무엇인지 알 수 없다. 그런데 알렉산드로스 군대가 최초로 페르시아 군대와 대전한 곳이 '카라수Karasu' 산이었다. 이 이름에서 앞뒤 글자를 골라 갈석이라고 옮긴 것이다. 갈석은 일찍이 우임금이 홍수를 다스리면서 개간했던 곳으로 유서 깊은 지명이다. 이 산은 오늘날 중국에서 산둥반도 쪽에 있어 진시황이 왜 그곳으로 군대를 끌고 갔는지 헤아리기 어렵게 만든다. 사마천은 주周나라를 언급하면서 그 지역에 동부여를 뜻하는 북적北狄이나 이적夷狄이 있다고 설정했다. 시황제는 이적을 무찌르기 위해서 갈석산으로 갔을까? 하지만 기원전 4, 5세기경 그곳에 이적이라고 부를 만한 강력한 세력은 존재하지 않는다.

알렉산드로스와 진시황제는 둘이 아니다

시황은 스스로 '짐朕'이라고 칭했다. 《고기》에는 이미 사해四海라는 말과 함께 짐세朕世라는 용어가 쓰이고 있다.[5] '짐'은 소리글자로, 시황은 뒷날에 이를 다시 '진인眞人'이라고 고쳐 부르게 했다. 핵심은 'zin' 'zim'이라고 울리는 소리이다. '진인'은 진한辰韓의 황제를 가리킬 때 부르는 호칭이다. 중국도 짐세가 구정九鼎으로 제사를 받드는 시대라고 말하고, 그렇게 함으로써 신권수수神權授受와 하늘의 명(천명天命)을 대표하여 천하를 지배할 수 있다고 했다.[6] '진'이나 '짐'은 태양신의 호칭이다. 알렉산드로스 왕 시대를 헬레니즘이라고 부르는 것도 'zin'이라는 소리와 무관하지 않다. 헬레니즘은 헬레네(그리스)의 'zin'이라고 보아야 옳다. 유럽 학자들은 '헬레니즘'을 그리스적인 것과 페르시아(아시아)적인 것의 대융합'이고 이는 '동서민족의 혼합'을 뜻하며, 그 융합의 핵심에 그리스의 민주제도가 있다고 했다.[7] 그럼에도 실제의 알렉산드로스는 민주주 도시국가의 왕이 아니고 쌈지제도를 철폐한 온누리의 제왕이었다. 이것이 그리스식 세계주의이다.

알렉산드로스에게는 국사國師로 아리스토텔레스Aristotle가 있었고 시황제에게는 이사李斯가 있었다. 두 사람 모두 스승이다. '이사'의 '李'가 중국어에서 'li' 'ri'이고 '斯'는 'ssu'로 발음되어 'Rissu'는 Aristotle의 이두 표현이다. 아리스토텔레스는 에게 해 북단에 있는 칼키디케 반도 출신이며, 열일곱 살 때 아테네로 나와 플라톤의 제자가 되었고 필리포스 2세에게 초빙된 후 알렉산드로스의 교육을 맡게 된다. 반면 이사는 초나라 상채上蔡 사람으로, 순경苟卿이라는 사람에게 제왕의 술術을 배운 후 진나라에 들어가 여불위의 사인舍人이 되었다. 여불위는 그의 현명함을 보고 왕의 시종관侍從官으로 추천했으며 그로 인해 이사는 시황(정政)을 가르치는 자리에 앉게 되었다.[8] 초나라(이집트)가 지중해를 석권했던 세력이므로 이사의 출생지와 아리스토텔레스의 출생 환경이 크게 다르지 않다고 해도 과언이 아니다.

시황제라는 말은 '알렉산드로스Alexander'라는 소리를 근거로 삼은 말로 이는 이슬람의 경전 코란이 알렉산드로스를 이스칸더Iskander라고 기록한 데서 입증된다. 중앙아시아나 파키스탄 일대에서는 아직도 알렉산드로스를 '이스칸더'라고 부른다. 경전의 영향일 것이다. 중국어는 '황皇'을 '쾅'이라고 발음하므로 사실상 '시쾅데'는 '시칸더'와 맞바꿀 수 있다. 게다가 양쪽 모두 제왕의 후계자에게 흉노식 호칭인 세世라는 호칭을 붙여 1세, 2세라고 부르고 있다. 사마천이 중국에는 존재하지 않는 이 호칭을 갑자기 시황제에게 적용한 것은 우연이 아니다. 게다가 그 호칭도 양쪽 다 2세에서 끝나고 만다. 시황제는 천하를 통일하자 분서갱유焚書坑儒를 단행하고 법도法度와 형석자척衡石丈尺, 천하의 문자文字를 통일했다. 이는 알렉산드로스의 경우와 똑같다. 그는 페르시아를 제패하자 조로아스터교 승려들을 목 베어 죽였고, 이르는 곳마다 도서관의 책들을 불태웠으며, 천하의 문자를 알파벳으로 통일했다. 알렉산드로스의 이 조치는 이유가 있다. 그는 그리스주의(민주주의)를 세계화하려고 했기 때문에 샤머니즘 시대의 문헌 등을 모조리 불태워야 했다. 하지만 진시황이 왜 갱유분서를 했으며 문자를 통일해야 했는지는 그 이유가 드러나지 않는다. 중국이 여러 문자를 사용했던 나라가 아니며 그들의 문화를 방해하는 다른 문화가 존재했던 상황도 아니기 때문이다.

과연 진시황제가 세계의 문자를 하나로 통일했을까?

시황제가 문자를 통일했다는 말은 알렉산드로스 왕이 했던 일을 그대로 복창하고 있는 것이다. 알렉산드로스는 이집트와 페니키아, 지중해, 바빌로니아 지역에서 사용했던 여러 나라 문자를 그리스의 알파벳으로 통일했다. 하지만 진시황의 경우, 기원전 3세기 동아시아에 한자 말고 다른 문자를 사용한 세력이 존재했던 상황이 아니다. 몇 가지 원시 형태의 문자가 존재했다고 하더라도 그것이 문자통일 정책의 계기가 될만큼 강력한 걸림돌은 아니었다.

진나라가 어떤 문자를 사용했는지는 진시황릉의 병마용에서 발견된 구리로 만든, 진나라 시대의 무기인 극戟에 새겨진 '呂不韋'라는 글자가 말해준다.그림 96 이 글자체를 소전체小篆體라고 한다. 진시황제 치하에서 소전체가 사용되었다는 증거이다. 중국은 소전체를 보통 전서篆書라고 하며 그 이전에 쓰던 서체를 이에 대응하여 대전大篆이라고 한다. 기록은 진秦이 소전체를 표준 서체로 삼았다고 했다.[9] 이는, 문자를 말하는 것이 아니고 서체를 통일했다는 뜻이다. 문자의 통일은 각기 다른 여러 나라의 문자를 통일한다는 뜻이기 때문이다. 1975년에 전서체篆書體로 쓴 진나라 시대의 글자(진간秦簡)가 운몽현雲夢縣 소재의 진나라 시대 묘에서 발굴된 바 있다.그림 97 하지만 이 글자체는 병마총에서 발굴된 '呂不韋'라는 글자체와는 다른 것으로, 진시황의 문자통일이 서체통일이라고 말하는 것도 어불성설임을 확인시켜 준다.[10]

소전체小篆體의 '篆'은 초기 한자를 말하는 것으로, 흔히 대나무로 엮은 노트(죽백竹帛)를 가리킨다. 중국은 이 글자를 이사李斯가 만든 것이라고 하지만 그것도 낭설이다. 주周나라 시대에 사용하던 글자('주籀'라고 한다)를 간략하게 한 것이며, 그 주나라 글자의 연원은 알 수 없다. 게다가

구리로 만든 극 진나라 시대의 무기이다. 한 쪽에 "三年相邦呂不韋造寺工囗"라는 글자가 선명하다. 도판 출처, 위에난, 《진시황릉》.

진나라 시대의 죽간 전서체를 확인할 수 있다. 도판 출처, 《書道全集》.

소전은 뜻(회의會意)이 아니고 소리를 적기 위해 추출(추抽)해 빌린 글자(가차假借)로 그 기능이 예서隸書와도 다르지 않다. "예서가 전篆에서 탈화脫化했다"는 말은 이를 두고 하는 말이다.[11] 따라서 시황제가 문자통일을 했다는 것은 일본의 가나 문자나 한글처럼 소리를 적는 문자로 통일했다는 뜻이라고 보아야 옳다. 한글을 초기에 세속의 아낙네들이 쓰는 글자라는 뜻에서 '언문諺文'이나 '언자諺字'라고 했던 것과 같은 경우이다.

주나라가 아시리아이므로 이 소전의 출처가 수메르 문자나 페니키아인의 그림문자일 가능성도 있다. 이와 같은 고古아시아 문자들은 음절문자인 동시에 한자와 같이 그림문자의 기능을 한다. 예컨대 페니키아 문자는 본래 그림문자이지만, 페니키아인은 지중해 세계를 돌아다니며 상업활동을 했으므로 소리를 적는 실용적인 문자가 절실했다. 이런 필요성 때문에 자신들이 사용했던 그림문자에서 획이 간단한 글자를 골라 알파벳을 만들었으며, 이를 그리스에 전함으로써 알파벳 문자가 탄생한 것이다. 알파벳은 그림문자가 소리를 기록하는 수단으로 발전하면서 형성된 것이다.

《고기》에서는 부여인 왕문王文이 고심 끝에 전자篆字의 획을 간략하게 하여 새로 부예符隸를 만들어 이를 진나라 때에 썼다고 했다.[12] 부여인은 메디아 시대 사람을 말하며, 왕문王文은 이름이 '文'이다. 우리 경우는 이름이 먼저이고 왕 호칭은 뒤에 붙는다. 따라서 '왕문'은 이름이 뒤에 붙는 경우이므로 이는 'King Solomon'이라고 적는 지중해 문명권의 호칭이라고 볼 수 있다. 앞뒤 상황을 보면 페니키아 왕 카드무스Cadmus의 'mu'를 '文'으로 적었음을 알 수 있어서 '부예'가 곧 알파벳 문자임을 알 수 있다. 페니키아 왕 카드무스가 알파벳을 만들어 그리스에 전한 사실을 기록한 것이다. 같은 내용을 《고기》〈번한세가〉에서는 왕문이 한수漢水 사람이고 그가 이두법吏讀法을 만들어 이를 삼한에서 사행했다고 썼다. 이는 진시황제가 사용했다는 소전이 그림문자이면서 소리를 적은 문자임을 암시한다.

《진서 晉書》에는 진秦나라 시대에 노예(예인 隸人)가 글자를 쓰는 경우 이를 돕는 글자가 있다고 했고, 이를 예서 隸書, 혹은 좌서 佐書라고 했다. 이는 세계를 통일한 진나라가 세계 여러 나라 말을 적어야 했던 상황을 반영한다. 이 기록은 다시 진나라가 이미 전篆을 사용했으나 일이 번거로워지면서 전자로는 대처하기 어려워 황제가 영을 내려 노예의 글(예자 隸字)을 쓰도록 했으며 한나라도 이를 따랐다고 했다.[13] 일본의 저명한 동양학자인 시라가와 시즈카 白川靜도 이 점에 주목한다. 그는 진시황 때의 정백이라는 관리가 노예(도예 徒隸)를 위해 만든 진나라의 글자(진전 秦篆)가 있었다고 확신하고 이는 중국이 전하는 소전이나 대전처럼 뜻을 전하는 상형문자 hieroglyph가 아니라 소리를 적는 필기체 demotic로 보아야 한다고 주장한다. 하지만 그런 글자가 실제로 한문에는 존재하지 않는다는 것이다.

예서가 '노예 글'이라는 것이고, 이 글자는 진시황 때 정막 程邈이라는 역인 役人이 실용적인 목적으로 만들었다는 주장이다. 당나라 시대의 화론가 장언원 張彦遠은 분명히 이 글자를 신하나 노예들이 썼다고 했다.[14] 그런데 전서가 노예의 글자라면 중국은 왜 자신들의 글자를 노예의 글이라고 했을까? 모든 기록이 사실이라면 당시 중국에는 한자 외에도 노예들의 글자가 따로 있었다는 뜻이다. 하지만 우리는 한자가 아닌 노예의 글자를 쓰는 사람들이 중국 땅에 있었다는 사실을 알지 못한다. 분명한 사실은 기록들이 예서를 바로 한자라고 한다는 사실이다.

앞에서 이미 공자의 《춘추》, 《논어》, 《효경》이 페르시아 제국의 공용문자였던 쐐기문자(과두문자)로 쓴 책이라고 했다. 그런데 《이아》는 공자가 《상서》 29권을 쐐기문자(설형문자)가 아닌 예서 隸書로 썼다고 기록했다. 갑자기 노예의 글자가 등장하는 것이다. 사연은 이렇다. 진시황이 천하를 통일하면서 유생의 목을 치고 책을 태우자 박사 복생 伏生이라는 사람이 공자의 책을 벽장에 감추었다가 한나라가 일어나자 그 책을 꺼냈다. 그 책

《상서》)은 예서로 쓴 것이고 복생이 제나라와 노나라를 오가면서 그 책으로 가르쳤다고 했다. 그러면서 예서로 쓴 책을 《고문상서》와 구별하여 《금문상서 今文尙書》라고 부른다고 했다. 쐐기문자가 고문이고 노예문자가 금문이라는 것이다.[15] 이 말을 오늘의 중국으로 옮겨놓으면 무슨 뜻인지 알 수 없게 된다. 분명한 것은 고문을 가리키는 쐐기문자가 수메르 바빌로니아 시대의 문자이고 금문이 가나안, 페니키아, 크레타, 알파벳 문자로 이어진다는 사실이다. 수메르에서 페르시아로 이어진 쐐기문자가 공용 문자이고 나머지 그림문자(전자 篆字)가 노예 문자가 되는 것이다.^{그림 98, 99} 제나라와 노나라 사이가 페니키아 상인들의 활동무대이므로 복생이 그 지역을 왕래하면서 노예의 글로 쓴 상서를 가르쳤다는 말은 합리적이다. 이 상황을 지금의 중국 땅에 대입해 보면 왜 복생이 노예의 글자로 된 상서를 노나라와 제나라로 왕래하며 가르쳤는지를 이해할 수 없게 된다.

    시황이 문자통일을 한 현장이 오늘날의 중원이 아닌 것이 분명해진다. 아시아인이 본시 노예라고 했던 사람은 아리스토텔레스이다. 그는 '이방인'은 본시 노예라고 주장했다. 지중해 연안 나라들을 제 집 드나들듯 왕래했던 페니키아 상인들을 가리킨다. 그러니까 이방인은 비非그리스인으로 쌈지 시대의 기술자 집단인 것이다. 이는 근대적인 의미의 노예 개념이 아니라 홍익인간의 세계를 건설하는 특수한 종교집단을 지칭하는 개념으로 규정해야 옳다. 그리스 학자들은 그리스가 세워지기 전에도 그곳에 이미 인도의 카스트 제도와 함께 노예가 있었다고 한다.[16] 이는 그리스인이 그곳에 살기 전에 이미 샤머니즘이 있었음을 말해 주는 증거이다. 이 모든 정황으로 보아 노예의 글은 페니키아 상인들이 사용했던 실용적인 소리글자, 바로 알파벳이 분명하다.

    한자에는 여섯 가지 서체가 있다. 그중에 좌서진예서佐書秦隷書라는 특별한 성격의 글자가 있다고 했는데, 이것이 알파벳을 가리킨다. 좌서는 가

시나이 문자	가나안 페니키아 문자	초기 그리스 문자	후기 그리스 문자	라틴 문자	영문자
		A	A	A	A
		B	B	B	B
				C G	C, G
		△	△	D	D
			E	E	E
	Y	Y	F	F V	F, U, V, W, Y
= (?)		I	I		Z
		日	日	H	H
	⊗	⊗	⊗		(Th)
				I	I, J
			K		K
			L	L	L
		M	M	M	M
		N	N	N	N
		王	王	X	(X)
o	o o	o	o	O	O
		]	Γ	P	P
		M	M		(S)
		Φ	φ	Q	Q
		9	P	R	R
	W	}	}	S	S
	X	T	T	T	T

알파벳의 기원 중국이 노예문자라고 기록한 고대 지중해 그림문자 '전'. 왼쪽에서 오른쪽으로 진행되면서 그림문자가 소리를 적는 알파벳으로 변하고 있다. 도판 출처, Edward Chiera 《They Wrote on Clay》

크레타 비문			고대 키프로스 소리문자		초기 알파벳		
상형문자	선線문자 A	선線문자 B	(Sounds)		그리스어 발음	셈어	초기 아테네어
			a		Alpha		A
			ka		Beta		B
			ta		Gamma		
			pa		Delta		
			la		Epsilon		
			ra		Vau (digamma)		
			ma		Zeta		
			na		Heta		
			ja		Theta		
			wa		Iota		
			sa		Kappa		
			za		Lambda		
			e		Mu		
			ke		Nu		

99
페니키아 상인들이 사용했던 지중해 문자   오른쪽에 보이는 초기 알파벳 문자가 왼쪽에 나열된 페니키아 상인들이 사용했던 지중해 문자와 유사함을 알 수 있다. 도판 출처. Cyrus H. Gordon, 《Forgotten Scripts》

로쓰기 글자여서 글씨 쓰기 방식이 한자와 전혀 다르다. 중국은 좌서佐書의 '佐'를 좌左와 같은 뜻이라고 보고 이를 보조용 글이라고 말하지만, 보조용 글자라는 것은 존재하지 않는다. 소위 진시황의 '송덕비'라고 말하는 낭야대각석琅琊臺刻石의 경우만 하더라도, 이는 세로쓰기로 오른쪽에서 왼쪽으로 써 가는 전형적인 한문체이다. 또 중국이 예서라고 말하는 전국 시대 말기의 글자도 장사長沙의 초나라 묘에서 발굴된 바 있지만 그것도 세로로 쓴 한자이다. 분명 좌서는 가로쓰기 글자로 알파벳을 의미한다. 예隸가 노예라는 뜻이므로, 한자를 가리켜 노예의 글자라고 말할 수는 없는 일이다. 알파벳은 그리스의 노예들이 썼던 글자이며 마케도니아에서는 이 문자를 노예의 문자(진예서 秦隸書)라고 불렀다. 알렉산드로스 왕 이후 이집트와 서아시아, 그리고 페르시아에서 그들의 문자가 사라진 까닭은 알렉산드로스 왕의 문자통일 정책의 결과였다.[17] 그렇다면 병마용에서 발굴된 '呂不韋'라는 글자는 어떻게 이해해야 할까.

진시황제의 불로초와 바다는 부도 이야기다

많은 알렉산드로스 전기작가는 알렉산드로스가 지구의 동쪽 끝에 대한 지대한 관심이 있었다고 쓰면서도 그 이유를 설명하지 못한다. 그들은 알렉산드로스의 최대 관심이 졸본부여의 샤먼집단이고, 졸본부여가 타클라마칸 사막이라는 사실을 알지 못했기 때문이다. 알렉산드로스 대군이 진격해 오자 샤먼신선들은 졸본부여(간해 干海)로 들어가 숨었다. 군주가 샤먼(구이 九夷)을 신하로 삼는 헬레니즘을 그들은 용납할 수 없었다. 알렉산드로스는 신권절대주의를 뿌리 뽑기 위해 타클라마칸 사막으로 들어갔다. 그가 무려 일년간이나 머무른 곳은 세계 최고의 보석의 나라 고단이었다.

전기작가들에게 미스터리였던 이 사건은 사마천의 기록을 보아야 실마리가 풀린다. 사마천의 기록에서는 진시황이 천하를 통일한 후, 제후諸侯와 군신을 거느리고 동부東部의 땅을 순무하다가 바닷가의 낭사琅邪에 이르렀다고 했다. 바다는 부도 지역을 의미한다. 중국은 낭사가 오늘의 산둥山東에 있던 제나라 땅에 있다고 우긴다. 하지만 사마천은 《사기》〈대완열전大宛列傳〉에서 이미 전한 무제가 낭사산琅邪山에 와서 그곳을 곤륜산이라고 이름 지었다고 써서 그곳이 곤륜산 일대임을 분명히 했고, 《후한서》도 《산해경》을 인용하여 외국의 지도에 낭사가 3만 리에 있다고 했다.[18] 외국의 지도가 어떤 것인지는 알 수 없으나 동진 때 배수가 그린 지도만이 있었던 상황에서 다시 언급되는 이 지도는 서아시아나 지중해에 관한 것이다. 앞 장에서 거론했듯이 《후한서》〈동이전〉서문에서 월越나라가 낭야로 옮기자 동이들이 월과 함께 낭야琅揶를 정벌했다고 한 기록도, 낭야가 서쪽에서 동쪽으로 3만 리가 되는 지역에 있다는 것을 말해 준다.

낭사는 세계적으로 널리 알려진 구슬의 생산지 고단(우전于田)이다. 실제로 '琅邪'라는 글자는 낭야琅揶라고도 쓰고, 그 뜻은 구슬이다. 이 구슬을 산스크리트어로는 '크스타나'라고 부르며 그 뜻은 바다의 우유乳海이다. 앞에서 언급했듯이 트로이에서 발굴한 백옥으로 만든 도끼도 이곳에서 나는 옥으로 만든 것이다. 월지月氏가 비단과 옥의 나라로 서방세계에 알려진 것도 낭야 덕분이라고 했다.[19] 월지는 누란이다. 알렉산드로스의 전기를 대입하면 진시황(알렉산드로스)은 소그디아나 쪽에서 페르가나 계곡으로 들어와 곤륜산 동쪽 자락에 있던 고단에서 학술·전략·행정, 경제 전문가(막료)들과 함께 1년간이나 머물렀음을 알 수 있다. 군자금 조달을 위해 고단의 보석이 절대적으로 필요했던 상황이다. 알렉산드로스가 수사를 침입한 것도 그곳에 억만금이나 되는 금은보화가 있었기 때문이며, 그는 이를 처분하여 장병들의 월급을 지불하느라 세계적인 금값 인플레를 조성하기도 했다. 하지만 그의 주목표는 쌈지 세력(구이九夷)을 소탕하는 일이라고 해야 옳다. 진시황이 천하를 통일한 후, 장차 호胡가 제국을 위협한다는 점쟁이의 말을 믿고 장군 몽염蒙恬에게 30만 대군을 주어 융적戎狄을 북으로 추방했다고 쓴 것이 이를 말해 준다. 알렉산드로스가 쌈지 세력의 씨를 없애기 위해 타클라마칸 사막으로 들어왔다는 이야기와 겹치는 대목이다. 사마천은 진시황이 바닷가(사막)에서 제후 군신들과 회의를 했다고 쓰고 그 내용을 이렇게 전한다.

> 옛날 제왕은 그 땅이 천리에 불과하고, 제후(샤먼)는 제몫의 봉역封域을 지키면서 입조入朝하는 일도 제 마음대로이며, 법도가 있어도 제후가 이를 지키지 않으면 있으나마나입니다. …… 그러니 제후(샤먼)의 막강한 권력을 제한해야 하며, 그러기 위해서는 해내海內를 합쳐서 하나의 군현으로 만들어 황제의 휘하에 두어야 천하가 화평하게 되는 것입니다.

알렉산드로스가 쫓고 있는 샤먼들이 이곳에 있음을 암시한다. 샤먼들이 무장(무두루)을 갖추었으므로 비록 운둔하고 있는 처지이긴 하지만 제왕과 대등하고 독립적인 지위였다는 말은 쌈지도의 정체가 무엇인지를 말해 주는 대목이다. 이에 군신들은 제후(샤먼)의 막강한 권력을 제한하기 위한 조치로 해내(오방)를 합쳐서 하나의 군현으로 만들어 황제의 휘하에 두라고 제안하는 것이다. 군신들은 이 포고문을 황제의 공덕과 함께 금석金石에 새겨놓았다고 한다. 유방이나 무제 이전에 이미 그리스의 행정구역(한사군)이 그곳에 만들어진 것이다.

이 대목에서 우리는 일연이 《삼국유사》〈기이편〉에 기록해 놓은 진나라의 부도(진한辰韓)를 만나게 된다. 그는 《후한서》를 인용하여 진한을 진秦이라고 적었는데, '秦'은 문자 그대로 진나라이고 '韓'은 부도를 가리킨다.

이때 진나라의 부도는 모두 12개 속국을 가졌으며, 각 나라는 만 호戶쯤 되지만 이를 나라라고 부른다고 했다. 박트리아의 탈해 세력이 소그디아나의 히바로 도주한 상황이어서 이 진나라의 부도 기사는 눈길을 끌 수밖에 없다. 당연히 김알지金閼智에게 관심을 돌리게 된다. 김부식은 신라 왕통에서 탈해에 이어 김알지의 탄강을 언급하고는 시미치를 뗐는데, 왜 그랬는지 알 수 없다. 그의 기록에는 김알지가 돌연히 금성金城 서쪽 시림始林의 금궤에서 나타난다. 금성은 누란이고 시림은 휴도금인이 있는 부도를 말한다. 그가 누란에 새롭게 부임해왔음을 말하는 것이다. 앞뒤를 따져보면 알렉산드로스가 고단에 머물면서 중론 끝에 한 인물을 그곳의 총독(사트랍)으로 임명했던 상황과 연계된다. 김부식의 기록에도 김알지는 알로 탄생했으면서도 이사금이 아니고 일개 대보大輔였다. 대보는 행정을 담당하는 총독과 같은 신분이다. 《한서》〈흉노전〉은 삼국시대에 조위曹魏의 학자였던 맹강孟康이 진秦이 이미 감청궁에 있는 휴도금인을 공격하여 그곳을 빼앗았다는 사실을 기록하고, 또 진시황이 기원전 269년에 장균張鈞이라는 사람을 둔황에 파견하여 그곳 태수에게 서신을 전했다는 사실도 기록했다. 누란을 발굴했던 헤르만은 그 지역에서 많은 양의 그리스 시대 공예품을 발굴했다. 그리고 기원전 5세기 때의 지중해 문물이 낙양洛陽 금촌金村에서 발굴되기도 했다. 이는 알렉산드로스의 발자취가 전한의 무제가 장건을 서역으로 보내기 이전에 이미 그곳에 이르렀음을 말해 준다.

둔황은 샤먼 제국 시대의 샤먼 신전이다

1908년, 영국 정부는 헝가리인 오렐 스타인Aurel Stein과 프랑스인 폴 펠리오Paul Pelliot를 파견하여 둔황敦煌 천불동그림 100에서 수천 권의 문서를 찾

둔황 막고굴의 외경 전체 막고굴의 일부로 굴 입구의 방향이 해가 뜨는 동쪽을 향하고 있다.

아냈다. 그중에는 그리스의 약초학에 관한 문서도 있었으며 혜초의 《왕오천축국전》도 포함되어 있었다. 이곳이 샤먼들의 신전이었음은 둔황이라는 글자가 암시한다. '둔황敦煌'의 '敦'은 점을 치는 언덕, 제사를 지내는 언덕, 혹은 제기와 음악이라는 의미이며[20] '煌'은 '열심히 공부(면勉)한다'는 뜻이다.[21] 게다가 중국은 이곳을 '옛날의 막고굴莫高窟'이라고 부른다.[22] '막고'라는 글자는 한자말이 아니고 소리글자이므로 이곳이 소아시아와 관련이 있음을 말해 주고 있다. 막고가 페르시아(메디아) 시대에 제관祭官을 뜻하는 'magoi'와 같은 소리이기 때문이다.

박제상의 《부도지》에서 '마고'는 천문을 헤아리는 부도의 샤먼이다. 둔황을 이두로 옮기면 'to-wha'가 되며, 이 소리는 이 책의 제1장에서 언급한 묘청이 제기했던 대화신궁의 '대화大花'와 같다. 그렇게 읽으면 막고굴

408

둔황 막고굴 벽화 위 그림은 대전사의 군여도로 추정된다. 중앙에 고구려 특유의 장삼춤을 추는 상투머리의 인물이 보인다. 아래 그림은 고구려 성으로 추정되는 성문 앞에서 어떤 의식을 거행하고 있다. 고구려 관련 자료는 막고굴 172, 154, 159, 220, 330에서도 확인된다. 도판 출처, 돈황연구원회, 《돈황》.

은 햇빛을 받아들이는 신궁의 화혈로 이해된다. 인도의 아잔타 석굴과 마찬가지로 그 지점이 태양마차가 머무는 장소(위도 40도)이다. 1960~70년 대에 둔황 막고굴에서 전진前秦 때(366년) 만들어진 492개의 동굴을 발굴한 바 있는데, 그 가운데 고구려의 평양성으로 추정되는 벽화가 있다.^{그림 101} 그 벽화에는 샤먼들의 신전으로 보이는 성곽과 병사들이 군여軍旅 퍼레이드를 벌이는 장면, 고구려의 독특한 풍속인 장삼춤을 추는 모습이 그려져 있다. 장삼춤이 천사들의 탈춤이다.

서울대학교 박물관에 소장된 무속열두거리(무속십이제차 巫俗十二祭次) 그림에는 사제를 가리키는 제석帝釋만이 고깔모자에 소매가 날개처럼 생긴 장삼을 입고 있는데, 무가巫歌에는 그가 천문지리의 박사들과 많은 성주城主들과 장군들을 거느린 것으로 나타난다. 이는 둔황이 어느 시기에 샤머니즘의 성지였음을 뒷받침해 주는 자료이다.

진시황릉은 진대가 아니라 후한 때 만들어졌다

1974년, 서안에서 진시황제의 능이 일부 발굴되었다. 이것은 진나라가 중원에 있었다는 증거이므로 세상을 놀라게 하기에 충분한 사건이었다. 하지만 발굴 결과는 기대에 미치지 못했다. 진시황제의 호위부대인 병마용에는, 흙으로 구워 만든 등신대의 말들과 병사들이 바야흐로 황제의 안위를 걱정하듯 긴장된 모습이어서, 기원전 3세기의 역사의 현장이 고스란히 되살아난 모습이다. 병사들의 얼굴은 대부분 아시아인이어서 진나라가 오늘날 중국 역사의 일부임을 의심치 않게 한다. 앞에서 언급했듯이 이 무덤에서 발굴된 진나라 시대의 무기(극戟)와 종鐘도 이를 뒷받침한다(그림 96 참고).

사람들을 놀라게 한 물건은 단연 실물의 절반 크기로 만든 청동마차이다.^{그림 102} 네 필의 말 고삐를 쥔 마부는 오늘날 중국인의 모습이 아니다. 진시황제가 평상시에 타고 다니던 마차의 모형이지만 청동마차에서는 그 무덤이 지중해와 관련되어 있다는 사실이 드러난다. 우산을 씌운 모양의 지붕이 있는 마차 양면에 변형된 용봉龍鳳과 구름문양(권운문卷雲紋)이 새겨있는 것이다. 이 문양은 그 시점에 중국에 나타나서는 안 되는 것이다. 구름문양은 학술용어로 '메디카고 사티바Medicago Sativa'로[23] 보통은 메디아 제국의 이름을 따서 '메디케'라고 부른다. 이는 기원전 7세기경에 메디아 제국에서 생산되었던 불로장생의 약초로 진통효과가 있어서 샤먼들이 애용했다. 조로아스터교에서 사용하는 마법의 약초이기도 하다. 오직 카스피해 서쪽 산기슭에서만 야생하는 이 약초는 당대에 서아시아 지역으로 수출되기도 했다. 메디카고 문양^{그림 103}은 경주 천마총에서 발굴된 천마도天馬圖나 황금술잔에서도 발견된다. 진시황제가 죽은 것은 기원전 3세기의 일이고 중국이 서역과 교통한 것은 그보다 100년이나 뒤인 한무제(기원전 156~87) 때이다. 따라서 이 문양을 100년이나 앞서서 진시황제의 청동마차에서 발견한다는 것은 거꾸로 돌리는 필름을 보는 것처럼 억지스럽다. 메디케 문양은 춘추전국시대의 청동거울뿐 아니라 미케네 문양에도 똑같이 나타나 우리를 혼란스럽게 만든다.

발굴 보고서는 병마용에 화재 흔적이 있다고 썼다. 하지만 화재 때 불에 탄 유물은 존재하지만 그 장소에서는 어떤 화재 흔적도 발견되지 않았다. 자루는 타지 않는데 자루 속 물건만 탔다면 그것은 어불성설이다. 화재가 난 다른 장소의 물건들이 그곳으로 옮겨진 것이다. 게다가 1호용 갱을 1차 발굴했을 때는 서한西漢 시대의 합장묘가 발견되었고, 그곳에서 한무제 때 만든 오수전五銖錢이 나왔다.[24] 진시황릉이 진나라 때에 만들어진 것이 아니며, 서한西漢 때 능의 내용물이 그곳으로 옮겨졌다는 결정적인 증거이

네 필의 말이 이끄는 청동마차 아래는 청동마차의 옆면의 장식이다. 그리스의 메디카고 문양이 새겨져 있다. 진시황릉 서쪽 지역 출토.

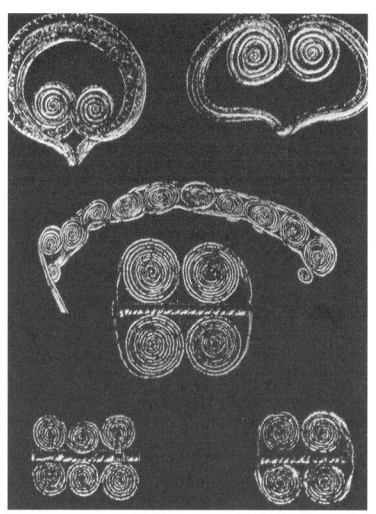

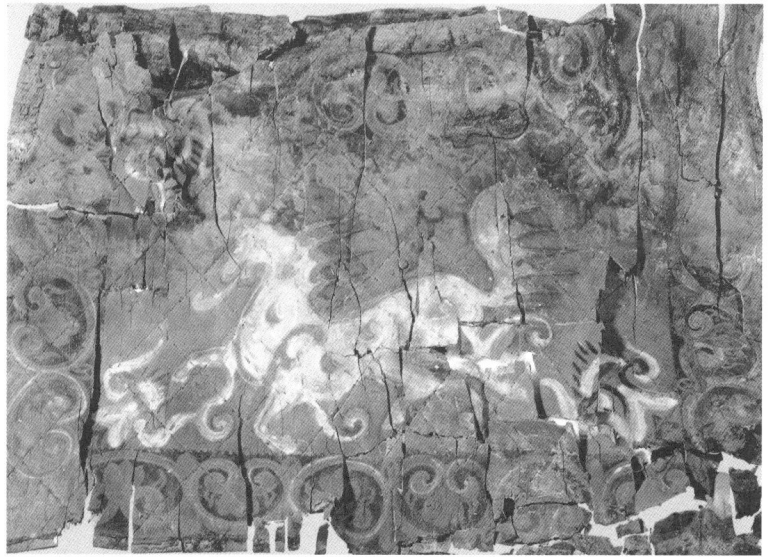

103

메디카고 문양 위 왼쪽은 황금 장신구에 새겨진 미케네 시대의 메디카고 문양(도판 출처, Jane E. Harrison, 《Ancient Art Ritual》)이고, 위 오른쪽은 춘추전국시대의 청동거울이다. 아래는 메디카고 문양이 새겨진 경주 천마총의 〈천마도〉.

다. 합장된 묘에 묻힌 인물이 이 거창한 공사를 주관했거나 지휘했던 장본인이라고 해도 좋을 것이다. 그런 경우가 아니라면 도대체 어떤 세력이 진시황제의 무덤을 파고 그 속에다 또다른 무덤을 만들 수 있겠는가.

사마천의 함양은 바빌론이다

주나라, 진秦나라, 한나라의 수도는 모두 함양咸陽이다. 이 함양이 바빌로니아 문명 시대의 위대한 도시 '바빌론Babylon'임을 말할 차례이다. 바빌론은 '신의 문門'을 가리키므로 곧 태양신전이라는 뜻이다. 알렉산드로스 대왕은 그곳을 헬레니즘 제국의 수도로 삼았다. 그 유적은 오늘날 바그다드 남쪽 50킬로미터 지점에 있다. 홍수 때 강물의 수위가 높아 저지대 유적은 거의 접근이 불가능하지만 우주의 중심을 상징했던 거창한 신전 탑ziggurat은 도시 중심에 남아있다. 바빌로니아 시대의 점토판 글에서는 이 탑이 '떠오르는 태양, 거대한 문, 친위대의 기둥(주랑柱廊)의 문, 운하의 문, 탑이 보이는 문' 등 다양한 수식어로 기록되어 있다. 특히 운하는 페르시아 만과 아나톨리아 지역을 연결하는 물류의 중요 수송로였다. 지구라트 신전은 늘 친위대가 지켰으며 신전 탑 꼭대기 15미터 높이에는 태양신(마르두크)의 성소가 있었다. 거기에는 황금으로 만든 상床과 긴 의자가 놓여있었다. 헤로도토스는 칼데아 사제들이 그곳에서 미혼 여성과 신혼神婚을 치렀다고 기록했다.

알렉산드로스는 바빌론에 거대한 항만과 조선소를 건설하기 위해 의욕적으로 유프라테스 강을 파내는 공사를 벌였다. 북쪽 니네베와 남쪽 페르시아 만을 연결하여 인더스 강 연안의 그리스 식민도시와 교역을 용이하게 하려는 목적이었다. 그는 이 공사를 위해 60만일분의 노임을 지불해야 했다. 뒤에 일어났던 파르티아(백제)도 잠시지만 이곳 바빌론을 지배했다. 점토문서는 이런 사실을 전하면서도 실제로 바빌론에 살았던 사람들이 어떤 사람들이었는지는 언급하지 않는다. 유대인들이 이 의문을 풀려고 시도했다가 그 결과에 대해 후회했다고 한다.[25] 이유는 알 수 없지만 자신들이 상상했던 조상들과는 전혀 다른 사람들이 살았다는 사실을 알게 된 것은 아닐까. 이곳이 다름 아닌 중국 기록에 등장하는 함양이다.

그런데 오늘의 중국 땅에서는 함양에 대한 이런 기록에 걸맞는 웅장한 유적을 찾을 길이 없다. 바빌론의 실상을 그대로 옮기자면 우선 함양에도 운하나 항만을 건설할 수 있는 큰 강이 존재해야 한다. 이에 대해 사마천은 이렇게 적는다. 시황제는 함양을 수도로 하고 위수 渭水 남쪽에 북극성의 별자리를 본뜬 500간의 어마어마한 아방궁 阿房宮 을 지었다. 하지만 아방궁이 어떤 건물인지는 언급하지 않았으며 배수 裵秀 의 지도에도 그런 함양은 보이지 않는다. '아방'을 뜻으로 읽으면 '언덕의 방'으로, 태양신전(부도)이다. 중국은 아방궁이 오늘의 섬서성 장안현 서북에 있었다고 말한다. 진이 망했을 때 항우가 300리에 달하는 그 성곽에 불을 질러 수개월간이나 불에 탔다고 했다. 얼마나 거창했는지를 알 수 있다. 하지만 오늘날 중원 어디에도 그런 규모의 유적은 발견되지 않는다.

사마천의 함양이 바빌론이라는 증거는 천문 기록이 말해 준다. 사마천은 〈천관서 天官書〉에서 1년의 기준을 목성 木星 의 12년 주기 週期 에 둔다고 적었다. 이것이 기원전 3, 4세기경 바빌론에서 행해졌던 관측 방법이라는 사실이 밝혀졌다. 또 점성술(음양오행설)에 관한 기록도 기원전 4세기경 바빌론의 점성술(일월오성 日月五星 의 작용을 포함)과 같다는 사실도 밝혀졌다. 이는 아시리아의 아슈르바니팔 왕의 서고에서 발견된 점성술 기록과 흡사하다.[26] 주나라 말기에 월 越 이 낭야로 옮겼다는 《후한서》의 기사는 이를 뒷받침해 준다(405쪽 참고).

수로왕의 모습 도판 출처, 문정창, 《가야사》.

가락국은 펀자브, 인더스 강에서 일어났다

수로는 쿠차에서 고단으로 건너가 그곳에서 다시 곤륜산과 힌두쿠시를 넘어 펀자브로 들어가 인더스 강 일대로 진출했다. 이 길은 알렉산드로스가 개척했던 길이지만 그 이전에 백제의 온조도 그 길을 통해 박트리아로 침공해 들어간 바 있다. 아무튼 이때가 알렉산드로스 왕이 인더스 강에 도착했던 시점이다. 당시 그곳은 대부분 바라문교의 지배를 받고 있었으나 전쟁의 바람이 불자 외세에 저항하는 폭동이 일어났던 상황이다. 이때 봉기를 주도했던 한 젊은이가 그리스 시대의 문헌에는 산도로코도스Sandrocos로 알려져 있는데, 현지에서는 그를 '산드로'라고 불렀다. 뒤에 인도 문헌은 이를 '찬드라' 혹은 '찬드라굽타'로 적는다. 이것이 일연의 기록에 나타나는 가락국 수로왕이다. '산드로'의 첫소리와 끝소리를 이두로 옮겨 수로s,

R가 된 것이다. 이름의 뜻이 '가장 먼저 머리를 내밀다'인데, 알렉산드로스가 인더스 강에 도착했을 때 가장 먼저 나타난 사람이 수로임을 의미한다. 수로의 용모는 그리스계 인도인의 모습이다.^{그림 104}

난다Nanda 왕조 공략에 나선 알렉산드로스는 그곳 지리와 정세를 잘 아는 수로의 도움이 필요했을 것이다. 젊은 수로가 어떻게 일거에 난다 왕조를 밀어내고 그곳에 마우리아Maurya 왕조를 세웠을까? 사실 이런 배경을 깔지 않고서는 이해하기 어렵다. 가락국 영역이 펀자브 일대이고 중국은 그곳을 필요에 따라 형荊이나 초라고 불렀는데 《남제서》는 가락국에 대한 아무런 정보도 없이 가락국 왕의 이름만을 '하지荷知'라고 표기했다.[27] '荷'를 '何'로 대치해 보면 이 이름은 그 나라에 대해서 어찌 알겠느냐로 읽을 수 있다. 실제로 아소카 왕의 비문이 발견되기 전까지는 인도인도 마우리아 왕조의 역사를 거의 알지 못했다는 사실은 이를 뒷받침한다. 가락국의 장상將相들과 백성들은 혼합인종으로 드라비다 족이 그 주축이었다고 한다. 기록은 수로가 상제上帝의 주선으로 아유타국 공주와 혼인했다고 전한다. 이 상제가 바로 알렉산드로스이다. 알렉산드로스는 이때 동서화합을 위해 수사에서 그리스 남성과 아시아 여성의 집단혼을 시도했다. 수로와 허황후의 이야기도 이런 정황과 무관하지 않다. 기록에 등장하는 아유타국은 인도의 브라흐만이 'Ayodhya'라고 부르는 도시로, 메소포타미아의 기록에는 Agadu, Agade로 나온다. 이는 '아나히타 여신전'을 가리키는 말이다.[28] 허황옥은 유프라테스 강 연안에 있는 아나히타(아유타)에서 배를 타고 페르시아 만으로 나와 인더스 강 하구인 파타라에 도착했다. 파타라는 알렉산드로스의 수하 장군들이 세운 그리스식 식민도시이다.

알렉산드로스 왕은 휘하 장군들을 인더스 강 연안에 남겨놓고 회군했다. 일부 장군은 그곳에 남아 그리스식 도시와 문화를 건설했다. 수로가 그토록 빨리 일사천리로 마우리아 왕국(가락국)을 건설할 수 있었던 것도 이런 배경 때문이다. 정황으로 보면 간다라와 마투라에서 불상미술을 일으킨 왕도 수로이다. 일연은 수로가 그곳에 갔을 때 그곳에는 상교像敎가 없었다고 했다. 상교는 휴도금인을 말하는 것으로 신상이 없는 바라문교가 그곳에 있었다는 뜻이다. 그는 제일 먼저 절을 세우고 불상을 만들었다. 간다라와 마투라에서 불상이 제작되는 상황과 대응되는 대목이다. 그는 쿠차에서 이미 왕이 되었으므로 휴도금인(불상의 전신)을 알고 있었다. 그러니까 수로가 그리스 조각가들을 불러 불상을 만든 것은 이상한 일이 아니다. 기록은 수로가 먼저 18나한을 모시는 신전부터 세웠다고 했고, 나라 이름을 가락국伽洛國 혹은 가라국呵羅國이라고 했다고 한다. 이 말은 산스크리트어로 제왕이라는 뜻이어서 가락국은 남천축임을 알 수 있다.

편자브에 있는 '부다가야'는 우리식으로 '부도'라고 부를 수 있다. 석가모니가 처음 설교한 곳도 '부다가야' 혹은 '녹야원鹿野苑'이다. 녹야원은 북두칠성을 가리키며 지금도 그곳에는 부도의 건축물이 유물로 남아있다. 이 나라가 어떻게 한반도 남단에까지 그 이름을 가져오게 되는지는 박트리아가 말해 준다. 뒤에서 보게 되지만 마우리아 왕조가 비록 한때지만 그곳을 차지했기 때문이다.

불상을 일으킨 수로는 158세까지 살아 장수를 누렸고, 후세 사람들은 그를 가리켜 삼황 이후 그에 견줄 만한 제왕이 없다고 평가했다. 그런 뒤 수로왕의 후손인 아소카 왕이 죽자 쿠샨Kusana 왕조가 그 뒤를 이어 박트리아를 지배했다. 아소카 왕이 수로왕의 몇 대 후손인지 알 수 있는 자료는 없다. 이 대목을 중국은 '옛날 흉노가 월지를 깨자 월지가 다시 서쪽에서 대하에 군림했고 이때 색왕塞王이 남의 계빈罽賓에 군림했다고 썼다.[29] 여기서 색이 불교이며 색왕이 가락국이다. 박트리아의 실리아 유적에서 발굴된 황금 유물 가운데 이마에 인도식 곤지가 찍힌 비너스 상이 있다. 가야가 있었음을 말해 주는 유물이다.

가야의 이야기는 유명한 메난드로스(미란타) 왕과 나가세나(나선)와의 대화와도 밀접한 관련이 있다. 불교는 유명한 카니슈카 왕 때에 전성기를 누렸다. 이때 펀자브 북부를 지배했던 메난드로스 왕(기원전 150년경)은 그리스적인 교양을 지닌 인물로 불교의 장로였던 '나가세나'라는 승려를 초빙하여 대화를 나눈다. 왕은 나가세나에게 감동하여 불교에 귀의함으로써 큰 파문을 일으켰다. 중국은 나가세나를 '나선那先'으로, '메난드로스'는 '미란타彌蘭陀'로 적는다. '산드로'를 수로로 적는 방식과 다르지 않다. 나선과 미란타의 대담은 뒤에 《미란타왕문경彌蘭陀王問經》이라는 책으로 번역되어 전해지고 있다.

그런데 이 유명한 사건이 우리쪽 문헌에도 전해진다. 이능화李能和의 《조선 도교사》에 의하면 가야국 거등왕居登王 때에 칠점산七点山에 탐시라는 선인仙人이 있었다. 그의 모습은 찬 옥같이 빛나고 말소리는 경 읽는 소리와 같았다고 했다. 거등왕이 그 선인을 초현대招賢臺로 모셨는데 그때 탐시 선인이 이렇게 말했다.

> 임금이 자연의 이치로 백성을 다스리면 백성도 저절로 성속成俗할 것입니다.

왕은 이 말에 기뻐하며 큰 소를 잡았다. 하지만 선인은 이를 사양하고 풍향楓香과 도라지(고경枯梗)를 주문해 먹었다.[30] 이 이야기는 신선들의 비유로 기록된 것이어서 그 뜻을 정확히 이해할 수 없다. 다른 기록에는 선인을 금선琴仙 혹은 칠점선인七點仙人이라고 했고, 초현대는 오직 그 선인만을 위해 지은 것이라고 했다.[31] 거등왕이 사람을 보내어 칠점산의 탐시 선인을 부르자 선인은 거문고를 가지고 배를 타고 와서 왕과 더불어 초현대 위에서 매우 즐겁게 놀았다고도 했다. 그때 왕이 앉았던 연화석과 바둑판은 지금도 남아있다.³² 북애의 《사화》에서는 탐시 선인이 홀연히 방등왕 앞에 나타나 "백성은 자연의 이치로 다스리는 것입니다"라고 말하면서 큰 소 한 마리를 왕에게 진상했다고 했다. 왕이 이 제의를 거절하여 소를 받지 않고 돌아가자, 선인은 왕의 거동을 보면서 이것이 성인을 알아보는 비결이라고 말했다. 전하는 글들은 모두 소 그리고 식물의 이름을 동원한 비유여서 이는 십우도 十牛圖처럼 거기에 깊은 뜻이 숨어있음을 암시한다. 소는 천문학을 비유하는 도상으로 그들이 모두 천문학을 화두로 삼았다는 사실을 알 수 있다.

'메난드로스'가 거등왕에, '나가세나'가 탐시 신선에 대응된다.

제15장

알렉산드로스 이후의 역사

오광은 이렇게 외쳤다.

왕후장상의 씨가 어찌 정해져 있겠는가

탈레스가 말한 맹물사상(데모스)과 다르지 않다. 이 말의 뜻은 그리스의 민주주의를 말한다. 유방도 예외가 아니었다. 그들은 모두 그리스주의를 건국의 이상으로 삼았다. 기록은 이 장군들의 전쟁에서 유방이 승리함으로써 천하가 다시 헬레니즘 시대가 되었음을 말해 준다. 쌈지 세력이 무너지고 있었다.

알렉산드로스 대왕(진시황)의 제국이 3년으로 단명하자 천하는 그의 휘하 장군들에게 돌아갔다. 주인공은 왕의 선임 기병장교였던 페르디카스Perdiccas와 밀집 방진대의 선임 지휘관이었던 프톨레마이오스Ptolemaeos, 정예 호위대장이었던 셀레우코스Seleucus, 그리고 구세대의 인물이라 불리던 프리키아 총독 안티고노스Antigonos Monophthalmus이다. 이들은 이전투구 끝에 천하를 나누어 가졌는데, 프톨레마이오스와 그의 후손은 이집트와 팔레스티나 지역을 차지했고, 셀레우코스는 북北시리아의 노른자위 땅을 차지했다. 하지만 셀레우코스는 이에 만족하지 않고 오늘날 시리아의 안티오키아를 거점으로 기원전 312년에 시리아 왕국을 선포하며 바빌론, 티그리스 강 지역과 인더스 강 하류에 이르는 땅, 그리고 동쪽으로는 중앙아시아의 아무다리야 강에 이르는 지역을 차지했다. 이는 알렉산드로스가 남긴 영토 중 가장 거대한 땅이었다. 그랬기에 셀레우코스라는 이름은 아시아의 대명사가 되었다. 한편 장군 페르디카스는 알렉산드로스의 어린 아들을 대신하여 섭정攝政이 되었으며 그가 차지한 땅은 소그디아나와 졸본부여였다. 바로 옛 메디아의 땅이다.

　　우리의 관심은 기록에 나타나는 구세대 인물이자 애꾸눈으로 묘사된 프리지아 총독 안티고노스이다. 그가 고구려의 대무신大武神에 대응되는 인물이기 때문이다. 안티고노스는 소아시아를 고집했다. 그곳은 동명성제와 유리명제가 다물흥방으로 쌈지의 제국을 부흥하려던 고구려의 본방이었기 때문이다. 그를 구시대 인물이라고 한 까닭도 그가 쌈지의 야심을 버리지 않았기 때문이다.

세 장군 가운데 셀레우코스는 헬레니즘의 적극적인 계승자이고, 프톨레마이오스는 알렉산드로스 가문의 종주宗主를 모시게 되어 사실상 헬레니즘의 주인임을 자부하고 있었다. 이에 두 사람은 헬레니즘 제국의 수도 바빌론을 두고 격돌하게 되었는데 이 전쟁에서 셀레우코스가 승리했다. 셀레우코스는 차제에 복고주의를 꿈꾸는 안티고노스(대무신)를 타도해야만 했다.[1] 이 상황을 사마천의 기록에 대입하면 셀레우코스가 유방劉邦이고 프톨레마이오스는 항우項羽이며 안티고노스는 조趙나라의 무신武臣이다. 조나라가 곧 프리지아이므로 그곳에 대무신이 있었음을 알 수 있다.

Antigonos의 'an'은 이집트의 태양을 의미하는 on에 뿌리를 두고 있다. 중국은 진晉을 안읍安邑이라 하고 성서는 안티오키아라고 적었다. 또 'ti'는 스파르타의 끝소리 'ta' 'tu' 'du'로 비시툰 비문이 언급한 엘람어의 터(基)이다. 이 이름의 중심 말은 'go'이다. 'go'를 cowry의 첫소리를 나타내는 '高'로 해석하면 안티고노스는 부도를 지키는 대천사 무두루라고 볼 수 있다. 사마천은 시황제가 죽자 먼저 진승陳勝과 오광吳廣이 반란을 일으켰고 뒤이어 장군 유방劉邦과 항우項羽가 진 왕조를 차지하기 위해 서로 원수가 되어 싸웠다고 했다. 사마천은 이 전쟁을 마치 아이들의 땅따먹기 놀이처럼 기록하고 있으나 사실은 고대의 이념분쟁이었다. 오광은 이렇게 외쳤다.

왕후장상의 씨가 어찌 정해져 있겠는가王侯將相 寧有種乎.

요약하자면 탈레스가 말한 맹물사상(데모스)과 다르지 않다. 왕후장상의 씨는 정령을 뜻하는 바닷물이므로 이 말의 뜻은 그리스의 민주주의를 말한다. 유방도 예외가 아니었다. 그들은 모두 그리스주의를 건국의 이상으로 삼았다. 기록은 이 장군들의 전쟁에서 유방이 승리함으로써 천하가 다시 헬레니즘 시대가 되었음을 말해 준다. 두 사람의 전쟁은 바빌론을 두고 이집트의 프톨레마이오스와 안티오키아의 셀레우코스가 벌인 것이다. 유방劉邦의 '유劉'는 셀레우코스Seleucus의 중간 음인 'u'음을 딴 것이고 '방邦'은 큰 나라, 즉 제국을 뜻하는 글자이다. 성서에서도 셀레우코스를 '아시아'와 같은 의미로 여겼다. 항우項羽의 '항項'도 첫소리가 'f, p'나 'h'음으로 프톨레마이오스Ptdemaeos와 이집트Egypt라는 소리와 대응된다.

처음 유방은 항우와의 전쟁에서 이겼으나 더 큰 장애는 복고주의 맹장인 대무신이었다. 사마천은 이 부분을 유방과 조나라의 갈등으로 마무리하고 대무신과의 대결은 북적과의 전쟁에 포함시킨다. 두 사람의 갈등은 보수와 진보, 쌈지도와 헬레니즘과의 갈등이다. 셀레우코스(유방)는 그리스 문화는 물론 왕, 군대, 귀족, 독재군주라는 네 기능을 수행하는 제도를 그대로 답습했다. 그가 점령한 도시에는 그리스 원주민을 받아들였고 그들을 보호하기 위해 화백들의 땅temple state을 빼앗아 나누어 주었다. 쌈지 세력이 무너지고 있었다.

대무신왕의 소아시아 진출

대무신은 사제의 대리자이다. 서양사에서는 그의 군대를 스파르타 군대라고 한다. 스파르타는 올림피아드 경기에서 당상에 오른 자들로만 구성된 집단이었다. 바로 조의선인(아리랑)이었던 것이다. 이들 특수부대는 언제나 흉노의 오방제도를 의미하는 다섯 편대로 구성되었다고 한다. 오방의 중앙에 황금 신상이 있는 신전(나중에 성황당으로 바뀐다)이 있어 중세 기독교세계와 마찬가지로 종교가 구심점이었음을 알 수가 있다. 헬레니즘은 중심에 물이 솟는 분수대와 함께 제우스 상을 설치했는데, 보수와 진보의 차이가 성황당과 분수대로 나타났음을 알 수 있다. 스파르타 군대는 도시마다 기지를 두었고 그 기지의 최고 책임자인 집정관(행정관)을 장군으로 임명했다.[2] 스파르타가 사르디스(진晉)를 지키는 지중해의 지배자였으므로 헬레니즘의 발상지인 아테네 진영에게는 커다란 위협이었을 것이다.[3]

안티고노스(대무신왕)는 왕이 된 지 9년이 되는 해에 친히 개마국蓋馬國을 쳐서 그 왕을 죽이고 백성을 위무한 뒤, 그곳의 여신(모母)을 사로잡고 그 땅을 군현으로 삼았다. 개마국은 환웅 시대의 웅녀국熊女國으로 카파도키아 동남에 있는 여인국 쿠마니 Kumanni를 가리킨다. 《고기》는 개마를 웅심熊心이라고 했는데, 이때 웅熊은 곰이고, 개마 또한 고마로 발음되어 곰을 가리킨다. 그곳에서 여신을 사로잡았다는 말은 대모신 모mo(ma라고도 한다)를 굴복시켰다는 뜻이다. 두 달 후, 이 소식을 듣고 구다국왕句茶國王도 나라를 들어 투항해 왔다. 또 《고기》는 개마국이 구다국에서 동쪽으로 200리 떨어진 곳에 있다고 하여 두 나라가 이웃에 있음을 말해 준다.[4] 지금의 터키 중부에서 일어난 일이다. 그렇게 보면 구다국은 사르디스와 위나암 성의 중간쯤에 위치하는 고대도시 퀴타히아 Kutahya로 추정할 수 있다. 오늘 터키의 서부 지역에 있다. 그곳에는 고대도시의 유적이 아직도 남아 있다. 김부식은, 대무신(무휼)이 이를 시작으로 척지拓地의 영역을 넓혔다고 기록했다.

그런 다음 김부식은 앞뒤 사정을 생략한 채 느닷없이 무휼(대무신)이 어느 계곡에 이르러 해두왕海頭王을 살해하고 그 백성을 차지했다고 썼고, 그가 갈사수曷思水의 강변을 확보하여 그곳에 나라를 세웠다고 했다. 이는 무훌이 그리스 땅으로 들어가 코린토스에 이르는 그리스 해안 지대를 지배했다는 이야기다. 아놀드 브랙만 Arnold C. Bracman은 그의 《니네베 발굴기》에서 초기의 로마인들이 그리스를 '갈씨 Galci'라고 불렀다고 썼다. '갈사수'가 그리스를 가리키는 말임을 알 수 있다. 김부식은 '갈사'가 그리스임을 알지 못하였으므로 당연히 해두왕의 일을 아무런 해설도 없이 옮겨 쓸 수밖에 없었을 것이다.

갈사가 그리스라는 것은 낙랑 공주와 호동 왕자의 이야기에서도 드러난다. 《삼국사기》는 대무신의 왕자 호동이 대단한 미남자임을 강조하고 그 모친이 갈사(그리스) 왕의 딸이라 했다. 이때 낙랑은 리디아의 페르가몬이고 이곳에서 올림피아드(신선놀이)가 열렸다. 《고기》에 '해성평양'이라고 기록된 곳이다. 대무신왕은 신선놀이의 개최권을 차지하기 위해 페르가몬을 침공했던 것이다. 신선놀이는 쌈지도의 근간이다. 왕자 호동과 낙랑 공주의 비극은 단순한 사랑 이야기가 아니며 그 둘은 올림피아드의 개최권을 두고 벌어진 전쟁의 희생물이었다. 실제로 이 사건은 스파르타와 페르가몬 사이에 있었던 역사적인 사건과 대응된다.

지중해 문명 시대의 올림피아드는 본디 제우스의 축제였다. 4년에 한 번씩 거행되었으며 주로 한여름(성하 盛夏)에서 초가을 만월이 되는 때 열렸다. 일단 공희 供犧 의식이 끝나면 올림피아드가 열렸는데, 이때 올리브 관을 쓴 영웅(인간신 人間神)이 탄생한다. 이 인물이 세계를 지배하는 실질적인 권력자가 된다. 이렇게 중대한 행사였으므로 이 축제기간에는 전쟁도 멈추어야 했다.[5] 호동 왕자의 러브스토리를 김부식이 특별히 기록했던 것도 사안의 중요성 때문일 것이다. 사마천이 조趙나라 기록에서 화씨의 구슬 이야기를 언급한 것도 같은 맥락이다. 김부식은 이 사건을 대무신왕 대의 일로 기록하고 압록 이남의 땅이 모두 우리 강토가 되었다고 했으나 해성 남쪽 근해의 여러 성만이 굴복하지 않았다고 썼다.[6] 해성 이남은 리키아, 즉 한韓나라와 그 근해의 섬나라를 말하는 것이다. 로빈슨의 기록에 따르면 안티고노스가 프리지아의 위례성(켈라이나이 Celaenae)에서 북시리아의 오론테스 Orontes로 진격하는 상황이다.[7]

쌈지도(대무신)와 헬레니즘(유방) 간의 전쟁

기원전 315년 알렉산드로스의 아들을 대신하여 마케도니아를 섭정하던 페르디카스가 이집트의 프톨레마이오스(항우)가 보낸 자객에게 암살당한다. 결국 그가 차지했던 에덴의 동쪽, 졸본부여의 오방이 대무신왕(안티고노스)에게 넘어가게 되었다. 대무신왕이 옛 고구려의 성도聖都인 투루판을 되찾고 그 봉국들을 회복했다는 뜻이다. 유방(셀레우코스)은 이를 보고만 있을 수 없었다. 그는 적대관계에 있던 프톨레마이오스에게 손을 내밀어 연합전선을 구축하였고 쌈지 세력의 맹주인 대무신왕에 대항하였다. 대무신(안티고노스)은 이때 키프로스(위衛)를 점령하고 처음으로 왕관을 쓰게 되어 명성을 한껏 드높인 때이다.[8]

김부식은 대소(다리우스 3세)가 죽은 지 6년 후에 대무신(무휼) 왕이 한나라 군사와 접전했다고 기록했고, 대무신 28년 7월에는 한의 요동태수遼東太守가 쳐들어왔다고 썼다. 요동이 아무다리야, 시르다리야 강의 동쪽이므로 이는 무휼과 한나라의 대결이 극동이 아니고 소아시아에서 일어난 사건이다. 아무튼 한나라 군은 위나암 성(환도성)이 엎어놓은 사발 모양의 성이라는 사실을 알고 있었으므로 성에는 물(수원水泉)이 없다는 사실을 간파하고 성을 포위했다. 그렇게 되자 무휼은 좌포左輔 을두지乙豆智의 기지로 잉어와 얼마간의 술을 한나라 군사들에게 보내는 계책을 썼다. 한나라 군대는 잉어를 보자 성내에 물이 있음을 짐작하고 포위를 풀어 회군했다.

이때 유방(셀레우코스)은 대무신과 대결하기 위해 먼저 남쪽의 경쟁자인 마우리아 왕조(가야국)와 통혼하고 그들에게 박트리아 지역을 내주었다. 유방은 그 대가로 코끼리 500마리를 얻었는데, 코끼리는 당시에 신무기나 다름없어서 대무신을 곤경에 빠뜨리기에 충분했다. 유방의 연합 세력은 프리지아의 입소스Ipsos에서 대무신과 싸웠다. 이 전투에서 대무신이 패하여 오늘의 이란 땅과 소그디아나를 유방에게 넘겨주었다. 입소스를 사마천이 평성平城이라고 적은 것이다. 이두식 표기로 Ipsos의 Ip를 '平'이라고 쓰고 sos를 '城'이라고 썼다고 할 수 있다. 유방은 내친김에 페르가몬을 공격하여 그곳에 한사군을 설치했다.

그리스 기록과 《사기》〈조세가〉를 참고해 추론해 보면 이때 대무신왕(안티고노스)은 독살되었다. 그의 태자 해우解憂가 그리스와 마케도니아에 거점을 두고 부친의 제국을 회복하려 시도했지만 기원전 285년에 유방(셀레우코스)에게 붙잡혀 2년 후 과음으로 사망했다.[9] 이 승리로 셀레우코스는 소그디아나 귀족의 딸 아파메Apame와 혼인하여 이집트와 인도를 제외한 헬레니즘 시대의 세계(봉국)를 손에 넣는 데 성공한다. 이것이 유방이 선언한 천하 제국 한나라漢의 방邦이다.

일연은 한나라가 낙랑을 정벌하여 군현을 만든 것이 후한 광무제光武帝 때라고 했으나 이는 김부식의 기록에서도 마찬가지다. 김부식은 대무신왕 27년에 후한 광무제가 사람을 보내 낙랑을 쳐서, 살수(Tarsus) 이북을 고구려가 차지하고 패수(Pyramus) 아래를 한이 차지했다고 썼다. 대무신을 기원후 사람으로 만들어놓은 것이다. 이렇게 되면 진秦과 동시대의 역사인 고주몽, 유리왕과 무휼의 이야기가 200년이나 뒤로 밀려나게 된다. 이 때문에 김부식은 왕망의 이야기를 느닷없이 유리왕 조에 끼워 넣어 사태를 혼란스럽게 만든다. 하지만 《남사南史》는 이미 고구려가 진세晉世에 요동을 공격하여 그곳을 차지했다고 씀으로써 고구려가 기원전 4세기 이전에 이미 존재했던 나라임을 확인해 준다.¹⁰ 김부식은 또 이렇게 썼다.

> 소제昭帝 시원 5년(기원전 82년)에 이르러 임둔과 진번을 파하였다. 병합된 낙랑과 현토는 다시 구려句麗로 옮겨 살게 했다.¹¹

소제昭帝는 전한의 무제武帝를 이은 왕이다. 이때에 이미 낙랑과 현토(현도)가 합병되었다고 한 것은 한무제나 유방 대에 조선에 한사군을 설치했다는 얘기다. 따라서 그 현토를 다시 고구려로 옮겨 살게 했다는 기록은 고구려가 이미 한무제 이전에 존재했음을 반증한다. 김부식은 이 시기(기원전 82년경)에 조선이 한반도에 있었다고 했으나 허구이고 살수와 패수도 한반도에는 존재하지 않는다. 살수와 패수는 시리아와 터키의 남쪽 국경지대에 있는 사르수스와 피라무스 강임을 이미 지적한 바 있다. 후한 때의 응소應召는 《한서지리지》에서 패수浿水 물이 서쪽으로 흘러 증지增地에 이르러 바다로 들어간다고 쓰고, 그곳이 옛 조선이라고 했다. 증지는 흙이 쌓여 만들어진 삼각주를 뜻한다. 이런 지형은 한반도에는 존재하지 않는다. 게다가 후한의 왕망王莽은 이곳을 낙선정樂鮮亭이라고 하고 그곳이 유주幽州에 붙어있다고 했는데, 글자의 뜻으로 보면 낙선정은 샤먼들의 집회장소를 암시한다. 또 《사기》의 〈지리지〉는 패수가 조선의 진번眞番에 있다고 하여 패수가 강을 가리키는 말이 아니라 샤먼들의 정령(자안패)임을 암시한다. 유방이 페르가몬(낙랑)을 점령하고 대무신이 키프로스를 점령하는 정황도 지리적 특징으로 미루어 이곳에서 일어났음을 알 수 있다.

김부식은 무휼이 어떻게 죽었는지에 대해서도 언급하지 못한다. 한漢나라(시리아)를 선포한 유방은 무휼을 꺾고 처음으로 조선의 본방에 낙랑군을 두었다. 낙랑이 고조선이므로 이는 페르가몬을 중심으로 하는 소아시아에 고조선이 있었다는 사실을 증언한다. 그 일대는 조, 위, 한을 가리키는 삼진三晉 지역이었다. 이는 셀레우코스가 소아시아를 점령하여 사르디스, 리키아에 그리스식 행정도시를 만들었던 사실과 겹친다. 그리스식 행정 중심 도시가 한사군漢四郡이므로 양쪽을 비교하면, 신전(성황당)을 광장 중심에 두는 흉노식 설계에서 신전을 없애는 대신 그곳에 제우스 흉상과 분수대를 설치한 것이다. 한나라가 설치한 네 구역이란 따라서 왕, 군대, 귀족, 군주가 거주하는 구역을 말한다. 실제로 셀레우코스는 그런 행정구역을 설치했고, 오늘날 터키 땅 에페소스에는 셀레우코스를 기념하는 부도와 함께 그 부조들이 아직도 남아있다.

중국의 사서들은 이 사건이 서한西漢 때 일어났으며 조선의 옛 땅에 처음으로 사군四郡을 두었다고 했다. 또 이때 이부二部를 두었다고 하고 법령法令이 점점 번거로워지자 78국으로 나누어 각각 만 호萬戶를 두었다고도 했다.[12] 이는 봉국을 말하는 것이다. 유방은 그곳에 한신韓信을 왕으로 봉하여 북한北漢이라 하고 자신이 있는 남쪽 안티오키아를 남한南漢이라고 불렀다. 남한은 다시 '서한西漢'이 되는데 이는 동쪽 어디에 또다른 한漢나라가 있다는 암시이다. 이는 한나라가 망할 것을 예상한 무제가 졸본부여의 계루부를 빼앗아 한나라의 직할령을 두면서 생긴 명칭으로, 기록은 이를 후한後漢 혹은 동한東漢이라고 적는다.

한의 유방과 시리아의 셀레우코스

유방은 동아시아인이 아니다.^{그림 105} 사마천의 기록에서는 유방이 코가 높고 용상에 수염이 아름다운 인물로 묘사되었다. 유방은 나라 이름을 '한漢'이라고 지었다. 그 본래 소리는 시리아이다. '漢'은 '韓'과 마찬가지로 오직 나라 이름을 전하기 위해 만들어진 글자이다. 우리는 이미 한韓을 이

셀레우코스 1세 셀레우코스 왕국의 창건자로 알렉산드로스의 영토 중 동부 지역을 장악하여 다스렸다. 한의 유방과 대응되는 인물이다.

두로 해(日)라고 풀이했는데 '漢'도 해의 이두글자로 읽을 수 있다. 한나라가 소리 글자로 태양을 의미하는 '시리아'와 뜻이 같음을 알 수 있다. 시리아라는 말도 '신라'와 마찬가지로 양치기(목자 牧者)라는 뜻으로 태양(샤먼)이라는 의미이다. 한과 시리아는 이름의 뜻이 다르지 않다.

사마천은 유방이 패沛의 풍읍豊邑 가운데 중양리 中陽里 출신이라고 했다.[13] 패는 평범한 고을 이름으로 되어있으나 《고기》에는 풍패豊沛라고 기록되고 유방은 흉노계(이계 夷系)가 아니면서도 그 풍패에서 군사를 일으켰다고 했다. 그는 군사를 일으키기 위해 그곳 풍속에 따라 치우에게 제사를 지냈다. 유방은 이때 희생제물을 바친 후 그 피를 묻힌 북을 쳤고, 그곳에 치우의 깃발을 꽂음으로써, 마침내 백록白鹿의 땅에서 제후와 더불어 함양 咸陽을 평정하고 한왕漢王이 되었다고 했다.[14] 백록白鹿의 '白'은 그곳이 백토가 많은 바빌론 지역임을 말하며 사슴(鹿)은 북두칠성을 가리키므로, 백록의 땅은 바빌론의 부도(오벨리스크 탑)이다. 정황상 풍패는 하늘의 제사를 주관하는 소도라고 해야 옳다. 이 기록은 유방이 쌈지도를 반대하여 "왕후장상의 씨가 정해져 있지 않다"고 외치면서도 세계 정복을 달성하기 위해 천군天君이 있는 소도(읍)로 들어와 제를 올렸다는 뜻이다.

유방의 세가 世家와 시리아의 왕가

헬레니즘 시대 시리아 왕의 이름을 적은 설형문자 점토판이 바빌론에서 발굴되었다. 이 설형문자판에는 알렉산드로스 왕 이후 메소포타미아에서 파르티아의 아르삭 왕조의 통치가 시작되기까지의 왕명표가 실려있다. 이 왕명표를 통해 기원전 179년까지의 셀레우코스 왕조기에 일어난 사건들의 연대가 확인되었다. 이 자료가 한나라 때의 일과 거의 흡사해서 유방이 세운 한나라가 헬레니즘 시대의 시리아라는 사실을 말할 수 있게 된다.[15] 이에 의하면 셀레우코스 1세는 기원전 305~304년에 왕위를 주장했고, 실제 치세는 기원전 312~311년으로 추정된다. 현재 중국사의 편년과는 약 1세기의 간격이 있다. 이는 아직도 학계의 미결 과제이다. 여기에서는 일단 부서져 흩어진 원 텍스트의 조각들을 모으는 데에 만족하기로 한다.

셀레우코스(기원전 324~261) 가家를 안티오코스 왕조로도 호칭하는 이유는 셀레우코스 왕조가 알렉산드로스를 이어 구지배세력인 쌈지도 temple state를 타도하는 입장에 섰기 때문이다. Antiochus는 헬라어로 반대자, 반항자라는 뜻이다. 셀레우코스의 본명은 소테르Soter로, 이는 사마천이 유방의 자로 기록한 '계季'가 실은 '수秀'의 오기일 개연성을 암시한다. 그는 대략 기원전 294년경에 섭정이 되어 유프라테스 동쪽 땅에서 헬레니

안티오코스 3세 한 무제에 대응되는 인물이다.

즘을 실천하며 군주정 君主政을 강화했다. 안티고노스의 스파르타를 적으로 삼았으며, 개인 재산을 인정하는 정책을 폈으므로 재산이 신에게 귀속되는 쌈지도와 대치되었다. 이때 예루살렘 지역 유대인들이 스파르타와 안티고노스를 지지하면서 셀레우코스에게 핍박을 받게 된다.[16]

셀레우코스는 헬레니즘 숭배자로 그리스 문화와 제도를 그대로 계승했으며, 새로 건설한 도시에 그리스 원주민을 받아들였고, 그들을 위해 사원 국가의 영지를 빼앗는가 하면 풍요와 다산을 상징하는 소아시아 여신을 떠받들었다.[17] 그가 건설한 그리스식 도시는 소아시아 북부와 먼 동쪽의 박트리아에 이르며 그리스 문화는 세계적인 문화로 팽창해 나갔다. 하지만 그는 소아시아에서 골족gauls과의 전투 도중에 죽었다. 그 뒤를 이은 안티오코스 2세의 이름은 테오스Theos로 기원전 286년부터 246년까지 재위에 있었다. 이 왕은 이오니아 지방에서 약탈을 일삼은 독재자로 기록되어 있다. 한漢나라로 보면 혜제惠帝에 해당된다.

주목의 대상은 안티오코스 3세(재위 기원전 242~187)이다.그림 106 사마천의 기록에서 한나라의 무제와 대응되기 때문이다. 비문에 이 왕은 시리아 중흥의 영주라고 쓰여 사마천이 무제에 부여한 명칭과 비슷하다. 안티오코스 3세가 등장했을 때 파르티아는 카스피 해 동쪽 지역에서 자신들의 속주를 빼앗으며 안티오코스 2세를 무찌르고 박트리아를 수중에 넣는 중이었다. 안티오코스 3세는 동방원정을 숙제로 삼았다고 했다. 동방이 구체적으로 어디를 말하는지는 분명치 않으나 전후를 살펴보면 졸본부여라고 볼 수 있다. 비문은 동방을 '먼 동쪽'이라고 표현했는데, 이 말을 한자로 옮기면 요동遼東이다. 요동이라는 개념이 서아시아에서 오늘의 우즈베키스탄과 그 동쪽인 타클라마칸 사막 지대를 가리키는 말인 것이다.

안티오코스 3세의 동방원정은 당대 그리스인에게 매우 깊은 인상을 심어 주었는데 이는 그가 이토록 먼 곳으로 원정했기 때문이다. 그는 이집트령인 팔레스타인을 빼앗기 위해 레바논과 두로(제라스)를 침공하고 그 남쪽인 가자 지구로 들어갔으나 패했다. 그런가 하면 힌두쿠시 산맥을 넘어 카불 계곡 지방을 정복했고 아르메니아, 파르티아, 박트리아를 회복함으로써 알렉산드로스처럼 대왕의 호칭을 얻기도 했다. 주목할 일은 이때 에우티데모스Euthydemos를 박트리아의 권좌에 앉혀 놓고 원동 지방(요동)을 다스리게 했다는 사실이다. 이 원정은 소그디아나에 있었던 셀레우코스의 세력을 회복하는 데 다소의 효과는 있었으나 원동(요동遼東) 지역에 지속적으로 영향을 미치지는 못했다.[18] 이 이야기는 한 무제가 졸본부여를 침략하는 사건을 이해하는 데 참고가 된다.

안티오코스 3세는 남시리아, 팔레스타인을 점령하고 이집트에 세력을 구축하는 등 눈부신 활약을 했으나 그의 앞길에는 로마 제국이 가로막고 있었다. 로마와 싸운 카르타고의 한니발 장군이 그의 궁정에 돌연히 나타난 것도 이런 정황을 반영한다. 한니발은 안티오코스 3세에게 이탈리아(로마) 원정을 권했으나 거절당하였다. 그 결과 기원전 191년 로마와 그리스 땅에서 맞붙었으나 참담한 패배로 끝나 토로스 산맥 이북의 땅인 리디아, 트로이를 로마에 내주어야 하는 처지에 몰리게 되었다.

안티오코스 4세 Epiphanes(기원전 175~163)는 한나라 소제昭帝에 해당된다. 시리아는 이미 소아시아에 이어 이집트까지도 로마에 내주었다. 안티오코스 4세는 아시아의 동쪽(졸본부여)에 있는 헬레니즘 제국의 세력을 다시 모으기 위한 조치로, 그 도시에 자치권을 부여하고 화폐 제조권을 허용한다. 그가 건설하거나 재건한 대표적인 도시는 킬리키아의 타르수스, 동방의 니시피스, 유프라테스 하구의 알렉산드리아, 카락스이다. 설형문자 서판에서는 그를 아시아의 구세주라고 예찬하고 있다. 하지만 유대사원을 제우스에게 바치는 등 유대인을 자극하여 반란이 끊일 새가 없었다.[19]

보츠포드에 의하면 안티오코스 4세는 로마를 두려워했다. 그는 시리아 서쪽(서한西漢)을 로마에게 영원히 잃을까 걱정하여 전임자와 마찬가지로 '먼 동쪽 지방'을 확보하려는 계획을 세웠다. 기원전 169년 그의 사촌인 에우크라티데스 Eucratides를 장군으로 삼아 박트리아에서 흉노의 데메트리우스 Demetrius를 죽이고 박트리아-소그디아나를 점령한다.[20] 소그디아나 점령은 졸본부여(누란)의 점령을 뜻한다고 해도 과언이 아니다. 이 전쟁은 셀레우코스가 획득했던 페르시아에서 제국의 수장권首長權을 회복하기 위한 것으로, 그는 그 일을 수행하던 중 오늘의 이란 땅 가바이 Gabai, Ispahan에서 죽는다. 이것이 한나라 소제가 한무제 이후 재차 졸본으로 들어가 한의 직

436

할령인 사군을 챙기면서 현토와 낙랑을 고구려에 돌려주는 등 흉노 세력을 회유하려던 상황이다. 하지만 시리아는 로마의 침입에 속수무책이었고, 이때 시리아의 동쪽 옆구리를 노리고 있던 파르티아 미트라다테스Mithradates 1세도 바빌론으로 쳐들어갔다. 사태가 이렇게 되자 시리아 국내는 반란으로 들끓었고, 바빌로니아의 여러 그리스 도시는 안티오코스 7세Sidetes를 내세워 파르티아에 맞섰으나 패하여 시리아의 영토는 양 강의 북부로 줄어들었다. 기원전 64년에 셀레우코스 왕조는 로마에 의해 결국 막을 내리고 만다. 그 자리를 파르티아(백제)가 대신하여 남쪽 인더스 강부터 유프라테스 강에 이르는 대제국을 건설한다.[21] 나라를 잃은 시리아 왕족이 갈 곳은 예비되어 있었다. 그곳이 졸본부여의 한사군이고 후한이다.

기원전 3세기 전후의 박트리아, 소그디아나, 졸본부여

고구려의 다물흥방 정책이 좌절되자 온누리의 중심(우주목宇宙木)은 조로아스터교의 본거지인 박트리아로 이동했다. 《고기》에서는 이미 기원전 6세기 이전에 박트리아를 월지, 혹은 중천中天이라는 의미로 중마한中馬韓이나 중부여中夫餘라고 불렀다. 중천축(부도)이라는 뜻이다. 진晉 이후 사제의 기능이 이곳으로 옮겨졌으며 대천사가 이곳에서 지상으로 내려가는 상황이다. 동명성제가 다물흥방의 사명을 받아 지상으로 내려갔던 곳도 이곳이다. 하지만 알렉산드로스 왕의 등장으로 그곳은 더는 쌈지의 본거지가 될 수 없다. 장군들의 시대가 되자 셀레우코스(유방)가 소그디아나를 점령하고 그곳의 공주와 혼인하였다. 이런 상황은 박트리아의 중심 세력이 그쪽으로 이동해 갔음을 의미한다. 기원전 4세기부터 1세기 사이에 동옥저 지역에 돌연히 생겨난 요새화된 궁성은 이를 뒷받침한다. 파르티아의 화폐

(은화)를 연구하여 책을 낸 프레드 쇼어 Fred B. Shore는 탈해를 'Dahae'라고 적고 그 족속이 기원전 1세기 때에 카스피 해 동쪽에 살면서 페르가나의 목축 지역으로 군대를 이끌고 들어갔다고 썼다.[22] 요새화된 궁성은 두터운 방벽으로 둘러싸였고 성 안의 곳곳에 넓은 도랑이 있어서 도시 규모가 대단했음을 짐작케 한다. 그곳은 동옥저라고 했던 히바이고 그 궁성은 '이찬칼라'라고 불렸다. 그림 107(310쪽) '이찬'은 투르크어로 내부 內部라는 뜻이고 '칼라'는 도시를 뜻한다.[23] 하지만 아무도 그 역사의 주인공들이 누구인지 알지 못한다.

흥미롭게도 우리는 그곳에서 신라 제6대 지마 이사금 조에 등장하는 '이찬 伊湌'이라는 벼슬을 만날 수 있다. 이찬은 터키어로 안 (內) 이라는 뜻이므로 이 말은 내무대신에 해당되는 말이다. 신라는 카파도키아에서 출발하여 이란 땅 헝그마타나와 박트리아를 거쳤다. 그렇다면 그들이 이곳으로 옮겨왔다는 것일까. 터키어가 우리말과 친척관계에 있다는 사실은 어문학계에서도 인정하고 있다. 중국 기록은 대월지국이 장안 長安의 감씨성 監氏城에 있다고 했다. 대월지국이 박트리아이므로 여기서 장안은 중국 땅에 있는 장안이 아니다.[24] 금성 金城의 '금'과 '監'은 소리가 같다. 이찬칼라 성을 신라의 금성이라고 한다면 지나친 비약일까. 이곳 히바는 기원전 2세기경에 그곳을 침입했던 어떤 세력에 의해 무참히 파괴됐고 기원전 1세기부터 기원후 4세기 사이에 복구되었다.[25] 이 기간이 파르티아의 전성시대이므로 이곳에 쌈지(고구려, 신라, 백제) 세력이 있었음을 추정할 수 있다. 고구려가 다시 그 모습을 드러내는 것도 이곳이다. 《양서 梁書》는 이렇게 전한다.[26]

> 신라는 본래 진한 辰韓 종족이라고 하고 그곳에 진 秦나라 때의 난을 피해 온 사람이 왔는데, 마한이 그 동쪽 땅을 베어 그곳에 살게 했다. 그런데 이들이 진 秦나라 사람들이기 때문에 이름을 진한 秦韓이라고 한다.

앞 장에서 언급했듯이 일연이 인용한 《후한서》의 기사는 피난민들이 머무른 곳을 한국韓國이라고 썼고 그들이 서로 '사徒'라고 부르는 등, 진나라 말과 비슷했으므로 그곳을 진한秦韓이라고 한다고 했다.²⁷ 소그디아나 지역과 누란 지역이 알렉산드로스 생시에 그렇게 불렸다는 뜻이다. 여기서 서로 '사'라고 부르는 것은 비밀결사의 풍습이다. 피난민들이 진시황의 난을 피해 온 조선인임을 알 수 있다. 그렇다고 하더라도 박트리아가 폐허가 되었던 것은 아니다. 알렉산드로스가 죽고 장군들의 시대가 되자 그곳 상황은 복잡해졌다. 헬레니즘 쪽의 셀레우코스(유방劉邦)가 고구려의 대무신과 전쟁을 벌이기 위해 남쪽 마우리아 왕조(가야)와 협상하면서 박트리아 지역을 포기했다. 박트리아에서 인도풍의 비너스 공예품과 한나라 시대의 청동거울 그리고 그리스 신화의 주제들이 표현된 공예품들이 동시에 발굴되어 이런 정황을 뒷받침한다(110쪽 그림 및 418쪽 참고).

진晉이 망한 후 천하의 중심나무(오방)는 박트리아로 옮겨졌다. 알렉산드로스 이후의 세계사(샤먼 제국의 역사)는 사실상 박트리아의 역사라고 해도 틀리지 않는다. 세계의 지배자를 뜻하는 사제의 황금지팡이와 태양신상의 머리를 장식하는 옥황玉皇이 실리아 언덕(하이눔)에서 발굴된 것은 이를 뒷받침한다.그림 108(311쪽)

한나라(시리아)가 다시 천하의 대권을 잡자 유방은 황실 사람을 박트리아 총독에 앉혔고 경제景帝 때에는 아들 승勝을 그곳에 보내 노국盧國을 다스리게 했다. 사마천은 이 노국을 노노盧奴라고 적었다. 이는 경제의 아들 승이 박트리아의 사제가 되어 흑인국, 혹은 흑인 노예를 다스렸다는 뜻이다. '노盧'는 검다는 뜻으로 여기에서는 인도를 가리키는 말로 해석할 수 있다. 중산국 왕들이 힌두쿠시를 넘어 칸다하르에 그리스 왕국을 세웠고 1세기까지 지배했다고 한 것은 이를 가리킨다.

사마천은 드디어 이곳에 중산국中山國이라는 이름을 붙였다.²⁸ 그의 기록에는 조趙나라와 중산中山이 서로 전쟁을 했다고 나와, 이곳 산양山陽에서 내려온 신에게 조나라가 벌을 받았던 사건이 중산국과 관련이 있음이 드러난다. 산양이 박트리아이고 그 신이 고구려의 유리명제임은 이미 밝혔다. 사마천은 중산국의 위치와 그 왕이 누구인지는 전혀 언급하지 않았으며, 다만 중산국이 선우국鮮虞國 땅에 있었고 그곳은 백적의 별종이 사는 나라라고 썼다.[29] '선우'는 제3기능이라는 의미로 조로아스터를 가리킨다. 1974년 이후 하북성의 중산묘中山墓에서 발굴된, 기원전 10세기의 것으로 추정되는 청동도끼에는 중산후를 세웠다는 글이 쓰여있다. 도끼는 비밀의 례에 쓰이는 사제의 의례도구이다. 중국이 중산을 거론하면서도 그 실체를 숨기고 있는 것도 중산이 흉노의 본거지임을 알고 있기 때문이다. 게다가 '중산'이라는 말은 몽골어로 koguru로 발음되어 북방흉노가 그곳을 고구려라고 칭했음을 알 수 있다.[30]

하지만 헬레니즘 세계의 전진기지이기도 했던 박트리아–중산국은 오래가지 않아 샤카족, 파르티아 그리고 월지족에 의해 붕괴되었다.[31] 이것이 문헌으로 확인되는 중산국의 역사이다.

우리가 주목하는 것은 시리아의 텍스트이다. 거기에 안티오코스 3세에 대응되는 무제가 원동(요동遼東) 지역을 침략하면서 황실사람 에우티데모스Euthydemos를 박트리아의 권좌에 앉혔다고 했기 때문이다.[32] 이 대목은 경제의 아들 승勝이 중산국에 봉해졌던 사건과 대응된다. 하지만 곧 박트리아는 신흥 제국 파르티아의 영향하에 들어가게 되어 중산국은 다시 흉노의 수중에 떨어진다. 이리하여 중산국은 한나라와 흉노 사이에서 반세기가 넘도록 서로 밀고 당기는 고무줄 신세가 되었다. 이는 박트리아를 장악하면 소그디아나와 졸본부여의 봉국들을 수중에 넣을 수 있기 때문이다.

중산국이라는 이름의 쌈지

1973년 천진시 天津市 무청현 武淸縣에서 중산국 선우황비 中山國鮮虞璜碑(기원전 165년)가 발견되었다. 거기에는 "기자箕子의 선조가 은에서 나왔다箕先祖出于殷"는 명문이 있었다. 중산국이 기자가 있었던 기국箕國과 관련이 있다는 뜻으로, 전후 사정을 고려해 보면 이는 고구려 역사와 무관하지 않다. 기자는 기자畚子조선(리키아)이 그를 샤먼(후侯)으로 추대하여 카파도키아(기국箕國)에 자리를 만들어주었던 인물이다. 카파도키아는 유리왕과, 무휼이 다물흥방의 기치를 들고 본방으로 들어갔을 때 점령했던 곳이기도 하다.

중산국이 신라 사직과도 관련이 있음은 하북성 평산현 平山縣 등에서 발굴된 만성묘滿城墓가 말해 준다. 그림 109 중산왕의 이름으로 봉해진 한나라 역대 황족의 유물이 그곳에서 나왔는데, 이 유물들은 박트리아에서 온 것으로 보인다. 중산왕이었던 유승劉勝(기원전 113년)은 금으로 누빈 옷(금루옥의 金樓玉衣)을 입고 있었다.[33] 황제도 아닌 일개 후왕侯王이 금의를 입고 장례를 치른다는 것은 중국 역사에서는 상상조차 할 수 없는 일이다. 유승

109

중산왕의 금의옥갑 한나라가 부여왕의 죽음을 대비하여 만들어 바쳤다는 관이다. 하북성 만성현 출토.

은 무제의 선대인 경제의 아들이며 무제와는 형제이다. '후侯'는 샤먼들의 추대를 받아 내려지는 시호이다. 기록은 후侯가 천자의 손님이고 '사射'로써 현자를 뽑아 작위封爵를 내리는 사람이라고 했다.[34] 새로운 샤먼이 화백회의에 참가한다는 것을 말한다. 경제가 자신의 아들을 샤먼으로 만들어 흉노 지배하에서 한나라의 사직을 보존하려고 쌈지구조에 참가했음을 알 수 있다.

장례 때에 황금옥갑(금의옥갑 金衣玉匣)을 쓰는 풍속은 부여-페르시아 전통이다. 부여는 임금이 죽으면 옥갑에 넣었다고 했고, 이때 황금옥갑은 한나라 조정이 미리 만들어 두었다가 바쳤다고 했으며, 무제는 그곳에 찾아가 조공을 바쳤다.[35] 이때의 한나라는 헬레니즘을 신봉하면서도 흉노 쪽에 한 다리를 걸치고 있었던 상황이다. 하지만 시리아의 헬레니즘은 흉노에 가로막혀 있었고 급기야 헬레니즘 진영 내부에서 몰락의 징후가 나타나고 있었다. 지배계급의 방종과 향락, 개인주의와 물질만능 풍조가 팽배하면서 그리스 내부에서조차 동방에 대한 동경심이 일어났다. 그러니까 중산국이 헬레니즘과 쌈지 사이에서 완충지대가 되어 있었던 것이다.

중산국의 복합성은 그 유물이 암시한다. 만성묘 유적 제1호 묘에서 발굴된 큰 솥(대정 大鼎)에는 명문이 있다. 판독한 결과 솥의 주인공은 중산왕이지만 그 이름은 자전에도 없는 글자로 썼다. 이름은 우물 석昔자 위에 일어난다는 뜻의 흥興자를 얹은 글자로 뜻과 소리가 무엇인지 알 수가 없다. 이 글자의 비밀을 풀자면 위아래 글자를 분리해서 '興昔'이라고 읽어야 한다. '옛날(석昔)이 일어나'라는 뜻이다. 즉 다물흥방이다. 만일 석昔 자를 탈해의 성씨로 읽으면 석탈해의 세력이 다시 '일어나다'라고 읽을 수도 있다. 중산국이 박트리아에서 시작되었다면 이 해석은 비약이 아니다. 진시황이 박트리아에서 혼인하고 유방이 소그디아나에서 혼인했을 때부터 이미 동이와 한나라는 혈연으로 묶였다. 게다가 한나라가 흉노에게 패하여 황실 공주를 바치면서 헬레니즘 시대의 중산국은 사실상 여러 면에서 서로 뒤엉켜 완충지대가 되어 있었다. 솥에 쓰인 명문에는 다음과 같은 글귀가 보인다.[36]

> 주購가 3군의 무리를 이끌고 불의한 부족을 정벌하여 기세를 올리며 창을 휘둘러 변방 수백 리와 성 수십을 열고 들어가서 적의 대군을 무찔렀다. 과인은 그 덕을 칭송하며 그 힘을 기뻐하노라. 이에 그 공을 높이 사서 3대에 걸쳐 사형의 죄가 있더라도 이를 용서키로 하는도다.

이 대목은 탈해가 다물흥방을 위해 군사를 남용했다는 이유로 제위를 박탈당했던 정황과 대응된다. 따라서 석탈해를 근거로 한나라가 중산국의 정통성을 흉노에게 인정받으려 했던 정황을 읽을 수 있다. 1971년, 마왕퇴 馬王堆라는 중산국 유물이 호남성 장사 長沙에서도 발굴되었는데 여기에서도 금으로 만든 옥갑(금의옥갑 金衣玉匣)이 발견되었다. 놀라운 일은 무덤의 주인공이 중산왕이면서도 실제로는 초나라 왕 마은 馬殷(907~930)이라고 한 것이다. 그렇다면 한나라 사람이 아니고 인도인이거나 이집트인인 것이다. 이는 다인종 사회라는 중산국의 특성을 말해 준다.

흉노의 등장과 중산국 박트리아

중국의 지형을 보면 흉노는 대부분 중원 서쪽과 북쪽에서 황하의 북쪽 지대를 포위하고 있는 형세로 나타난다. 이런 설정이 허구라는 것은 사마천의 기록과 배수 裵秀의 지도가 말해 준다. 흉노가 동쪽에도 있고 남쪽에도 있었던 것으로 기록되기 때문이다. 사마천은 진 秦의 시황제가 조, 위, 한(삼진 三

晉)을 치자 흉노의 선우單于(Khan)인 두만頭曼이 이에 대적하지 못하여 오르도스 북쪽으로 옮겨갔다고 기록했다. 흉노가 다름 아닌 조, 위, 한의 삼진인 것이다. 이 상황이 중원이면 흉노의 발상지는 바로 중원의 핵심부가 되어 같은 자리에 중국과 흉노가 이층침대에 누워있는 격이 된다.

르네 그루세는 위대한 황제인 무제(기원전 140~87)가 황위에 오르기 전까지는 중국 변경은 모두 흉노의 것이었다고 썼다.[37] 그는 중국 문헌을 인용해 흉노의 선우單于가 광대廣大 모습이라고 했다.[38] 광대는 사제와 샤먼들이 사용하는 가면이다. 그루세는 중국이 이를 '하늘[天]의 당당한 아들'로 번역했다고 말하고 이것은 투르크어나 몽골어로는 tengri이고 그 뜻은 '하늘(천신天神)에 해당한다고 했다.[39] 이것이 마립간麻立干이다. 사마천은 진陳, 晉이 사라진 후에 일어난 쌈지 세력을 흉노라고 기록했으나, 《상서尙書》에서는 구례가 본시 고구려 이전의 명칭으로 흉노의 조상이었다고 했으므로[40] 흉노의 본거지는 코카서스 일대이다.

한자 흉노匈奴는 우호적인 표현이 아니다. '요란스러운 노예'라는 뜻이다. 그루세는 흉노가 야만을 뜻하는 훈Hun, Hunni, Huna이라고 했고, 이들은 이란 계 유목민(스키타이 사르마트)이 러시아 남부와 서부 시베리아를 지배하던 시절 그 동부에 있던 투르크계, 몽골계 종족을 가리키는 명칭이라고 했다. 그들이 야만인으로 불린 까닭은 정착 도시민이 아니고 샤먼신선을 따르는 무두루 집단이기 때문이다.

사마천은 흉노가 하후씨夏后氏에서 시작하여 순유淳維와 두만頭曼에 이르기까지 천여 년의 역사를 자랑한다고 했고, 그들은 어떤 때는 강대하고 어떤 때는 약하여 오랫동안 나뉘거나 합치기를 되풀이했다고 썼다. 그 후손은 주로 중국의 북방에서 옮겨 다니는 유목민이며 산융山戎, 험윤獫允, 훈죽葷粥이라고 불렀다고 한다. 이 이름들에는 모두 'Hun'이라는 소리가 들어있어서 유럽 학자들이 말하는 훈족과 다르지 않다. 사마천이 말한 중국의 북방은 흑해라고 해야 옳다.

핀란드어에서 'Hun'은 fin인데 바람이라는 뜻이다. 영어의 wind와 다르지 않다. 이것이 스키타이를 가리키는 몽골어이다. 중국이 흉노匈奴를 풍족風族, 풍이風夷라고 적는 것도 흉노가 바람이라는 뜻이며, 풍류도風流道는 '바람의 맥이 끊기지 않고 계속 이어지게 하는 도道'를 말한다. 바람은 구약성서에 무려 377번이나 언급될 정도로 고대 문명 시대에 중요한 개념이었다.[41] 바람은 히브리어로 '루아흐Ruah'로, 숨결 또는 영혼이라고 번역되지만 그 어원은 알지 못한다. 창세기에는 "하느님의 영이 나를 만드셨다"거나 "전능한 자의 숨결이 나에게 생명을 주신다"고 하여 위대한 신의 유전자를 인정하는 교리가 구약 시대 이전에 존재했음을 말해 준다. 헬라어에서는 바람을 아네모스anemos라고 한다. 그리스 신화에서는 무녀가 바람의 정에서 태어나고, 페르시아에서는 바람의 정精을 '페리feli'라고 부르는데 그의 아버지는 지상에서 가장 높은 곳에 산다고 믿었다. 우리 무속에서는 바람의 정에서 태어나는 것을 '바람을 피우다'라고 말한다. 바람은 중세 한국어에서 '바라' '바르' '바래'인데 모두 '밝다'라는 의미이다. 따라서 '바람을 피우다'는 '꽃을 피우다' '냄새를 피우다' '불을 피우다'에서 보듯이 영혼의 유전자를 육화肉化한다는 뜻이다. 이집트인은 이것을 연꽃에서 태양신의 아들이 태어난다고 비유했다. '바람을 피우다'는 '태양신의 정령이 꽃으로 피어나다'라는 말이다. 이것이 흉노의 참뜻이다.

이렇게 보면 '흉노匈奴'의 흉匈이 고구려의 구句, 勾자와 같은 뜻이며 금기시된 고리짝을 안고 있는 꾸부정한 사람의 모양을 그려놓은 글자이다. 《후한서》는 이를 음사陰祀라고 하고 이 음사의 바람은 천하를 호령한다고 하며[42] 흉노의 본질을 선명하게 드러낸다. 사마천의 기록에서는 흉노가 유리왕과 무휼이 죽은 뒤에 나타나며 그 정체를 '예맥부여 선우'라고 적었다. 예맥은 옛날의 조선이며 부여는 제3기능이고 선우는 Khan이다. 또한 이들이 언기焉耆와 우전于闐의 왕에게 각기 사자를 보냈다고 기록함으로써 흉노가 동부여와 졸본부여 세력임을 말해 준다.[43]

제16장

온조계의 다물흥방과 파르티아

위만조선과의 전쟁은 오늘의 중국 땅에서는 상상할 수도 없다. 산둥반도에서 발해를 지나 한반도로 온다는 것인데 왜 모든 병력을 배로 이동시켜야 하는지 납득이 가지 않는다. 산둥반도와 한반도는 육로로도 얼마든지 공격이 가능하기 때문이다. 사마천이 기록한 위만조선과의 전쟁은 오늘날의 가자 지구 앞바다에 있는 고대 해군기지 티레에서 에게 해를 거슬러 올라가 소아시아 서쪽에 존재했던 위만조선과 벌인 전쟁이다.

흉노의 모돈 칸과 졸본부여

사마천은 흉노의 이름과 함께 모돈선우 冒頓單于를 언급했다. 중국 기록에 모돈은 기원전 209년에 태어나 기원전 174년에 사망한 것으로 나타난다. 하지만 이 연대 역시 중국이 자신들의 고대사를 재조정하면서 입맛대로 정해놓은 것이라고 보아야 한다. 모돈선우는 중국 문헌이 기록한 것보다 훨씬 이전 인물로서, 대무신이 한나라 유방과의 전쟁에서 죽었을 때 졸본에 있었던 졸본부여 세력이다. 《고기》에 의하면 이들 흉노는 동부여(가섭원부여)의 별종으로, 메디아, 페르시아에서 갈라져 나간 종족이라는 뜻이다. 사마천의 〈흉노열전〉에 따르면 모돈의 부친 두만 頭曼이 첩에서 난 아들을 태자로 삼고 모돈을 월지에 인질로 보냈는데, 모돈이 월지왕을 죽이고 선우(khan)가 되었다. 그가 반란하여 뒤엎은 월지가 다름아닌 누란이고 진한 秦韓이며 김알지의 부도 세력이다. 모돈은 몽골계라고 했다.

《후한서》에는 이 이야기가 "월지국 흉노 모돈이 황중 湟中의 월지호 月氏湖를 죽였다"로 기록되어 있다.[1] 암호와 같은 문장이다. '황중'은 금성 金城이고 '월지호'는 문자 그대로 해석하면 월지의 호수(로프누르 호수)를 말하는 것이지만, 《후한서》는 그곳이 휴도금인을 제사하는 이른바 조선(감천궁)

이라는 사실을 숨기기 위해 이렇게 기록을 암호처럼 표기했던 것이다. 여기서 월지호는 사제를 지칭하는 말이다. 그런데 《후한서》는 월지호가 선대의 대월지와 다르다고 썼다. 이는 신라 왕조의 탈해, 김알지, 박씨 세력이 교체되면서 새로운 갈등 상황을 만들어냈다는 것을 말해 준다. 또 그 위치가 옛날의 장액張掖, 주천酒泉 땅이라고 한 것은 주목할 만하다. 오늘날 섬서성 하서河西 지역의 오아시스 도시를 가리키며 그곳은 졸본부여 시대의 계루부桂婁部인 것이다.

사마천은 모돈이 10년 세월 전쟁준비를 했고 부친이 죽자 마침내 행동에 나섰다고 했다. 일본 학자 모리護雅夫는 쿠데타에 성공한 모돈이 동호東胡를 복속하고 서방의 월지를 토벌하면서 본거지를 하서 지역으로 옮겨 오르도스 지방을 세력하에 두었다고 했다. 그리고 몽골고원을 장악한 후 북방에서 유목하던 정영丁零을 토벌한 다음 서북방의 견곤堅昆을 복속시켰다고[2] 하여, 모돈이 쌈지 제국을 회복하는 다물흥방에 나섰다는 것을 뒷받침한다. 서양의 십자군전쟁과 대응되는 상황이다.

사마천은 이들을 흉노라고 적었으나 그루쎄 Rene Grousset는 이를 파르티아라고 했다. 《한서》에는 선우가 광대廣大 모습이라고 했는데, 이는 '선우'라는 말이 흉노의 칸khan을 의미하며, 샤먼신선(구이)들이 중대한 일이 발생하면 탈을 쓴다는 것을 말해 준다. 중국은 모돈과의 접촉을 통해서 비로소 칸이 좌우에 귀족의 봉호封號를 의미하는 현왕賢王을 둔다는 사실과 전쟁시에 봉국들에서 군대를 차출한다는 것을 알게 되었다.[3] 아무튼, 이는 쌈지기능을 말해 준다.[4] 모돈선우는 이때 궁병弓兵 30만을 동원하였고 그 중심에 동호와 월지가 있었다고 했다. 그들은 사마천의 기록에서처럼 오늘의 중국 땅(하서 지역)에서 한나라와 전쟁을 했던 것이 아니고 서아시아에 있는 시리아(한)과 전쟁을 치른 것이다.

모돈 칸이 대무신에 이어 다물흥방을 하다

모돈 칸의 30만 군사는 동명성제와 유리명제가 그랬듯이 타클라마칸 사막 서쪽으로 빠져나와 유방에게 빼앗긴 소아시아의 한사군으로 쳐들어가기 위해 소그디아나에 집결했다. 오늘의 우즈베키스탄이다. 그런 다음 한 갈래는 흑해(북옥저) 쪽으로 들어갔고 다른 갈래는 카스피 해 남쪽을 향해 아르메니아로 진군했다. 파르티아 역사에 관한 책을 쓴 롤린슨은 이때 파르티아(이하 백제)가 성난 봇물처럼 시리아(한漢)로 쳐들어가 영토를 빼앗았는데, 그 주역이 카스피 해 동남 구석에 있던 미트라(무두루) 집단이었다고 했다. 그들은 백제(파르티아)의 거점이었던 메르브(위례성)에서 시리아의 동쪽을 쳤던 것이다. 그들은 주로 샤카족, 토카라족, 대해Dahe족, 예맥 Yue-chi, 수Su족이었다.[5] '대해'는 박트리아이며 수족의 정체는 알 수 없다. 롤린슨은 모돈 칸이 미트라 결사대를 이끌고 힌두쿠시에서 출발하여 서쪽으로 페르가나에 이르렀고, 그 일부는 카스피 해의 북쪽을 지나서 흑해로 들어가 소아시아 북쪽으로 침입했다고 했다. 또다른 부대는 남쪽의 니샤푸르Nishapur를 지나 자그로스 산 서쪽에서 시리아를 압박했다고 했다.

이 상황을 사마천의 기록과 비교해 보자. 유방은 이때 흉노를 막기 위해 티그리스 강 동쪽에 군사를 배치했다. 그런 다음 흉노의 주력부대인 모돈 칸을 막기 위해 흑해의 동쪽 관문인 콜히다Kolchida에 소아시아의 시리아(북한北漢) 왕인 한신韓信을 배치했다. 중국은 Kolchida의 끝소리를 옮겨 '대代'라고 기록했는데, 오늘날 중국의 역사 지도를 보면 '代'가, 《서경》이 언급한 흑수黑水, 서하西河와 안문雁文, 상곡上谷 등과 함께 모두 오늘의 내몽고 자치구에 해당하는 산서성山西省 북쪽에 배치되어 있다.그림 110 소아시아에 있었던 역사의 흔적을 파서 오늘의 중국 땅으로 옮겨갔던 것이다. 유방(셀레우코스 1세)은 이때 모돈의 군사를 막기 위해 손수 후원군(봉

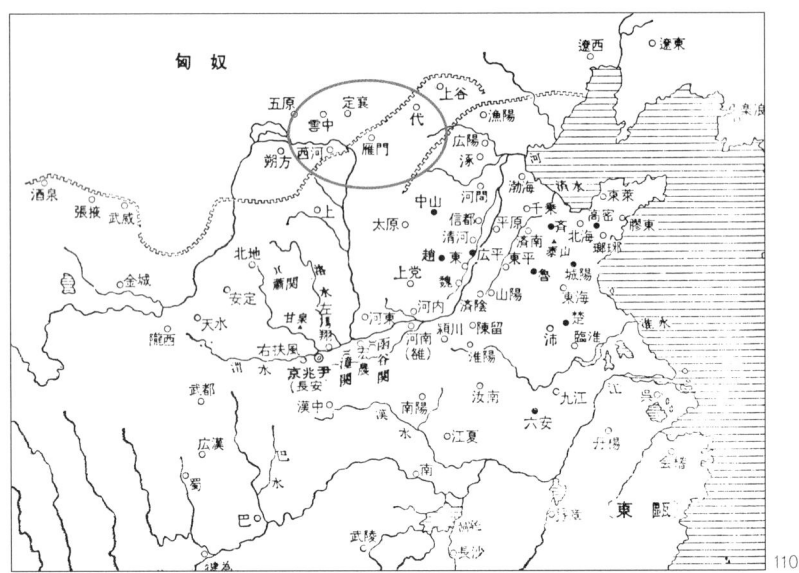

전한시대의 군국도 흑수 黑水(서하 西河), 안문 雁門, 대 代가 하북의 북서 지역에 배치되었다. 도판 출처, 《中國古典文學大系》 13.

국의 군대) 30만 대군을 거느리고 평성 平城에 당도했다. 평성 역시 〈흉노열전〉에서는 하서 河西나 상군 上郡 혹은 조 趙나라 일대에 있다고 기록되어 있다. 이 기록으로 보면 모돈의 30만 군사는 황하의 뿌리(수원 水源)가 되는 하서 河西에서 동쪽으로 향하고 유방의 30만 군사는 장안에서 서북으로 향하여 모돈의 흉노 군사와 일대 결전을 벌이는 모양새다. 이는 모돈 칸을 지칭하는 흉노 군사가 카스피 해 북쪽을 지나 흑해로 들어가 소아시아 북쪽으로 침입했다고 한 롤린슨의 주장과는 정반대이다.

'하서'는 중국 지도에서 보면 황하의 수원 지역인 오아시스 지대이다. 하지만 중국 지도에서 황하의 수원 지역을 황하 서쪽을 가리키는 '河西'라고 말하는 것은 무리이다. 황하가 위에서 아래로 흘러야 강의 동쪽과 서쪽이라고 할 수 있다. 그럼에도 사마천의 기록에서 굳이 하서라고 적은 것은

'河'가 실은 터키 땅 중부에 있는 할리스 강의 첫 글자를 가리키기 때문이다. 하서는 문자 그대로 할리스 강의 서부 지역이며 그곳이 동명성제가 시도했던 다물흥방 지역이다. 모돈선우는 그 유업을 이루기 위해 군사를 일으킨 것이다. 유방의 30만 군사가 진을 친 평성은 감숙성의 하서가 아니고 할리스 강 서쪽 프리지아의 고대도시 입소스Ipsos이다. Ipsos를 한자로 '平城'이라고 적은 것이다.

한나라(시리아)는 한신 장군에게 군사를 주어 흉노의 북방 진입로인 대(콜히다)를 막고, 유방이 직접 평성Ipsos에서 적을 막고자 했던 것이다. 전투가 벌어지자 한신은 유방을 배신하고 흉노에게 투항해 버린다. 일차 관문을 돌파한 모돈 칸의 군사는 곧장 오늘의 터키 땅 중부에 있는 할리스 강에 이르렀고, 그 서쪽의 강을 넘어 평성에서 기다리고 있는 유방과 대접전을 벌일 참이다. 모돈 칸은 정병을 감추고 허약한 군사들을 전면에 배치해놓고 퇴각하면서 한나라 군사를 유인하였다. 한나라는 이에 속아 보병 32만과 증원군을 총동원했는데 그곳에서 흉노의 정병 40만기와 맞닥뜨려 7일간이나 싸웠다. 한나라군이 패하여 유방은 백등산白登山에서 흉노에게 포위되었다. 흉노는 이때 한나라 군사의 넋을 빼기 위해 네 방향에 기마병을 배치하였다. 서쪽에는 백마, 동쪽에는 청마, 북쪽에는 흑마, 남쪽에는 적마를 배치했는데 이는 자신들이 오방(부도)임을 알리는 것이다. 색색의 말들이 사방에서 이리저리 움직이며 콧김을 내뿜으면서 공중으로 솟구치는 광경은 장관이어서 한나라 군사들은 넋을 잃었다고 한다. 상황이 이렇게 되자 유방은 모돈에게 항복했고 그 조건으로 많은 보물과 황실의 여자(황녀皇女)를 대대로 바치기로 맹약했다.

이는 한나라가 흉노의 지배하에 들어갔다는 의미이기도 하지만, 혈통을 중시했던 당대에는 사실상 나라와 나라 간에 사돈을 맺는 것과 같은 의미라고 할 수 있다. 또한 한나라의 헬레니즘(유교) 정책이 그 지점에서 일단

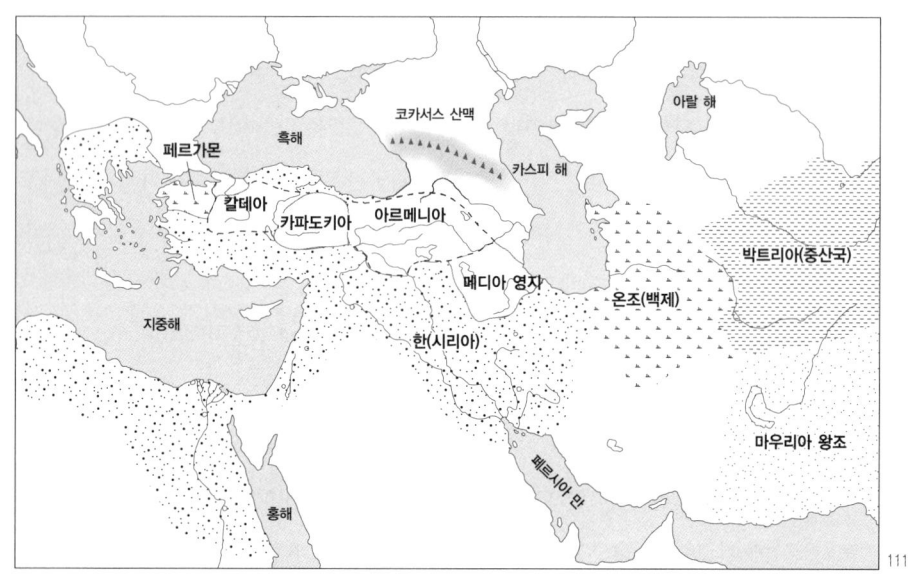

기원전 200년경 서아시아와 중앙아시아의 판세.

좌절했다는 것을 의미한다.^{그림 111}

상황이 이렇게 전개되자 한나라를 배신하고 흉노의 명호名號를 받는 나라(봉국)들이 속출했다. 혼경渾庚, 굴사屈射, 정영丁零, 격곤鬲昆, 신리薪犁, 연燕나라 등이 그랬다. 이 나라들은 옛 동부여와 졸본부여 지역에 있었던 나라라고 할 수 있다. 주목할 나라는 뒤에 고구려와 큰 전쟁을 벌이는 연이다. 이 나라의 위치는 《한서지리지》에 미尾와 기箕에서 나뉘는 들판이라고 나오고 주나라 무왕이 은殷의 소공召公을 봉한 곳이라고 했다. 미는 미탄니Mitanni국이고 기는 카파도키아를 말하므로 연은 소아시아 남쪽에 있던 팜필리아, 킬리키아 지역에 있었다. 이 연은 이집트나 키프로스에서 망명해 온 유민들이 살면서 세운 나라이다. 뒤에 이 세력이 위만조선을 세운다. 로마 제국의 세력이 소아시아에 미치는 상황이다. 사마천의 기록에는 유방이 노관盧綰을 연나라 왕으로 임명하여 북방 흉노 세력을 막으려 했으나 노관 역시 흉노의 위세가 두려워 수천의 종자들을 거느리고 투항해 버렸다고 했다. 한나라가 이제 흉노를 물리칠 방도가 없다는 것을 말해 주는 대목이다.

유방은 한(시리아) 제국을 건설했던 영웅이었지만 결국 흉노의 지배를 받는 날개 잃은 용으로 전락하여 불행하게 죽었다. 아들 효혜제孝惠帝가 제위를 이을 차례였으나 모후 여태후呂太后는 혜제가 사태를 감당하기에 유약하다고 보고 직접 섭정에 나섰다.

한나라와 위만조선, 지중해에서 전쟁을 하다

위만조선衛滿朝鮮은 《고사》에 의하면, 기자箕子 조선의 마지막 단군인 제42세 마한 때 생긴 나라이다. 유방이 흉노를 막기 위해 발탁한 연나라의 위만衛滿이 호복으로 가장하고 조선에 들어와 충성을 맹세했고, 이에 사제 마한은 그에게 속아 그를 박사로 대우했다고 했다. 하지만, 위만은 틈을 엿보다 반역하여 단군 마한을 몰아내고 위만조선을 세웠다고 한 것이다. 또 《고사》는 위만이 조선을 선포한 곳이 바로 고조선이 비워 놓은 옛 부도(고공지古空地)라고 했다. 사마천은 위만이 국경에 요새를 쌓고 수시로 한나라의 북쪽 국경을 위협했다고 했다.[6]

전쟁은 위만의 제위가 아들 우거右渠에게 넘어가고 한나라에서 고조가 죽고 혜제惠帝가 제위를 계승한 기원전 190년경에 일어났다. 이때 로마가 소아시아를 침입했다는 사실은 위만조선과 한의 전쟁이 국지전이 아님을 말해 준다. 한나라는 5만의 전단戰團을 꾸려 양복楊僕을 장군으로 삼았는데 병력은 모두 누선樓船에 싣고 제나라(레바논 지역, 티레)에서 출발하였다. 그림 112

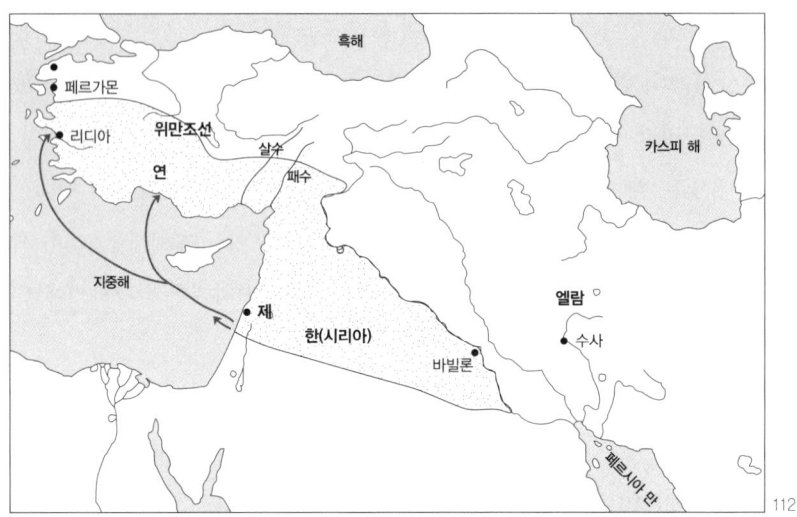

위만조선과 한나라의 전투 지도 한나라의 해군이 에게 해를 지나 오늘의 터키 서부 지역으로 향하고 있다.

《고사》를 보면 사마천이 조선의 존재를 기록에서 제외하기 위해 매우 고심했음을 알 수 있다. 《사기》〈조선전〉은 전쟁 상대인 위만조선이 어디에 있는지 그 나라의 지리 상황은 어떠했는지에 대해서 전혀 언급하지 않았고 위만조선이 한나라를 우습게 보았기 때문에 전쟁이 일어났다고 간략하게만 기술한 것이 그렇다. 다만 사마천은 〈조선전〉 지리지에서 위만의 도읍이 검독儉瀆이라고 하고 '검독'이 강물의 험준한 곳을 의지해서 자리잡았다고 부언했다.

이것이 사르디스를 가리킨다는 것은 글자풀이에서 드러난다. '검儉'은, 자전에서 '험險'과 같은 뜻으로 나타나고 《진서》〈장궤전張軌傳〉에서는 부도(금성 金星)라고 했다. 또 '독瀆'은 《설문》에서 더러운 것을 바다로 쓸어보내는 큰 강물이라고 했다. 이 뜻을 따르면 검독은 게디즈Gediz 강에 해당한다. 내륙에서 더러운 것들을 서쪽 에게 해로 쓸어보내는 큰 강이라고 할 수

456

있기 때문이다. '독瀆'을 지칭하는 사르디스 성은 게디즈 강의 상류에서 동쪽으로 있는 투몰루즈Tmoluz 산의 위태로운 돌출부에 자리잡고 있다. 기원전 600년경의 유적으로 고조선의 마지막 금성이었던 곳이다.

위만조선과의 전쟁은 오늘의 중국 땅에서는 상상할 수도 없는 전쟁이다. 산동반도에서 발해渤海를 지나 한반도로 온다는 것인데 왜 모든 병력을 배로 이동시켜야 하는지 납득이 가지 않기 때문이다. 산동반도와 한반도는 지근거리일 뿐 아니라 육로로도 얼마든지 공격이 가능하기 때문이다. 사마천이 기록하고 있는 위만조선과의 전쟁은 오늘날의 가자 지구 앞바다에 있는 고대의 해군기지 티레(조曺)에서 시리아(한)의 5만 전단이 군함에 실려에게 해를 거슬러 올라가 소아시아 서쪽에 존재했던 위만조선과 벌인 전쟁이다. 위만조선으로 접근하자면 소아시아의 서쪽 관문인 이즈미르Izmir 항으로 들어가야 한다. 《사기》는 이 전단이 발해를 건너 우거를 물리쳤다고 썼을 뿐[7] 5만 군사가 어디로 갔는지, 그 지리적인 정황이 어떤지에 대해서는 아무 언급도 없다. 이 전쟁의 정확한 위치를 숨기기 위해 누군가 사마천이 언급했을 실제 지리 상황을 묵살해 버렸을 수도 있다. 또 한나라의 5만 전단이 산동반도에서 출발했다면 당연히 그곳에 대규모 접안시설이 있어야 한다. 하지만 그런 흔적은 보고된 바 없다.

여태후가 죽고 효문제孝文帝가 제위를 이었다. 흉노와의 맹약은 지키면서도 문제文帝는 기회를 노리고 있었다. 사마천의 〈효문본기〉에는 흉노의 우현왕(제2기능)이 황하 남쪽으로 내려와 거주하자, 문제는 이것이 맹약을 어긴 일이라고 진노하며 차기車騎 8만 5,000의 군사를 고노高奴로 보냈다고 했다. 이 '고노'라는 지역은 《한서》의 주注에서 섬서성에 있다고 했으나 허구이다.[8] 지명 자체도 흉노식 소리글자이다. '고노'는 오늘날 터키의 중부 토로스 산맥에 있는 고대도시 코니아Konya를 소리로 옮긴 것이다. 그곳은 카파도키아에서 터키 국토의 남단 해안도시인 안탈리아Antalya로 통하는 중간 지점인 토로스 산 중턱에 있다. 바로 그 북쪽에 할리스 강이 실제 황하처럼 말발굽 모양으로 흐르고 있다. 그러니까 흉노가 황하 남쪽을 건넜다는 것은 할리스 강 말발굽을 건넜다는 뜻이다. 말발굽처럼 휘어진 할리스 강 남쪽에는 투즈Tuz라는 이름의 호수가 있어서 흉노가 강을 건너 그 일대로 옮겨왔다고 추정해 볼 수 있다.

효문제가 파견한 군대는 고노(코니아)에서 카파도키아로 들어가 흉노의 우현왕을 공격하여 그들을 강북으로 쫓아냈다. 그런 뒤 3만의 흉노가 또 상군上郡으로 들어와 운중군雲中郡에 침입했으며, 효문제가 초나라 재상 소의蘇意를 장군으로 삼는 등 대대적인 방어진을 치며 대항하자 흉노는 수 개월 만에 퇴각했다고 한다. 상군이나 운중군도 감숙성 일대에서 보는 황하 상류의 말발굽처럼 휘어진 일대이다. 양쪽 다 강이 말발굽처럼 생겼는데 황하는 아래쪽으로 휘어진 모양이고 할리스 강은 위쪽으로 휘어진 모양이다. 기묘하게도 양쪽의 지리가 유사하다. 〈효문본기〉에서 이곳이 조趙, 초와 함께 언급되므로 소아시아임을 알 수 있다. 왜냐하면 조는 이미 기원전 4세기에 사라진 나라여서 이 기록에서 거론될 수가 없기 때문이다. 하지만 이것이 서아시아가 되면 조는 트로이 성으로 남고 초는 이집트가 되어 기원전 4세기 이후 되살아난다.

이 모든 정황은 다시 효문제의 기록에서 드러난다. 기록은 당시 한나라가 지배하는 영역이 오吳, 초楚, 회남淮南, 낭사琅邪, 제齊, 대代이고 이를 천하天下라는 식으로 언급했다. 이 나라들을 오늘의 중국사에 적용하면 낭사는 산둥성의 동쪽이고 오는 양자강 하구 절강성, 대는 감숙성, 혹은 하북성의 동쪽, 그리고 초는 오나라의 서북쪽인 운남성 일대이다(그림 110 참고). 지도를 통해서 이 지역의 전모를 확인할 수 있지만 이 정도의 영역을 천하라고 한다는 것은 마치 접시에 배를 띄워 바다를 건넌다고 말하는 것이나 다름없다.

그렇지만 이 나라들이 서아시아에 있으면 명실상부하게 천하라는 개념에 걸맞는다. 오는 오늘날 이란 남쪽의 엘람(수사)이고 초는 이집트, 회남은 인더스 강 일대의 인도, 낭사琅邪는 중국 기록이 천하의 명문가라고 기록했던 낭야琅琊, 즉 고단干田이다. 제는 오늘의 가자 지구를 말하는 제라스이고 대는 흑해의 동쪽 구석에 있는 고대도시 콜히다이다. 콜히다는 유방의 막장이었던 한신이 지키다가 흉노에 투항했던 곳이고, 효문제 또한 제위에 오르기 전에 그곳에 있었다. 이 방역이 한나라가 말하는 천하였다. 파르티아(흉노) 쪽에서는 모돈 칸이 죽고 노상계죽이 칸을 이었다. 한나라에서는 문제文帝에 이어 효경제孝景帝, 그리고 그를 이어 사마천이 천하의 영걸이라고 한껏 치켜세운 무제가 즉위한다. 이 대목이 우리가 지금까지 전개한 중국 역사지도 뒤집기의 포인트이다.

한의 무제와 조선이라는 이름

무제의 이름은 철徹이다. 그는 기원전 141년에 등극했다. 이상한 징후는 무제를 기록한 〈효무본기〉부터 나타난다. 사마천은 《사기》에서 전한前漢의 역사에서 고조高祖, 여태후呂太后, 문제文帝, 경제景帝 그리고 무제武帝까지 모두 다섯 대를 등재했다. 이 왕들이 흉노와 어떻게 싸우고 대처했는지를 충실하게 기록했는데, 이상하게도 무제의 기록에서는 갑자기 필법이 달라진다. 그가 천하의 영걸이라고 추켜세우면서도 어떻게 전쟁을 했는지는 거의 언급이 없으며 단지 세 곳에서 조선과 남월南越 그리고 대완大宛을 정벌했다고만 간단히 언급했다. 다른 왕들의 기록과는 전혀 다르다.

주목할 점은 조선을 정벌했다는 기록인데, 조선이 어디를 말하는지 그리고 어떻게 정벌했는지에 대해서 아무것도 기록하지 않았다. 누군가 무엇을 숨기려 했다는 것을 알 수 있는 대목이다. 사마천의 〈효무본기〉가 오리지널 텍스트가 아닌 까닭은 무제가 조선과 전쟁을 한 기록이 별도로 신설된 〈흉노열전 匈奴列傳〉이나 〈대완열전 大宛列傳〉에 집중 기록되기 때문이다. 〈효무본기〉에 있는 조선정벌 기사를 몽땅 그곳으로 옮겨 버린 것이다. 마치 〈효무본기〉라는 배에서 중요 장기를 꺼내고 그 빈자리에 잡동사니를 채운 후 봉합한 모양이라고 할 수 있다. 그러고는 꺼낸 장기들을 새로 마련한 상자에 넣고 새로 〈대완열전〉〈흉노열전〉이라고 포장했음을 말해 준다. 왜 그래야 했을까? 사마천의 〈효무본기〉를 읽으면 무제가 중국 특유의 문학적인 수식에 의해 비빔밥이 되었다는 인상을 지울 수가 없다. 무엇을 말하려고 하는지 초점이 흐려져 있다. 그런 대로 〈효무본기〉에서 주제를 끌어내면 다음과 같이 정리해 볼 수 있다.

무제는 귀신 鬼神에 지대한 관심을 두어 저명한 방사 方士들을 불러 모으거나 찾아다닌다. 그러던 중에 제나라 환공 桓公이 지녔던 청동보기 靑銅寶器를 입수하여 그것을 가지고 스스로 황제 黃帝처럼 봉선을 하기 위해 태산을 찾아 나선다. 이 이야기를 정확히 이해하자면 샤머니즘의 진수를 알아야 한다. '태산 泰山'은 부도라는 말을 피해 가기 위해 중국이 만든 말이고 '봉선 封禪'은 샤먼과 영웅의 정령을 조두에 저장하거나 재생하는 비밀의례이다. 무제는 봉선이 쉽지 않았기 때문에 천하를 방황(순유 巡遊)한다. 그러다가 옹 雍이라는 곳에 이르러 후토 后土를 정하는 제사를 치른다. '옹 雍'은 사마천이 〈봉선서 封禪書〉에서 천문도와 각종 천문지지의 신이 있는 곳이라고 했다. 다른 기록이 이를 천하지국 天下之國이라고 하고 또《설문》이 '옹 雍'을 제비(현조 玄鳥)가 이상한 기 氣를 물고 온다는 뜻으로 풀이함으로써, 우리는 이 말이 '조선 朝鮮'을 대신하는 말임을 알 수 있다. 앞뒤 정황을 보면 무제가 졸본부여의 오방으로 들어왔음을 알 수 있다. '후토 后土'는 '천자의 몸체를 잇는 일(계체군 繼體君)'이며 사직 社稷을 말한다. 그러나 이 말의 본질은 계체繼體라는 말에 숨어있다. '계繼'라는 글자가 부도에 숨겨놓은 조두를 의미하기 때문이다. 이 때문에 사직의 터를 가리켜 토지신土地神이라고 한다.

　무제는 동방으로 순행한 다음 처음으로 후토后土의 사祠를 산서성 분음汾陰에 세운다. 분음은 막연히 산서성에 있다고 했고,《한서》에는 후한의 성제成帝 때에 사를 장안長安으로 옮겼다고 했으므로 장안에서 과히 멀지 않는 곳에 있었다는 것을 알 수 있다. 그런 뒤 무제는 감천궁甘泉宮에 보정을 두고 태산에서 봉선을 한다. 감천궁이《산해경》이 말하는 천축(부도)이고 그곳이 금인金人을 모시는 조선이다. 무제는 조선의 감천궁에 와서 보정을 두고 봉선을 행했던 것이다. 사마천의〈효무본기〉에 적힌 기록은 말하자면, 무제가 미래의 한나라 사직을 위해 영웅적인 순행을 한 끝에 드디어 타클라마칸 사막으로 들어가 누란에 그 말뚝을 박았다는 이야기이다.

　무제가 조선과 본격적으로 전쟁을 했다는 이야기는〈대완열전〉이나〈흉노열전〉에 기록되나 이들 기록은 끝내 조선이라고 하지 않고 흉노라고만 쓴다. 하지만〈효무본기〉를〈흉노열전〉〈대완열전〉과 연결시켜 놓으면 누구든 무제가 조선을 정벌한다는 것을 알 수 있다. 흉노가 곧 조선이라는 사실이 폭로되는 것이다. 그렇게 되면 누란 일대와 위만조선이 같게 되고 한나라는 한반도의 위만조선과 전쟁을 치른 후 다시 중국 서쪽에 있던 조선과 전쟁을 치르는 모양새가 된다. 조선이 중국의 양쪽에 있는 상황을 기록이 감당할 수 없다는 것은 당연한 일이다. 그러니 어떻게 졸본부여의 흉노와 전쟁을 하는 것을 조선과 전쟁을 한다고 쓸 수가 있겠는가. 이제〈흉노열전〉〈대완열전〉, 그리고 그 밖의 기록에서 무제가 조선과 어떻게 전쟁을 벌였는지 간략하게 요약해 본다. 후대의 기록자들이 중국 역사의 터전이 본시 오늘의 중국 땅이었음을 굳히기 위해 전쟁이 처음부터 확실하게 동쪽에서 서쪽으로 전개되었다고 기술한 것이다. 이 점을 관찰하기 위해 먼저 조선과 무제의 전쟁이 어떤 상황에서 일어났는지를 《후한서》〈동이전〉에서 보기로 한다. 원삭과 원봉은 무제의 연호이다.

> 원삭 원년(기원전 141년)에 예濊의 왕 남려南閭 등이 우거를 배반하고 28만 명을 데리고 요동에 와서 소속되자 무제는 그 땅을 창해군蒼海郡으로 삼았다가 몇 해 뒤에 없앴다. 그 뒤(원봉 3년)에 조선을 멸하고 낙랑, 임둔, 현도, 진번의 4부를 나누어 두었다.[10]

당대의 인구 28만 명은 엄청난 수이다. 이런 인구가 한 사람의 왕에 의해 이동하는 것은 한반도에서는 결코 일어날 수 없는 일이다. 앞에서 언급했듯이 우거는 위만조선의 왕이었으므로 이 이야기는 오늘의 터키 땅 서쪽에서 일어난 일인 것이다. 따라서 28만 명의 예맥 백성은 어떤 연유인지는 분명치 않으나 소아시아에서 아르메니아를 통하거나 아니면 흑해의 동쪽으로 나와 요하를 건넜음을 알 수 있다. 오늘의 우즈베키스탄을 통과했던 것이다. 그곳에는 양마良馬의 생산지인 페르가나(대완大宛)가 있고 그 나라를 지나면 타클라마칸 사막으로 들어오게 된다. 창해蒼海가 바로 사막(간해干海)이다. 이미 알렉산드로스 왕의 세계정복 때 페르시아(부여)의 귀족들이 갈팡질팡하자 대무신이 그들에게 낙씨洛氏 성을 주어 살게 했던 지역도 바로 요동의 페르가나 지역이었다. 그 지역으로 28만의 소아시아 고조선 백성이 들어갔던 상황이다. 그런데도 사마천은 왜 이 사건을 기록하지 않았을까.

정황을 보면 이때 예왕 남려가 그의 백성 28만 명을 거느리고 엑소더스를 한 것은 우거를 배반했기 때문이라고 했으나 그것만으로 엑소더스가 일어났다고 말하는 것은 부족한 설명이다. 뒤에서 보지만 한나라가 상군上郡, 즉 북한北漢이라고 부른 그 지역에 로마군이 쳐들어왔던 것이다. 사마천은 로마(대진 大秦)를 정식으로 언급할 수 없었다. 그렇게 되면 한나라 역사는 서아시아에서 펼쳐졌음이 천하에 드러나기 때문이다. 그래서 무제가 조선을 정벌하는 이야기에서 사마천이나 후세의 중국 사가들은 남려왕과 28만 조선 백성의 엑소더스에 대해 입을 다물었던 것이다. 하지만 무제와 조선의 전쟁은 바로 이런 상황에서 일어났다. 무제로서는 매우 다급한 상황이었을 것이다.

장건은 정말 동쪽에서 서쪽으로 갔을까?

무제는 즉위 3년이 되는 기원전 139년에 장건 張騫을 박트리아(대하 大夏)로 파견한다. 동쪽에서 서쪽이라는 화살표가 전면에 등장하는 것이다. 장건은 황제의 명을 받고 오늘의 사천성 泗川省인 촉蜀의 건위군 揵爲郡이라는 곳에서 개인 밀사를 서쪽으로 침투시킨다. 밀사는 서쪽으로 불과 1,000~2,000리도 못 가서 흉노에 잡혀 죽는다. 이것이 후세 사가들이 중국 역사가 오늘의 중원 땅에서 펼쳐졌다고 말뚝을 박는 기념비적인 사건이다. 장건은 밀사가 죽자 직접 그곳으로 들어가 천리 길을 더 나아가, 전월 滇越에 이르렀다. 거기서 그 나라와 촉蜀의 상인들이 무역을 한다는 사실을 알게 되었고 그들을 통해 박트리아로 간다. 아무튼 무제는 장건이 보낸 여러 정보를 수집하면서 서역으로 진출하려고 고심하고 있었다. 하지만 이런 기미를 눈치 챘는지 1만의 흉노 군사가 상곡군 上谷郡으로 침입하여 수백 명을 죽였다. 그 다음해 무제는 곽거병 霍去病에게 1만 기의 병력을 주어 흉노를 공격하도록 명한다. 이것이 사마천이 〈효무본기〉에 적은 조선과의 전쟁이다.

하지만 〈흉노열전〉에는 무제의 이 전쟁도 유방이 흉노의 모돈 칸과 벌인 전쟁의 연장으로 기록되어 있어 한나라와 흉노의 전쟁이 모두 조선과의 전쟁임을 말해 준다. 후대 사가들이 조선이라는 말을 사서에서 마치 이 잡 듯이 골라냈다는 것을 알 수 있다. 곽거병의 군사는 먼저 농서隴西에서 북쪽을 향했다. 농서는 오늘날 섬서성의 난주蘭州이다. 그런 다음 북쪽으로 진격하여 흉노의 노른자위 땅인 사막의 오아시스 무위武威, 장액張掖, 주천酒泉을 습격했고, 그 일대의 서쪽에 있는 기련산祁連山으로 들어가 흉노의 정예군을 무찌른다. 이 과정에서 곽거병은 옥황(금인金人)을 지키는 흉노의 혼야왕渾邪王을 잡고 혼야왕을 사주하여 휴도왕休屠王을 죽인 다음 휴도왕의 아들 일제日磾를 볼모로 잡았다. 그런 다음 흉노의 천하보물인 휴도금인을 노획한다. 한나라 군사는 이어서 둔황, 누란을 침으로써 흉노의 오방을 장악하고, 실크로드 북도北道와 남도南道에서 흉노(봉국封國)들을 공격하여 드디어 졸본부여 일대의 흉노 세력을 모두 쫓아낸다. 그런 다음 비로소 서역으로 통하는 관문인 대완(페르가나)을 친다.

뜻밖에도 우리는 여기서 김알지와 만나게 된다. 국내 학자들에 의해 익히 알려져 있는 이른바 〈문무왕의 해저비문〉에 신라 30대 문무왕이 흉노 김일제金日磾의 후손이라고 새겨져 있기 때문이다. 비문대로라면 이때 한나라 장군 곽거병에게 죽은 휴도왕이 바로 김알지의 후손이다. 김부식은 신라 13대 미추왕 기록에서 김알지의 후손이 다섯이며, 그 이름이 세한勢漢, 아도阿道, 수유首留, 욱보郁甫, 구도仇道이고, 마지막 구도가 미추왕이라고 했다. 그렇다면 이 후손 중 어느 하나가 휴도왕이었을 것이다. 한 무제가 공격했던 흉노는 다름 아닌 신라의 금성(누란)이었던 것이다.

이상하게도 중국사가들은 전쟁의 원인에는 관심이 없다. 전쟁이 전개되는 그 물리적인 정황만 기록하면 그만이다. 조선의 실체가 드러나는 것을 감추기 위해서일까. 무제가 마지막에 대완을 쳤다고 한 것은 한나라가 동쪽에서 서쪽으로 진출하자면 당연히 그 나라를 통과해야 한다고 생각했기 때문이다. 하지만 진실은 그 반대이다. 전쟁에서 한나라가 승리하자 무제는 처음으로 흉노의 오아시스 일대에 직할령을 두었다. 최초의 직할령은 주천군酒泉郡이다. 기록은 그곳에서 서북의 여러 나라에 사자를 보냈다고 전한다. 여기까지가 현재 학계에서 받아들이는 장건의 서역진출의 역사 기록이다.

이제 사마천의 기록과는 반대로 무제가 서에서 동쪽으로 갔다는 사실을 말할 차례이다. 앞에서 언급한 시리아 비문은 시리아의 안티오코스 3세와 안티오코스 4세가 로마의 위협을 염려하여 먼 동방(요동遼東)에 미래의 나라를 세울 계획을 세웠다고 했다. 이것이 사마천의 〈효무본기〉에 무제가 동방으로 순행하여 후토后土의 사祠를 세웠다고 한 기록 그리고 그곳에 직할령을 만들었다는 기록에 해당한다. '후토'는 사직이 서는 토지(신)이라고 했는데, 이는 휴도왕을 죽이고 그의 아들 김일제를 한왕漢土으로 만들어 무제의 보정을 받들게 했던 일을 말한다.

시리아 비문과 〈효무본기〉의 기록을 참고하면 무제는 서쪽에서 동쪽으로 갔음을 알 수 있다. 장건은 기원전 139년에 박트리아로 갔다고 했다. 시리아 비문은 안티오코스 4세가 기원전 169년에 자신의 사촌인 에우크라티데스Eucratides를 박트리아로 파견하여 흉노왕 데메트리우스Demetrius를 죽이고 박트리아-소그디아나를 점령했다고 했다.[11] 연대로 보면 약 30년 차가 있지만 알렉산드로스(시황제)에서 보았듯이 연대는 재조정이 필요한 대목이다. 어쨌든 이 기록은 장건이 단순히 정보를 수집하기 위해 서역으로 갔던 것이 아니라 전쟁을 위해 파견되었음을 말해 준다. 에우크라티데스의 박트리아-소그디아나 점령은 시리아와 파르티아(백제)의 전쟁을 의미한다. 박트리아가 대월지(부도)이고 졸본부여는 소월지(소부도)이므로 이것이 무제의 조선과의 전쟁이다.

이 대목을 그루세는 전한의 무제가 소그디아나에 있었던 월지와 동맹을 맺어 그 배후를 치려는 계략이었다고 한 것이다. 소그디아나에 있다는 월지는 동옥저(동부여)이다. 〈대완열전〉에는 백제를 말하는 파르티아(안식安息) 곧, 백제의 수도가 아무다리야 강(규수嬀水)의 상류 서쪽에 있는 메르브라고 했다. 따라서 여기서 배후라는 말은 바로 소월지(졸본부여)를 가리킨다. 서쪽에서 로마가 쳐들어오고 북쪽에서 흉노가 압박하는 상황에서 시리아(한)가 난국을 해결하는 길은 당연히 파르티아를 배후에서 위협해야 하는 일이다.

《한서》에는 이때 박트리아(중산국)의 유승이 후侯로 있으면서 노노盧奴를 지배했다고 썼다. 노노는 흑인을 말한다고 했다. 이때 박트리아가 마우리아 왕조(대가야)에 속했던 상황이다. 셀레우코스(유방)가 고구려의 대무신(안티고노스)과 대결하기 위해 인도의 마우리아 왕조와 통혼하고 코끼리 500마리를 얻는 대신 박트리아 일대를 마우리아 왕조에 넘긴 바 있다. 유승이 무제와 형제이며 그가 중산국의 후(샤먼)로 있으면서 흑인국(노노盧奴)을 지배했다는 것은 이런 배경에서 가능하다. 당시 박트리아는 인도의 와캄Wakham, 삼비Syamaka, 귀상Kusana, 고부Kabul 같은 요지를 비롯해 모두 36개의 봉국을 소유하고 있었다.[12] 사마천이 언급한 회남淮南도 노노국으로 추정해 볼 수 있다. 장건은 이때 중산왕의 도움으로 봉국의 군대를 징발하기 위해 박트리아에 간 것이다. 장건의 박트리아 파견이 가장 크게 다루어졌던 까닭은 이렇게 설명해야 합리적으로 이해할 수 있다.

한 무제는 서역을 정벌한 것이 아니라 요동을 공략했다

장건이 중산국의 도움으로 군대를 징발하는 데 성공했다는 정보를 전달받자 무제는 파르티아(백제)의 배후에 있는 조선을 치기 위해 친위군을 이끌고 안티오키아(장안)를 출발했다. 그가 어떻게 오늘의 아프가니스탄에까지 이르렀는지는 상상에 맡길 수밖에 없다. 그곳에 봉국의 군대가 집결해 있었다고 보아야 한다. 그런 다음 무제의 군대가 파르티아의 눈을 속이며 졸본부여로 들어가는 지름길은 오늘날 힌두쿠시 산의 서쪽 발흐나 카불에서 인더스 강 상류로 올라가 파미르 고원을 넘는 일이다. 파미르 고원을 넘으면 사차(야르칸드)에 이른다. 타클라마칸 사막으로 들어가는 첫 관문이다. 이 길은 이미 알렉산드로스 왕 때 닦아 놓은 길로 카시가르를 통해 중앙아시아로 나가는 길보다 쉬운 길로 알려져 있다. 무제는 그 길을 택했다. 이렇게 말할 수 있는 이유는 〈효무본기〉에서 무제가 천하를 순유하면서 낭야琅琊에 이르렀고, 그 산에 '곤륜'이라는 이름을 붙였다고 했기 때문이다. 곤륜산이 낭야산이라는 뜻이다. 그런 다음 무제는 서쪽에 있는 대완국을 정벌했다고 했다. 이는 무제가 타클라마칸 사막으로 들어서자 먼저 이광리李廣利를 장군으로 삼아 대완(페르가나)을 쳤음을 의미한다.

〈대완열전〉이나 〈흉노열전〉에서는 흉노와의 전쟁에서 제일 마지막에 대완을 쳤다고 기록되었다. 서에서 동이라는 방향을 분명히 하기 위해서다. 그러나 그 반대 상황에서는 대완이 맨 먼저라고 해야 옳다. 대완은 파르티아(백제)의 후원군이 타클라마칸으로 들어오는 지름길이기 때문이다. 따라서 대완에 대한 공격은 파르티아(백제)의 구원병을 차단하는 조치이다. 그렇게 한 다음 무제는 고단에 지휘본부를 두고 조선의 심장부를 칠 작전을 짠다. 고단은 보석의 최대 산지라고 했다. 그곳을 점령하면 알렉산드로스가 그랬듯이 군자금을 조달하는 데도 상당한 도움이 된다. 〈효무본기〉에는 이렇게 쓰여있다.

순행중에 열후列侯의 제1등 저택에서 노비, 마차, 가마를 하사함으로써 란대欒大의 집을 보았다. 무제는 위장공주衛長公主를 란대의 처로 삼고 일만 금

16 온조계의 다물홍방과 파르티아　467

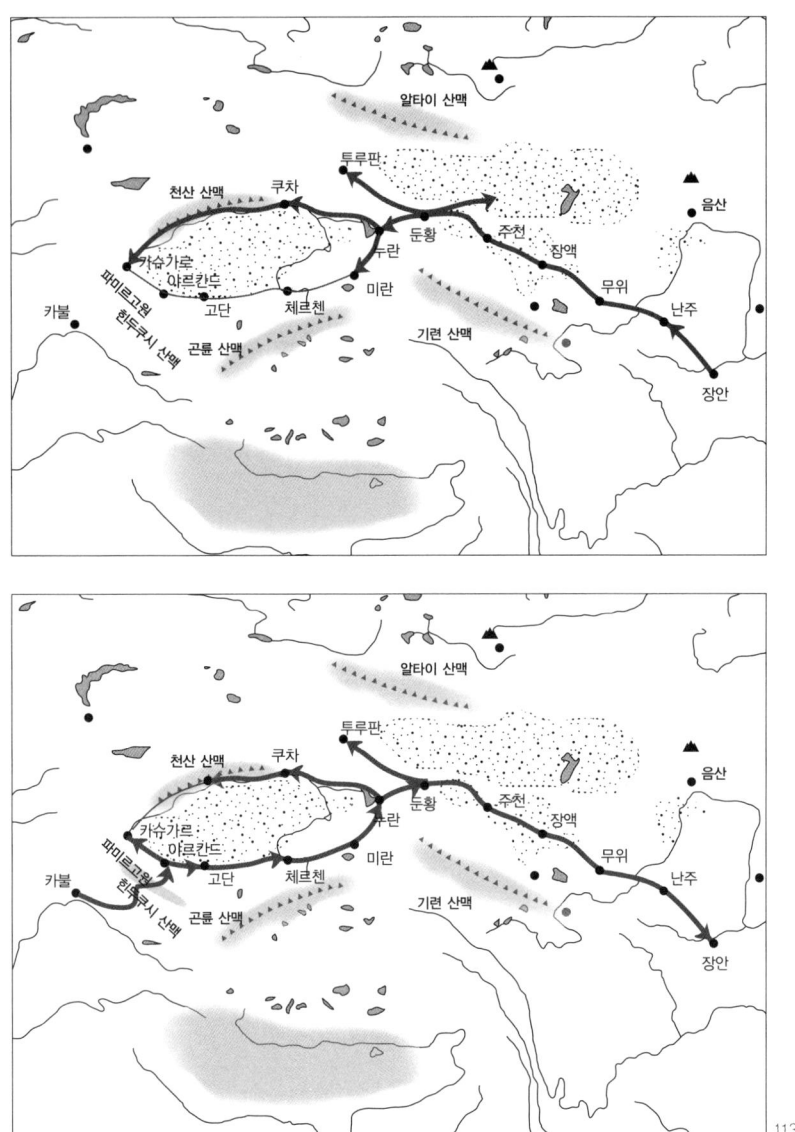

중국이 주장하는 무제의 서역공략도(위)와 새로이 주장되는 무제의 요동공략도(아래) 기원전 2세기. 위 지도에서 한 무제의 군대는 오른쪽의 장안에서 출발하여 둔황으로, 둔황에서 누란과 실크로드 북로로 나가고 있다. 아래의 요동공략도에서는 왼쪽에 보이는 카불에서 전투부대가 출발하여 파미르 고원을 넘어 카슈가르와 고단을 점령한 다음, 주전부대가 누란과 둔황을 거쳐 장안으로 들어간다. 그 뒤 둔황에서 투루판, 실크로드 북로로 들어가 천산산맥으로 도주한 흉노를 쫓는다.

의 황금을 지참시켜 란대가 거주하는 읍을 당리공주當利公主로 개명하였다.

이 기록에서 란대라는 인물이 고단의 왕으로 추정된다. 고단(우전 于闐)은 세계 최대의 옥의 산지이므로 그곳에서 군사비를 조달할 수 있다. 무제는 고단왕을 사위로 삼았을 뿐 아니라 그곳을 조선을 공략하는 작전지휘부로 삼은 것이다. 무제는 드디어 곽거병에게 1만 기의 기병을 주어 토곡혼(차말差末)을 공략했다. 그곳은 실크로드의 남로를 따라 동으로 이동하는 길목이다. 조선의 오방(부도)으로 들어가는 첫번째 검문소이고 상대들이 쉬는 여관이 있는 곳이기도 하다. 곽거병은 토곡혼 전투에서 혼야왕을 잡아 그를 앞세워 누란에 들어갔다. 거기에서 옥황(휴도금인休屠金人)을 제사하는 휴도왕休屠王을 죽이고 그의 아들 일제日磾를 볼모로 잡은 다음 둔황으로 들어갔다. 그런 다음 그곳에서 일부는 동쪽 오르도스로, 본진은 하서河西 지역으로 들어갔다. 그곳은 주천, 장액, 무위 같은 오아시스 지역으로 흉노의 계루부 지역이다. 한나라 군사는 그곳을 점령한 후 서쪽의 기련산祁連山 일대로 들어가 흉노와 싸워 승리를 거둔다. 이렇게 되자 흉노는 북쪽 천산 밖으로 후퇴해야 했다. 무제는 후퇴하는 흉노들을 쫓았다.^{그림 113} 그 과정에서 흉노에 투항하는 한나라 장군이 나와 무제의 분노를 사기도 한다. 이 전쟁에서 가장 중요한 대목은 한나라가 흉노에게서 휴도금인을 빼앗은 일이다. 말 그대로 흉노를 굴복시켰다는 상징적 사건이다. 휴도금인은 《산해경》이 전해 주듯이 조선의 상징이기 때문이다.

혼야왕이 휴도왕을 죽이고 그 아들 일제를 볼모로 잡고 한나라에 항복하자 무제는 흥분했다. 그는 혼야왕을 한나라의 은인으로 여기고 환대하기 위해 무려 2만 대의 마차를 동원하여 환영식을 베풀기로 작정했다. 재정이 달리자 그 대안으로 그곳 백성들에게 말을 차출하려 했다. 하지만 백성은 아무도 그의 요구에 응하지 않았다. 이에 무제는 진노하며 장안長安을 지키는 시장市長을 붙잡아 목을 베려고 했다. 사태가 험악해지자 무제의 신하가 이를 저지했다. "그까짓 오랑캐를 위해 이렇게 법석을 떨어야 할 필요가 있겠습니까." 이 한마디에 무제는 칼을 거두었다.

진실은 어디에서든 드러나게 마련이다. 그곳이 한나라 수도라면 무제의 제의를 거절할 수 있는 백성이 어디에 있겠는가.[13] 이 에피소드는 무제가 장안에서 출발하여 서쪽으로 간 것이 아니고, 반대로 서방에서 동쪽인 흉노 땅 조선에 왔다는 것을 말해 준다. 무제는 기원전 115년에 그곳에 주천군酒泉郡을 비롯하여 하서군河西郡, 무위군武威郡을 설치했는데 이것이 기록에 나타나는 한나라의 직할령直轄領이며 〈효무본기〉가 말하는 후토이다. 무제가 이 직할령을 그 이후 6년간이나 대책 없이 방치해 두었던 것은 이를 말해 준다. 한나라가 장안(서안)에 도읍하고 있었다면 거리상으로 보아도 이 직할령을 방치해야 되는 이유는 성립하지 않는다. 무제는 직할령을 만들고 누란의 감천궁에 자신의 보정을 두었다. 그런 다음 이 사직을 김알지의 후손인 김일제에게 맡기고 시리아로 철수했던 것이다. 무제는 시리아의 왕이다. 그는 공자가 그의 저서들을 페르시아 시대의 공용문자인 쐐기문자로 썼던 문명 지역에 살던 사람이다. 그러니 어떻게 직할령에 그대로 머물 수가 있었겠는가.

일본 학자 마즈다 슈오松田壽男는 《자치통감資治通鑑》이 혼야왕의 옛 땅에 주천군을 두고 백성을 그곳에 이주시켜 인구를 충실하게 했다고 기록한 바를 인용하며 한나라가 그곳에 오손烏孫을 이주시켜 그들의 식민지를 지키려 했다고 주장했다. 하지만 오손은 이를 거절했다고 한다.[14] 《한서》〈서역전〉에는 오손이 실크로드 서쪽 관문 일대에 있었다고 하여, 무제가 왜 그들에게 부도를 지켜 달라고 제안했는지를 알 수 있다. 그러나 《북사》〈고구려전〉에는 한나라 무제가 조선을 멸하여 현토군을 두고 고구려로 현으로 삼았다고 썼다. 이는 오손이 거절하자 그곳을 중산국에 맡겨 관리했음을 암시한다. 중산국은 몽골어로 고구려가 되기 때문이다. 무제가 죽고 전한이 망한 후 한나라의 직할령은 어떻게 되었을까. 우선 후한이 그곳에서 일어났다. 그들은 전한의 무제가 추대했던 휴도왕의 아들 김일제를 종사宗社의 사제(마신馬神)로 받들었다고 해야 한다. 김일제는 무제로부터 투후秺侯의 벼슬을 받았고 그로부터 내리 7대에 걸쳐 한무제의 보정(부도)을 지켰던 셋이다. 그가 사실상 한나라의 직할령을 다스리는 대리자였다고 할 수 있다. 두 사람의 무덤이 서안에 나란히 있다는 것은 이를 뒷받침한다. 투후秺侯의 '秺'는 벼 이삭이고, 이는 신화에 등장하는 다산의 상징인 벼 이삭의 의례를 뜻한다. 조두의 일을 말하는 것이다. 중국은 이 기능을 마부馬夫라고 하여 김일제를 마왕신馬王神이라고 칭했다. 이마지정의 의미이지만 흉노의 이마지정과는 차원이 다르다.[15] 뒤에서 보지만 그곳이 바로 서한西漢에 대한 동한東漢이고 그 동한에서 다시 후한後漢이 일어났던 것이다.

사가들이 중국에 옮겨놓은 서아시아의 나라들

사마천은 〈효무본기〉에서 원정元鼎 3년에 무제가 양월(동월과 남월)을 주벌했다고 썼다. 월越이 남과 동으로 나뉘어있다는 것을 알 수 있다. 월은 오늘의 예루살렘이다. 《사기》를 첨삭한 후세의 기록자들이 이 나라를 오늘의 절강성浙江省 일대에 옮겨놓았다. 그렇게 되면 무제가 주벌했다는 '남월'은 오늘의 베트남을 가리킨다고 볼 수 있다. 기록에는 그냥 무제가 동월과 남월을 주벌했다고만 되어있다. 조선이라는 흉노와 전쟁을 치르는 급박한 상황인데도 왜 그 먼 곳으로 군사를 보내야 했는지 그 이유는 언급하지 않는다. 이유는 물론 있다. 무제가 서에서 동으로 왔던 것이 아니고, 본래 동쪽에 있었다는 사실을 증명하기 위한 역逆알리바이를 만들기 위해 서아시아에 있는 나라를 그곳으로 옮겨놓은 것이다. 이런 정황을 말해 주는 증거들이 있다.

《한서》는 월越은 배를 잘 다루고 수중전에 능하지만 육상전은 못하여 그 나라에는 차기車騎나 궁노弓弩의 도구도 없다고 했다. 이 상황은 에게해에 면해 있는 서아시아 나라에 적용되는 정황이다. 게다가 《한서》의 저자(반고班固)는 장로長老에게 들은 이야기라고 하며 진秦 대에 월에 운하를 파고 길을 낸 일이 있다고 했다. 반고가 월에 대해서 소문으로 듣고 기록했음을 말해 준다. 그러면서 반고는 이 대목에서 '지도를 보면'이라고 말하고 있어서, 배수가 못 보았던 지도를 보았음을 말해 준다. 그 지도는 오늘의 중국 땅을 그린 지도가 아니다.

주목할 것은 남월 일대에 진시황제가 운하를 팠다고 한 사실이다. 오늘날의 중국 땅이라면 어떻게 그런 기록이 있을 수 있는가. 실제 운하는 수나라에 이르러서야 등장한다. 진시황제 때 운하를 팠다는 이야기는 알렉산드로스가 인도에서의 마지막 전투를 마치고 바빌론으로 돌아와 헬레니즘 제국 수도를 건설하기 위해 운하를 팠던 일을 말하는 것이다. 시리아의 비문에는 안티오코스 3세가 이집트령인 팔레스타인을 빼앗기 위해 레바논과 두로(제라스)를 침공하고 남쪽으로 가서 지구로 들어갔으나 실패했다고 적었다. 이 기록이 〈흉노열전〉이나 〈대완열전〉에서 무제의 일로 기록되었다고 할 수 있다.

두 번째로 서아시아에서 옮겨놓은 나라는 전국滇國이다. 〈대완열전〉은 장건이 서역으로 가기 위해 출발했던 곳이 촉蜀이고 촉의 서남쪽에 전국滇國이 있다고 했다. 촉은 오늘날 사천성泗川省의 성도에 해당하는 지역으로, 이 촉(색塞)은 티베트 북동부 일대에 살았던 몽골 유목민들이 'Sok'라고 부르던 이름을 옮긴 것이다.[16] 하지만 불교도가 기원전 141년경에 이미 성도에 있었다고 말하는 것은 어불성설이다. 이 촉은 코카서스 산(흑해) 일대와 카스피 해 동쪽에 있었던 샤먼신선들을 가리키는 말이다. 그렇다면 '전국'의 정체는 무엇인가. 《한서》는 장건을 언급하면서 그 주注에 '전국'이 운남성雲南省의 전지滇池에 있다고 했다.[17] 실제로 운남성에서 '전왕지인滇王之印'이라고 새긴 도장이 발견된 바 있어서 중국은 이를 근거로 그곳에 전국이 있었다고 주장한다. 하지만 산동성에 있는 진시황제의 무자비無字碑와 같이, 그 역시 전국이 서아시아에서 끌어들인 나라라는 사실을 은폐하기 위한 역알리바이의 산물이다.

'전滇'은 물(지池)과 연관이 있다. 그러니까 전이라는 나라는 물로 둘러싸인 섬나라 이미지이다. 이를 기록은 이렇게 뒷받침한다. 예전에 초나라의 장교莊蹻라는 사람이 왕명을 받고 검중黔中과 그 이서 지역을 치면서 그 서쪽에 있는 전지滇池 일대를 속령으로 삼고 왕이 되었다고 한 대목이 그렇다. 전이 늪과 관련 있는 것이다. 초나라는 이집트인데, 이 대목은 초나라가 당시 지중해의 패권을 잡고 있었음을 말하는 것이다. 《사기》에는 진秦이 제후를 멸했을 때에도 초나라의 전왕滇王만은 그대로 있었다고 했고, 한漢나라가 서남쪽 오랑캐를 베어도 유독 전왕만은 그렇지 못했다고 한 것은 이런 정황을 뒷받침해 준다.[18] 이집트의 식민지였던 크레타를 전국滇國이라고 기록한 게 아닐까?

무제는 제위에 오른 6년이 되는 해에 곤명崑明을 토벌했는데 사마천의 주註에는 곤명이 서이西夷의 한 종족이며 그들이 전지 부근에서 반란을 일으켰다고 쓰여있다. 곤명은 오늘의 중국 운남성雲南省에 있으므로 기원전 2세기경에 운남성 일대에 서양인(서이西夷)이 있었다는 말이 된다. 더 황당한 일은 무제가 그들을 물리치기 위해 장안에 큰 연못을 파고 그곳에 곤명의 늪(곤명지崑明池)이라고 이름 붙인 다음 그 늪에서 수군을 훈련시켰다고 한 것이다. 곤명을 치기 위해 늪을 파고 전쟁연습을 했다는 이야기는 차라리 동화라고 해야 한다. 기록의 분위기로 보면 곤명은 '전국'보다도 훨씬 더 큰 섬나라임을 알 수 있다. 기록이 이를 서융西戎의 나라라고 했으므로 이 서융이 로마를 가리킨다고 해야 말이 된다. 곤명은 로마가 군대를 주둔시켰던 크레타 섬 어느 도시인 것이다.

당시 크레타 섬에는 많은 아시아인이 살고 있었다. 로마의 장군 폼페이우스가 크레타에서 이집트 세력을 몰아냈을 즈음 그곳에 사는 유대인(서이西夷)들이 셀레우코스계의 백성들에게 학대를 받자 난동을 부리며 로마에 보호를 요청했다. 이에 셀레우코스가 그곳을 토벌했는데, 로마는 기원전 141년에 이를 빌미로 시리아를 침공했다. 이것이 한(시리아) 무제가 곤명을 토벌하기 위해 호수를 파고 수병들을 훈련시켰던 상황이다. 곤명의 첫 글자는 크레타의 'k'음과 대응된다. 전滇, 곤명, 혹은 정鄭 등의 이름이 사서를 첨삭하는 과정에서 만들어지면서 적절하게 쓰였던 것이다.

조선조 숙종 시대의 선비로 《규원사화》를 남겼던 북애는 그의 책에서 로마를 일컫는 대진국大秦國을 언급하면서 다음과 같이 썼다. 대진은 서해 땅 먼 곳에 있으며 그 지방이 수천 리이고 400여 개의 성이 있다. 한나라 장화章和 연간에 한나라가 대진국과 국교를 열기 위해 감영甘英을 조지條支로 보냈으나 뜻을 이루지 못했다. 주목할 것은 환제桓帝 연희延熹 연간에 대진국의 안돈安敦이 사신을 보내어 국교를 개시했다고 한 대목이다.[19] 이는 춘추전국시대 이전의 문헌인 《이아爾雅》에 '대진이 낙랑의 밑을 지났다'고 한 기록과 맥락이 같아 중국의 사가들이 로마를 숨기기 위해 얼마나 고심했는지를 알 수 있다. 대진이 낙랑 아래로 지나갔다는 기록을 지도에서 찾자면 낙랑이라는 곳을 먼저 찾아야 한다. 사마천이 정식으로 한반도에 위만조선이 있었다고 했으므로 이를 근거로 하면 로마군이 오늘의 평양 일대로 지나갔다고 해야 한다. 상상도 하지 못할 일이다. 그렇다면 졸본부여에 둔 한사군漢四郡이 낙랑일까. 기원전 141년경 로마군이 누란(낙랑)으로 지나갔다고 말하는 것도 어불성설이다. 분명한 사실은 환제 연희 연간에 로마의 안돈(안토니우스)이 사신을 보내 국교를 개시했다면, 한나라가 곧 시리아였다고 말할 수밖에 없다는 것이다.[20] 여기서 환제가 후한의 환제 桓帝가 아니라는 것은 사마천이 환제의 연희 9년에 대진국왕 안돈이 코끼리 뿔을 바쳤다고 기록한 대목에서 드러난다. 사마천은 후한이 일어날 즈음에 사망했으므로 더욱 그렇다. 그렇게 되면 환제는 전한의 효문제 孝文帝 환桓을 가리키게 된다. 사마천은 로마의 안돈이 있는 곳을 가리켜 리건 犁鞬이라고 쓰고 중국 문헌이 이를 대진의 별칭이라고 한 것은 이런 정황을 말해 준다.[21] 그렇게 보면 안돈(안토니우스)은 로마에서 온 것이 아니고 로마의 아시아 식민수도인 페르가몬에서 시리아로 갔음을 알 수 있다. 페르가몬이 낙랑으로 적힌 것이다.

그리하여 장건이 갔다는 전국 滇國이 로마군이 주둔하고 있었던 크레타 섬임이 드러난다. 주나라 시대에 정鄭나라라고 불리던 크레타가 한나라의 역사를 기록할 때쯤에 같은 소리를 전滇자로 바꾼 것이다.《한서》에서 '전국'이 분명 서역의 나라 이름이라고 했고 한나라가 박트리아(대하 大夏)의 길을 통하여 처음으로 전국과 통했다고 쓴 것은 이를 말한다.[22]

후한은 졸본부여 터에서 일어났다

무제는 졸본부여의 흉노를 천산산맥 북쪽으로 밀어내고, 하서의 오아시스 도시를 통합하여 한의 직할령을 만들었다. 그리고 그곳을 지키기 위해 감숙성 영거현 令居縣의 이서 지역에 축성을 했다. 실제로 돈황 북쪽 소륵하 疎勒河 인근에 전한 시대에 만든 장성과 봉수대 烽燧臺 유적이 남아있다. 그곳을 근거로 처음 일어난 나라가 동한 東漢으로, 이 나라가 뒤에 장안으로 도읍을 옮기면서 후한이 된다.《한서》는 후한의 선제 宣帝(74~49) 때 무위군

武威郡을 설치했는데, 장안에서 가장 가까운 곳이라고 했다. 동한의 무대인 무위군에서 장안으로 옮겼다는 뜻으로 이해해도 좋을 것이다. 무제가 만든 산서성의 영하현榮河縣 북쪽에 있었다는 후토사后土祠도 선제宣帝 때 분음汾陰에서 장안으로 옮겼다고 한 기록도[23] 주목된다. 화살표가 서쪽에서 동쪽을 가리키기 때문이다.

    후한시대의 것으로 보이는 한자로 적은 편지가 누란 지역에서 발견되었다. 그 가운데 《전국책》을 인용한 편지가 있었는데 날짜를 보면 대개 기원후 264~330년에 왕래되었던 것으로 추정되어, 후한시대에 그곳에서 본격적인 유교식 과거제도가 행해졌음을 알 수 있다. 한나라가 헬레니즘 문화를 졸본부여 지역으로 가져온 것이다. 이로써 누란이 지켜왔던 졸본부여 시대의 쌈지도(샤머니즘)는 사막 지대에서 영영 자취를 감추는 듯했다. 적어도 후한이 멸망하기 전까지는 그랬다.

중산국과 졸본부여의 밀월시대

무제의 형제인 유승이 죽은 후 중산국은 더는 한나라 편일 수 없었다. 그곳은 흉노와 한나라와 인도, 그러니까 혈통이 뒤섞인, 명실공히 홍익인간의 도를 구현하는 세계의 중심(신시神市)이었던 것이다. 이런 상황이었으므로 중산국의 지배하에 있던 누란은 정치적으로 매우 곤혹스러운 처지였다. 그들은 중산국과 파르티아 흉노 양쪽에 밧줄을 묶고 그 사이를 그네 타듯 오락가락하는 처지가 되어버린 것이다. 그랬기 때문에 누란은 언제나 중산국을 보호하는 한나라와 흉노 양쪽에 똑같이 조공을 바치고 왕자를 볼모로 보내야 했다.

    기원전 92년 누란의 왕이 죽었을 때의 이야기다. 누란이 한나라 궁정에 인질로 있던 왕자를 불러다 왕을 삼고자 했는데, 한나라는 왕자가 한의 법규를 따르지 않는다고 트집을 잡으며 왕자를 황제의 욕실로 데려가 거세를 해버렸다. 이에 왕자는 사자를 누란으로 보내어 이렇게 전했다.

> 천자의 시종인 누란 왕자는 천자에 엄청난 귀여움을 받고 있어 돌아갈 수가 없다네. 그대들은 절차에 따라 새 왕자를 왕으로 삼으라.

누란은 왕자의 말을 따랐다. 새 왕도 한나라와 흉노에 각기 왕자를 인질로 보냈다. 이것이 얼마나 심각한 사태인지는 다음 이야기가 말해 준다. 한나라에 있던 누란 왕자가 다른 나라 왕자들과 함께 귀국이 허용되었다. 그랬지만 왕자는 귀국하지 못하고 다른 나라 왕자들과 모의하여 이웃 차사(투루판 지역)를 칠 준비를 한 끝에 기원전 90년에 그곳을 점령하는 데 성공한다. 이 차사는 한무제가 만든 고구려현이다. 그런 다음 그는 고국으로 가지 않고 다시 한나라로 되돌아간다. 대단한 충성심을 보였던 것이다.

흉노와 한나라 사이에 놓인 누란의 처지가 어떤지 보여주는 사례는 또 있다. 누란의 새 왕이 죽었을 때 일이다. 흉노는 인질로 잡고 있던 상귀嘗歸라는 왕자를 재빨리 누란에 보내 왕이 되게 했다. 이에 누란 왕은 흉노의 세력을 등에 업고 나라의 기능을 회복한다. 한나라는 이를 그대로 방치하지 않았다. 누란은 한(시리아)의 상대商隊가 실크로드로 들어와 그곳에 들르면 음료와 숙식을 제공해야 했다. 그러던 관행이 흉노가 득세하자 깨지고 만 것이다. 한발 더 나아가 누란은 도리어 흉노를 위해 스파이 활동을 하는 무대가 되었고 심지어는 한나라 사자의 통행을 방해하고 그들을 죽이기까지 했다. 기원전 77년, 이런 사실을 보고 받은 한나라는 장군 부개자傅介子를 보내 누란 왕을 죽이고 목을 잘라 북문에 걸었다. 이 사건으로 누란은 옛 왕국 시대를 끝내고 위도기尉屠耆의 새 누란왕국 시대를 맞게 된다. 위도기는 누란을 버리고 선선으로 나라 이름을 바꾸고 미란米蘭을 도읍으로 삼았다. 미란은 현재의 차리프리크(석성진石城鎭)이다. 도읍지를 바꾸었으나 흉노와 한나라를 오가는 줄타기는 지속되었다. 이는 한무제가 강요했던 그리스식 행정제도가 흉노의 본거지인 누란에서 어떻게 운용되는지를 말해 주는 자료이다.[24]

한의 무제가 건재하는 한 졸본부여의 흉노는 강 건너 불구경하듯이 그들의 옛 오방을 건너다보아야 했을 것이다. 흉노는 그간 누란구리호 칸, 차제후 칸, 이치사 칸, 오치 칸, 오사려 칸, 구리호 칸, 차제후 칸, 그리고 한야 칸을 거쳐 질지 칸이 등장하였다. 그들이 어디서 무엇을 했는지 또 그들이 파르티아 왕들과 어떤 관계에 있었는지에 대해서는 알 길이 없다. 게다가 흉노는 기록을 남기는 사람들이 아니었다.

《후한서》는 한나라 소제昭帝가 즉위 5년이 되던 기원전 82년에 한 무제 이후 다시 타클라마칸 사막으로 들어가 임둔과 진번을 파했다고 했다. 그가 시리아 비문에 보이는 안티오코스 4세에 대응되는 인물이다. 장차 망하게 될 나라의 미래를 먼 동방에 펼치고자 했던 사람이다. 소제는 이때 무제가 이미 병합해 버린 낙랑과 현토를 원래대로 분리해서 그 현토를 다시 구려로 옮기게 했다고 썼다.[25] 이 조치는 흉노와의 타협으로 보인다. 볼모로 있던 샤먼들이 흉노의 신전으로 돌아간다는 뜻이다. 이런 조치가 무엇을 의미하는지는 후기 누란 시대에서 보게 된다.

한나라는 위도기가 새로 선선국을 세우자 그를 궁정에 초청하고 거창한 고별연회를 베풀었다. 아름다운 궁녀를 그에게 주었고 만찬이 끝나 헤어질 때는 마차로 편성된 호위대를 동원하기도 했다. 고관대작들은 그 뒤를 따라 성문 밖까지 배웅하는 일도 잊지 않았다. 선선의 기능이 그 일대 36개 봉국을 장악하는 데 얼마나 중요한지를 말해 주는 일화이다. 이에 감동한 선선 왕은 곧 한나라의 둔전을 설치하도록 허용하고, 그곳에 곡물을 저장하는 시설을 만들고 관리를 파견해 달라고 요청한다. 하지만 한나라는 곧 로마에 멸망했고 그 난민들이 타클라마칸 사막(간해)으로 들어오는 상황이 되었다. 이에 선선과 한나라의 밀월도 한바탕 꿈으로 끝난다. 파르티아, 한나라와 사돈관계를 맺어 애매한 처지에 있던 중산국이 완전히 흉노의 옷으로 갈아입게 된 것이다.

후한이 멸망하자 왕망이 흉노가 되다

시리아가 로마에 망한 것은 기원전 65년이다. 중국의 기록은 로마를 드러낼 수 없으므로 이 사건은 다른 방식으로 처리되어야 했다. 전한은 외세에 의해서가 아니라 내적인 이유로 붕괴했다고 적어야 했던것이다. 기록에는 한나라의 유자 영孺子嬰 때에 황실 사람이던 왕망이 기원후 8년에 사직을 찬탈해서 한나라가 망했다고 썼다. 고조가 한나라를 세운 후 열네 왕이 다스렸고 그 기간은 214년이다. 중국은 왕망의 반역이 있기 전인 기원전 65년에 타림 분지의 나라들이 사차국(야르칸드)을 앞세워 한나라를 배반했으며, 이 때문에 선선 서쪽의 모든 나라와 교통이 단절되었다고 했다. 이는 한나라가 망했음을 알게 된 졸본부여의 봉국들이 봉기했음을 의미한다.

다급해진 한나라는 중산국의 둔전屯佃을 지키던 풍봉세馮奉世를 누란으로 파견하여 한나라 여행자를 안전하게 귀국시키는 일을 맡긴다. 풍봉세는 한나라 편에 섰던 나라에서 군대를 차출하여 모두 1만 5,000의 병력을 거느리고 사차를 공격하여 무너뜨린다. 여행자가 얼마나 많았으면 1만 5,000이나 되는 병력을 동원했을까. 이는 단순한 여행자가 아니고 실은 한나라(시리아)의 난민을 가리킨다. 난민이 졸본부여 지역으로 들어오는 길은 한무제가 그랬듯이 박트리아 지역에서 힌두쿠시 산을 넘어 사차를 거치는 길, 그리고 요동으로 들어와 대완(페르가나)을 통과하여 실크로드에 이르는 길뿐이다. 풍봉세가 사차를 공격해야 했던 이유는 난민이 그 지역(통로)을 지나게 되어있기 때문이다. 사차 왕은 이때 자살했다고 한다. 이 상황은 예왕 남려가 28만의 백성을 이끌고 흉노의 오방으로 들어왔던 것처럼, 바빌론 지역에서 한나라 왕실이 엑소더스를 감행했던 사태이다.

김부식은 고구려 제9대 고국천왕 19년(197년)에 중국이 크게 어지러워 한漢인들이 피난해 왔다고 썼다. 후한 헌제(197년) 때이다.[26] 연대는 좀더 뒤로 처지지만 18대 고국양왕 때(385년)에도 유주幽州, 기주冀州에서 온 유민이 많이 투항해 옴으로써 왕은 요동태수를 보내 이들을 위로했다고 한다. 요동은 시르다리야 강 동쪽이고 기주는 바빌로니아의 키시로, 시리아(한)가 무너진 뒤에 그곳에서 난민이 지속적으로 밀려왔음을 알 수 있다. 이 상황이 중원에서 일어났던 일이라면 기주부터가 허구이고, 무엇 때문에 그토록 엄청난 한나라 난민이 동북아시아 끝자락인 요령이나 한반도로 오게 되었는지 이해하기 어렵다. 이 기록은 서한 백성들이 로마에 나라를 잃자 파르티아 치하에 들어와 살다가, 파르티아(백제)가 망하면서 다시 실크로드를 타고 오늘의 서안이나 양자강 일대로 옮겨왔음을 말해 준다.

왕망의 쿠데타를 중요한 사건으로 기록한 이유는 로마를 감추기 위해서다. 한나라의 사직을 뺏은 왕망은 황후 일족(왕씨王氏)이자 대사마大司馬 벼슬에까지 올랐던 인물이다. 주목할 것은 왕망이 김일제의 증손인 김당金當과 이종사촌간이며, 그의 반역이 김알지의 부도 세력과 무관하지 않다는 사실이다. 왕망은 기원전 3세기부터 기원후 1년까지 이어왔던 헬리니즘의 한나라 사직에 종말을 찍었다. 시리아 비문에는 이 사건이 안티오키아가 아니라 파르티아 치하에 있었던 중산국에서 일어난 사건으로 기록되어 있다. 중산국은 기원전 104년에 완전히 파르티아로 넘어갔으며 파르티아 제왕들이 해마다 그곳에서 한 계절을 보냈다고 한다. 그런 정황이므로 한나라 황실에 속하는 중산국 고관대작들은 이미 서안이나 그 남쪽으로 이동해 갔음을 말해주는데, 이는 하북성 일대에서 엄청난 금과 옥 유물이 발굴되는 상황과 연계된다.^{그림 114} 이 유물들이 전혀 중국적인 것이 아니기 때문이다.

중국 기록은 왕망이 제위를 찬탈하여 스스로 '진천자眞天子'라 칭했고 국호를 신新이라 했다고 썼다. 게다가 그는 자신이 한나라를 무너뜨리고 새 나라를 세웠다는 사실을 남흉노 왕인 칸에게 알리고 예전에 쓰던 칸의 인장을 회수하였으며 '신흉노선우장新匈奴單于章'이라고 인장을 새겼다.[27] 남흉노라면 인도 쪽을 가리키는 것이다. 단순히 사직을 찬탈한 행위가 아니라 유교(헬레니즘)를 버리고 흉노의 쌈지도로 돌아왔음을 의미한다. 새 제국 신新은 '眞 Jin' '新 Shin'으로 적었는데 이는 흉노의 사제를 의미하는 말이다. 진실은 이렇다. 그는 선선에서 열렸던 신선놀이에서 당상에 올랐고 이에 녹도와 대기를 받아 천악을 울리면서 사제 자리에 오른 것이다. 왕망이 그때 받은 왕망경王莽鏡이 실제로 존재한다. 그 거울에는 "사이四夷를 정복하고 호족胡族의 잔당을 소탕하며 기상氣象을 예견함으로써 농경과 백성의 기강을 바로잡는다"라고 새겨져 있다. 호족은 옛날의 부도족이다. 왕망은 이렇게 말했다.

하늘에는 두 해가 없고 땅에는 두 임금이 없다.[28]

자신의 나라를 한漢이라고 하지 않고 '新'이라고 했고 이름도 동명東明으로 지어 고구려 왕을 자칭했다. 이는 고구려가 사제를 대신하는 대천사라는 뜻이다. 그런 다음 왕망은 구려句麗를 제후국으로 두었다고 한다. 《후한서》가 구려를 고구려와 따로 기록하고, 왕망의 기사를 고구려 항목이 아닌 '구려' 항목에 넣음으로써 구려가 제3기능을 수행하는 변한임을 말해

중국 하북성에서 출토된 중산국 유물 위 그림은 중산국에서 사용했던 청동기 부방俯鈁과 그 그릇에서 탁본을 뜬 명문이다. '중산국'이라는 글자가 분명히 보인다. 아래는 중산국에서 사용되던 옥인 玉印. 천문을 상징하는 소뿔이 머리에 달려있다. 흉노의 상징인 소머리 모양의 유물은 중산국이 흉노의 본거지였음을 보여준다.

준다. 구려를 맥貊이라고 한 것 역시 마찬가지다. 대무신이 죽은 후, 고구려의 직능이 백제계로 넘어갔으며, 백제가 이 기능을 수행하면서 스스로 마한이라고 불렀던 것이다.

왕망의 행각은 제1, 제2기능을 동시에 손에 쥐었음을 암시한다. 왕망에 대한 기사가 김부식의 기록에도 나타나는데, 이는 왕망의 일이 중산국의 일이고 중산국의 일이 고구려의 일임을 말해 준다. 실제로 왕망의 유물이 한반도의 평양에서 발견되는 것도 이 점을 뒷받침해 준다. 김부식은 《후한서》 내용을 그대로 옮겨 중산국이 고구려였다는 사실을 묵살했다. 기록에는 왕망이 고구려 군사를 강제로 동원하여 흉노(호胡)를 치려 했으며 이에 고구려 군사들이 반발하여 모두 국경 지방에서 도망했다고 쓰여있다. 왕망이 스스로 대천사 고구려라고 했으나 봉국들이 이를 인정하지 않았다는 뜻이다. 이렇게 되자 요서遼西의 대윤大尹이던 전담田譚이 도망가는 고구려 군사를 추격했으나 도리어 자신이 죽게 된다. 요서는 파르티아(백제)의 근거지다. 이에 한漢의 주, 군에서는 그 허물을 고구려에 돌렸고, 왕망은 고구려 장군 연비延丕를 유인하여 죽이고 그 목을 벤 후 고구려 왕의 이름을 하구려후下勾麗侯라고 고쳐 천하에 유포시켰다.[29] 하구려는 대천사보다는 낮은 지위를 말한다. 이란의 경우 보통 천사 바알Baal은 천사장天使長과 대응되는 지위로 지혜의 주主인 아후라마즈다에게 시중 드는 존재로 나타난다(118, 204쪽 참고).[30]

주목할 점은 이 사건이 일어난 무대인 요서가 아무다리야 강 서쪽에 있는 오늘의 투르크메니스탄과 우즈베키스탄이라는 사실이다. 김부식은 이 사건이 중산국의 일임을 알지 못하여 이를 고구려 유리왕 31년(12년) 때에 일어난 일로 셈하여 그 기사를 무작정 고구려사에 끼워넣었다. 커다란 실수이다. 사건사事件史의 입장에서 보면 유리왕은 기원전 4세기의 인물이고 왕망은 기원후 1세기 전후의 인물이다. 왕망이 선선(낙랑)에서 국강상에 올라 천마를 타고 대천사 지위에 올랐으나, 기존 화백회의가 그에게 병마권을 부여하지 않자 왕망이 난동을 부린 상황인 것이다.

이에 왕망은 중산국(고구려)로 들어와 무두루와 조의선인을 지휘하여 호胡라고 불렸던 동옥저-소그디아나 지역을 치려 했던 것이다. 이 점은 그가 지어낸 '계로揭虜'라는 말에서 드러난다. '계로'는 파르티아가 로마의 포로들을 주둔시켰던 둔전이며, 문자 그대로 '붙잡힌 포로'라는 뜻이다. 이 포로들의 둔전이 뒤에 실크로드로 옮겨져 로마의 포로들은 그곳에서 대부분 중국 여성과 결혼해 살았다.[31] 후한시대(기원후 25~220)의 일이다. 이런 자료는 왕망의 사건이 중산국에서 일어났고, 중산국이 몽골어로 고구려이기 때문에 김부식은 이를 고구려기에 편입했음을 짐작케 한다. 중산국과 고구려의 구분이 애매모호한 것이다.

왕망의 천하는 단명했다. 그는 흉노의 사제가 된 지 6년 만에 한나라의 유수劉秀에게 죽었다. 그러니까 경제景帝(기원전 189~144)의 아들 유발劉發 때에 한나라 사직으로 부각되었던 중산국은 160년간 지속되다가 종말을 맞은 것이다. 마지막 중산왕은 유자 영孺子嬰(3년)이다. 다른 기록에는 중산국이 기원전 140년경 파르티아와 월지의 침입으로 멸망했다고 쓰여있으나, 이는 중산국이 사실상 흉노와 사돈이었다는 사실을 고려하지 않은 계산법이다. 어쨌든 파르티아(백제) 시대에도 중산국은 천하의 중심으로 대단한 영향력을 행사하는 옥황상제의 나라였으며 그곳에서 배출된 왕들이 남쪽으로 인도 깊숙이 들어가 많은 봉국을 세웠다.

제17장

백제제국의 종말

불행히도 파르티아 역사는 주인 없는 역사가 되었다. …… 신채호는 백제가 삼국 가운데 가장 전쟁을 좋아했던 나라라고 했다. 김부식의 기록에서도 백제사는 처음부터 말갈과 한나라와의 전쟁으로 시작한다. 불행하게도 그 기록에는 전쟁의 원인이 쓰여있지 않다. 역사가로서는 직무유기를 한 셈이다. 백제는 파르티아이므로 그 역사가 페르시아, 로마와의 전쟁으로 점철된다는 것은 당연하다. ……쌈지의 역사는 서아시아, 소아시아, 중앙아시아를 거쳐 오늘의 중국대륙으로 이동해 왔다. 이 시대를 중국은 오호십육국 시대라고 부른다. 왜 중국은 이들을 흉노라는 말 대신 오호라고 적을까?

백제는 샤먼 대제국이었다

파르티아(백제)는 기원전 3세기 초에 아무다리야 강 서남쪽(요서), 메르브(위례성) 일대에서 일어났다. 이미 언급했듯이 이들은 메디아나 페르시아가 그랬듯 점령지에 정착촌을 만들고 총독(사트랍)을 두는 체제로 페르시아 전 영토를 차지하고 400년간 통치했다. 중국은 파르티아를 안식국安息國이라고 적고 대월지의 서쪽 수천 리 먼 곳에 그 나라가 있었다고 했다. 파르티아가 티그리스 강 일대에까지 이르렀을 때를 말한다. 그들의 성읍은 소그디아나와 같으며 그 나라는 당대의 대국으로 규수嬀水, 티그리스에 인접하여 차와 배를 이용하여 이웃나라를 오간다고 했다. 이는 지중해의 상황이다. 또 그들은 은으로 돈을 만들고 거기에 왕의 얼굴을 새겼다고 하니 정확히 파르티아의 일이다.[1] 파르티아의 후계자들은 옛 본거지 소그디아나와 에덴의 동쪽으로 진격하여 영토를 넓혀 나갔으며, 그들을 막을 수 있던 세력은 오직 박트리아를 지배하던 그리스계 왕뿐이었다고 한다.[2] 박트리아는 중산국이라고 했다.

 이렇게 당당했던 파르티아 제국의 역사가 기록에서 사라지면서 서양 학자들은 파르티아 제국사가 온누리를 지배했던 샤머니즘의 역사임을 알지 못하게 되었다. 그들 중 누군가 우리의 《고기》 자료들을 접했다면 파르티아 역사와 동아시아 역사의 진실은 이미 세상에 드러났을 것이다. 이런 정황을 〈동이전〉은 이렇게 전한다.

> 그 나라는 본래 고구려와 함께 요동 동쪽 천여 리 밖에 있었다. 진晋나라 때에 고구려가 이미 요동을 침략해서 차지하고, 백제도 역시 요서를 점령해 가졌다. 이리하여 진나라는 두 군의 땅을 평정하고 스스로 여기에 백제군郡을 두었다.[3]

고구려와 백제가 오늘의 한반도에 있었다고 전제하고 이 기사를 읽으면 황당무계하다. 하지만 앞에서도 언급했듯이 진은 리디아이고 요동은 아무다리야 강 동쪽이다. 이 문장은 고구려가 투루판에서 오방을 운영했다는 사실과 온조가 아무다리야 강 서쪽을 점령했다는 사실을 가리킨다. 알렉산드로스가 등장하기 이전의 일이므로 진晋나라 때임이 분명하다. 중국은 이를 서진, 동진과 구별하여 진세晋世라고 한다. 동명성왕과 유리명제, 온조가 이미 투루판과 박트리아 일대를 차지했던 일이 다름 아닌 진세 때의 일인 것이다. 요동의 고구려가 소아시아로 옮겨온 일과 고구려가 떠난 자리를 백제에게 관리하도록 했다는 것도 모두 진세의 일인 것이다. 기록은 이 백제군을 백제의 마한(제2기능)이라고 했고, 그곳이 중산국이다. 진세가 쌈지의 시대였으므로 백제, 고구려, 마한은 별개가 아니라 하나의 조선인 것이다.

한편, 이 기록을 오늘의 중국 땅 요동에 대입하면 고구려가 요동 동쪽을 점령하고 백제가 그보다 서쪽에 해당하는 북경 지방을 점령했다는 이야기가 된다. 터무니없는 일이다. 게다가 이 일이 서진이나 동진 때의 일이라면 기원후 3세기 이후의 일이므로, 이때 백제가 북경 일대를 점령함으로써 진의 사제가 그곳에 백제군을 두었다는 말이 된다. 이 사실은 여러 사서의 〈동이전〉을 비롯하여 《통전通典》이나 《자치통감》에도 기록되어 있어서, 이것이 당대에 중요한 역사적 사건이었음을 말해 준다.[4] 이런 혼란은 진晉이 조선의 본방이라는 사실이 숨겨지면서 발생한다. 진세와 그 이후에 나타나는 서진, 동진이 모두 조선의 쌈지였다는 사실이 묵살되면서 나타난 혼란인 것이다. 그러므로 이 사건의 무대는 유리왕과 온조 시대의 졸본부여 지역을 말하는 것이라고 해야 옳다. 《후한서》〈동이전〉에서 전성기의 고구려와 백제는 이렇게 적혀 있다.

> 이렇게 해서 마한, 진한, 변한의 세 종족은 도합 78나라이다. 백제도 그중 한 나라이다. …… 나라는 동쪽과 서쪽이 바다에 가서 끝이 났으니 모두 옛날 진국辰國이다.[5]

진국은 샤먼들이 다스리는 온누리의 조선이다. 온누리의 제국이므로 당연히 그 방역의 동쪽이 동지나 해이고 서쪽은 지중해일 수밖에 없다. 도합 78개국의 나라는 봉국이며 이들은 특정 지역에 있는 나라가 아니라 세계 여기저기에 퍼져있는 나라들이다. 이것이 중국이 흉노라고 말하는 파르티아(백제) 시대의 이야기이다. 김부식도 신라 말기 최치원의 말을 인용하여 이렇게 적었다.

> 고구려 백제 전성기에 강병强兵이 백만百萬이고 남으로는 오월吳越을 침해하고 북으로 연燕, 제齊, 노魯를 위협하여 중국의 거적이 되었다.[6]

오월은 엘람과 예루살렘이고, 연은 고조선 본방에 있는 팜필리아이며, 제는 제라스, 노는 로도스이다. 이로써 파르티아의 서쪽과 북쪽의 경계를

17 백제 제국의 종말 **489**

알 수 있다. 여기에서 졸본부여를 언급하지 않았으나 세계를 다스리는 제국이 강병 백만을 거느린다는 것은 전혀 이상한 일이 아니다. 김부식이 왜 느닷없이 최치원의 말을 인용하며 이 대목을 부각시켰는지 알 수 없는 일이다. 그런가 하면 일연은 백제 전성기에 15만 2,300호의 백성이 있었다고 기록했다.[7] 한 가구의 호구수를 최소한 5명으로 잡는다고 하더라도 백만 인구에 이르는 제국의 중심에 있었음을 알 수 있다.

불행히도 파르티아 역사는 주인 없는 역사가 되었다. 오늘날 전해지는 파르티아 역사는 타인의 손으로 기록된 허술한 문서일 뿐이다. 파르티아 역사를 남긴 아폴로도로스나 스트라보 Strabo는 일차적으로 파르티아 제왕들의 은화와 비문을 연구하였고, 로마처럼 파르티아와 전쟁을 치렀거나 상업적인 관계를 맺었던 나라들이 가진 단편적인 기록을 참고해야 했다. 파르티아 제국의 역사 연대나 왕명이 정확하지 않는 것은 이런 이유이다. 예컨대 창시자 아르삭 Arsak(온조)의 연대는 기원전 250~211년으로 기록돼 있지만, 기록된 사건의 역사를 종합해 보면 알렉산드로스(진시황제) 이전이어서 50년의 틈이 생긴다. 스트라보나 유스티누스 Marcus Junianius Justinus(일명 저스틴 Justin) 같은 사람도 아르삭이 페르시아 때에 침입했다고 주장하여 필자가 설정한 온조의 연대가 합리적임을 뒷받침해 준다.[8]

《주서 周書》는 백제의 조상이 마한의 속국이었다고 했고 그들을 부여별종이라고 기록했다. 졸본부여를 말하는 것이다. 또 백제를 세운 인물이 부여의 위구대 尉仇台라고 적었는데, 그것은 온조의 이름이다. 그들은 왕을 건길지 健吉支라고 하여[9] 온조가 페르시아와 무관하지 않음을 암시한다. 건길지는 페르시아 말로 왕을 뜻하는 '아후라 마즈다'이고 실제로 주몽은 페르시아에서 살다가 투루판으로 옮겨갔다. 주목할 점은 파르티아 왕들의 이름 끝에 1세, 2세, 3세라는 숫자가 붙어있어 이름만으로는 왕을 구별하기 어렵다는 사실이다. 이런 상황이므로 김부식이 파르티아 왕들의 이름을 이두로 옮겼다면 어떻게 되었을지 상상해 보는 것도 흥미로운 일이다. 아마 왕의 숫자를 줄였을 개연성이 농후하다. 파르티아 은화를 수집하여 연구서를 펴낸 닐슨Neilson에 의하면 파르티아의 왕(제후)들은 모두 110명을 헤아린다. 파르티아가 세계를 다스린 제국이고 400년 역사를 자랑한다는 사실을 고려하면 그 왕들을 한 줄에 일사불란하게 엮기는 어려운 일이다. 이런 정황을 참고하면 김부식이 백제 왕들의 이름을 빠짐없이 성실하게 옮기기 어려웠던 상황이라고 해야 옳다. 주목할 점은 초기 백제 왕들의 명칭이 신라나 고구려와는 달리 한자로서는 뜻을 알 수 없는 이름이라는 사실이다. 다음 이름들은 그 좋은 예이다.

다루多婁 기루己婁 개루蓋婁 초고肖古 구수仇首

고이古尒 책계責稽 분서汾西 비류比流 침유枕流

모두 두 자씩이고, 흉노식이다. 이는 파르티아 시대의 은화에 새겨진 왕들의 이름이 모두 두 자라는 사실과도 무관하지 않다. 은화에 새긴 이름은 왕들의 약호略號이다. 긴 이름에서 두 자를 택하여 만든 이른바 모노그램으로, 당시 왕들은 이를 고유 기명으로 삼았다.[10] 예컨대 수로왕의 그리스식 이름은 Sandrocos인데 이때 첫 글자 S와 끝 글자 R를 결합하여 모노그램을 만들면 '수로'가 된다. 이것이 당대에 유행했던 흉노식 모노그램 이름이다. 이런 정황이므로 백제 왕들의 이름도 모노그램이라고 추정해 볼 수 있다. 몇 가지 용례를 보면 다음과 같다. 처음이 파르티아 왕들의 이름이다.

Priapatius	P, R	비류
Phraates	Ph, R	파루
Vonones	V, S	분서

파르티아의 모노그램 가림토 문자와 그리스 문자가 결합되어 도상이 되었음을 보여준다. 도판 출처, Fred B. Shore, 《Parthian Coins & Histody》.

Vardanes	V, R	파루
Cotarzes	C, S	구수
Chosroes	Ch, S	초고

놀라운 사실은 파르티아 왕들이 사용한 모노그램그림 115이 한글과 그리스 알파벳을 모두 이용해 만들어졌다는 것이다. 이는 한글의 기원이 세종대왕이 아니고 《고기》에 기록되어 있는 가림토 문자임을 유추하게 한다. 파르티아 왕들의 은화에서 확인되는 모노그램에서 대충 골라내면 R, Y, A, M, X, E, N, V, O, W가 그리스 문자라고 할 수 있고 ㄱ, (ㄴ), ㄷ, ㅁ, ㅂ, ㅅ, ㅇ, ㅈ은 가림토의 자음이며 ㅏ, ㅓ, ㅗ, ㅛ, ㅜ, ㅣ는 모음이다.

가림토에도 P, H, X, I, M, O 같은 알파벳 문자가 있다는 사실에 주목할 필요가 있다.그림 116 페니키아가 알파벳을 만들 때 가림토에서 글자 모양을 차용했다는 증거로 볼 수 있기 때문이다. 가림토 문자는 기하학적인 꼴이 특징이다. 파르티아에 앞서 페르시아 시대에도 공식 기록 문자인 쐐기문자 외에 엘람 문자가 사용되었는데, 그 문자도

가림토 문자 문자 중에 알파벳 문자인 H, M, X 등이 보여 알파벳 문자와 가림토 문자의 기원이 같음을 짐작하게 한다. 도판 출처, 《환단고기》.

엘람어 명각 함맛 디베라의 한 회당에서 발견된 것이다. 도판 출처, 《성서백과대사전》.

아히루 일본에 전하는 가림토 문자. 모음과 자음이 상하로 결합되며 음가는 한글과 같다. 도판 출처, 松本善之助, 《隱された 日本古代史》.

기학학적인 꼴이 특징이라고 알려져 있다. 엘람 문자는 알파벳과 마찬가지로 왼쪽에서 오른쪽으로 표기한다. 그림 117 가림토 문자와 같은 계열인 일본의 아히루阿比留 문자그림 118는 모음과 자음이 아래위로 결합하여 한 조를 이루는데 이는 한자권에서 가림토를 사용했다는 증거이다. 엘람 문자는 언문이라는 표현이 어울릴 만큼 파르티아 시대에 시골 촌부들도 읽고 쓸 수

가야 지역에서 출토된 토기 뿔배와 은으로 만든 페르시아(파르티아) 시대의 뿔잔 출토 지역과 재료는 다르지만 모양은 거의 같다. 이들은 동맹의식을 맺는 제천의식에서 서로의 피를 떨어뜨려 술과 함께 마신 흉노시대의 성배이다. 기원전 4~5세기.

있었다고 한다.

    흥미로운 사실은 오직 파르티아만이 예외적으로 그리스어와 엘람 문자를 혼용하여 자신들의 이름과 고유명사를 나타냈다는 점이다.[11] 글(서 書)이라는 말이 그리스어와 우리말에서 같은 소리를 낸다는 사실에 주목하자. 그리스어로 글, 혹은 글을 쓴다거나 선 線을 긋는다는 말은 '그라페'로 'gr, gra'가 어근이다. 우리도 '글' '그리다'라고 하므로 두음이 서로 일치되는 셈이다. 그러니까 그림을 '그리다'는 그래픽graphic이라는 말과 어근이 같다. 파르티아 문화가 오늘의 한국어와 무관하지 않음을 말해 준다.

17 백제 제국의 종말   **495**

파르티아(백제)의 유적들은 파르티아를 넘어뜨린 사산조에 의해 무참히 파괴되었다. 남아있는 유적은 마지막 수도였던 크테시폰Ctesiphon과 하트라Hatra, 니푸르Nippur, 아슈르Assurr, 옛 러시아령에 있는 니사Nisa 등이 고작이며, 왕들의 유해는 대부분 이란의 헝그마타나 성에 있다. 이것이 백제 왕의 무덤을 한반도에서 찾을 수 없는 이유이다. 이란 서남쪽 자그로스 산에서 황금과 청동으로 만든 제기가 발굴되었다. 그중에서 청동으로 만든 뿔잔은 가야의 말머리 뿔잔(토기)과 같은 모양이어서 이 역시 파르티아 문화가 한반도와 무관하지 않음을 입증해 준다. 그림 119

백제의 역사는 전쟁으로 시작하고 전쟁으로 끝난다

신채호는 백제가 삼국 가운데 가장 전쟁을 좋아했던 나라라고 했다.[12] 김부식의 기록에서도 백제사는 처음부터 말갈과 한나라와의 전쟁으로 시작한다. 불행하게도 그 기록에는 전쟁의 원인이 쓰여있지 않다. 역사가로서는 직무유기를 한 셈이다. 백제는 파르티아이므로 그 역사가 페르시아, 로마와의 전쟁으로 점철된다는 것은 당연하다. 김부식은 페르시아나 로마를 말갈로, 시리아를 한나라로 적었다. 백제가 페르시아와 치른 전쟁은 주로 온조왕 때인데 김부식의 기록에 이렇게 적혀 있다.

> 온조왕 8년에 말갈군 3,000명이 침입하여 위례성을 포위했다. 왕이 성문을 닫아걸고 10개월을 버티자 적은 양식이 다하여 돌아갔다. 이에 왕은 정병을 선발하여 대부현大斧峴까지 추격하여 싸웠는데 이때 적의 머리 약 500을 베었다.

다른 항목에서는 말갈 군사와 싸워 적의 추장 소모素牟를 사로잡았다고 했으나 그 적장이 누구인지는 밝히지 않는다. 백제와 말갈의 전쟁은 로마의 기록에 생생히 남아있다. 로마와 파르티아(백제)의 전쟁은 세계 지배를 상징하는 황금지팡이를 두고 대결한 전쟁이다. 로마는 알렉산드로스가 그랬듯이 사제의 부도를 뺏으려는 입장이었고 파르티아와 시리아는 지키려는 입장이었다. 전쟁이 동로마에서 이집트, 소아시아, 흑해, 서아시아 그리고 졸본부여(감숙성)에 걸쳐 거의 연쇄적으로 일어나 이 전쟁이 사실상 십자군전쟁과 같은 종교전쟁이었음을 말해 준다. 흉노의 종교를 이해하지 못했던 유럽 학자들은 이 전쟁을 단지 상업로를 차지하기 위한 사생결단의 전쟁이라고만 규정한다.[13]

로마와의 전쟁은 그 뒤 6대 구수왕仇首王(216년), 고이왕古尒王(258년) 대로 이어졌고, 말갈의 장라갈이 양마 10필을 바치면서 일단 화해가 성립되었다. 이때의 장라갈도 로마의 어떤 장군인지를 알 수 없다. 이 전투에서 로마군이 2만 명 죽었고 1만 명이 포로가 되어 파르티아 제국의 동쪽 타클라마칸 사막 지대로 끌려갔다. 그들은 다시는 로마 땅을 밟지 못하였고 1만을 헤아리는 포로들은 감숙성의 려간Li-kan, Li-chien에서 중국 여성과 결혼하여 둔전병屯田兵으로 살았다. 오랜 전쟁에 지친 파르티아(백제)는 점차 노쇠해 갔고 이어 내란이 빈발했다. 이런 정황을 알아차린 로마(트라야누스 황제)는 114년에 안티오키아에 상륙한 다음 아르메니아를 굴복시켰고, 1년 뒤에는 메소포타미아 대부분을 수중에 넣었다. 기원후 162년에 로마는 파르티아 수도 크테시폰을 점령하여 사마천이 흉노라고 적었던 파르티아(백제)는 멸망하고 말았다. 일연은 이 대목을 간단히 이렇게 적었다.

백제 말년에 발해, 말갈, 신라가 백제의 땅을 나누었다.

이 문장을 한반도에 적용하면 한강 이남을 발해와 말갈 그리고 신라가 나누어 가진다는 말이 된다. 지정학적으로 설명이 불가능하다. 발해渤海는 해가 떠오르는 동쪽 바다라는 뜻으로 아르메니아와 카스피 해의 동쪽 소그디아나이고 백제 기록에서는 마한이라고 나온다. 이곳에서 고구려의 태조왕太祖王이 다시 고구려를 일으킨다. 오늘날의 투르크메니스탄과 우즈베키스탄이다. 일연의 기사는 말갈(로마)과 신라(박트리아 지역) 그리고 고구려가 파르티아를 분할하여 서로 국경을 맞대는 상황인 것이다. 김부식의 기록을 참고하면 백제의 왕족은 이때 위례성으로 도주했던 것으로 추단된다. 이미 언급했듯이 위례성은 메르브merv로, 오늘날 투르크메니스탄 영토에 있는 고대도시이다. merv에서 'mer'가 '위례'와 소리로 대응된다. 이 도시는 졸본부여 지역에서 천산과 파미르 고원이 만나는 협곡을 빠져나와, 시르다리야 강 상류와 아무다리야 강을 건너면 나타나는 오아시스 지역에 걸쳐 자리잡은 도시이다. 그곳에 제국을 잃어버린 파르티아 황실 세력이 있던 정황은 김부식의 백제사 제8대 책계왕責稽王 조의 기록이 보여준다. 이 점은 다음 장에서 언급하기로 한다.

한나라가 시리아에서 중원으로 옮겨오다

후한의 광무제가 서기 25년에 즉위했다. 이는 전한의 무제가 만들어놓은 직할령에서 전한이 망한 후 후한이 일어났음을 의미한다. 후세의 중국 역사가들이 전한과 후한을 모두 섬서성 동쪽 땅에 설정하면서 유방, 무제, 광무제의 기사는 서로 뒤섞여 혼란을 일으키게 만들었다. 김부식도 유방의 한사군을 광무제의 한사군으로 기록하여 역사연대를 줄여놓았다. 그러나 광무제가 선포한 직할령은 한무제가 만든 직할령이었던 하서군, 무위군,

주천군이며 대체로 오늘의 서안에서 둔황으로 가는 오아시스 지역에 해당한다. 이렇게 역사 지도를 바로잡으면 사마천이 "무제가 제나라 환공이 쓰던 보정寶鼎으로 누란에서 봉선을 하며 후토后土를 장만하려 했다"고 쓴 이유가 선명해진다. 그곳이 부도 지역이기 때문이다. 또 전한을 서한이라고 말하고 후한을 동한이라고 말할 때도 전한은 시리아를 가리키고, 후한은 그들이 동쪽으로 옮겨가 나라를 이었으므로 동한이 되는 것이다.

후한의 광무제는 등극하자 서한(서아시아)에서 오는 난민(황실)들을 챙기는 일만으로도 벅차서 흉노 세력과 대적하는 일은 엄두를 내지 못했다. 서안에 진시황제의 능(병마용)이 만들어진 시기도 바로 이 무렵이다. 《한서》에는 무제가 죽은 후 선제宣帝(74~49) 때에 무위군을 설치했다고 쓰여 있어 이런 정황을 짐작케 한다. 무위군은 장안에서 가장 가까운 곳이라며 지리를 정확히 언급했다. 시황제의 능에서 전한 시대의 동전이 나온 것도 무제 때 조성된 사직이 이 무렵 동쪽으로 옮겨졌음을 추정하게 한다. 한무제의 무덤이 서안에 있고 소제昭帝의 무덤은 그보다 남쪽인 성도에 있어 이런 주장을 뒷받침하지만, 그런데도 고조 유방의 무덤이 어디에 있는지는 알지 못한다. 이는 한나라가 무제 이후에 서쪽에서 다급히 이동했던 상황을 말해 준다. 무덤의 존재는 한무제가 자신이 만들어놓은 직할령에 와서 죽었거나 그의 유체를 그곳으로 옮겼다는 것을 입증한다. 1960년대 초 중국 고고학자들이 운남성雲南成의 석색산石塞山에서 발굴한 전한시대의 일군의 청동유물들이 서아시아적이라는 사실은 이런 정황을 단적으로 증언하고 있다. 중국 고고학의 원로인 정덕곤鄭德坤은 이를 대단치 않게 여기며 단지 중국문화에 '비중국적 요소'라고 얼버무렸다. 또한 한나라 시대에 존재했던 세계지도(여지도輿地圖)나 진秦 이전의 지도가 사라진 것도 한나라가 서에서 동쪽으로 이동해 온 사실과 연관이 있다. 중원에서 한족의 정통성을 굳히기 위해서 사마천의 《사기》를 첨삭하는 상황이어서, 그런 지도는 중국에 존재해서는 안 되는 물건인 것이다.

상황이 이러했으므로 후한이 왕년의 제국을 다시 일으키는 일은 거의 불가능한 상태였다. 기록은 전한 시대(기원전 23년)에 중국이 타림 분지의 지배권을 상실했으며, 그 영향 아래 있던 선선국도 사차(야르칸드)의 통제 하에 들어갔다고 전한다. 후한이 타림 분지를 상실한다는 것은 중산국 시대의 동한이 차지했던 36개 봉국을 잃게 된다는 뜻이다. 상황이 이렇게 되자 후한은 사차 왕에게 서역대도위西域大都尉 칭호를 내렸다. 그렇게 해서라도 봉국의 이탈을 막으려 했던 것이다. 사차국莎車國은 졸본부여 시대의 나라로 '야르칸드'라고 불렀다. 이 나라는 실크로드 남로에서 서쪽 관문인 카슈가르로 가는 길목에 있다. 그곳에서 힌두쿠시 산맥을 넘어 박트리아 지역으로 혹은 카라코룸 산맥을 넘어 인도의 펀자브로 갈 수 있다. '야르'는 '알'이고 '칸드'는 도시를 의미하는 터키어 kent로 해석할 수 있다. 사차가 알두(환도)이므로 그 나라도 쌈지와 관련이 있었던 것이다.

이런 상황에서 명호名號의 향방을 가늠하던 나라 중에는 차라리 중국의 명호를 받는 것이 낫다고 생각한 나라들이 있었는데, 서기 45년에 선선과 다른 17개국이 모두 한의 보호를 요청하는 사절을 후한(장안)으로 보낸다. 하지만 후한은 흉노의 세력을 두려워하여 그 사자들을 받아들일 수 없었다. 한나라는 사자들의 청을 거절하고 인질로 와있던 다른 나라의 왕자들마저 모조리 되돌려보냈다. 이렇게 되자 누란 일대의 나라들은 최후의 수단으로 왕자를 인질로 보내는 조건을 내걸어 둔황 태수에게 자신들을 보호해 줄 것을 요청했다. 하지만 헛일이었다.

이를 지켜보던 사차 왕 현賢은 선선 왕에게 먼저 한나라와의 관계를 끊도록 요구했는데 선선 왕은 이를 거절하고 사차 왕의 사자를 죽였다. 현이라는 명칭은 흉노의 우현왕으로 군대를 움직이는 제2기능자를 말한다. 이에 사차 왕은 선선을 공격하여 군사 1,000여 명을 죽이고 왕의 항복을 받아냈다. 같은 해 겨울 사차 왕은 쿠차 왕국을 점령하고 오랫동안 둔황에 인질로 가 있었던 왕자들을 모두 본국으로 되돌려보냈다. 이에 절망한 선선 왕은 후한의 천자에게 애걸하는 편지를 보냈지만 역시 반응은 싸늘했다. 대세는 이미 한나라의 편이 아니었다. 한나라의 천자는 바야흐로 중천에 떠오르는 태양인 흉노에 당할 수 없다는 것과 한나라도 언제 흉노에게 망할지 모른다고 우려하면서 그 편지를 돌려보냈다. 이로서 선선과 사차(투루판)는 다시 흉노세력 밑으로 들어갔다. 한나라는 이때에도 존재했으나 배수의 지도에는 보이지 않는다. 후한의 몰락은 고대 동양사에서 매우 중요한 의미가 있다. 진시황제와 유방 이후 쌈지(조선朝鮮) 문명에 저항하며 일어났던 헬레니즘(유교)이 동아시아 무대에서 더는 버티지 못하고 좌절하는 기념비적인 사건이기 때문이다. 때는 서기 3세기경이다.

고구려의 태조왕이 새 쌈지를 틀다

파르티아(백제)가 지배하던 온누리 시대에 유리명제의 혈통이 어떤 역할을 했는지는 알 수 없다. 파르티아가 로마에 패망하는 상황에서 내란이 빈발하는 것은 필연이다. 이런 상황에서 유리왕과 대무신의 혈통이 내란에 초연할 수는 없었을 것이다.

김부식은 고구려 제5대 모본왕慕本王의 본명이 해우解憂, 해애루解愛婁라고 했는데《해동고승전》에는 해미류解味留로 기록되어 있다. 주목할 것은 해씨解氏는 해모수계를 말하는 것으로 이들이《고기》에 나오는 북부여임을 알 수 있다. 북부여는 소그디아나, 타슈켄트 지역으로 오늘의 우즈베키스탄이다. 이 모본왕에 이어 고구려를 일으킨 왕이 태조왕太祖王이다. 왕의 이름도 해모수계의 이름을 따라 어수於漱이다. 고구려의 시조가 엄연히 동명성제인데도 이를 무시하고 김부식은 그에게 태조라는 호칭을 사용했다. 태조는 문자 그대로 시조이다. 고구려 역사의 필름이 왕창 끊겼다가 이곳에서 다시 이어지며, 온조계에 밀려났던 유리왕계가 다시 역사무대에 나타나는 것이다.

왕은 즉위 3년(55년)에 요서에 열 개의 성을 쌓아 후한의 침입에 대비한다. 요서는 박트리아(중산국)의 북쪽 일대인 오늘의 투르크메니스탄 영토에 해당하므로, 이는 파르티아(백제)가 내우외환으로 곤경에 처하자 태조왕이 대천사의 기능을 회복했던 상황이다. 고구려라는 이름이 명실상부하게 부활한 것이다. 이때 장안에 도읍하고 있던 후한은 타림 분지를 장악하고 있으면서도 중산국의 눈치를 보던 상황이었다. 서기 73년 후한의 명제 明帝는 천산산맥 동쪽 기슭에 있는 구무르 Qomul(이오 伊吾)를 흉노에게서 빼앗아 그곳에 둔전을 설치하고 장안에서 천산 동부로 직행하는 이오로 伊吾路를 개척한다. 당연히 고구려 태조는 후한의 세력을 경계하게 된다. 태조는 그 이듬해에 동옥저를 토벌하고 그곳 땅을 취하여 성읍을 삼고 영토를 넓혔다. 그리하여 영역이 남쪽으로는 살수薩水, 동쪽으로는 창해蒼海에 이르렀다.

동옥저는 카스피 해 동쪽 소그디아나의 히바이고 살수는 사마르칸트 서쪽으로, 아무다리야 강과 합류되는 제라프샨Zeravshan 강으로 추정된다. '제라'를 이두로 '薩'로 적을 수 있기 때문이다. 또 창해는 누란 지역으로 옛 졸본부여이고, 당시는 후한의 영역이었다. 태조왕 당시에 졸본부여를 놓고 후한과 충돌한 상황이며, 이때 로마가 아르메니아를 정복했다. 태조는 로마가 동옥저로 밀고 들어오는 것을 차단하면서 졸본부여를 확보했던 것이다. 실제로 로마는 아르메니아 동쪽으로 진출하는 데 실패했다. 고구려 태조왕이 로마군과 대결하고 있던 상황이다.

태조는 74년 환나부桓那部의 설유薛儒를 보내 주나朱那를 빼앗아 그곳

왕자 을음乙音을 포로로 잡아 고추가로 삼았다. 환나부나 주나는 모두 오방의 개념이어서, 한무제가 설치한 한사군에 의해 사라졌던 흉노의 오방(성역聖域)이 재건되었음을 말해 준다. 고추가는 신라의 이사금에 해당하는 직책으로 이는 신선놀이가 부활한다는 뜻이다. 주목되는 것은 왕자 을음의 존재이다. 김부식은 탈해왕 다음의 신라 왕 파사 이사금 때 궁성을 쌓고 그곳으로 옮겨가 월궁月宮이라고 불렀다고 썼다. 월궁은 올림포스(금성)이다. '乙音'의 乙을 알이라고 할 수 있으므로 '을음'은 구슬을 관리하는 고추가라고 할 수 있다. 이 기록은 낙랑 기능이 부활했음을 의미한다. 또 이곳이 누란 일대라는 것은 다음 김부식의 기사가 말해 준다.

금성 동쪽 마을이 땅속으로 주저앉아 연못이 되었다.

이는 타림 분지의 지리적인 특수성을 적은 것이어서 로프누르 호수 일대를 주목하게 한다. 로프누르 호수는 천산, 파미르, 곤륜의 각 산에서 흐르는 물이 모여들어 생긴 호수이다. 지대가 온통 사막이므로 물줄기가 모래 속으로 사라졌다가 다시 나타나는 불규칙한 흐름을 보여 지질 환경이 매우 유동적인 곳이다. 기원전 3~4세기에 그 일대에서 도시가 통째로 매몰되었던 적도 있다. 이 일대를 발굴했던 탐험가 헤르만은 언제라도 이곳에 삽을 들이대기만 하면 모래 속에서 잠자고 있던 고대 유물이 얼굴을 내밀 것이라고 자신 있게 말했다.[14] 김부식의 기록은 바로 이 일대의 지리적인 환경을 반영한 것이다.

월궁과 금성이 같은 말이고 그것이 올림포스(부도)라는 사실을 상기하면 우리는 태조가 빼앗은 주나朱那가 동한 때에 한사군에서 과거를 담당하던 부서임을 알 수 있다. 이때 후한의 반초班超가 타림 분지 서쪽 곤륜산 가까이에 있는 고단, 야르칸드(사차莎車), 카슈가르(소륵疏勒)를 거쳐, 쿠차에 본거지를 두고 언기(가라샤르Karashahr)를 토벌하면서 파미르 동서에 걸쳐 있는 50여 국을 후한에 예속시킨다. 고단은 세계적인 보석 생산지이고 카슈가르는 실크로드의 서쪽 관문으로 동서무역에서 매우 중요한 곳이다. 이에 태조왕은 105년 본래 중산국에 속했던 요동으로 쳐들어가서 여섯 현을 취했다. 여기서 요동은 오늘의 키르기스스탄과 타지크스탄으로 볼 수 있다. 이때 요동 태수 경기耿夔란 자가 군사를 내어 대항해 왔으나 이를 쳐부셨다. 그 4년 후에는 한나라에 사신을 보내 현토를 요구한다. 현토는 샤먼들이 있는 곳(굴)으로, 태조왕이 본격적으로 옛 오방을 회복하면서 쌈지의 도를 재건하려 했다는 것을 알 수 있다. 《자치통감》에는 이 해 3월에 고구려 왕 궁宮이 예맥과 더불어 현토를 쳤다고 기록돼 있다. 이는 현토가 한 곳에만이 아니고 여러 곳에 있었음을 의미한다. 둔황석굴을 비롯하여 투루판의 토욕석굴, 천불동을 비롯한 여러 석굴사원, 그리고 아프가니스탄의 바미얀 석굴은 물론 티베트 고산도 모두 샤먼들의 은거 지역이다. 어쨌든 후한이 현토를 요구한 것은 헬레니즘(유교)를 포기하고 쌈지제도를 받아들인다는 것을 의미한다.

기록에는 현토군은 옛 진번 조선의 호국胡國이고, 구려는 호胡라고 되어있다.[15] 고구려가 사제의 대리자이면 당연히 샤먼들이 그 배후에 있는 것이다. 118년에 태조는 후한의 현토성을 습격하여 화려성華麗城을 공취하였고 121년에는 마한, 예맥의 군사 1만 기를 거느리고 진군하여 현토성을 포위했지만, 이때 부여 왕이 한나라에 가세해 1만 군사로 대항하므로 대패하고 말았다. 부여는 페르시아가 망했을 때 대무신이 요하 동쪽에 거처를 마련해 주면서 낙씨洛氏라는 성을 주었던 사람들의 나라이다. 이들이 페르가나 지역에 있었던 것으로 추단할 수 있다. 후한의 현토성이 토곡혼 일대에 있었던 상황이다. 그 다음해 왕은 마한과 예맥의 군사와 더불어 요동을 침공했는데, 이때 부여 왕이 또 구원병을 파견했지만 고구려는 이를 격파했다. 이는 서쪽에서 백제가 로마의 침략을 막기 위해 총력을 기울이는 동안 졸본부여 쪽에서 일어난 반란을 고구려가 진압하면서 전개된 전쟁이다.

146년 대왕은 후한의 서안평 현을 습격하여 대방령帶方令을 죽이고 낙랑 태수의 처자를 잡았다. 서안평은 서안의 평야지대를 말하는 것으로 졸본부여 시대의 곡창 지대로, 이곳 농산물이 사마르칸트와 흑해 지방으로 보내졌다. 또한 비단의 생산지로 서아시아나 흑해 일대에 널리 알려진 곳이기도 하다. 낙랑은 누란이다. 168년 한의 현토군 태수 경임耿臨이 내침하여 고구려의 군사 수백명을 죽이자 백고는 스스로 항복했고, 그 다음해에 고구려가 다시 그곳을 쳐서 현토 태수를 토벌했다. 고구려는 신대왕新大王을 지나 고국천왕故國川王에 이르렀다. 김부식은 179년 고구려가 졸본(투루판)에서 시조묘에 제사를 지냈다고 기록하여, 졸본부여가 후한이 일어나기 이전 상태로 완전히 회복했음을 암시하고 있다.

주목할 점은 고구려 시조 주몽의 묘지이다. 광개토대왕 비문에는 이렇게 기록되어 있다.

> 고구려 시조 추모왕은 도읍을 세우고 나라를 다스리다가 세상의 일이 허망함을 느꼈는데 이를 알아차린 황룡이 내려와 왕을 맞이해 갔다. 이에 왕은 졸본의 동쪽 언덕에서 황룡의 머리를 밟고 승천했다.

멋있는 수사학이다. 황룡은 샤먼신선으로, 여기서는 사제를 말하는 것이고 졸본부여의 동쪽 언덕[東丘]은 부도의 뜻이다. 부도는 졸본(투루판)에서 볼 때 누란이라고 해야 마땅하다. 멋진 비유는 "황룡의 머리를 밟고 승천하다"인데, 이 말은 황룡의 머리가 샤먼들의 우두머리인 사제를 가리키므로 추모왕이 사제의 천거로 잠시 샤먼의 자리에 있다가 승하했다는 의미이다. '밟다'는 양의적인 개념이며, '떠받들다'로 읽을 수 있다. 따라서 이 말은 사제가 주몽의 거취문제를 화백회의에 부쳤고 이에 화백회의가 그를 샤먼신선으로 추대했음을 뜻하는 것이다.

고구려는 메디아가 그랬듯이 속국의 내정에 간섭하지 않는 정책을 펴 선선(신라)이 독자적으로 발전할 수 있도록 배려했다. 다물흥방과 쌈지구조가 새로이 정립되는 상황이다.

파르티아(백제)가 무너지자 왕족은 메르브(위례성)에 피신했고 대부분의 백성은 요동으로 옮겨갔다. 오늘의 옹주雍州 예천현醴泉縣 북쪽에 있는 온숙령溫宿嶺에 해당한다.[16] 중국은 파르티아를 온식, 안숙이라고 기록했으므로, 그들이 오호십육국 시대가 되면서 서안이나 양자강 일대로 진출하여 서아시아에서 사라진 쌈지의 마차를 동아시아로 옮겼다. 이른바 동진東晉이라는 이름의 쌈지이다.

이때 고구려는 소그디아나와 졸본부여를 지키고 있었다. 김부식은 198년에 산상왕山上王이 환도성을 축조하고 209년에 그곳으로 도읍을 옮겼다고 썼다. 이 환도성丸都城이 동옥저(히바)에 있는 이찬칼라 성으로 추정된다. 환도丸都라는 말에서 '환丸'은 태양이며, 화혈이라는 의미이다. 이는 부도를 가리키지만 동시에 정치·종교의 중심지인 쌈지를 말하는 것이기도 하다. 그 성에 세 기능이 있기 때문이다. 이곳은 전한의 유방과 대항하기 위해 흉노의 모돈 칸이 천하의 군사(봉국)를 집결시켰던 곳이다. 실제로 이찬칼라 성은 서기 1세기에서 4세기 사이에 지은 것으로 알려져 있다. 이곳이 박트리아와 함께 탈의 발상지로 알려진 사실도 이런 정황을 뒷받침해 준다. 삼국 시대의 가면과 무악舞樂이 구자(쿠차), 천축, 강국, 안국에서 왔다는 학설은 탈 역시 쿠차, 티베트, 둔황, 성도成都를 거쳐 한반도에 이르렀음을 말해 준다.[17] 소그디아나는 본시 고구려의 다물흥방 때 동명성제가 점령했던 곳이고, 알렉산드로스 대왕이 박트리아를 점령했을 때 탈해의 신라가 옮겼던 곳이기도 하다. 그 뒤 파르티아가 무너질 무렵에는 고구려 태조왕이 다물을 시도했던 곳이다. 그렇게 보면 산상왕이 히바로 옮기던 시기가 후한 헌제獻帝 2년(197년) 때의 일이고, 파르티아(백제)가 내란으로 무너지던 때이다. 217년에 한나라 평주 사람인 하요夏瑤가 1,000여 가구를 이끌고 고구려에 투항해 왔던 것도 이런 때에 일어난 일이다.

220년에 후한에서 출세한 조조曹操의 아들 조비曹丕가 제위에 올랐다. 이에 대항하여 유비劉備도 다음해에 자립하여 칭제하고 촉한蜀漢 정권을 세운다. 옛 제국이 무너지는 혼란기에 일어난 후한의 정변이다. 유비는 전한 경제景帝의 아들이며 중산왕국의 왕(중산정왕中山靖王)이었던 유승의 후손이다. 그는 자신이 한의 정통성을 이어받았음을 알리고자 국호를 한漢이라고 했다가 다시 촉한蜀漢으로 고쳤다. 蜀을 漢에 붙인 이유는 유교(헬레니즘)와 쌈지의 도를 아우르는 일종의 중도주의를 표방한다는 뜻이다. 그러니까 촉한이란 옥황이 없는 쌈지라는 뜻이다. 이때 흉노 고구려는 소그디아나에 있었다. 이미 언급했듯이 촉이라는 글자는 소그디아나의 두음을 옮긴 것이다. 그렇게 모호하게 표방했음에도 그 정권은 엘람을 뜻하는 오나라와의 전쟁에서 패하여, 유비는 결국 다음해(220년)에 백제성白帝城에서 병을 얻어 죽고 만다.

알렉산드로스 이후의 금성 신라

고구려 태조의 등장은 옥황을 모시던 신라사와 묶여있다. 모두 하나의 쌈지 안에 있기 때문이다. 김부식은 신라의 왕통을 모두 열두 항목으로 나누었다. 그 첫 그룹은 다음과 같다.

    박혁거세, 남해 차차웅, 유례 이사금, 탈해 이사금, 김알지

이들이 페르시아(부여) 시대와 알렉산드로스가 등장할 때의 사제들이다. 문제는 느닷없이 탈해 이사금 뒤에 김알지가 끼어든다는 점이다. 하지만 김부식의 기록에서는 김알지가 이사금이 아니라 국정을 관리하는 대보大補라고 했을 뿐 그 행방도 묻지 않았다. 우리는 이 대목이 일연이 기록한 진한秦韓이라고 했다. 이 기간이 한무제가 누란으로 들어와 휴도왕을 죽이는 역사적인 상황과 겹친다. 그렇게 보면 그 다음의 왕통이 김부식이 설정한 두 번째 항목에 해당되는 것이다.

파사 이사금, 지마 이사금, 일성 이사금, 아달라 이사금, 벌휴 이사금

정황으로 보면 앞에서 세 번째까지가 소그디아나 시대의 사제들이고 그 뒤로 이어지는 두 사제는 쌈지가 타클라마칸 지역에 있었던 시기의 사제로 분류된다. 이 기간이 236년간의 중산국 시대와 겹친다. 이때 신라와 고구려의 이름이 사라졌다가 중국 역사의 서아시아 시대가 끝나면서 신라의 쌈지신통이 재정비된다. 역사의 필름에서 236년간의 시간이 잘린 상황이라고 할 수 있다. 김부식은 잘려 나간 앞뒤의 공간을 고려하지 않고 필름의 양단을 그냥 끼워 맞추어 놓았다. 삼국사의 편년이 몇백 년이나 줄어드는 대사건이 일어나는데도 김부식은 파사 이사금이 탈해의 전왕前王이었던 유례 이사금의 둘째 아들이라고 썼다가, 다시 유례 이사금의 아우 내노柰老의 아들이라고 적는가 하면, 9대 벌휴 이사금을 무모하게 탈해의 손자로 만들어 버리기도 한다. 실제 시간 계산을 해보면 108년이나 차이가 난다.

이런 현상은 고구려 왕통에서도 마찬가지이다. 고주몽, 유리, 대무신의 3대를 부여의 대소 한 사람이 존재했던 시간대에 무리하게 우겨 넣는다. 중산국의 역사를 뺀 공백을 메우기 위한 무리수이다. 김부식은 역사를 쓰면서 송나라로 가서 그곳 관리의 안내를 받아 선도성모의 여신상을 둘러보기도 했다. 이는 매우 흥미 있는 일인 동시에 주목할 일이다. 두 나라가 고대사 기술에서 어떤 조율을 한 정황으로 의심할 수 있기 때문이다.

벌휴 이사금은 타클라마칸 사막에 있었다

고구려가 태조대왕 대에 부활했다면 신라는 벌휴伐休 이사금 대에 새로운 신통이 부활했다고 할 수 있다. 김부식도 갑자기 벌휴가 천기天機를 점치며 수재, 한재, 흉년, 풍년을 예언하는 능력을 지녔기에 사람들이 그를 성인으로 칭송했다고 전한다. 고구려 태조왕이 제2기능을 실천했다면 벌휴 이사금이 제1기능을 시작했음을 암시하는 대목이다. 벌휴는 탈해의 먼 핏줄이므로 중산국 시대가 끝나 그곳에서 제1기능의 법통을 이었다고 해서 이상할 일은 아니다. 중산국은 박트리아 시대에 석탈해가 차지했던 곳이기 때문이다.

김부식은 갑자기 벌휴 이사금 바로 전에 왕위에 오른 아달라 이사금(154~184)이 키 7척에 콧마루가 우뚝하며 눈이 쑥 들어간 얼굴이라고 기록하여 신라의 왕통이 그때 교체되었거나 새로운 변동이 있었음을 암시한다. 이때 연오랑과 세오녀 부부가 바다 건너 왜국으로 가 왕이 되었다고도 했는데, 기사의 내용을 보면 연오랑 부부가 천문관측을 담당했던 전문가임을 알 수 있다. 또 바다를 건넜다고 했으나 여기서 바다라는 말은 부도 지역을 가리키는 비유로, 샤먼들은 이를 천해天海라고 불렀고 중국 기록이 간해干海라고 쓴 것이다. 이는 쌈지에 변한의 기능을 감독하는 천사 왜倭가 있었다는 뜻이다.

《후한서》〈동이전〉 왜倭조는 이곳에 신들이 모이는 장소를 의미하는 회계會稽가 있음을 암시했다. '바다 속에 왜국이 있고 부도가 있으며 오직 일본국 승려만이 자주 바다를 건넜다'고 하여 타클라마칸 지역에 왜가 있었음을 말해 준다.[18] 여기서 지칭한 일본 승려는 제3기능에 속한 기술자 승려라고 볼 수 있다. 이때 일본국은 변한弁韓을 가리키며 바다를 왕래하는 승려는 천사 왜倭를 말한다. 그곳 토곡혼 지역에 제3기능의 신족이 모여있었던 것이다. 김부식은 아달라 이사금 20년에 왜국 여왕 비미호卑彌乎가 사신을 보내 수교했다고 기록하여 그 일대에 왜국倭國이 있었음을 말해 준다. 《북사》〈동이전〉 왜조에 이런 기록이 있다. "그 나라에는 밤이면 푸른빛을 발사하는 여의보주如意寶珠가 있는데 크기가 달걀만 하다. 이 때문에 신라와 백제가 이를 우러러보며 항상 사신을 보내 서로 왕래한다." 이 기록에서 보석의 일이 옥황과 신선놀이의 일이고, 그 보석을 잘 다듬어 쌈지를 운영하는 일이 제3기능이고 그 샤먼이 왜인 것이다.

이렇게 보면 신라(누란)에서 해와 달이 갑자기 광채를 잃었다고 한 것은 부도의 기능에 이상이 생겼다는 뜻이다. 이에 신라가 급히 사자를 왜국에 보내 손으로 짠 세초細綃를 받아오면서 문제에 대처했던 상황이라고 할 수 있다. 세초는 천문도(천부天符)가 새겨진 태피스트리라고 할 수 있기 때문이다. 이 대목이 탈해의 손자 벌휴가 파르티아 치하에서 이사금이 되는 정황이라고 추정해 본다. 연오랑, 세오녀가 졸본 지역으로 들어가 선선으로 가버림으로써 박트리아의 부도가 버려지는 상황이다. 이때 벌휴가 이사금이 되고 연오랑과 세오녀가 만든 천부로 부도의 화혈 각도를 조정했을 것이다. 이 상황을 샤먼들의 독특한 비유로 그렇게 기록했다고 할 수 있다.

서구학자들은 이들이 사용한 언어가 아시아계 언어보다 유럽인의 언어에 가깝다고 했지만[19] 이는 서구인의 편견일 수 있다. 그들은 쌈지 문화가 온누리의 역사임을 알지 못했으므로, 유물을 보면서 숲은 보지 못하고 세세한 나뭇가지만 어루만지는 우를 범했던 것이다. 이런 사실은 그 나라에 신라, 고려, 중국, 왜국 사람들이 섞여 살았고 그 의복과 음식도 고구려와 대략 같았다고 한 데에서 드러난다. 또 조배朝拜할 때와 제사 올릴 때에는 관 양쪽에 모두 새 깃털을 꽂지만 군사적인 일일 경우에는 꽂지 않는다고 한 대목[20]도 이를 말해 준다. 이런 사실은 그곳이 흉노 제국의 오방임을 말해 준다. 오늘의 바티칸에 여러 인종의 신부들이 모이는 관례와 다르지 않다. 고구려 태조대왕이 제2기능을 수행하기 위해 소그디아나에 있었고, 벌휴 이사금이 제1기능을 수행하기 위해 박트리아에 있었던 것이다.

《삼국지연의》에서 고구려의 수난

조조曹操는 박식하고 예능에 뛰어나며 박력 있는 인물로 기록되어 있다. 그는 후한의 승상이었던 조참曹參의 후손이라고도 하지만 실제로는 환관宦官의 양자로 《삼국지》《촉서》〈제갈량전〉에는 낭야琅邪군 사람으로 되어있다. 천하의 구슬이 나온다는 우전于窴 사람으로 중앙아시아쪽 인물인 것이다. 조조는 일찍이 후한의 인재 등용 방식인 과거제도가 얼마나 취약한지를 간파했다. 글을 읽어서 등용한 유교식 지식인이 위선적이고 유약하며 쓸모없는지를 알았던 것이다. 이 때문에 그는 불인불효不仁不孝한 자라고 하더라도 특별한 재능을 지닌 인물이면 서슴없이 발탁하는 용병지도用兵之道를 실천했다. 조조는 유교제도의 취약성을 보완하기 위해 흉노의 세병제世兵制에 눈을 돌렸다. 세병제는 부자형제가 휘하 군병 지휘권을 세습하는 제도로 쌈지 기능에서는 제2기능 집단이다. 고구려 풍속에 형이 죽으면 아우가 형수를 데리고 산다고 한 것도 세병제의 유습이다. 조조는 농사와 전쟁 기능을 혼합한 둔전제屯田制를 재건했는데 이것도 흉노의 제도를 도입한 것이다. 조조는 인구 400만이 훨씬 넘는 화북 지역 대부분을 장악하여 후한이 엄두도 내지 못한 중국통일의 기반을 조성하였다. 그 기반을 토대로 그는 요동을 정벌하여 238년에 공손연公孫淵을 멸하였고, 나아가 고구려를 정벌하여 245년 그 수도인 집안集安을 함락시켰다.

이 기록은 217년, 파르티아가 로마에 망하고 중산국이 분열하던 때의 사건을 중국이 중원에 옮겨놓은 것이다. 그러므로 이 기록에서 요동은 지금의 하북河北이나 요녕성遼寧省 일대를 말하는 것이 아니고 신강성新疆省의 서북 지역이다. 조조가 요동에 진출하여 고구려를 정벌했다는 기록은 따라서 소그디아나를 공략했다는 뜻으로 읽어야 합리적이다. 소그디아나가 바로 태조대왕이 일으킨 고구려이다. 조조는 그 공으로 위공魏公이라는 벼슬을 받았는데, 여기에서 언급되는 위라는 명칭이 소아시아 진晉 때의 위魏라는 사실에 주목해야 한다. 바로 옛날의 쌈지를 말하는 대목이다. 그가 죽은 뒤 아들 조비曹丕가 한의 헌제軒帝에게 제위를 물려 받아 낙양에 도읍하여 위문제魏文帝가 된다(221년). 후한의 간판을 내리고 왕망처럼 흉노의 쌈지체제로 복귀하며 천하를 도모하려는 야심을 보인 것이다.

이 기록에는 위가 일어나자 서역의 구자(쿠차), 우전, 강거, 오손, 소륵, 월지, 선선, 거사 같은 큰 나라들이 해마다 조공을 바쳐 옛 한나라 때 고사와 같았다고 썼다.[21] 졸본부여 시대의 봉국이었던 이 나라들은 한무제 때 한사군에 편입되었으며, 후한시대에는 중산국의 영향 아래 있다가 위나라가 중산국을 차지하자 다시 위나라의 속령으로 명호를 바꾸었던 것이다. 그 뒤 위는 명제明帝 때에 간계에 능한 관구검毌丘儉에게 요동을 감독하는 유주자사幽州刺史를 임명했다. 실크로드의 서쪽 관문인 카슈가르에 관구검을 파견하여 그 지역을 감독케 한 것이다. 그는 곧 소그디아나를 쳐서 히바(집안集安)를 공략했다. 여기서 집안은 '지안' 혹은 '진'으로, 부도이며 '유주幽州'라는 글자 역시 고리Cowry라는 뜻으로 모두 흉노의 성지를 가리킨다.

이 사건은 관구검이 일방적으로 일으킨 전쟁이 아니고 고구려 동천왕東

川王이 242년에 먼저 군사를 일으켜 낙양의 서안평을 습격하면서 시작되었다. 김부식이나 중국의 사가들이 고구려가 중원에 있었던 나라임을 숨기기 위해 이 대목을 삭제했거나 별개의 사건으로 만든 것이다. 동천왕은 즉위한 지 8년이 되는 234년에 위가 일어나자 사신을 파견하여 화친을 맺었다. 2년 뒤 오나라가 사신을 파견하여 화친을 청했으나 동천왕은 그 사자의 목을 베어 위나라에 전하며 위의 눈치를 본다. 그런 뒤 6년이 지나 서안평을 습격하고 다시 3년 뒤에 신라의 북변을 침입한다. 서안평은 서안이고 신라는 선선이다. 이렇게 되자 다음해 관구검이 고구려를 침공하였다. 이에 고구려는 4년 뒤 2만의 병력으로 관구검이 지키는 요동의 비류수沸流水로 진격해 적군 3,000명을 참살한 후 그 길로 양맥곡梁貊谷으로 들어가 다시 3,000명을 참하는 등 대승을 거두었다.

비류수는 페르가나 지역을 가리킨다. 고구려가 소그디아나라는 사실은 이때 해동 사람이 동천왕에게 미녀를 바치자 왕이 이를 후궁으로 삼았다는 김부식의 기사가 입증한다. 해동은 카스피 해 동쪽을 가리키기 때문이다. 관구검과 고구려의 전쟁이 오늘의 중원이 아니라 중앙아시아에서 일어났던 것이다. 동천왕이 비류수를 거쳐 들이친 양맥도 한때 파르티아의 수도였던 크테시폰이다. 첫소리가 묵음이 되면 테시폰인데 중국은 이 소리를 앞과 끝을 '양(대양 大梁)'이라고 적었다. 고구려가 관구검을 누르고 파르티아 반란의 진원지인 엘람(오 吳)으로 쳐들어가 전투를 벌였던 상황이다. 백제가 망하자 천하의 황금지팡이(종주권)를 놓고 위, 고구려, 오가 삼파전을 벌였던 것이다. 이것이 뒤에 소설 《삼국지연의 三國志演義》의 모델이 되었다. 소설에서는 고구려를 촉이라고 바꾸어놓음으로써 이 소설은 우리의 역사와 전혀 무관한 이야기가 되어버렸다. 하지만 《위서》〈동이전〉이 고구려가 오경 五經과 함께 진수의 《삼국지》를 소중히 여긴다고 하여 소설 《삼국지연의》의 저자가 왜 고구려라는 이름을 피해갔는지 진의를 헤아릴 수 있다.

게다가 중국이 주장하는 것처럼 이 역사가 중국 땅에서 일어났다면 우선 지리 여건에서부터 모순에 부딪친다. 전쟁은 촉나라가 있는 티베트 국경 지대(성도)에서 북쪽 끝인 화북 지역으로 선을 긋고 이어 그 동쪽 요동과 한반도를, 다시 그 남쪽 양자강 일대의 오나라를 연결하는 거대한 사각형 안에서 일어나게 된다. 이는 사실상 중국 전역이 전쟁의 말발굽 소리로 가득차는 상황이다. 아무리 봉국의 군대를 동원하는 전쟁이라고 할지라도 이 거대한 좌표 안에서 상하좌우로 왕래하는 그런 전쟁은 우리 시대라고 하더라도 보기 어렵다.

관구검은 고구려(구려)에 침입하여 일차 패한 다음 기원후 재침하여 고구려의 환도성(이찬칼라)을 쑥대밭으로 만들었다. 이 전투에서 고구려는 1만 8,000명이 전사했고 왕(궁 宮)은 간신히 1,000기를 거느리고 압록원鴨綠原으로 도주하였다. 압록원의 '압록'은 아무다리아 강의 이칭인 옥수스 Oxus의 이두 표기라고 했다. 이 지역에 부여의 본거지인 메르브(위례성)가 있다. 페르시아(부여) 제국이 망하여 그 나라 왕족들이 그곳에서 살고 있었다. 《삼국지》〈동이전〉에는 이때 구려와 선비가 강성한 때여서 부여왕 울구태 蔚仇台는 구려나 선비의 왕녀로 아내를 삼았다고 기록되어 있다. 그런데 이들이 관구검이 고구려를 칠 때 합세하여 군량을 공급했던 것이다.[22]

선비는 기록에 천산 天山의 동쪽 혹은 그 남쪽에 있었다 하고 한때는 토곡혼을 지배하는 대국이었다고도 하여, 선비라는 이름이 쌈지에서 제2기능에 해당함을 알 수 있다. 천산은 터키어로 'bogdo'이고 우리 쪽 기록에서는 '백두 白頭'로 나타나므로[23] 부도가 있는 곳이다. 이는 그들이 단순한 유목민이 아니라 샤먼신선과 함께 수도하며 때를 기다리는 호족 胡族 세력이라고 해야 옳을 것이다. 고구려는 이때 궁지에 몰렸다. 10월이 되자 관구검은 다시 고구려 환도성으로 진격하여 성을 함락했으며 이에 왕은 남옥저로 달아났다. 관구검은 추격에 나섰다. 왕을 붙잡거나 죽여야만 황금지팡이를 확실하게 뺏을 수 있기 때문이다.

남옥저는 남부여라고도 기록되므로 엘람의 수도 수사를 말한다. 이것이 중앙아시아에서 일어난 전쟁이라는 것은 삼국지 제갈탄諸葛誕에 관한 기록이 말해 준다. 위나라가 오나라를 이기기 위해 관구검과 제갈탄이 서로 관직을 바꾸는데 이때 제갈탄은 산양정후山陽亭侯가 된다.[24] 사마천의 조나라 기사에서 '산양'은 천사의 나라 '山陽'으로 기록된다. 이는 박트리아(중산국)이고 우리 기록에는 송양으로 나타났다. 제갈탄이 박트리아의 샤먼으로 봉함을 받은 것이다.

이때 동천왕은 남옥저로 달아났다. 죽령이라는 곳에 이르러 비로소 한숨을 돌리며 왕이 대책을 논의했으나 뾰족한 수가 없었다. 왕을 위해 목숨을 바치는 조의선인들도 거의 전사해 버린 상태였기 때문이다. 이때 동부東部 사람 유유紐由라는 젊은이가 특공대가 되기를 자원했다. 기록자가 이 대목에서 무엇인가 숨기고 있다는 사실이 드러나는데, 그것은 동부 사람의 실체를 밝히지 않기 때문이다. 이 동부가 샤먼이 있는 흉노 오방임은 이미 앞에서 보았다. 특공대로 나선 유유는 관구검에게 교묘히 접근하여 기회를 엿보았다. 그러다가 맛있는 음식을 만들어 바치는 기회를 잡는다. 그때 유유는 그릇 속에 감추었던 칼로 관구검을 찔러 죽였다. 관구검이 죽자 그의 군사는 모두 질겁하여 낙랑을 거쳐 도주해 버렸다고 한다. 정황으로 보아 낙랑은 히바이다. 그들은 성역인 히바 신전으로 들어가 숨었던 것이다. 위나라 군사는 그런 뒤 기회를 노려 도주했는데 그들은 숙신의 남쪽 경계에 이르러 자신들의 공적을 새긴 비문을 남겨놓는 이상한 짓을 한다. 그리고 환도산에 이르러 불내성不耐城이라고 쓴 비문을 새겨놓기도 한다. 숙신은 북옥저이고 환도산은 아라라트 산이며 불내성은 유리왕 때의 위나암 성으로 추정할 수 있다. 황금지팡이를 차지하기 위해서는 고구려 다물흥방의 역사를 지워야 했고, 이 때문에 그곳에 자신들의 업적을 남기려고 했던 것이다.

위나라 군사는 백제 고이왕 13년(246년)에 낙랑태수 유무劉茂와 함께 고구려 삭방朔方태수 왕준王遵을 공격해 왔다. 삭방은 북쪽 경계 지역을 말한다. 이때 고구려의 동천왕은 친히 2만의 군사를 거느리고 이들과 싸우기는 했으나, 이 전쟁에서 환도성이 불에 타는 등 폐허가 되어 버렸다. 고구려는 그 다음해에 평양성을 새로 쌓고 거기에 백성들과 종묘사직을 옮기게 된다. 평양성도 환도성과 같은 부도 신전이다. 김부식은 이 평양성이 본래 샤먼 왕검이 살던 곳이어서 이곳을 왕험王儉이라고 부른다고 했다. 그곳은 장당경으로, 《고기》에 단군 제21대 소태와 제47대 고열가가 피신해 있었던, 유서 깊은 도시이다. 오늘날 우즈베키스탄의 수도 타슈켄트이다. 또 을밀안장제乙密安藏帝가 그곳에 을밀대를 만들어 조의선인을 육성했다는 곳이기도 하다. 17세기경 조선시대의 선비 허목許穆은 《동사東史》에서 다음과 같은 글을 남겼다.

> 후에 단군이 당장唐藏에 거하였으며 …… 단군이 죽은 뒤에 송양 서쪽 단군총에 묻혔다고 하고, 혹은 아사달에 들어가 마감했다고 한다.[25]

이 문장의 '당장'이 타슈켄트이고 송양의 서쪽이 박트리아의 '실리아' 언덕이다. 기록은 오늘의 평양에서 발굴된 단군의 유골이 타슈켄트에서 박트리아를 거쳐 한반도로 옮겨졌음을 시사한다.

그후 위는 둔황으로 전진했고 260년에는 누란의 식민지를 경영하면서 투루판의 군사 식민지와 어깨를 나란히 했다고 한다.[26] 기록이 정확하다면 이는 배수의 지도에서 보듯이 후한이나 위의 중심무대가 오늘의 중원이 아니고 졸본부여의 오아시스 지대임을 말해 준다. 〈동이전〉은, 위나라 관구검이 고구려를 칠 때 신라국新羅國 왕이 옥저로 달아났다가 고국에 돌아왔는데, 그곳에 남아있던 사람들이 스스로 신라라고 했다고 전한다. 이로써 조선의 쌈지구조가 그곳에서 되살아났음을 알 수 있다. 제2기능인 고구려가 위나라에 패하자 박트리아에서 그곳으로 옮겨온 샤먼들이 다시 제1기능을 선포했다는 의미이다. 신라의 이찬이라는 벼슬 이름이 터키어로 안(內)이라는 뜻으로 이것이 신라의 내무대신을 의미한다는 사실은 중요한 단서이다. 소그디아나의 이찬칼라 성의 이름과 관련되는 것이다. 이때 고구려가 쌈지기능에서 제2기능을 담당했음을 알 수 있다. 이 점을 구체화하려면 중국이 숨긴 것을 찾아내야 한다. 이를테면 고구려가 촉이라는 사실 말이다.

촉의 어원은 고리이다

소설 《삼국지연의》에서는 요동과 고구려의 자리에 촉나라를 배치했다. 위의 관구검이 쳤던 요동이 촉蜀으로 바뀐 것이다. 이는 고구려나 요동이 촉이라는 사실을 말하는 것이지만, 실제로 소설의 무대를 중국 동북 지역으로 확대하면 이야기가 무리하게 전개된다는 사실을 작가가 알고 있었다는 뜻이다. 삼국지의 무대는 고구려 산상왕山上王 때의 소그디아나이다. 그렇다면 촉이라는 이름은 어떻게 등장했는가? 이미 앞에서 언급한 바 있지만 여기에서 다시 꼼꼼히 점검할 필요가 있다. 헤로도토스의 세계지도에는 소그디아나가 sogdi로 표기되고, 그리스인 프톨레마이오스의 세계지도에는 소그디아나가 사카sakas와 구별되지 않는 지역에 있다.그림 120 이 지역이 스키타이scythie인 것이다. sog, sak, scy와 같은 두음은 수메르어에서 신의 정령을 의미하는 풍경風磬이라는 말과 관련이 있다. 풍경을 saka라고 하기 때문이다. 풍경은 바람과 뿔이 달린 물고기(정령)라는 의미이다.

중국은 촉을 고촉古蜀, 파촉巴蜀, 전촉前蜀, 후촉後蜀 등으로 매우 다양

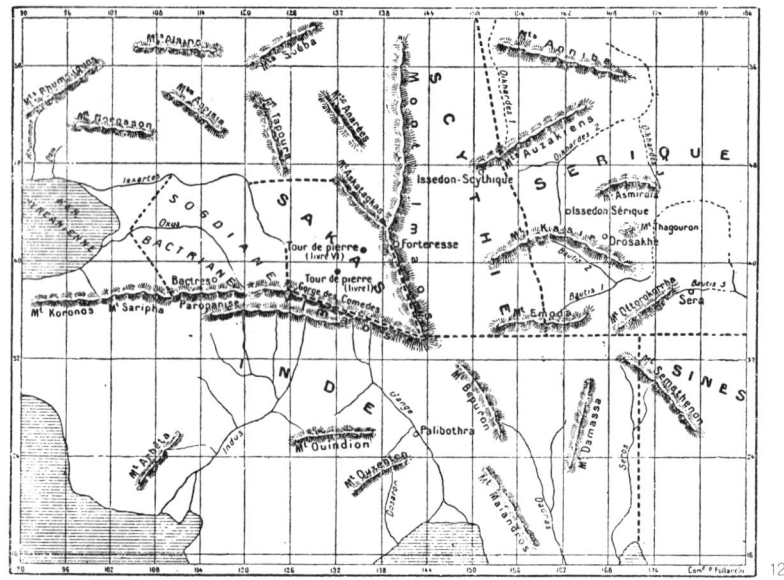

프톨레마이오스의 세계 지도 중국을 가리킨다고 알려져 있는 Serique는 오늘의 중원과는 거리가 먼 곳에 있다.

하게 부른다. 《자전》에는 '촉'을 '벌레의 총칭'이라고 하고 굼벵이를 예로 든다. 이것이 조두와 관련되는 일이라는 것은 이 용례에서 알 수 있다. 예컨대 묘당에 모시는 신성한 그릇이거나,[27] 홀로 격리되어 있는 귀(耳)라고도 한 것[28] 등은 의심의 여지없이 흉노의 조두를 말하는 것이다. 우리 무속에서 말하는 '신주 단지'이다. 또 자전은 '蜀'자를 그물(冂 网)자 아래에 句, 勾, 夠, 匈자와 같은 의미의 글자를 붙였다. 게다가 촉은 소리에서도 조두의 본 소리인 'chytroi'와 다르지 않다. 촉이 'chytroi'의 첫소리를 옮긴 것이며 따라서 이 글자는 '고리'나 '고리국'과 같은 말임이 드러난다. 그러니까 촉은 흉노의 풍습을 나타내는 글자이다.

《상서尚書》는 주나라 무왕武王이 은을 정벌하는 전쟁에 촉왕蜀王이 군대를 파견했다고 전한다.[29] 이 기록은 촉이 부도의 나라 아사달조선으로 이

마지정을 했음을 말한다. 고촉이 고조선이고 파촉이 페르시아이며 전촉이 후촉에 대응되는 말이다. 그러니까 전촉은 소그디아나이고 후촉이 오늘의 사천성에 있는 성도이다. 이 점은 중국에서 촉나라 유물로 간주하고 있는 청동제 조두나 그 조두를 머리에 이고 바다에서 나타나는 여인상이 발견된다는 사실이 뒷받침한다. 촉나라의 유물에서 보이는 여인상은 고구려 고분벽화에 보이는 삼족오 항아리를 나르는 선녀의 모습(제4장 그림 26 참고)과 다르지 않다. 그림 121(312쪽)

고촉이 고조선이라는 것을 어떻게 증명할 수 있을까? 중국의 《화양국지 華陽國志》에 주나라 35대 현왕顯王 때 촉왕이 그가 소유한 포한褒漢에서 사냥을 하던 중, 진나라 혜왕惠王을 만났다고 한 기사가 있다.[30] 포褒는 자전에서 축제나 포상, 장식이라는 의미이며 《예기》에서는 숭고崇高라는 뜻이다.[31] 그러니까 신선놀이(올림피아드)를 가리키는 것이다. 이 문장에서 '漢'이라고 쓴 것은 '韓'으로 고쳐야 옳다. 한漢은 주나라 시대에는 존재하지 않았던 나라이기 때문이다. 또 《사기》〈촉왕본기 蜀王本紀〉에는 촉왕이 1만여 명을 데리고 사냥을 했다고 쓰여있다.[32] 고구려의 유리명제가 정사는 돌보지 않고 사냥에만 열중했다는 이유로 신하에게 비판받았다는 기사를 연상케 한다. 이는 촉왕이 신선놀이를 주재하는 사제임을 말해 주는 대목이다.

페르시아가 파촉으로 불렸다는 사실도 《화양국지 華陽國志》에 나타난다. 기록은 그 땅이 동쪽으로 파巴에 접했고 남쪽으로는 월越, 북쪽은 진秦과 나뉘었다고 하여, 이것이 페르시아 제국의 영토를 가리킬뿐더러, 주나라의 방역을 의미하고, 동시에 파가 페르시아임을 알 수 있다.[33] 기록에서 성도가 옛 촉국이고 이 나라가 진한 때의 촉군蜀郡이라고 한 것도 유력한 증거이다. 촉이 진한 때에 한 개의 군이었다는 말은, 알렉산드로스(진시황)와 셀레우코스(유방)가 소그디아나를 점령하고 그곳에서 각기 혼례를 치름으로써 쌈지의 제1기능이 있었다는 사실이 말해 준다.

기록은 또 아무 근거 없이 그곳을 성도로成都路라고 쓰고 그곳이 특별히 길路의 의미를 지닌다고 강조하고 있다. 사마르칸트가 동서무역의 십자로(중계지)였던 상황을 반영하고 있는 것이다. 이는 사마르칸트의 앞뒤 소리를 따서 '성도成都'라고 적었음을 시사한다. '成都'의 글자 뜻은 '도읍이 이루어지다'라는 뜻으로 이것이 중국식으로 나라나 도읍의 이름이 된다는 것은 비상식이다. 이런 표기방식은 오늘의 중국이 소그디아나를 속특粟特이라고 기록하고 있는 데서도 볼 수 있다.

서진이라는 이름은 서쪽에 있는 쌈지, 서진을 가리킨다

파르티아(백제)가 로마의 도전에 직면하자 조조의 위가 후한을 전복하고 중산국(박트리아)으로 진출하면서 쌈지의 도는 영영 세상에서 종적을 감추는 듯했다. 하지만 조위曹魏의 왕조가 그 기반이 흔들리자 위 왕조의 신하로 있었던 사마소司馬昭의 아들 사마염司馬炎이 마지막 원제元帝를 선禪으로 밀어내고 쌈지의 도를 부활시켰다. 그가 역사에 서진西晉이라고 기록되는 쌈지의 첫 제왕으로, 기록은 그를 무제라고 부른다. 제위에 오른 그는 먼저 오나라를 멸하면서 천하를 통일한다. 오는 사산조 치하의 엘람(수사)이다. Jin이 쌈지(조선朝鮮)를 뜻하므로, 서진이라는 말은 그 반대편인 동쪽에 다른 쌈지가 있음을 말해 준다. 이것이 동진東晉이다. 전한과 후한이 그랬듯이 동진은 서진이 무너지면서 오늘의 중원 땅에서 일어난다. 서진을 세운 사마씨司馬氏는 중국에서는 죽림칠현竹林七賢이라고 말하는 샤먼의 혈통이다. '죽림'이라는 말은 요임금 때 백이와 숙제가 벼슬을 거절하며 숨었다는 기국箕國으로 오늘날 터키 땅의 카파도키아이다. 사마씨의 뿌리가 카파도키아의 샤먼족(구이)임을 말해 준다.

기록에는 사마씨가 먼저 주나라 시대周代의 봉건제封建制를 부활시키면서 진동장군부鎭東將軍部를 설치했다고 나온다. 쌈지도의 제1기능을 말하는 것이다. 분명히 언급하진 않았으나 제3기능인 변한의 비밀의례도 실행되었음을 암시하고 있다. 명실상부한 이마지정爾馬之政이 부활한 것이다. 진동장군부 설치는 샤먼(제후諸侯)들에게 독립적인 병권을 부여하는 것을 의미한다. 제후들은 조조의 위(조위曹魏)가 차지했던 졸본부여 지역의 미란, 니야, 크로라이나 일대에 둔전屯田을 두어 자립하면서 동해東海나 성도를 장악하였다.[34] 동해는 카스피 해의 동쪽 히바(동옥저)이고 성도는 소그디아나의 사마르칸트다. 히바는 신선놀이의 도시(낙랑)이고 사마르칸트는 서진의 수도이다.

기록은 서진의 수도를 성도라고 했는데, 앞에서 이미 언급한 대로 사마르칸트의 첫소리를 '成'으로 옮기고 끝 자를 '都'로 옮긴 것이다. 사마르칸트에서 '칸트'는 터키어의 kent이며 이 말은 사람이 많이 모여 사는 도시(도都)라는 의미이다. 서진이 오늘의 중국 땅에 있었던 것이 아니고 중앙아시아에 있었던 것이다. 《서진기西晉記》는 백제百濟가 서진 말까지 50여 봉국을 거느린 마한馬韓이라고 언급하고, 《동진기》는 서진이 망한 다음 중원에서 일어난 동진을 백제라고 암시했다.[35] 우리로서는 다소 황당하고 놀라운 기록으로 보인다. 하지만 이것이 요동과 요서의 세계를 모두 지배해 왔던 파르티아(백제)가 망한 뒤의 역사라는 사실을 감안한다면 결코 황당한 기록이라고 할 수 없다. 파르티아의 역사를 쓴 쇼어Fred B. Shore는 파르티아 군대와 왕이 기원후 3세기까지는 그들의 동쪽 제국인 먼 동쪽에 대부분 남아있었다고 했다. 이 견해는 백제에 대한 정황을 이해하는 데 도움을 준다.

그렇다면 서진이라는 쌈지에 백제라는 이름의 포장지를 씌우는 근거를 우선 찾아내야 한다. 우리는 파르티아(백제)가 망했을 때 왕실과 귀족들이 요서의 메르브(위례성)에 있었다는 사실을 확인할 필요가 있다. 그곳은 오늘의 투르크메니스탄 영토 남쪽으로 실크로드에서 빠져나온 상대들이 그곳에서 숙박하며 상거래를 하는 곳이었다. 비록 왕년의 부강했던 힘을 잃어버리긴 했어도 서진이라는 새 쌈지도 결코 그들을 무시할 수가 없었다. 게다가 백제만이 그렇게 고립되었던 것은 아니다. 유리왕의 혈통을 이어 받은 고구려도 소그디아나에 있었다. 236년 고구려 동천왕 때, 그러니까 서진이 성립되기 약 20년 전의 일이다. 오(엘람)나라가 사신 호위胡衛를 고구려에 보내 화친을 청하였다. 이때 고구려는 그 사신을 감금한 다음 죽여서 그 목을 베어 서진의 전신이라고 할 수 있는 위에 전했다. 이는 진수의 《삼국지》에서도 언급되었는데, 엘람이 사산조 페르시아와 파르티아의 사이에서 눈치를 보던 상황이다. 진수의 기록은 또 서진의 무제가 먼저 오나라를 멸하였다고 했다. 이것도 동천왕이 오나라 사신의 목을 베어 위에 전했던 사건과 무관하지 않다. 사실상 소설 《삼국지연의》 이야기의 종결이라고 할 수 있다.

불행하게도 서진이라는 쌈지는 겨우 52년으로 단명했다. 《진서》는 서진이 망한 이유를 고후지고지 賈后之故智와 팔왕의 난(팔왕란 八王亂)에서 찾았다. 고후賈后는 서진 제2대 혜제惠帝의 황후이고 팔왕八王은 제후를 말한다. 기록은 고후의 황음방자 荒淫放恣가 멸망의 원인이라고 전한다. 이를테면 황후는 궁중을 천국이라고 칭하면서 미모의 남자들을 궁중으로 끌어들여 쾌락을 탐한 후 상대를 죽이기도 하고 돌려보내기도 했는데, 이때 돌아간 남자는 자신이 어디서 어떻게 돌아왔는지를 알지 못한다고 했다. 이것이 '고후지고지'라는 것이다.[36] 하지만 이는 단순한 황후의 황음이 아니라 소위 엘레우시스 비밀의례에서처럼 씨의 제공자를 철저히 제거하기 위한 방편이다. 황후의 이름인 '고후賈后'의 '賈'는 조두(cowry)라는 뜻이고, '后'는 모후로 사실상 이 이름은 신들의 어머니(신모 神母)이며 무속이 말하는 주이 主耳이다. 따라서 고지 故智는 정령의 아이를 낳는 태교를 가리킨다. 《고기》에서 이르는 공양태모지법 供養胎母之法이다. '고후지고지'가 쌈지도의 제3기능임을 말하고 있는 것이다. 역사는 되풀이되지 않는다지만 교훈은 되풀이되는 모양이다. 기원전 7세기 고조선과 주나라가 망할 때에도 원인은 음사였다. 인드라 신화의 비유를 다시 끌어다 쓰자면 바단물(정령 精靈) 배급에 부정이 생기면서 제후의 난이 일어난 것이라고 할 수 있다. 결국 서진의 이마지정은 모두 4세 52년으로 막을 내렸다.

서진의 수도는 성도이고 그 왕은 류 穮라고 했다. 이는 글자로 볼 때 왕의 이름이 아니라 기록자가 마음대로 지은 가칭임을 알 수 있다. '류 穮'를 속자인 류 類로 해석하면 짐승을 이르는 말로 왕을 욕하는 셈이다. 그러나 이 글자를 그대로 '穮'로 읽으면 중대한 메시지를 전하는 말이 된다. 《자전》에 穮는 비상시 군대가 출정식(군여 軍旅)을 할 때 하늘에 알리는 예(제사 祭祀)를 가리키는 말이다. 기록자가 왜 왕의 이름을 정식으로 기록하지 않고 이렇게 편법을 썼을까?

그것은 이 왕이 처한 상황이 말해 준다. 팔왕의 난으로 수도가 위협에 처했을 때 성도왕 류는 흉노 왕 유연 劉淵에게 구원을 청한다. 그는 모돈 칸의 자손으로 중국의 서북이나 화북 지역에 있었던 선비, 오환 등의 유목부족 출신이었다. 서진 때에 졸본부여의 오부 五部를 관장하는 대도독 大都督이었다. 유연은 성도 왕의 요청으로 군사를 끌고 성도(사마르칸트)로 달려갔으나 성은 이미 텅 비어있었다. 기록은 성도 왕 류가 유연이 당도하기 전에 이미 도주했다고 전한다. 이 대목을 《한서》는 대월지국이 장안 長安의 감씨성 監氏城에 있다가 그곳을 버렸다고 했다.[37] 여기서 말하는 대월지국이 박트리아와 소그디아나이고, 장안이 히바이며 감씨성은 이찬칼라 성임을 알 수 있다. 지금도 그 유적이 남아있는 이찬칼라 성은 어마어마한 규모이다.

그러니까 감씨성을 버린 대월지국 임금 류가 비상사태에 처하자 급히 하늘에 제고祭告했다는 것을 말해 준다. 흥미롭게도 이 이야기가 바로 김부식의 기록에 보이는 고구려 제14대 봉상왕烽上王과 15대 미천왕美川王 때(291~331)의 이야기와 대응된다. 김부식의 기록에는 봉상왕이 무도하게 신하와 아우를 죽였고 이웃 연燕나라가 수시로 침입해 오자 무리하게 징병을 일삼아 백성들이 이를 원망하며 도주했다고 썼다. 유의할 대목은 이때 국상 창조리倉助利가 쿠데타를 일으켰다는 사실이다. 왕은 옥에 갇히자 곧 목을 매달았다. 그러자 창조리는 왕제王弟의 아들 을불乙弗을 벼락치기로 왕위에 앉힌다. 그리고 대나무 잎을 옷에 꽂은 군대를 동원한다. 이것이 일연이 죽엽군竹葉軍이라고 기록한 것으로, 샤먼들의 군대이다. 흉노 추장 유연에 대한 기록은 없으나 미천왕이 낙랑군(졸본)을 침공했다는 기록을 참고하면 그가 성도(사마르칸트)를 버리고 졸본부여로 갔음을 말해 준다.

유연은 성도에 입성하여 대칸(대선우大單于)을 칭하고 좌국성左國城에 거했다. 이는 성도의 좌측에 있는 성으로 부하라를 말하는 것이 아닌가 생각된다. 그러자 수많은 호인胡人과 한인漢人이 그곳으로 옮겨왔다. 유연은 이에 힘을 얻어 국호를 한漢이라 하고 황제皇帝가 되어 평양平陽에 도읍했다. 평양은 타슈켄트이다. 한이라는 국호는 물론 쌈지의 도에 반하는 것이다. 기록은 그가 경학經書이나 역사, 문예에 능통했다고 전한다. 당연히 천문학, 연금술, 풍수지리를 중시하는 샤머니즘보다는 철학이나 문학을 존중하는 왕도를 선호했다고 볼 수 있다. 본래의 성이 모冒씨인데도 그가 한나라풍으로 성을 유씨로 한 것은 그런 증거이다. 유연은 장안을 차지하자 곧 백제를 쳤다. 백제가 이웃에 있었다는 사실은 우리를 곤혹스럽게 만든다. 하지만 이 대목은 김부식이 남긴 기록에도 버젓이 나와있다. 백제 제8

대 책계왕責稽王 13년(289년)에 한漢이 맥인貊人과 함께 침입했는데 이에 왕이 군사를 거느리고 나가 그들을 막다가 전사했다는 것이다. 이 시기에 한漢이라는 나라는 오직 유연의 한 외에는 존재하지 않는다. 그러므로 백제가 이때 한반도에 있었다는 것은 터무니없는 이야기가 된다.

유연의 한나라는 밤하늘의 별처럼 잠시 반짝이다가 사라졌다. 유연의 혈통으로 알려진 유요劉曜가 장안에서 자립하여 국호를 조趙라고 고쳤기 때문이다. 기록은 이를 후조後趙라고 하지만 실제로는 대무신의 조성趙城, 그러니까 트로이 성의 역사를 상기시키는 국호이다. 유요가 이렇게 갑자기 등장하는 사정을《진서》는, 유요가 중산국의 평락平洛에서 국강상에 올랐으며 이때 중산국의 땅(야野)을 대량조大梁趙에 나누어 주고 대량조大梁趙라는 이름을 혁신적으로 개명하여 대조大趙라고 했다"고 썼다.[38] 유요가 중산국 화백회의에서 제2기능자인 무두루가 되어 국호를 조趙로 하면서 유연에 의해서 말살된 쌈지의 도를 회복했다는 뜻이다. 한편으로는 조가 고구려의 기능을 지칭한다는 것을 알 수 있다. 기록에서 '평락'은 신선놀이를 하는 '펴라(낙랑)'임을 알 수 있지만 문제는 '대량조'라는 명칭이다. 이는 아직도 풀지 못한 수수께끼다.

대량조大梁趙라는 말은 누가 보나 '大梁'이라는 말과 '趙'라는 말을 합친 것이다. 왜 두 명칭을 합쳐놓아야 했을까. 사마천의 기록을 보면, '대량'이 전국 시대의 위魏가 다스렸던 곳이며 진시황이 '대량'을 공격하여 그 성을 파괴했다고 하여, 그곳이 성의 명칭임을 말해 준다.[39] 진시황이 알렉산드로스이므로 이때의 대량이 전성기 파르티아(백제)의 수도였던 크테시폰이다. 우리는 이미 '크테시폰'의 테를 '大'로, 끝소리 'phon'을 '梁'이라고 적어서 '大梁'이 되었다고 했다. '趙'는 춘추전국시대의 삼진三晉으로 조성趙城을 가리키며, 다물흥방 때 고구려의 대무신이 지키던 스파르타의 트로이 성을 말한다. 곧 수수께끼의 '大梁趙'는 백제와 고구려를 합친 말인 것이다.

《서진기西晉記》에 백제百濟가 서진 말까지 50여 봉국을 거느린 마한이라고 기록했는데, 대량은 백제이고 마한이 고구려임을 말하고 있는 것이다. 그러니까 성도 왕 류는 마한의 왕이었다. 중산국(박트리아)의 화백회의는 당상에 오른 유요에게 대기를 내리고 차제에 두 나라 이름을 줄여서 '大趙'라고 했던 것이다. 대조는 온조계와 유리계의 파르티아가 그 갈등을 멈추고 하나로 화해한다는 의미로 읽을 수 있다. 유리명제와 온조의 갈등을 봉합하는 대혁신이 일어난 것이다. 하지만 유요의 대조도 불과 5세 26년 만에 그곳에서 일어난 석륵石勒에게 멸망하고 만다.[40] 석륵은 돌궐이다. 돌궐은 알타이 산맥 이서以西의 영토와 천산산맥 속의 오르도스 계곡, 그리고 시르다리야 강 동쪽으로 흐르는 츄Chu 강 하반이 그들의 활동무대였다. 훨씬 뒤에 그들은 타림 분지로 들어왔다. 이들의 근거지가 본래 오늘의 터키 땅이었다는 사실은 기록이 말해 준다. 《진서》에는 이렇게 기록되어 있다.

서진의 제2대 혜제惠帝 이후 석륵石勒에서 유주幽州가 함몰하였고 이에 동진의 제5대 목제穆帝, 영화永和 5년에 모용준慕容儁이 계薊에서 참칭했는데 이를 전연前燕이라고 한다.[41]

유주가 석륵에서 함몰하였다는 말에서 석륵이 지역 이름임을 알 수 있다. 그렇다면 유주가 함몰하였다는 것은 무슨 뜻일까? 유주가 지진과 같은 대재난에 함몰했던 것이다. 유주는 샤먼이 있는 부도 지역이다. 주목할 점은 지진의 현장이 석륵이라는 사실이다. '석륵石勒'을 글자 그대로 해석하면 '돌미륵'이다. '石'을 이두로 읽으면 '돌'이고 '勒'을 rug으로 옮길 수 있어서 두 소리를 합치면 터키를 말하는 'türk'가 된다. 또 'türk'는 터키어로 아홉(九)이라는 뜻으로 샤먼(구이 九夷)을 가리키는 말로 해석할 수 있다.

부도 지역이자 샤먼들의 거처인 아나톨리아의 카파도키아는 돌미륵으로 유명한 곳이다. 이 기록은 카파도키아 일대에서 지진이 일어났다는 것을 말하는 것이다. 지진이 나자 그곳에 있던 샤먼족인 선비족鮮卑이 계薊에서 전연前燕을 선포했다고 한다. 전연은 이전에 있었던 연나라를 가리키는 말로 정통성을 강조하는 말이다. 문제는 '계薊'인데, 이는 약초라는 의미이다. 《자전》은 '계薊'를 복용하면 추위도 모른다고 하여, 이것이 마취제의 일종임을 암시하고 있다. 그렇다면 '계'는 자고로 마취제가 생산되었던 곳을 가리킨다. 앞에서 이미 약초가 고대 샤먼의 약초였던 메디아의 풀(메디카고 medicago)이자 신들의 불로장생약이며 이 약초가 생산되는 곳이 카스피 해의 서안에 있는 고대 도시 '바쿠'라고 했다. 동명성제가 다물흥방하면서 동옥저(히바)를 점령한 다음 점령했던 곳이기도 하다. 김부식의 기록에는 이를 행인荇人이라고 했다. '荇'과 '薊'가 같은 뜻이다. 정황으로는 카파도키아에서 그곳으로 옮겨간 선비족이 그곳에서 연燕이라는 국호를 사용했는데, 《진서》가 이를 전연前燕이라고 기록한 것이다. 그러니까 돌궐의 기원은 샤먼족인 선비이고 그 선비에서 연이라는 나라가 탄생한 것이다.

김부식은 〈고구려사〉에서 고구려 봉상왕 때 지진이 일어났으며 이 무렵 이웃의 연나라 모용외慕容廆가 침공해 왔다고 썼다. 《진서》에 의하면 연나라는 지진이 나서 결국 카스피 해의 동쪽으로 이동한 석륵의 선비족이며 소그디아나에 인접해 있었다. 《한서지리지》는 전연의 본체인 연나라 땅은 미尾와 기箕가 나뉜 평야로서, 주나라 무왕이 은나라를 정복한 다음 소공召公을 봉했던 곳이라고 기록했다. 그곳이 바로 돌미륵(석륵)으로 가득 찬 카파도키아 땅이다. 미尾와 기箕에 대해서는 이미 언급한 바 있다.

'미'는 고대 엘람인의 나라 '미탄니'이고 '기'는 카파도키아의 첫소리이다. 그러니까 석륵은 카파도키아에서 동쪽으로 이동한 선비족이며, 그들은 처음 유연의 한에 붙었다가 유연의 세가 무너지자 반란을 일으켜 연을 세운 것이다. 김부식은 고구려 미천왕美川王이 330년에 후조後趙 석륵石勒에 싸리나무로 만든 화살(고시楛矢)을 보냈다고 썼다. 이는 후조가 성립한 바로 다음해의 일이어서 고구려와 후조가 역사적으로 같은 공간에 있었음을 말해 준다. 화살의 예는 주대周代에 그랬듯이 당상에 오른 영웅에게 내리는 대기大器의 하나로 쌈지도에서 제2의 기능을 인정하는 의례를 가리킨다.

옛날의 구이가 오호십육국이다

쌈지의 역사는 서아시아, 소아시아, 중앙아시아를 거쳐 오늘의 중국대륙으로 이동해 왔다. 그렇게 보면 중국대륙은 쌈지 역사의 마지막 무대라고 할 수 있다. 이 시대를 중국은 오호십육국의 시대라고 부른다. 304년에서 439년에 이르는, 약 135년 동안의 역사이다. 왜 중국은 이들을 흉노라는 말 대신 오호五胡라고 적을까? '胡'는 옛날의 흉노를 가리키는 글자이고 '五'는 오방五方이란 뜻이다. 옛 흉노들이 쌈지를 둘러싸고 이전투구를 벌이던 시대를 별도로 구분하여 이를 오호십육국 시대라고 한 것이다. 중국 기록은 오호십육국 시대의 흉노가 '코가 높고 수염이 많은 사람들'이라고 했다. 이런 모습의 유물상이 중국대륙은 물론 한반도에서도 발견됨으로써 오호십육국의 무대가 위도 30도 지역인 중국의 양자강 일대에서 35~40도 지역인 중원과 한반도에 이르렀다는 사실을 확인할 수 있다.그림 122 다음 기록을 보자.

흉노인의 전형적인 모습 왼쪽은 소그드 인물상(도판 출처, 김영종, 《반주류 실크로드사》)이고 오른쪽은 하남성 금촌에서 발굴한 흉노 모습의 복원도(도판 출처, 吉川幸次郎, 《漢の武帝》)이다.

주나라 시대(주도周道)가 쇠퇴하자 선성嬌城 땅에서 화禍가 비롯되었다.[42]

주도는 쌈지 기능을 말하고 선성은 배수가 그렸던 중국 지도에 명기되어 있듯이 졸본부여 지역이다. 서아시아의 고대사가 동아시아로 옮겨지는 시발점이 오늘의 섬서성과 사천성 일대임을 암시하는 것으로, 그곳은 양자강 상류 일대이다. 위 기록에 나타나는 화禍란 흉노의 맹주 유연柳淵이 산서山西에서 자립하여 서진西晉을 무너뜨린 후(304년)부터 북위北魏의 세조世祖가 황하의 상류인 화북을 통일하기(439년)까지의 일을 가리킨다. 쌈지의 헤게모니를 둘러싼 치열한 전쟁이 벌어진 것이다. 이러는 중에 오호는 세포분열을 하면서 모두 16개국으로 불어났다. 그들은 황하의 남북으로,

혹은 동서로 오가며 싸운 끝에 동아시아에서 고조선 시대의 쌈지도를 재현할 수 있었다.

이것이 서진이라는 이름에 대비되는 동진 東晉이며, 이 쌈지는 박트리아 일대에 있던 서진이 무너지자 그 부도의 마차를 동쪽으로 옮겨 자리를 잡았던 것이다. .

제18장

쌈지의 역사가 동아시아로 가다

무령왕릉은 무덤이 아니고 제천의식을 행하는 소도였다. 규모로 보면 가지에 해당한다. 신채호의 주장에 따르면 이는 신소도가 아니고 작은 소도인 셈이다. 〈동이전〉은 소도에서 천군이 제천의식을 행한다고 하고 이를 별읍이라고 했다. 또 《설문》은 별읍을 나라이면서 동시에 '사람들이 모이는 집회장소'라고 했다. 예배당과 같은 곳이다. 무가에서는 이런 곳을 탑산이라고 하는데, 무당은 그 곳에 사람들을 모아 놓고 푸닥거리를 했다.

동진과 고구려는 하나의 쌈지다

중국은 서진西晉과 동진東晉을 모두 중원에 설정해 놓았다. 중앙아시아(박트리아)에 있던 쌈지를 오늘의 중원에 옮겨놓고 서진이라고 하는 것이다. 이렇게 되면 동진과 서진의 구별은 모호해진다. 흉노의 역사는 부도의 역사이므로 그 마차는 황금횡대를 따라 이동하게 된다. 이 이동이 《고기》에서 구변진단九變震檀이라고 한 것이다. 서진이 중앙아시아의 위도 35도 지역인 박트리아에 있었으므로 그 마차가 이동하여 다물도가 일어나는 곳은 위도 30, 35, 40도 지역 가운데 어느 곳이다.

앞뒤 정황으로 보면 동진 세력이 서진에서 동남 방향으로 내려갔던 것이다. 그곳은 양자강 하류에 있는 사천성의 건업健業으로 오늘의 남경南京이다. 주나라의 도道가 망하자 그 화가 선성鄯城 땅에서 비롯되었다고 한 것은 이를 가리킨다. 촉왕은 본래 광도廣都의 번향樊鄉을 다스리다가 성도로 그 도읍을 옮겼다고 했다.[1] 촉왕은 소그디아나의 고구려 왕이고, 광도는 도읍을 뜻하는 터키어 'kent'의 이두 표기이며 오늘날의 타슈켄트를 가리킨다. 또 번향은 낭도들의 수도장이었던 샤먼의 고향(무향武鄉)인 수도지修道地이다. 이 기록은 서진이 망하여 양자강 하류 일대로 옮겨갔음을 말해

탈은 부도에 보관되는 샤먼들의 의례용 얼굴이다 중국 사천성의 탈은 박트리아, 소그디아나, 쿠차의 탈과 양식이 같아서 쌈지문화가 동쪽으로 이동했음을 보여준다. 한반도에서 발견되는 탈의 기원도 중앙아시와 연결된다. 위는 사천성에서 유행했던 나희용 가면(도판 출처, 황젠화, 《삼성퇴의 황금가면》)이고, 아래 왼쪽은 통일신라시대의 귀면와(동국대 경주박물관), 아래 오른쪽은 낙랑시대의 청동귀면장식판(도판 출처, 關野貞, 《朝鮮美術史》)이다.

준다. 전촉과 후촉이라는 말이 사용되어 소그디아나 시대가 전촉이고 사천성의 성도 시대가 후촉이라고 말하고 있다. 성도 지역에 전해지는 가면놀이(나희儺戱)용 탈이 박트리아, 소그디아나, 쿠차의 탈과 같은 양식이라서 이런 정황을 알 수 있다. 그림 123 탈은 샤먼들의 의례용 얼굴이므로, 이는 중산국-박트리아, 소그디아나 지역의 쌈지 문화가 고스란히 이곳으로 이동해 왔음을 말해 주는 것이다.

동진의 첫 사제가 된 사마예司馬睿는 낭야 왕琅琊王 주仙의 손자이다. 중국 학계는 낭야가 산동성 제성현諸城縣의 동남쪽 어느 곳에 있었다고 말하지만, 이미 알렉산드로스 왕의 이야기에서 언급했듯이 그것은 허구이다. 낭야는 세계에서 가장 아름다운 백옥을 생산하는 나라 고단이다. 중국 기록이 낭야를 명문가라고 한 것도 그곳이 세계적인 옥의 산지였다는 사실을 근거로 하고 있다. 새로운 쌈지를 일으키자면 천하의 보물로 옥황을 만들어야 한다. 사마예는 팔왕의 난 때에 평동장군平東將軍으로 활약하다가 전란이 극심해지자 안전지대였던 강회江淮로 탈출하여 강남지구의 최고 사령관(오주제군사五洲諸軍事)이 되었는데 307년에 남경으로 옮겨갔다. 그곳은 벼농사가 잘되던 곳으로 화북 지역에서 몰려온 많은 난민으로 번영을 구가하고 있었다. 이때 낭야국 출신의 왕도王度라는 인물이 군사를 동원하여 그 지역을 제압하면서 사마예를 추대하여 제위에 오르게 하였다. 동진이라는 쌈지가 출현한 것이다. 이때의 동진이 부도국이라는 사실은 다음 《남사南史》의 기록에서 알 수 있다.

스스로(동진東晉) 중원비등中原沸騰에 있으며 좌측의 한 지역과 중개자가 된다.[2]

암호 같은 문장이다. 중원은 오방五方을 뜻한다.[3] '비등'은 문자 그대로

'끓어오르다'라는 뜻으로 지자기地磁氣가 회오리치는 자방磁方을 가리킨다. 또 좌측의 한 지역과 중개자가 된다는 말은 제3기능인 변한 세력을 의미한다. 즉 쌈지구조를 말하는 것이다.

이때 고구려의 고국원왕이 국강상에 올라 제2기능자가 되면서 진晉에 사자를 파견한다. 동진 시대의 제2기능이 부활했음을 알 수 있다. 이는 《진서晉書》에서도 암시하고 있다. 앞에서 이미 언급했듯이 《진서》는 백제의 일을 둘로 나누어 기록했다. 〈서진기西晉記〉는 백제가 서진 말기까지 50여국을 거느린 마한이었다는 사실을 기록하고, 〈동진기東晉記〉는 서진 이후를 그냥 백제라고 기록하고 있다.[4] 서진과 동진이 모두 중원 땅에 있었다면 이 기록이 도대체 무엇을 말하는지를 알 수 없게 된다. 그러나 박트리아(소그디아나) 시대의 일이 서진이면, 이는 파르티아(백제)가 50여 봉국을 거느렸던 때의 일을 말하는 것이다. 또한 동진은 파르티아(백제) 세력이 오늘의 중원으로 이동하여 서로 자웅을 겨루던 오호십육국이며, 그곳에서 새 쌈지를 일으켰다는 뜻이 된다. 백제의 구태仇台가 진晉에 사자를 파견하고 진나라 벼슬인 번작蕃爵을 지냈다[5]고 한 《문헌통고文獻通考》의 기록은 고국원왕(고구려)이 제2기능자가 되면서 구태(백제)가 제3기능자가 되었음을 말하는 것이다.

당나라의 안사고顔師古는 파르티아(안식) 세력이 한나라 때 섬서성에 있는 온숙령 일대에서 목축과 밭농사를 하며 살았다고 했는데,[6] 이 기록은 파르티아의 유민이 섬서성과 양자강 일대로 옮겨갔음을 말하는 것이다. 김부식이 본국에도 없는 신라 선도성모의 신상神像을 그곳에서 본 것도 이런 배경에서만 가능한 일이다. 소아시아의 진과 박트리아의 서진 그리고 성도의 동진, 이는 조선이라는 이름의 쌈지가 지중해에서 중앙아시아를 거쳐 동아시아로 이동하며 남긴 발자국이다. 성도에서 발굴된 쌈지도의 유적인 삼성퇴의 유물은 이런 정황을 뒷받침한다.

삼성퇴의 유물은 쌈지도의 것이다

1986년, 성도(광한廣漢)의 삼성퇴三星堆에서 바빌로니아 시대의 것으로 보이는 유물들이 발굴되었다. 그림 124, 그림 125(313쪽) 중국은 이것을 고촉국古蜀國의 유물이라고 말한다. 고조선의 유물인 것이다. 주목할 만한 것은 1호갱에서 발굴한 청동으로 만든 인물의 입상立像과 두상頭像, 그리고 청동가면이다. 이것들은 은허殷墟 유물과 동시대에 속한다고 밝혀졌다. 1호, 2호

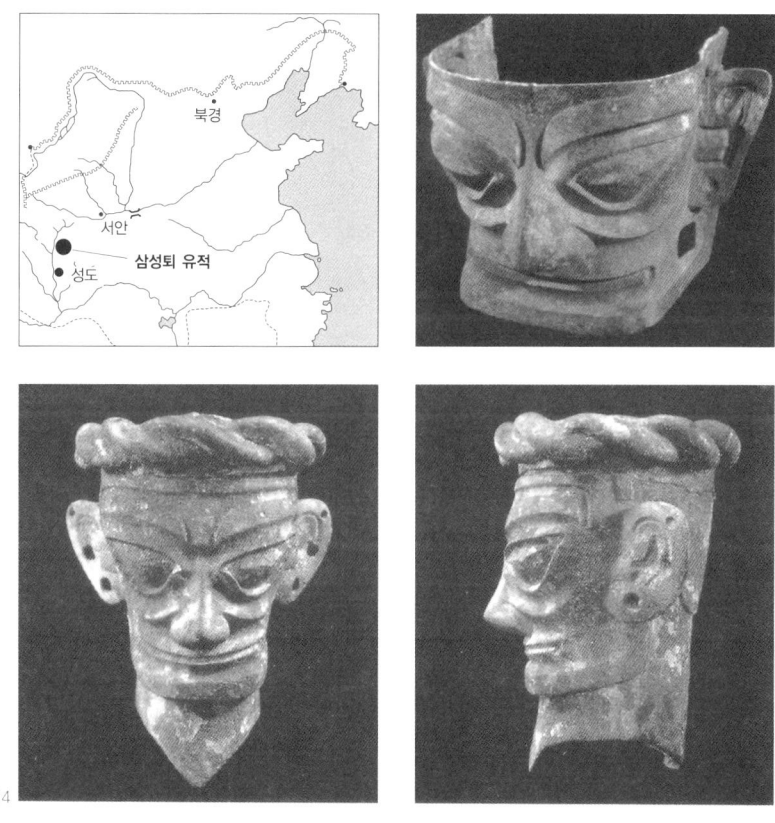

124

삼성퇴 출토 청동인물상   위 그림의 주걱턱, 아래 그림의 머리에 두른 터번 등은 서남아시아인을 연상하게 한다. 도판 출처, 황젠화,《삼성퇴의 황금가면》.

18 쌈지의 역사가 동아시아로 가다   537

양쪽 모두에서 발굴된 청동 인물은 얼굴에 순금을 얇게 펴서 만든 가면을 썼다. 가면 안쪽에는 진흙의 흔적이 남아있어서 이 인물이 신상이었음을 알 수 있다.[7] 얼굴은 오늘날 동아시아인의 얼굴이 아니다. 앞으로 툭 튀어나온 커다란 눈과 입 그리고 얼굴 전체의 삼분의 일을 차지할 만큼 큰 주걱턱은 터번을 두르고 사는 서아시아인을 연상케 한다.

중요한 물건은 청동으로 만든 신수神樹이다. 그림 126(313쪽) 무려 4미터나 되는 거대한 나무에는 우랄 알타이(퉁구스) 신화에서 본 간지나무처럼 정확히 아홉 가지에 아홉 마리의 새가 앉아있고 뱀이 그 줄기를 휘감고 있다. 새가 정령이라는 것은 청동으로 만든 제기가 말해 준다. 앞에서 본 머리에 조두(존尊)를 이고 있는 여인상이 고구려 고분벽화에 그려진 선녀와 같은 모습인 것도 우연이 아니다. 선녀들도 신들의 정령(삼족오三足烏나 두꺼비)이 그려진 항아리를 머리에 이고 있다. 사마천은 삼족오를 장생이라고 하여 이 도상이 동이의 표상임을 암시했다. 그러니까 이들은 모두 고리짝을 내려보내는 올림포스의 신단수와 관계된 유물인 것이다.

불가사의하게도 이 유물들은 진시황의 병마용과 마찬가지로 모두 불에 그을렸으나 소중하게 다뤄져 있었다. 엘람 연구의 권위자 모건Morgan의 말이 아니더라도 그것들이 서아시아에서 옮겨졌다는 사실을 더는 부인할 수 없다. 엘람의 문화가 박트리아를 넘어 이곳까지 왔다고 해야 하지만, 중국은 물론 이에 동의하지 않는다. 중국 학자 정덕곤鄭德坤은 이런 의견이 나올 때마다 이렇게 반론을 편다. "비중국적인 요소는 그런 유물을 보는 데 익숙지 않기 때문에 그렇게 보이는 것뿐이다."[8]

문제는 중국적인 것과 비중국적인 것의 본질이 무엇인지 규명되지 않는다는 사실이다.

김부식이 숨긴 고구려―동진 시대의 제2기능

서기 317년에 중국 양자강 하류의 건업에서 동진이 일어났다. 동진은 모두 11세, 104년 동안 천하(오호십육국)를 지배하다가 410년에 막을 내렸다. 제2기능자였던 고구려의 실질적인 지배 시대이며 김부식이 숨기려 했던 고대사의 실체이기도 하다. 《진서》는 동진이 북쪽의 남연南燕과 후진後秦을 멸하고 그 공功을 중원中原에 돌렸다고 했다. 여기서 중원은 특정 지역이 아니라 제2기능(고구려)을 의미한다. 중산中山이 몽골 말로 고구려인 것과 같다. 중산과 중원은 모두 오방을 의미한다. 남연과 후진은 모두 오늘의 중원 땅이 아니고 졸본부여 시대의 영역을 가리키고 있다.

고구려가 태조 이후 소그디아나 일대에서 옛 졸본부여로 옮겼던 시기는 고구려 제15대 미천왕 때(300년)라고 할 수 있다. 바야흐로 조조의 위가 쇠하고 연이 쌈지에 도전했던 시기이다. 이때 서아시아에서는 수隋의 모체인 사산조 페르시아가 로마와 대결하는 상황이었으므로 중앙아시아에 크게 신경을 쓰지 못하는 상황이었다. 고구려에 도전한 연은 《한서지리지》에서 미와 기가 갈리는 평지라고 기록했던 나라이다. 미는 고조선 시대의 부여족(엘람)이 살았던 미탄니 제국으로 티그리스와 유프라티스 강의 상류 지역이라고 했고, 기는 카파도키아를 가리킨다고 했다. 이 미와 기 사이에 팜필리아Pamphylia, 킬리키아가 있었다. 그곳을 연이라고 한 것이다. 광물자원이 풍부하게 매장되어 있었으며 지중해 여러 나라 난민들이 모여 살던 곳이다.

그곳에 망명객으로 머물던 위만衛滿이 유민들을 규합하여 사마천이 공지空地라고 기록했던 리키아(기자조선)로 쳐들어가 기자조선의 마지막 단군 마한馬韓을 내쫓고 위만조선을 세웠다. 《고사》는 이때 쫓겨난 마한이 신하를 거느리고 배를 타고 월지국으로 가 그곳에 마국馬國을 세웠다고 한다.

그가 배를 타고 흑해로 들어가 카스피 해를 거쳐 박트리아 일대로 갔음을 알 수 있다. 중국은 박트리아를 대월지라고 했다. 조조의 위가 일어섰을 때 그들 신족이 박트리아에 있었음을 암시한다. 위가 무너지자 그들은 나라를 연이라 하고 고구려를 공격하여 새로운 쌈지에 도전했다. 이 주장은 물론 연나라가 오늘의 산둥이나 하북 지역에 있었다는 기존 학설과 배치된다. 하지만 연나라가 고구려에 침공할 때의 지리적 상황에 대한 설명은 이 주장이 옳다는 것을 증언해 준다. 김부식의 기록은 이렇게 적었다.

> 연나라는 고구려 14대 봉상왕 2년(293년)에 처음 침공해 왔다. 왕이 폭정과 연나라의 침공으로 민심을 잃자 혼란을 틈타 국강상인 창조리가 반란을 꾀하였다. 그는 군중 앞에서 자신의 관에 대나무 잎을 꽂으며 뜻을 함께 하는 사람은 대나무 잎을 머리에 꽂고 자신을 따르라고 외쳤다. 그런 다음 왕을 별실에 가두고 왕손이었던 을불을 왕위에 앉혔다. 그가 고구려 15대 미천왕이다.

대나무 잎은 제2기능의 상징으로 일연의 기록에는 죽엽군으로 기록된다. 세상을 구하는 무두루(미트라) 전사로 샤먼의 군대를 말하는 것이다. 미천왕은 다음해(302년)에 군사 3만을 거느리고 현토군을 쳐서 8,000명을 사로잡아 평양으로 옮겼다. 왜 미천왕은 전쟁을 벌였을까?

현토군은 졸본부여 시대의 오방으로, 누란과 선선, 토곡혼 지역이며 평양은 부도이다. 토곡혼은 흑해·카스피 해 등을 통해 지중해 문명권과 무역하는 대상隊商들이 실크로드로 들어와 쉬는 정박소로, 그곳을 통과하기 위해서는 통행료를 지불해야 했다. 쌈지의 제3기능(변한)의 무대라고 할 수 있다. 그곳에는 여신 집단(여무女巫)이 있을 것이고 이 집단을 보호 감독하는 샤먼(왜倭)의 기능이 있다고 해야 옳다. 이렇게 보면 미천왕은 위나라에게 뺏긴 졸본부여 지역의 봉국을 되찾으려 했던 것이다. 미천왕이 311년에 서안평을 공취한 뒤 남으로는 대방군을 탈환한 것도 그렇게 이해할 수 있다. 대방은 토곡혼 남쪽 지역으로 오늘의 티베트 국경지대이다.

이때가 쌈지구조로 보면 신라 14대 유례 이사금 때이고 그 수도는 오늘의 중국 지도에 나타나는 기련산맥의 동쪽 끝 지역에 있는 금성金城이다. 금성이 부도이고 그곳에 샤먼들이 있었다. 이를 뒷받침하는 기사는 신라 14대 유례 이사금의 기사와 고구려의 제15대 미천왕의 기사이다. 거의 같은 연대에 양쪽에 모두 댓잎을 꽂은 죽엽군竹葉軍의 이야기가 실려있기 때문이다. 유례 이사금 기사에는 이웃 나라 이서고국伊西古國이 금성으로 쳐들어와 이들과 싸웠는데, 곤궁에 빠져 어찌할 바를 몰랐을 때 갑자기 댓잎(죽엽竹葉)을 머리에 꽂은 군사들이 나타나 적을 격파하고는 어디론가 사라졌다고 했다. 정체불명의 이 죽엽군은 미천왕의 결사대와 무관하지 않으며 정체를 드러내지 않는 쌈지의 제2기능자이다. 기록에 보이는 이서국伊西國은 이오伊吾, 석성진石城鎭, 미란屯城, 선선鄯善 지역으로 당나라 시대의 지방지地方志에는 이 지역을 이주伊州라고 썼다. 이곳을 '이서고국'이라고 쓴 까닭은 금성에서 볼 때 서쪽에 있을 뿐 아니라 사실상 그 지역은 옛날의 쌈지 지역이기 때문이다.

서기 317년, 위에 이어 쌈지가 되었던 서진이 막을 내리자 사천성 일대 성도에서 새 쌈지 동진이 일어났다. 바로 이 대목에서 김부식이 피해갔던 문제의 고구려 성왕聖王을 만나게 된다. 그가 다름 아닌 고구려 제16대 고국원왕故國原王이다. 그는 미천왕의 아들(태자)로 이름은 사유斯由였다. 김부식은 사유가 국강상에 오른 왕이었다는 사실이 드러날까 염려해 이 사실을 아주 작은 글씨로 기록해야 했다. 앞뒤 정황을 보면 사유가 누란에서 열린 신선놀이에서 여러 경쟁자를 물리치고 당상에 올랐음을 알 수 있다. 그 놀이는 동진이라는 새 쌈지가 벌인 축제이다. 340년에 동진의 승려 법현法

顯은 인도로 가기 위해 이 누란을 지났는데 그곳 오아시스 일대에 4,000명에 달하는 승려가 있었다고 했다.[9] 그러므로 제2기능자를 뽑는 올림피아드가 그곳에서 열렸다고 말하는 것은 비약이 아니다. 고구려의 시조 고주몽이 졸본에서 일어나 대천사가 되었던 역사가 반복되고 있음을 말해 준다.

성왕의 이름도 고구려가 이때 졸본부여에 옮겨가 있었다는 사실을 뒷받침한다. 성왕은 '고국원故國原'이라는 시호를 얻었는데 이 시호는 그가 고국(주몽)으로 돌아왔음을 의미하기 때문이다. 성왕은 졸본의 시조묘에 제사하고 나서 자신이 당상에 올랐던 평양성(누란)을 증축한 다음, 동진에 사신을 파견하고 방물을 바친다. 제1기능과 제2기능이 만났음을 말해 주는 대목이다. 고구려 시조묘는 고구려는 물론 백제에게도 최대 성지聖地이지만 그 묘가 투루판의 어디에 있는지는 확인할 수 없다. 정황상 시조묘가 투루판에 있는 셍김 아기스 석굴사원이나 토욕 석굴사원그림 127 같은 곳에 있을 가능성이 있다. 돌궐의 아사나阿史那족 시조묘도 석굴에 있기 때문이다. 여하튼 이때 고국원왕이 국경을 시찰했던 사실을 일연은 고구려 성왕이 휴도금인 유적이 있는 곳을 시찰했다고 기록한 것이다. 342년에 왕은 환도성을 수리하고 국내성을 쌓았으며 국도를 환도성으로 옮겼다고 한다. 환도라는 말은 부도와 같은 말이며 국내성은 부도를 지키는 성이란 뜻이다. 즉, 선선을 말하는 것이다.

이렇게 보면 연나라와 고구려의 위치를 파악할 수 있다. 최초의 연은 《진서晉書》〈지리지〉에 한나라 혜제惠帝 이후 석륵에서 망한 유주幽州라고 했다. 유주는 숨어 사는 샤먼들을 가리킨다. 우리를 곤혹스럽게 만드는 것은 '석륵'이다. 혜제의 일이 소아시아에서 있었던 일이므로, 석륵은 돌미륵, 즉 카파도키아를 지칭한다. 따라서 석륵은 돌궐의 흉노식 이름이 되는 것이다. 중국 문헌은 이들이 오호십육국의 하나이며, 뒤에 선비족이라 불렸다고 했다. 이들은 요동으로 진출하여 서진 때에는 토곡혼에 진출하기도

셍김 아기스 석굴사원(위)과 토욕 석굴사원(아래) 샤먼들의 거처로 둔황석굴과 마찬가지로 대부분 천문관측의 기능을 했다. 도판 출처, 임영애, 《서역불교 조각사》.

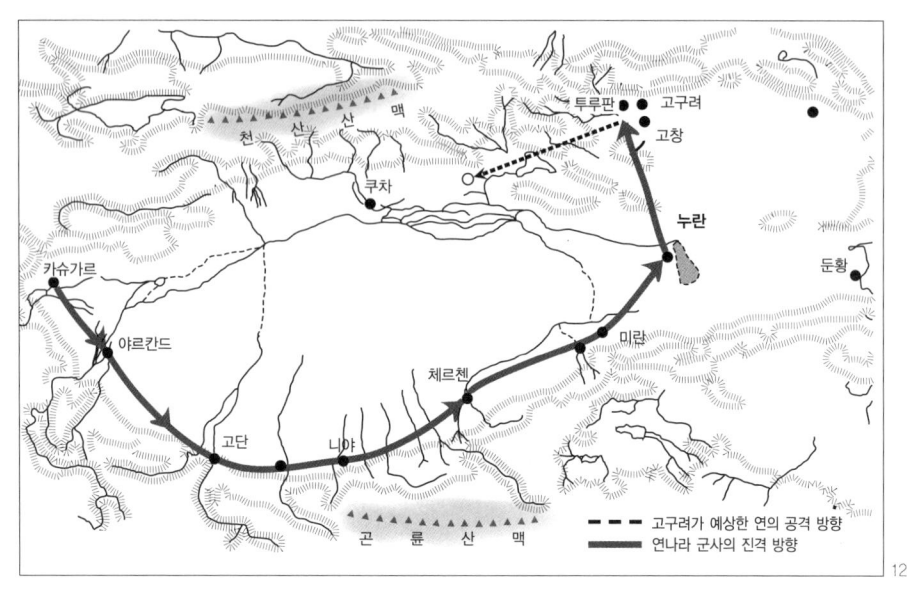

연의 고구려 침공도 342년. 연나라 군사가 지도의 왼쪽에 보이는 카슈가르 쪽에서 실크로드 남로를 역으로 진입하여 고구려의 고창, 투루판에 이른다. 하지만 고구려는 실크로드 북로 쪽에 주전선을 구축하였다.

했다. 선비족은 모용씨慕容氏의 아들 황皝이 일어나 처음으로 연이라는 나라를 세웠다. 이때 그들은 박트리아 북쪽 지역인 오늘의 우즈베키스탄에 있는 아무다리야와 시르다리야, 두 강 일대에서 투루판으로 진격하는 모양새였다. 중국이 요동이라고 말하는 지역이다. 김부식은 연의 조부인 고화高和가 원래 고구려에서 갈린 족속이고 고구려 고양씨高陽氏의 후손이라고 했다. 그럼에도 연의 목표는 고구려와 중국을 타도하는 일이라고 쓰고 있다. 이는 전쟁 목표가 단순히 땅을 뺏거나 백성을 차지하는 데 있는 게 아니라 쌈지의 권력을 탈취하는 데 있음을 말해 준다. 동진이 제1기능이고 고구려가 제2기능이었으므로 연은 이 두 기능을 인정하지 않겠다는 사실을 힘으로 보여주려 한 것이다. 그런데도 김부식은 여기서 제1기능자인 동진을 '중국'이라고 했다. 중국이라는 말은 당대에는 존재하지 않았으므로 이 말은 중산국 中山國을 가리킨다고 봐야 옳다. 동진은 서진에 이어 일어났고, 서진은 또 중산국(박트리아)에 이어 일어났으므로 동진을 가리켜 중국이라고 하는 것은 무리가 아닌 것이다.

342년에 연나라의 모용황이 대군을 거느리고 고구려를 침공한다. 그림 128 정황으로 보아 연나라 군대가 요서에서 요동으로 나왔음을 말해 준다. 연나라군이 두 실크로드가 만나는 카슈가르에 이르러 타클라마칸 사막으로 들어섰던 것이다. 이는 장수 모용한 慕容翰이 왕인 모용황 慕容皝에게 고구려로 가는 데는 북도와 남도의 두 길이 있다고 말한데서 드러난다. 북도는 평활 平濶하나 남도는 험하고 좁다 險狹고 하여 이곳 지리를 소상하게 설명하고 있다. 사마천이 〈흉노열전〉에서 지적한 실크로드의 북도와 남도 이야기가 다시 등장하고 있는 것이다. 고구려의 본거지인 투루판과 고창 高昌은 실크로드 북도로 가야 하고 평양이나 낙랑은 남도로 가야 쉽게 도달할 수 있다. 모용한에게 설명을 다 들은 연왕은 북도로 쳐들어가기로 결단을 내렸다. 그러자 장수는 이렇게 역제안한다.

> 고구려군은 대군이 북도로 쳐들어올 줄 알고 북도를 중하게 막고 남도를 경하게 할 것이니 왕은 예병을 거느리고 남도에서 그 허를 찔러야 합니다. …… 비록 차질이 있을지라도 그들의 중심이 무너지면 능히 자리를 지탱하지 못할 것입니다.

연은 4만 명을 남도로 진격시키고 나머지 1만 5,000명의 군사를 북도로 진격시켰다. 이런 전략을 간파하지 못한 고구려는 왕의 아우 무 武에게 정병 5만으로 북도를 막게 하고, 왕자 신이 약한 군사를 거느리고 남도를 방비하게 했다. 이렇게 되어 고구려는 연의 전략에 말려서 대패하게 된다. 선선(환도성)이 무너지자 연나라는 고국원왕의 생모를 사로잡고 부왕(미천왕

美川王)의 무덤을 파냈으며 궁실을 모조리 태워버렸다. 그리고 억만금의 보물과 함께 무려 5만여 명의 백성을 끌고 갔다. 억만금의 보물이란 황금으로 만든 감천궁(부도)의 옥황玉皇과 샤먼 신상의 황금장식이다. 김부식은 조선의 신전에 진열된 보물의 성격이 드러나는 것을 피하기 위해 이를 단지 억만금의 보물이라고 표현했다. 고구려 왕은 아우를 연에 입조케 하여 사태를 수습하고 도읍을 동황성東黃城으로 옮겼다. 연나라와 고구려의 이 전쟁기록을 기존 학설처럼 만주나 한반도에 옮겨놓는 것은 불가능한 일이다. 이 지역의 지형에 대한 예비설명 없이 대번에 남도와 북도라는 명칭을 거론할 수는 없기 때문이다.

　동황성은 투루판 동남쪽에 있는 둔황을 말한다. 김부식은 이 성을 가리켜 서경西京의 동쪽 목멱산중木覓山中에 있다고 써서 우리에게 또 하나의 수수께끼를 제시한다. 그러니까 '목멱木覓'이라는 글자에 답을 숨겨놓고 능력 있는 독자에게 이를 풀라고 주문하는 것이다. '覓'은 찾다(색素, 구求)는 뜻이므로 '木覓'은 '나무를 찾다'는 뜻이 되어 말이 성립되지 않는다. 하지만 흉노의 시각에서는 '목멱'의 '木'은 신단수나 신목神木의 비유이다. 고구려가 동쪽 굴 속에서 축제 때 모시는 수신隨神이나 목신木神 같은 의미인 것이다. 수신은 옥황이다. '멱'자의 의미소意味素를 보면 이 글자가 화혈 안에서 일월성신을 관찰하는 샤먼들의 제천의식을 가리킨다는 것을 알 수 있다.

　주목할 글자는 '산중山中'이다. 이 말은 막연히 산속을 가리키는 게 아니라 굴을 가리키는 것으로 '막고굴'을 말한다. 실제로 전량前涼 시대에 만들어진 둔황의 막고굴 벽화에는 평양성으로 추정되는 성곽의 모습과 그 성문 앞에서 사열을 하는 기마병들의 군여도軍旅圖가 그려져 있다. 이것이 동이의 축제의식이라는 것은 장삼을 걸친 샤먼들이 탈을 쓰고 춤추는 장면을 보면 알 수 있다. 그곳이 바로 부도이다. 또 전량은 졸본부여 시대의 백성들이 누란 일대에서 세운 나라이므로, 김부식은 이런 정황이 드러나는 것을 달가워하지 않았을 것이다.

정황이 이러함에도 김부식은 이 대목에서 서경 西京이 한반도에 있는 양 기록했다. 동진 시대의 온누리는 배수가 그린 지도가 보여주듯이, 남쪽으로 베트남과 인도의 북쪽 국경, 서쪽으로는 누란, 투루판, 고창 일대에 이르며, 북쪽으로 둔황, 동쪽은 바다에 이른다. 놀라운 것은 369년에 고국원왕이 2만 군사를 거느리고 백제를 침공하여 치양 雉壤에서 싸웠다는 기록이다. 이 상황도 한반도에서 전개되었던 전쟁이 아니다. 이를 이해하기 위해서는 이때 백제의 위치와 그 정황을 살펴볼 필요가 있다.

파르티아가 무너진 뒤 백제계와 고구려계가 다시 맞서다

파르티아 제국이 망하자 그 황실 세력은 오늘의 투르크메니스탄 남쪽에 있는 고대도시 메르브(위례성)에 남아있었다. 이 대목을 김부식은 백제사 책계왕 기사에서 이렇게 썼다.

> 286년에 책계왕이 위례성을 수리하고 대방왕 帶方王의 딸을 아내로 맞이하였다.

대방은 흉노 시대 오방의 하나로 오늘의 중국 청해성 青海省 일대로 추정되며, 고국원왕 때의 고구려의 남쪽 국경지대에 해당한다. 오늘날 그곳에는 장족 藏族과 몽골족이 살고 있다. 고구려가 다시 옛 오방으로 돌아왔듯이 온조의 주류 세력도 고향으로 회귀했음을 알 수 있는 대목이다. 이 혼인 때문에 백제는 고구려로부터 원망을 사게 되었는데, 보복이 두려워 아차성과 사성蛇城을 축성한다. 사성은 샤먼들의 거처다. 김부식은 〈백제사〉에서 312년 비류왕 때와, 393년 아신왕阿莘王 때에 동명묘東明墓를 참배했다고 썼으므로 동명묘가 투루판(졸본卒本)에 가까이 있는 상황을 고려하면 이는 백제가 고구려와 함께 이미 졸본부여 가까이에 있었다는 사실을 말해 준다.

주목할 대목은 책계왕 13년(289년)에 한漢이 맥인貊人과 함께 백제에 침입하여 이 전투에서 책계왕이 전사했다는 《삼국사기》의 기록이다. 여기서 '漢'은 전한과 후한 중 어느 한이라고 해야 옳을까? 전한과 후한이 모두 지도상에서 사라져 버린 때이므로 이 한은 앞 장에서 언급했던 서진 붕괴시의 흉노 유연劉淵이 잠시 호칭했던 국명임을 알 수 있다. 유연은 성도成都를 점령한 후, 잠시 국호를 '漢'이라고 칭하면서 이웃 나라 백제를 쳤다. 성도는 사마르칸트의 이두식 표현이고 위례성이 메르브이므로, 이 전쟁은 사마르칸트의 흉노 유연이 메르브를 침공한 사건이 된다.

이때의 맥貊은 예맥(수사Susa)으로 기술자 집단이다. 이 전투에서 책계왕이 전사하자 태자(분서왕汾西王)는 304년에 졸본부여 지역으로 들어가 낙랑의 서현西縣을 습격하여 그곳을 빼앗는다. 낙랑은 누란이므로 서현은 그 서쪽 실크로드 남로 일대이다. 분서왕이 메르브에서 카슈가르로 나와 실크로드 남로로 들어갔음을 알 수 있다. 누란은 이미 고구려의 미천왕이 점령한 바 있으므로 이는 고구려와의 충돌을 의미한다. 이 대목을 기존 학설로 설명하면 289년에 중국 사천성의 성도에 있던 한漢이라는 나라가 양자강으로 나와 동지나해를 타고 한반도 서해안으로 침략해 들어온 전쟁이다. 한마디로 어불성설이다.

백제와 고구려가 졸본부여 지역에 있었다는 것은 다음과 같은 백제 기록에서도 확인할 수 있다.

316년에 서울의 우물이 넘치고 검은 용이 그 속에서 **나타났다.** 379년에 사신을 동진으로 파견했는데 바다에서 모진 바람을 만나 되돌아오고 말았다.

'바다의 바람'이란 표현은 사막의 모래바람을 가리키는 말로, 중국이 타클라마칸 사막을 간해干海라고 적은 것과 무관하지 않다. 주몽이 부여의 대소에게 쫓겨 졸본부여로 들어가는 것을 바다로 갔다고 표현했던 것도 같은 맥락이다. 우물이 넘치는 현상은 사막의 특수한 지리적인 상황을 말하는 것이다. 누란 남쪽에 있는 유명한 로프누르 호수는 호수 전체가 남쪽으로 자리를 옮겨가기도 했다. 그런가 하면 380년에는 땅이 갈라져 깊이가 다섯 길이나 되고 넓이가 세 길이나 되었다고 한 것도 그곳에서 대지진이 일어났던 상황을 말한다. 《사기》〈흉노열전〉에는 여러 차례 황충蝗蟲 떼가 하늘을 뒤덮는다고 했고 《북주서》에는 둔황에서 고창으로 가자면 큰 모래무덤 때문에 대상들은 사람의 해골이나 가축의 뼈는 물론 낙타와 말의 똥을 가늠삼아 앞으로 나아간다고 했다.[10] 백제와 고구려는 바로 이런 지리 환경에서 충돌했던 것이다.

고구려는 고국원왕 때 보병과 기병 2만을 거느리고 백제의 치양雉壤으로 들어가 민가를 약탈했는데, 이때 백제 근초고왕近肖古王에게 격파당했다. 2년 뒤인 371년에 고구려가 재차 침공했는데 이때 백제는 고구려의 평양성을 공격하였다. 불행히 이 전투에서 고국원왕이 화살을 맞고 전사한다. 바로 이 평양성이 기록에 보이는 고구려 동황성이며 지금의 둔황이다. 그런 다음 백제는 한산漢山으로 도읍을 옮겼다. 온조 때의 한산은 힌두쿠시를 가리킨다고 했다. 그렇다면 서아시아 시대를 마감하고 졸본부여로 돌아온 백제에게 한산이 힌두쿠시여서는 안된다. 지리적 상황은 동명묘東明廟가 있는 투루판에서 멀지 않는 지역에 있는 산이라고 해야 합리적이다. 이것이 졸본부여 시대의 오방 지역인 기련산祁連山이다. 전한의 장군 곽거병이 그곳에서 흉노와 싸워 많은 포로들을 잡은 곳이다. '기련祁連'이라는 말은 흉노어로 '하늘[天]'이라는 뜻이며 일명 설산雪山, 백산白山이라고 한다.[11] 기련산은 둔황과 난주 사이로 길게 뻗으면서 자연스럽게 하서회랑의 오아시스 지역을 보호하는 형국이다. 우리는 이 지역이 졸본부여 시대의 계루부였다고 말했다. 기련산이 남쪽으로 뻗어 끝나는 지점에 따로 기련이라는 도시가 있다. 백제는 이곳을 점령했던 것이다. 김부식은 또 〈백제사〉에서 이렇게 썼다.

> 백제 근초고왕(347~375)은 고구려 고국원왕이 보기 2만 명을 거느리고 치양으로 쳐들어왔기 때문에 한수漢水 남쪽에서 군사를 사열했다.

치양이 어딘지를 밝히지 못하는 것이 유감이다. 이때 근초고왕이 사열했던 군대는 황색 깃발을 들었다고 했으므로 고구려와 백제가 오방을 두고 다투었음을 알 수 있다. 황색은 흉노의 중심을 뜻하는 색이기 때문이다. 이는 동진 시대의 제2기능을 두고 서로 충돌했음을 의미한다. 그렇다면 백제왕이 군대를 사열했다는 한수는 어디일까. 한수가 정말 강을 가리키는 명사라면 이 기사는 시문詩文이지 역사기록이라고 할 수 없다. '한수'는 강의 이름이 아니고 호수를 끼고 있는 도시 이름이다.

오늘의 중국 지도에 나타나는 천수天水가 한수漢水이다. '漢'과 '天'은 같은 뜻으로 읽을 수 있기 때문이다. '천수'는 호수 이름으로 서안과 난주蘭州 사이의 중간 지점에 있으며, 한나라 시대에는 이곳을 평양平壤이라고 불렀다. 진대晉代에는 한양漢陽이라고 개명했는데 기록은 이를 옛날 서융西戎의 땅이라고 했다.[12] 서융이 졸본부여를 가리킨다는 것을 알 수 있다. 이 일대가 《당서》에서 말하는 한나라 시대의 낙랑군이다. 근초고왕은 바로 천수(호수) 가에서 군대를 사열했던 것이다. 백제 근초고왕과 고구려 고국원왕이 제1기능을 두고 하서회랑의 오아시스 지역에서 서로 대립한 것이다.

중요한 대목은 낙랑군이다. 이것이 누란임은 고구려 고국원의 기사에서 언급했다. 그렇다면 백제의 도읍지인 한산漢山은 어디를 말하는 것일까. '漢'은 해〔日〕와 같은 뜻으로 읽을 수 있다고 했으므로 그곳이 기련산맥과 별개로 중국 지도에 기재되는 기련祁連이라고 추정된다. '기련'은 흉노어로 하늘이라는 뜻이다. 한국사의 중원설中原說을 주장하는 이중재는 백제가 서안 밑에 있었다고 말하고 그곳이 지금의 안강현安康縣의 서북쪽 약 백리 거리에 있다고 했다. 또 그 안강현이 본시 신라의 비화현比火縣이었다고도 쓰기도 했다.[13] 이 점도 유의할 만하다.

아무튼 '한산漢山'이라는 이름이 한반도의 한강 일대로 옮겨왔음을 알 수 있다. 김부식은 그 땅에 암석이 있고, 말발굽 같은 골짜기가 있어서 그것을 태자의 말발굽이라고 불렀다고 했다. 이는 지리적으로 하서회랑의 오아시스 지역을 말한다. 또 백제가 1,000석의 벼를 동진에 조공했다는 대목도 그곳이 사막이 아니고 벼농사를 짓는 곡창 지대가 가까이 있음을 암시한다. 백제가 한반도에 있었다면 당연히 동진에 바치는 조공품은 운반하기에 간편한 금은보화 같은 예물이라야 옳다. 굳이 1,000석이나 되는 벼를 해로와 육로로 번갈아가며 운반한다는 것은 상상하기 어려운 일이다.

15대 침류왕 384년 7월에 백제는 동진에 사자를 파견하였다. 쌈지의 맹盟을 강화하기 위해서이다. 하지만 《삼국유사》에서 그해 9월에 인도 승려(호승胡僧) 마라난타摩羅難陀가 동진에서 백제로 입국했다고 씀으로써 쌈지도를 대신하는 개신교(불교)가 고개를 내미는 상황이 되었음을 말해준다. 일연은 마라난타가 동진에서 건너오자 왕은 그를 맞이하여 궁중에 두고 예로 공경하였다고 썼다. 백제가 한반도에 있었다면 마라난타는 사천성에서 양자강 하류로 나와 배를 타고 동지나해를 북상하여 한반도의 백제에 왔다는 얘기다. 여러 상황으로 볼 때 어불성설이다. 실제로 한반도에 불교가 들어온 연대와도 맞지 않는다. 동진에 와있던 마라난타가 동진과 이웃해 있던 백제로 들어왔다고 말하는 것이 진실에 가깝다. 주목을 끄는 사건은 백제가 이때 신라와 왜에 사신을 보낸 일이다. 그렇다면 신라나 왜도 한반도가 아니라 오늘의 중국 땅에 있었다고 해야 옳다. 이것이 《진서》가 말하는 전진前秦이다. 전진은 오늘의 난주蘭州에서 일어나 장안으로 진출했는데, 지리적인 정황으로 보면 백제 동쪽에 이웃하고 있는 것이다. 난주는 사마천의 기록에서는 농서隴西로 기록되고 그 뒤에는 금성金城으로 나타난다. 전진이 난주에 근거를 두었다는 주장은 바로 이 금성이라는 명칭 때문이다. 금성은 부도의 신시神市를 말하는 것으로 실제 난주에는 황하를 굽어보는 석굴들이 있다. 이 전진을 우리 쪽 기록이 신라와 왜라고 적었던 것이다.

정황으로 보아 '전진'이 일연의 기록에 보이는 진한秦韓이라고 할 수 있다. 나라 이름 앞에 '前'을 붙이는 것은 그 이전에 있었던 나라라는 뜻이다. 전진은 그러니까 진시황제 때의 김알지계 부도 세력(진한秦韓)이라고 할 수 있다. 뒤에 흉노의 모돈 칸이 그들을 뒤엎었고, 고구려 고국원왕 때(342년)에는 연나라의 모용황이 그곳을 무자비하게 약탈하였다. 그곳을 지키던 누란의 백성들은 동쪽으로 피신해 난주 일대에서 유민으로 살았다. 《진서》에서는 전진의 조상이 부홍符洪이며 그는 동진 때에 진옹秦雍의 유민들에 천거되어 주主가 되었다고 했다. 부씨가 진한秦韓의 혈통으로 누란에서 피신해 와 살던 유민인 것이다. '진옹秦雍'의 '秦'이 진한이고 '雍'은 사마천의 기록이 말해 주듯이 부도금인과 조두가 있는 감천궁이다. 부홍은 351년에 정식으로 삼진왕三秦王을 칭했다. 쌈지(삼한三韓)의 사제가 되었다는 뜻이다. 또 《진서》는 부홍이 박식한 인물이어서 여러 샤먼(공公)이 그를 태극전太極殿에서 사제(황제皇帝)로 추대했다고 썼다. 태극전은 일연의 기록에서 조천석朝天石으로 나타나며 광개토대왕이 그곳에서 천악을 울렸다고 했다. 전진의 세력이 이렇게 부상하자 조나라의 장수

(조장趙將) 마추麻秋가 전진을 공격하여 부홍을 죽인다. 두 개의 태양을 허용할 수 없던 쌈지 시대의 비극이다. 이때의 조나라는 업鄴을 점령하고 후조後趙를 선포했는데, 기록을 보면 이들이 석륵으로 사실상 연나라 세력과 구분되지 않는다.

주목할 것은 업이라는 단어이다. 이 단어에 대해서는 중국은 침묵으로 일관하지만 부도라고 읽어야 뜻이 제대로 통한다. 중국의 기록에서처럼 업을 섬서성의 중부, 하남성의 임택현臨澤縣, 감숙성의 동부 등 여기저기에 짐짝처럼 옮겨다 놓으면 도대체 오호십육국이 무엇 때문에 그렇게 집요하고 잔인하게 전쟁을 해야 했는지를 알 수가 없다. 정황을 보면 업은 이 시점에서 누란이라고 해야 합리적이다. 김부식은 고국원왕 40년(370년)에 전진 왕前秦王 맹猛이 연나라를 격파했다고 썼다. 이때 도주하던 연의 태부 모용평慕容評을 고국원왕이 붙잡아서 전진 왕에게 보냈다고 했다. 연나라가 고구려를 침공하여 누란의 보배(종교적인 신상)를 무자비하게 약탈했을 때 바로 피탈자가 전진이었음을 말해 준다. 또 소수림왕 2년(372년)에는 전진 왕 부견符堅이 승려 순도順道를 통해 불상과 경문을 보냈다. 휴도금인과 그 종교적인 보물들이 사라지고 쌈지도가 쇠퇴하면서 불교가 대안으로 떠오르게 된 것이다. 부홍이 죽자 그 아들이 조나라 장수 마추를 죽이고 황제를 칭하면서 장안長安에 도읍하게 된다. 중국은 전진이 차지한 장안이 지금의 섬서성에 있는 장안의 서북에 해당한다고 했다. 흥미롭게도 백제, 고구려, 신라(전진)가 장안을 중심으로, 마치 한반도에서처럼 신라가 백제의 동쪽, 고구려가 그 북쪽에 있는 모양새가 된 것이다. 우연한 일이 아니다.

그런 뒤 전진에서는 동해왕東海王 견堅이 반란을 일으켜 황제의 자리를 찬탈한다. 우리는 서진의 기록에서 동해왕이 동옥저를 가리키는 히바의 왕이라고 했다. 하지만 여기에서는 졸본부여가 동쪽 바다(간해干海)라고도 기록 되기 때문에 동해는 낭야(고단)를 가리킨다고 볼 수 있다. 사마천이 동해에 봉래蓬萊섬이 있다고 하고 그곳에 사는 해선海仙의 사자를 교어鮫魚라고 부른다고 한 것이나, 전한의 무제가 타클라마칸 사막 지대로 들어가는 것을 동해변東海邊을 순수했다고 한 것은 모두 이와 같은 맥락으로 읽어야 하는 것이다.[14] 그러니까 동해왕은 실크로드 남도의 상권을 차지하고 있었던 토곡혼 세력이었던 것이다. 이들은 진시황 때, 전한의 무제 때 그리고 서진 때에도 재력을 무기로 막강한 세력을 과시했다.

앞에서 이미 이 세력이 《북사》에 언급되는 왜라고 말한 바 있다. 왜는 쌈지도에서 특수기능의 호칭이다. 고구려가 제2기능이라면 왜는 제3기능에 속하며 주로 생산이나 상권을 대표한다. 왜는 앞 장에서 《북사》〈동이전〉을 인용하여 언급했듯이 여의보주如意寶珠가 많은 곳으로, 신라, 백제 등은 그 나라에 보배가 많아 이를 선망하면서 항상 사신을 보내 왕래했다고 했다. 쌈지의 기능을 말해 주고 있는 것이다. 왜가 여기에서는 세계적인 백옥 산지 고단을 말하는 것이 분명하다.

주목할 대목은 그 나라 동쪽에 진국秦國이 있다고 한 대목이다.[15] 진국이 전진前秦이다. 이 대목은 《수서》에도 똑같이 언급되는데 여기에서는 동쪽에 진국秦國이 있고 그곳은 이주夷州이다, 라고 한다.[16] 이주가 바로 옹雍인 것이다. 그렇게 막강한 재력을 지닌 동해왕이 전진 황제의 자리에 오르는 것은 어려운 일이 아니었을 것이다. 기원전 7세기로 되돌아가면 이는 한개가 사제(단군)의 자리를 찬탈하는 이야기의 재판이다. 어쨌든 이렇게 해서 전진은 졸본부여 지역(전연前燕, 후량後凉)의 북쪽과 그 동쪽인 조선 땅은 물론 서역西域에도 세력을 뻗쳐 드디어 내공來貢하는 나라가 60여 국에 이르게 되었다. 전연, 후량의 동쪽이 조선 땅이라는 사실에 주목할 필요가 있다. 이는 둔황의 이동以東이 모두 조선 땅이라는 말로, 여기가 배수의 지도에 구주로 나타나는 지역이다. 당연히 남쪽(남천축南天竺)에 쌈지

기지를 두고 있던 동진에게는 절대적인 위협이 된다. 아니나 다를까 전진은 여세를 몰아 남쪽의 동진을 공격하였다. 대단한 위기였으나 국경에 파견된 사현謝玄이 전진의 군사를 비수淝水에서 대파함으로써 동진은 크게 위세를 떨치게 되고 전진은 패전하면서 북쪽 땅이 사분오열되며 세를 잃게 되었다.

주목을 끄는 것은 이 상황이 다름 아닌 광개토대왕 비문에 새겨진, 396년 왜에 굴복한 백제와 신라를 쳤다고 한 대목과 대응된다는 사실이다. 연대로 2년의 차이가 나지만 이미 391년에 광개토대왕은 바다를 건너 백잔(변한)과 신라를 쳐서 굴복시킨 바 있다. 바다를 건넜다는 표현도 흉노의 비유다. 바다는 타클라마칸 사막일 수도 있고 고비 사막일 수도 있다. 온 누리(제국)를 지키는 무두루(천사의 군대)가 둔황이나 음산(오르도스)에 있었다면 광개토대왕은 고비 사막을 건너야만 백잔이나 신라와 싸울 수 있다. 비문은 광개토대왕이 왜와 내통하는 백잔 세력과 신라를 치고, 그런 다음 백제를 쳐서 항복을 받았으며 본국 사람으로 그곳에 억류되었던 1만 명의 백성을 설득하여 귀국시켰다고 했다. 1만 명의 백성이 연나라와의 전쟁 때 피난해 왔음을 알 수 있다. 이런 사실이 김부식의 기록에는 없다. 단지 내물 이사금 37년(392년)에 고구려(광개토대왕)가 크게 강성하여 이찬의 아들 실성實聖을 보내어 인질로 삼았다고 한 기록뿐이다. 쌈지의 논리로 보아 신라가 두 곳에 있었음을 알 수 있다. 신라의 뜻이 바로 부도(천축天竺)라는 점에서 전진과 내물 이사금의 신라는 중천과 북천축 개념으로만 구별될 뿐이다.

김부식의 백제 기록에는 16대 아신왕阿莘王이 392년에 고구려와 전쟁을 했다고 쓰여있다. 이때 광개토대왕이 4만의 군사로 북변을 침입하였고 그곳에 있는 고구려 백성을 설득하여 1만 명이나 귀국시켰다고 했다. 백제는 그 다음해에 고구려의 남쪽으로 쳐들어갔지만 결국 전쟁에서 패하여

58개 성을 잃었고 1,000명의 노예와 1,000 필의 비단을 바치는 일 외에도 왕이 엎드려 "앞으로는 영원히 고구려의 신하가 되겠다"고 맹세하면서 항복했다. 전진이 남쪽의 동진을 도모했다는 것은 곧 고구려에 도전했다는 뜻으로 읽을 수 있다. 고구려는 동진의 제2기능자이며 고구려의 이런 특성을 이해하기 위해서는 로마제국의 역사를 참고하는 것도 도움이 될 것이다. 김부식은 백제가 468년경(개로왕)에 동극 東極으로 왔다고 했다. 동극은 동쪽의 끝, 즉 태양신이 떠오르는 곳으로 이는 한반도의 동해를 가리키는 개념으로 보아야 한다. 만일 한반도에 있는 백제가 서쪽에서 동극으로 왔다고 한다면 백제는 한반도의 동해안 쪽으로 왔다는 것이므로 지리적 정황과 맞지 않다. 이는 백제의 개로왕이 중국에서 한반도로 왔다고 해야 말이 된다. 따라서 앞의 이야기도 한반도에서 일어난 일이 아닌 것이다.

주목할 인물은 전진의 군사를 비수에서 격파한 인물이다. 이는 광개토대왕과 대응되는 사람으로 추정할 수 있기 때문이다. 광개토대왕의 이름은 담덕이다. 사현謝玄과 담덕談德은 글자는 다르지만 이름의 뜻은 같다. '謝'와 '德'이 대응되고 '玄'과 '談(淡)'이 대응되는 것이다. 또 사현은 경국經國의 재능이 있다고 했고 담덕은 나면서부터 웅위하고 활달하고 뛰어난 뜻을 지녔다고도 했다. 좀더 의미 있는 정보는 사현이 동진의 양하인 陽夏人 혁奕의 아들이고 동진 제10대 안제 安帝(387~408)의 조카라고 한 것이다. 양하 陽夏라는 말은 '양기氣가 가장 강한'이라는 뜻으로 제왕의 나라를 지키는 무력을 의미한다. 이를테면 '태양신의 아들 미트라 바루나'와 같이 쌈지도의 무두루 천사가 거느린 비밀결사대를 말하는 것이다. 주목할 일은 '혁奕'이라는 사람의 정체가 숨겨져 있다는 사실이다. '奕'의 뜻은 '미모의 남자'라는 뜻으로 왕의 이름을 말하는 것이 아니다. 기록자가 실제 인물의 정체가 드러나는 것을 피하기 위해 편법으로 사용한 글자라고 할 수 있다. 만일 사현이 담덕과 같은 인물이라면 혁은 고국양왕

(384~392)에 해당된다. 고국양왕이 미남자인지 어떤지는 알 길이 없으나, 낙랑공주와 호동왕자의 이야기에서 보듯이 소아시아 시대의 고구려 왕은 그리스 여자를 아내로 삼았으며, 실제로 파르티아 제국 시대의 상류층은 그리스 문화를 수용하면서 그리스 귀족들과 내통했다. 이런 정황은 고국양왕이 미남자였다고 말할 수 있는 충분한 근거이다. 무두루(양하인)의 혁이 고구려 왕이라고 해서 전혀 이상한 일이 아니다.

이중재는 동진 때에 구려왕 句麗王 을불리 乙弗利와 고구려 왕 고련 高璉이라는 인물이 《송서 宋書》에 등재되어 있음을 발견하고 이 두 인물 때에 고구려가 서안(장안성)에 도읍을 옮겼다고 한 것에 주목했다. 바로 그때가 동진의 안제의희 安帝義熙(401~?) 때였다.[17] 두 고구려의 왕은 분명히 광개토대왕과 겹치는 왕들로, 김부식에만 매달리고 있는 우리로서는 놀라운 일이 아닐 수 없다. 주목할 점은 기록이 '고구려'와 '구려'라는 호칭을 동시에 사용하고 있다는 사실이다. 이는 착오가 아니다. 우리는 이미 전한을 무너뜨리고 쌈지를 재건하려다 실패했던 왕망의 기사에서 고구려와 하구려 下句麗라는 이름이 동시에 사용되는 경우를 보았다. 각기 대천사와 소천사를 말하는 호칭이었다. 《송서》의 이 놀라운 기록은 두 왕이 각기 동진의 신선놀이에서 영웅으로 국강상에 올라 무두루의 기능을 부여받았음을 말하는 것이다. 고련 高璉의 기사는 《남사 南史》를 비롯한 동이에 관한 여러 기록에서 반복되어 나타난다.

대표적인 것은 《남사》〈이맥전〉 고구려조의 기사다. 기사는 동진의 안제의희 9년에 고려왕 고련이 장사 長史의 고익 高翼을 보내 진의 안제 安帝에게 표문을 올리고 돼지와 백마를 바치자, 안제는 고련에게 '사지절도독 使持節都督 영주제군사 營州諸軍事 정동장군고려왕 征東將軍高麗王 낙랑공 樂浪公'이라는 긴 호칭의 벼슬을 내렸다고 했다. 이에 질세라 송나라 무제도 왕위에 오르자 고련에게 같은 호칭을 내렸다고 한다. 여기에서 고려왕이란 쌈지의 제2기능자인 무두루를 말한다. 중요한 대목은 그들이 정확히 동진의 안제 때에 쌈지를 성도에서 서안(장안성)으로 옮겼다고 한 것이다. 위도 30도에서 35도로 쌈지마차가 옮겨졌던 사정이다. 동진은 그 뒤 산동쪽의 광고廣固로 다시 부도를 옮긴다. 아무튼 전진은 모두 6세 44년(351~394)의 역사를 끝으로 막을 내렸다.

광고 시대의 쌈지와 고구려, 백제, 신라

광고廣固는 성城 이름으로 그 유적은 산동성 익도현益都縣에 있다고 알려져 있다. 광고라는 말은 소리글자이다. 이 말은 고주몽의 출생지인 메디아 제국의 수도 헝그마타나 성의 'hung'과 대응되는 소리이다. '廣'에서 h, n 음을 '固'에서 g 음을 택하여 이두로 적을 수 있으며 역사적인 맥락으로 보면 흘승골성은 고구려의 시발점이라고 할 수 있기 때문이다. 광고는 황금횡대 35도 지대(중천中天)이다. 이는 고구려가 북천축인 신라 금성에 가까이 간다는 의미이기도 하다. '집안'은 지안(진震)이라고 했고 발해가 일어나면서 그 말을 '밝은 해(발해)'로 옮겼다. 북위 40도 지점에 있는 천축이라는 뜻이다.

 김부식은 고구려가 광개토대왕 18년(409년)에 둔황(동황성東黃城) 동쪽에 독산성禿山城 등 여섯 성을 축조하고 둔황(평양)의 민가를 그곳으로 옮겼다고 했다. 따라서 고구려가 감숙성 서북쪽에 있었으리라고 짐작할 수 있으나, 김부식은 여기에서도 글자놀이를 하며 진실을 감추고 있다. '독禿'자가 한자 풀이로 '대머리'라는 뜻이므로 '독산禿山'은 민둥산이 된다. 이것이 비유라는 근거는 불가에서 계를 파괴한 출가승을 독거사禿居士라고 하고[18] 《회남자淮南子》 같은 책에는 고라니나 사슴이 놀지 못하는 산을 독산 崧山이라고 적었던 데서 찾을 수 있다.[19] 아무도 접근하지 못하는 장소, 그것은 군대를 거느렸던 쌈지 시대의 샤먼들과는 다른 방식의 수도자가 있는 곳을 암시한다. 이는 둔황에서 살았던 동진 시대의 도사 법유(백도유 白道猷, ?~383)가 선정 禪定을 수련했다는 사실을 떠올리게 한다. 고라니나 사슴이 놀지 못하는 산은 사람이 접근할 수 없는 고립된 석실 石室을 가리키기 때문이다.

광개토대왕이 독산성 여섯 개를 축조했다고 한 것은 이미 서역에서 불교가 들어왔음을 암시한다. 광개토대왕 비문에는 대왕 8년(영락 永樂 8년)에 신라의 가태라곡에서 남녀 300여 명이 고구려로 왔다고 기록되어 있다. 이때 가태라곡은 '토곡혼'과 선선, 차말 지역이므로[20] 그 300여 명이 졸본부여 시대의 제3기능 집단으로서 처음에는 고구려의 당항성(둥황성의 다른 표기, 둔황)으로 갔다가 다시 독산성으로 옮겼음을 알 수 있다. 장수왕이 오늘의 평양으로 도읍을 옮겼을 때 이들이 함께 한반도로 왔을지도 모른다. 이것은 새로운 쌈지가 한반도의 평양에 생겼다는 의미이기도 하다.

앞뒤 정황을 보면 한반도 일대에 북천축이 형성되는 것이 졸본부여 지역의 갈등 상황과 무관하지 않으며, 집안의 부도가 고구려 고국원왕 이전에 이미 축조되고 있었던 것이다. 이때가 서진과 동진이 교체되는 시기이자 고구려가 연나라의 침입에 곤궁했던 시기이다. 집안의 고분벽화나 대동강 일대의 고분에서 발견되는 중앙아시아의 유물이 이를 말해 준다. 고고학자 김원용은 400년경의 집안 고분은 후한, 삼국 시대의 중국계 벽화고분의 모방 형식이라고 말했다.[21] 서진과 동진 때의 부도가 북상하여 집안에 온 것이다.

이런 정황은 삼국시대의 천문관측 기록에서도 나타난다. 천문학자 박창범이 컴퓨터 시스템으로 계산한 바에 의하면 신라가 서기 201년과 787년에 일식을 관측한 지점이 서로 다르다는 사실이 확인된다. 201년의 관측 지점은 양자강 유역이고 787년의 관측 지점은 박트리아 지역이거나 한반도 남단에 해당한다는 것이다. 또 백제, 신라, 왜가 일식을 관측했던 종축縱軸이 모두 중국의 동부로 나타난다.[22] 정황상 양자강 일대는 4세기에, 그리고 산둥성 일대는 그 이후인 광고 시대에 관측했던 기록이라고 할 수 있다. 박창범의 연구에서 주목할 점은 중국이 보유하고 있는 천문관측 기록이 그들의 수도에서 직접 관측한 것이 아니라고 한 사실이다. 이런 자료들은 5세기경에 쌈지의 중심이 한반도로 옮겨왔음을 말해 주고 있다. 이 상황을 〈동이전〉은 이렇게 기록했다.

> 신라, 임나, 가라, 진한秦韓, 모한慕韓 등 6국이 있었고 이들은 여러 군사기지였다.

진한秦韓은 진한辰韓으로 제1기능이고 모한慕韓은 마한馬韓으로 제2기능이다. 주목할 것은 이들을 '여러 군사기지'라고 한 점이다. '여러'는 대륙에 있는 오호십육국을 가리키는 듯하다. 이는 한강 유역의 몽촌토성이나 공주 지역의 고분 유적, 혹은 가야 지방의 유적에서 발굴되는 유물로 알 수 있다. 동진 시대의 유물은 몽촌토성에서 발굴되었다. 몽촌이라는 말은 쌈지의 낙원사상을 반영한 말로 해석할 수 있다. 그 일대를 '뱀의 성(사성蛇城)'이라거나 '풍납風納'이라고 불렀다는 것은 이를 뒷받침한다. 풍납은 낙원을 가리키는 산스크리트어의 'pera'(펴라)의 음기이고 뱀은 무두루라는 뜻이다.

유적에는 '大夫井' 혹은 '大夫', '井'이라는 글자가 새겨진 토기와 동진 시대의 엽전문양이 있다. 대부大夫라는 말은 공公이나 경卿과 같이 식읍食邑을 받는 작위의 이름[23]이고, '놀이(과거科擧)'에서 탄생하는 현자賢者를 가리키기도 한다.[24] 《논어》에는 천자나 제후들이 '大人'을 가리켜 성자聖者라고 하고 백성을 다스릴 만한 적임자로 여긴다고 했다. 이는 국강상이란 뜻으로 쌈지 기능이 그곳에 있었음을 말해 준다. 공주의 남쪽(수촌리)에서는 동진 시대의 환두대도와 노리개, 흑유黑釉 토기가 발굴되기도 했다. 한강漢江, 한수漢水, 한성漢城이라는 말이 한반도로 옮겨왔던 이유가 충분히 이해가 된다. '漢'은 태양이므로 이두로 읽으면 한강은 '해ㅅ물', 혹은 '태양의 강'이라고 할 수 있다.

위가 동진의 자리를 빼앗다

중국 기록은 동진이 망하자 선비족의 탁발규拓跋珪가 북방 흉노족을 차례로 무너뜨리면서 440년에 화북華北 지역을 통일하고 국호를 위魏라고 했다고 썼다. 선비는 샤먼신선이었을 것이다. 그를 따르던 비밀결사가 드디어 쌈지를 넘보게 되었음을 의미한다. 위는 고조선 시대의 위(리디아)와 같은 국명이고 삼국 시대에 조조가 재차 사용했던 국명이다. 여기에는 동진을 대신해 쌈지가 되어 천하(봉국)의 종주권을 넘겨 받으려는 야망이 숨어있다. 위는 광개토대왕이 죽고 장수왕이 즉위하자 고구려에 침입했는데, 이때 고구려의 서쪽으로 쳐들어왔다. 여기서 서쪽이란 투루판, 고창(서경西京)이다. 위나라는 연나라와 마찬가지로 서쪽에서 고구려를 침공해 온 것이다. 《위서》에는 탁발규가 중산中山에서 출발했다고 썼다. 박트리아 지역의 옛 쌈지 세력(오호 五胡)이 연나라에 이어 위라는 국호를 달고 새로운 쌈지(동진)에 도전한 상황이다. 이에 고구려는 영구營丘, 성주成周, 요동, 낙랑, 대방, 현토 등 6군의 백성 3만 호를 유주幽州로 옮겨 이들을 구제한다.[25] 모두 옛 졸본부여 지역 나라이며, 유주는 감숙성과 섬서성 지역이다.

승리를 거둔 위는 제국의 수도를 낙양洛陽으로 옮겼다. 박트리아와 요동 지역의 오호 세력이 정식으로 오늘의 중원에 자리잡았다는 애기다. 그들은 차츰 흉노의 샤머니즘을 버리고 한漢의 문화를 수용하고 이를 장려하였다. 왕과 귀족들은 한족의 지식층과 교류하며 사서삼경이나 제자백가서를 읽었으며 그들과 의사소통을 하기 위해 한자식 문장 공부에 열중하였다. 당연히 오랫동안 지켜왔던 흉노의 제천의례祭天儀禮를 폐지하였고, 선비어 사용을 금지했으며, 흉노胡族식 성씨도 중국식으로 외자 성으로 바꾸었다. 그러나 아직 흉노의 제2기능인 병권세습제(세병제世兵制)까지 버리지는 못했다.

위나라의 위협은 고구려 광개토대왕이 죽은 후 부각되었다. 그들은 유교 문화를 거부하는 쌈지 세력의 중축이었던 고구려가 무너졌다고 판단했다. 상황이 이렇게 변화되자 광개토대왕의 뒤를 이은 장수왕長壽王은 급히 사신을 동진에 파견하여 자백마赭白馬를 바쳤고 진의 안제安帝에게서 '고구려의 왕 낙안군공樂安郡公'이라는 책봉을 받게 된다. 공公은 샤먼(후侯)이라는 의미이다. 하지만 동진은 이미 저녁노을이고 위나라는 뜨는 해였다. 장수왕연璉은 다시 위에 사신을 파견해야 했다. 김부식은 이 시기를 명호개혁 시대라고 써서 당시 정세가 급박했음을 암시했다. 장수왕의 사신이 위나라(낙양)에 도착하자 위의 세조는 아주 긴 이름의 책봉을 내렸다. 책봉문은 이렇다. 장수왕은 쌈지의 제2기능을 계속 유지하고 싶었을 것이다.

먼 바다(요해遼海)를 다스리는 장군,

동이東夷를 보호하는 장군,

요동군遼東郡을 새로 개척하는 고구려 왕,

먼 바다는 한반도이고 그곳에 있는 샤먼의 쌈지를 말한다. 이 시점에서 요동은 해가 뜨는 한반도의 조선을 가리킨다. 책봉문을 건네면서 세조는 이렇게 말한다.

> 그대 나라가 우리에게 정성을 다하니
> 황제皇帝의 계보와 그 이름을 기록해줄 것이다.

문맥으로 보아 고구려 사자가 세조에게 장수왕의 서신을 건네자 세조가 반응을 보이고 있음을 알 수 있다. 김부식은 물론 장수왕이 보낸 서신의 내용에 대해서는 말하지 않는다. 하지만 중국 기록에는 장수왕이 위나라 세조에게 위나라 역대 왕의 이름을 기록해 달라고 요청했으며, 이에 세조가 불쾌한 심정으로 《제왕세기帝王世記》를 건넸다고 했다.[26]

위나라의 《제왕세기》에는 분명히 소아시아 시대 쌈지(단군 조선)의 신통기가 있었을 것이다. 남송南宋 때에 산실되어 버린 죽서기년竹書紀年에 쓰여있기로는, 하, 은, 주 3대의 왕조 연대가 기록된 문서가 춘추 시대에 진晉나라와 위나라에 전해지면서 각기 그 나라 역사가 추가되었다고 한다. 진이 고구려이므로 이때 고구려에 건넨 《제왕세기》에는 단군조선의 역사가 기록되어 있었을 것이다. 이 때문에 김부식은 뜬금없이 명호개혁 시대를 들먹이면서 꼭 기록해야 할 역사를 텅 비운 채 지나간 것이다. 회담은 위와 고구려 간의 제1기능과 제2기능에 대한 협상이었다고 할 수 있다. 세조가 이미 고구려 왕이라는 명호를 가진 장수왕에게 다시 고구려 왕이라는 책봉을 내렸다는 사실은 자신들이 제1기능자가 되었음을 의미한다.

김부식의 기록에는 나타나지 않으나 위나라는 이때 고구려에 통혼을 제의했다. 정략결혼으로 쌈지 세력과 공존하면서 천하의 봉국들을 제 편으로 끌어들이려는 책략을 세운 것이다. 476년에, 장수왕은 위나라 효문왕孝文王에게 딸을 시집보냈으며 이 사이에서 태어난 아들이 위 선무왕宣武王이다.[27] 그러나 위의 황실 혈통은 534년에 다시 동서로 분열되고 만다. 이때 서쪽이 졸본부여 지역이라고 해야 옳다. 전체적으로 보면 동은 농경 지역이고 서는 광물생산과 상업활동으로 부유한 지역이다. 배수의 지도에 보이는 나라들이 대부분 지중해 세계와의 상업활동 덕분에 부유했던 지역임을 알 수 있다.

여기서 동위東魏는 다시 북제北齊가 되고 서위西魏는 북주北周가 된다. 이때 북제는 자신들이 조선의 정통을 계승해야 한다고 생각했다. 왕은 학자 문선고양文宣高洋에게 위사魏史를 짓도록 했으나 성까지 중국식으로 바꾼 개혁 세력들이 이를 반대하는 상황이 벌어졌다. 하지만 신통을 계승하는 일은 천하의 봉국을 차지하는 일과도 관련이 있으므로 이때 여러 《위서》가 나타나게 되었다. 그 중에서도 위수魏收가 쓴 《후위서》는 문제가 되었던 책으로, 세상에 나온 뒤 500년간 논쟁에 휘말리며 이리저리 첨삭되는 수난이 거듭되었다. 결국 저자는 더러운 역사穢史를 썼다는 죄로 죽었을 뿐 아니라 사후에는 무덤이 파헤쳐지는 치욕을 당한다. 일연이 인용한 고조선에 관한 기사도 위수가 쓴 《후위서》에 실린 내용이다.[28] 여기서 주목할 일은 바로 북주 왕실에 외척外戚이 득세하게 된다는 사실이다. 이 세력이 후일 고구려와 대전을 벌이게 되는 수隋라는 나라를 건국한다.

집안의 태왕릉(금성)에서 발견된 '호태왕 96'이라고 새겨진 청동종도 앞서 언급한 명호개혁 문제와 연관이 있다. 96이란 숫자는 광개토대왕이 죽자 갑자기 신라의 눌지訥祗가 이사금이라는 호칭을 버리고 칸(마립간)이라 칭했던 417년의 일과도 관련된다. 동진이 망하고 위가 부상하며 장수왕과 명호를 놓고 협상하던 시기이기 때문이다. 눌지는 이 기회를 놓치지 않고 쌈지의 제1기능을 회복하려고 했던 것이다. 문맥으로 보아 위나라 세조가 고구려의 계보(2기능)는 일단 기록으로 유지하겠지만, 그 대신 신라의 마립간(1기능)은 인정하지 않는다고 말하는 듯한 분위기다. 위나라와 장수왕의 이 협상은 당연히 신라의 반발을 샀다. 고구려가 동진 시대 쌈지의 제

2기능자였다는 사실은 문자왕 文咨王(504년) 때 위에 사신을 파견했던 사실에서 드러난다. 이때 위나라 세종 世宗이 고구려 사신에게 이렇게 말한다.

> 고구려가 대대로 우리 도움으로 해외를 전제 專制하고 구이를 모두 정벌하게 되었는데, 작은 술독이 큰 술독을 수치로 여김은 누구의 허물인가?

해외를 전제한다는 말은 온누리를 다스린다는 뜻이며, 구이를 모두 정벌했다는 말은 오호십육국의 난을 진압했다는 뜻이다. 고구려 사자가 위의 세종에게 조공을 제대로 바치지 못하게 된 이유를 설명하자 세종이 다시 이렇게 말한다.

> 옛날 공물을 어긴 허물은 그 책임이 고구려에 있으니, 경은 마땅히 나의 뜻대로 다 실행하고 해되는 무리를 제거하여 나라 백성을 평안하며, 부여와 신라로 하여금 옛 터전을 회복하여 토지 생산물을 빠짐없이 조공토록 하오[29]

북위가 동진 시대의 쌈지를 대신하는 입장임을 알 수 있다. 이때 위는 신라 쪽으로 기울어있었다. 주목할 대목은 구이라고 기록되는 샤먼들의 존재이다. 고구려가 부단히 구이를 관리했던 흉노의 핵심 기능을 수행했지만 김부식이 이 대목을 모조리 삭제했다는 사실도 확인된다.

고구려 장수왕이 쌈지의 황금유물과 함께 한반도로 오다

장수왕이 신라의 금성과 가까운 한반도 평양으로 도읍을 옮긴 것은 427년이다. 이때 많은 대륙의 유물이 평양 일대로 옮겨졌다. 기자 사당이 평양부

고리짝과 고리짝의 그림 낙랑고분에서 출토된 고리짝에 그려진 인물들은 샤먼이다. 모두 가면을 쓰고 있으며, 손동작은 만장일치를 도출하기 위해 열띤 토론을 하고 있음을 보여준다. 배경에는 네 글자로 된 흉노식 이름 표기가 보인다. 도판 출처, 진단학회, 《한국사》. 314쪽 컬러 도판 있음.

의 토산兎山 위에 있었으며[30] 2,000년이나 된 기자의 지팡이도 그곳에 있었다.[31] 기자의 지팡이는 샤먼의 권위를 상징하는 환두대도 같은 것으로 추정되고, 토산은 현토玄菟라는 말과 다르지 않아 그곳에 샤먼들의 신상이 안치되어 있었음을 알 수 있다.

중요한 유물은 단군의 유골이다. 이 유골은 북한의 학계가 첨단계측기로 감정한 결과 5,000년 이전 것으로 판명되었다.[32] 유골에는 머리가 없고 금관의 일부가 함께 출토되어 이 유골이 뼈에 점토를 씌워 만든 금인(진신상眞身像)임을 알게 된다. 평양에 옥황(환웅상)이 있었다는 이야기이다. 여러 정황상 동이가 한반도로 이동해 온 것이다.

금관 유골과 함께 나온 장식은 경주에서 발견된 금관과 같은 시기에 만들어진 것이어서, 적어도 5세기경에 어디선가 옥황의 유골이 평양으로 옮겨졌다고 추정할 수 있다. 대동강 토성리 일대에 분포된 1,000여 기의 고분에서 발굴된 유물도 동이의 쌈지 문화를 보여준다. 관아 건물과 신전(신사神祠)의 흔적이며 오수전五銖錢, 금 노리개(영락), 구슬, 청동거울, 종, 그리고 각종 장신구와 문구文具 등은 쌈지 문화의 전형적인 유물이라고 할 수 있다. 한 와당에는 '낙랑예관樂浪禮官' 같은 글귀가 새겨져 있고, 흙으로 구운 인장에는 '낙랑태수장樂浪太守章', '조선우위朝鮮右尉' 같은 글자가 새겨져 있다. 우위右尉는 흉노의 우현왕인데, 사제의 오른편에 있는 왕을 뜻하므로 그곳이 오방五方이었다는 증거이다.

유골 못지않게 시선을 사로잡는 것은 9호분에서 출토된 수태고지에 쓰이는 고리짝이다.그림 129 대나무를 가늘게 갈라서 엮어 만든 그 고리짝 뚜껑 모서리에는 세련된 인물화가 그려져 있다. 한 면에 열 명씩 배치했는데 어느 쪽에서든 이 장면을 볼 수 있게 했다. 이 인물들은 무씨사당 화상석(제4장 참고)에서 보았던 인물들의 분위기와 다르지 않다는 점에서 쌈지의 이동경로와 무씨사당이 무관하지 않음을 짐작케 한다. 인물의 배후에는 '상산사호商山四皓'라든가 '고사정자진高士鄭子眞' '노자정란老子丁蘭' 같은 흉노식 이름이 쓰여있어서 이들이 신선놀이에 참석한 쌈지의 샤먼임을 말해 준다. 인물들이 모두 가면을 쓰고 있는 것은 그 증거이다. 가면은 위엄보다는 얼굴 가리개로 사용되었다.

순금으로 만든 버클(대교구帶鉸具)그림 130(315쪽)과 향로도 주목할 만하다. 버클은 이집트의 공예 양식 filigree으로 그리스와 이탈리아에 있는 에투르스칸 고분에서도 발견되는 물건이다.[33] 향로는 중국 산동성의 박산현博山縣에서 발견된 향로와 같은 것이며, 양자강 일대의 양梁나라 시대 공예품도 발견되었다. 동진의 승려 동수冬壽가 낙랑교위樂浪校尉로 안악에 간 것도 이런 상황을 뒷받침한다. 샤머니즘의 중추기관인 쌈지가 지중해에서 출발하여 양자강과 장안, 그리고 산동을 거쳐 한반도로 이동해 온 발자취가 한눈에 드러난다.

광개토대왕이 죽자 신라 금성이 흔들리다

금성의 나물 이사금은 고구려가 강성해지면서 점차 북천축으로 접근해 오자, 381년에 고구려를 위협하던 위를 멸하면서 오호십육국 중 강자로 떠올랐던 전진에 사자를 파견하였다. 전진이 김알지계의 부도세력이었다면 이는 고구려를 견제하려는 의도였을 것이다. 하지만 전진의 부견왕도 고구려에 대항할 수 없던 상황이어서 신라 사자를 되돌려보내야 했다. 이런 사실이 알려지자 고구려(고국양왕)는 나물 이사금에 인질을 요구한다. 신라는 어쩔 수 없이 이찬의 아들 실성實聖을 고구려에 보냈다. 집안의 고분으로 보아 이즈음에 고국양왕의 태자 담덕이 금성에서 국강상에 올랐으며 황금 지팡이도 이 무렵에 제작된 것으로 보인다. 고국원왕이 죽자 인질은 풀려났을 뿐 아니라 귀국하여 이사금으로 즉위한다. 상황이 바뀌자 실성은 자신을 인질로 내몰았던 나물 이사금에게 보복하기 위해 나물의 태자였던 복호卜好와 미사흔未斯欣을 각각 고구려와 왜국에 볼모로 보낸다. 하지만 김부식은 신라가 왜 양쪽에 인질을 보냈는지에 대해서는 여전히 침묵하고 있다. 쌈지의 기능을 두고 갈등하는 상황이 드러나서는 안 되고 단군조선의 역사가 부각되어서는 더더욱 안 되기 때문이나.

동진이 망하고 광개토대왕이 죽자 고구려의 쌈지 기능도 불안해졌다. 위나라가 쌈지도를 버리고 유교 문화를 받아들이는 상황으로 바뀌었기 때문이다. 고구려의 장수왕이 재빨리 위나라에 사자를 보내 명호를 재협상한 것도 이런 정황을 말해 준다. 신라에서는 이 틈을 타서 눌지가 실성 이사금을 죽이고 당당히 마립간khan 칭호를 회복하여 황금지팡이를 잡는다. 눌지는 나물 이사금의 장자이다. 그는 위나라가 쌈지의 도를 버리는 정황을 재빨리 간파하여 시조 이래 상실했던 칸의 호칭을 회복했던 것이다. 하지만 이를 감당해 내기에는 주변상황이 너무나 긴박하게 돌아갔다. 왜가 본격적으로 금성을 침범했고 고구려·백제와도 전쟁을 벌여야 했다.

박제상의 《부도지符都誌》는 이렇게 적혀 있다. 눌지가 마립간이 되기는 했으나 자신의 두 동생이 고구려와 왜에 볼모로 잡혀있어서 늘 상심했다. 이를 보다 못한 중신들이 임금께서 직접 고구려로 들어가 부도의 일을 의논하는 것이 좋겠다고 진언했다. 이에 마립간은 고구려로 들어가 그 현안을 논의했는데 이 사안에 대해서도 김부식은 꿀먹은 벙어리이다. 부도의 일은 쌈지도에 관한 일이다. 이때 고구려 왕은 눌지에게 이렇게 말했다.

한 뿌리의 후예로서 어찌 이런 일이 있을 수가 있습니까.

고구려는 곧 복호를 돌려보냈다.[34] 김부식의 기록에는 없는 대목이다.

대화는 선문답처럼 간략하나 이 대화의 앞뒤 말이 생략되어 핵심이 문장 밖으로 빠져나갔음을 눈치챌 수 있다. 대화 주제는 고조선 역사였던 것이다. 이때 어떤 협상이 있었는지 정확히 알 수 없지만 이 협상이 있고 나서 신라 금성이 중천(경주)으로 옮겨 갈 차비를 하게 된다. 눌지의 뒤를 이은 자비 마립간이 먼저 경주에 있는 명활산성明活山城을 수리한 다음 그곳으로 옮겨갔고, 그러자 고구려가 말갈과 함께 신라 금성의 북쪽 여러 성을 공략하여 일곱 성이나 유린한다. 소지 마립간은 백제·가야와 합세하여 이에 대응했으나 실패하고 만다. 경주에는 이미 가야가 조성한 칠가람七伽藍이 있었다. 소지 마립간은 그곳에 나을신궁(부도)을 설치하고 488년에 이주했다. 기록은 월성月城으로 이주했다고 썼는데, 월성은 오늘날의 반월성터를 가리키며 월성의 월月은 올림포스라고 했다.

김부식은 이런 정황을 가야가 소지 마립간에게 '흰 꿩을 바쳤다'라고 우회적으로 표현했다. 쌈지의 진실을 피해 가려는 수사학이다. 《송서》〈동이전〉왜조에서 이때 한반도에 신라, 임나, 가라, 진한秦韓, 마한慕韓 등의 군사기지가 있었다고 기록하여 바야흐로 한반도에서 쌈지전쟁이 시작되었음을 말해 준다.

백제 무령왕은 양나라에 줄을 섰다

김부식의 기록을 찬찬히 들여다보면 백제가 대륙에서 한반도로 이동했던 때가 제20대 개로왕蓋鹵王 대임을 알 수 있다. 이 대목을 김부식은 이렇게 기록했다. 개로왕 18년(472년)에 왕은 위나라에 사신을 파견하여 글을 올린다. 그 글에 '신은 나라를 동극東極에 세웠다'고 한 것이다. 《산해경》은 '동극'을 태양이 뜨는 장소로 신인神人이 있는 곳이라고 썼으며 이는 헤로도토스가 북천축을 북극이라고 썼듯이 황금횡대에서 35도의 동쪽 끝을 말한다. 한반도의 공주나 경주 일대를 가리키는 것이다. 글의 내용은 백제가 위나라에 조공하고자 해도 북쪽에 있는 고구려(장수왕)가 가로막아서 어려운 처지였다는 것과 고구려와 형제(유리와 온조)의 의리를 지켜왔으나 고국원왕이 무도하였다는 사실들을 예거하며 고구려를 모함하는 것이었다. 한반도에서도 고구려와 백제가 쌈지 싸움을 하던 상황임을 알 수 있다.

백제가 대륙에서 한반도로 건너왔다는 사실을 입증하는 문서상의 증거는 24대 무령왕이 양梁나라에게서 책봉을 받았다는 기록이다. 양나라는 북위가 동서로 분열했을 때 오늘날 양자강 일대의 남경(건강建康)에서 일어나 4대 55년간 존속했다. 양나라가 고구려와 백제 세력이었다는 사실은 중국 기록이 말해 준다. '梁'이 춘추전국시대에 진秦나라가 무너뜨린 위魏의 이칭異稱이고 뒤에 도읍을 대량大梁으로 옮겼다고 했기 때문이다.[35] 양은 태양을 의미하는 on이고, 사마천은 진晉의 도읍을 안읍安邑이라고 적었다. '安'과 '梁'은 모두 on의 표기로 소아시아 시대의 부도의 명칭이다. 그러니까 고구려와 백제의 역사를 말한다는 것을 알 수 있다. 대량大梁은 파르티아의 마지막 수도 '크테시폰'을 옮겨 적은 글자라고 했다. 《국어國語》〈진어晉語〉는 동이가 우리(동진)으로부터 도망해 와서 양나라에 이르렀고, 그들은 상업으로 재물을 많이 모은 부국의 귀족이라고 했다.[36]

양나라 시조 무제의 이름은 소연蕭衍이다. 천부적인 재능을 지닌 박식한 인물로 알려져 있다. 그 부친은 동진이 광고로 도읍을 옮기면서 선양했던 남송南宋을 다시 선양받아 남제南齊를 세운 황실 사람이다. 497년 동진이 망하고 북위北魏가 일어나 대군을 거느리고 남제를 침공했다. 이때 남제는 옹주雍州에서 북위군과 전투를 벌였으나 크게 패했다. 여기서 언급되는 옹주는 지금의 호북성 양양襄陽이며 이때 소연도 남제를 지키기 위해서 싸웠는데, 운 좋게도 그가 거느린 군사들은 용케 살아서 북위의 군대는 옹주를 통과하는 것을 막을 수 있었다. 그곳을 통과하면 북위의 군사는 장강의 지류를 타고 양자강 하류에 있는 수도 건강健康에 이르게 된다. 이 공으로 그는 도읍지 건강으로 내려가 502년에 양나라를 세웠다. 백제 개로왕이 한반도로 이동한 후 잔류하던 백제(파르티아) 세력들이 기회를 잡아 양이라는 나라를 세웠던 것이다. 따라서 양나라 시대의 많은 유물이 한반도에서 발견되는 것은 우연이 아니다. 《양서》〈제이전〉 백제조는 양나라 고조가 백제 무령왕武寧王에게 다음과 같은 책봉문을 내렸다고 했다.

> 해외海外에서 닦은 공로로 백제의 모든 군사를 감독하는 직책과 함께 영동대장군寧東大將軍에 봉한다.

'海外'라는 말에 주목하자. 이는 한반도 밖에서 벌어진 사건임을 말해주며 동시에 양나라와 한반도의 백제가 남이 아님을 읽을 수 있게 한다. '寧東'은 '鎭東'과 같이 쌈지(조선)라는 뜻이다. 다른 책봉문에는 '綏東'이나 '安東'으로도 나타나지만 모두 같은 뜻이다.[37] 양나라가 백제의 영暎이라는 인물에게 쌈지의 제3기능을 위임하고 있는 정황이 드러나는 것이다. 백제 왕 '영'을 김부식은 무령왕武寧王(502~554)으로 기록했다. 이때 무령왕의 임무가 무엇이었는지를 알자면 공주 무령왕릉이 단순한 무덤이 아니라는 사실을 확인해야 한다.

무령왕릉은 제천의식을 행하는 소도였다

무령왕릉은 금강을 끼고 있는 정지산艇止山 인근에 있다. 정지산도 글자놀이의 산물이다. 금강의 의미는 북두칠성이고 '정지艇止'는 '배가 멈추다'

라는 뜻이어서 부도를 하늘의 배(방주 方舟)에다 비유하는 경우와 같기 때문이다. 부도의 비유는 지역에 따라 배와 마차와 썰매가 되기도 한다. 부도가 바다를 건너는 조건에서는 배가 되고 눈이나 사막 지대에서는 썰매가 된다. 일본 신화에 부도를 천조주 天鳥舟라고 쓴 것은 그 좋은 예이다.[38]

이런 자료로 미루어 보면 무령왕릉은 무덤이 아니고 제천의식을 행하는 소도 蘇塗였다. 규모로 보면 가지(지사 支社)에 해당한다. 신채호의 주장에 따르면 이는 신소도 臣蘇塗가 아니고 작은 소도인 셈이다.[39] 〈동이전〉은 소도에서 천군이 제천의식을 행한다고 하고 이를 별읍 別邑이라고 했다. 또 《설문 說文》은 별읍을 나라이면서 동시에 '사람들이 모이는 집회장소'라고 했다. 예배당과 같은 곳이다. 무가 巫歌에서는 이런 곳을 탑산 塔山이라고 하는데, 무당은 그곳에 사람들을 모아 놓고 푸닥거리를 했다. 탑산이라는 글자에도 정보가 담겨있다. 돌로 지은 구조물이 산 위에 있거나 돌 구조물이 흙으로 덮여있는 고분을 말한다. 무령왕릉도 이런 의미의 탑산이라고 할 수 있다. 이곳을 무령왕의 무덤이라고 단정한 근거는 무령왕비지석 武寧王妃誌石 때문이다. 이 지석에는 왕비가 죽자 그 묘를 크게 개장하면서 토호들이 묘지를 사기 위해 쌀 2,000석을 바쳤다는 내용이 새겨져 있다. 하지만 그 묘지에는 유골이나 관이 발견되지 않았다. 설사 그 곳에 관이 있다 하더라도 이상한 일이 아니다. 중세 기독교 성당은 성인의 무덤이기도 했기 때문이다.

무령왕릉은 독립된 세 개의 석실이 각기 남, 서, 동으로 방향을 달리하고 있는 특수한 구조이다. 이는 양력과 음력을 동시에 관측할 수 있도록 고안된 소규모 부도이기 때문이다. 고분 꼭대기에는 밖으로 통하는 천창 天窓이 있고, 장군총의 경우처럼 두 개의 돌로 만든 긴 석대 石臺가 나란히 설치되어 있어 이런 주장을 뒷받침해 준다. 천창은 《후한서》 〈동이전〉이 말하는 신정 神井으로, 들여다보기만 해도 아들이 나온다는 '신들의 우물'인데, 고

무령왕릉 출토 지석 무령왕이 땅의 지신으로부터 토지를 샀다는 내용이 적혀있다.

대의 산원産院 기능을 한다고 볼 수 있다. 두 개의 석대는 인신공희에 사용하는 신성한 제단이다. 무령왕릉을 최초로 발굴했던 김원용金元龍은 이 무덤이 처녀분處女墳이라고 단정했다. 어떤 유골도 존재하지 않는 상황을 있는 그대로 받아들여야 한다는 뜻이다.

그곳에는 금동으로 만든 신발과 금 장신구, 술잔, 말안장, 청동거울, 금으로 만든 샤먼의 지팡이(100쪽 그림 10 참고)가 보관되어 있었다. 이런 물건들은 경주와 고령가야 지역의 유물과 다르지 않으며 쌈지의 문화를 말해주는 것이기도 하다. 지중해의 공예품과 중국 육조六朝 시대의 도자기나 악기가 발굴되는 것도 쌈지의 이동경로와 궤를 같이하고 있음을 보여준다.

실제로 무령왕릉은 모두 전돌塼石로 축조된 것이며, 학계는 이를 양자강 일대에서 이전된 육조 양식의 고분이라고 한다.그림 131(314쪽) 주목되는 것은 지석誌石에 새겨진 다음 글이다.그림 132

백제 사마왕斯麻王이 지신地神에게서 무덤 자리를 샀다.

사마왕은 백제 24대 무령왕의 이름이다. 무령왕은 이 부도를 만들기 위해 여신에게 터를 사들였다. 이는 빈 관에서 발견된 16~30세로 추정되는 여성이 지녔던 은팔찌가 말해 준다.그림 133(316쪽) 팔찌 안쪽에 다음과 같은 글자가 새겨져 있기 때문이다.

경자년 2월에 다리多利가 이백삽二百卅의 부인 주이主耳를 위해 만들다.[40]

'다리多利'는 중국의 금장이라고 주장하지만 다음 글귀는 난해하다. 이백삽二百卅은 230이라는 뜻이며 '主耳'는 주모主母나 주첩主妾같이 무속에서 사용하는 존칭이다. '주모'나 '주첩'은 서로 대비되는 말로 보통 왕의 본처와 첩을 구분할 때 쓰인다. 비밀은 '耳'자에 있다. '耳'는 간지干支의 두 번째 자리인 을乙의 비유로, 비밀의례로 맞춤아기를 낳는 일이다. 이른바 서자庶子이다. 신화가 신의 아이를 낳는 것을 귀耳로 '낳는다'고 한 것은 이런 의미이다. 중국도 '하늘에서 내려온 이상한 기가 입으로 들어가 아이를 낳았다'는 뜻이라면서 이는 동이의 풍속이라고 말한다.[41] 이는 여무결사女巫結社가 제3기능임을 말하는 것으로, 이 능 일대에 230명이나 되는 선녀들을 거느린 '주이 主耳'가 있었다는 증거이다. 주목할 유물은 청동거울그림 134(316쪽)인데 그 거울에는 그곳에서 천문을 관찰했다는 글귀가 쓰여 있다.

尙方作意 眞大好上有仙人

不知老渴飮玉泉 飢食棗 壽口金兮

위에 불로장생하는 신선이 있어,

그가 목말라 샘물을 마시고 굶주려서 대추를 먹다. (……)

신선들의 독특한 은유로 기록한 문장이다. '상방尙方'은 한漢나라 때 임금의 일용품을 만들어 보관하는 관청의 이름이어서, 이 거울이 한나라에서 제작되어 샤먼들에게 바쳐졌음을 알 수 있다. 문장에서 "眞大好 上有仙人"은 '眞大好'의 '好'가 우리말의 '해[日]'이고 '眞大'는 '太'와 맞바꿀 수 있어서 이 문장은 유골(진眞)로 만든 옥황(웅상雄常)이 그곳에 있었음을 의미한다. 난해한 비유는 '목말라 샘물을 마시고 굶주려 대추를 먹는다'인데, 이는 반어법으로 '부도의 신선이시여, 영원토록 옥천의 샘물(신정神井)을 마시고 대추를 먹으며 불로장생을 누리소서'라고 해석할 수 있다. 샘물을 마신다는 말은 성배聖杯를 든다는 뜻이고 대추를 먹는다는 말은 금관에 달린 노리개(금척金尺)를 소비한다는 뜻이다. 신선놀이와 비밀의례의 은유이다. 그곳에서 금동으로 만든 신발과 지팡이가 발견됨으로써 이런 사실을 뒷받침한다. 이곳에도 제1기능을 담당했던 샤먼과 제3기능을 담당했던 주이主耳가 있었음을 확인할 수 있으며, 이곳을 지켰던 무령왕이 양나라의 지원을 받는 다물흥방의 전위대였음을 알 수 있다.

소지 마립간이 추문을 일으키자 지증 마립간이 대륙에서 오다

장수왕과 무령왕의 부각은 경주의 나을신궁을 압박하는 요인이다. 한반도에서 두 개, 아니 세 개의 태양을 보게 되는 상황이며, 동시에 가야연맹 세력을 긴장시키는 요인이기도 하다. 광개토대왕 비문에 백잔이 왜(임나가야)와 내통했다고 한 것은 상황이 복잡하게 얽혔음을 시사한다. 왜는 제3기능을 감독하며 그 재정을 담당하는 샤먼이다. 이 대목에서 느닷없이 소지 마립간의 추문이 터지는 것은 우연이 아닐 것이다. 쌈지 기능에 위기가 닥칠 때에는 언제나 여자 관련 추문이 끼어들었다. 고조선의 마지막이나 서진의 마지막도 그랬다. 진상은 이렇다.

소지 마립간이 지방 행차(순행 巡幸)에 나섰을 때이다. 파로波路라는 사람이 사제를 배웅하면서 자신의 딸(벽화碧花)을 멍석에 둘둘 말아서 사제의 마차에 실어 보냈다. 궁에 돌아온 사제는 놀랄 수밖에 없었다. 미모의 젊은 여자는 미인대회에서 진수蔆首가 되었던 여자였다. 사제는 여자에게 반한 나머지 그녀를 몰래 자신의 방에 숨겨놓고 아들을 낳기에 이른다. 사제의 이 추문은 온 나라에 퍼졌다. 김부식은 거기까지만 기록하고 그 뒤에 일어난 일에 대해서는 아무것도 말하지 않았다. 앞뒤 문맥으로 보면 이는 사제의 후계문제와 관련된 음모임을 알 수 있다. 사제가 죽고 그 후임이 대륙에서 한반도로 파견됨으로써 이런 추정이 가능하다.

새로 온 사제는 신라인이 아니라 백제계로, 이름이 지대로(지증智證)이다. 그가 소지 마립간에 이어 신라 제22대 마립간이 되었다. 《수서》〈동이전〉은 사제가 세습이 아니고 마한이 추대한다고 했으므로, 다른 곳에서 후임자가 오는 것은 이상한 일이 아니다. 또 〈동이전〉 신라조는 지증을 지대로智大路라고 적고 키가 장대 같고 코가 높고 눈이 쑥 들어간 모습이라고 했다. 흉노(오호五胡)계인 것이다. 그들의 땅은 옥저 불내不耐 한예韓濊의 땅이고, 그들의 왕은 본래 백제 사람으로 바다에서 도망해 신라로 들어가 진평왕 대까지 왕을 지냈다고 했다.[42] 옥저는 카스피 해의 동쪽 히바이고 한의 예는 엘람이다. 그들은 파르티아 시대의 쌈지 세력으로, 서진 이후 위도 30도 지역인 양자강 일대로 이동해 양나라를 세웠던 사람들이다. 김부

18 쌈지의 역사가 동아시아로 가다   577

식은 지증이 서역인이며 하화백제夏華百濟 계열 사람이라고 적었다. 이는 엘람을 말한다. 어쨌든 지증의 마립간 호칭은 오래가지 않았다. 등극한 후에 신하들의 간청으로 마립간을 버리고 대왕이라는 호를 사용한 것이다. 역사의 흐름을 바꾸는 중대한 사건이지만, 김부식은 이에 대해서도 이유를 묻지 않고 그가 단지 낡은 제도를 새롭게 개혁했다고만 썼다. 위나라 이후 유행했던 유교 세력이 대륙에서 한반도로 건너온 것이다.

제19장

샤머니즘의 몰락과 불교의 승리

고구려는 오늘의 섬서성의 장안과 우즈베키스탄의 장안, 그리고 한반도의 평양을 하나의 트라이앵글로 설정하고 상황에 따라 그 지점을 오고갔다. 대월지의 장안에서 평양을 잇는 북위 40도의 직선로는 황금횡대로 태양마차가 이동하는 태양신의 길이다. 처음 카스피 해 동쪽(요동)은 그들이 가고자 했던 태양신의 낙원이었다. 하지만 낙원은 자꾸 동쪽으로 이동하여 타클라마칸 사막으로 들어갔고 급기야 낙원은 한반도가 그 종점이 되었다.

지증 마립간이 칸이라는 호칭을 버리게 된 상황이 불교 세력의 등장과 무관하지 않음은 이차돈의 죽음이 말해 준다. 법흥왕(514~540)은 지증이 그랬던 것처럼 대왕 호칭을 포기했다. 그는 면포冕旒 대신에 방포方袍를 입었고 궁인을 사예寺隸로 삼았다. 쌈지풍을 사찰풍으로 바꾼 것이다. 그의 아들 진흥왕은 불교를 국교로 삼고 쌈지의 제2기능을 모방하여 화랑도를 창설하였다. 화랑은 온누리가 아니라 일국의 국내용이었으므로 이는 쌈지의 화백제도가 사라진다는 것을 뜻한다. 이때 가락국의 정치가 문란해지고 저명한 악사 우륵于勒이 신라의 국원國原으로 도망해 왔으며 가야의 육부 호걸들이 우륵을 따라왔다고 한 것은 이런 상황을 기록한 것이다.

이는 가야 지역에서 발굴된 순교자들의 무덤이 뒷받침한다. 학계가 가야식 순장묘殉葬墓라고 일컫는 고분들에 예외 없이 유골과 함께 신상을 장식했던 구슬과 황금 장식의 편린들이 나타나기 때문이다. 게다가 유골 상태는 순장이라고 할 만한 흔적을 보여주지 않는다. 순교자들의 무덤인 것이다. 이때 등장한 진흥왕 순수비도 쌈지의 도를 포기하고 소국으로 독립(국경)한다는 뜻으로 읽을 수 있게 한다. 이런 움직임은 고구려가 먼저 불교를 용인하면서 촉발되었다. 법흥왕이 이차돈의 순교를 계기로 불사(흥륜사)를 나을신궁 경내(지금의 첨성대 북쪽으로 추정)에 세우고 그곳을 지키기 위해 화랑도를 창건했던 것은 쌈지의 도에서 벗어나려는 결단이다. 이런 상황을 가야가 어떻게 용인하겠는가.[1]

법흥왕과 불교입국

법흥왕은 왕국의 제2기능인 화랑도를 창설하기 위해 백제 왕궁으로 잠입해 들어갔다. 김부식의 기록으로는 법흥이 왜 이런 기행을 했는지 알 길이 없지만, 전후 사정으로 보면 백제 세력을 화랑도에 끌어들일 속셈이었다. 백제 왕궁에 잠입한 그는 공주 보과寶果와 은밀히 정을 나눈 다음 돌아갔는데, 뒤에 공주가 신라 왕궁으로 들어가 그곳에서 법흥과 동거했다. 김부식의 기록은 보과 공주의 부친이 누구인지 밝히지 않는다. 하지만 정황상 공주가 무령왕의 딸임을 알 수 있다. 보과 공주는 남모南毛와 모랑毛郎 두 남매를 낳았는데, 그들은 모두 미모가 빼어났다. 피부가 마치 옥에서 짜낸 액을 바른 것처럼 희었고 문장 또한 뛰어났다고 했다. 김부식은 백제사에서 무령왕의 키가 7척이고 용모가 그림처럼 아름다웠다고 했으므로 법흥왕이 왜 백제 공주를 유인했는지 알 수 있다. 나라의 기둥인 화랑도의 뿌리는 자타가 인정하는 선택받은 사람이라야 했기 때문이다.

김대문金大問이 《화랑세기》에서 화랑도가 '어진 재상과 충성스런 신하, 훌륭한 장수와 용감한 군사를 양성하는 데 있다'고 썼던 것도 이런 정황을 말해 준다. 일단 선남선녀가 중심이 되는 귀족 클럽이 생겨나자 사방에서 고관대작의 자제들이 구름같이 모여 들었다. 이들은 금란산천을 두루 다니면서 육예六藝를 연마했으며 연애의 자유를 누렸다. 이때 화랑도의 우두머리를 풍월주風月主라고 불렀는데, '風'은 인간세상을 위해 우수한 유전자를 널리 퍼뜨린다는 뜻이다. 제1대 풍월주는 위魏라는 젊은이다. 《화랑세기》에는 그를 마복자摩腹子라고 했다. 이 말은 맞춤아이와 같은 말이다. 백옥 같은 얼굴에 연지를 바른 맑은 눈동자의 풍월주가 한번 말을 할 때면 상큼한 바람이 입 속에서 나왔다고 했다. 마치 여왕벌과 같은 형국이이라고 해도 과언이 아니다. 그가 백인(서화인西華人)이었다는 것을 말해 준다. 화랑도의 일차 목표는 나을신궁을 밀어내고 그곳에 흥륜사를 일으키는 일이었다. 물론 김부식은 이런 사실을 기록할 수 없었다.

김대문의 기록은 화랑의 적대 세력이 삼산공三山公임을 암시한다. 삼산은 남산이고 이때 '공'이라는 칭호는 샤먼을 가리킨다. 남산에 나을신궁을 지키는 사제의 친위대가 있었던 것이다. 일연의 기록은 두 세력이 여러 차례 충돌했음을 암시한다. 양자 대결에서 승패가 나지 않자 원화源花를 뽑는 대회를 열어야 했다. 황금사과를 쥐는 지화자의 일이다. 화랑 진영에서는 남모南毛 낭자가 후보이고 남산 진영은 준정俊貞 낭자가 후보이다. 남모는 법흥왕의 본 부인(보과공주)인 지소태후의 딸이고 준정은 삼산공의 딸이다. 그리스 신화의 파리스 심판 이야기의 재판이다. 남모 측이 세를 불리기 위해 불법적으로 낭도들을 동원하자 이에 격분한 준정이 남모에게 술을 먹여 취하게 한 뒤 알천으로 유인하여 그녀를 강물에 던져 죽인다. 이에 진흥왕이 원화대회를 폐지했다. 패배를 인정했던 것이다.

관심을 끄는 것은 쌈지를 대표하는 삼산공의 실체가 무엇이냐이다. 이렇게 묻는 것은 법흥과 진흥이 칸의 호칭을 버린다고 해서 쌈지 기능이 저절로 사라지는 것은 아니기 때문이다. 삼산공의 세력이 고구려의 무두루 세력일 가능성을 뒷받침하는 자료가 있다. 《일본서기》에는 고구려 정병精兵 1백이 신라 국내로 들어가 지켰다고 했다. 1백 정병은 엘리트 집단인 무두루를 말하는 것이다. 일본 학자 기무라 마코토木村誠는 충북 중원군에서 발견된 이른바 '중원고구려비'를 근거로 이를 고증했다. 그는 비문의 '신라

토내당주新羅土內幢主'라는 부분을 문제 삼았다.[1] '당주幢主'가 다름 아닌 엘리트 집단인 무두루의 조의선인이며, 이들은 경주 남산에 주둔했다. 남산이 나을신궁을 지키는 산성이었기 때문이다. 그러니까 삼산공은 나을신궁의 사제거나 그를 대신하는 권력자였음을 알게 된다. 따라서 준정과 남모 낭자의 싸움은 부도를 둘러싸고 신구 세력 간에 벌어졌던 험악한 대결이었음을 말해 준다.

김부식에 의하면 나을신궁은 제28대 진덕왕 때까지 존속했다. 적어도 제29대 태종무열왕 때에는 제2기능이 존재하지 않았다고 하더라도 쌈지 세력의 구심점은 남아있었던 것이다. 이 점은 제26대 진평왕(579~632) 기사에 분명히 드러난다. 진평왕은 제24대 진흥왕의 손자로 키가 열한 자나 되는 거구이며 기이한 용모에 강한 의지를 지닌 사나이다. 왕이 되기 전 어느 날, 그는 내제석궁內帝釋宮이라는 곳을 방문했는데, 일연은 천살옥대天賜玉帶 기사에서 이곳을 천주사天柱寺라고 부언했다. 부도(나을신궁)임을 암시하는 대목이다. 진평이 천주사의 섬돌을 밟고 올라서자 섬돌이 몸무게를 이기지 못하고 세 조각으로 갈라져 버렸다. 진평은 측근에게 말한다.

이 돌을 옮기지 말고 뒤에 오는 자가 보도록 하라.

이 일이 있은 후 그는 왕위에 올랐다. 왕이 된 원년에 천사天使가 궁정의 뜰에 내려와 왕에게 아뢰었다.

상황上皇이 내게 명하여 옥대를 전하라 했습니다.

왕은 천사 앞에 친히 꿇어앉아 옥대를 받았고 교묘郊廟의 큰 제사가 있을 때마다 이를 허리에 찼다고 했다. 섬돌이 세 조각이 되었다는 것은 쌈지

제도(삼한)를 지지한다는 비유로 볼 수 있으므로, 이에 대응하여 천사가 내려와 그에게 황금옥대를 내렸다는 뜻으로 해석된다. 이 이야기는 진평왕 때까지 나을신궁이 존재했으며 실제로 그곳에 천사와 사제가 있었음을 일깨워 준다. 뒷날 고구려 왕이 신라를 치려고 하자 신하가 말하기를 신라에 황룡사, 장륙상, 구층탑, 그리고 하늘에서 내린 진평왕의 옥대가 있다고 말한다. 이에 왕이 전쟁을 포기했다고 쓴 것은 이것이 실제로 있었던 사건임을 말해 준다.

눈여겨볼 대목은 '내제석궁'이라는 명칭이다. '내제석궁內帝釋宮'의 '내內'는 이두로, '나을柰乙'을 생략한 말이다. 그리고 '제석帝釋'은 흉노가 사제를 'Zeus'라고 부른다는 사실과 관련있다. 또 '궁宮'이 '神宮'을 생략한 글자여서 이것이 부도임을 알 수 있다. 일연은 여기에 주를 달아 이곳이 천주사라고 덧붙였고 그 뜻이 하늘의 기둥이 되는 절이라고 했다. 간지의 나무를 말한다. 그렇다면 진평왕에게 옥대를 내린 것이 사제이고 이 사제가 《화랑세기》의 삼산공에 해당하는 인물임이 분명해진다. 그럼에도 김부식은 사제나 천사의 존재에 대해서 침묵한다. 모든 정황을 보면 이 대목은 한반도에서 일본으로 건너간 샤머니즘의 역사를 그가 숨기려 한 것이라고 추정할 수 있다. 수나라 문제文帝가 진평왕을 '낙랑군공 신라 왕樂浪郡公新羅王'에 책봉했을 때 경주에 삼산공이란 인물이 있었던 것이다. 하지만 나을신궁은 선덕여왕이 첨성대와 황룡사 구층탑을 세우면서 최후를 맞았다.

선덕여왕과 황룡사 구층탑

이 책의 제2장에서 우리는 《만주원류고滿洲源流考》에 신라의 영역이 만주에 세 개 성省과, 중원中原에 아홉 개의 주(구주九州)가 있었다고 했다. 3과

9는 쌈지시대의 성수聖數로 샤머니즘 세계관을 상징한다. 3은 삼한이고 9는 구이를 말하는 것이다. 따라서 기록은 신라금성이 만주집안에 있었던 시대의 일을 말하고 있는 것이 분명하다. 세 개의 성省은 금성을 지원하는 예속부락이라고 할 수 있다. 광개토왕비에 '수묘인연호守墓人煙戶'라고 한 것은 이들을 가리킨다고 할 수 있다. 부도(대묘大墓)를 지원하거나 지키기 위해 전역에서 전문 인력을 차출하여 그들을 한 곳에 살게 했던 읍을 말하는 것이다. 이들을 비문은 백잔百殘이라고 한 것이다. 쌈지의 제3기능이다. 이렇게 보면 중원에 있는 신라의 아홉 주는 샤먼들의 조세지, 그러니까 샤먼들에게 조공을 바치는 토호세력이라고 할 수 있다. 중국고전인 《상서》나 《이아》와 같은 책에 보이는 구주九州의 개념과 다르지 않다.

중원에 있다는 신라의 구주는 김알지의 흉노시대秦韓가 그 시발점이었던 게 아닌가 생각한다. 3세기 후반의 책인《삼국지》〈동이전〉이 진한, 변한의 봉역이 24개국이라고 했을 때도 이는 신라의 구주와 중복되는 기사이며 그곳은 누란과 하서회랑 일대를 말하는 것이다. 또 이중재가 《자치통감》을 인용 고구려의 강역이 실크로드와 몽고, 만주, 한반도에 이른다고 했을 때도² 그 기록은 신라의 구주와 겹치는 기록임을 알 수 있다. 하나의 쌈지구조로 보아야 하기 때문이다. 전한의 무제와 후한시대漢族가 그곳에 있었지만 그 기간은 약 300년이 고작이다. 그 300년 동안에 있었던 한漢이라는 간판(명호名號)이 사라진 뒤 중원은 모두 오호십육국 시대(흉노)로 나뉘었다고 해도 과언이 아니다. 샤머니즘 시대의 종교적 메카였으므로 당연히 언어상황도 복잡했을 것이다. 인도계언어와 그리스어가 사용되었음이 확인되었고 시간이 경과하면서 중국어와 몽골, 투르크계, 한국어, 일어와 같은 우랄알타이어 문법을 가진 언어가 대세였다고 해도 틀리지 않을 것이다. 당나발을 불었던 김부식은 이런 일들을 깡그리 묵살했지만 일연은 이 문제를 그냥 두고 넘기지 않았다. 그는 〈황룡사구층탑〉에 관한 기사에서 아주 중요한 정보를 남겨놓았다. 기사는 선덕여왕 때(636년) 자장법사慈藏法師가 서역으로가 문수보살로부터 수법을 받았다는 내용이다. 그런데 자장이 귀국하면서 문수보살에게 나라의 일을 걱정하자 문수보살이 다음과 같은 대안을 그에게 제시한다.

> 황룡사 호법룡護法龍은 나의 장자로 범梵왕의 명을 받아 그 절을 보호하고 있다. 본국에 돌아가 그 곳에 구층탑을 세우면 이웃나라가 항복하고 구한九韓이 와서 조공하게 될 것이니 왕업이 길이 태평할 것이다. 탑을 세운 후에 팔관회를 베풀고 죄인을 구하면 외적이 해치지 못할 것이고 나를 위해 정사精舍 하나를 짓고 내 명복을 빌면 나 또한 덕을 갚으리라.

요점은 구층탑이 부도를 대신해야 신라가 구원을 받는다는 것이다. 묘청이 불탑 대신 부도를 제안했던 것과 정반대로 천문학이 경문經文의 하위 개념이 되어야 한다고 주장하고 있다. 그런데 일연은 당대 명현明賢으로 알려진 안홍安弘의 동도성립기東都成立記를 인용하여 9층탑이 아래에서부터 다음과 같은 이름이 주어졌다고 했다.

9	예맥濊貊
8	여적女狄
7	단국丹國
6	말갈靺鞨
5	응유鷹遊
4	탁라托羅
3	오월吳越
2	중화中華
1	일본日本

주목을 끄는 것은 이 아홉 개의 명칭이 보살의 이름이 아니라는 사실이다. 이름의 내력을 알아보자.

8세기 이전의 '일본'의 명칭은 왜倭이다. 제18장에서, 왜는 《후한서》의 〈동이전〉이 적었듯이 큰 바다 속에 있었다. 필자는 그곳이 타클라마칸 사막(간해干海)이고 누란이며 샤머니즘의 성지聖地를 말한다고 생각한다. 제3기능을 수행했던 왜승夷僧들이 누란을 중심으로 활동했음을 보았다. 중화中華라는 말은 뒤에서 다시 언급할 기회가 있지만 오방五方을 말한다. 황금 횡대로 보면 박트리아, 누란, 금성, 장안, 동진(건업)일대가 모두 중화이다. 오월吳越은 중국이 양자강 하류에다 설정해 놓은 나라 이름으로 그곳에서 동진이 일어났다. 김부식은 신라 진평왕9년(587년)에 이찬伊湌의 아들인 대세大世란 젊은이가 친구 한 명을 대동하고 배를 타고 양자강 하류 지역인 오월로 도주했다고 썼다. 이때 두 젊은이는 오월을 문명한 곳이라고 말했는데, 김부식도 1111년에 그곳 송나라로 갔었다. 그리고는 송나라 관료의 안내를 받으며 신라의 국모였던 선도성모仙桃聖母의 여신상을 구경하게 된다. 어떻게 신라 수도 경주에도 없는 선도성모의 여신상이 양자강 하류 지역에 있었다는 것일까. 천문학자 박창범도 신라가 양자강 하류에서 천문을 관측했다는 사실을 확인해 주었다.³ 쌈지의 제1기능인 신라 세력이 그곳에 있었다는 증거인 것이다.

말갈은 여신(여무女巫)을 수호하는 쌈지 세력으로 기록에는 일명, 물길勿吉이다. 우리는 이를 흑해와 소그디아나 일대의 샤먼(흉노족)이라고 했다. 예맥은 고조선 시대의 쌈지 세력으로 이들은 제3기능을 수행하며 항상 부도와 함께 옮겨다니며 살았다. 일연이 마한馬韓에 관한 기록에서 이들을 사이四夷 혹은 구이九夷라고 했던 것은 이를 뒷받침한다. 탁라나 응유는 글자풀이로 신선놀이의 뜻이고 단국丹國은 연금술을 그리고 여적女狄은 여자 무당(무녀女巫)을 말한다. 그런데 탁라는 탐라眈羅와 같은 뜻으로 제주도의 본명이기도 하다. 《동국여지승람東國輿地勝覽》에 이 나라 동굴에 삼신三神이 살고 있었으며 그들은 일본에서 세 여왕을 맞이하여 아내로 삼았다고 썼다. 탁라라는 샤먼이 어느 시기에 중원의 구주에서 그곳으로 옮겨왔음을 암시한다. 이런 점은 일본열도의 남쪽에 붙은 규슈九州의 고사에서도 발견된다. 문헌은 처음 평씨平氏가 그곳에 와 거처하면서 땅을 나누어 아홉 주가 되었다고 했다.[4] 이 기사에서 땅을 나누어 아홉 주를 만들었다는 것은 평씨가 그곳에서 쌈지도를 일으켰다는 뜻으로 일본은 이를 신토神道라고 말한다. '平'은 《자전》이 시호諡號라고 써서 평씨가 샤먼의 이름임을 알 수 있다. 정황은 평씨가 신라 구주와 무관하지 않음을 말해 준다. 제18장에서 타클라마칸시대의 제3기능자였던 '왜'가 4세기 말에 장안에 도읍했던 전진前秦의 황실을 뒤엎고 제왕(제1기능)이 되어 남쪽의 동진을 도모하려다 실패했다는 사실을 언급한 바 있다. 그 패퇴세력이 어디로 갔는지를 추적해 보는 것도 하나의 과제이다. 우리는 이미 5세기경에 백제 개로왕이 대륙에서 동극東極인 한반도로 이동했다는 사실을 언급했다. 그렇다면 신라 구주의 샤먼들도 이 시기에 한반도의 남단(가야 지역)이나 일본 열도로 이동했다고 추정해 보는 것도 의미있는 일일 것이다.

무령왕릉에서 발견된 지석誌石은 여무 집단을 다스리는 여적이 한반도로 이동해 왔다는 정황을 암시해 주었다. 지석에는 무령왕(501~523)이 300명이나 되는 여자 무당(주이主耳)의 무리들을 위해 지신地神으로부터 땅을 샀다는 사실이 기록되어 있기 때문이다(574쪽 그림 132 참고). 무령왕이 어디선가 이동해 온 여무女巫들을 위해 땅을 마련해 주었음을 말하고 있다. 또 제17장에서 신라의 구주 지역(토곡혼)에 귀신을 섬기는 여왕 비미호卑彌呼의 나라가 있었다고 했다. 그 여왕은 음양도陰陽道로 나라를 다스린다고 했는데, 이것이 신라 구주의 '여적'을 말하는 것이고 이들이 태양신의 고향인 동극으로 와서 무령왕의 환대를 받았던 것이라고 추정해 볼 수 있다. 모든 정황은 구층탑의 각층에다 적용했다는 아홉의 이름은 중원시대의 신라의 구주였음을 말해 준다. 문수보살이 자장법사에게 제시한 대안은 결국 불탑이라는 제단에다 쌈지의 아홉 신들을 바치는 일이었던 것이다.

선덕여왕은 문수보살의 제안을 실천하기 위해 보물과 비단을 싸들고 백제의 공장 아비지阿比知를 모셨다. 아비지는 200명이나 되는 소장小匠들을 거느렸던 당대에 소문난 장인이었다. 그는 곧 구층탑을 짓기 위해 경주로 왔다. 하지만 쌈지 세력이 아직 남산에 잔존했던 상황이어서 아비지의 일이 순탄하지 않으리라는 것은 상상하고도 남는다. 김부식은 이런 갈등상황을 숨기기 위해 느닷없이 아비지의 꿈 이야기를 들고 나온다. 아비지가 꿈에 백제가 망하는 꼴을 보고는 큰 충격을 받았다는 것이다. 그 꿈 이야기는 김부식보다 500년이나 이전의 일이고 그것도 일개의 공장이 꾸었던 꿈 이야기다. 이런 일을 역사기록에다 서술하다니 어떻게 김부식의 역사서를 실증적이라고 할 수 있겠는가, 당연히 아비지의 꿈이 그렇다면 그 꿈이 무엇을 뜻하는지에 대해서도 언급이 있어야 실증적인 역사서술의 태도라고 할 수 있다. 전후 사정은 구층탑의 완성은 동시에 중원에도 백제 세력이 있다는 사실을 암시하는 것이다. 아비지의 불길한 꿈은 구층탑 기둥을 세우던 날에 현실로 나타났다. 갑자기 황룡사가 진동하며 사방이 어두워지는 이변이 일어났기 때문이다. 기록은 그 와중에 어디선가 한 노승이 장사를 데리고 나타나 금당문金堂門 기둥을 세우고 사라졌다고 했다. 구층탑 설립을 반대하는 세력과 이에 저항하는 불교세력老僧이 나타났던 상황을 간단히 암시한 것이다. 정황을 상세히 언급하자면 당연히 반대세력을 부각시켜야 하고 그렇게 되면 신라에 쌈지의 역사가 있었다는 사실이 드러나기 때문이다. 여기서 땅이 진동하고 사방이 어두워졌다는 표현은 이 싸움에서 진천뢰震天雷 같은 폭발물이 사용되었다는 것을 말한다. 일연의 기록에는 신라 19대 눌지 마립간 때에 아도阿道가 이상한 빛을 뿜어 대고 땅을 진동케 하는 비법을 신라에 가져왔다고 적었다. 이렇게 말할 수 있는 충분한 근거로 삼을 수 있다.

고구려는 어떤 나라인가

고구려, 신라, 백제가 왕의 호칭이나 국체가 서로 다르게 나타나는 것은 쌈지의 기능 때문이다. 고구려는 천하를 통섭하는 제2기능자로 전문적인 군사국라고 할 수 있다. 기록이 이들을 마한馬韓이라고 한 것은 이들의 특수성이 주로 말[馬]에 관한 것임을 말해 준다. 신화가 말하는 거인족巨人足으로 이들을 프랑스 구조주의 철학자 뒤메질은 전사계급 the stakes of the warrior 이라고 했다. 일본의 에가미江上波夫의 기마민족설도 이런 맥락으로 이해될 수 있다. 고구려의 이런 특성을 《삼국지》〈동이전〉은 간략하게 언급했는데 주목할 대목은 고구려의 관제官制와 벼슬 이름이다. 뒤에서 보지만, 한마디로 이것들은 군대의 계급장을 말한다고 할 수 있다. 기록에 나타나는 고구려의 실체는 사실상 환도성, 평양성, 국내성 중심이고 영토는 어디까지인지가 분명치 않다. 중심이 되는 이 성들은 흉노의 오방五方으로 고구려의 오부五部를 말한다. 신라는 이를 금성金城, 혹은 월성月城이라고 하고 《한서》〈흉노전〉에는 용성龍城이라고 했다. 흉노들은 그곳에 모여서 회의를 하고 제천의식을 행한다. 옥황상제가 지키는 황금신상(금인金人)도 그곳에 있다. 제천의식이 중요한 것은 옥황의 구슬(곡옥曲玉)을 쟁취하는 젊은 영웅이 그 의식에서 탄생하기 때문이다. 고구려의 오부가 둥지를 트는 곳이 황금횡대이고 부도이다.

　　고구려의 실체를 이렇게만 설명하는 것은 물론 전부가 아니다. 김부식은 보장왕에 관한 기사에서 고구려가 모두 176성으로 구성되었다고 했다.

이 숫자는 7세기경의 자료이지만 한반도에 이 성들이 모두 있었다고는 상상할 수 없을 만큼 많은 숫자이다. 그러니까 176이라는 수치는 성들의 대부분이 대륙에 분포되어 있었음을 말해 준다. 고구려의 실체는 사실상 대륙에 분포된 성들의 총체(네트워크)라고 해야 옳은 것이다. 불행하게도 이 성들은 어디에 있었는지가 오리무중이다. 김부식은 《삼국사기》〈잡지雜志〉에서 삼국시대의 유명한 성 중에서 무려 100개나 되는 성이 그 소재지를 알지 못한다고 썼다. 《신당서》, 《구당서》에서도 그렇다. 양쪽이 서로 담합이나 한 듯이 성의 이름을 거명하면서도 주소는 오리무중으로 만들었다.

7세기의 문헌인 《주서周書》〈이역전異域傳〉은 고구려의 성들이 기마부대로 조직되었음을 보여준다. 성이 군사집단인 것이다. 기록은 다음과 같이 썼다.

그곳에는 대대로大對盧, 태대형太大兄, 대형大兄, 소형小兄, 태대사자太大使者, 대사자大使者, 소사자小使者와 같은 벼슬이 있으며 병기로는 갑옷과 활 화살, 방패, 작은 창이 있다고 했다.

고구려의 실체가 왕이 다스리는 나라가 아니라 성주城主가 지배하는 군사적인 특수조직체임을 암시한다. 그들은 또 《오경五經》《삼사三史》《삼국지三國志》《진양추晉陽秋》와 같은 책을 읽는다고 하여 성의 군인들이 높은 수준의 교양으로 무장되었음을 말해 주기도 한다. '오경'은 《역경易經》《서경書經》《예경禮經》《시경詩經》《춘추春秋》와 같은 고전이고, '삼사'는 오경과 겹치는 개념이어서 이를 조선(삼한)의 역사라고 추정해 볼 수도 있다.

《삼국지》는 조조曹操의 위魏가 요동 태수 관구검毌丘儉을 파견하여 고구려를 짓밟았던 뼈아픈 역사를 기록한 사서이다. 조의선인들에게는 교훈이 되는 필독서라고 말할 수 있다. 또 '진양추'는 당대 가사문학의 교본으로 불교사상과도 관련이 있는 책이다. 조의선인들의 애국적인 정서를 고취하는 데 이 책이 도움이 되었을 것이다. 성에는 여신(부여신扶餘神)과 고등신高登神을 모시는 신전神廟이 있다고 했다. 여신은 성모聖母이고 고등신은 주몽이 말을 타고 있는 군신상騎馬軍神으로《진서》〈사이전〉마한편 기사가 소도蘇塗가 있다고 한 기사와 다르지 않다고 할 수 있다. 소도에는 신단수神檀樹가 있고 하늘에 제를 올리는 천군天君이 있다. 또 기록은 무당의 음사陰祀가 있다고 하여 성에도 비밀의례를 담당하는 무녀巫女 집단이 파견되었음을 알게 한다. 이 기록들은 각 성들에 3기능이 구비되었음을 말해 준다. 쌈지의 축소판인 것이다.

이것이 리그베타 경이 전하는 미트라mithra와 다르지 않다는 것은 우연이 아니다. 미트라가 다름 아닌 고구려의 무두루이기 때문이다. 미트라는 이렇게 외친다.

나는 태양신 수소Varuna의 아들이고 그 심부름꾼이다.

무두루가 옥황상제로부터 받은 황금지팡이(경로신도徑路神刀)를 잡고 지상으로 내려가 옥황상제의 명을 집행한다는 것을 말한다. 불경은 이를 삼십삼천왕三十三天王으로 불법을 지키는 선귀신善鬼神이라고 했고,《맹자》도 이들이 지상으로 여행하면서 천하를 두루 살피며 사람들에게 복을 주는 선신善神이라고 했다.[5] 메디아 제국 시대의 천사를 말하는 것으로 맹자도 공자나 노자와 마찬가지로 미트라 신앙이 세계를 지배하던 시대에 살았다는 것을 말해 주는 대목이기도 하다. 이들은 옥황의 구슬을 차지한 왕을 등에 업고 지상으로 내려가 인연이 닿은 텃밭에 왕국을 세우고 악한 자를 심판하고 선한 자를 업어서 부도(천국)로 데려간다. 이것이 무속이나 민속축제 때 굿판에 앞장서는 깃발에 쓰여진 '농자천하지대본農子天下之大本'의

대의이다.

　이들 조의선인이 등에 용을 새긴 검은 망토를 걸쳤다는 사실은 시베리아 샤먼 풍속이 말해 준다. 망토는 용의 날개이며 시베리아 샤먼들은 이를 카프탄kaftan이라고 불렀다. 조의皁衣는 일차적으로 검은 망토를 가리키지만 본뜻은 말의 전문가(조마사調馬師)이다. 이들은 모두 신선놀이에서 옥황상제로부터 용의 이빨(금척)을 목에 걸었던 용사들이며 100명 단위로 한 개의 성(서당誓幢)을 구성한다. 하지만 유사시에는 각자가 봉국의 군사를 지휘하는 장교가 되므로 성 하나의 실질적인 군사력은 상황에 따라서 엄청나게 불어나기도 한다. 흉노의 유명한 게릴라전(기병술奇兵術)의 비결은 이런 구조에서만이 가능하다. 이들은 부자형제가 지휘권을 세습했으며 성의 자급자족을 위해서는 병사들이 직접 농사를 짓는 둔전屯田을 운영했다. 이는 제3의 기능을 수행하는 백성들이 성에 살고 있음을 말해 준다. 광개토대왕비에 적힌 '백잔白殘'이라는 말이 이를 가리킨다. 백제라는 개념과 다르다. 앞에서도 언급했지만 고구려의 말기에 이런 성들이 모두 176개나 있었다. 이것이 고구려의 실체를 들여다 볼 수 있는 한 단면이다.

장수왕 이후의 고구려

태평양에 인접하고 있는 중국 동부 지역은 사실상 중국의 노른자위 땅이라고 할 수 있다. 농산물의 최대산지이기 때문이다. 동진 때 배수裵秀가 그린 지도는 이 지역을 모두 구주九州로 표시했다. 구이의 땅이라는 뜻이다. 오호십육국 시대에 쌈지 세력(호胡)이 이곳을 두고 이전투구를 했던 것도 당연한 일이다. 20대 장수왕 이후의 고구려도 이 지역과 묶여 있었다. 장수왕과 화북 지역을 차지한 북위는 사돈지간이고 동시에 제2기능자이기 때문이다. 하지만 북위는 화북 지역에서 낙양으로 도읍을 옮기면서 고구려와 멀어진다. 그들은 낙양으로 도읍을 옮기면서 한족漢族과의 혼인을 맺어 쌈지 문화에서 이탈했던 것이다. 김부식은 백제 23대 동성왕東城王 때(488년)에 위가 백제를 침공했다는 기사를 남겼다. 매우 당혹스러운 기록이다. 기록은 동성왕이 군을 출동시켜 그 침공을 막았다고 했다. 한 줄로 요약되는 간단한 기록이다. 기록대로라면 전쟁은 중국의 심장부인 낙양에 수도를 둔 위나라 군사가 산둥山東으로 나와 배로 발해만을 건너 한반도의 백제를 쳤다고 해야 한다. 트로이 전쟁 이야기와 같은 대사건을 단 한 줄로 기록하다니 믿을 수가 없는 일이다. 문제는 이 전쟁의 목적이 무엇인지 분명하게 기록되지 않았다는 점이다. 왜 김부식은 역사기술에서 기본이 되는 이 '왜(why)'에 눈을 감았을까. 전후좌우의 문맥으로 보면 진실은 이렇다. 백제, 신라의 봉지封地가 이때 중국 동부 지역에 있었으며 위는 곡창지대인 그곳을 침공했고 백제의 호족 등이 이를 저지했던 것이다. 김부식은 이 사건을 동성왕의 업적에다 등재한 것이다.

산둥성 일대가 고구려, 신라, 백제의 봉지였다는 사실은 《위서魏書》의 〈태조기太祖紀〉에 언급된다. 샤먼(선비鮮卑)이었던 탁발규가 398년에 중앙아시아 지역(중산中山)에서 출발하여 요산堯山으로 향했다고 썼다. 요산의 정확한 위치는 불명이지만 탁발규가 업鄴을 수도로 삼고 북위를 선포했다고 썼으므로 이곳이 황하 지역임을 알게 한다. 중국 학자들은 업을 산서성, 산둥성, 하남성이 서로 맞닿은 황하 인근의 도읍이라고 한다. 기록은 이때 산둥의 육주六州에 있는 관민官民과 그 군대가 어디론가 사라졌다고 하고 그 자리에 고구려 백성 46만과 기술자와 예능자 10여 만이 이주해 왔다고 했다. 대략 오늘의 산둥山東과 산서山西지방이 만나는 지역으로 그 사이에 황하가 흐른다. 중국대륙의 노른자위 땅이다. 고구려 백성들이 탁발규와 함께 졸본부여 지역에서 황하 유역으로 이동해 왔던 상황을 말한다. 광개토대왕이 지키려 했던 그들의 봉지도 이 지역에 있었다고 할 수 있다.

장수왕 뒤에 문자왕文咨王(491~519년)이 21대 고구려 왕이 되었을 때 북위는 양자강으로 내려가 남제南齊를 무너뜨렸다. 남제는 동진의 신통을 이었던 쌈지 세력이다. 중국은 양자강 일대에서 일어난 세력을 한마디로 남조南朝라고만 표기한다. 그렇게 되자 남제의 황실사람이었던 소연蕭衍이 오늘의 남경 일대(건강健康)에서 양나라梁(502년)을 세웠다. 시조 무제武帝는 박식한 인물로 유명한 달마선사와 문답하여 후세에 이름을 남겼던 인물이다. 무제는 이때 많은 경문經文을 복사하고 승려와 승니를 양성하고 있었다. 무제가 달마에게 물었다. "이렇게 하여 부처를 믿으면 무슨 복이 있는가" 그러자 달마가 아무것도 없다고 대답했다. 무제가 그러면 내 앞에 앉아 있는 당신은 무어냐고 묻자 달마는 모른다고 대답한 것이다. 무제는 달마를 만난 것을 평생 후회했다. 적극적인 구세주의救世主義를 실천하려는 쌈지도의 입장에선 당연한 반응이었다고 할 수 있다. 양나라의 무제는 걱정이 많았다. 낙양洛陽에 도읍하고 있는 위와 맞서야 했기 때문이다. 위는 보수를 뜻하는 신권절대주의에서 벗어나기 위해 중앙아시아의 불교를 수용하는 개혁주의로 나갔다. 그런 결과 당시 낙양에는 무려 1,300개의 불사佛寺가 생겨나는 등 불교 르네상스 시대를 구가하게 된다. 왕권주의의 승리라고 할 수 있다. 양나라가 백제의 무령왕에게 쌈지의 제2의 기능을 부여하면서 그를 격려했던 것도 이런 정황과 무관하지 않을 것이다. 정황은 남북조의 대결이 보수세력과 개혁주의의 대결임을 보여준다.

먼저 위가 492년에 고구려 문자왕에게 '정동장군征東將軍'의 봉작을 내렸다. 그랬지만 문자왕은 병을 핑계로 이를 접수하지 않고 대리자를 보냈다. 이에 대해서 김부식은 벙어리였지만, 문장의 행간에서 숨겨진 의미를 읽을 수 있다. 문자왕은 502년에 똑같이 양나라 무제武帝가 내린 차기장군車騎將軍의 봉작을 이의 없이 받았기 때문이다. 보수와 개혁의 이데올로기 갈등이 드러나고 있음을 느낄 수 있다. 《북사北史》〈고구려전〉은 이 봉작에 대해서 이렇게 썼다.

> 고구려가 상장上將으로 해외의 모든 나라를 제어한다.

우리가 주장해 왔던 쌈지의 제2기능을 말하는 것으로 고구려가 모든 군대城를 지휘하며 천하를 다스린다는 것을 말한다. 고구려가 위가 아니라 양을 택하게 되는 이유가 분명해졌다. 봉작封爵제도는 본래 구슬(금척金尺)로 세상을 다스리던 쌈지(옥황상제)제도를 말한다. 이 기능이 매너리즘으로 흐르면서 금척(화폐)의 일이 생략되었고 오늘의 화폐제도에서처럼 수표가 이 기능을 대신하게 되었다고 할 수 있다. 오호십육국 시대가 되면서 이런 관례가 유행했다.

천하의 통섭권을 위임받은 문자왕이 무엇을 하는지를 보는 것은 고구려 역사의 진실이 무엇인지를 헤아리는 요체라고 할 수 있다. 고구려 역사의 진실은 다물흥방의 역사였다. 《고기》의 〈고구려국본기〉에는 이때 문자왕이 제나라, 노나라, 그리고 남쪽 오나라, 월나라를 쳐서 방역으로 삼았다고 했다. 동명성왕이 소그디아나와 소아시아로 들어갔다면 문자왕의 다물흥방은 먼저 동아시아에다 발판을 놓았다는 것을 말해 준다. 그곳은 오늘의 산동山東, 강소江蘇, 호북湖北 지역이다. 《고기》는 이곳에 백제가 이미 관청을 두었고 그곳에서 호적제도를 운영하며 백성을 지배했다고 썼다. 이 기록은 문자왕이 512년 9월에 군사를 일으켜 백제의 가불성加弗城과 원산성圓山城을 함락하고 남녀 1,000여 명을 사로잡았다고 한 김부식의 기록과 대응되는 것이다. 가불성과 원산성도 김부식이 소재지 불명으로 처리한 삼국시대의 100개 성에 속한다. 중국 지도에는 '원산'이 감숙성의 양당현兩當縣 남쪽이고 그곳은 철광을 생산하는 곳이다. 철광의 쟁탈이 이 전쟁의 이유가 되었다고 가정해 볼 수 있다. 문자왕의 다물흥방은 거기서 멈추지 않고 중국대륙의 서쪽인 요서遼西 지역으로 확산되었다. 요서는 〈진서〉가 말하는 옛 백제군이고 오늘의 투르크메니스탄 지역이다. 세계교역의 요충지이고 지중해로 들어가는 관문이기도 하다. 고구려는 파르티아(백제)가 멸망한 후 이곳에서 사산조와 다시 맞닥뜨리게 되는 셈이다. 이렇게 쓰면 고구려가 마치 사이버 게임판에서처럼 동에서 번쩍 서에서 번쩍하는 모양새가 되지만 그들이 전성기에 176개나 되는 크고 작은 성을 가지고 있는 전문적인 군사집단이었으므로 이는 결코 허황된 이야기가 아닌 것이다.

사산왕조가 로마에 패배한 파르티아(백제) 세력을 먼 동쪽으로 몰아냈다는 사실을 다시 상기하자. 그렇게 되면 요동의 역사적인 상황이 얼마나 중요한지가 다시 부각된다. 사산조는 쌈지 세력을 먼 동쪽으로 몰아낸 후 샤머니즘 세계에서 벗어났다. 그런 다음 그들은 기독교와 자라투스트라의 가르침을 융합하여 만든 마니교를 국교로 삼았다. 하지만 마니교는 기독교와 이슬람의 도전에 대항할 수 있을 만큼 우세한 종교는 아니었다. 그들이 인도불교의 중계지 박트리아로부터 불교를 받아들여야 했던 이유이다. 사산조의 불교는 동쪽으로 깊숙이 들어와 장안은 물론 위의 서울인 낙양에까지 이르렀음은 여러 증거가 있다. 둔황의 막고굴 벽화에 사산조풍의 수렵도와 전투장면이 그려져 있는 것은 이를 뒷받침한다.^{그림 135(317쪽)} 이는 불교가 군대를 앞세워 중원으로 들어왔다는 증거이다. 런던의 대영 박물관이 소장하고 있는 둔황 문서에는 서위西魏(후 231년)때에 이미 원대영元大榮이라는 인물이 비사문천왕毘沙門天王을 위하여 은전銀錢 천문千門을 기증했다는 기록이 있다. 문제는 이 은전이 사산조의 은화였다는 사실이다. 이런 증거는 수서隋書에도 있다. 기록은 북주시대에 하서 지역에서 서역의 금은전이 사용되었다고 쓴 것이다. 실제로 사산조의 호스로 2세(590~620)의 은전이 서안에서도 발굴된바 있다.^{그림 136} 그들이 어떻게 타클라마칸 사막으

사산조 페르시아 호스로우 2세 때 은화   서안에서 출토되었다. 도판 출처, 정수일, 《씰크로드학》.

로 들어왔는지에 대해서는 알려진 바가 없으나 종교간의 충돌은 반드시 전쟁을 수반한다는 사실을 간과해서는 안된다. 그러니까 불교문명과 샤머니즘 문명의 충돌이 일어났던 상황이다. 사산조 불교가 서안이나 낙양으로 들어오자면 당연히 누란을 통과해야 한다. 동진의 승려 법현法顯은 340년에 인도로 가기 위해 누란을 지났을 때 그 일대에 4,000명에 달하는 승려가 있었다고 했다. 승려는 물론 샤먼승려(이승夷僧)이다. 그들이 서쪽으로부터 들어오는 불교세력을 그대로 앉아서 보고만 있었다고는 말할 수 없을 것이다. 382년 전진前秦이 쿠차와 언기를 공격하면서 불승 구마라집鳩摩羅什을 포로로 잡았던 것도 이런 정황과 무관하지 않다고 해야 옳다.

사산조 세력이 중원으로 들어와 수나라를 건국했다는 사실은 《좌씨전》이 암시하고 있다. 이 기록은 수나라가 전국시대에 초나라에게 망했다고 했는데, 이는 우리를 당혹스럽게 만드는 기사이다.[6] 수가 전국시대의 초에 망한 나라이면 이 이야기는 기원전 7세기 때의 이야기가 되기 때문이다. 연대로는 어불성설이다. 여기서 수는 사산조를 말하는 것이고 초가 아라비아에서 북진하여 사산조를 무너뜨린 이슬람 제국이라고 해야 문장의 뜻이 제대로 통하게 된다. 기록이 말하는 전국시대는 사산조가 로마와 이슬람에 포위되어 전쟁을 벌이던 기원후 7세기의 상황인 것이다. 중국 사가들이 사산조의 명칭에서 'sa'를 옮겨서 수라고 적었음이 드러난다. 실제로 위에 이어 북주北周가 섰을 때 그 나라에는 양견楊堅이라는 인물이 있었다. 이 인물은 조정의 외친外親이었는데 수隋나라가 생겨나기 이전인데도 수국공隋國公이라는 시호를 갖고 있었다. 말이 마차를 끄는 것이 아니라 마차가 말 앞에 있는 형국이다. 수나라가 건국되기 전에 수라는 명칭이 어떻게 미리 존재할 수 있는가. 문명사가 정수일은 사산왕국이 《위서魏書》의 〈서역전〉에서 파사(페르시아)로 나타난다고 했고 이들은 455~648년 사이에 중국에 13차례나 사신을 보냈다고 했다. 사산조가 사라진 뒤에도 117년간 (654~771년)이나 페르시아의 명의로 당나라를 31회나 왕래했으며 왕자가 장안長安에 피난해 와서 그곳에서 객사했다고 썼다.[7] 파르티아(백제)를 먼 동쪽의 땅으로 몰아냈던 그들이 역설적으로 똑같은 신세가 되어 오늘의 서안에까지 밀려왔음을 보여주는 것이다.

22대 안장왕安藏王을 보자. 그는 양나라로부터 영평주營平州를 담당하는 제2기능의 벼슬을 받는다. 이때 이상한 일이 벌어진다. 양의 사자가 안장왕에게 의관衣冠과 패검佩劍을 전달하려는데 갑자기 위나라 군사가 이를 방해하면서 자신들의 봉작(고구려 왕)을 안장왕에게 전달하는 해프닝을 벌인다. 이 사태에 대해서도 김부식은 침묵으로 일관한다. 그는 위나라 군사가 해중海中으로 침투했다고 아리송하게 기록했는데 '해중'에 대한 아무 예비지식이 없이 그의 글을 읽으면 이 일은 바다 속에서 일어난 일이 된다. 해중海中이라는 말은 이미 김부식이 장수왕 기사에서도 사용한 바 있다. 이를테면 남제와 위나라가 서로 장수왕에게 통섭권을 주려고 바다 속에서 촌극을 연출했던 것도 그렇다. '해중'은 옥황상제가 있는 부도이고 흉노의 용성龍城이다. 헤로도토스나 사마천도 그랬고 김부식도 철저히 샤먼신선들의 정체를 숨겼으므로 우리는 그들을 언급하면서도 도대체 그들이 어떤 사람들인지를 실감하지 못하고 있다. 엘리아데가 남방 샤머니즘으로 구분한 초기 힌두이즘은 샤먼이 제사, 음운音韻, 운율韻律, 천문학, 어원語源, 문법의 신으로 규정했다. 우리 무가巫歌에서는 이들이 제석님과 천문박사, 음양박사로 표현된다. 그러니까 사마천이 용, 뱀이라고 불렀던 이들 샤먼들도 대충 이런 성격의 신(구이九夷)이었다고 할 수 있다. 어쨌든 이 봉작사건은 쌈지의 제2기능과 고구려의 위상이 어떤 것인지를 실감할 수 있게 만드는 좋은 자료이다. 고구려의 통섭권은 안장왕에 이어 23대 안원왕安原王, 그리고 24대 양원왕陽原王 때까지 이어진다.

고구려가 서안에 장안성을 쌓았다

24대 양원왕은 양강상호왕陽崗上好王이라는 호칭을 가지고 있다. '양강상'이 '국강상'과 어떻게 다른지는 알 수 없다. 그런데 양원왕의 뒤를 잇는 평원왕이 다시 평강상平崗上이라는 시호를 가져서 이것들이 신선놀이(올림피아드)에서 받는 금척의 종류(오늘날 올림픽 경기에서 우승자가 받는 금, 은, 동메달에 해당한다))를 말한다는 것을 알 수 있다. 고구려가 전문적인 전사계급임을 말해 주는 자료이다.

주목할 사건이 이 왕대에 일어나고 있다. 547년에 왕은 갑자기 백암성白巖城을 개축하고 신성新城을 수리하는데 이 두 성이 이 책의 제3장에서 언급했던 집안현의 태왕릉과 장군총으로 추정되기 때문이다. 이 두 성의 위치는 위도 40도보다 다소 웃돌지만 북천축대에 속한다. 부도 지역인 것이다. 백암성의 '백암白巖'은 글자대로 하면 '흰 바위'라는 뜻이다. 그 환경에서 흰 바위로 성을 쌓는 일은 불가능하므로 여기에서는 '白'을 '白頭'

의 경우처럼 '밝은 해'로 읽으면 백암 역시 부도의 뜻이 된다. 실제로 백암성은 일명 백애성 白崖城으로도 기록되어 이 성이 피라미드(삼각총 三角塚)처럼 생겼음을 암시해 준다. '애 崖'는 피라미드처럼 밋밋하게 경사진 벽을 가리키기 때문이다. 이는 신라가 쌈지를 버리고 불교로 전환하는 상황과 연동되어 있다. 신라는 이미 나을신궁을 지키는 남산성에서 조의선인을 밀어내고 그 자리에 화랑도를 대체시켰고 육부가야의 항복을 받았으며 진흥왕은 551년에 연호를 개국 開國으로 고쳤다. 이는 신라가 구슬(곡옥 曲玉)로 세상을 다스리는 옥황상제의 신정정치를 끝장내고 왕이 일국을 다스리는 지배체제로 전환했음을 말한다. 고구려의 입지가 대륙과 한반도의 양쪽에서 고군분투하는 상황이 전개된 것이다. 신라와 백제가 고구려의 배후에서 쌈지를 공격했던 것은 따라서 하나의 수순이다.

 그러니까 양원왕이 백암성과 신성을 개축하자 북쪽에서 돌궐군사가 공격해 왔던 것도 이런 상황과 연동된다고 볼 수 있다. 일본학자 모리 護雅夫는 《수서》를 근거로 돌궐의 일족이 고창(투루판)의 서북쪽인 보그도 Bogdo산맥 가운데에 있다가 402년경, 오호 五胡가 싸우는 틈을 타서 알타이 산 지역으로 이주했다고 썼고 그들은 그곳에서 철을 다루는 노예부족으로 있었다고 했다.[8] 모리는 근대의 개념으로 이들 철을 다루는 기술자들을 노예부족이라고 했지만 실은 쌈지의 제3기능에 해당하는 기술자 집단이다. '돌궐'은 '투르크'를 한자로 옮긴 것으로 어떤 종족이나 부족을 가리키는 말이 아니라고 한다. 독일학자 마르카트 J.Marqart(1864~1930)는 'türk'가 고대 투르쿠어에서 아홉(九)이라는 뜻이었다고 했고 프랑스학자 펠리오 P. Pelliot(1878~1945)도 이에 동의했다. 그는 투루크라는 말의 복수 türküt의 어미에 붙는 -üt(-üd)도 실은 몽골어라고 주장하기도 한다.[9] 돌궐이 아홉 신선(구이 九夷)을 가리키는 말임을 알 수 있는 것이다. 이들은 유라시아 대륙의 북쪽에서 황하 이북의 몽골 지역에까지 그 세력을 뻗고 있었다. 돌궐군사가 공격해 왔던 정황은 돌궐이 집안에서 부도가 다시 일어나는 것을 저지하려 했다는 뜻으로 해석할 수 있게 된다.

양원왕은 552년에 서안西安에다 장안성長安城을 축조하게 된다. 이때 위는 개혁세력과 보수(신권)세력간의 싸움으로 나라가 동위東魏와 서위西魏로 갈리었다. 우리의 시선은 동위에 쏠리게 되는데 그것은 그들이 통치하는 곳에 고구려 백성이 살고 있기 때문이다. 동위의 창업자인 고환高歡이 죽자 그 아들 고징高澄이 한족 출신의 관료들과 음모하여 거사를 시도했으나 양나라의 자객降人에 의해 시해되면서 거사가 실패로 끝난다. 이념갈등이라고 해야 하지만 중국학자들도 이에 대해서는 벙어리다.[10] 그런 다음 고환의 아우 고양高洋이 업鄴을 수도로 하고 북제北齊를 세웠는데 그를 제 문선帝 文宣이라고 한다. 그는 나라를 세우고 나라의 역사를 기록하기 위해 학자들을 동원하였다. 앞 장에서 이미 언급했듯이 이때 여러 《위서魏書》가 나타났다. 그 중에서도 위수魏收가 쓴 《위서魏書》가 논란에 휘말리게 되는데 위수는 이 책으로 인해 죽은 뒤에도 한족漢族으로부터 무덤에서 시신이 파여 육시를 당하는 수모를 겪게 된다. 위의 역사는 당연히 고조선 시대로 이어지기 때문에 한족의 개혁세력이 이를 용납할 까닭이 없는 일이다. 결국 제 문선文宣은 599년 개혁세력(동위)에 대 반기를 들고 노소 막론하고 700여 명이나 되는 개혁파를 학살하여 장수長水에다 던졌다.

중국은 이를 단순한 권력싸움으로 기록하고 있으나 보수와 혁신간의 피비린내 나는 이념투쟁이라고 해야 옳은 것이다. 이는 같은 때에 고구려 영류왕(600년)이 박사 이문진李文眞을 시켜 《고구려사》와 《유기留記》를 짓게 했다는 김부식의 기록이 말해 주고 있다. 위수의 《위서》와 이문진의 《고구려사》가 1년 간격으로 세상에 모습을 드러낸 것은 우연이 아니라 연동되는 사건인 것이다. 북제의 문선이 개혁 세력 700명을 학살했던 그 현장에 고구려 백성 50여 만이 살고 있었던 상황이므로 이런 주장이 무리라고 할 수만은 없다.

아무튼 이렇게 되자 북제는 다시 한족 세력의 개혁파가 주도권을 잡으면서 국명이 북주北周로 바뀐다. 고구려 양원왕이 서안에 장안성을 쌓았던 것도 이런 어수선한 상황이었다. 이런 정황에서 양나라가 진陣나라에게 종주권을 넘기게 된다. 선양禪讓으로 종주가 바뀌는 것은 흉노 풍습이다. 이때 진이 양으로부터 물려받은 강역은 지금의 강소성江蘇省, 강영현江寧縣, 그러니까 장강長江과 주강珠江 사이의 유역流域으로 이곳 역시 중국대륙에서 가장 알짜배기 곡창지대라고 할 수 있다. 그곳의 농산물이 서안을 지나 실크로드를 거쳐 지중해로 들어간다는 사실은 문자왕이 왜 요서 지역으로 진출했는지를 말해 준다.

제25대 고구려 왕은 평원왕平原王이다. 왕은 18년 되는 해에 장수 온달溫達을 파견하여 갈석산碣石山과 배찰산拜察山을 토벌한 다음 유림관楡林關에 이르러 북주北周를 크게 격파했다고 했다. 갈석산은 하북성과 산동성 사이에 있고 유림은 지금의 산서山西 지역이다. 고구려가 산동 지역에서 중원의 북쪽 지역으로 세력권을 확대해 갔다는 뜻이다. 온달은 구전설화로 유명한 바보온달이다. 김부식은 본기가 아니고 〈열전〉에서 온달을 언급하면서 전쟁이 먼저 북주의 무제武帝가 요동으로 쳐들어왔기 때문에 일어난 것처럼 썼다. 그래서 왕이 온달장군을 대동하여 배산拜山의 들에서 적을 크게 이겼다고 쓴 것이다. 그렇지만 배산이 어디를 말하는지에 대해서는 역시 말하지 않는다. 그로서는 고구려가 중국 땅을 공격한다는 것은 불경스러운 일이므로 그는 이 사실을 〈본기〉가 아니고 〈열전〉에다 아리송하게 기재했던 것이다. 그런 다음 〈본기〉에서는 그 19년에 왕이 주周에 사신을 파견하여 조공했다고 썼다. 북주를 말하는 것이다. 북주는 이때 수국공隋國公이었던 양견楊堅에게 나라를 내주었다. 드디어 581년에 사산조 세력인 양견은 수隋나라를 세운다. 그가 고구려와 전쟁을 시작한 수문제隋文帝이다.

상황이 이렇게 전개되자 평원왕은 그로부터 5년 뒤인 586년에 서울을 장안성長安城으로 옮긴다. 우리의 고대사를 미궁으로 빠뜨리는 당혹스런 사건이 이 대목에서 돌출하고 있다. 김부식은 이미 양원왕이 552년에 서안에 장안성을 쌓았다고 했기 때문이다. 기록대로라면 평원왕은 그로부터 34년 만에 다시 고구려의 서울을 같은 장소인 장안으로 옮기게 되는 셈이다. 한마디로 어불성설이다. 장안은 이미 수문제가 581년에 남쪽의 진陣을 공격하면서 그곳을 접수하여 서울로 삼고 있는 상황이기 때문이다. 불가사의 한 이 모순은 아직도 미궁에 빠진 채 수수께끼로 남아있다. 하지만 《한서》〈흉노전〉에 또 하나의 장안이 언급되었다는 사실을 우리는 이미 앞 장에서 언급한 바 있다. 대월지의 서울이 장안이고 그 장안에 다시 감씨성이 있다고 한 것이다. 따라서 이때의 장안은 서안의 장안이 아니고 대월지의 장안을 말하는 것이다. 대월지의 장안이 소그디아나이고 오늘의 우즈베키스탄의 히바이다. 수나라가 백만 대군을 동원하여 천하의 통섭권을 쥔 거인국 고구려를 무너뜨리려고 하자 평원왕이 서울을 한반도보다는 더 안전한 대월지의 장안으로 옮겼던 사건임을 말해 준다.

그러자 수문제隋文帝는 이 틈을 타 588년에 50여 만의 군사를 동원하여 우선 무저항상태에 있었던 남조의 진陣을 공격하여 무너뜨린다. 이로써 알짜 곡창지대가 수나라에 넘어간 것이다. 이 전쟁이 사실상의 수와 고구려, 백제간의 전쟁임은 《수서隋書》나 《북사北史》의 기록이 말해 준다. 이 기록들은 수나라 장수 래호아來護兒가 양자강과 회수淮水에서 수군을 동원하여 모두 50만의 군사로 양자강을 통과하여 한반도의 패수浿水로 건너갔다고 한 것이다. 양자강을 통과했다는 말은 남조의 백제, 신라세력과 전쟁했다는 이야기고 발해를 건너 패수로 향했다는 것은 평양을 굴복시키려 했음을 의미한다. 하지만 래호아의 발해만 진출은 실패로 끝난다. 상황이 이렇게 되었는데도 고구려 평원왕平原王은 수에 사신을 파견하여 조공했다. 수나

라의 인해전술이 두려웠던 것일까. 이때 수문제는 그에게 대장군요동군공
大將軍遼東郡公의 벼슬을 내린다. 겉모양새는 수나라의 불교세력이 쌈지 세
력을 누르고 승리를 거두는 모습이다.

평양, 중원의 장안, 대월지의 장안은 하나의 고리이다

평원왕의 장안성은 아무다리야 강의 하류 지역인 오늘의 우즈베키스탄과
투르크메니스탄 국경선 사이를 말한다. 히바라고 부르는 이 도시의 역사는
무려 기원전 2000년으로 거슬러 올라간다. 그림 137(318쪽) 아시아에서 가장
오래된 도시들 중 하나인 것이다. 사마르칸트와 마찬가지로 지중해와 동방
세계를 연결하는 교통의 중심지이다. '히바'의 뜻은 '태양의 땅'이며 이것
이 우리가 동옥저라고 했던 부도의 뜻이기도 했다. 이란어는 이를 와지(숲)
라고 했다. 그 지역에 쌈지조선의 역사도시 타시켄트와 사마르칸트가 있
다. 타시켄트는 단군 소태蘇台와 고열가古列加가 피신해 있었던 곳이다.
《고기》는 이곳을 평양이라고도 했고 그곳에 을밀선인乙密仙人이 만든 을밀
대乙密臺가 있다고 했다. 을밀대는 샤먼(을밀안장제乙密安藏帝)이 조의선인
을 선발하던 곳이라고 기록했다.[11]

　김부식의 기록에는 고구려의 중천왕中川王 때 환도성이 난을 겪어 평양
성을 쌓은 뒤 그곳에 백성과 종묘사직을 옮겼다고 쓰고 그 평양성이 본래
선인왕검仙人王儉이 살던 곳이라고 했다. 을밀선인의 일을 말하고 있다. 여
기서 환도성은 히바이고 평양성은 타시켄트임이 드러난다. 그런가하면 숙
종 때(1677년)의 선비인 허목許穆은 그의 《동사東事》에서 기원전 1324년 은
나라 때(무정왕武丁王 8년)에 단군이 당장唐藏에 옮겨와 살았다고 쓰고 그
가 죽어서 송양松壤의 서쪽 단군총에 묻혔다고 했다. 연대상으로 보면 이

단군이 제21세 소태蘇台임을 알 수 있다. '당장'이 타시켄트이고 '송양'이 박트리아를 말하는 것으로 평양에 있는 단군 묘가 박트리아의 '아이하눔' 지역의 'tillya'에서 왔다는 것을 간접적으로 말해 준다.

히바는 일연의 기록에 가섭원 동쪽이고, 그 동쪽 낙원에 해모수의 나라가 있었다. 뒤에 동명성왕이 그곳에서 다물흥방을 일으켰던 역사적인 도시다. 《고기》의 '북부여기'에는 낙랑왕 최숭崔崇이 낙랑에서 희귀한 보배를 산더미처럼 싣고 바다를 건너 그곳 해모수의 나라로 가져왔다고 썼다. 낙랑은 소아시아의 페르가몬이고 보물은 휴도금인(옥황)과 샤먼신선들의 신상장식들임을 알게 한다. 히바나 타시켄트에 옥황상제와 샤먼들을 모시는 신전이 있었다는 증거이다. 우리를 놀라게 만드는 중요한 증거물은 이곳에 경주에서 발굴된 황금지팡이(경로신도徑路神刀)와 똑같은 지팡이가 있다는 사실이다(제5장 그림 51 참고). 양쪽의 황금지팡이에서 다른 차이를 발견한다면 그것은 우리쪽이 삼태극 마크인데 반해 그쪽은 태극이 네모꼴로 바뀌었다는 것뿐이다. 두 개의 지팡이는 하나의 샤먼 제국에 두 개의 사제가 있었다는 사실을 말하는 움직일 수 없는 증거물이다. 동서로마제국의 역사에서처럼 한쪽이 서 금성이고 다른 쪽이 동 금성이다. 두 곳 모두 위도 40도 상에 있다. 증거물은 또 있다. 사마르칸트에 있는 '아프라시압' 무덤은 사산조 침략에 대항했던 투르크 영웅을 기념하는 무덤으로 7세기 전후에 조성된 것이다. 왕의 모습이 내부 벽면에 그려져 있는데 그림에서는 아프라시압이 여러 나라의 사신을 접견하고 있다(제5장 그림 52 참고). 이것이 단순한 왕의 접견이 아니라는 것은 그의 면전에 늘어선 각 나라의 사신들의 모습이 말해 주고 있다. 그는 왕이 아니라 사제의 신분이었던 것이다. 사신 가운데 고구려나 신라의 사신이 있는 것은 이를 말해 준다. 사신 가운데는 새 깃털의 모자(오우관烏羽冠)를 쓴 고구려의 조의선인의 모습도 보인다. 신라사절의 모습도 보여서 이들이 서샤먼 제국의 옥황상제를 알현하려는 장면임을 암시한다. 황금지팡이의 공예양식이 서로 닮은 꼴이라는 것은 양쪽이 종교적으로, 문화적으로 밀접한 관계였음을 웅변해 주고 있다.

《한서》〈흉노전〉은 대월지의 장안성에 다시 감씨성監氏城이 있다고 했다. 장안성 안에 또 하나의 성이 있다는 것을 말해 준다. 히바가 그렇다. 히바성는 전체적으로 거대한 담장으로 둘러싸인 성읍으로 고구려가 말하는 환도성의 개념에도 걸 맞는다. 둥근 성읍 안에 내성이 있는데, 이 내성을 이찬칼라고 말한다(그림 107 참고). 이들 성은 기원전 5~4세기경에 축성되었으며 모두 오랜 세월 햇볕에 쬐인 흙벽돌로 쌓은 단단한 성이다. 성의 높이는 대략 10미터, 넓이는 6미터, 성벽에는 30미터 간격으로 진지용陣地用 둥근 탑이 있고 탑과 성벽 사이에는 톱니 모양의 난간을 설치해 놓았다. 고구려와 수당간의 전쟁에서 가장 핵심이 되었던 요동성이 바로 이찬칼라성이라는 사실도 놀랄 일이 아니다. 그렇지만 이렇게 엄청난 성을 쌓았던 사람들의 실체가 밝혀지지 않는 것은 무엇 때문인지 궁금한 일이다. 역사의 주인들이 기록과 함께 어디론가 증발해 버린 것이다. 그래도 흔적은 어딘가 숨어있는 법이다.

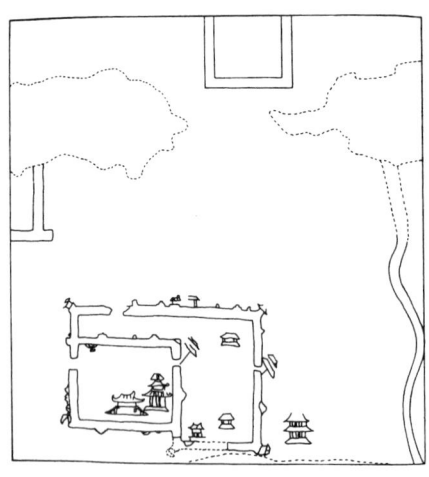

평안남도 순천의 '요동성' 고분 내벽에 그려진 성곽도 성곽의 모양이 네모반듯하다. 4세기경. 도판 출처, 이옥 외, 《고구려 연구》.

평안남도 순천에 고고학자들이 요동성 고분이라고 부르는 것이 있다. 4세기경에 축조된 그 고분의 벽에는 정체불명의 성곽을 그린 그림^{그림 138}이 있는데, 성곽의 한쪽에 강이 흐르고 있다. 주목할 것은 성곽의 축조양식이 동아시아 지역에서는 보기 드물게 길쭉한 네모꼴이라는 사실이다. 이런 성곽은 보통 사막이나 평야에서 볼 수 있는 것이다. 이찬칼라 성도 그렇다. 이 그림이 만약 우즈베키스탄의 히바의 옛 성을 그려놓은 것이라면 이 고분은 4세기경에 어떤 세력이 우즈베키스탄에서 한반도로 이동해 왔음을 말해 주는 증거가 된다.

우즈베키스탄Uzbekistan이라는 말 속에도 수수께끼의 실마리가 숨어있다. 'Uz'는 투르크계 언어로 '핵, 중심, 진짜, 순수함'의 뜻이고 'bek'은 '백부장百部長'의 뜻이다.[12] 정리하면 핵, 중심은 부도 개념이고 백부장은 '화백회의'를 말한다. 꼬리의 'tan'은 소리 그대로 우리말의 땅[地, 國]이다. 우즈베키스탄은 말 그대로 '부도와 화백회의 땅'인 것이다. 샤먼신선들의 화백회의가 그곳에 있었다는 뜻이다. 《고기》가 평양이라고 했던 타시켄트도 바로 그 동쪽에 있다. 중국은 타시켄트를 석국石國이라고 적는다. 이는 타시켄트가 투르크어로 '돌의 도시'이기 때문이다. 당은 석성을 공격하기 위해 고창 출신의 고선지高仙芝를 파견하였던 것도 우연한 일이 아니다. 이 모든 정황은 왜 평원왕이 고구려의 통섭권을 지키기 위해 우즈베키스탄의 히바로 서울을 옮겼는지를 알게 해준다.

고구려가 서울을 대월지의 장안으로 옮기자 수 문제는 사자를 보내 이 처사를 책망하는 글을 보냈다. 김부식은 평원왕이 이 글을 받고 두려운 나머지 곧 사과문을 보내려 했으나 불행히도 왕은 이를 실천하지 못하고 죽었다고 썼다. 기록은 왕이 죽은 뒤 비로소 평원平原이라는 시호를 받았다고 했는데, 시호에 정보가 담겨있다. '평원'이라는 말이 그가 죽은 곳이 가섭원 지역임을 말해 주고 있는 것이다.

19 샤머니즘의 몰락과 불교의 승리

히바는 광활한 들판 지역이다. 상황이 이렇게 되자 다음의 26대 영양왕 嬰陽王은 수문제에게 조공하고 그로부터 요동군공 遼東郡公 고구려 왕으로 책봉받는다. 여기서 다시 요동의 개념이 문제가 되는데, 이점은 뒤에서 다시 언급하기로 한다. 영양왕은 9년이 되는 해(598년)에 돌연 말갈군사 1만을 거느리고 요서 遼西를 침공하게 된다. 이에 수나라는 영주총관 營州摠管 위충 韋沖을 시켜 이를 격퇴한다. 여기서 요서의 개념도 문제가 된다. 요서가 《고기》가 말하는 오늘의 투르크메니스탄과 아프가니스탄 지역이면 정황상 이 명칭을 쓰는 것은 부당하기 때문이다. 이미 문자왕이 그곳을 차지하고 있는 상황으로 사건의 현장이 중복된다. 그렇다면 여기서 말하는 요서는 오늘의 요녕성이라고 해야 적절하다. 이는 〈고구려국본기〉가 말해 주고 있다. 기록은 이때 영양왕(9년)이 서부대인 西部大人 연태조 淵太祚를 파견하여 등주 登州를 토벌하고 수나라의 총사령관인 위충 韋沖을 사로잡아 죽였다고 썼다. 등주는 오늘의 산동성의 모평현 牟平縣으로 장안에서 온 서부대인 연태조가 수문제의 수중에 들어간 하북성, 산동성 일대의 땅을 회복하기 위해 그곳을 공격했음을 말해 준다. 기사는 고구려의 왕이 이때 다시 장안(히바)에서 평양으로 옮겨왔음을 말해 준다.

김부식은 이 문제를 정식으로 〈본기 本紀〉에서 다루지 못하고 〈지리지 잡지 四〉로 가져가 이렇게 썼다. 고구려가 장수왕 때 평양으로 옮겼다가 156년을 지나 장안성으로 옮겼고 그로부터 83년간을 지나 고구려가 멸망(보장왕 27년)했다고 썼다. 김부식의 《삼국사기》에 기록된 수치로는 2년의 차이가 있지만 평양성과 장안이 서로 왕래되는 곳임을 말해 준다. 《당서》〈동이전〉 고려조에도 고구려의 임금이 '평양 혹은 장안성'에 있다고 했다. 기록자가 고구려 임금이 평양과 장안성을 오간다는 사실을 숨기기 위해 문맥을 모호하게 만들었음을 알 수 있다. 당나발을 불었던 김부식은 이때 장안이 곧 서안이었다고 믿고 이 문제를 〈본기〉가 아니고 〈지리지 잡지〉로 옮겨다 썼던 것이다. 진실을 감추기 위해서다.

고구려는 오늘의 섬서성의 장안과 우즈베키스탄의 장안, 그리고 한반도의 평양을 하나의 트라이앵글로 설정하고 상황에 따라 그 지점을 오고갔던 것이다. 서안(장안)에서 대월지의 장안(히바)은 지중해 세계로 가는 양도糧道이자 무역의 거점이다.

대월지의 장안에서 평양을 잇는 북위 40도의 직선로는 황금횡대로 태양마차그림 139(320쪽)가 이동하는 태양신의 길이다. 태양신을 믿었던 지중해 사람들은 세상이 끝나는 날 태양신이 죽은 자를 부활시키고 악인을 벌하며, 선인에게는 영생의 물을 마시게 한다고 굳게 믿었다. 이런 신앙은 뒤에 기독교가 고스란히 떠안았다. 1820년대 이래 알렉산드로스 연구가들은 알렉산드로스가 지구의 동쪽 끝자락에 있는 절벽 아래에서 태양이 뜬다고 믿었다고 썼다. 알렉산드로스가 동쪽으로 향해 끝없이 진군했던 것도 그런 이유였다고 한다. 태양신을 숭배했던 지중해 문명시대에 낙원의 순례자들이 있었다는 것도 그리스 문헌에 나온다. 그들의 평생소원은 태양신이 있는 그 낙원에서 영원한 안식을 취하는 일이었다. 처음 카스피 해 동쪽(요동)은 그들이 가고자 했던 태양신의 낙원이었다. 하지만 낙원은 자꾸 동쪽으로 이동하여 타클라마칸 사막으로 들어갔고 급기야 낙원은 한반도가 그 종점이 되었다. 그러니까 이 양쪽을 연결하는 최단거리에서 만리장성을 만나게 되는 것은 우연이 아니다. 지구상에 있는 5만 5,000개의 고인돌(입석立石)중에 3분의 2가 한반도에 있다는 사실은 그렇게 말할 수 있는 충분한 근거이다. 고인돌은 일월성신을 관측하는 측정석station stone이기 때문이다. 일연의 기록에도 한반도(경주)는 아주 먼 옛날부터 문수보살의 연좌대蓮坐臺가 있는 낙원이었다고 했다. 집안현의 '집안'이 해가 뜨는 진震(Jian)인 것도 같은 맥락이다. 그곳에 수만을 헤아리는 정체불명의 무덤군이 있는 것도 의미심장하다. 고고학은 침묵하고 있다. 이들이 태양신의 낙원으로 와서 안식을 얻으려 했던 열혈신자들의 무덤이었다고 하면 어떨까.

우리는 영양왕과 서부대인 연태조가 군사를 거느리고 천산북로나 실크로드 북로를 이용하여 감숙성 안서安西 지역으로 나와 만리장성의 서쪽 관문인 가욕관嘉玉關을 통해 만리장성을 타고 북경 일대로 나오는 그림을 그릴 수 있다. 이런 그림은 만리장성의 기능이 중국의 주장처럼 북방흉노를 막는 성벽이 아니라 또 다른 기능이 있었음을 말해 주고 있다. 어쨌든 이렇게 되자 수 문제는 노발대발하여 30만 대군을 발해만 쪽에 집결시키고 동래東萊에서 배로 평양을 공격했으나 그들은 폭풍우를 만나 죽은 자가 십중팔구가 되었다. 전황이 그렇게 수나라의 참패로 끝났지만 영양왕은 수나라가 두려워 수문제에게 사신을 파견하여 스스로 '요동분토遼東糞土의 신臣'이라고 자세를 낮추며 사죄했다고 김부식은 썼다. 이에 수문제가 체면을 살려 군사를 거두어갔다는 것이다.

김부식의 기록에서 우리가 주목할 대목은 고구려에 '서부대인'이라는 벼슬이 있다는 사실을 노출시켰다는 사실이다. 이미 샤먼 제국이 이때 동서로 나뉘었다고 했으므로 그가 노출시킨 서부는 서샤먼 제국을 말하는 것이 분명하다. 김부식은 〈개소문열전〉에서 연개소문의 부친을 '동부대인' 혹은 '서부대인'이라고 애매하게 기록하여 한 인물에게 동과 서를 겹치는 관명을 함께 부여해 놓은 것이다. 두 개의 고구려가 있다는 사실을 숨겨보려는 꼼수이다. 《고기》의 〈고구려국본기〉는 연태조가 연개소문의 부친이고 그의 조상이 봉성鳳城출신이라고 했다. 봉성이란 말은 글자 그대로 봉황새가 있는 성을 말한다. 그곳이 샤먼신선들이 있는 제도帝都임을 말해 주고 있다. 《대한화사전》에 의하면 '봉성'은 제왕의 도시帝都로 장안長安을 의미한다고 기록했다.[13] 이는 고구려의 '서부'가 우즈베키스탄 지역임을 말한다. 대인大人은 〈자전〉이 '천자와 제후들의 정치를 실천하는 사람'으로 그를 성인聖人이나 장로長老를 가리킨다고 풀이했다.[14] 따라서 '서부대인西部

大人'은 서부에 있는 샤먼신선을 가리키는 호칭으로 볼 수 있다. 고구려가 동서의 양 제국으로 갈라져 있었던 상황이 백일하에 드러난다.

수양제와 요동정벌

고구려의 영양왕 18년(607년)에 수양제는 돌궐과 사돈을 맺고 돌궐추장 계민啓民의 장막으로 왔다. 계민의 장막幕府이 지금의 고창高昌에 있었다. 김부식은 물론 계민의 장막이 어디에 있었는지를 밝히지 않았으며 계민의 호칭도 흉노의 칸Khan이라는 사실을 숨겼다. 돌궐이나 말갈 지도자의 이름은 그때 이미 이란이나 비잔틴에도 알려져 있었던 상황이고 돌궐의 왕궁에 비잔틴제국의 사절이 왕래하고 있었던 때이다. 이때 고구려의 사절도 그곳으로 왔다. 이번에도 김부식은 왜 그렇게 되는지에 대해서 침묵한다. 이 자리에서 수양제의 황문시랑黃門侍郎인 배구裵矩가 양제에게 말한다.

> 고구려는 본래 기자箕子를 봉한 땅으로 한漢, 진晉이 모두 군현으로 삼았는데 지금은 신하가 되지 않고 동떨어져 있습니다. 선제先帝는 이를 정벌하고자 한 지 오래되었지만 다만 양량楊諒이 불초하여 군사를 내었어도 공이 없었습니다. 폐하의 때를 당하여 어찌 취하지 않고 감히 관을 쓰는 야만의 땅으로 내 버려두시겠습니까? 지금 고구려의 사자가 계민이 나라를 들어 우리를 따르는 것을 보고 두려워하는 꼴이니 그를 위협하여 그들을 입조하게 하는 것이 좋을 것입니다.

수양제는 그 말을 쫓아 우홍牛弘에게 교지를 펴며 말했다.

짐은 계민이 성심으로 나라를 받드는 까닭으로 친히 그의 장막에 왔다. 명년에는 꼭 탁군毛郡으로 갈 것이니 그대는 돌아가서 그대의 왕에게 말하여 빨리 와서 조회하여 의구심을 갖지 않도록 하라. 마땅히 존육存育의 예는 계민을 거느리고 그대의 나라로 쳐들어 갈 것이다.

고구려가 돌궐과 연대하는 상황을 막기 위해 엄포를 놓고 있다. 주목할 일은 배구가 양제에게 한 말이다. 고구려와 기자의 관계를 언급하는 등 그들은 소아시아에 있었던 조선(진晉)의 역사를 알고 있었다는 사실이 드러나기 때문이다. 따라서 고구려가 "감히 관을 쓰는 만이의 땅이 되도록 허용하겠는가"라고 말하는 것은 샤머니즘을 용납하지 않겠다는 뜻으로 해석된다. 수양제는 612년에 고구려의 통섭권統攝權을 뺏기 위해 모두 113만 3,800명의 대군을 동원했다. 여기에 보급부대의 수를 합치면 통상 200만이 된다고 했다. 김부식의 기록에는 이들 대군이 탁군(요동)에 집결하여 한반도로 향했던 전쟁처럼 서술했지만 그것은 진실이 아니다. 178개나 되는 고구려의 성이 중국대륙에 분포되어있다는 사실을 숨기기 위한 억지 시나리오이다. 178개의 고구려의 성만이 아니라 신라의 구주九州는 물론, 삼한三韓의 봉국 50여 개국도 졸본부여 지역에 분포되어있지 않는가. 따라서 수와 고구려간의 전쟁은 사실상 178개나 되는 고구려성과의 전쟁이며 오늘의 중국대륙에서 전 방위적으로 전개되었던 전쟁이라고 해야 옳다. 기록대로 평양을 굴복하기 위해서 2백만의 수나라군사가 한반도로 몰려와 싸우고도 이기지 못했다면 그것은 어린아이가 보는 만화라고 해야 한다. 김부식의 기록에 의하면 수나라 군대는 먼저 요령성 누방鏤方에서 출발하며 군사들을 좌우로 나뉘어 좌 12군이 개마, 요동, 현도, 부여, 조선, 옥저, 낙랑 방면으로 향한다. 우 12군은 임둔, 제해, 숙신, 갈석, 대방 쪽 길로 나왔다.[15] 여기에서 거명되는 지명은 대부분 중국대륙에 있는 나라들이며 현도, 부여,

조선, 옥저, 낙랑은 졸본부여 시대의 흉노의 오방(황부 黃部)에 해당하는 하서회랑의 서쪽을 가리키는 지역이다. 전쟁은 수와 당이 감당하기 어려울 만큼 넓은 지역에서 전개되었다는 사실은 김부식이 기록한 요동성 전투기사가 말해 준다.

김부식이 기록한 요동성遼東城은 극동아시아의 어느 지역에 있었던 성이 아니고 우즈베키스탄의 히바성이다. 이 성의 내성內城이 요동성이고 이찬칼라성이다. 수양제는 612년부터 군사력을 총동원하여 요동성을 공략해 나선다. 그곳으로 가자면 험난한 타클라마칸 사막지대를 지나야 하고 실크로드 북로와 남로가 만나는 카슈가르로 들어서면서부터 사마르칸트나 타시켄트로부터 위협을 감수해야 한다. 요동성은 넓은 들판에 노출되어 있으며 성은 오랜 세월 햇볕에 구운 흙벽돌로 쌓은 아주 견고한 성이었다고 했다. 김부식은 수양제보다 먼저 요동성을 공격한 바 있는 연나라의 모용희慕容熙의 이야기를 소개하며 이렇게 썼다.

> 연나라의 장사들이 요동성의 성벽을 타고 올라가려 하자 연 왕이 이를 제지하며 소리쳤다.
> "아니다. 나는 그 성을 깎아서 평지를 만든 다음 황후와 함께 연을 타고 입성할 것이다."

요동성이 돌로 쌓은 성이 아니고 사막에 흙벽돌로 쌓아 만든 성임을 말한다. 즉, 이 이찬칼라 성을 말하는 정보다. 성은 난공불락이어서 수양제는 네 차례나 요동성을 공략하고도 발길을 되돌려야 했다. 김부식은 이 전쟁을 영양왕조에다 도배질을 하듯 기록하고는 이렇게 언급했다. "요동으로 출발할 때 수나라의 병력은 30만 5,000명이었으나 정작 요동성에 이르렀을 때는 고작 2,700명이었고 수십만을 헤아리던 병차와 중장비도 모두 탕진되고 말았다." 수양제는 이에 분을 참지 못해 614년에 다시 요동성정벌을 논의했으나 며칠이 지나도록 이에 응답하는 신하가 아무도 없었다고도 했다. 수양제는 요동성에 원한을 품은 채 기어이 세상을 하직해야 했던 것이다.

서부대인 연개소문과 천리장성

26대 영양왕에 이어 배다른 형제인 건무建武가 27대 고구려 왕이 되었다. 그가 영류왕營留王이다. 이때 수양제가 죽고 이세민이 장안에 도읍하여 대당大唐을 선포했다. 영양왕은 즉위하자 당에 사신을 파견하여 조공하고 619년에 시조의 무덤이 있는 졸본으로 행차하여 제사를 지냈다. 이 대목에 주목하게 되는 이유가 있다. 졸본이 투루판이므로 그가 이때 서부고구려에 갔다는 것을 말해 주기 때문이다. 수와 전쟁을 치르는 위급상황임에도 극동의 먼 평양에서 그곳에 갔다는 것은 범상한 일이 아니기 때문이다. 그렇다면 왕은 왜 이때 투루판으로 갔던 것일까. 김부식이 입을 다물고 있으므로 그 진실을 드러내는 일은 어렵다. 하지만 영류왕 11년에 그는 당태종(이세민李世民)이 돌궐의 힐리가한詰利可汗을 사로잡은 것을 치하하기 위해 사신을 보낸다. 그리고 이때 왕은 이세민에게 고구려의 봉역도封域圖를 바친다. 고구려가 서부西部의 통섭권을 당에게 헌납한다는 의미이다. 앞뒤의 정황으로 보면 영류왕이 졸본에 갔던 것도 단순한 시조참배가 아니라 위기에 처한 쌈지를 구하기 위해 서부고구려의 장안으로 갔다는 것을 말해 준다.

이세민李世民의 조상은 수나라를 일으킬 때에 큰 업적을 세웠던 인물이다. 《당서》는 이세민이 깊은 눈과 높은 코를 지닌 인물이고 그의 모친은 돌궐족 소그드계의 한족漢族이라고 썼다.[16] 그는 수가 망하자 고구려에 진대덕陳大德을 보내 정탐을 시키고 그 결과를 보고를 받는다. 이 대목을 김부식은 이렇게 기록했다.

> 그 나라에서는 고창高昌이 멸망한 말을 듣고 크게 두려워하여 우리에 대한 대접이 어느 때 보다도 후합니다. 그러자 이세민은 고구려는 본시 한사군의 땅이다. 내가 군사를 내어 요동을 치면 그들은 반듯이 극력을 기울여 이를 구할 것이니 이때 따로 수군을 내어 동래東萊에서 바다를 건너 평양으로 향하게 하고 수륙군이 합세하면 이를 공취하기는 어렵지 않을 것이다.

고창그림 140이 멸망하여 고구려가 두려워한다는 것, 그리고 그곳이 한사군의 땅이라는 사실과 요동이 고구려의 서부를 가리킨다는 사실 드러난다. 한사군이 한반도의 서북쪽이 아니었다는 것이 확인된다. 요동을 치면 고구려가 국력을 기울여 서부고구려를 구하러 온다고 말하고 있는 것은 의미심장한 일이다. 그렇게 되면 당은 수군을 동원하여 비어있는 평양성을 도모하자는 생각이다. 이런 사실은 연개소문淵蓋蘇文의 등장과 고구려의 천리장성에 대한 기사가 뒷받침한다.

김부식은 27대 영류왕 14년(631년)에 왕이 수십만 군중을 동원하여 장성長城 을 축조했다고 썼다. 장성의 축조 기점은 동북의 부여성이고 동남쪽으로 뻗어 바다에 이른다고 했다. 이 장성이 한반도에는 존재하지 않는다는 것은 확실하다. 오늘의 만리장성의 일부임은 의심의 여지가 없다. 따라서 축조기점이 되는 동북의 부여성은 만리장성의 동쪽 끝인 산해관에서 다시 천리쯤 서북쪽으로 거슬러 올라가면 그곳에서 찾을 수 있다는 이야기다. 의문은 영류왕이 왜 갑자기 그곳에 천리장성을 쌓았을까 하는 것이다.

만리장성을 공중에서 부감하면 장성의 서쪽 끝이 감숙성의 가욕관嘉浴關이고 동쪽 끝이 발해만의 산해관山海關이다.그림 141 양쪽이 모두 '문지방' '잠그다' '폐쇄하다'라는 뜻을 지닌 글자 '관關'이 되어 장성의 성격이

고구려의 옛 성 위는 고창 고성으로 옛 고구려성 유적으로 추정된다. 도판 출처, 왕웨이,《손에 잡히는 중국역사의 수수께끼》. 아래는 신강성 투루판에 있는 옛 성터로, 고구려의 국내성으로 추정된다. 도판 출처, 水野淸一,《西域》.

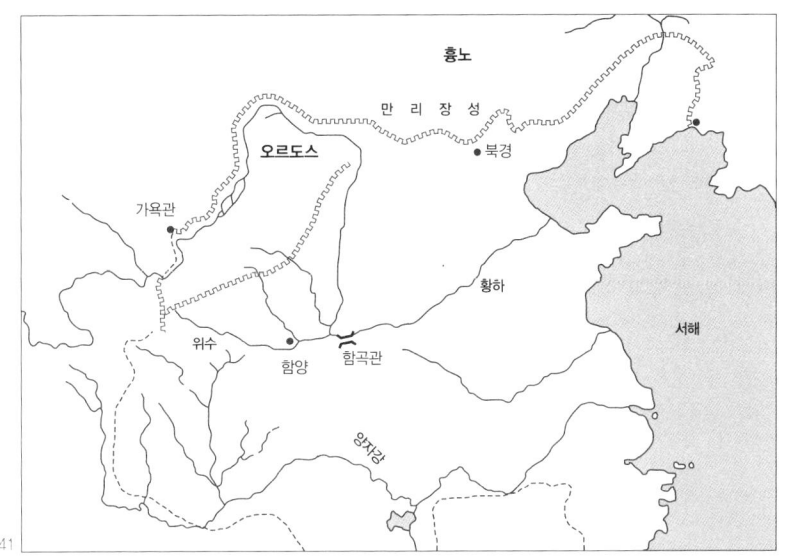

만리장성 서쪽의 가욕관에서 동쪽의 산해관을 연결하고 있다. 양쪽 모두에서 입구를 뜻하는 '관 關'이라는 명칭이 붙는다. 방어의 뜻이 아니라 사람들이 드나든다는 것을 의미한다.

방벽이기보다는 교통로였음을 암시하고 있다. 이때 '關'은 출입하는 입구의 의미이다. 두 사이의 총 길이는 6,000킬로로 천리장성은 그 10분의 1쯤에 해당한다. 하지만 동쪽 끝이 만리장성의 입구(관關)가 된다는 사실이 중요하다. 천리장성이 서부고구려와 동부고구려를 긴밀하게 연결시키고자 하는 의지가 투영되기 때문이다. 영양왕과 연개소문의 부친인 연태조도 바로 우즈베키스탄의 장안성에서 그 길을 통해 산동의 등주登州로 나왔다. 서부와 동부의 지름길이 장성의 길임을 말해 주고 있는 것이다. 중국은 만리장성이 북방흉노를 막기 위해 쌓은 방벽으로 춘추 시대(기원전 475~221)부터 한, 전진前秦, 북위, 동위, 북제, 북주, 수, 송, 요, 금 때까지 쌓은 것이라고 주장한다. 하지만 오늘의 중국대륙은 전한의 무제 이후 후한後漢 약 300여 년을 제외하면 모두 이교도異教徒인 흉노의 세상이었다. 흉노(오호

19 샤머니즘의 몰락과 불교의 승리　619

십육국)의 역사 시대에 흉노가 자신을 방어하기 위해 스스로가 자신들의 땅에다 장성을 쌓았다는 이야기는 넌센스다. 프랑스 학자 장 노엘Jean-Noel이 만리장성은 중국인이 건설한 것이 아니고 반대로 흉노Hun 자신들이 쌓은 것이라고 주장한 것도 이를 뒷받침한다.[17]

《당서》〈동이전〉 고구려조는 영류왕이 장성을 쌓게 되는 이유를 이렇게 썼다. 영류왕이 이세민에게 고구려의 봉역도를 바치고 난 후, 이세민은 관리들을 파견하여 고구려가 설치했던 경관京觀을 모두 헐어버렸다고 했다. 경관은 고구려와 수나라 간의 전쟁에서 희생된 전몰장병의 넋을 제사하기 위해 고구려가 세운 유골 무덤이다. 왜 당이 그 무덤을 헐어버려야 했는지에 대해서는 양쪽이 모두 침묵하지만 김부식은 영류왕이 당의 이 처사에 겁을 먹고 천리장성을 쌓았다고 썼다. 그렇다면 영류왕은 당의 위협에 대처하기 위해 동서 고구려 간의 교통로를 확보하기 위한 공사였다고 해야 하는 것이다. 하지만 이때 연개소문이 등장하면서 천리장성의 문제가 도마 위에 오른다. 서부고구려에서 온 소문이 장성의 축조문제를 가지고 왕 앞에 나가 간하였다. 여기에서 오고간 말들이 매우 중요함에도 김부식은 또 침묵한다. 그는 연개소문이 무엇을 간했는지 그 내용에 대해서는 아무것도 쓰지 않고 단지 왕이 642년에 서부대인西部大人 개소문蓋蘇文으로부터 그의 군사를 빼앗고 그에게 장성長城을 축성하는 감독의 일을 시켰다고 썼다. 그런 다음 김부식은 역시 왜를 묻지 않은 채 개소문이 이때 왕을 시해했다고 기록했다. 엄청난 사태가 이때 벌어졌던 상황임을 알 수 있다. 도대체 이때 무슨 일이 일어났던 것일까. 〈고구려국본기〉에는 연개소문이 왕이 자신의 군사를 빼앗고 장성의 감독 일을 맡기고는 측근들과 음모하여 자신을 죽이려고 하자 이렇게 외쳤다고 했다.

　　대문 밖에 호랑이와 이리떼가 와있는데도 백성은 구하려 하지 않고 오히려 이를 염려하는 나를 죽이려고 한다. 모두 다 없애버려라.

개소문이 반란을 일으키자 왕은 황급히 송양松壤으로 도주했다고 썼다. 송양은 박트리아의 부도이므로 왕은 이때 서부고구려로 도주한 셈이다. 왕은 그곳에서 조서를 내려 군사를 동원했으나 아무도 이에 응하지 않자 부끄러운 나머지 스스로 목숨을 끊었다. 김부식은 연개소문이 왕을 시해했다고 당나발을 불었으나 진실은 이렇게 스스로 목숨을 끊었던 것이다. 이 상황은 영류왕이 이세민에게 고구려의 봉국도를 넘기는 상황이고 당이 보낸 《도덕경》과 천존상天尊像을 받는 등 문화적인 식민정책을 이의 없이 수행하고 있었던 때다. 왕 스스로가 노자에 심취하였고 백성은 오두미교五斗米敎에 빠져 나라는 황폐해졌다. 뜻있는 사람들은 이를 두고 고구려가 망할 징조라고 했다. 앞뒤의 정황은 연개소문이 당의 식민지정책에 저항했다는 것을 말해 준다.

김부식은 이세민이 영류왕이 죽었다는 소식을 듣고 궁궐의 동산에서 슬픔을 표하고 지절사持節使를 파견하여 조제弔祭를 지냈다고 했다. 연개소문이 왜 반란을 일으켰는지를 말해 준다. 이세민은 기어이 장군 이정李靖을 파견하여 누란 지역의 이오군伊吾郡과 토곡혼吐谷渾을 침공하여 로프누르 호수의 남쪽 선선鄯善, 차말且末 지역을 점령하였다.

쌈지개념으로 보면 이곳은 신라의 아홉 주九州의 하나이고 고구려의 통섭권이 미치는 서고구려이다. 김부식의 기록에는 이때 백제의 의자왕義慈王이 군사를 일으켜 신라로 쳐들어가 40여 성을 공취한 다음 다시 고구려와 더불어 당항성黨項城을 공취했다고 썼다. 당항성도 김부식 스스로가 소재 불명이라고 고백한 성 100개 중 하나이다. 당항성은 감숙성에 있는 둔황敦煌으로 신라 승려 혜초慧超가 727년에 인도 순례를 마치고 그곳에서 살면서 《왕오천축국전往五天竺國傳》을 남겼던 곳이다. 그러니까 이 전쟁은 한반도가 아니라 중원에서 일어났던 사건을 김부식이 의자왕의 업적으로 등재했던 것이다. 고구려 쪽에는 이 사실이 기재되지 않았으며 의자왕과 함께 했던 고구려 왕의 이름도 기록되지 않은 것은 이런 사정 때문이다.

상황이 이렇게 되자 선덕여왕은 그 다음해(643년)에 사신을 당에 파견하여 이세민에게 구원을 청한다. 무엇을 어떻게 요구했는지는 알 수 없으나 정황은 이세민이 장군 이정을 파견하여 점령한 누란과 실크로드 남로일대의 지역과 고구려와 백제가 빼앗은 당항성이 이때 의제가 되었음이 문맥에서 드러난다. 하지만 당이 이에 순순히 응해줄 처지가 아니다. 이세민은 신라국이 여자를 왕으로 삼았기 때문에 이웃나라가 우습게 안다고 말하고 자신의 친척으로 신라 임금을 삼고 그를 지키는 군사를 함께 보내야 한다고 제안한다. 신라 사자는 말문이 막힌 채 그대로 되돌아서야 했다. 그 결과 신라는 나당연합군으로 편입되었고 선덕여왕이 죽은 뒤 김춘추金春秋는 아들 문왕文王과 여동생 진덕眞德과 함께 서돌궐(서고구려)을 토벌하기 위해 나당연합군과 합류하여 곤륜산으로 가야 했다. 이 기사는 《자치통감》〈당기〉 14권에 기록되어있다.

우리의 관심은 신라의 파병이다. 이때 김춘추는 과연 수만을 헤아리는 신라 군대를 한반도의 엉덩이 부분에서 배에 싣고 중원으로 갔던 것일까. 여러 정황으로 볼 때 당시로서는 불가능한 일이라고 할 수 있다. 진실은 신라군이 현지에서 차출되었다고 해야 이야기가 된다. 어쨌든 신라 세력마저 등에 업은 이세민은 가차 없이 고구려를 공격해 나섰다. 그는 먼저 영류왕을 시해한 연개소문의 죄를 묻기 위해 장엄莊儼을 사자로 파견했다. 그랬지만 소문은 이세민의 사자가 당도하자마자 곧바로 그를 토굴에 가두었다. 이 소식을 접한 이세민은 치를 떨며 고구려 정벌을 위한 총동원령을 내렸다. 사태가 험악해지자 연개소문은 시간을 벌기위해 이세민에게 사자를 파견하여 백금白金을 바쳤다. 이때 이세민의 측근이 거들고 나섰다.

> 막리치 개소문은 그 임금을 시해하였으니 구이九夷에서 용납할 수 없을 것입니다.[18]

구이가 장안(히바)에 있는 샤먼신선을 말한다는 사실이 드러난다. 돌궐의 뜻이 아홉의 뜻이기 때문이다. 당나발을 불었던 김부식은 구이에 대해서도 역시 아무 언급이 없다. 이때 고구려는 영류왕이 죽고 보장왕이 섰다. 눈에 띄는 사건은 연개소문이 보장왕을 받들고 쌈지 부도를 재건하려 했다는 사실이다. 김부식은 부도의 일을 우회적으로 삼교三敎를 회복한다고 썼지만 일연은 이를 세 발 달린 솥(鼎)을 장만하는 것이라고 썼다. 쌈지를 말하는 것이다. 보장왕은 부도를 건설하기 위해 당에서 도사를 초빙한다. 도사가 제3기능의 기술자들로 이들이 묘청이 말했던 백두선인이고 천문학의 전문가들이다. 이는 이미 제3장에서 언급한바 있다. 일연이 자세히 언급했던 태왕릉과 신월성新月城의 일이다.[19] 사태가 이렇게 되자 당은 보장왕 3년(644년) 11월에 이세민이 직접 6군을 거느리고 평양을 공격했다. 하지만 전쟁의 여신은 당의 편이 아니었다. 수나라가 그랬듯이 당군 역시 고구려의 게릴라전(기병술奇兵術)에 휘말린 것이다.

《고기》의 〈고구려국본기〉는 연개소문그림 142이 그 다음해인 645년에 안시성의 성주 양만춘과 합세하여 중원의 장안長安으로 진군하여 이세민의 항복을 받았다고 썼다. 놀라운 사건이지만 김부식의 안중에는 없는 사건이다. 이 기사는 연개소문이 수만의 기병을 이끌고 장안으로 진격했는데, 이때 고구려 군사는 의장대와 군악대를 앞세워 장구치고 북을 치며 진군하는 통에 당나라 군사들이 넋을 잃었다고 썼다. 이 전쟁에서 이세민은 고구려에 산서山西, 하북河北, 산둥山東, 강좌江左 지역을 양도해야 했다. 주목할 것은 '강좌'라는 지역이 양자강 하류의 강소성江蘇省 남쪽 지역이라는 사실이다. 문자왕 때 다물흥방의 목적으로 그곳을 차지했던 지역이다.

19 샤머니즘의 몰락과 불교의 승리   623

연개소문 초상화 오늘의 터키인을 연상케하는 인상이다. 동아일보 자료실.

연개소문이 다시 문자왕의 노선을 따르고자 했던 것은 아닐까. 하지만 당의 이세민이 어찌 이를 그대로 방치할 수 있겠는가.

중국이라는 말은 중산국을 부르는 말이다

김부식의 기록에는 당태종이 고구려를 공격하면서 장안長安의 늙은이들을 불러 이렇게 말했다고 적었다.

> 요동遼東은 옛날에 중국 땅이었다. 그런데 막리지가 그 임금을 죽이니 짐이 장차 이를 경략하려 하니……

요동이 옛날의 중국 땅이었다는 사실은 당혹스런 일이다. 이미 제6장에서 《당서》가 만주의 흑룡강을 '실위타루'라고 기록했음을 지적했다. 요동지역에 포함되는 만주의 근거지가 실은 우즈베키스탄이었음을 말하는 것이다. 또 중국 사가들이 하서회랑 쪽에 있던 한사군을 한반도의 서북쪽으로 옮겨놓은 사실도 확인한 바 있다. 요동이 옛날의 중국 땅이라는 말은 성립될 수가 없는 것이다.

'중국中國'이라는 말도 근세에 오늘의 중국이 만들어 낸 국명이다. 정황이 이러하므로 지금부터 1,500년 이전에 이세민이 '중국'이라는 말을 사용했다는 것도 어불성설인 것이다. 그러니까 이 말은 특정한 국가나 국토를 말하는 용어가 아닌 것이다. 그렇다면 그가 가리키는 중국의 개념은 무엇인가. 이 수수께끼의 열쇠는 중산국中山國 역사에 있다. 중산국은 박트리아 소그디아나이고 그곳에 천하의 중심지였던 샤먼들의 부도가 있었다. 황금횡대 북위 35도상이다. 샤머니즘이 말하는 북두칠성(항성)을 머리위에 이고 있는 우주산宇宙山, 우주목宇宙木이다. 중국의 고전에서는 이를 중中, 중심中心, 중화中華, 화하華夏라고 한다. 흉노는 이를 오방五方라고 했다. 이세민의 중국 발언을 〈고구려국본기〉가 다르게 기록하고 있는 것은 이런 주장을 뒷받침한다. '중국'이라는 말 대신 '하夏'라고 쓴 것이다. 이를테면 이세민이 "요동은 본시 제하諸夏의 땅[地]이다"라 했다고 쓰고 수隋가 네 번씩이나 출병했는데도 이를 얻지 못했다고 했다. 수가 네 번이나 출병했다는 말은 수양제가 네 번이나 요동성을 공격한 일을 말하는 것이다. 확실하게 하가 소그디아나임을 말한다. '제하'는 '하'의 복수형으로 알맹이 말은 '하'이다. 이 '하'가 중국이라는 말과 같다는 것을 보여주고 있는 것이다. 《한서》나 《후한서》가 박트리아를 대하大夏라고 적고 그들이 대월지이고 흉노라고 한 것과 같은 맥락인 것이다.

'夏'에 대해서는 《이아爾雅》〈석천釋天〉에서 '승천昇天'을 의미한다고 하고 《서경》〈순전舜典〉에서는 만이蠻夷가 '夏'를 다스린다고 했다. 만이는

19 샤머니즘의 몰락과 불교의 승리 **625**

동이를 의미한다. 또 우공禹貢에서는 '하'가 탈을 쓴 귀신(神)이라고 했으며 이 귀신이 축제 때에 백희百戱를 거느리고 지상에 내려와 여신전의 문을 두드렸는데 여러 〈동이전〉은 이를 음사라고 했다. 이 대목은 이미 제1장에서 언급한바 있다. 박트리아(송양松陽)에 이런 신속神俗이 있었다는 사실은 이미 동명성제나 유리명제의 기록에서 언급했다. 탈을 쓴 귀신의 무리는 옥황상제를 대신하는 재판관이고 형리刑吏이기도 한 것이다.

《설문해자》의 저자인 후한 때의 허신許慎도 '하'를 기夔라고 하고 이들이 '중국인'이라고 했고 《한서지리지》에 주석을 단 당의 안사고顔師古도 이를 '중국'이라고 했다. 한 쪽은 '중국인'이고 다른 쪽은 '중국'이다. 중국인은 중산국의 샤먼들이고 중국은 머리위에다 북두칠성을 이고 있는 사제의 나라이다. '중국'이나 '하'가 모두 중산국을 가리키고 있다. 이는 고구려와 수당간의 전쟁에서 중산국이 치열한 역사논쟁의 중심에 있었음을 말해 주는 것이다. 논쟁의 미묘함은 중산국이 한때였지만 한나라와 흉노가 공유했다는 사실 때문이다. 진시황제가 죽은 후 유방劉邦이 황실 사람을 중산국 총독으로 보냈고 뒤에 경제景帝가 다시 아들 유승劉勝을 그곳으로 파견하여 쿠샨왕조를 만들어 인도 지역을 다스렸다. 김부식이 영양왕조에서 요동성이 한漢나라 시대의 양평성襄平城이었다고 한 것도 이와 같은 맥락이다. 유방이 소그디아나를 차지했던 역사를 말하고 있기 때문이다.

이렇게 한나라와 흉노가 중산국을 중심으로 밀월관계를 유지할 수 있었던 것은 한나라가 흉노에게 대대로 왕녀를 바쳐 사돈을 맺었기 때문이다. 그런 뒤에 왕망이나 조조가 그곳을 차지하기도 했다. 이런 상황을 《구당서》는 태종 4년에서 이렇게 썼다. "자고로 돌궐이 중국과 더불어 성쇠를 되풀이했다." 돌궐이 흉노의 대명사가 되어야 이 말의 뜻이 분명해진다. 또 "돌궐의 힐리칸이 귀국하면서 중국호구中國戶口를 약탈했다"고도 쓰고 "적진에 두고 온 중국생민中國生民이 도탄에 빠졌다"고도 썼다. 중국호구나 중국생민이 오늘의 중국을 가리키는 것이라면 당연히 기록자는 주체를 드러내기 위해 이를 수나 당의 백성이라고 해야 옳은 것이다. 따라서 '중국호구'나 '중국생민'이라는 말은 특정한 민족을 가리키는 개념이 아니고 부도의 백성을 가리키는 개념으로 이해된다. 이들은 전쟁 때마다 점령자에게 포로가 되는 쌈지의 제3기능 집단이다. 이능화는 〈조선해어화사〉에서 이를 무자리巫磁伊라고 하고 이들은 나라가 망해도 정복자에게 호락호락 굴복하지 않는다고 했다. 신라 구주九州에서 보았던 예맥濊貊의 정체이다.

이세민의 고구려 정벌

김부식은 《당서》를 인용해서 이세민이 고구려 정벌군을 유주幽州에 집결시켰다고 했다. 기성 학설은 유주가 북경 가까이에 있다고 말한다. 하지만 《한서지리지》는 낙랑군 기사에서 유주는 전한의 무제가 한사군을 두었던 곳이고 이를 응소應劭가 옛날의 조선국이라고 주를 달았다. 누란과 하서회랑河西回廊의 오아시스 지역이 유주라는 것이다. 수양제와 마찬가지로 이세민의 고구려 정벌군도 예외 없이 하서회랑의 오아시스 지역에 군대를 집결시켰던 것이다. 그곳에서 북으로 돈황, 안서安西, 그리고 오르도스 지역으로 북진한다. 이세민은 형부상서刑部尙書 장양張亮을 평양 총사령관으로 삼고 영국공英國公 이세적李世勣을 요동정벌의 사령관으로 삼는다. 기록대로라면 요동과 평양은 같은 방향인데도 이렇게 군진이 둘로 나뉘는 것은 요동성이 서부고구려의 장안을 기리키기 때문이다.

 정황은 당의 고구려 정벌군이 하서회랑을 상하 중심축으로 부채를 편 모양새다. 부채의 서쪽 축이 서부고구려이고 동쪽 축이 동부고구려의 평양이다. 서부고구려의 장안은 타클라마칸 사막을 통과하여 페르가나로 들어가는 일이고 평양은 만리장성을 통과하는 일이다. 황금횡대 40도상을 동서로 이동하는 여정이라고 할 수 있다. 타클라마칸 사막으로 가는 길은 한마디로 수양제가 국운을 탕진했던 길이다. 난주籠西에서 하서회랑으로 빠져 안서安西에 이르는 길은 대수롭지 않다고 해도 안서에서 둔황을 지나 실크로드 북로를 통과하는 길은 사생결단을 해야 하는 모험의 길이다. 김부식은 요동성에 주몽의 사당이 있고 평양성에는 기자箕子와 흉노의 가한可汗들의 사당이 있다고 했다. 당이 전력투구로 요동성과 평양성을 공략해야 하는 이유가 무엇인지를 알게 한다. 이세민이 요동을 정벌한다고 나서자 수양제때의 의주자사宜州刺史였던 자가 이렇게 말했다.

요동은 길이 멀어 군량을 옮기기 어려우며 동이東夷들은 성城을 잘 수비하므로 급히 요동성을 함락하기란 어려운 일입니다.

요동성의 정벌은 당연히 군량糧道의 문제가 으뜸으로 제기될 수밖에 없다. 수나라가 평양을 공략하기 위해 항주杭州와 북경사이에다 운하를 팠던 것도 양도를 해결하려는 전략이라고 할 수 있다. 인용문에서 주목할 것은 동이들이 성을 지킨다고 한 대목이다. 동이가 다름 아닌 샤먼신선을 지키는 조의선인이기 때문이다. 어쨌든 이세민의 군대는 불철주야로 12일간이나 불화살을 퍼 부었으나 성이 항복되지 않았다. 그래서 그들은 수백 겹으로 성을 포위하고 북을 치며 함성을 질러대며 심리전으로 나갔다. 김부식은 이때 성 안의 무당이 이에 당황하여 아름다운 미녀를 여신婦神으로 만들어 세우고 주몽의 기마신상 앞에서 춤추며 하늘을 향해 외쳤다고 썼다. "주몽의 혼신이시여! 기뻐하며 되살아나시어 성을 지켜 주시오소서." 하지만 이 기록도 김부식의 당나발이다. 조선은 일역一域의 봉국이 아니고 사해四海의 공도公都라고 했으므로 당연히 무당은 이렇게 외쳐야 했을 것이다.

"주몽의 혼신이시여 부디 사해의 공도인 장안을 지켜주소서". 이렇게 이야기 되어야 우리는 이세민이 장안을 정벌 하고 나서 "만년의 죄업을 내려놓는다"고 쓴 〈신당서〉 기록의 의미를 읽을 수 있다. 하지만 이세민도 평양을 눈앞에 두고 눈을 감아야 했다.

샤먼 제국 최후

평양성은 668년에 당장唐將 이세적에 의해 함락되었다. 김부식은 이때에도 여신의 소상塑像이 사흘이나 피눈물을 흘렸다고 썼다. 평양부平壤府가 곧 단군조선의 모든 것이므로 이 비극적인 정황을 한마디로 그렇게 표현할 수밖에 없었을 것이다. 무엇보다 쌈지조선의 역사 기록(신통기神統記)이 그곳에 있었다. 고구려 영양왕 때(후 600년)에 박사 이문진李文眞이 지었다는 다섯 권의 고구려사도 그곳에 있었고 《유기留記》라는 것도 그곳에 있었다.[20] 쌈지조선의 역사를 지상에서 깡그리 지우지 않고서는 천하의 주인이 될 수 없었던 당으로서는 이것들이 뜬 눈에 가시와 같은 물건들이다. 신채호는 당태종의 총신이었던 안사고顔師古가 이세민의 고구려 침략(동침東侵)에 명분을 부여하기 위해 주로 《한서》와 《진서晉書》를 개삭했다고 썼다. 개삭은 조선의 옛 땅을 모두 중국의 소유로 만드는 일이고 그러기 위해서는 한사군의 범위와 위치를 모두 옮겨야 했다고 썼다.[21] 상황이 이러하므로 이세적과 소정방蘇定方이 평양으로 달려와 맨 먼저 해야 할 일이 무엇이었을까. 그들이 서고에서 단군조선에 관한 문서들을 몰수하여 불더미에 던져야 했다는 것은 너무도 자명한 일이다.

하지만 서책을 모두 불속에 던진다고 해서 그들의 우환이 일거에 사라지는 것은 아니다. 평양성의 토산菟山에는 흉노의 황금지팡이(경로신도徑

路神刀)와 옥황(금관)과 황금의 신상유물이 있다. 신화가 황용이라고 했던 이 물건들이 남아있는 한 당은 결코 만년萬年의 죄업을 내려놓을 수가 없는 것이다. 박제상은 《부도지》에 이 정황을 간단히 기록해 놓았다.

667년 9월. 당의 이세적李世勣은 신라의 김춘추의 아우인 김인문金仁問과 합동으로 평양성을 공략하였다.

기록의 행간을 읽으면 김인문은 이세적이 서고書庫를 약탈하는 동안 재빨리 토산으로 올라가 신전의 보물들을 모조리 걷어서 경주로 옮겨갔다. 그런 다음 신라는 그 보물들을 당에게 뺏기지 않기 위해 경주 일대에 모두 38개나 되는 언덕(무덤)을 만들고 그중 어느 곳(금척원金尺院)에 보물들을 숨겼다. 신라 경주가 왕도의 격에 어울리지 않게 갑자기 무덤 지역으로 바뀐 이유를 알게 된다. 예상했던 대로 전쟁이 끝나자 당의 소정방은 김춘추에게 보물들을 내놓으라고 다그쳤고 김춘추는 곤궁에 빠졌다. 이때 최씨崔氏라는 인물이 금척원金尺院에서 그 보물들을 파내어 바다 건너 어느 땅(섬)에 갖다 묻었다고 했다. 기록은 최씨가 도깨비 무리(귀단鬼團)의 두목이라고만 했다. 가면을 쓰는 무리가 도깨비이므로 이들의 정체가 비밀결사임을 알 수 있다.[22] 이렇게 쌈지조선의 보물은 지켜졌으나 쌈지조선의 천손天孫(DNA) 신화는 영원히 땅에 묻히는 신세가 되고 말았다.

고대사의 왜곡과 시간의 엇갈림

광개토대왕의 비문에는 고구려 역사가 모두 17세世를 전한다고 기록되어 있다. 김부식이 전하는 연대보다 4대가 많다. 한 세대를 30년으로 잡는다 해도 최소 100여 년이나 줄어든 것이다. 북한의 리지린은 무엇을 근거로 삼았는지 알 수 없으나, 고구려 건국 연대를 기원전 232년이라고 주장하고 있어서 주목을 끈다. 쌈지의 역사가 제대로 밝혀져야 고대사의 편년이 제대로 자리잡을 것이다. 오늘날 통용되는 중국 고대사는 기년체紀年体로 기술되어 있다. 기년체의 근간을 이루는 간지법干支法은 60년을 1운으로 계산하기 때문에 같은 갑자년이라 하더라도 한 자리(일운一運)만 잘못 옮겨지면 일거에 60년이나 120년이 고무줄처럼 늘었다 줄었다 한다. 이 때문에 《고기》류의 자료를 읽는 문제에도 혼란이 일어난다. 중국사의 경우도 예외가 아니다. 중국 고대사 편년의 근거를 마련한 《죽서기년竹書紀年》도 간지로 계산하게 되어있다. 하지만 송나라 때 발굴된 이 자료는 발견되기가 무섭게 소실되어 고대사 연구에 치명타를 가했다.

중국의 동작빈(둥쭤빈董作賓)은 이 죽서를 근거로 주나라 초의 기년을 시도했는데 그가 간지로 계산한 주나라의 기년은 기원전 1166, 1122, 1111, 1070, 1067, 1066, 1050, 1047, 1030, 1027, 1018년 등이다. 무려 열한 가지 개연성을 제시한 것이다. 갑자기년법甲子紀年法의 약점이 무엇인지 드러난다. 상하한선의 차이가 무려 100년이나 된다. 오늘날 중국사의 편년은 이 가운데 유흠劉歆이 선택한 1122년을 기준으로 한 것이다. 하지만 일본의 천문학자 니이시로新城新藏 박사는 1066년이 합리적이라고 주장하여 유흠과는 56년 차이가 난다. 거의 한 갑자가 차이나는 것이다.[1] 어느 쪽이 옳은지는 아무도 확신하지 못한다. 어쨌든 이런 오차의 개연성만 인정하더라도 우리는 알렉산드로스와 진시황의 활동 연대가 시간상으로도 서로 겹칠 수도 있다는 가능성을 보게 된다.

 죽서譜牒는 남송 때에 갑자기 산실되었다. 불행한 일이다. 이 자료에는 하, 은, 주 3대의 왕조 연대가 기록되어 있었으므로, 그것이 산실되지 않았다면 고대 쌈지의 역사 연대를 정확히 계산해 낼 수 있다. 죽서는 주나라 시대의 사관이 보관해 오던 중 주 왕조가 무너지자 춘추 시대(기원전 722~476)의 진晋에 전해졌다고 한다. 진은 소아시아 시대의 조선이므로 당연히 그 죽서에 리디아(사르디스)의 역사 연대기가 추가되었다고 해야 할 것이다. 그 뒤 진이 망하면서 삼진으로 나뉘어 조, 위, 한이 되었다. 이때 위가 그곳에 자신의 역사를 추가했고, 위의 양왕襄王(기원전 318~299)이 죽자 죽서를 묘에 부장했던 것이다. 《고조선기古朝鮮記》가 《위서》에서 인용되었던 데는 그럴 만한 이유가 있었던 것이다. 현재 인용되는 죽서의 편년은 모두 고서 여기저기에서 재인용한 것이다.[2] 이런 정황을 생각해 보면 죽서가 햇빛을 보자마자 금방 사라져 버린 이유도 우연이 아님을 알 수 있다. 후한과 당나라 이후에 수많은 역사서가 왜곡되었던 상황이다. 그러나 진실의 그림자마저 숨기지는 못한다.

大尾

부록

샤먼 제국의 통치구조
주석

태양신전(부도)의 위치

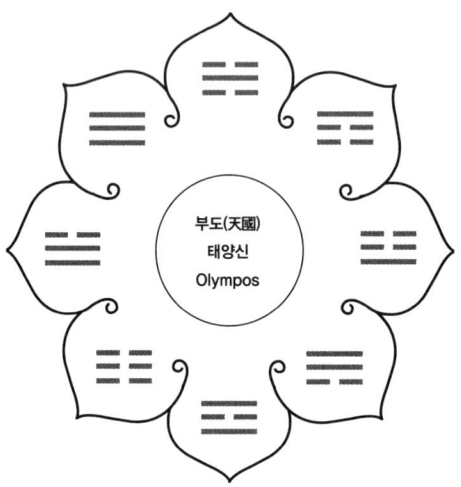

여덟 개의 꽃잎은 주역 周易이 말하는 팔괘 八卦로 그 중심에 천문대가 놓인다. 팔괘의 중심을 흉노는 오방 五方이라고 하고, 그곳에 솟대 oboe를 세운다. 시베리아 샤먼은 솟대를 우주목 cosmic tree이라고 하며, 우리는 솟대가 있는 자리를 천간지지 天干地支의 뿌리로 여긴다. 천간은 열 자리의 수로 이루어지며 열자리 수는 태양의 항로를 재는 시간의 척도이다. 지자기가 방향을 잃고 회오리치는 곳이 바로 이 지점이다. 샤머니즘에서는 이를 용이라고도 말하는데, 용이 있는 그 수직하늘에 북두칠성이 고정된다. 샤먼은 이곳을 천국이라고 부른다.

신단수 cosmic tree의 의미

아홉 개의 황금가지는 천간 天干의 수 열 자리에서 십 十을 허수 zero로 친 도상이다. 허수 제로는 태양신이다. 따라서 보이는 수 아홉을 동이 東夷나 구이 九夷라고 적는다. 구이는 인류의 잠재의식 속에 깊이 뿌리박고 있는 천사이기도 하다. 이들이 천문학, 연금술, 풍수지리, 음악(율律) 등에 전지전능한 샤먼이며, 가면을 쓰고 천지인삼재 天地人三才의 이치로 온 누리를 다스리는 천국의 지배자들이다.

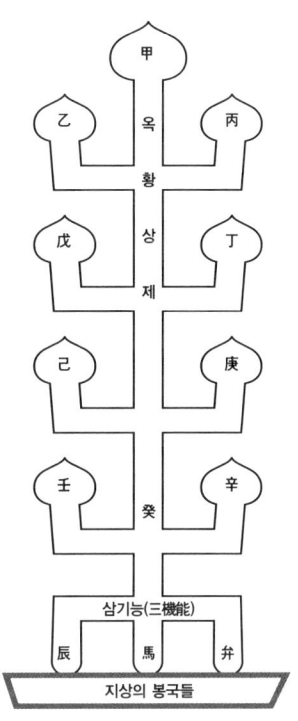

아홉의 샤먼 (구이 九夷)

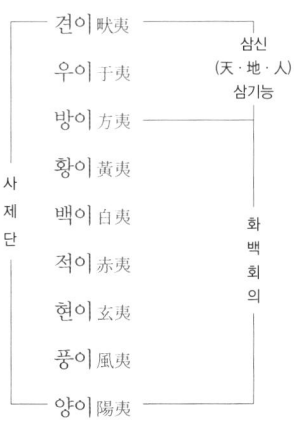

최상의 과학자, 예술가들이다

제1장 태양신과 샤머니즘

1   《高麗史》卷十六
2   北崖子,《揆園史話》太始記
3   《성서백과대사전》10, 성서교재간행사, 1981, 288쪽
4   남방계 언어인 인도네시아어로 돌(단壇)의 소릿값은 'vatu' 'bato' 'batu'라고 하고, 드라비다어로는 'pattu'라고 한다.
    강길운,《고대사의 비교언어학적 연구》, 새문사, 1990, 290~329쪽
5   《桓檀古記》檀君世紀, 11世 檀君 道奚
6   '암소'나 '황소'를 가리키는 산스크리트 'go'가 복수형이 되어 '별' '태양광선' '지구'의 뜻이 되며, '소(go)'에 'kula'가 붙으면 '소치는 사람'이나 '사원'의 의미가, 'pati'가 붙으면 '소의 주인' '달'이라는 의미가, 'pala'가 붙으면 소치기(목자牧者)'나 '지구(go)를 통치하는 왕'이라는 의미가 된다.
    게오르그 포이어스타인 외 지음,《최초의 문명은 고대 인도에서 시작되었다》, 정광석 옮김, 사군자, 2000, 249~250쪽
7   Firitz Saxl,《Lecture》(1957) 일본어판 :《シンボルの遺産》, 松枝到 譯, せりか書房, 1980, 98쪽
8   《集韻》;《史記》匈奴別傳
9   《後漢書》東夷傳 序文
10 《桓檀古記》三神五帝本紀
11 조지 하트,《이집트 신화》, 이응균·천경효 옮김, 범우사, 1999, 21쪽
12 J. H. Harrison,《Prolegomena to the Story of Greek Religion》, Princeton University Press, 1922. 33~35쪽
13 조지 하트, 앞의 책, 23쪽
14 조지 하트, 앞의 책, 22쪽
15 《성서백과대사전》4, 성서교재간행사, 1982, 433쪽
16 조지 하트, 앞의 책, 28쪽
17 Dordji Banzarov,《シャマニズムの研究》(샤머니즘의 연구), 白鳥庫吉 譯, 新時代社, 東京, 1971, 46쪽
18 《史記》朝鮮列傳, 注. "集解曰 張晏曰 朝鮮有 濕水, 洌水, 汕水 三水合爲洌水"
19 濕水의 濕은 溼과 같다고 하고《說文》이 覆也,《爾雅》釋地는 下者曰溼이라 했다. '汕'은 산에서 아주 작은 물고기를 잡는다는 뜻으로 '산수'는 신선의 물을 비유하는 말이다.
20 제레미 나비,《우주뱀 = DNA : 샤머니즘과 분자생물학의 만남》, 김지현 옮김, 들녘, 2002, 187쪽
21 《書經》舜典 九
22 貝塚茂樹,《中國神話の起源》, 角川書店, 昭和 49, 40쪽
23 Pierre Amiet,《Les Civilisations Antiques du Proche-Orient》일본어판 :《古代オリエント文明》, 鑪飼溫子 譯, 白水社, 1979, 141쪽
24 Samuel Noah Kramer,《The Sumerians : Their History, Culture, and Character》, The University of Chicago Press, 1963, 113, 133쪽

제2장 한국 고대사는 샤머니즘 문명의 역사 다

1 박창범, 《하늘에 새긴 우리 역사》, 김영사, 2000, 125쪽
2 박제상, 《부도지符都誌》, 김은수 옮김, 가나출판사, 1986, 제7장 8절
3 Otto J. Maenchen-Helfen, 《The World of the Hums》, University of California Press, 1973, 405쪽
4 이능화, 《조선도교사》, 이종은 역주, 보성문화사, 1977, 65쪽
5 《三國史記》智證麻立干
6 《한국문화상징사전》, 동아출판사, 1995, 372쪽
7 《檀奇古史》後檀朝 第二世 檀帝(雛魯)條 四年
8 Jane Ellen Harrison, 《Mythology》 일본어판 : 《古代藝術と祭式》筑摩叢書 31, 佐佐木理 譯, 白揚社, 昭和 18, 187쪽
9 이능화, 앞의 책, 290쪽
10 《三國遺事》辰韓
11 新羅鄕歌 〈處容歌〉
12 覺訓 撰, 《海東高僧傳》
13 竹島卓一, 《中國の建築》, 中央公論美術出版社, 昭和 45, 90쪽
14 諸橋轍次, 《大漢和辭典》, 大修館書店, 1984. "金城千里子孫帝王萬世之業也"
15 《史記》. "張良曰 關中所謂金城千里 天符之國也"
16 中村元 編, 《續佛敎語源散策》, 東京書籍株式會社, 1977, 13쪽
17 《三國遺事》阿道基羅
18 《三國遺事》炤知麻立干
19 이능화, 앞의 책, 66~67쪽
20 국립경주박물관 뜰에 있다.
21 《三國遺事》五伽倻
22 《한영불학대사전》, 경서원, 성문출판사유한공사, 1976, 316쪽
23 《三國史記》地理志
24 《天符經》은 모두 91자로 엮어진, 연대상으로 인류 최초의 경전이라고 할 수 있다. 《古記》와 《古史》에 기록되어 있다.
25 Fritz Saxl, 《Lectures》(1957) 일본어판 : 《シンボルの遺産》, 松枝到・栗野康和 譯, せりか書店, 1980, ミドラス I 古代インドからロマへ 7, ミドラス II 洞窟祭祀のシンボリズム
26 《故事成語考 朋友賓主》. "爾我同心日金蘭"
27 "此乃羅代興輪舊物寺廢抛在荊棘中者幾千餘載"
28 《晉書》王獻之傳. "獻之徐曰 偸兒, 靑氈, 我家舊物, 可置之"
29 "崇禎戊寅冬運入植蓮以爲賞玩之具顯梅有數 ○夫廣陵後人晚悔識"
30 浜田靑陵, 《百濟觀音》, 平凡社, 昭和 44, 139쪽
31 《三國遺事》新羅本紀 第三 實聖尼師今
32 《三國遺事》雜志 第六 地理 漢山州

33 《滿洲源流考》. 재인용 : 송호수, 《한민족의 뿌리사상》, 민족문화연구소, 1984, 32쪽
34 A. Okladnikov, 〈시베리아 아무르 강 유역의 연구답사 보고서〉 일본어판 : 《シベリアの古代文化》, 加藤九祚(外) 譯, 講談社, 1974, 제5장
35 中村元 編, 《佛教語源散策》, 東京書籍株式會社, 1977, 卍字項
36 覺訓 撰, 앞의 책

제3장 태왕릉은 신라의 금성이다

1 북애, 《규원사화》 단군기, 신학균 옮김, 대동문화사, 1969, 78쪽
2 《春秋穀梁傳》僖公 十五年
3 《漢書》賈誼傳
4 《三國遺事》寶藏奉老 普德移庵
5 김원룡, 《한국미술사》, 범문사, 1968, 53~54쪽
6 《說文》. "尸陣也象臥之形"；《禮記》曲禮 下. "在狀曰尸在棺曰柩"
7 Mircea Eliade, 《Shamanism : Initiatory Sicknesses and Dream, Cotemplating One's own Skelton》, Princeton University Press, 1951, 58~61쪽
8 Franz Cumont, 《The Mysteries of Mithra》, Dover Publications, Inc., 1956, 204~205쪽
9 《三國遺事》紀異 第一 靺鞨과 渤海
10 Roger Joussaume, 《Dolmens for the Dead》, Cornell University Press, 1988, 202쪽
11 《桓檀古記》太白逸史
12 《說文》
13 《後漢書》東夷傳, 濊 高句麗
14 《魏書》勿吉傳
15 《唐書》黑水靺鞨傳；《三國志》韓；《隋書》靺鞨
16 Mircea Eliade, 《Mythes, Reves et Mysteres》 일본어판 : 《神話と夢想と秘儀》, 岡三郞 譯, 國文社, 1982, 261~262쪽
17 《三國史記》卷四十 雜志 第九
18 집안현 장천리 2호 무덤과 산성 밑 332호 무덤, 라오닝성 마창구 1호 무덤, 남포시와 우도 구역의 강신 무덤.
《김일성 종합대학 학보》 2003년 3월호에 실린 역사학자의 논문 (연합뉴스 2004년 1월 14일자)
19 應邵, 《漢書集解》
20 《史記》封禪書
21 《海東高僧傳》卷一. "得休屠王祭天金人則像設似先人"
22 이능화, 《조선도교사》, 이종은 옮김, 보성문화사, 1977, 290쪽
23 左丘明, 《國語》周語 中
24 《三國遺事》序文
25 中村亮平, 《滿洲の美》, 寶雲舍, 昭和 16, 36~37쪽
26 《三國史記》列傳 弓裔

27 《淮南子》道應訓
28 《晉書》四夷傳 肅愼氏

제4장 샤먼 제국의 심장부, 조선의 발상지로 가다

1 《山海經》海內經
2 신채호, 《조선상고사연구초 朝鮮上古史硏究草》, 단재문화사, 단기 4288, 30쪽
3 吉村貞司, 《原初の太陽神と固有曆》, 六興出版, 1984, 104쪽
4 게오르그 포이어스타인 외 지음, 《최초의 문명은 고대 인도에서 시작되었다》, 정광석 옮김, 사군자, 2000, 192쪽
5 강길운, 《고대사의 비교언어학적 연구》, 새문사, 1990, 14~25쪽
6 《後漢書》東夷傳 韓
7 《桓檀古記》馬韓世家
8 《桓檀古記》弁韓 世家 上
9 《三國志》東夷傳 弁辰
10 Georges Dumézil, 《Gods of the Ancient Northmen》 일본어판 : 《ゲルマン人の神たち》, 吉田敦彦 解, 松村一男 譯, 國文社, 1987, 제1장 アース神族とVan神族
11 《後漢書》東夷傳 ; 《三國志》東夷傳
12 언어학자 강길운은 '고구려'라는 말의 어원을 몽골족의 한 갈래인 부리아트의 방언으로 보았다. 부리아트 방언에 gori(xori)가 몽고어의 'goryo'와 마찬가지로 '궤짝'을 뜻하며 고구려의 어원도 '고리짝(kory)'이라고 했다.
강길운, 《고대사의 비교언어학적 연구》, 새문사, 1990, 72쪽
13 《後漢書》東夷傳, 高句麗
14 干寶, 《搜神記》, 竹田晃 譯, 平凡社, 1964, 259쪽
15 王明, 《抱朴子內篇校釋》, 中華書局, 1980, 117~118쪽
16 《朴寅亮殊異傳》; 《花郞世紀》
17 《성서백과대사전》 11, 성서교재간행사, 1981, 328~336쪽
18 앤드루 콜린스, 《금지된 신의 문명》 1, 사람과 사람, 2000, 제6장
19 《古書虛字集釋》 七. "爾猶耳也, 君主也"
20 청대 淸代의 馮雲鵬 형제가 저술한 《金石索》(1822). 재인용 : 이기백 편, 《단군신화론집》, 새문사, 1988, 25쪽. 〈무씨사석실 화상에 보이는 단군신화〉(김재원)
21 馮雲鵬, 《金石索》, 재인용 : 이기백 편, 앞의 책, 26쪽
22 《後漢書》東夷傳, 韓

제5장 조선 역사의 첫번째 연고지는 소아시아다

1 《滿洲源流考》. 재인용 : 송호수, 《한민족의 뿌리사상》, 민족문화연구소, 1984, 32쪽
2 小川琢治, 《支那歷史地理硏究》, 弘文堂書房, 昭和 3, 28쪽

3 《晉書》裵秀傳
4 小川琢治, 앞의 책, 34쪽
5 《三國志》二十三;《晉書》三十五
6 《爾雅》釋地
7 《禮記》王制. "凡九州千七百七十二國 天子之元士 諸侯之附庸不與";《春秋保乾圖》.
   "天皇地皇人皇九人兄弟分爲天下"
8 《史記》五帝本紀
9 小川琢治, 앞의 책, 213쪽
10 渡辺素舟,《中國古代文樣史》上, 雄山閣, 昭和 51, 11, 14쪽
11 Johan Gunnar Andersson,《Children of The Yellow Earth : Studies in Prehistoric China》(1934)
   일본어판 :《黃土地帶》, 松埼壽和 譯, 昭和 17, 455쪽; 飯島忠夫,《天文曆法と陰陽五行》,
   恒星社, 昭和 14, 184쪽
12 《漢書》雀去病傳
13 《海東高僧傳》卷一. "按霍去病云, 得休屠王祭天金人, 則像設似先人沙漠矣, 前漢哀帝時"
14 《三國遺事》遼東城 育王塔
15 《北史》高句麗傳
16 〈광개토왕비 무술조결자 戊戌條缺字 발견〉, 계간《한배달》1989년 봄호(세계일보 1989년 2월 12일자)
17 史通通釋,《高句麗以鱉橋獲濟吐谷渾》. 재인용 : 송동건,〈광개토대왕비 신자 新字
   심층분석〉(세계일보 1989년 3월 2일자 문화면)
18 《桓檀古記》三聖記
19 이중재,《상고사의 새 발견》, 명문당, 1997, 103쪽
20 《漢書》郡國志 東夷傳;《魏氏春秋》
21 《史記》匈奴列傳
22 정수일,《씰크로드학》, 창작과비평사, 2002, 602쪽
23 Albert Herrmann,《Lou-Lan : China, Indien und Rom im Lichte der Ausgrabungen am Lobnor》
   일본어판 :《樓蘭》, 松田壽男 譯, 平凡社, 1987, 129쪽
24 Albert Herrmann, 앞의 책, 86쪽
25 정수일, 앞의 책, 같은 곳
26 Albert Herrmann, 앞의 책, 122, 160쪽
27 Albert Herrmann, 앞의 책, 153~154쪽
28 Joseph Needahm, Wang Ling,《Science and Civilization in China》(1954) 일본어판 :
   吉川充父 外 編譯,《中國の科學と文明》1, 思索社, 1983. 162쪽
29 정수일, 앞의 책, 602쪽
30 《北魏書》西域傳
31 《魏書》官氏志;《北魏書》西域傳;《晉書》符堅載記. 재인용 : 송동건,〈광개토왕비 신자 심층분석〉
   제하의 논문(세계일보 1989년 3월 2일자)
32 Albert Herrmann, 앞의 책, 180~81쪽
33 末松保和,《朝鮮史著作集》3, 吉川弘文館, 1996, 60~63쪽

34 《爾雅》釋水. "大夫方舟"; 《禮記》樂記. "是先王立樂之方也"
35 原隨園, 《ギリシア史研究》2, 創元社, 昭和 18, 76~77쪽
36 신채호, 《조선상고사》, 종로서원, 1947, 35쪽
37 《後漢書》; 《三國志》東夷傳, 高句麗
38 김효신, 《상고연구자료집》, 새남, 1992, 681쪽
39 《三國史記》卷十四 高句麗本紀 大武神王
40 손진기 孫進己, 《동북민족원류》, 임동석 옮김, 동문선, 1992, 247쪽
41 夏鼐, 《中國文明の起源》, 小南一郎 譯, 日本放送出版協會, 昭和 59, 124쪽
42 《檀奇古史》第三世 檀帝 九月山唐藏京
43 渡邊善太, 《出エジプト以前》, 日本基督敎團出判局, 1972, 359쪽
44 《三國志》; 《後漢書》; 《魏志》東夷傳

제6장 북부여와 동부여의 위치

1 A.T. Olmstead, 《History of the Persian Empire》, The University of Chicago Press, 1970, 29쪽
2 이병도 옮김, 《삼국유사》북부여조의 주, 대양서적, 1972
3 〈처용가〉에 등장하는 '良'은 첫 소리는 버려지고 끝소리가 채택되어 이를 이응(ㅇ)으로 활용하여 '무엇이 어라(良羅)' 혹은 '-어사(良沙)'와 같은 어조사가 된다.
4 Felix Guilland, 《Mythologie de la Grèce Classique》일본어판: 《ギリシア, ローマ神話》1, 山口三夫 譯, みすず書房, 昭和 37, 37쪽
5 Jack Finegan, 《Light from the Ancient Past》(1959) 일본어판 : 《古代文化の光》, 三笠宮崇仁(外) 譯, 岩波書店, 昭和 37, 52쪽
6 헤로도토스, 《역사》상, 박광순 옮김, 범우사, 2003, 387쪽
7 《後漢書》東夷傳, 北沃沮
8 《唐書》北狄傳, 黑水靺鞨
9 《晉書》四夷傳, 肅愼氏
10 《桓檀古記》三神五帝本紀
11 《論衡》; 《梁書》; 《魏略》; 《北史》
12 《隋書》東夷傳靺鞨(勿吉)傳
13 A. Okladnikov, 일본어판 : 《シベリアの古代文化》, 講談社, 1974, 191쪽
14 井上芳郞, 《シュメル.バビロン社會史》, ダイアモンド社, 昭和 18, 제3편 10절 神殿と mal-gi-aと神婦
15 Hans Findeisen, 《Schamanendum》(1957) 일본어판 : 《靈媒とシャマン》, 和田完 譯, 冬樹社, 昭和 52, 135~136쪽
16 Otto J. Maenchen-Helfen, 《The World of the Hums》, University of California Press, 1973, 365, 381쪽
17 石川三四郞, 《東洋古代文化史談》不盡書院版, 昭和 12, 51~52쪽. 註 : Flesée Reclus, 《L'Homme et la Terre》Tomme 1, 418쪽

18 Jack Finegan, 앞의 책, 244쪽
19 《성서》, 욥기 1장 20절
20 足利惇氏, 《ペルシアの宗敎思想》, 弘文堂, 昭和 16, 42쪽
21 앤드루 콜린스, 《금지된 신의 문명》 1, 사람과 사람, 2000, 65쪽
22 앤드루 콜린스, 앞의 책, 2권 18장
23 《桓檀古記》弁韓世家
24 大隅和雄, 《日本思想大系》上, 岩波書店, 1977, 14쪽
25 《春秋左氏傳》僖公 29年條. "春介葛盧來"의 杜注. "介東夷國也在 城陽黔陬縣 葛盧介君名也"
26 原隨園, 《ギリシア史硏究》2, 創元社, 昭和 18, 201쪽
27 Donald Kagan, 《Botsford and Robinson's Hellenic History》, The Macmillan Co., 1969, 430쪽
28 《漢書》西域傳
29 《管子》七十八
30 신채호, 《조선상고사》, 종로서원, 1947, 65쪽
31 《桓檀古記》上, 番韓世家
32 《禮記》學記 皮弁祭菜
33 《春秋左氏傳》僖公三十三年條.
34 杉山二郎, 《オリエント考古美術誌》, 日本放送出版會 刊, 昭和 56, 142쪽. 〈中東文化と日本〉
35 《史記》貨殖列傳
36 Jack Finegan, 앞의 책, 258~259쪽; 《桓檀古記》北夫餘 上 解慕漱.
   이 기록에는 須臾라고 기록했으나 須叟의 오기로 본다.
37 A. T. Almstead, 《History of the Persian Empire》, The University of Chicago Press, 1970, 29쪽
38 《廣雅 四釋詁》廣韻. "發 明也"; 《逸周書》王會解 注. "發 亦東夷"
39 《禮記》王制篇. "五方之民言語不通 西方曰狄鞮"
40 《山海經》卷十七 大荒北經; 리지린, 《고조선 연구》, 열사람, 1964, 166~168, 221쪽
41 王充《論衡》
42 《三國志》東夷傳 夫餘
43 《晉書》四夷傳 夫餘國
44 박제상, 《부도지》, 김은수 옮김, 가나출판사, 1986
45 박제상, 앞의 책, 제12장
46 박제상, 앞의 책, 제14장
47 앤드루 콜린스, 앞의 책, 136쪽
48 《三國遺事》赫居世王
49 《三國遺事》歸竺諸師
50 앤드루 콜린스, 앞의 책, 186~187쪽
51 吉田敦彦, 《ギリシア神話と日本神話》, みすず書房, 1981
52 Felix Guiland, 《Mythologie de Grece classique Mythologie Romaine》 일본어판:
   《ギリシア. ローマ神話》, 山口三夫 譯, みすず書房, 1963, 195쪽
53 Edited and Translated by Mary Boyce, 《Textual Sources for the Study of Zoroastrianism》,

The University of Chicago Press, 1984, 17쪽
54 渡邊善太,《出エジプト以前》, 日本基督教團出判局, 1972, 358~359쪽
55 《桓檀古記》高句麗國本紀

제7장 지워진 고조선 역사

1   앤드루 콜린스,《금지된 신의 문명》1, 오정학 옮김, 사람과 사람, 2000, 212~218쪽
2   앤드루 콜린스, 앞의 책, 131~133쪽
3   Mircea Eliade,《Das Heilige und das Profane》일본어판 :《聖と俗》, 風間敏夫 譯, 法政大學出版部, 1973, 33쪽
4   Elisée Reclus,《New Geography Universe》제6권. 재인용 : 石川三四郎,《東洋古代文化史談》, 不盡書院版, 昭和 12, 209쪽
5   L. E. S. Edwards/C. K. Gadd edited,《The Cambridge Ancient History》, Cambridge University Press, 1973, Index to Maps 6
6   Elisée Reclus, 앞의 책, 82쪽
7   井上芳,《シュメル.バビロン社會史》, ダイアモンド社, 昭和 18, 115쪽
8   《三國史記》列傳 金庾信
9   《劉恕外紀》
10 아놀드 C. 브랙만,《니네베 발굴기》, 안경숙 옮김, 대원사, 1990, 12쪽
11 《揆園史話》檀君記. "本太昊之墟 婦人崇好祭祀 用史巫故 其俗崇巫鬼"
12 《淮南子》;《山海經》
13 《三國遺事》魚山佛影
14 《桓檀古記》三韓管境
15 《書經》禹貢. "黑水 西河 惟雍-導黑水至于三危入于南海"
16 Roger Joussaume,《Dolmens for the Dead》, Cornell University Press, 1985, 258~266쪽
17 앤드루 콜린스, 앞의 책, 254~258쪽
18 앤드루 콜린스, 앞의 책, 234쪽
19 吉村貞司,《原初の太陽神と固有曆》, 六興出版, 1984, 108쪽
20 앤드루 콜린스, 앞의 책, 16쪽
21 《桓檀古記》三聖記全
22 許愼,《說文解字》
23 크리스티앙 자크,《이집트 상형문자 이야기》, 김진경 옮김, 예문, 1997, 73쪽
24 《桓檀古記》三韓管境
25 《爾雅》釋地
26 《山海經》大荒北經
27 《山海經》海內經. "東海之內 北海之隅 有國. 名曰朝鮮. 朝鮮 今 樂浪也"
28 C. Leonard Woolley,《The Sumerian》, W.W. Norton and Company, 1965, 75쪽
29 《列子》湯問. "史記曰方丈贍州蓬萊此三神山在渤海中"

30 《桓檀古記》三聖紀全 上篇
31 《桓檀古記》앞의 책
32 朴堤上, 《符都誌》, 37쪽
33 《桓檀古記》三聖紀全
34 《桓檀古記》太白逸史 馬韓世家 上
35 Mary Settegast, 《Plato Prehistorian》Iranian Archaeology V, Lindisfane Press, 1990, 227~229쪽.
36 그레이스 E. 케언즈, 《동양과 서양의 만남》, 이성기 옮김, 마음의 샘터사, 1976, 43쪽
37 吉村貞司, 《原初의 太陽神과 固有曆》, 六興出版, 1984, 108쪽
38 屋形禎亮 編, 《古代オリエント》, 有斐閣新書, 1980, 제4장 シリアの古代都市イブラ
39 《說文》. "陶再成丘也, 陶丘也"; 《孟子》告子. "陶, 萬國之國"
40 《詩經》陣風, "防有鵲巢"; 《字典》. "中唐有甕空虛絶道"
41 Pierre Amiet, 《Les Civilisations Antiques Du Proche-Orient》 일본어판 : 《古代オリエント文明》, 籠飼溫子 譯, 東京 白水社. 1979, 100쪽
42 앤드루 콜린스, 앞의 책, 2권, 131~135쪽
43 《桓檀古記》太白逸史, 三神五帝本紀

제8장 기원전 3000년대의 고조선

1 조철수, 《한국신화의 비밀》, 김영사, 2003, 212쪽
2 《揆園史話》檀君記
3 《玉篇》黃帝服牛乘馬
4 《檀奇古史》檀典
5 貝塚茂樹, 《中國神話の起源》, 140쪽
6 渡辺善太, 《出エジプト以前》, 日本基督教軍団出版局, 1972, 813쪽
7 Jack Finegan, 《Light from the Ancient Past》(1959) 일본어판 : 《古代文化の光》, 三笠宮崇仁(外) 譯, 岩波書店, 昭和 37, 47쪽
8 Sammuel Noah Kramer, 《The Sumerians》, University of Chicago Press, 1963, 제3장
9 哀珂, 《古代中國神話》, みすず書房, 1971, 131쪽
10 天子都陶故曰陶唐
11 《爾雅》釋言. "虞度也."; 《書經》大禹謨. "度也"; 《廣雅》釋詁一. "虞望也日望四邑之至也."
12 《史記》五帝本紀
13 박제상, 《부도지》, 김은수 옮김, 가나출판사, 1986, 제17장
14 《帝王韻紀》. 재인용 : 이기백 편, 《단군신화론집》, 41쪽
15 박제상, 앞의 책, 제17장
16 《宋書》大載禮에는 '朱草'라고 적었다.
17 박제상, 앞의 책, 제12장
18 《史記》五帝本紀 第一
19 前山信次 編, 《西アジア史》, 山川出版社, 昭和 30, 16쪽

20 長澤和俊, 《海のシルクロド史》, 中外新書, 1989, 6쪽
21 Jack Finegan, 앞의 책, 179쪽
22 문정창, 《한국, 이스라엘, 수메르 역사》, 한뿌리, 1979, 269쪽
23 《성서백과대사전》 12. 성서교재간행사, 1982, 209~210쪽
24 《桓檀古記》 三聖紀, 檀君世記, 神市本紀, 番韓世家
25 《성서백과대사전》 9, 성서교재간행사, 1981, 645쪽
26 《성서백과대사전》 12, 성서교재간행사, 1982, 241쪽
27 《성서백과대사전》 8. 성서교재간행사, 1981, 565쪽
28 《史記》 夏本紀 第二
29 Jack Finegan, 앞의 책, 20쪽
30 Jack Finegan, 앞의 책, 56~57쪽
31 《성서백과대사전》 3, 성서교재간행사, 1980, 599~600쪽
32 문정창, 《한국 이스라엘의 역사》, 한뿌리, 1979, 239~240쪽
33 屋形禎亮 編, 《古代オリエント》, 有斐閣新書, 1980, 제4장 シリアの古代都市イブラ
34 《桓檀古記》 番韓世家 上
35 《史記》 三皇本紀
36 《孟子》; 《史記》 評林
37 《檀紀古史》 前檀朝 第二世
38 《史記》 大載禮, 舜發肅愼
39 趙鐵寒, 《古史考述》, 正中書局, 中華民國 64, 81쪽. "命星貫昴, 修'紀'夢接生禹"
40 《史記》 封禪書, 正義引世本
41 徐亮之, 《中國史前史話》 異於夷俗邪音也, 華正書局, 1968, 298쪽
42 樋口隆康, 《古代中國お 發掘する》, 新潮社, 1975, 149쪽

제9장 기원전 13세기 전후의 고조선

1 《성서백과대사전》 10, 성서교재간행사, 1981, 288쪽
2 Jack Finegan, 《Light from the Ancient Past》(1959) 일본어판 : 《古代文化の光》, 三笠宮崇仁(外) 譯, 岩波書店, 昭和 37, 101~102쪽
3 C. J. Ball, 《Chinese and Sumerian》, Oxford University Press. 1913
4 L. E. S. Edwards/C. K. Gadd edited, 《The Cambridge Ancient History》 11, Cambridge University Press, 1973, 437~444쪽
5 게오르그 포이어스타인 외, 《최초의 문명은 고대 인도에서 시작되었다》, 정광식 옮김, 사군자, 2000
6 《後漢書》 東夷傳, 序文
7 《詩經》 大雅
8 石川三四郎, 《東洋古代文化史談》, 不盡書院版, 昭和 12, 55쪽
9 《桓檀古記》 太白逸史, 三韓管境本紀. "北接後檀朝東南 西連大海"
10 《桓檀古記》 檀君世記

11 고죽국은 카파도키아를 가리키는 것 같다.
12 《桓檀古記》22世. 색불루에 邠(빈)이라고 기록되어 있다. 당唐이나 우虞와 같이 제3기능의 개념이다.
13 吳振臣 撰,《寧古塔紀略》. 재인용 : 《한겨레 뿌리길》, 개천대학 출판부, 단기 4333, 226쪽
14 《書經》大禹謨 ; 《漢書》曺參傳
15 《史記》周本紀
16 《詩經》大雅. "古公亶父 陶復陶穴"
17 《淮南子》道德訓. "大王亶父居邠翟人之"
18 L. E. S. Edwards/C. K. Gadd edited,《The Cambridge Ancient History》, 앞의 책. 444쪽
19 《論語》爲政 ; 《逸周書》王公解
20 趙鐵寒,《古史考述》, 正中書局, 中華民國 64, 127쪽
    "九鼎旣成 遷於三國 夏后開失之 殷人受之 殷人失之 周人受之"
21 石川三四郎, 앞의 책, 55쪽
22 진순신陳舜臣,《중국고적발굴기》, 이용찬 옮김, 대원사, 1988, 96쪽
23 Jack Finegan, 앞의 책, 214쪽
24 徐亮之,《中國史前史話》, 華正書國, 1968, 129쪽
25 Jack Finegan, 앞의 책, 214쪽
26 《禮記》月令. "周天下", 註. "唐也"
27 渡辺善太,《出エジプト以前》, 日本基督敎團出版局, 1972, 813쪽
28 Jack Finegan, 앞의 책, 52쪽
29 貝塚茂樹,《孔子》岩波新書 65, 1951, 제2장, 19쪽
30 貝塚茂樹, 앞의 책, 같은 곳
31 Jack Finegan, 앞의 책, 216쪽
32 Jack Finegan. 앞의 책, 229쪽
33 C. J. Ball, 앞의 책, Sumerian Text

제10장 진陳, 진晉은 후기 고조선의 이름이다

1   干宝,《搜神記》, 東洋文庫 10, 平凡社, 1971, 259쪽
2   《史記》楚世家
3   《戰國》楚策
4   《성서백과대사전》10, 성서교재간행사, 1981, 288쪽
5   《史記》呂不偉傳
6   樋口隆康,《古代中國을 發掘하다》, 新潮社, 1975, 149쪽
7   《史記》楚世家
8   《戰國策》西周策 ; 趙鐵寒,《古史考述》, 正中書局, 中華民國 64, 132쪽
9   진순신陳舜臣,《중국고적발굴기》, 이용찬 옮김, 대원사, 1988, 180쪽
10 《桓檀古記》神市本記

11 《說文》. "列也, 倡也, 魚而觀之, 設張也 示也"; 《國語》齊語. "陳妾數百"; 《周禮》, 天官, 內宰. "陳其貨賄"
12 《太史公自序》. 재인용: 《中國古代の社會と文化》, 中國古代史研究會編, 東京大學出版會, 1957. 後藤均平의 글 〈陳について〉
13 《史記》晉世家 第九
14 《桓檀古記》神市本紀
15 《史記》周紀
16 《唐書》北狄傳, 黑水靺鞨
17 Jack Finegan, 《Light from the Ancient Past》(1959) 일본어판:《古代文化の光》, 三笠宮崇仁(外) 譯, 岩波書店, 昭和 37, 232~233쪽
18 William H, Stiebing Jr, 《Ancient Astronauts Cosmic Collisions : and Other Popular Theories about Man's Past》, Prometheus Books, 1984, 68쪽
19 《論語》; 述而, 《周禮 天官》序官.
20 Wendy Doniger O'laherty, 《Hindu Myths : a Sourcebook Translated from the Sanskrit》, Penguin Books, 1975, 125~126쪽
21 《春秋左氏傳》僖公 29年條. "春介葛廬來"의 杜注. "介東夷國也在 城陽黔陬縣 葛廬介君名也"
22 《後漢書》東夷傳
23 鄭玄, 《周書》王會解. 재인용 : 김효신, 《상고사연구자료집》, 새남출판사, 1992, 199쪽

제11장 지중해에서 만나는 춘추전국 시대의 일곱 나라

1 大戶千之, 《ヘレニズムとオリエント》, ミネルバ書房. 1993, 250~252쪽
2 Fritz Saxl, 《Lectures》(1957) 일본어판: 栗野康和 譯, 《シンボルの遺産》, 松枝到, せりか書店, 1980, 113쪽, ミドラスⅠ 古代インドからロマへ7, ミドラスⅡ 洞窟祭祀のシンボリズム
3 《史記》晉世家
4 中國古代史研究會 編, 《中國古代の社會と文化》, 東京大學出版會, 1957, 相原俊二의 〈三晉文化の一考察〉
5 大戶千之, 앞의 책, 253쪽
6 F. W. 월뱅크, 《헬레니즘 세계》, 김경현 옮김, 아카넷, 2002, 15쪽
7 《韓非子》和氏傳
8 大戶千之, 앞의 책. 三言語併用碑文
9 大戶千之, 앞의 책, 230~232쪽
10 《史記》韓世家 第十五
11 《史記》秦本紀
12 《魏略》
13 《風俗通》. "山澤, 阜"; 《春秋左氏傳》. "魯公伯禽宅 曲阜之地" 阜자는 자전에 言平地隆踊不屬於山陵也라고 한다.
14 《論語》子欲去九夷

15 《論語》公冶長 第五
16 김재선金在善·팽구송彭久松 편, 《동이전》, 서문문화사, 1999, 31쪽
17 Mostafa El-Abbadi, 《Life and Fate of the Ancient Library of Alexandria》 일본어판 : 松本愼二 譯, 《古代アレクサンドリア図書館 : よみがえる知の宝庫》, 中公新書, 1991, 55~66쪽
18 《論語》微子 第十八. "楚狂接輿歌而過孔子曰"
19 貝塚茂樹, 《中國神話の起源》, 角川書店, 昭和 49, 181쪽
20 《春秋左氏傳》
21 《後漢書》郡國志二. (注). "帝王世紀曰, 少昊自窮桑登帝位, 窮桑在魯北, 後徙曲阜"
22 杉山二郎, 《オリエント考古美術誌》, 日本放送出版協會, 昭和 56, 41쪽
23 《史記》鄭世家. "鄭語 詩鄭風"
24 《詩經》國風
25 《禮記》樂記. "鄭衛之音 亂世之音也 亡國之音也 異國之樂也"
26 《詩經》鄭風. "墓門有棘斧以斯之"

제12장 고조선의 마지막과 단군 고열가

1 《春秋左氏傳》
2 《史記》衛康叔世家
3 《史記》六十五
4 《史記》越王句踐世家 第十一
5 《史記》晉世家
6 《桓檀古記》檀君世紀
7 《論語》八佾 第三. "天下之無道也久矣天將以夫子爲木鐸"
8 J. E. Harrison, 《Prolegomena : To Study of Greek Religion》, Princeton University Press, 1991, 33~35쪽. 풍습은 미트라교와 함께 로마에 침투하여 로마 시대의 신전 벽화에도 나타난다.
9 《史記》封禪書 第六
10 《孟子》告子篇
11 貝塚茂樹, 《孔子》岩波新書 65, 岩波新書, 昭和 42, 120쪽, 제4장 孔子의 立場
12 《禮記》樂記. "是先王立樂之方也" 注. "方道也"
13 《論語》述而 第七. "子曰文莫吾猶人也 躬行……"
14 《桓檀古記》北夫餘 上. "人爲本邦之道"
15 《論語》先進 第十一. "子曰從我於陳蔡者皆不及門也"
16 《周禮》天官 小宰(疏). "以官府之六聯合邦治者"
17 야마모토 미쓰오, 《최초의 철학자들》, 최영환 옮김, 대원사, 1989, 11~12쪽
18 《書經》禹貢. "二百里蔡";《釋文》. "龜出蔡地因爲名"
19 《爾雅》翼 蝌蚪

제13장 후기 쌈지조선의 역사와 고구려

1. 《三國史記》新羅本紀 赫居世王 38年
2. 《書經》舜典 九
3. 《新唐書》禮樂志 大儺
4. 《揆園史話》檀君世紀
5. 干宝, 《搜神記》卷十四 夫餘王東明, 平凡社, 1964
6. 《三國志》;《魏書》東夷傳 夫餘. "藁離國王疑以爲天子也"
7. 《三國遺事》王歷 第一
8. 《桓檀古記》高句麗國記
9. F. W. 월뱅크, 《헬레니즘 세계》, 김경현 옮김, 아카넷, 2002, 93쪽
10. S. N. Kramer, 《Mythologies of the Ancient World》, Doubleday and Co. Inc., 1961, 348쪽
11. Berthold Laufer, 《Sino-Iranica》, Taipei : Ch'eng Wen Publishing Co., 1978, 208~209쪽
12. 《北史》高句麗傳
13. 《三國史記》雜志 六
14. Donald Kagan, 《Botsford and Robinson's Hellenic History》, The Macmillan Co., 1969, 80쪽
15. 《史記》趙世家
16. 《莊子》逍遙遊. "風而行冷然善也" ;《呂覽》貴公. "夷吾善"
17. 《孟子》. 離婁下
18. 《南史》;《魏書》夷貊傳, 百濟.
    "百濟者─其國本與句麗俱在遼東之東千餘里 晉世句麗旣略有遼東……"
19. 《三國志》夫餘傳, 古句驪. "非西漢之末 新立於朝鮮北境之高句麗也". 재인용 : 이중재, 《상고사의 새 발견》, 명문당, 1997, 184쪽. 다만, 삼국지의 부여전이 위, 촉, 오 중 어느 것에 속한 것인지는 이중재의 책에 정확히 나와있지 않다.
20. 《北史》高句麗傳
21. 《漢書地理誌》
22. 楊家駱 主編, 《元西域人華化考》, 世界書局印行, 中華民國 59, 85쪽
23. 《三國史記》高句麗本紀 大武神王
24. 《三國史記》高句麗本紀 大武神王
25. 《三國志》;《魏書》西夷傳
26. 《三國史記》高句麗本紀 大武神王
27. 《北史》百濟傳
28. 《南史》夷貊傳 百濟
29. 《漢書》西域傳
30. 《海東高僧傳》
31. George Rawlinson, 《Parthia》, Elibron Classics series, Adamant Media Co., 2005, 78쪽
32. George Rawlinson, 앞의 책, 제1~4장
33. 장노엘 로베르, 《로마에서 중국까지》, 조성애 옮김, 이산, 1998, 26쪽

34 George Rawlinson, 앞의 책, 132쪽
35 《三國遺事》駕洛國記
36 朴提上, 《符都誌》第三十二章

제14장 알렉산드로스 텍스트와 진시황

1 Michael Cheilik, 《서양고대사개론》, 고려대학교대학원 고대사연구실 옮김, 문맥사, 1987, 206쪽
2 F. W. 월뱅크, 《헬레니즘 세계》, 김경현 옮김, 아카넷, 2002, 31쪽
3 류제헌, 《중국의 역사지리》, 문학과지성사, 2004, 243쪽
4 《北條五代記》
5 박제상, 《부도지》, 김은수 옮김, 가나출판사, 1986, 제1장
6 《全國策》; 《史記》周本紀
7 J. G. Droysen의 주장. 재인용: 大戸千之, 《ヘレニズムとオリエント》, ミネルバ書房, 1993, 13~18쪽
8 《史記》呂不韋列傳
9 白川靜 外, 《中國書道史》書道全集 1, 平凡社, 1954, 1~6쪽
10 진순신陳舜臣, 《중국고적발굴기》, 이용찬 옮김, 대원사, 1988, 215쪽
11 張彦遠, 《歷代名畵記》
12 《桓檀古記》三聖記
13 《晉書》魏
14 張彦遠, 《歷代名畵記》
15 《爾雅》翼 蝌蚪文字.
16 F.W. 월뱅크, 앞의 책, 33쪽
17 Cyrus H. Gordon, 《Forgotten Scripts》 일본어판: 《古代文字の謎-オリエント諸語の解讀》, 津村俊夫 譯, 社會思想社, 1979, 71쪽
18 《後漢書》八十五 東夷列傳 第七十五
19 Albert Herrmann, 《Lou-Lan : China, Indien und Rom im Lichte der Ausgrabungen am Lobnor》 일본어판: 《樓蘭》, 松田壽男 譯, 平凡社, 1987, 180~181쪽
20 《禮記》樂記. "樂者敦也, 敦丘也, 祭器"
21 《爾雅》; 諸稿轍次, 《大漢和辭典》卷七 敦煌, 大修館書店, 1984
22 胡戟傳, 《敦煌史話》, 中華書局, 1995, 4쪽
23 Berthold Laufer, 《Sino-Iranica : Chinese Contribution to the History of Civilization in Ancient Iran》, Ch'eng Wen Publishing Company, Taipei, 1978.
24 위에난, 《진시황릉》, 유소영 옮김, 일빛, 1998, 87쪽
25 《성서백과대사전》. 4, 성서교재간행사, 1980, 506쪽
26 飯島忠夫, 《支那古代史と天文學》, 恒星社, 昭和 14, 50~51쪽
27 《南齊書》東南夷傳 駕洛國
28 L. A. Weddell, 《The Makers of Civilization in Race and History》, 50쪽. 재인용: 김효신,

《상고연구자료집》, 새남, 1992, 480쪽

29 《漢書》西域傳 罽賓國.
30 趙汝籍 撰, 《靑鶴集》, 1976. 재인용 : 이능화, 《조선도교사》, 보성문화사, 2000, 74쪽
31 尹兢烈, 《氷淵齋輯》
32 이능화, 《조선도교사》, 보성문화사, 74~75쪽

제15장 알렉산드로스 이후의 역사

1   F. W. 월뱅크, 《헬레니즘 세계》, 김경현 옮김, 아카넷, 2002, 52쪽
2   Donald Kagan, 《Botsford and Robinson's Hellenic History》, The Macmillan Co., 1969, 80쪽
3   Michael Cheilik, 《서양고대사개론》, 고려대학교대학원 고대사연구실 옮김, 문맥사, 1987, 127쪽
4   《桓檀古記》桓國本紀
5   F. W. 월뱅크, 앞의 책, 190쪽
6   《桓檀古記》太白逸史 高句麗國 本紀
7   Donald Kagan, 앞의 책, 377~381쪽
8   Donald Kagan, 앞의 책, 381쪽
9   Donald Kagan, 앞의 책, 63쪽
10 《南史》夷貊傳 百濟
11 《後漢書》東夷傳 濊. "至昭帝 始元五年罷臨屯 眞番己並樂浪玄菟復徒居句麗"
12 《三國遺事》七十二國
13 《史記》高祖本紀
14 《桓檀古記》神市本記
15 F. W. 월뱅크, 앞의 책, 19쪽
16 Erich S. Gruen, 《Heritage and Hellenism》, University of California Press, 1998, 267쪽
17 Donald Kagan, 앞의 책, 421~423쪽
18 F. W. 월뱅크, 앞의 책, 147~148쪽
19 Erich S. Gruen, 앞의 책, 140쪽
20 Donald Kagan, 앞의 책, 434~35쪽
21 原隨園, 《ギリシア史研究》卷二, 創元社, 昭和 18, 366~368쪽; 前嶋信次 編, 《西アジア史》, 山川出版社, 昭和 30, 49쪽
22 Fred B. Shore, 《Parthian Coins and History》, The University of Chicago Press, 1993, 73쪽
23 장준희, 《중앙아시아》, 청아출판사, 2004, 226쪽
24 《漢書》西域傳 上. "大月氏國治監氏城居長安万一千六白里"
25 장준희, 앞의 책, 217쪽
26 《梁書》諸夷傳 新羅
27 《三國遺事》紀異篇 辰韓
28 《春秋左氏傳》. 재인용 : 진순신 陳舜臣, 《중국고적발굴기》, 이용찬 옮김, 대원사, 1988, 190쪽
29 《史記》趙世家

30 강길운, 《고대사의 비교언어학적 연구》, 새문사, 1990, 19쪽
31 Erich S. Gruen, 앞의 책, 168~169쪽
32 Donald Kagan, 앞의 책, 430쪽
33 樋口隆康, 《古代中國お 發掘する》, 新潮社, 1975, 188쪽
34 《康熙字典》侯. "古者以射選賢, 射中者履封爵, 古因謂之諸侯"
35 《後漢書》;《三國志》東夷傳 夫餘
36 陳舜臣, 앞의 책, 199쪽
37 르네 그루세, 《유라시아 유목제국사》, 김호동·유원수·정재훈 옮김, 사계절, 1998, 82쪽
38 《史記》匈奴列傳 註. "單于者廣大之貌"
39 르네 그루세, 앞의 책, 63쪽
40 《尙書》. 재인용 : 이중재, 《상고사의 새 발견》, 명문당, 1997, 103쪽
41 《성서백과대사전》4, 성서교재간행사, 1980. 444쪽. 창세기 1장 2절의 "콧김을 쐬다"를 U. Cassuto의 창세기 주석서에서는 '하느님의 영이 나를 감도셨다'로 해석했다.
42 《康熙字典》. "風者天之号令 易小畜 風行天上 (疏) 風爲号令."
43 《三國志》魏書 文帝紀

제16장 온조계의 다물흥방과 파르티아

1 《後漢書》西羌傳
2 護雅夫, 《古代遊牧帝國》, 中公新書, 昭和 62, 26쪽
3 《史記》大宛傳
4 《桓檀古記》檀君世紀 馬韓世家 上
5 George Rawlinson, 《Parthia》, Elibron Classics series. London : Adamant Media Co., 2005, 제1~4장
6 《史記》朝鮮列傳
7 《史記》朝鮮列傳
8 《漢書 地理志》. "膚施縣之東, 上群縣 二十三". 재인용 :《史記》孝務本記 註
9 《戰國》秦策 "雍天下之國"
10 《後漢書》東夷傳 濊
11 Donald Kagan, 《Botsford and Robinson's Hellenic History》, The Macmillan Co., 1969, 434~435쪽
12 《前漢書》西域傳
13 Albert Herrmann, 《Lou-Lan : China, Indien und Rom im Lichte der Ausgrabungen am Lobnor》 일본어판 : 松田壽男 譯, 《樓蘭》, 平凡社, 1987, 339쪽
14 Albert Herrmann, 앞의 책. 松田壽男이 부록으로 단 글 〈헤르만을 보완하며〉, 188~191쪽
15 한국방송공사, 〈역사추적-신라 김씨 왕족은 흉노의 후손인가〉, 2008년 11월 22일 방송
16 《漢書》郊祀志 上
17 《漢書》嚴助朱買臣傳

18 《史記》朝鮮傳
19 《揆園史話》太始記
20 《揆園史話》
21 《晉書》魏略
22 《漢書》張騫傳
23 《漢書》郊祀志 上
24 Albert Herrmann, 앞의 책, 제6장 樓蘭の歷史
25 《後漢書》東夷傳 高句麗
26 《三國史記》高句麗本紀 故國川王
27 《漢書》匈奴傳
28 《漢書》王莽傳. "天無二日 土無二王"
29 《三國史記》高句麗本記 琉璃王;《三國志》東夷傳 高句麗
30 《성서백과대사전》11, 성서교재간행사, 1981, 328~336쪽
31 小川琢治,《支那歷史地理硏究》, 弘文堂書房, 昭和 3, 244쪽

제17장 백제 제국의 종말

1 《史記》大苑列傳
2 장노엘 로베르,《로마에서 중국까지》, 조성애 옮김, 이산, 1998, 45쪽
3 《南史》夷貊傳 百濟
4 《三國史記》雜志 第六 百濟
5 《後漢書》東夷傳 韓
6 《三國史記》列傳, 崔致遠
7 《三國遺事》紀異篇 弁韓 百濟
8 Neilson C. Debevoise,《A Political History of Parthia》, The University of Chicago Press, 1938, 15쪽
9 《周書》異域傳 百濟
10 Neilson C. Debevoise, 앞의 책, 175쪽
11 園隨原,《ギリシャ史硏究》第一, 創元社, 昭和 18, 376~377쪽
12 안정복, "百濟最時好戰之稱". 재인용 : 신채호,《조선상고사》, 317쪽
13 Frederick J. Teggart,《Rome and China ; A Study of Correlation in History Events》, University of California Press, 1939
14 Albert Herrmann,《Lou-Lan : China, Indien und Rom im Lichte der Ausgrabungen am Lobnor》 일본어판 : 松田壽男 譯,《樓蘭》, 平凡社, 1987, 50~55, 167쪽
15 《漢書地理誌》. "古眞番 朝鮮 胡國"
16 《漢書》西域傳 溫宿國條
17 李杜鉉,《韓國假面劇》, 韓國假面劇硏究會, 1973, 39, 51쪽
18 《海東高僧傳》. "海內有倭國 大漢國 海中在, 日本國僧渡海"

19 《史記》匈奴傳
20 《北史》百濟傳
21 《三國志》魏書 東夷傳 序文
22 《三國志》魏書 東夷傳 夫餘
23 李瀷, 《星湖僿說》. "鮮卑山脈 白頭之幹"
24 《三國志》魏書 王毌丘諸葛鄧鐘傳
25 《新增東國輿地勝覽》卷五十一 平安道 平壤府 建置沿革. 재인용 : 이형구, 《단군을 찾아서》, 살림터, 1994, 40쪽.
26 護雅夫, 《古代遊牧帝國》, 中公新書, 昭和 62, 34~36쪽
27 《管子》形執. "抱蜀不言而廟堂旣脩"(注) "蜀祠器也"
28 《方言》十二. "蜀也 南楚爲之蜀"(注) "蜀 猶獨耳"
29 황젠화, 《삼성퇴의 황금가면》, 이해원 옮김, 일빛, 2002, 155쪽
30 《華陽國志》蜀. "周顯王之世 蜀王有襃漢之地 因獵谷中 與秦惠王遇"
31 《禮記》禮器 不樂襃大. "崇高之稱"
32 《史記》蜀王本紀. "蜀王從萬餘人東獵襃谷"
33 황젠화, 《삼성퇴의 황금가면》, 이해원 옮김, 일빛, 2002, 145쪽
34 이공범, 《위진남북조사》, 지식산업사, 2003, 42쪽
35 《西晉記》. 재인용 : 문정창, 《한국고대사》 하, 백문당, 1971, 149쪽
36 《晉書》三十一 后妃上 惠賈后傳
37 《漢書》西域傳 上. "大月氏國治監氏城居長安万一千六白里"
38 《十六國春秋》前趙錄, 劉曜.
"於是太保呼延晏等議曰 陛下勳功茂於平洛終於中山 中山分野屬大梁趙宜革稱大趙"
39 《史記》魏世家 ; 《史記》秦始皇紀
40 《晉書》載記. 卷一, 二, 三
41 《晉書》地理志. "惠帝之後 幽州沒於石勒 乃穆帝永和五年 慕容儁僭号於薊 是爲前燕"
42 《廣明弘集》隨高祖에 관한 기록 '於湘州戰場立寺詔'. 재인용 : 세계일보 1989년 3월 2일자 문화면 송동건의 글

제18장 쌍지의 역사가 동아시아로 가다

1 《太平御覽》蜀王本紀. "蜀王本治廣都樊鄕, 徙居成都". 재인용 : 황젠화, 《삼성퇴의 황금가면》, 일빛, 2002, 68쪽
2 《南史》王弘傳
3 《三國史記》雜志 第六 百濟
4 문정창, 《한국고대사》 하, 백문당, 1971, 149쪽
5 《文獻通考》. 재인용 : 이중재, 《상고사의 새 발견》, 명문당, 1997, 721쪽
6 陣新會 撰, 《元西域人華化考》, 世界書局, 中華民國 49, 3쪽
7 황젠화, 앞의 책, 48쪽

8 鄭德坤,《中國考古學大系》3, 松崎壽和 譯, 雄山閣, 1974, 327쪽
9 정수일,《씰크로드학》, 창작과비평사, 2002, 602쪽
10 《北周書》異域傳
11 諸橋轍次 ,《大漢和辭典》卷八, 大修館書店, 1984,
12 《大漢和辭典》卷三, 앞의 책, 492쪽
13 이중재, 앞의 책, 192, 213쪽
14 《史記》封禪書孝武本紀
15 《北史》倭國傳
16 《隋書》東夷傳 倭國
17 이중재, 앞의 책, 623쪽
18 《大般涅槃經》. "出家人破毀禁戒名禿居士"
19 《淮南子》道應訓. "禿山不遊麋鹿"
20 〈광개토왕비 戊戌條缺字 발견〉, 계간 《한배달》 1989년 봄호(세계일보, 1989년 2월 12일자)
21 김원룡,《한국미술사》, 범문사, 1968, 56쪽
22 박창범,《하늘에 새긴 우리 역사》, 김영사, 2000, 30~31쪽
23 《禮器王制》. "天子三公九卿, 二七大夫 一大夫食邑"
24 《白虎通》. "大夫進入者, 進賢達能謂之大夫也"
25 《魏書》四 世祖紀. 재인용: 문정창,《한국고대사》상, 백문당, 1971, 177쪽
26 《魏書》卷百 列傳 第八十八 高句麗
27 《魏書》卷百 列傳 第八十八 高句麗. 재인용: 문정창,《한국고대사》상, 백문당, 1971, 177~179쪽
28 김효신,《상고연구자료집》, 새남, 1992, 4쪽.
29 《三國史記》高句麗本紀 寶藏王
30 《高麗史》卷五十八 忠肅王 十二年 地理誌
31 이수광,《지봉유설》하, 남만성 옮김, 을유문화사, 1975, 420쪽
32 이형구 엮음,《단군을 찾아서》, 살림터, 1994, 54~55쪽.
　〈단군릉에서 나온 뼈에 대한 연대 측정 결과에 대하어〉(김교경)
33 《한국사》고대사편, 진단학회, 1969, 191쪽
34 金時習 編,《澄心錄追記》第七章 第三節
35 《春秋左氏傳》僖 十九
36 《國語》晉語 二. "夷吾逃于梁" (注) "梁, 嬴姓之國伯爵也"
37 《梁書》諸夷傳 倭
38 三品彰英,《古代祭政と穀靈信仰》, 平凡社, 昭和 48, 415쪽
39 신채호,《조선사연구초》, 단제문화사, 단기 4288, 79~80쪽
40 更子年二月 多利作 夫人分二百卅主耳 多利
41 《三國志》魏志 崔琰傳
42 《隋書》東夷傳 新羅

제19장 샤머니즘의 몰락과 불교의 승리

1. 허목, 《동사東事》, 김길환·권영원 옮김, 박영사, 1979, 99~100쪽
2. 이중재, 《상고사의 새 발견》, 명문당, 1997, 797쪽
3. 박창범, 《하늘에 새긴 우리 역사》, 김영사, 2000, 제4~5장
4. 《續文獻通考 四裔考》. 재인용 : 諸稿轍次, 《大漢和辭典》卷一 九州, 大修館書店, 1984
5. 《無量壽經》下, 《史記》秦始皇紀
6. 《春秋左氏傳》桓六. 재인용 : 諸稿轍次, 《大漢和辭典》卷十一 隨, 大修館書店, 1984
7. 護雅夫, 《古代遊牧帝國》, 中公新書, 昭和 62, 6쪽
8. 護雅夫, 앞의 책, 42쪽
9. 護雅夫, 앞의 책, 6쪽
10. 이공범, 《위진남북조사》, 지식산업사, 2003, 176~179쪽.
11. 《桓檀古記》三聖密記.
    "平壤有乙蜜臺 世傳 乙蜜仙人所建也 乙蜜安藏帝時 選爲?衣有功於國本乙素之後也"
12. 장준희, 《중앙아시아》, 청아출판사, 2004, 169~176쪽
13. 諸稿轍次, 《大漢和辭典》鳳字項, 大修館書店, 1984.
14. 《論語》季氏의 鄭注. "大人謂天子諸侯爲政教者"; 《論語》集解. "大人卽聖人"; 《後漢書》蘇章傳의 注. "大人長老之稱"
15. 《三國史記》嬰陽王; 《隋書》卷四 帝紀 第四 煬帝 下
16. 《新唐書》卷一 本紀 第一
17. 장노엘 로베르, 《로마에서 중국까지》, 조성애 옮김, 이산, 1998, 26쪽
18. 《三國史記》高句麗國本紀
19. 《三國遺事》寶藏奉老普德移庵
20. 《三國史記》高句麗本紀 第八 二十六 嬰陽王
21. 신채호, 《조선사연구초》, 단제문화사, 단기 4288, 51~52쪽
22. 朴堤上, 《符都誌》第九章, 第十一章

닫는 글 고대사의 왜곡과 시간의 엇갈림

1. 飯島忠夫, 《天文曆法と陰陽五行說》, 恒星社 昭和 14, 제10장
2. 貝塚茂樹, 《古代中國再發見》, 岩波新書 80, 1979, 115쪽.